Saab 900

Gör-det-själv handbok

A K Legg LAE MIMI och Spencer Drayton

Modeller som behandlas

Saab 900 3- och 5-dörrars kombikupé och kupé, inklusive specialmodeller Oktober 1993 till 1998 *(3532-264/3512)*

Bensinmodeller: 2.0 liter (1985cc) och 2.3 liter (2290cc) utan turbo, 2.0 liter (1985cc) Turbo

Behandlar ej 2.5 liter V6 bensinmotor (2498cc) eller den halvautomatiska växellådan "Sensonic".
Behandlar ej cabrioletmodellens sufflettmekanism

ABCDE
FGHIJ
K

En bok i **Haynes serie Gör-det-själv handböcker**

ISBN **978 0 85733 745 0**

British Library Cataloguing in Publication Data
En katalogpost för denna bok finns att få från British Library

Tryckt i USA

Haynes Publishing Nordiska AB
Box 1504, 751 45 UPPSALA, Sverige

Haynes Publishing
Sparkford, Nr Yeovil, Somerset BA22 7JJ, England

Haynes North America, Inc
861 Lawrence Drive, Newbury Park, California 91320, USA

Innehåll

DIN SAAB 900

Reparationer vid vägkanten

Veckokontroller

UNDERHÅLL

Rutinmässigt underhåll och service

Innehåll

REPARATION OCH RENOVERING

Motor och tillhörande system

Kraftöverföring

Bromsar och fjädring

Kaross och utrustning

Kopplingsscheman

REFERENSER

Register

Den nya Saab 900 ersatte den befintliga 900-serien 1993. Från början fanns den som 3- eller 5-dörrars kombikupé med 2.0 eller 2.3 liters bensinmotor utan turbo, eller 2.0 liters bensinmotor med turbo. En tredörrars kupémodell presenterades 1994.

Bilen finns med 5-växlad manuell växellåda eller 4-växlad automatväxellåda, där växellådan är placerad till vänster om motorn. Den 2.5 liters V6-motorn och automatväxelsystemet ”Sensonic” som finns som tillval för turbomodeller, behandlas inte i den här handboken.

Alla modeller är framhjulsdrivna med individuell framvagnsupphängning och bakhjulsupphängning med torsionsfjädring. Servostyrning (PAS), låsningsfria bromsar (ABS) och krockkudde på förarplatsen är standard på samtliga modeller.

Det är relativt okomplicerat att underhålla och reparera sin Saab 900 eftersom den är utformad för att ha så låga driftskostnader som möjligt och det är lätt att få tag på reservdelar.

Saab 900 S kombikupé

Saab 900SE 2.0 turbo kupé

Din handbok till Saab 900

Syftet med den här handboken är att hjälpa dig få så stor glädje av din bil som möjligt. Det kan uppnås på flera sätt. Med hjälp av handboken kan du avgöra vad som behöver åtgärdas på din bil (även om du väljer att låta en verkstad utföra arbetet), den innehåller information om rutinunderhåll och service och den beskriver ett logiskt tillvägagångssätt för diagnos och reparationer när slumpmässiga fel uppstår. Förhoppningsvis kommer du att använda handboken till att utföra arbetet på egen hand. Vid enklare arbeten kan det gå snabbare att åtgärda bilen själv än att boka tid på en verkstad och åka dit två gånger för att lämna och hämta bilen. Utför man arbetet själv sparar man dessutom pengar genom att undvika de avgifter en verkstad tar ut för att täcka drifts- och arbetskraftskostnader.

Handboken innehåller teckningar och beskrivningar som förklarar de olika komponenternas funktion och utformning. De olika åtgärderna är illustrerade med fotografier och beskrivs tydligt steg för steg.

Hänvisningar till ”vänster” eller ”höger” utgår från en person som sitter i förarsätet och tittar framåt.

Tack till...

Tack till Champion Spark Plug Company som bidragit med bilderna på tändstift i olika skick och till Duckhams Oils som bidragit med uppgifter om smörjning. Ett stort tack även till Sykes-Pickavant Limited, som tillhandahöll vissa specialverktyg, samt till alla i Sparkford som har hjälpt till med denna handbok.

Vi är mycket stolta över tillförlitligheten i den information som ges i den här boken, men biltillverkare modifierar och gör konstruktionsändringar under pågående tillverkning om vilket vi inte alltid informeras. Författarna och förlaget kan inte ta på sig något ansvar för förluster, materiella skador eller personskador till följd av felaktig eller ofullständig information i denna bok.

Projektbil

Den bil som använts vid förberedelserna av handboken och som syns på flera av fotografierna är en 1996 års 5-dörrars Saab 900 S kombikupé med 2.0 liters motor och manuell växellåda.

Att arbeta på din bil kan vara farligt. Den här sidan visar potentiella risker och faror och har som mål att göra dig uppmärksam på och medveten om vikten av säkerhet i ditt arbete.

Allmänna faror

Skållning

• Ta aldrig av kylarens eller expansionskärlets lock när motorn är het.
• Motorolja, automatväxellådsolja och styrservovätska kan också vara farligt varma om motorn just varit igång.

Brännskador

• Var försiktig så att du inte bränner dig på avgassystem och motor. Bromsskivor och -trummor kan också vara heta efter körning.

Lyftning av fordon

• Vid arbete nära eller under ett lyft fordon, använd alltid extra stöd i form av pallbockar eller använd ramper. ***Arbeta aldrig under en bil som endast stöds av en domkraft.***

• När muttrar eller skruvar med högt åtdragningsmoment skall lossas eller dras, bör man lossa dem något innan bilen lyfts och göra den slutliga åtdragningen när bilens hjul åter står på marken.

Brand och brännskador

• Bränsle är mycket brandfarligt och bränsleångor är explosiva.
• Spill inte bränsle på en het motor.
• Rök inte och använd inte öppen låga i närheten av en bil under arbete. Undvik också gnistbildning (elektrisk eller från verktyg).
• Bensinångor är tyngre än luft och man bör därför inte arbeta med bränslesystemet med fordonet över en smörjgrop.
• En vanlig brandorsak är kortslutning i eller överbelastning av det elektriska systemet. Var försiktig vid reparationer eller ändringar.
• Ha alltid en brandsläckare till hands, av den typ som är lämplig för bränder i bränsle- och elsystem.

Elektriska stötar

• Högspänningen i tändsystemet kan vara farlig, i synnerhet för personer med hjärtbesvär eller pacemaker. Arbeta inte med eller i närheten av tändsystemet när motorn går, eller när tändningen är på.

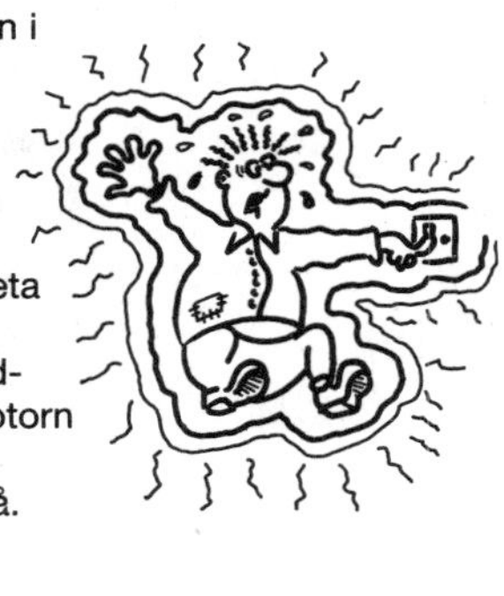

• Nätspänning är också farlig. Se till att all nätansluten utrustning är jordad. Man bör skydda sig genom att använda jordfelsbrytare.

Giftiga gaser och ångor

• Avgaser är giftiga. De innehåller koloxid vilket kan vara ytterst farligt vid inandning. Låt aldrig motorn vara igång i ett trångt utrymme, t ex i ett garage, med stängda dörrar.
• Även bensin och vissa lösnings- och rengöringsmedel avger giftiga ångor.

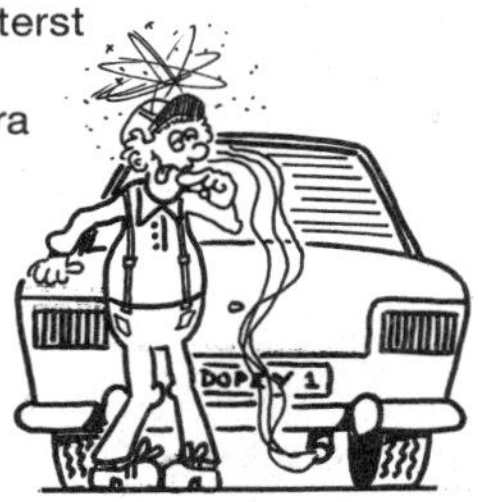

Giftiga och irriterande ämnen

• Undvik hudkontakt med batterisyra, bränsle, smörjmedel och vätskor, speciellt frostskyddsvätska och bromsvätska. Sug aldrig upp dem med munnen. Om någon av dessa ämnen sväljs eller kommer in i ögonen, kontakta läkare.
• Långvarig kontakt med använd motorolja kan orsaka hudcancer. Bär alltid handskar eller använd en skyddande kräm. Byt oljeindränkta kläder och förvara inte oljiga trasor i fickorna.
• Luftkonditioneringens kylmedel omvandlas till giftig gas om den exponeras för öppen låga (inklusive cigaretter). Det kan också orsaka brännskador vid hudkontakt.

Asbest

• Asbestdamm kan ge upphov till cancer vid inandning, eller om man sväljer det. Asbest kan finnas i packningar och i kopplings- och bromsbelägg. Vid hantering av sådana detaljer är det säkrast att alltid behandla dem som om de innehöll asbest.

Speciella faror

Flourvätesyra

• Denna extremt frätande syra bildas när vissa typer av syntetiskt gummi i t ex O-ringar, tätningar och bränsleslangar utsätts för temperaturer över 400 °C. Gummit omvandlas till en sotig eller kladdig substans som innehåller syran. *När syran väl bildats är den farlig i flera år. Om den kommer i kontakt med huden kan det vara tvunget att amputera den utsatta kroppsdelen.*
• Vid arbete med ett fordon, eller delar från ett fordon, som varit utsatt för brand, bär alltid skyddshandskar och kassera dem på ett säkert sätt efteråt.

Batteriet

• Batterier innehåller svavelsyra som angriper kläder, ögon och hud. Var försiktig vid påfyllning eller transport av batteriet.
• Den vätgas som batteriet avger är mycket explosiv. Se till att inte orsaka gnistor eller använda öppen låga i närheten av batteriet. Var försiktig vid anslutning av batteriladdare eller startkablar.

Airbag/krockkudde

• Airbags kan orsaka skada om de utlöses av misstag. Var försiktig vid demontering av ratt och/eller instrumentbräda. Det kan finnas särskilda föreskrifter för förvaring av airbags.

Dieselinsprutning

• Insprutningspumpar för dieselmotorer arbetar med mycket högt tryck. Var försiktig vid arbeten på insprutningsmunstycken och bränsleledningar.

Varning: Exponera aldrig händer eller annan del av kroppen för insprutarstråle; bränslet kan tränga igenom huden med ödesdigra följder

Kom ihåg...

ATT

• Använda skyddsglasögon vid arbete med borrmaskiner, slipmaskiner etc, samt vid arbete under bilen.

• Använda handskar eller skyddskräm för att skydda händerna.

• Om du arbetar ensam med bilen, se till att någon regelbundet kontrollerar att allt står väl till.

• Se till att inte löst sittande kläder eller långt hår kommer i vägen för rörliga delar.

• Ta av ringar, armbandsur etc innan du börjar arbeta på ett fordon - speciellt med elsystemet.

• Försäkra dig om att lyftanordningar och domkraft klarar av den tyngd de utsätts för.

ATT INTE

• Ensam försöka lyfta för tunga delar - ta hjälp av någon.

• Ha för bråttom eller ta osäkra genvägar.

• Använda dåliga verktyg eller verktyg som inte passar. De kan slinta och orsaka skador.

• Låta verktyg och delar ligga så att någon riskerar att snava över dem. Torka upp olje- och bränslespill omgående.

• Låta barn eller husdjur leka nära en bil under arbetets gång.

Följande sidor är tänkta att vara till hjälp vid hantering av vanligt förekommande problem. Mer detaljerad information om felsökning finns i slutet av boken, och beskrivningar för reparationer finns i bokens olika huvudkapitel.

Om bilen inte startar och startmotorn inte går runt

- ☐ Om bilen har automatväxellåda, se till att växelväljaren står i läge P eller N.
- ☐ Öppna motorhuven och kontrollera att batteripolerna är rena och sitter ordentligt.
- ☐ Slå på strålkastarna och försök starta motorn. Om strålkastarna försvagas mycket vid startförsöket är batteriet troligen urladdat. Lös problemet genom att använda startkablar (se nästa sida) och en annan bil.

Om bilen inte startar trots att startmotorn går runt som vanligt

- ☐ Finns det bensin i tanken?
- ☐ Finns det fukt i elsystemet under motorhuven? Slå av tändningen och torka bort synlig fukt med en torr trasa. Spraya vattenavvisande medel (WD-40 eller liknande) på tändnings- och bränslesystemens elektriska kontakter som visas på bilden. Var extra noga med tändspolens kontaktdon och tändkablarna.

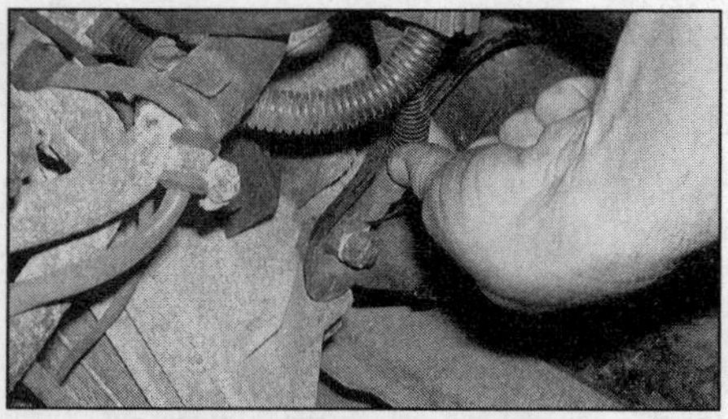

A Kontrollera skicket på alla jordkablar och se till att de sitter ordentligt.

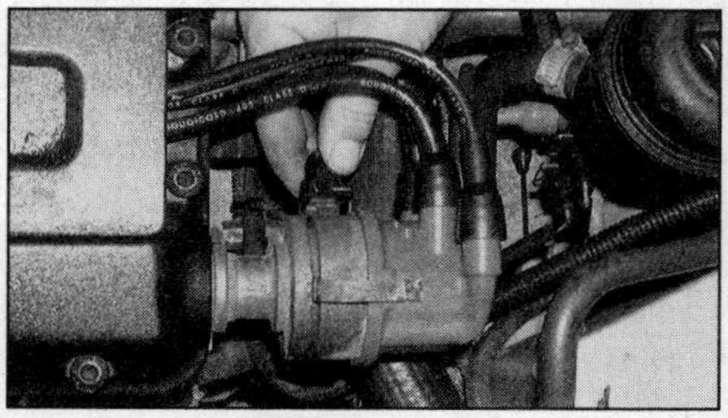

B Kontrollera tändsystemets lågspänningskontakter.

C Kontrollera att tändkablarna är ordentligt fastsatta på strömfördelaren.

Kontrollera att alla elektriska kopplingar sitter korrekt (med tändningen avstängd) och spraya dem med vattenavvisande medel av typen WD40 om du misstänker att problemet beror på fukt.

D Kontrollera att batterikablarna är ordentligt anslutna.

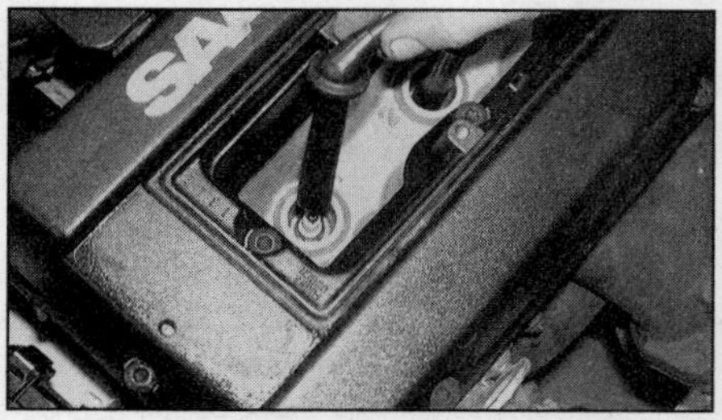

E Kontrollera att tändkablarna är ordentligt fastsatta på tändstiften.

Starthjälp

HAYNES TiPS

Start med startkablar löser ditt problem för stunden, men det är viktigt att ta reda på vad som orsakar batteriets urladdning. Det finns tre möjligheter:

***1** Batteriet har laddats ur på grund av upprepade startförsök eller på grund av att strålkastarna lämnats påslagna.*

***2** Laddningssystemet fungerar inte som det ska (generatorns drivrem är slak eller trasig, generatorkablarna eller generatorn själv är defekt).*

***3** Batteriet är defekt (elektrolytnivån är låg eller batteriet är utslitet).*

Tänk på följande när du startar en bil med hjälp av ett laddningsbatteri:

- ✔ Se till att tändningen är avstängd innan laddningsbatteriet ansluts.
- ✔ Se till att all elektrisk utrustning är avstängd (strålkastare, värme, vindrutetorkare etc.).
- ✔ Följ säkerhetsanvisningarna på batteriet.
- ✔ Kontrollera att laddningsbatteriet har samma spänning som det urladdade batteriet.
- ✔ Om batteriet startas med hjälp av ett batteri i en annan bil får bilarna INTE VIDRÖRA varandra.
- ✔ Se till att växellådan är i neutralläge (eller i parkeringsläge för automatväxellåda).

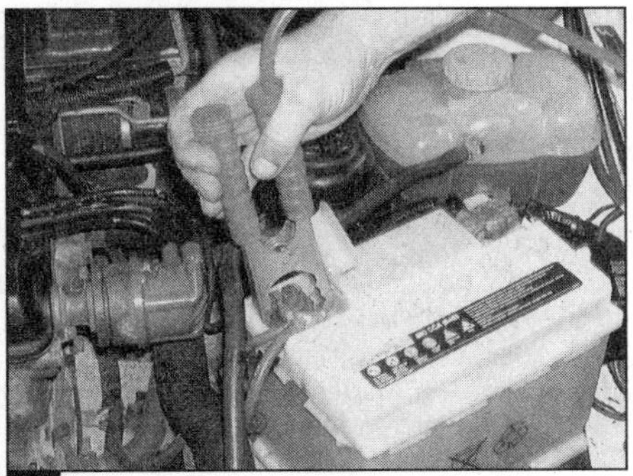

1 Koppla den ena änden av den röda startkabeln till det urladdade batteriets pluspol (+).

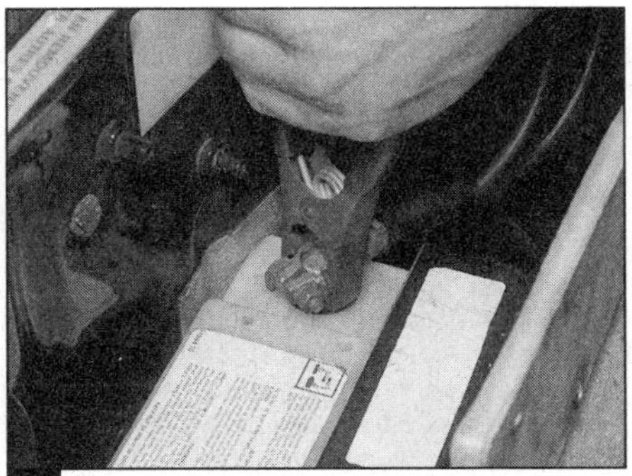

2 Koppla den andra änden av den röda startkabeln till laddningsbatteriets pluspol (+).

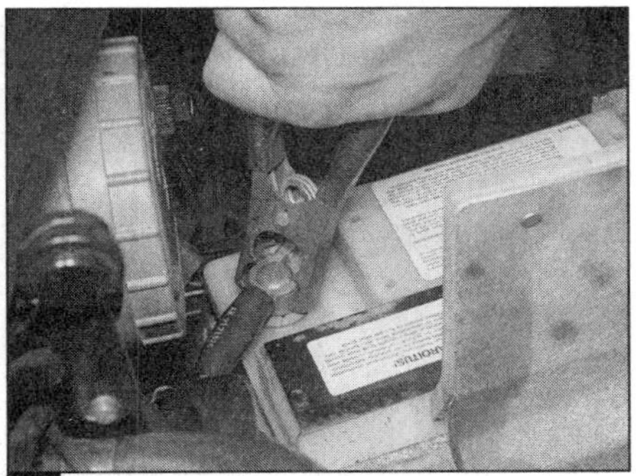

3 Koppla den ena änden av den svarta startkabeln till laddningsbatteriets minuspol (-).

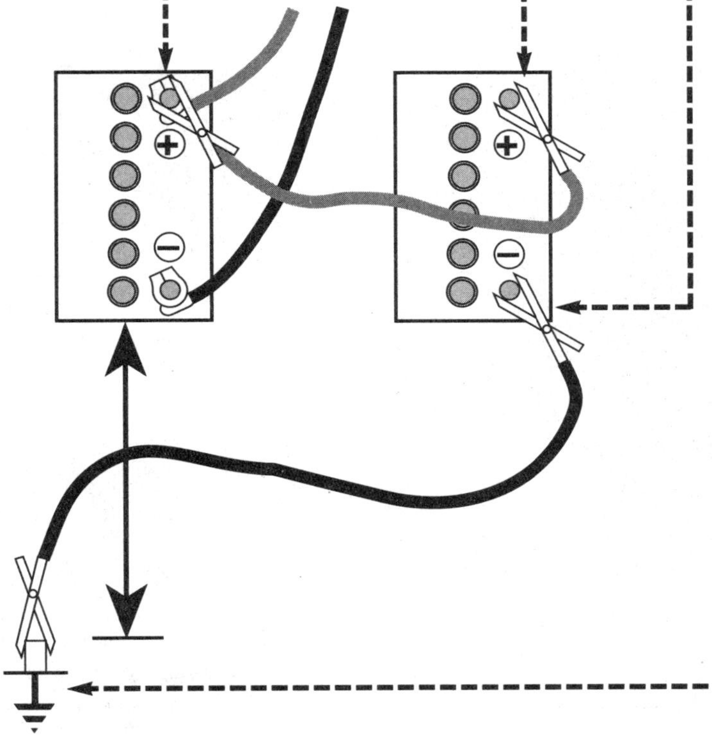

4 Koppla den andra änden av den svarta startkabeln till en bult eller ett fäste, på avstånd från batteriet, i den bil som ska startas.

5 Se till att startkablarna inte kommer åt fläkten, drivremmarna eller andra rörliga delar i motorn.

6 Starta motorn med hjälp av laddningsbatteriet och låt den på tomgång. Slå på strålkastarna, bakfönstrets avimningsfunktion och värmefläkten, koppla sedan bort startkablarna i omvänd ordning mot anslutningen. Stäng av strålkastarna etc.

Hjulbyte

⚠ ***Varning: Byt aldrig hjul i en situation där du riskerar att bli påkörd av ett annat fordon. Försök att stanna i en parkeringsficka eller på en mindre avtagsväg om du befinner dig på en högtrafikerad väg. Håll uppsikt över passerande trafik under hjulbytet – det är annars lätt att bli distraherad av arbetet.***

Förberedelser

- ☐ När bilen får punktering, stanna så snart säkerheten medger detta.
- ☐ Parkera om möjligt på plan, fast mark, på avstånd från annan trafik.
- ☐ Använd varningsblinkers om det behövs.
- ☐ Använd en varningstriangel (obligatorisk utrustning) för att göra andra trafikanter uppmärksamma på din närvaro.
- ☐ Dra åt handbromsen och lägg i ettan eller backen (parkeringsläge på modeller med automatväxellåda).
- ☐ Blockera det hjul som sitter diagonalt mot det hjul som ska tas bort - några stora stenar kan användas till detta.
- ☐ Om underlaget är mjukt, använd en plankstump eller liknande för att sprida tyngden under domkraften.

Hjulbyte

1 Reservhjul, domkraft och verktyg för demontering av hjul finns under en lucka i bagageutrymmet.

2 Skruva loss fästmuttern och lyft fram reservhjulet. Lägg reservhjulet under bilen som en skyddsåtgärd om domkraften skulle ge vika. Reservhjulet på alla modeller är av den utrymmessparande typen.

3 På modeller med stålfälgar, använd specialverktyget för att ta bort hjulsidan från hjulet. På modeller med lättmetallfälgar, använd det bifogade verktyget för att bända bort mittkåpan.

4 Lossa alla hjulbultar ett halvt varv innan du hissar upp domkraften.

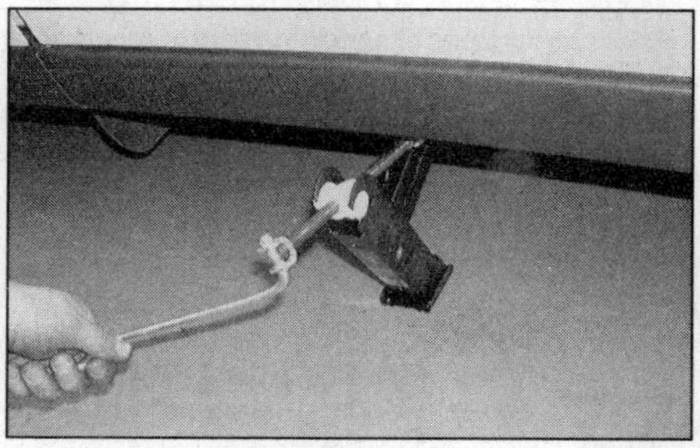

5 Placera domkraften under de förstärkta stödpunkterna närmast det hjul som ska bytas (urfasningarna i tröskelns undersida). Vrid handtaget tills domkraftens fot rör vid marken, kontrollera att foten är placerad rakt under tröskeln. Hissa upp bilen tills hjulet är fritt från marken.

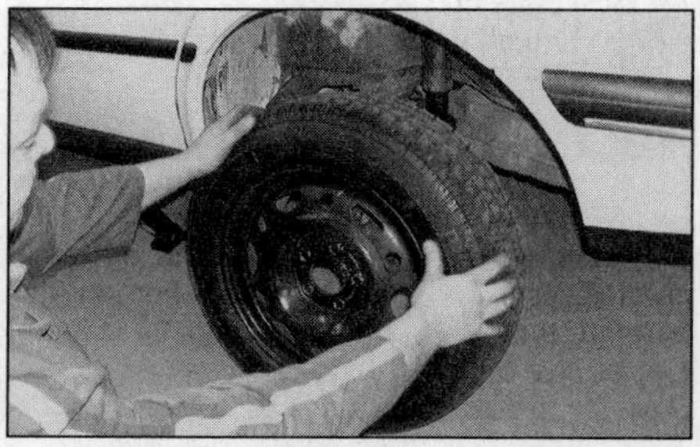

6 Hissa upp bilen tillräckligt för att reservhjulet ska kunna monteras. Skruva ur bultarna och ta bort hjulet från bilen. Placera det borttagna hjulet under bilen i stället för reservhjulet, som en skyddsåtgärd om domkraften skulle ge vika.

7 Montera reservhjulet, skruva i hjulbultarna och dra åt dem något med hjälp av fälgkorset.

8 Sänk ner bilen och dra åt bultarna ordentligt, i diagonal ordningsföljd. Sätt tillbaka hjulsidan. Observera att hjulbultarna ska dras åt till angivet moment så snart som möjligt.

Slutligen...

- ☐ Ta bort hjulblockeringen.
- ☐ Lägg tillbaka domkraft och verktyg på sin rätta plats.
- ☐ Kontrollera lufttrycket i det nymonterade däcket. Om det är lågt eller om en tryckmätare inte finns till hands, kör långsamt till närmaste bensinstation och kontrollera/justera trycket.
- ☐ Se till att det skadade däcket eller hjulet repareras så snart som möjligt.

⚠ ***Varning: Kör inte fortare än 70 km/h med reservhjulet monterat – se din egen bilhandbok för ytterligare information.***

Att hitta läckor

Pölar på garagegolvet (eller där bilen parkeras) eller våta fläckar i motorrummet tyder på läckor som man måste försöka hitta. Det är inte alltid så lätt att se var läckan är, särskilt inte om motorrummet är mycket smutsigt. Olja eller andra vätskor kan spridas av fartvinden under bilen och göra det svårt att avgöra var läckan egentligen finns.

⚠ ***Varning: De flesta oljor och andra vätskor i en bil är giftiga. Vid spill bör man tvätta huden och byta indränkta kläder så snart som möjligt***

HAYNES TiPS ***Lukten kan vara till hjälp när det gäller att avgöra varifrån ett läckage kommer och vissa vätskor har en färg som är lätt att känna igen. Det är en bra idé att tvätta bilen ordentligt och ställa den över rent papper över natten för att lättare se var läckan finns. Tänk på att motorn ibland bara läcker när den är igång.***

Olja från sumpen

Motorolja kan läcka från avtappnings-pluggen . . .

Olja från oljefiltret

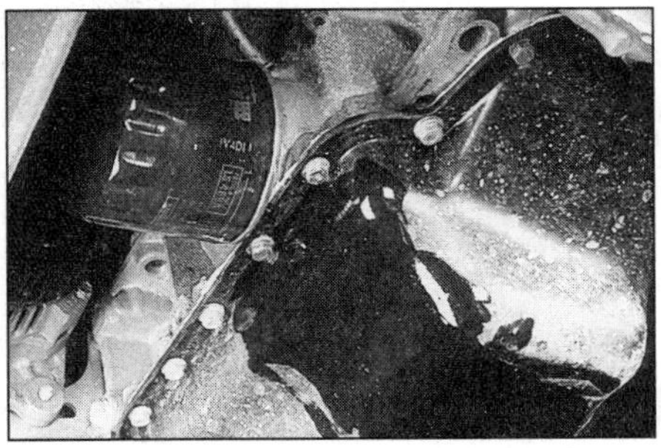

. . . eller från oljefiltrets packning.

Växellådsolja

Växellådsolja kan läcka från tätningarna i ändarna på drivaxlarna.

Frostskydd

Läckande frostskyddsvätska lämnar ofta kristallina avlagringar liknande dessa.

Bromsvätska

Läckage vid ett hjul är nästan alltid bromsvätska.

Servostyrningsvätska

Servostyrningsvätska kan läcka från styrväxeln eller dess anslutningar.

Bogsering

När ingenting annat hjälper kan du behöva bli bogserad hem – eller kanske är det du som får hjälpa någon annan. Bogsering längre sträckor bör överlåtas till en verkstad eller en bärgningsfirma. För kortare sträckor går det utmärkt att bogsera med en annan privatbil, men tänk på följande:

☐ Använd en riktig bogserlina, de är inte dyra.

☐ Slå alltid på tändningen när bilen bogseras, så att rattlåset släpper och blinkers och bromsljus fungerar.

☐ Fäst bogserlinan i de befintliga bogseringsöglorna och ingen annanstans.

☐ Lossa handbromsen och lägg i neutralläge på växellådan innan bogseringen börjar.

☐ Man behöver trampa hårdare än vanligt på bromspedalen eftersom vakuumservon bara fungerar när motorn är igång.

☐ På modeller med servostyrning behövs även större kraft än vanligt för att vrida ratten.

☐ Föraren av den bogserade bilen måste vara noga med att hålla bogserlinan spänd hela tiden för att undvika ryck.

☐ Försäkra er om att båda förarna känner till den planerade färdvägen innan ni startar.

☐ Bogsera aldrig längre sträcka än nödvändigt och håll lämplig hastighet (högsta tillåtna hastighet vid bogsering är 30 km/h). Kör försiktigt och sakta ner mjukt och långsamt innan korsningar.

☐ Föraren i den främre bilen måste accelerera mycket försiktigt från stillastående och måste ta hänsyn till den extra längd den bogserade bilen innebär vid körning i rondeller och korsningar etc.

☐ Det sitter en främre bogseringsögla bakom en lucka i spoilern under den främre stötfångaren. En bakre bogseringsögla är monterad under bilens bakvagn.

☐ Tänk på följande vid bogsering av modeller med automatväxellåda (undvik att bogsera bilen om du är tveksam – felaktig bogsering kan leda till skador på växellådan):

a) Bilen får endast bogseras framåt.
b) Växelväljaren måste vara i läget "N".
c) Växellådan måste fyllas med 2 liter extra olja (se kapitel 1).
d) Överskrid aldrig högsta tillåtna hastighet vid bogsering (30 km/h).
e) Efter bogseringen måste växellådan tömmas på överflödig växellådsolja så att den normala oljenivån återställs.

Inledning

Det finns ett antal mycket enkla kontroller som endast tar några minuter i anspråk, men som kan bespara dig mycket besvär och stora kostnader.

Dessa veckokontroller kräver inga större kunskaper eller specialverktyg, och den korta tid de tar att utföra kan visa sig vara väl använd, till exempel:

☐ Att hålla ett öga på däckens lufttryck förebygger inte bara att de slits ut i förtid utan det kan också rädda ditt liv.

☐ Många motorhaverier orsakas av elektriska problem. Batterirelaterade fel är särskilt vanliga och genom regelbundna kontroller kan de flesta av dessa förebyggas.

☐ Om det uppstår en läcka i bromssystemet kanske du märker det först när bromsarna slutar att fungera. Genom regelbundna kontroller av oljenivån blir du varnad i god tid.

☐ Om olje- eller kylvätskenivån blir för låg är det till exempel betydligt billigare att laga läckan direkt, än att bekosta dyra reparationer av de motorskador som annars kan uppstå.

Kontrollpunkter i motorrummet

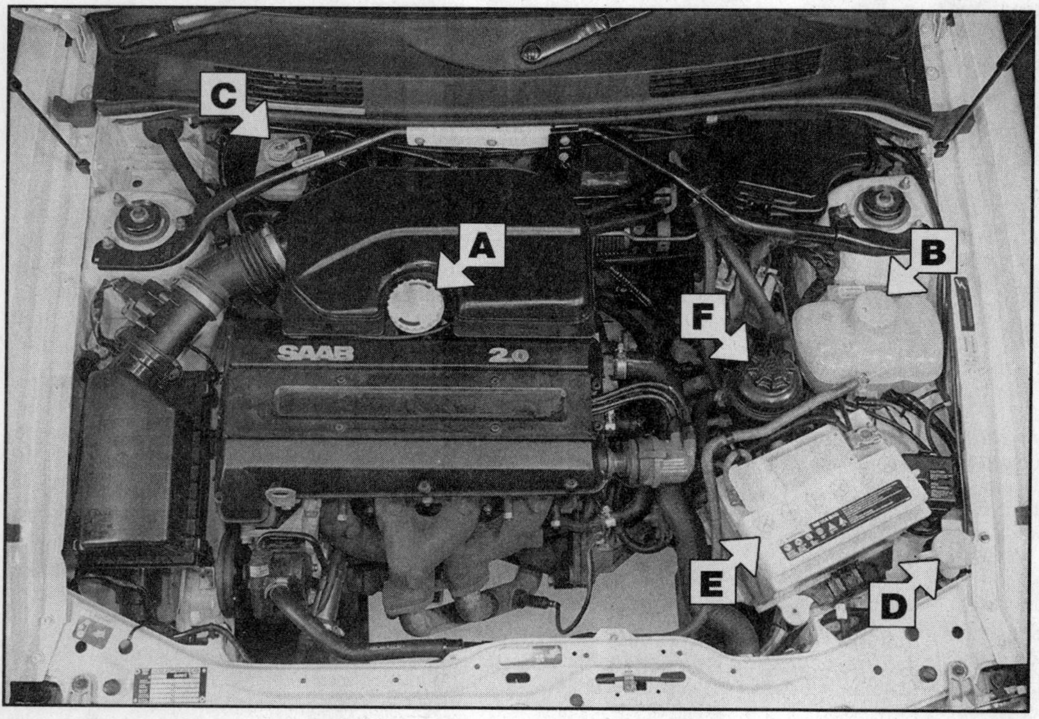

◀ **2.0 liters motor**

A *Påfyllningslock och mätsticka för motorolja*

B *Kylvätskebehållare (expansionskärl)*

C *Bromsoljebehållare*

D *Spolarvätskebehållare*

E *Batteri*

F *Behållare för servostyrningsolja*

Motoroljenivå

Innan du börjar

✔ Se till att bilen står på plan mark.

✔ Oljenivån måste kontrolleras innan bilen körs, eller åtminstone 5 minuter efter det att motorn stängts av.

HAYNES TiPS

Om oljenivån kontrolleras omedelbart efter körning kommer en del olja att finnas kvar i motorns övre delar, vilket ger en felaktig nivå på oljestickan.

Korrekt oljetyp

Moderna motorer ställer höga krav på rätt olja. Det är mycket viktigt att man använder en lämplig olja till sin bil (se Smörjmedel, vätskor och däcktryck).

Bilvård

● Om olja behöver fyllas på ofta, undersök om det förekommer oljeläckor. Placera ett rent papper under motorn över natten och se om det finns fläckar på det på morgonen. Finns där inga läckor kanske motorn bränner olja *(se Felsökning).*

● Oljenivån ska alltid vara någonstans mellan oljemätstickans övre och undre markering (se bild 3). Om oljenivån är för låg kan motorn ta allvarlig skada. Oljetätningarna kan gå sönder om man fyller på för mycket olja.

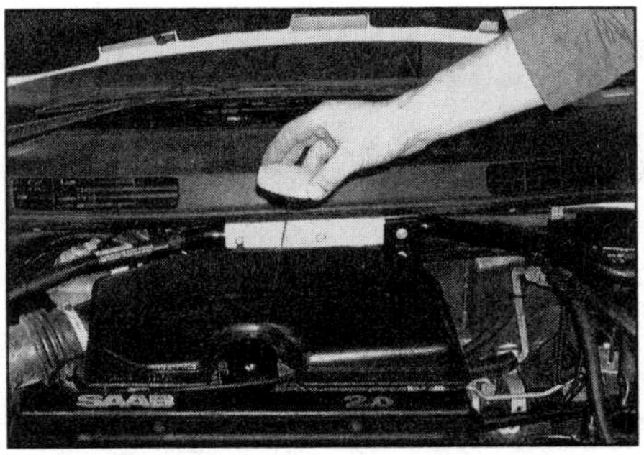

1 Mätstickan är placerad i mitten av motorn (se *Kontrollpunkter i motorrummet* på sidan 0•10 för exakt placering). Skruva loss locket och dra ut oljemätstickan.

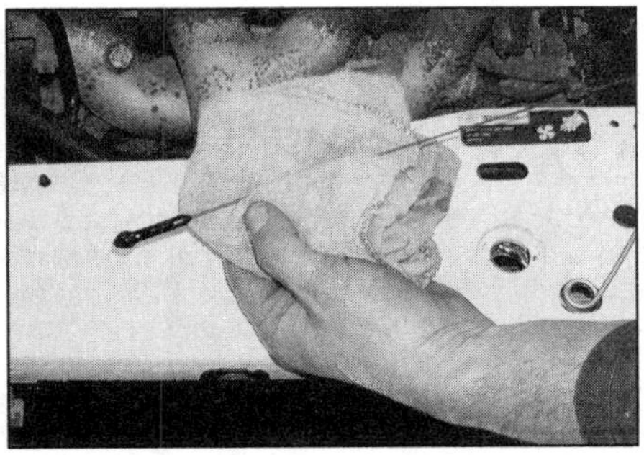

2 Torka av oljan från mätstickan med en ren trasa eller en bit papper. Stick in den rena mätstickan i röret och dra ut den igen.

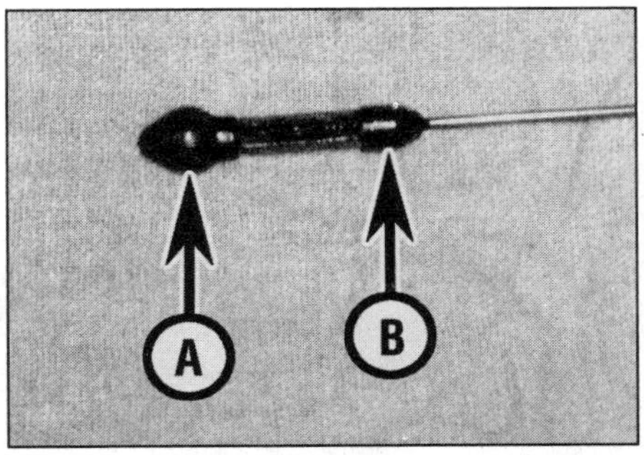

3 Kontrollera oljenivån på mätstickans ände, som ska vara mellan det övre märket (B) och det nedre märket (A). Det skiljer ungefär en liter olja mellan min- och maxnivån.

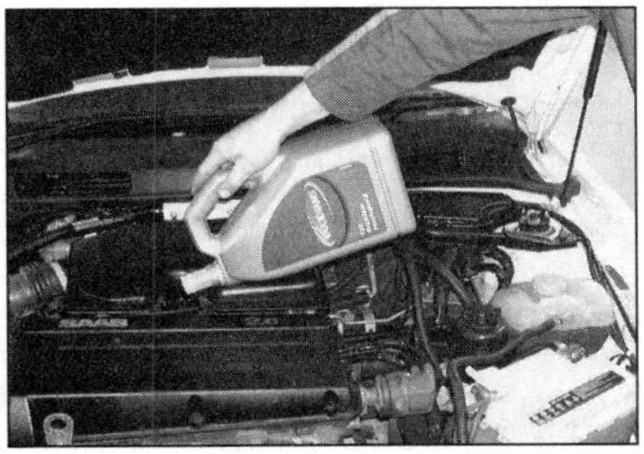

4 Oljan fylls på genom påfyllningslockets öppning. En tratt minimerar oljespillet. Häll i oljan långsamt och kontrollera på mätstickan så du får rätt mängd. Fyll inte på för mycket.

Kylarvätskenivå

Varning: Skruva aldrig av expansionskärlets lock när motorn är varm – det föreligger risk för brännskador. Låt inte behållare med kylarvätska stå öppna eftersom vätskan är giftig.

Bilvård

● Ett slutet kylsystem ska inte behöva fyllas på regelbundet. Om kylarvätskan ofta behöver fyllas på har bilen troligen en läcka i kylsystemet. Undersök kylaren, alla slangar och fogytor efter stänk och våta märken och åtgärda eventuella problem.

● Det är viktigt att frostskyddsvätska används i kylsystemet året runt, inte bara under vintermånaderna. Fyll inte på med enbart vatten, då sänks koncentrationen av frostskydd.

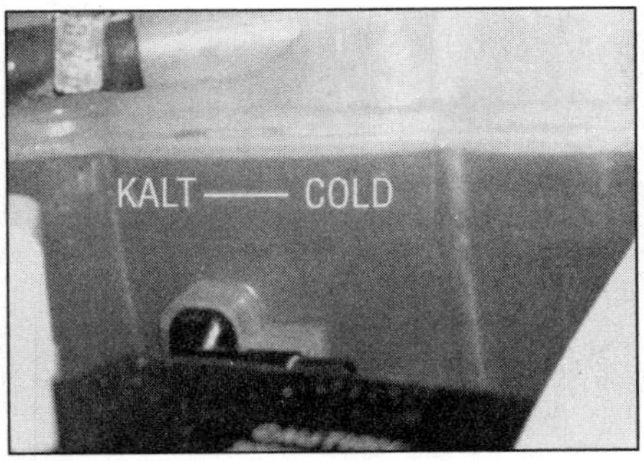

1 Kylvätskenivån varierar med motorns temperatur. När motorn är kall ska kylvätskans nivå ligga något över markeringen KALT/COLD på sidan av tanken. När motorn är varm stiger nivån.

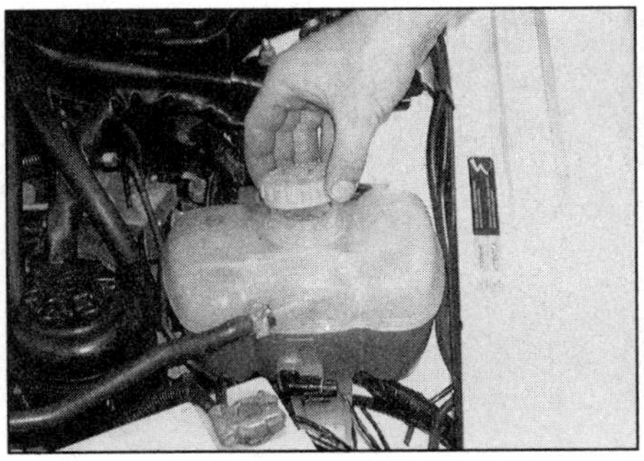

2 Om kylvätskan behöver fyllas på, **vänta tills motorn är kall**. Skruva försiktigt loss locket till expansionskärlet för att släppa ut övertrycket ur kylsystemet, och ta bort det.

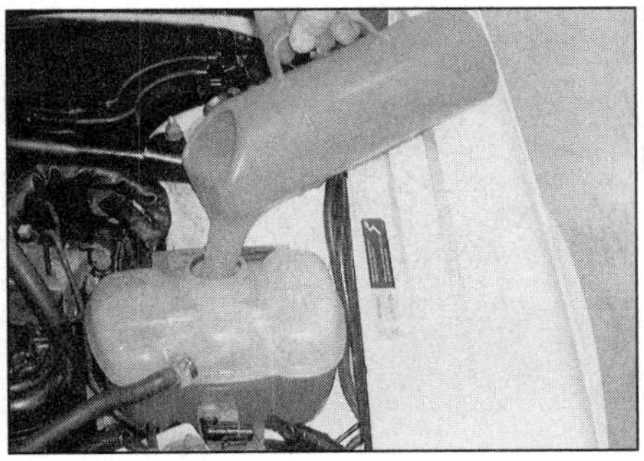

3 Fyll på kylvätska genom att hälla en blandning av vatten och frostskydds-vätska i expansionskärlet. En tratt minimerar oljespillet. Sätt tillbaka locket och skruva åt det ordentligt.

Bromsoljenivå

Varning:

- ***Bromsolja kan skada dina ögon och bilens lack, så var ytterst försiktig när du arbetar med den.***
- ***Använd inte olja ur kärl som har stått öppna en längre tid. Bromsolja drar åt sig fuktighet från luften vilket kan försämra bromsegenskaperna avsevärt.***

HAYNES TiPS

- ***Se till att bilen står på plan mark.***
- ***Nivån i oljebehållaren sjunker en aning allt eftersom bromsklossarna slits. Nivån får dock aldrig sjunka under MIN-markeringen.***

Säkerheten främst!

- Om bromsolja måste fyllas på ofta har bilen fått en läcka i bromssystemet. Detta måste undersökas omedelbart.

- Misstänker man att systemet läcker får bilen inte köras förrän bromssystemet har kontrollerats. Ta aldrig några risker med bromsarna.

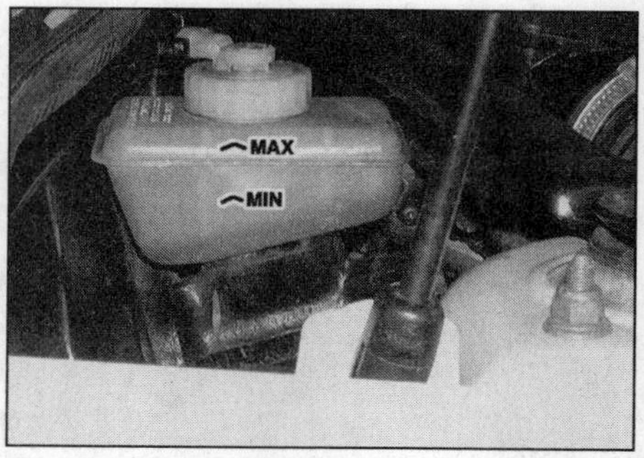

1 Framsidan av behållaren är märkt med "MAX" och "MIN". Bromsoljans nivå ska alltid hållas mellan de båda märkena.

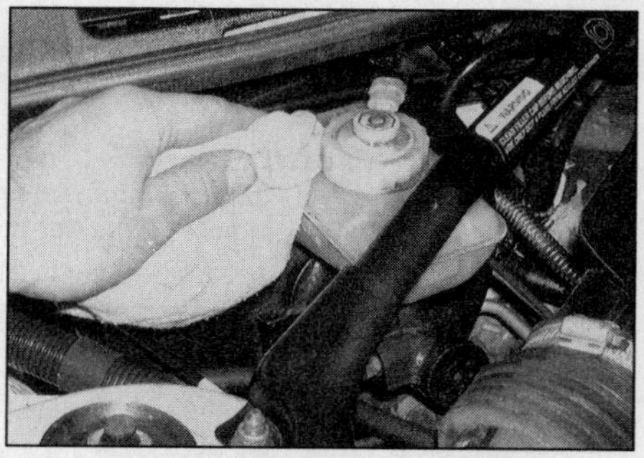

2 Om bromsoljan behöver fyllas på, torka först av området runt påfyllningslocket för att förhindra att smuts kommer in i hydraulsystemet.

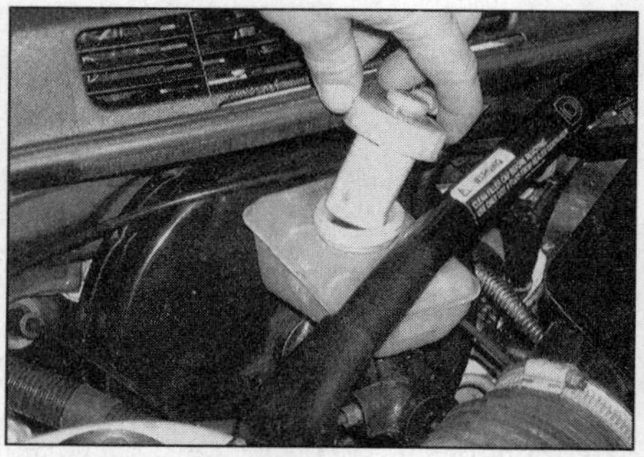

3 Skruva loss locket utan att ta bort kablaget, och placera det på en absorberande trasa.

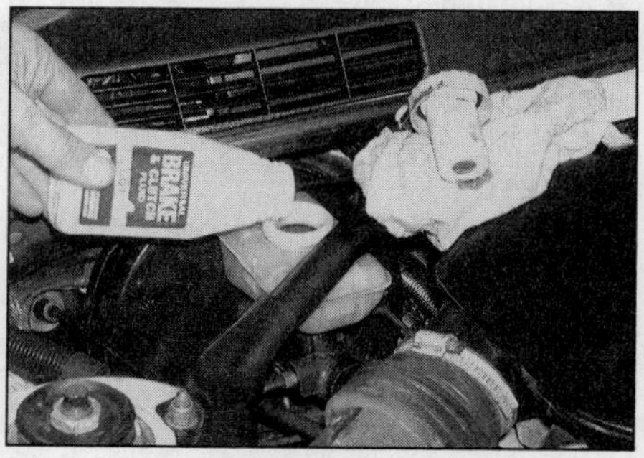

4 Fyll på vätska försiktigt, var noga med att inte spilla på de omgivande komponenterna. Använd endast den rekommenderade bromsoljan – om olika bromsoljor blandas kan skador uppstå i systemet. När oljenivån är återställd, skruva på locket och torka bort eventuellt spill.

Spolarvätskenivå

Spolarvätskekoncentrat rengör inte bara rutan utan fungerar även som frostskydd så att spolarvätskan inte fryser under vintern, då du ibland kan behöva den som mest. Fyll inte på med enbart vatten eftersom spolarvätskan då späds ut och kan frysa.

Använd aldrig kylvätska i spolsystemet – det kan missfärga eller skada lacken.

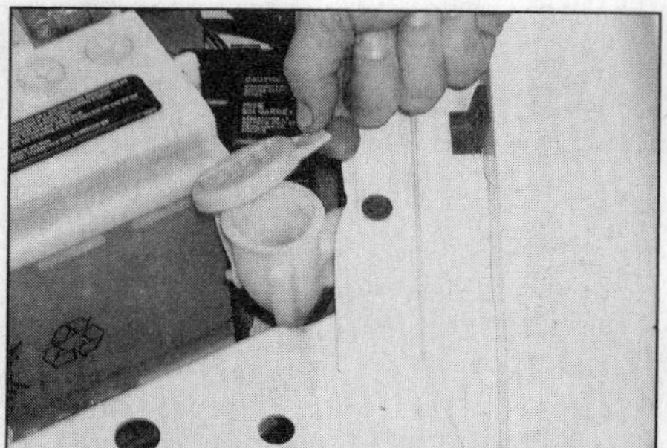

1 Spolarvätskebehållaren för vindrutans och (i förekommande fall) bakrutans spolarsystem är placerad till vänster i motorrummets främre del. Öppna locket när spolarvätskan ska fyllas på.

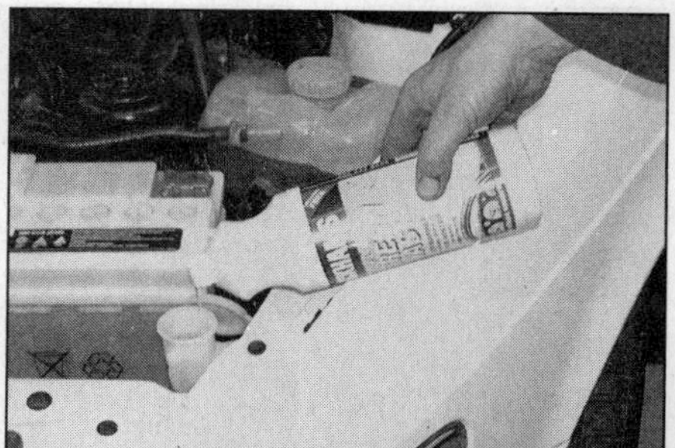

2 När behållaren fylls på bör spolarvätskekoncentrat tillsättas enligt rekommendationerna på flaskan.

Servostyrningsoljans nivå

Innan du börjar

- ✔ Parkera bilen på plant underlag.
- ✔ Med motorn gående på tomgång, vrid ratten långsamt fram och tillbaka till fullt utslag åt båda hållen 2 eller 3 gånger och rikta hjulen rakt fram. Stäng sedan av motorn.
- ✔ Motorn måste vara avstängd.

HAYNES TiPS ***Kontrollen är endast exakt om man inte har vridit ratten efter det att motorn har stängts av.***

Säkerheten främst!

- Om servostyrningsolja ofta behöver fyllas på betyder det att systemet läcker. Undersök och åtgärda detta omedelbart.

1 Behållaren är placerad till vänster i motorrummet, bakom batteriet. Oljenivån ska kontrolleras när motorn är avstängd.

2 Skruva loss påfyllningslocket från behållaren och torka bort all olja från mätstickan med en ren trasa. Sätt tillbaka påfyllningslocket och ta sedan bort det igen. Kontrollera oljenivån på oljemätstickan.

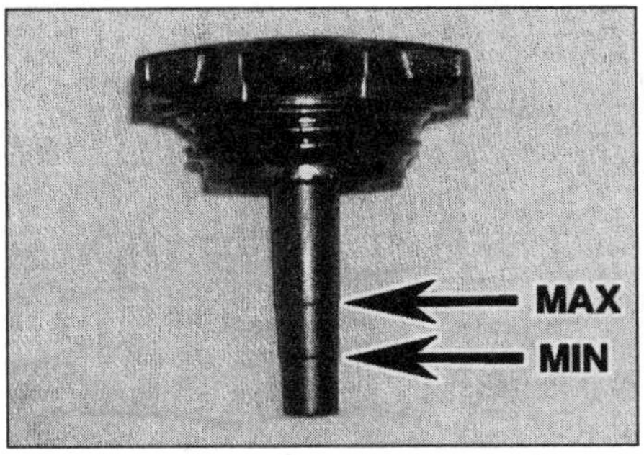

3 När motorn är kall ska oljenivån vara mellan den övre markeringen (MAX) och den undre markeringen (MIN) på oljemätstickan. På mätstickor med bara en markering ska oljenivån vara mellan mätstickans nedre ände och markeringen.

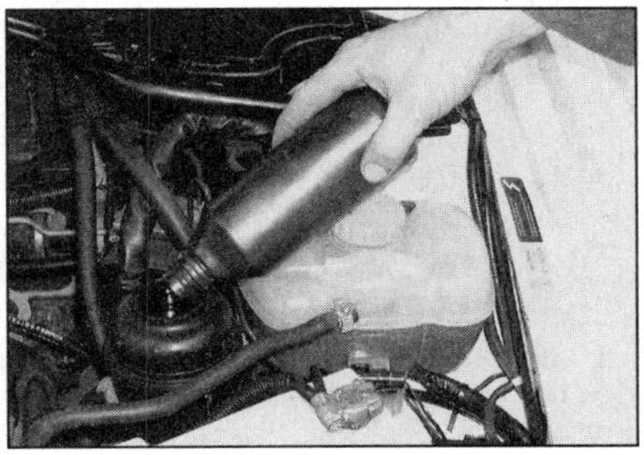

4 Fyll på behållaren med angiven styrservoolja (fyll inte på för mycket), sätt sedan tillbaka locket och vrid åt det.

Torkarblad

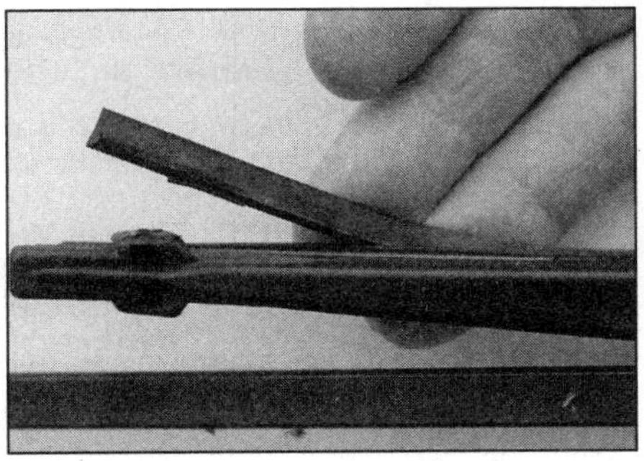

1 Kontrollera skicket på torkarbladen. Om de är spruckna eller visar tecken på åldrande, eller om vindrutan inte blir ren ska de bytas ut. Torkarbladen bör bytas en gång om året som en rutinåtgärd.

2 Böj ut torkararmen så långt det går från rutan innan den spärras. Vinkla bladet 90°, tryck in låsfliken med fingrarna och dra ut bladet ur armens böjda ände.

Däckens skick och lufttryck

Det är viktigt att däcken är i bra skick och att de har rätt tryck – går ett däck sönder vid hög hastighet är det väldigt farligt.

Däckens slitage påverkas av körstilen – snabba inbromsningar och accelerationer eller tvära kurvtagningar orsakar snabbare däckslitage. Framdäcken slits i regel ut snabbare än bakdäcken. Om man roterar däcken (sätter framdäcken bak och flyttar fram bakdäcken) blir slitaget mer jämnt fördelat. Fungerar det här systemet bra kan du dock behöva bekosta byte av alla fyra däcken samtidigt!

Ta bort spikar och stenar som fastnar i däckmönstret så att de inte orsakar punktering. Om det visar sig att däcket är punkterat när en spik tas bort, sätt tillbaka spiken för att märka ut platsen för punkteringen. Byt sedan omedelbart ut det punkterade däcket och lämna in det till en däckhandlare för reparation.

Kontrollera regelbundet däcken med avseende på skador i form av rispor eller bulor, särskilt på däcksidorna. Ta loss hjulen med jämna mellanrum för att rengöra dem invändigt och utvändigt. Undersök om hjulfälgarna är rostiga, korroderade eller på annat sätt skadade. Lättmetallfälgar skadas ofta av trottoarkanter vid parkering och även stålfälgar kan få bucklor. Är ett hjul väldigt skadat är hjulbyte ofta den enda lösningen.

Nya däck ska balanseras när de monteras men de kan också behöva balanseras om i takt med att de slits ut eller om motvikten på hjulfälgen ramlar av. Obalanserade däck slits ut snabbare än balanserade och orsakar dessutom onödigt slitage på styrning och fjädring. Vibrationer är ofta ett tecken på obalanserade hjul, särskilt om vibrationerna förekommer vid en speciell hastighet (oftast runt 70 km/h). Om vibrationerna endast känns genom styrningen är det troligen endast framhjulen som behöver balanseras. Om vibrationerna däremot känns i hela bilen är det antagligen bakhjulen som är obalanserade. Balansering av hjul ska utföras av den däckhandlare eller en verkstad.

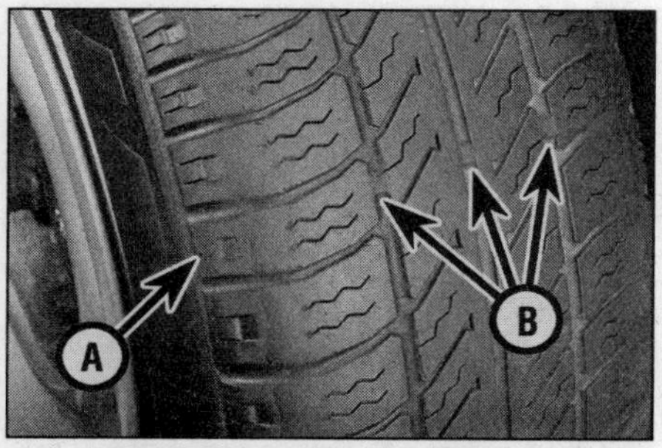

1 ***Mönsterdjup - visuell kontroll***

Originaldäcken har slitagevarningsband (B) som blir synliga när däcken slitits ner till ungefär 1,6 mm. En triangelformad markering på däcksidan (A) anger slitagebandets placering.

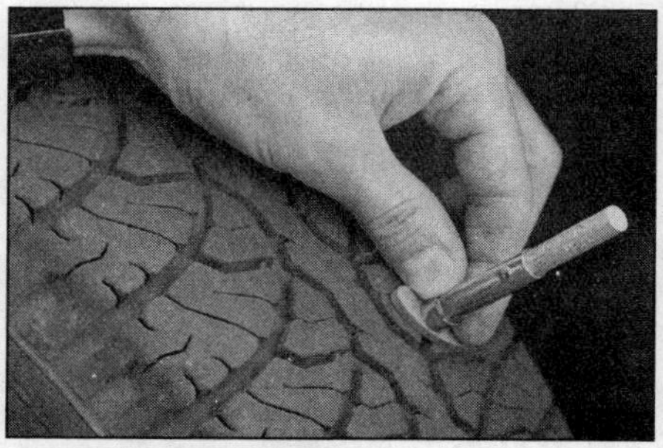

2 ***Mönsterdjup - manuell kontroll***

Mönsterdjupet kan också kontrolleras med hjälp av en enkel och billig mönsterdjupsmätare.

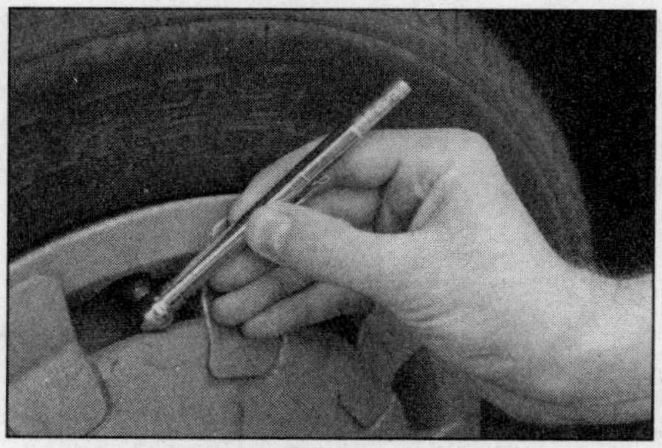

3 ***Däcktryck - kontroll***

Kontrollera däcktrycket regelbundet när däcken är kalla. Justera inte däcktrycket omedelbart efter att bilen har körts, det kommer att resultera i felaktigt tryck.

Däckslitage

Slitage på sidorna

Otillräckligt lufttryck i däck (slitage på båda sidor)
Är trycket i däcken otillräckligt kommer däcket att överhettas på grund av för stora rörelser och mönstret kommer att ligga an mot underlaget på ett felaktigt sätt. Det bidrar till sämre fäste och överdrivet slitage och risken för punktering på grund av upphettning ökar.
Kontrollera och justera däcktrycket
Felaktig cambervinkel (slitage på en sida)
Reparera eller byt ut fjädringsdetaljer
Hård kurvtagning
Sänk hastigheten!

Slitage i mitten

För högt däcktryck
För högt lufttryck orsakar snabbt slitage av mittersta delen av däcket, dessutom minskat väggrepp, stötigare gång och risk för stötskador i korden.
Kontrollera och justera däcktrycket

Om du ibland måste ändra däcktrycket till högre tryck specificerade för max lastvikt eller ihållande hög hastighet, glöm inte att minska trycket efteråt.

Ojämnt slitage

Framdäcken kan slitas ojämnt som följd av felaktig hjulinställning. De flesta däckhandlare och verkstäder kan kontrollera och justera hjulinställningen för en låg kostnad.
Felaktig camber- eller castervinkel
Reparera eller byt ut fjädringsdetaljer
Defekt fjädring
Reparera eller byt ut fjädringsdetaljer
Obalanserade hjul
Balansera hjulen
Felaktig toe-inställning
Justera framhjulsinställningen
Notera: *Den fransiga ytan i däckmönstret, ett typiskt tecken på toe-förslitning, kontrolleras bäst om man känner med handen över ytan.*

Batteri

***Varning:** Läs "Säkerheten främst" i början på den här boken några som helst arbeten utförs på batteriet.*

✔ Se till att batteriplåten är i gott skick och att batterihållaren sitter ordentligt. Rost på plåten, hållaren och batteriet kan avlägsnas med en lösning av vatten och bikarbonat. Skölj noggrant alla rengjorda delar med vatten. Alla rostskadade metalldelar ska först målas med en zinkbaserad grundfärg och därefter lackeras.

✔ Kontrollera regelbundet (ungefär var tredje månad) batteriets skick enligt beskrivning i kapitel 5A.

✔ Om batteriet är urladdat och du måste använda starthjälp för att starta bilen, se *Reparationer vid vägkanten*.

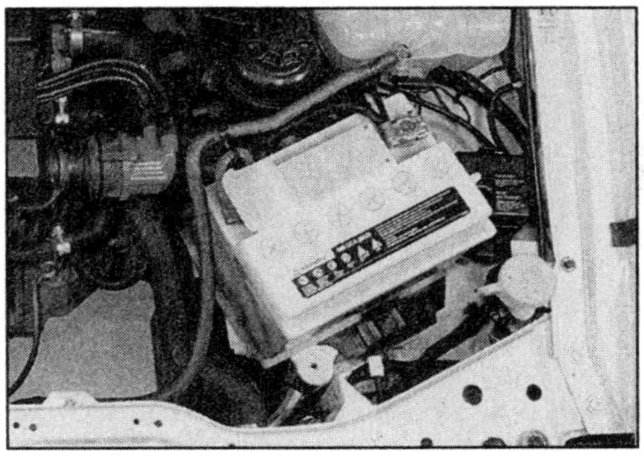

1 Batteriet är placerat i motorrummets främre vänstra del. Batteriets utsida ska kontrolleras regelbundet med avseende på sprickor och andra skador.

2 Kontrollera att batteriets kabelklämmor sitter ordentligt för bästa ledareffekt. De ska inte kunna rubbas. Kontrollera även kablarna beträffande sprickor och skadade ledare.

HAYNES TiPS

Korrosion på batteriet kan minimeras genom att man lägger lite vaselin på batteriklämmorna och polerna när man dragit åt dem.

3 Om synlig korrosion finns (vita porösa avlagringar), ta bort kablarna från batteripolerna och rengör dem med en liten stålborste. Sätt sedan tillbaka dem. Hos en bilhandlare kan man köpa ett särskilt verktyg för rengöring av batteripoler. . .

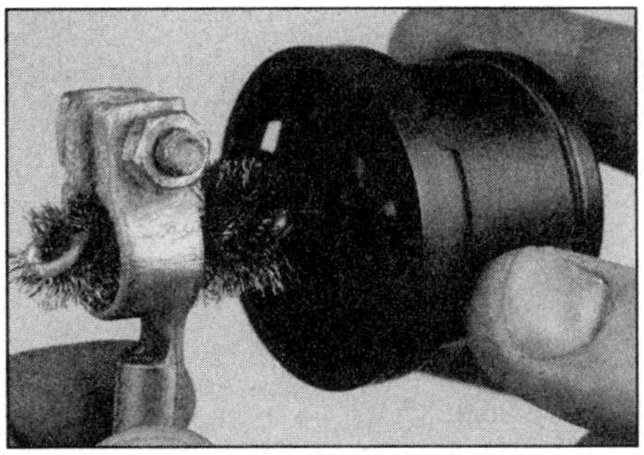

4 . . . och batteriets kabelklämmor

Elsystem

✔ Kontrollera alla yttre lampor samt signalhornet. Se aktuella avsnitt i kapitel 12 för närmare information om någon av kretsarna inte fungerar.

✔ Se över alla tillgängliga kontaktdon, kablar och kabelklämmor så att de sitter ordentligt och inte är klämda eller skadade.

HAYNES TiPS

Om du ensam måste undersöka bromsljus och blinkers, backa upp mot en vägg eller garageport och sätt på ljusen. Det reflekterade skenet visar om de fungerar eller inte.

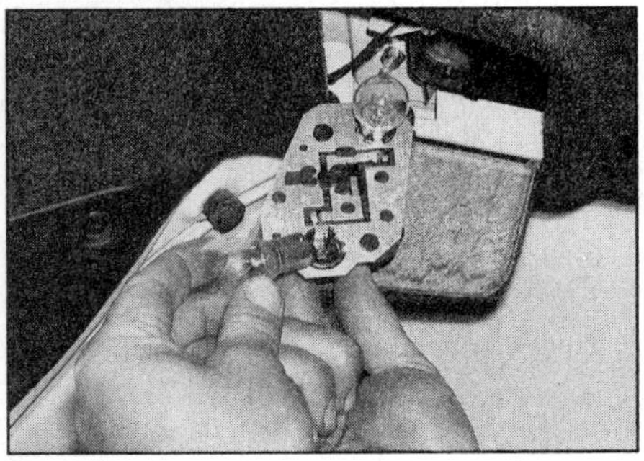

1 Om enstaka blinkers, bromsljus eller strålkastare inte fungerar beror det antagligen på en trasig glödlampa som behöver bytas ut. Se kapitel 12 för ytterligare information. Om båda bromsljusen är sönder är det möjligt att kontakten är defekt (se kapitel 9).

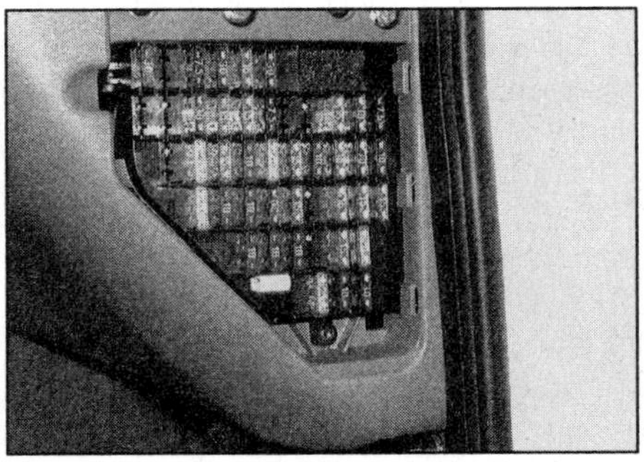

2 Om mer än en blinkers eller strålkastare inte fungerar har troligen en säkring gått eller ett fel uppstått i kretsen (se kapitel 12). Huvudsäkringarna sitter under en lucka på instrumentbrädan på förarsidan. Dra upp och ta bort luckan, dra sedan ut säkringsdosans underdel. Övriga säkringar och reläer är placerade till vänster i motorrummet.

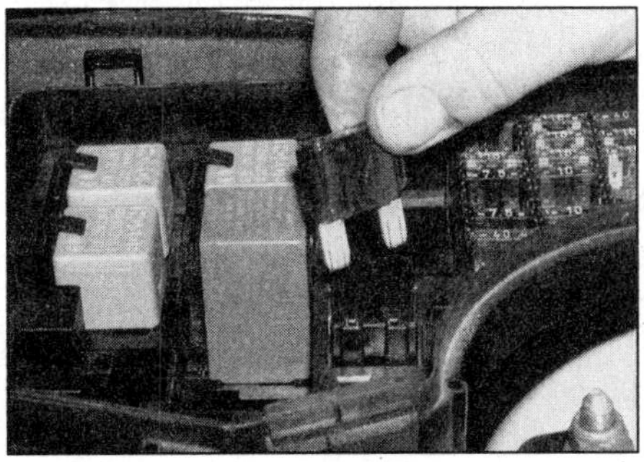

3 Byt säkring genom att först ta bort den trasiga säkringen – använd det bifogade plastverktyget i förekommande fall. Sätt dit en ny säkring av samma typ, de finns i biltillbehörsbutiker. Det är viktigt att du hittar orsaken till att säkringen gick sönder (se *Elektrisk felsökning* i kapitel 12).

Smörjmedel och vätskor

Motor	Saab Turbo motorolja eller liknande, som uppfyller API SG/SH eller CCMC G4/G5, viskositet 10W30, 10W40, 5W30 eller 5W40 *(Duckhams QXR Premium Petrol Engine Oil eller Duckhams Hypergrade Petrol Engine Oil)*
Kylsystem	Endast Saabs frostskyddsvätska
Manuell växellåda:	
Årsmodeller t.o.m. 1996	Mineralhaltig motorolja som uppfyller API SF/CC, SF/CD, viskositet 10W30 eller 10W40
Årsmodeller fr.o.m. 1997	Endast Saabs syntetiska olja för manuella växellådor
Automatväxellåda	Dexron II typ ATF *(Duckhams Unimatic)*
Servostyrningens oljebehållare	Endast Saabs servostyrningsolja
Bromsoljebehållare	Hydraulolja till SAE J1703, DOT 3 eller DOT 4 *(Duckhams Universal Brake and Clutch Fluid)*

Däcktryck (kalla däck)

Observera: *Angivna tryck gäller endast originaldäck. Om andra däck monteras, kontrollera tillverkarens rekommendationer. Med full belastning avses fem passagerare med bagage. Vid färre passagerare, dra av 0,1 bar per person från de tryck som anges nedan.*

Däckstorlek	**Fram**	**Bak**
185/65 R15 88H:		
Max 3 personer, max 160 km/tim	2,1 bar	2,1 bar
Full belastning, max 160 km/tim	2,2 bar	2,2 bar
Full belastning, stadig hastighet över 160 km/tim	2,4 bar	2,4 bar
195/60 R15 88V:		
Max 3 personer, max 160 km/tim	2,2 bar	2,2 bar
Full belastning, max 160 km/tim	2,4 bar	2,4 bar
Full belastning, stadig hastighet över 160 km/tim	2,6 bar	2,6 bar
205/50 ZR16:		
Max 3 personer, max 160 km/tim	2,3 bar	2,3 bar
Full belastning, max 160 km/tim	2,5 bar	2,5 bar
Full belastning, stadig hastighet över 160 km/tim	2,7 bar	2,7 bar

Kapitel 1
Rutinmässigt underhåll och service

Innehåll

Svårighetsgrader

Enkelt, passar novisen med lite erfarenhet	**Ganska enkelt,** passar nybörjaren med viss erfarenhet	**Ganska svårt,** passar kompetent hemmamekaniker	**Svårt,** passar hemmamekaniker med erfarenhet	**Mycket svårt,** för professionell mekaniker

Smörjmedel och vätskor
Se slutet av *Veckokontroller*

Volymer

Motorolja	
Alla motorer (med filterbyte)	4,0 liter
Skillnad mellan oljemätstickans MAX- och MIN-markeringar	1,0 liter
Kylsystem	8,5 liter
Växellåda	
Manuell (tömning och påfyllning)	1,8 liter
Automatisk (tömning och påfyllning)	3,25 liter
Bromssystem	
Systemvolym	0,58 liter
Oljebehållarens volym	0,24 liter
Bensintank	68,0 liter
Spolarsystem	4,7 liter
Servostyrning	
Sedanmodeller	
T.o.m. chassinr V2022749	0,75 liter
Fr.o.m. chassinr V2022750	1,0 liter
Cabrioletmodeller:	
T.o.m. chassinr T7003150	0,75 liter
Fr.o.m. chassinr T7003151	1,0 liter

Motor

Oljefilter	Champion C104

Kylsystem

Frostskyddsblandning:	
50% frostskydd	Skydd ner till -37°C
55% frostskydd	Skydd ner till -45°C

***Observera:** *Kontakta frostskyddsvätskans tillverkare för de senaste rekommendationerna.*

Bränslesystem

Luftfilter	Champions rekommendationer ej tillgängliga
Bränslefilter	Champion L204

Vindrutetorkare

Vindruta	Champion VX53
Bakruta	Champion X51

Tändsystem

Tändföljd	1 - 3 - 4 - 2	
Tändstift:	**Typ**	**Elektrodavstånd***
2.0 liter motor	Champion RC6YCC	0,8 mm
2.3 liter motor	Champion RC9YCC	0,8 mm

**Det elektrodavstånd som anges är det som rekommenderas av Champion för deras tändstift ovan. Om tändstift av en annan typ används, se respektive tillverkares rekommendationer.*

Bromsar

Minsta tjocklek på främre bromsklossbeläggen	5,0 mm
Minsta tjocklek på bakre bromsklossbeläggen	5,0 mm

Däck
Se slutet av *Veckokontroller*

Åtdragningsmoment

	Nm
Motoroljesumpens avtappningsplugg	25
Tändstift	27
Manuell växellåda, avtappnings-, nivå- och påfyllningspluggar	50
Automatväxellåda, avtappningsplugg	35
Hjulbultar:	
Stålfälgar	100
Lättmetallfälgar	117

Underhållsintervallen i denna handbok är angivna efter förutsättningen att du utför arbetet på egen hand. Dessa uppfyller tillverkarens minimikrav på underhållsintervall för bilar som körs dagligen. Om du vill hålla bilen i konstant toppskick bör du utföra vissa moment oftare. Vi uppmuntrar tätt och regelbundet underhåll eftersom det höjer bilens effektivitet, prestanda och andrahandsvärde.

Om bilen körs på dammiga vägar, används till att dra släp, körs mycket i kösituationer eller ofta korta sträckor, rekommenderas tätare intervaller.

Medan bilen är ny skall underhållsservice utföras av auktoriserad verkstad så att garantin ej förverkas.

Var 400:e km eller varje vecka

- ☐ Se *Veckokontroller*

Vid 10 000 km och därefter var 20 000:e km

- ☐ Återställ servicemätaren (avsnitt 3)
- ☐ Motorolja och filter – byte (avsnitt 4)
- ☐ Slangar under motorhuven/underredet, vätskeläckage – kontroll (avsnitt 5)
- ☐ Strålkastarinställning – kontroll (avsnitt 6)
- ☐ Främre bromsklossar – kontroll av slitage (avsnitt 7)
- ☐ Bakre bromsklossar – kontroll av slitage (avsnitt 8)
- ☐ Bromssystem – kontroll (avsnitt 9)
- ☐ Handbroms – kontroll (avsnitt 10)
- ☐ Drivaxeldamask – kontroll (avsnitt 11)
- ☐ Avgassystem – kontroll (avsnitt 12)
- ☐ Fjädring och styrning – kontroll (avsnitt 13)
- ☐ Frostskyddvätskans koncentration – kontroll (avsnitt 14)
- ☐ Automatväxellådans oljenivå – kontroll (avsnitt 15)
- ☐ Hjälpaggregatens drivrem – kontroll (avsnitt 16)
- ☐ Ventilationens luftfilter – byte (avsnitt 17)
- ☐ Gångjärn och lås – smörjning (avsnitt 18)
- ☐ Säkerhetsbälten – kontroll (avsnitt 19)
- ☐ Landsvägsprov (avsnitt 20)
- ☐ Krockkudde – kontroll (avsnitt 21)

Var 40 000:e km

- ☐ Manuell växellådas oljenivå – kontroll (avsnitt 22)
- ☐ Hjulinställning – kontroll (avsnitt 23)
- ☐ Bromsolja – byte (avsnitt 24) *

**Serviceintervallen grundas på tid och antal körda mil. Bromsoljan måste bytas vart annat år eller var 40 000 km, vilket som inträffar först.*

Var 60 000:e km

- ☐ Tändstift – byte (avsnitt 25)
- ☐ Luftfilter – byte (avsnitt 26)

Var 80 000:e km

- ☐ Kylvätska – byte (avsnitt 27) *

**Serviceintervallen grundas på tid och antal körda mil. Kylvätskan måste bytas vart tredje år eller var 80 000:e km, vilket som inträffar först.*

Var 100 000:e km

- ☐ Automatväxellådsolja – byte (avsnitt 28)

Var 170 000:e km

- ☐ Bränslefilter – byte (avsnitt 29)

Motorrummet på en 1996 års Saab 900S 2.0 liter

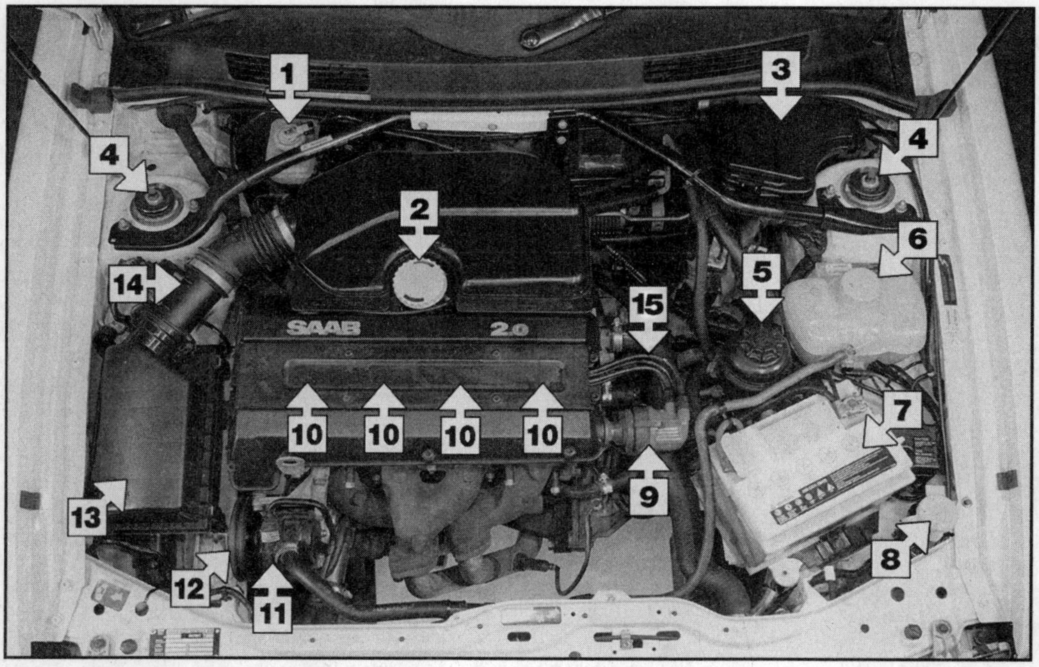

1 *Bromsvätskebehållare*
2 *Motoroljans påfyllningslock och mätsticka*
3 *Säkringsdosa*
4 *Fjäderbenets övre fäste*
5 *Servostyrningsoljans behållare*
6 *Kylvätskans expansionskärl*
7 *Batteri*
8 *Vindrutans spolarvätske-behållare, påfyllningslock*
9 *Tändfördelare*
10 *Tändstift (dolda)*
11 *Servostyrningspump*
12 *Hjälpaggregatens drivrem*
13 *Luftrenarhus*
14 *Luftflödesmätare*
15 *Tändkablar*

Främre underrede på en 1996 års Saab 900S 2.0 liter

1 *Motoroljefilter*
2 *Motoroljesumpens avtappningsplugg*
3 *Drivaxel*
4 *Framfjädringens kryssrambalk*
5 *Framfjädringens svängarm*
6 *Framfjädringens nedre styrarm*
7 *Växellåda*
8 *Lambdasond*
9 *Bromsok*
10 *Kylarens elektriska kylfläkt*
11 *Avgassystemets främre rör*

Bakre underrede på en 1996 års Saab 900S 2.0 liter

1 Bakre bromsok
2 Bakre ljuddämpare
3 Bakfjädringens krängningshämmare
4 Bakfjädringens axelbalk
5 Bakfjädringens spiralfjäder
6 Stötdämparens nedre fäste
7 Handbromsvajer
8 Bensintank
9 Bränslefilter

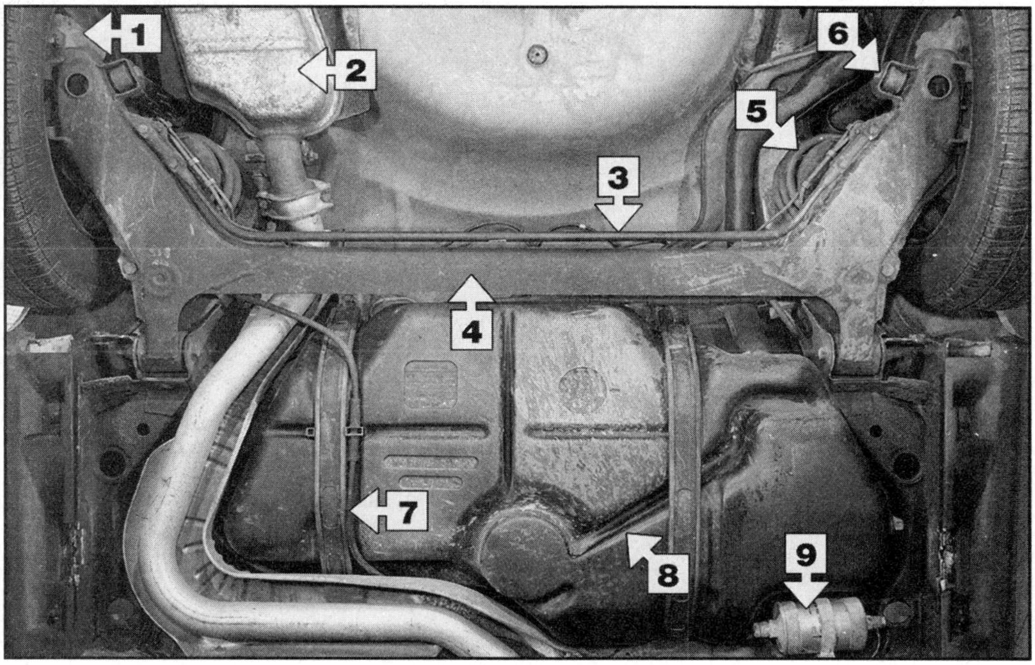

1 Allmän information

1 Syftet med det här kapitlet är att hjälpa hemmamekanikern att underhålla sin bil för att den ska få så hög säkerhet, driftsekonomi, livslängd och prestanda som möjligt.

2 Kapitlet innehåller ett underhållsschema som följs av avsnitt som i detalj behandlar posterna i schemat. Bland annat behandlas inspektioner, justeringar och byte av delar. Se de tillhörande bilderna av motorrummet och underredet vad gäller de olika delarnas placering.

3 Underhållsschemat för tid/körsträcka och de följande avsnitten utgör ett tydligt underhållsprogram som, om du följer det, bidrar till att bilens tjänstgöring blir både lång och säker. Planen är heltäckande, så om endast vissa delar underhålls enligt schemat uppnås inte samma resultat.

4 Ofta kan – och bör – flera åtgärder utföras samtidigt på bilen, antingen för att det arbete som ska utföras kräver det, eller för att två annars orelaterade delar sitter nära varandra. Om bilen av någon anledning hissas upp kan t.ex. inspektion av avgassystemet utföras samtidigt som styrning och fjädring kontrolleras.

5 Det första steget i underhållsprogrammet består av förberedelser innan själva arbetet påbörjas. Läs igenom relevanta avsnitt, gör sedan upp en lista på vad som behöver göras och införskaffa verktyg och delar. Om problem dyker upp, rådfråga en specialist på reservdelar eller vänd dig till återförsäljarens serviceavdelning.

2 Intensivunderhåll

1 Om underhållsschemat följs noga från det att bilen är ny, och om vätske- och oljenivåerna och de delar som är utsatta för stort slitage kontrolleras enligt denna handboks rekommendationer, hålls motorn i bra skick och behovet av extra arbete minimeras.

2 Ibland går motorn dåligt på grund av bristande regelbundet underhåll. Detta är mer troligt med en begagnad bil som inte fått tät och regelbunden service. I sådana fall kan extra åtgärder behöva utföras, utöver det normala underhållet.

3 Om motorn misstänks vara sliten ger ett kompressionsprov (se kapitel 2A) värdefull information om de inre huvudkomponenternas skick. Ett kompressionsprov kan användas som beslutsgrund för att avgöra omfattningen på det kommande arbetet. Om provet avslöjar allvarligt inre slitage är det slöseri med tid och pengar att utföra underhåll på det sätt som beskrivs i detta kapitel om inte motorn först renoveras (kapitel 2B).

4 Följande åtgärder är de som oftast behövs för att förbättra prestandan hos en motor som går dåligt:

Första åtgärder

a) Rengör, kontrollera och testa batteriet (Veckokontroller, kapitel 5A).
b) Kontrollera alla motorrelaterade vätskor (Veckokontroller).
c) Kontrollera drivremmens skick och spänning (avsnitt 16).
d) Byt tändstift (avsnitt 25).
e) Granska fördelarlock, rotor och tändkablar (kapitel 5B).
f) Kontrollera luftfiltrets skick och byt det vid behov (avsnitt 26).
g) Byt bränslefilter (avsnitt 29).
h) Undersök alla slangar, leta efter läckage (avsnitt 5).

5 Om ovanstående åtgärder inte har någon inverkan skall följande åtgärder utföras:

Övriga åtgärder

a) Kontrollera laddningssystemet (kapitel 5A).
b) Kontrollera tändsystemet (kapitel 5B).
c) Kontrollera bränslesystemet (kapitel 4A).
d) Byt fördelarlock och rotorarm – efter tillämplighet (kapitel 5B, avsnitt 4).
e) Byt tändkablar (kapitel 5B, avsnitt 4).

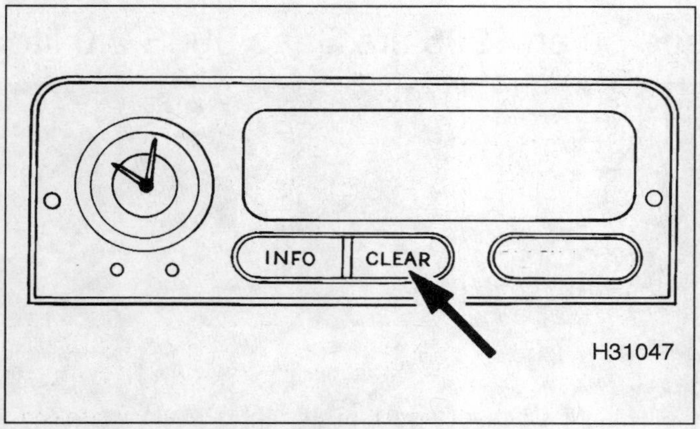

3.2 Tryck ner "CLEAR"-knappen på SID-panelen i 8 sekunder och släpp den sedan

4.3 Skruva loss sumpens avtappningsplugg

Var 20 000:e km

3 Servicemätare – återställning

1 På vissa modeller ingår en servicemätare i Saabs informationsdisplay (SID) på instrumentbrädan. När bilen gått 20 000 km sedan den senaste kontrollen ger mätaren utslag. När bilen servats nollställs servicemätaren för hand.

2 Tryck ner "CLEAR"-knappen på SID-panelen i 8 sekunder och släpp den sedan **(se bild)**. Displayen ska visa "CLEAR" de första fyra sekunderna och sedan visa "SERVICE" de återstående fyra sekunderna. En ljudsignal hörs under tiden. Servicemätaren är sedan återställd.

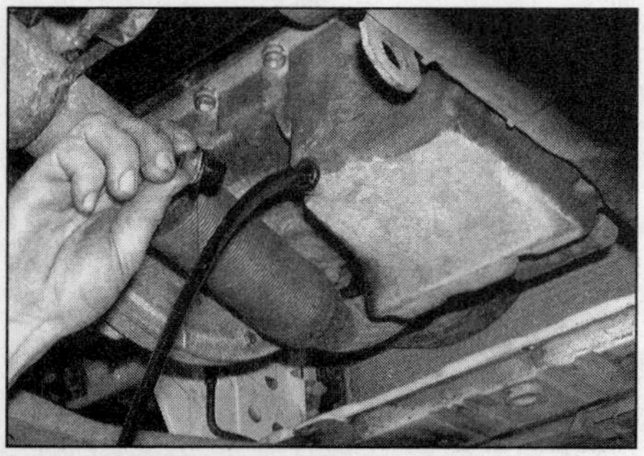

4.4a Ge oljan lite tid att rinna ut . . .

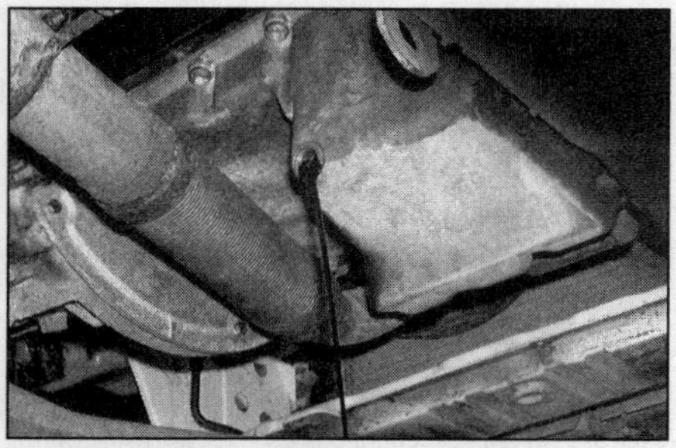

4.4b . . . och observera att det kan bli nödvändigt att flytta kärlet när oljeflödet minskar

4 Motorolja och filter – byte

HAYNES TiPS

Täta byten av olja och filter är de viktigaste förebyggande underhållsarbeten som kan utföras av en hemmamekaniker. När motoroljan åldras blir den utspädd och förorenad. Oljefiltret täpps gradvis igen med föroreningar och avlagringar med minskat flöde och lågt oljetryck som följd. Dessa effekter kan bidra till överdrivet motorslitage om de inte åtgärdas. Olja i bilar som körs långa sträckor och i bilar som ofta körs korta sträckor eller som körs mycket i ojämn trafik, blir förorenad snabbare än olja i andra bilar. Under sådana förhållanden bör man byta motorolja och filter var 10 000:e km i stället för som normalt, var 20 000:e km.

1 Innan arbetet påbörjas, plocka fram alla verktyg och allt material som behövs. Se till att ha gott om trasor och gamla tidningar för att torka upp spill. Motoroljan ska helst vara varm eftersom den då rinner ut lättare och även tar med sig slam. Se dock till att inte vidröra avgassystemet eller andra heta delar vid arbete under bilen.

2 Använd handskar under arbetet för att undvika skållning och för att skydda huden mot irriterande ämnen och skadliga föroreningar som finns i begagnad motorolja. Det går betydligt lättare att komma åt bilens undersida om den hissas upp, ställs på ramper eller lyfts med domkraft och ställs på pallbockar (se *Lyftning och stödpunkter*). Oavsett vilken metod som används, se till att bilen står plant eller, om den lutar, att oljeavtappningspluggen befinner sig vid den lägsta punkten.

3 Lossa avtappningspluggen ungefär ett halvt varv **(se bild)**. Placera avtappningskärlet under avtappningspluggen och skruva ur pluggen helt. Försök om möjligt att hålla kvar pluggen i sumpen medan den skruvas ut den sista biten. Dra sedan snabbt bort avtappningspluggen så att oljan hamnar i kärlet och inte på din arm! Ta bort pluggens tätningsbricka.

4 Ge oljan tid att rinna ut. Observera att det kan bli nödvändigt att flytta avtappningskärlet när oljeflödet minskar **(se bilder)**.

5 Torka av avtappningspluggen med en ren trasa när all olja runnit ut. Undersök tätningsbrickan och byt ut den om den är i dåligt skick **(se bild)**. Sätt på en ny tätningsbricka, rengör området kring pluggen och skruva in den. Dra åt avtappningspluggen till angivet moment.

4.5 Byt ut brickan till sumpens oljeavtappningsplugg om det behövs

4.7a Lossa oljefiltret med ett demonteringsverktyg . . .

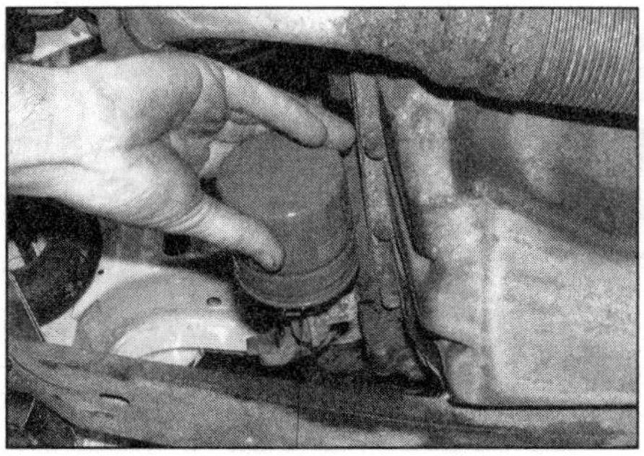

4.7b . . . och ta bort filtret från motorn

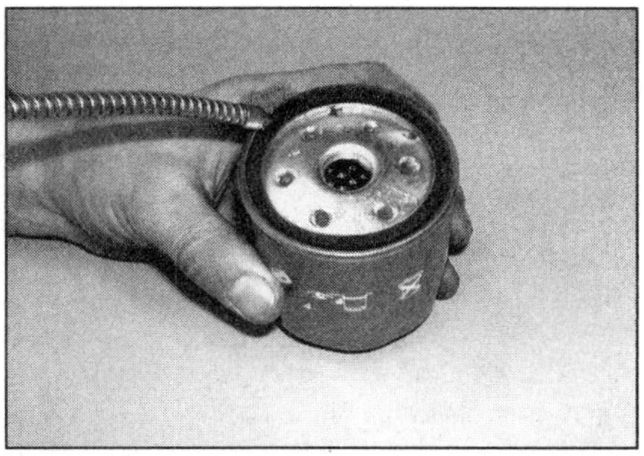

4.9a Applicera ett tunt lager ren motorolja på det nya filtrets tätningsring. . .

6 Placera behållaren under oljefiltret. Filtret är monterat på ett hus på motorblockets främre högra sida.

7 Lossa filtret med ett oljefilterverktyg om det behövs, och skruva sedan loss det för hand **(se bilder)**. Observera att på B204 och B234 motorer är oljefiltret placerat väldigt nära sumpen. På dessa motorer kan ett remverktyg användas för att demontera filtret. Töm oljan från det gamla oljefiltret i behållaren och kassera filtret.

8 Torka bort all olja, smuts och slam från filtrets tätningsyta på motorn med en ren trasa. Kontrollera på det gamla filtret att ingen del av gummitätningen sitter fast på motorn. Om någon del av tätningen fastnat ska den försiktigt tas bort.

9 Lägg på ett tunt lager ren motorolja på det nya filtrets tätningsring och skruva fast filtret på motorn **(se bilder)**. Dra åt filtret ordentligt, men endast för hand – använd **inte** något verktyg. Rengör filtret och sumpens avtappningsplugg.

10 Ta bort den gamla oljan och verktygen under bilen och sänk ner bilen.

11 Ta bort oljepåfyllningslocket och dra ut oljemätstickan från påfyllningsröret. Fyll motorn med olja av rätt klass och typ (se *Smörjmedel och vätskor*). En oljekanna eller tratt kan minska spillet. Börja med att hälla i halva den angivna mängden olja och vänta några minuter så att den hinner sjunka ner i sumpen. Fortsätt fylla på små mängder i taget till dess att nivån når det nedre märket på mätstickan. Ytterligare 1,0 liter tar upp nivån till mätstickans övre märke. Sätt i oljemätstickan och sätt till baka påfyllningslocket **(se bilder)**.

12 Starta motorn och låt den gå i några minuter. Leta efter läckor runt oljefiltertätningen och sumpens avtappningsplugg. Observera att det kan ta ett par sekunder innan oljetryckslampan släcks sedan motorn startats första gången efter ett oljebyte. Detta beror på att oljan måste cirkulera runt i kanalerna och det nya filtret innan trycket byggs upp.

13 Stäng av motorn och vänta ett par minuter så att oljan får rinna tillbaka till sumpen. När den nya oljan har cirkulerat runt motorn och fyllt filtret ska oljenivån kontrolleras igen, fyll på mer vid behov.

14 Ta hand om den använda motoroljan på ett säkert sätt i enlighet med rekommendationerna i referenskapitlet.

5 Slangar under motorhuven/ underredet, vätskeläckage – kontroll

Kylsystem

Varning: Se anvisningarna i "Säkerheten främst" och kapitel 3 innan du rör några av kylsystemets komponenter.

1 Undersök kylaren och kylvätskeslangarna utmed hela deras längd. Byt ut alla slangar som är spruckna, svullna eller visar tecken på åldrande. Sprickor är lättare att se om slangen trycks ihop. Var uppmärksam på slangklämmorna som fäster slangarna vid kylaren Slangklämmor som dragits åt för hårt kan punktera slangarna med läckor i kylsystemet som följd **(se bild)**.

4.9b . . . och skruva sedan fast filtret på motorn

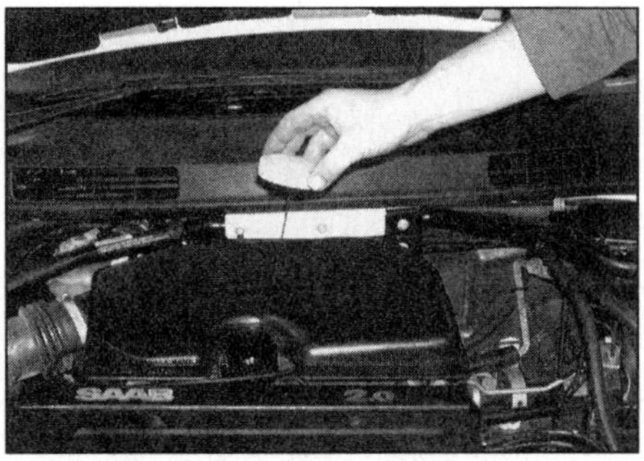

4.11a Ta bort oljepåfyllningslocket och dra ut oljemätstickan från påfyllningsröret

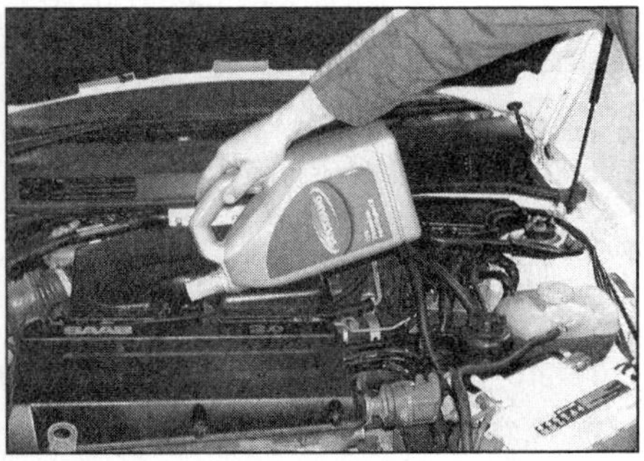

4.11b Fyll motorn med olja av rätt klass och typ

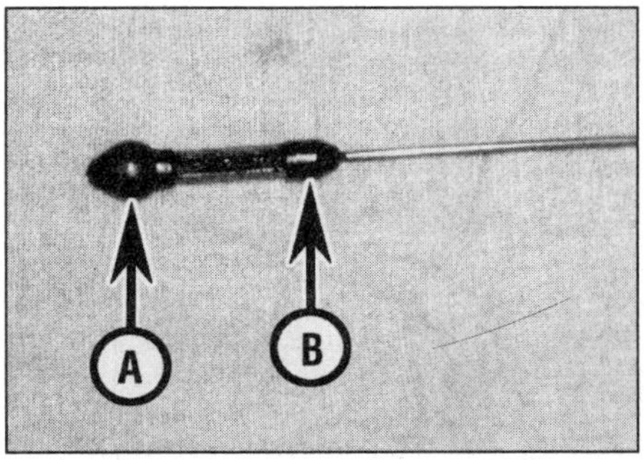

4.11c Nedre markeringen (A) och övre markeringen (B) på motorns oljemätsticka

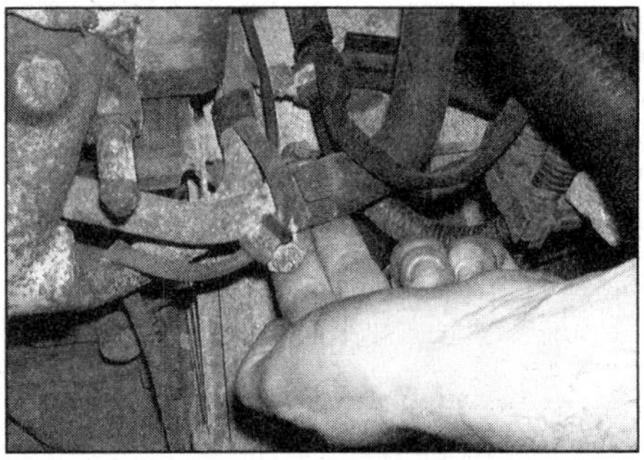

5.1 Undersök alla kylvätskeslangar för att se om de läcker

HAYNES TiPS

Kylvätskeläckage visar sig vanligen som vita eller rostfärgade porösa avlagringar i området runt läckan.

2 Undersök alla delar av kylsystemet (slangar, fogytor, etc.) vad gäller läckor. Om problem av denna typ förekommer ska relevant del eller packning bytas enligt beskrivning i kapitel 3 **(se Haynes tips)**.

Bränslesystem

⚠ ***Varning: Se anvisningarna i "Säkerheten främst" och kapitel 4A innan du rör några av bränslesystemets komponenter.***

3 Bränsleläckor kan vara svåra att hitta om inte läckaget är omfattande och därför syns tydligt. Bränsle tenderar att förångas snabbt vid kontakt med luft, särskilt i ett varmt motorrum. Små droppar kan försvinna innan du hinner hitta läckans källa. Låt bilen stå över natten om du misstänker att det finns ett bränsleläckage i motorrummet och kallstarta sedan motorn med motorhuven öppen. Metallkomponenter krymper en aning vid kyla och gummitätningar och slangar stelnar, så eventuella läckor blir lättare att hitta när motorn värms upp från kallstart.

4 Kontrollera alla bränsleledningar vid anslutningarna till bränslefördelningsskenan, bränsletrycksregulatorn och bränslefiltret. Undersök alla bränsleslangar av gummi efter hela deras längd med avseende på sprickor och skador. Leta efter läckor i de veckade skarvarna mellan gummislangarna och metalledningarna. Undersök anslutningarna mellan bränsleledningarna av metall och

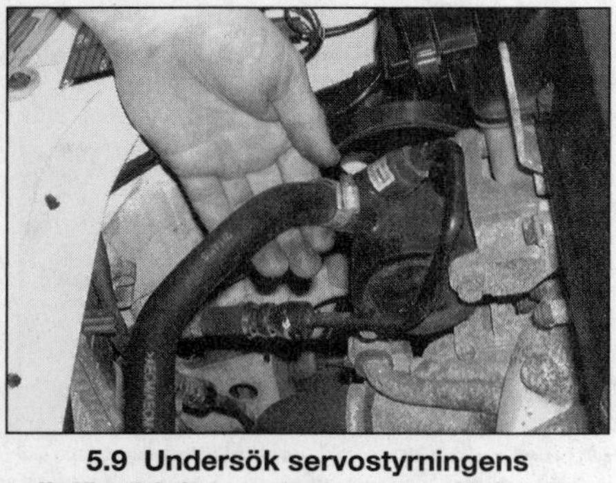

5.9 Undersök servostyrningens oljeförsörjning, returslangar och rör efter tecken på läckage

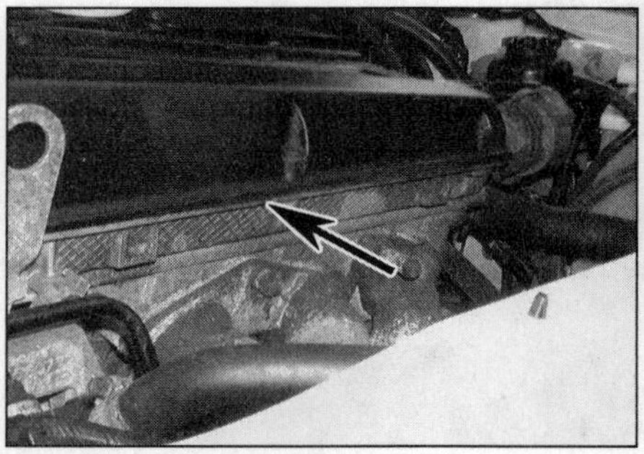

5.7a Undersök området runt kamaxelkåpans fogyta efter tecken på läckande motorolja

bränslefiltrets hus. Undersök även området runt bränsleinsprutarna för att se om O-ringarna läcker

5 Lyft upp bilen på pallbockar för att kunna leta efter läckor mellan bränsletanken och motorrummet (se *Lyftning och stödpunkter*). Undersök om bensintanken och/eller påfyllningsröret har hål, sprickor eller andra skador. Anslutningen mellan påfyllningsröret och tanken är speciellt kritisk. Ibland läcker ett påfyllningsrör av gummi eller en slang beroende på att slangklämmorna är för löst åtdragna eller att gummit åldrats.

6 Undersök noga alla gummislangar och metallrör som leder från tanken. Leta efter lösa anslutningar, åldrade slangar, veck på rör och andra skador. Var extra uppmärksam på ventilationsrör och slangar som ofta är lindade runt påfyllningsröret och kan bli igensatta eller veckade så att det blir svårt att tanka. Följ bränsletillförsel- och returledningarna till den främre delen av bilen och undersök dem noga efter tecken på skador eller rost. Byt ut skadade sektioner vid behov.

Motorolja

7 Undersök området kring kamaxelkåpan, topplocket, oljefiltret och sumpens fogytor. Där tillämpligt, kontrollera området runt tändfördelarfästets fläns i förekommande fall **(se bilder)**. Tänk på att det med tiden är naturligt med en viss genomsippring i dessa områden – vad du letar efter är tecken på allvarligt läckage som orsakats av fel på packningen. Motorolja som sipprar från botten på kamremskåpan eller växellådans balanshjulskåpa kan vara tecken på att vevaxelns eller växellådans ingående axels oljetätningar läcker. Om ett läckage påträffas, byt den defekta packningen eller tätningen enligt beskrivning i relevant kapitel i denna handbok.

Automatväxellådans olja

8 Kontrollera i förekommande fall slangarna som leder till växellådans oljekylare i motorrummets främre del med avseende på läckage. Leta efter åldrande som orsakats av korrosion och efter skador som orsakats av att slangarna släpat i marken eller av stenskott. Automatväxellådsolja är en tunn, ofta rödfärgad olja.

5.7b Kontrollera området runt tändfördelarfästets fläns (där tillämpligt)

Servostyrningsolja

9 Undersök slangen mellan oljebehållaren och servostyrningspumpen samt returslangen från kuggstången till oljebehållaren. Kontrollera även högtrycksslangen mellan pumpen och kuggstången **(se bild)**.

10 Undersök skicket på varje slang noggrant. Leta efter åldrande som orsakats av korrosion och efter skador som orsakats av att slangarna släpat i marken eller av stenskott.

11 Var extra noga med veckade anslutningar och området runt de slangar som är fästa med justerbara skruvklämmor. Liksom automatväxellådsolja är servostyrningsolja tunn och ofta rödfärgad.

Luftkonditioneringens kylmedel

⚠ ***Varning: Se anvisningarna i "Säkerheten främst" och kapitel 3 beträffande farorna med att röra luftkonditioneringssystemets komponenter.***

12 Luftkonditioneringssystemet är fyllt med flytande kylmedel som förvaras under högt tryck. Om luftkonditioneringssystemet öppnas och tryckutjämnas utan hjälp av specialutrustning kommer kylmedlet omedelbart att förångas och blanda sig med luften. Om vätskan kommer i kontakt med hud kan den orsaka allvarliga frostskador. Kylmedlet innehåller också miljöfarliga ämnen och ska därför inte släppas ut i luften under okontrollerade former.

13 Misstänkt läckage i luftkonditioneringssystemet ska omedelbart överlåtas till en Saabverkstad eller en luftkonditioneringsspecialist. Läckage yttrar sig genom att nivån på kylmedel i systemet sjunker stadigt.

14 Observera att vatten kan droppa från kondensatorns avtappningsrör under bilen omedelbart efter att luftkonditioneringssystemet har använts. Detta är normalt och behöver inte åtgärdas.

Bromsolja

⚠ ***Varning: Se anvisningarna i "Säkerheten främst" och kapitel 9, angående farorna med hantering av bromsolja.***

5.15 Undersök området runt bromsvätskebehållarens botten med avseende på läckage

15 Enligt beskrivningen i kapitel 9, undersök området runt bromsrörens anslutningar vid huvudcylindern efter tecken på läckage. Kontrollera området runt oljebehållarens botten efter läckage som orsakats av defekta tätningar **(se bild)**. Undersök även bromsrörens anslutningar vid den hydrauliska ABS-enheten.

16 Om uppenbar oljeförlust föreligger men inget läckage kan upptäckas i motorrummet, ska bilen lyftas upp på pallbockar och bromsoken samt underredets bromsledningar undersökas (se *Lyftning och stödpunkter*). Oljeläckage från bromssystemet är ett allvarligt fel som kräver omedelbart åtgärdande.

17 Hydrauloljan till bromsarna/växellådan är giftig och har en vattnig konsistens. Ny hydraulolja är i det närmaste färglös, men den mörknar med tid och användning.

Oidentfierade vätskeläckage

18 Om det finns tecken på att vätska av någon sort läcker från bilen, men du inte kan avgöra vilken sorts vätska eller var den kommer ifrån, parkera bilen över natten och lägg en stor bit kartong under den. Förutsatt att kartongbiten är placerad på någorlunda rätt ställe kommer även mycket små läckor att synas på den. Detta gör det lättare både att avgöra var läckan finns samt att, med hjälp av dess färg, identifiera vätskan. Tänk på att vissa läckage bara ger i från sig vätska när motorn är igång.

Vakuumslangar

19 Bromssystemet är hydraulstyrt men bromsservon förstärker kraften på bromspedalen med hjälp av det vakuum som motorn skapar i insugsröret. Vakuumet leds till servon genom en bred slang. Läckor på slangen minskar bromsarnas effektivitet och kan även påverka motorn.

20 Några av komponenterna under motorhuven, särskilt avgasreningskomponenterna, drivs av vakuum från insugsröret via smala slangar. En läcka i vakuumslangen innebär att luft kommer in i slangen (i stället för att pumpas ut från den) vilket gör läckan mycket svår att upptäcka. En metod är att använda en bit gammal vakuumslang som ett slags stetoskop. Håll den ena änden vid (men inte i!) örat och använd den andra änden för att undersöka området runt det misstänkta läckaget. När slangens ände befinner sig direkt ovanför vakuumläckan hörs ett tydligt väsande ljud genom slangen. Motorn måste vara igång vid en sådan här undersökning, så var noga med att inte komma åt heta eller rörliga komponenter. Byt ut alla vakuumslangar som visar sig vara defekta.

6 Strålkastarinställning – kontroll

Se kapitel 12 för ytterligare information.

7 Främre bromsklossar – kontroll

1 Dra åt handbromsen och ställ upp bakvagnen på pallbockar med hjälp av en domkraft (se *Lyftning och stödpunkter*). Lyft av framhjulen.

2 Bromsklossarnas tjocklek kan snabbt kontrolleras via inspektionsöppningen på bromsokets framsida **(se bild)**. Mät tjockleken på bromsklossbeläggen, inklusive stödplattan, med en stållinjal. Detta får inte vara mindre än det mått som anges i specifikationerna.

3 Denna kontroll är dock en ganska grov uppskattning av hur bromsklossarna ser ut. Vid en ingående kontroll ska bromsklossarna demonteras och rengöras. Då kan även okens funktion kontrolleras och bromsskivornas skick undersökas.

4 Om belägget på någon kloss är slitet till angiven minimitjocklek eller tunnare *måste alla fyra klossarna bytas.* Se kapitel 9 för mer information.

5 När du är klar, sätt tillbaka hjulen och sänk ner bilen.

8 Bakre bromsklossar – kontroll

1 Dra åt handbromsen och ställ bakvagnen på pallbockar (se *Lyftning och stödpunkter*). Ta av bakhjulen.

2 Bromsklossens tjocklek kan snabbkontrolleras via inspektionshålet på bromsokets baksida. Mät tjockleken på bromsklossbeläggen, inklusive stödplattan, med en stållinjal. Detta får inte vara mindre än vad som anges i specifikationerna.

3 Denna kontroll är dock en ganska grov uppskattning av hur bromsklossarna ser ut. Vid en ingående kontroll ska bromsklossarna demonteras och rengöras. Då kan även okens funktion kontrolleras och bromsskivornas skick undersökas.

7.2 Bromsklossarnas tjocklek kan mätas genom öppningen i det främre bromsoket

4 Om belägget på någon kloss är slitet ner till angiven minimitjocklek eller under *måste alla fyra klossarna bytas.* Se kapitel 9 för mer information.

5 När du är klar, sätt tillbaka hjulen och sänk ner bilen.

9 Bromssystem – kontroll

1 Tryck ner bromspedalen och kontrollera att den känns fast utan att gå onödigt djupt. Om den känns "svampig" är det ett tecken på att det finns luft i hydraulsystemet och att det måste luftas enligt beskrivningen i kapitel 9.

2 Kontrollera att bromsarna tar jämnt på båda sidor om bilen och att det inte finns några tendenser till att de drar åt ena sidan.

3 Kontrollera vakuumservoenheten enligt beskrivningen i kapitel 9.

10 Handbroms – kontroll

1 Klossa framhjulen, lyft upp bilens bakvagn med hjälp av en domkraft och stöd den på pallbockar (se *Lyftning och stödpunkter*).

2 Lägg ur handbromsspaken helt.

3 Dra hanbromsen till det 6:e hacket och kontrollera att båda bakhjulen är låsta när du försöker vrida dem för hand.

4 Vid behov av justering, se kapitel 9.

5 Sänk ner bilen.

11 Drivaxeldamask – kontroll

1 Med bilens framvagn uppställd på pallbockar, vrid ratten till fullt utslag och snurra sedan långsamt på hjulet. Undersök den yttre CV-knutens gummidamasker genom att

11.1 Undersök drivaxeldamaskernas skick

klämma på dem så att vecken öppnas **(se bild)**. Leta efter tecken på sprickor, delningar och åldrat gummi som kan släppa ut fett och släppa in vatten och smuts i drivknuten. Kontrollera även damaskernas klämmor vad gäller åtdragning och skick. Upprepa dessa kontroller på de inre CV-knutarna. Om skador eller slitage påträffas bör damaskerna bytas enligt beskrivningen i kapitel 8.

2 Kontrollera samtidigt drivknutarnas skick genom att först hålla fast drivaxeln och försöka snurra på hjulet. Upprepa kontrollen men håll nu fast innerknuten och försök vrida på drivaxeln. En märkbar rörelse indikerar slitage i CV-knutarna, slitage i drivaxelspåren eller en lös drivaxelfästmutter.

12 Avgassystem – kontroll

Varning: Var noga med att inte vidröra avgassystemet, särskilt inte den främre delen, om motorn har varit igång. Det kan fortfarande vara hett.

1 Placera bilen över en smörjgrop eller på ramper. Alternativt kan bilen lyftas upp och ställas på pallbockar (se *Lyftning och stödpunkter*).

2 Granska avgassystemets hela längd beträffande skadade, avbrutna eller saknade upphängningar. Kontrollera att rörens fästklamrar är säkert monterade och undersök om systemet visar tecken på rost och korrosion.

3 Leta efter tecken på läckage – en läcka visar sig vanligtvis som en svart sotig fläck. Låt en medhjälpare hålla en trasa över avgasröret medan du kör motorn och lyssnar efter det rytmiska ”fluffiga” ljud som utmärker läckor i avgassystemet.

4 Det kan vara möjligt att laga en läcka själv med någon av tillgängliga produkter. Större skada kräver dock byte av en eller flera delar av avgassystemet, se kapitel 4A.

5 Sänk ner bilen efter avslutat arbete.

13.4 Kontrollera om navlagren är slitna genom att ta tag i hjulet och försöka vicka på det

13 Fjädring och styrning – kontroll

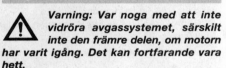

Kontroll av framvagnens fjädring och styrning

1 Ställ framvagnen på pallbockar (se *Lyftning och stödpunkter*).

2 Inspektera spindelledernas dammskydd och styrväxelns damasker, de får inte vara skavda, spruckna eller ha andra defekter. Varje defekt på dessa komponenter leder till förlust av smörjning, vilket tillsammans med intrång av vatten och smuts leder till snabb utslitning av styrväxel eller spindelleder.

3 På bilar med servostyrning ska slangarna till denna kontrolleras vad gäller skavning och allmänt skick, kontrollera även att inte rör- eller slanganslutningar läcker. Se också till att det inte läcker olja ur styrväxelns damasker när den är under tryck, det är i så fall ett tecken på att oljetätningarna inne i styrväxeln är defekta.

4 Ta tag i hjulet längst upp och längst ner och försök vicka på det **(se bild)**. Om ett ytterst litet spel märks är det ingen fara, men om rörelsen är betydande krävs en närmare undersökning för att fastställa orsaken. Fortsätt rucka på hjulet medan en medhjälpare trycker på bromspedalen. Om spelet försvinner eller minskar markant är det troligen fråga om ett defekt hjullager. Om spelet finns kvar när bromsen är nedtryckt är fjädringens leder eller fästen slitna.

5 Greppa sedan hjulet på sidorna och försök rucka på det igen. Märkbart spel kan fortfarande orsakas av hjullagerglapp eller styrstagets spindelleder. Om den yttre spindelleden är sliten är det synliga spelet tydligt. Om den inre spindelleden misstänks vara sliten kan detta kontrolleras genom att man placerar handen över kuggstångens gummidamask och tar tag om styrstaget. Om hjulet ruckas kommer rörelsen att kännas vid den inre spindelleden om den är sliten.

6 Använd en stor skruvmejsel eller ett plattjärn och leta efter glapp i fjädringsfästenas bussningar genom att bända mellan relevant komponent och dess fästpunkt. En viss rörelse är att vänta eftersom bussningarna är av gummi, men eventuellt större slitage visar sig tydligt. Kontrollera även skicket på synliga gummibussningar, leta efter delningar, sprickor eller föroreningar i gummit.

7 Ställ bilen på marken och låt en medhjälpare vrida ratten fram och tillbaka ungefär ett åttondels varv åt vardera hållet. Det får bara finnas ytterst lite spel mellan rattens och hjulens rörelser, om något alls. Om spelet är större ska de leder och fästen som beskrivs ovan kontrolleras noggrant. Undersök också om rattstångens kardanknutar är slitna och inspektera kuggstångsstyrväxeln.

8 Kontrollera att framfjädringens fästen sitter ordentligt efter 10 000 km.

Kontroll av bakvagnens fjädring

9 Klossa framhjulen och ställ bakvagnen på pallbockar (se *Lyftning och stödpunkter*).

10 Kontrollera att de bakre hjullagren, fjädringens bussningar och fjäderbenets eller stötdämparens fästen (efter tillämplighet) inte är slitna, med samma metod som för framvagnens fjädring.

11 Kontrollera att bakfjädringens fästen sitter ordentligt efter 10 000 km.

Kontroll av stötdämpare

12 Leta efter tecken på oljeläckage runt stötdämpare eller från gummidamasken runt kolvstången. Om det finns spår av olja är stötdämparen defekt och ska bytas. **Observera:** *Stötdämpare ska alltid bytas parvis på samma axel.*

13 Stötdämparens effektivitet kan kontrolleras genom att bilen gungas i varje hörn. I normala fall ska bilen återta sitt normala läge och stanna efter en nedtryckning. Om den höjs och återvänder med en studs är troligen stötdämparen defekt. Undersök även om stötdämparens övre och nedre fästen visar tecken på slitage.

14 Frostskyddsvätskans koncentration – kontroll

1 När motorn är kall, skruva bort påfyllningslocket från expansionskärlet till vänster i motorrummet.

2 Använd en mätare av godkänd kvalitet, dra ut lite kylarvätska och mät koncentrationen av frostskydd. Mätarna går att köpa i biltillbehörsbutiker **(se bild)**.

3 Om halten av frostskyddsvätska är för låg, räkna ut hur mycket som måste fyllas på med hjälp av specifikationerna. Om en stor mängd frostskyddsvätska måste tillsättas kan det vara lämpligt att tömma hela kylsystemet enligt beskrivningen i avsnitt 27. Om bara en

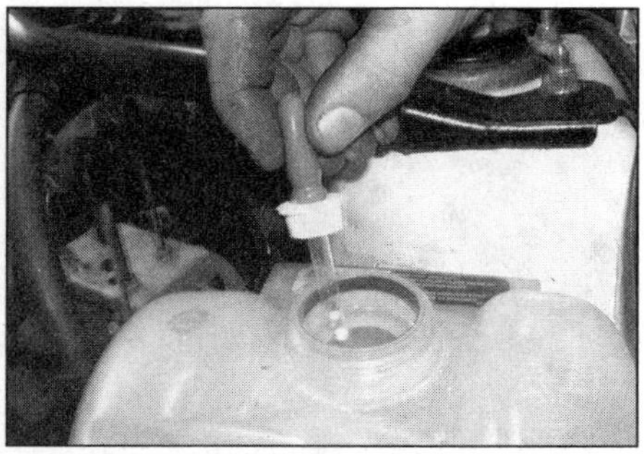

14.2 Dra ut lite kylarvätska med hjälp av ett mätverktyg och mät koncentrationen av frostskydd

liten mängd frostskyddsvätska måste tillsättas räcker det med att tömma ut lite av kylarvätskan, hälla i frostskyddsvätskan och sedan fylla upp systemet enligt beskrivningen i *Veckokontroller*.

4 Skruva på och dra åt expansionskärlets påfyllningslock när arbetet är utfört.

15 Automatväxellådans oljenivå - kontroll

1 Kör bilen en kort sträcka så att växellådan värms upp till normal arbetstemperatur och parkera sedan bilen på plant underlag. Oljenivån kontrolleras med hjälp av mätstickan på växellådans främre del.

2 Kör motorn på tomgång och lägg i "D" i ungefär 15 sekunder, lägg sedan i "R" och vänta ytterligare 15 sekunder. Gör om samma sak i läge "P", och lämna motorn på tomgångskörning.

3 Lossa spärren och dra ut oljemätstickan från röret. Torka bort oljan från änden med en ren trasa eller en bit papper. Stick in den rena mätstickan i röret och dra ut den igen. Kontrollera oljenivån på mätstickans ände – det finns två uppsättningar av markeringar, de undre är till för en oljetemperatur på 20°C och de övre ska användas vid en oljetemperatur på 80°C **(se bilder)**. Om motorn har normal arbetstemperatur ska de övre markeringarna användas.

4 Om olja behöver fyllas på, fyll på så mycket som behövs via röret tills nivån når upp till mätstickans övre markering. **Observera:** *Fyll aldrig på så mycket att oljenivån går över det övre märket. Använd en tratt med en finmaskig sil för att undvika spill och att smuts kommer in i växellådan.*

5 Efter påfyllning, ta en kort åktur med bilen så att den nya oljan får fördelas i systemet, kontrollera sedan oljan på nytt och fyll på vid behov.

6 Oljenivån ska alltid hållas mellan de två

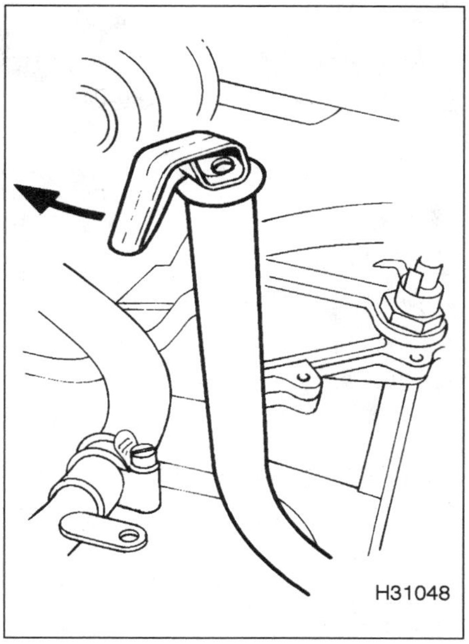

15.3a Lossa spärren och dra ut oljemätstickan från röret

märkena på mätstickan. Om nivån tillåts sjunka under den nedre markeringen uppstår oljebrist som kan leda till allvarliga skador på växellådan.

16 Hjälpaggregatens drivrem - kontroll

1 På alla motorer används en enkel flerspårig drivrem för att överföra driften från vevaxelns remskiva till kylvätskepumpen, växelströmsgeneratorn, servostyrningspumpen och, på modeller utrustade med luftkonditionering, till kylmedelskompressorn. Drivremmen styrs av två överföringsremskivor och spänns automatiskt av en fjäderförsedd spännarremskiva.

Drivrem – kontroll

2 Dra åt handbromsen och lyft upp framvagnen på pallbockar för att lättare komma åt

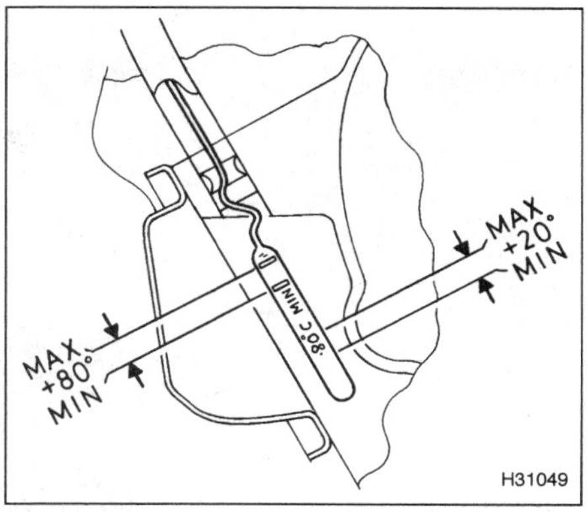

15.3b Observera att oljemätstickan har två uppsättningar nivåmarkeringar (se texten för närmare information)

drivremmen (se *Lyftning och stödpunkter*). Ta bort det högra framhjulet, ta sedan bort den nedre delen av plastfodret under det högra hjulhuset för att komma åt vevaxelns remskiva. Ta bort luftrenaren och insugstrumman enligt beskrivningen i kapitel 4A **(se bilder)**.

3 Håll fast bulten till vevaxelns remskiva med en lämplig hylsnyckel, rotera vevaxeln så att drivremmen/remmarna kan undersökas efter hela sin längd. Leta efter tecken på sprickor, delning, fransning eller andra skador **(se bild)**. Leta också efter tecken på polering (blanka fläckar) och efter delning av remlagren. Byt ut remmen om den är utsliten eller skadad.

16.2a Ta bort den nedre delen av plastfodret under det högra hjulhuset för att komma åt vevaxelns remskiva

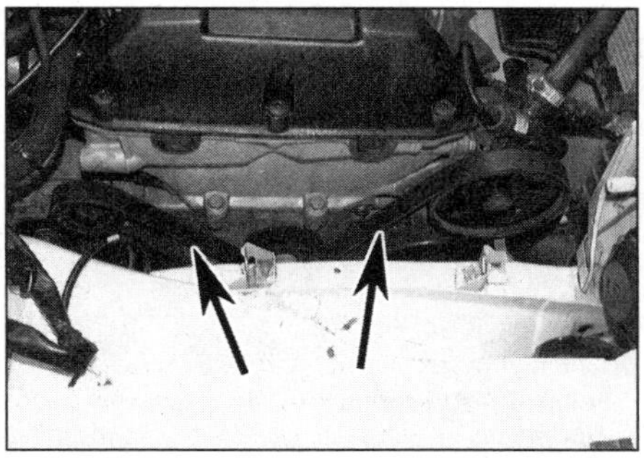

16.2b Ta bort luftrenaren och trumman för att komma åt drivremmen (vid pilarna)

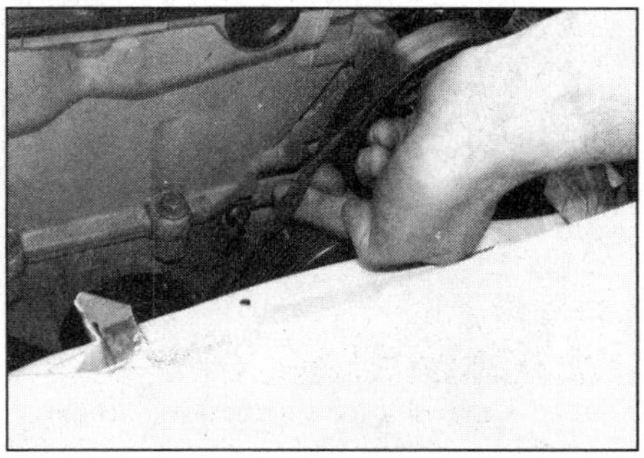

16.3 Undersök om drivremmen är sliten eller skadad

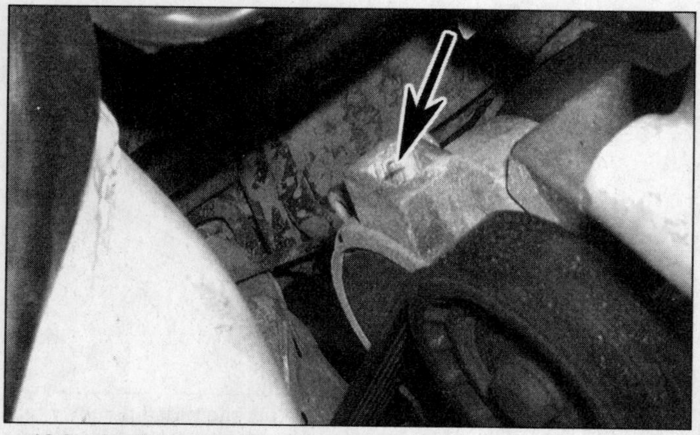

16.6a Använd ett ledhandtag med 1/2" fyrkantsfäste i tappen (vid pilen) upptill på spännarens främre del

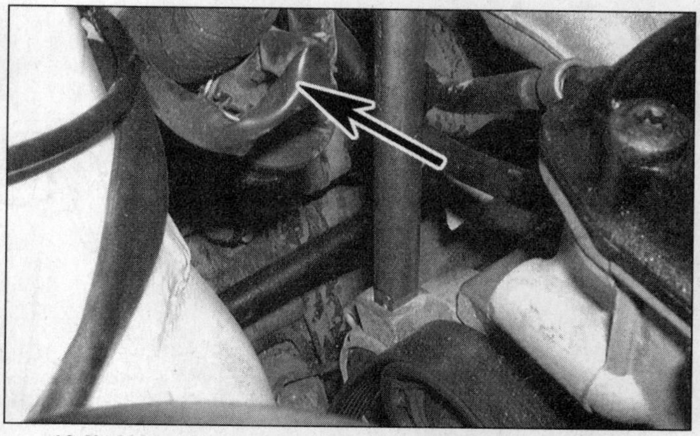

16.6b Vrid spännaren moturs, mot fjäderspänningen, tills låstappen är i linje med motsvarande hål i spännarens bakre del

4 Ta tag i remmen mitt emellan två av remskivorna och dra den bort från remskivorna så att den dras ut ungefär 25 mm. Kontrollera att den automatiska spännaren, mjukt och utan motstånd, för tillbaka remmen till sin vanliga placering.

Drivrem – demontering och montering

Demontering

5 Utför åtgärderna enligt beskrivning i punkt 3, om detta inte redan är gjort.

6 Spännarremskivans fjäder måste nu pressas ihop och spärras. Stick in ett ledhandtag med 1/2" fyrkantsfäste eller liknande i tappen ovanpå spännarens framdel. Vrid spännaren moturs, mot fjäderspänningen, tills låstappen är i linje med motsvarande hål i spännarens bakre del. Spännarens fjäder är mycket stark och det krävs betydande kraft för att pressa ihop den, men försök **inte** tvinga den utanför sin bana **(se bilder)**.

7 Håll spännaren i läge, dra sedan en 6 mm borr (eller liknande verktyg) genom spännarens låstapp och fäst den i hålet i spännarens bakre del **(se bild)**. Minska långsamt trycket på upplösarkniven och se till att spännaren stannar i sitt låsta läge.

8 Ta bort drivremmen från vattenpumpens, servostyrningspumpens, vevaxelns (och i förekommande fall luftkonditioneringskompressorns) remskivor, ta sedan bort den från motorrummet via det högra hjulhuset **(se bild)**.

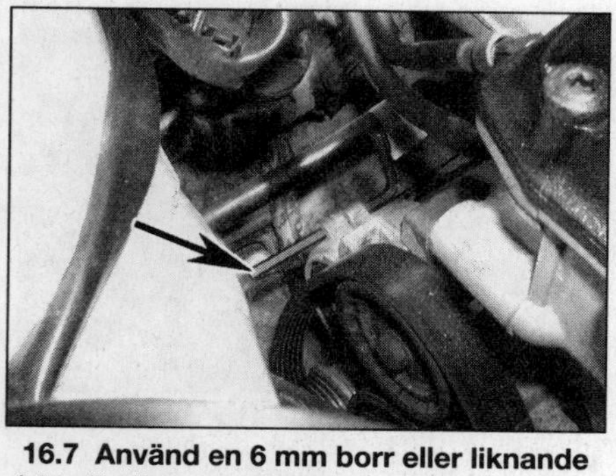

16.7 Använd en 6 mm borr eller liknande (vid pilen) för att låsa spännaren i sitt läge

16.8 Drivremmen tas bort från vevaxelns remskiva

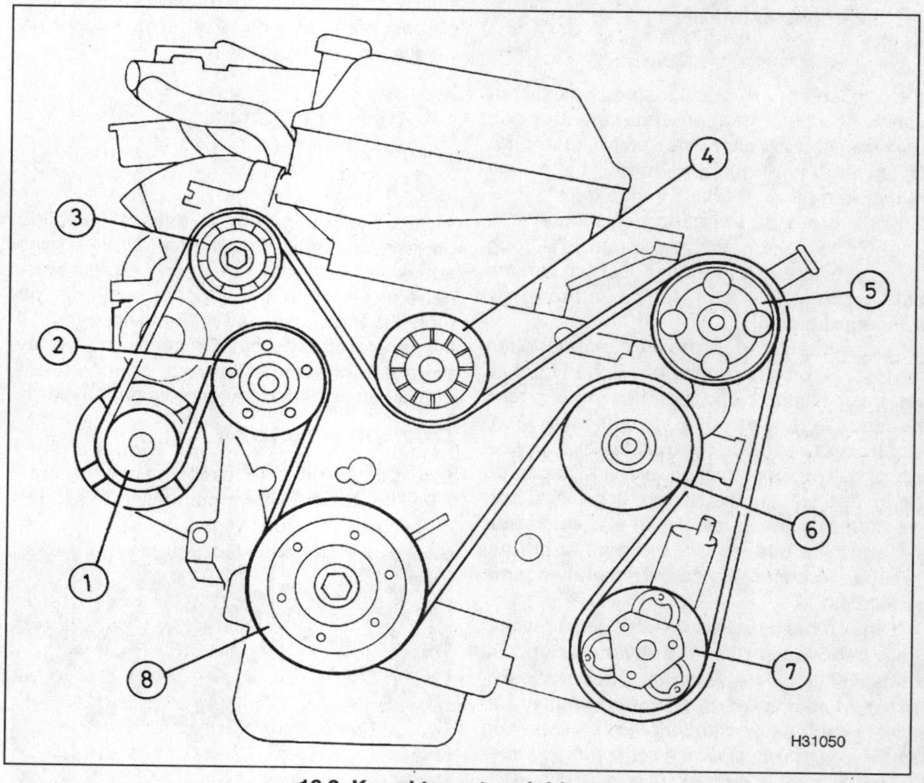

16.9 Korrekt monterad drivrem

1 Växelströmsgenerator
2 Spännare
3 Överföringsremskiva
4 Överföringsremskiva
5 Servostyrningspump
6 Kylvätskepump
7 Luftkonditioneringens kylmedelskompressor (om monterad)
8 Vevaxelns remskiva

Montering

9 Placera drivremmen över samtliga remskivor och kontrollera att flerspårssidan griper i spåren på remskivorna. Bilden visar den korrekta remdragningen **(se bild)**.
10 Tryck ihop spännarfjädern med en upplösarkniv på samma sätt som vid demonteringen. Ta bort låsverktyget och lösgör långsamt spännaren så att den åter kan trycka på drivremmens baksida.
11 Se till att remmen sitter ordentlig på remskivorna, starta sedan motorn och låt den gå på tomgång i några minuter. Detta gör att spännaren kan återta sin plats och fördela spänningen jämnt längs hela remmen. Stanna motorn och kontrollera än en gång att remmen sitter korrekt på alla remskivor.
12 Sätt sedan tillbaka hjulhusets plastfoder, montera hjulet och sänk ner bilen.

17 Ventilationens luftfilter – byte

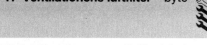

1 Ta bort torkararmarna enligt beskrivningen i kapitel 12.
2 Dra bort tätningsremsan från torpedväggen.
3 Lyft upp torpedväggens kåpa och koppla loss spolarvätskebehållaren från adaptern.
4 Ta bort ventilationens luftfilter **(se bild)**.
5 Montera det nya filtret i omvänd ordningsföljd.

18 Gångjärn och lås – smörjning

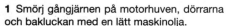

1 Smörj gångjärnen på motorhuven, dörrarna och bakluckan med en lätt maskinolja.
2 Smörj försiktigt huvlåsmekanismen med lämpligt fett.
3 Kontrollera noga att alla gångjärn, spärrar och lås fungerar och är säkra. Kontrollera att centrallåssystemet fungerar.
4 Kontrollera skick och funktion hos motorhuvens/bakluckans stöttor, byt ut dem om de läcker eller inte förmår hålla motorhuven/bakluckan öppen.

19 Säkerhetsbälten – kontroll

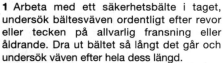

1 Arbeta med ett säkerhetsbälte i taget, undersök bältesväven ordentligt efter revor eller tecken på allvarlig fransning eller åldrande. Dra ut bältet så långt det går och undersök väven efter hela dess längd.
2 Spänn fast bilbältet och öppna det igen, kontrollera att bältesspännet sitter säkert och att det löser ut ordentligt när det ska. Kontrollera också att bältet rullas upp ordentligt när det släpps.
3 Kontrollera att säkerhetsbältenas infästningar sitter säkert. De är åtkomliga inifrån bilen utan att klädsel eller andra detaljer behöver demonteras.

20 Landsvägsprov

Instrument och elektrisk utrustning

1 Kontrollera funktionen hos alla instrument och den elektriska utrustningen.
2 Kontrollera att instrumenten ger korrekta avläsningar och slå på all elektrisk utrustning i tur och ordning för att kontrollera att den fungerar korrekt. Kontrollera att värmen, luftkonditioneringen och den automatiska klimatanläggningen fungerar.

Styrning och fjädring

3 Kontrollera beträffande onormalt beteende i styrning, fjädring, hantering eller ”vägkänsla”.
4 Kör bilen och var uppmärksam på ovanliga vibrationer eller ljud.
5 Kontrollera att styrningen känns positiv, utan överdrivet ”fladder” eller kärvningar, lyssna efter missljud från fjädringen vid kurvtagning eller gupp. Kontrollera att servostyrningen fungerar. Kontrollera att farthållaren fungerar (i förekommande fall).

Drivaggregat

6 Kontrollera att motorn, kopplingen (manuell växellåda), växellådan och drivaxlarna fungerar. På turbomodeller, kontrollera att nålen för uppladdningstryck rör sig mot det orangefärgade områdets övre gräns vid kraftig acceleration. Nålen kan under korta ögonblick röra sig in på det röda området men om detta händer ofta, eller under längre perioder, kan det vara fel på turboladdningsmekanismen (se kapitel 4A).
7 Lyssna efter ovanliga ljud från motorn, kopplingen (manuell växellåda) och växellådan.
8 Kontrollera att motorn går jämnt på tomgång och att den inte tvekar vid acceleration.
9 På modeller med manuell växellåda, kontrollera att kopplingen är effektiv, att kraften tas upp mjukt och pedalen rör sig korrekt. Lyssna även efter missljud när pedalen är nedtryckt. Kontrollera att växlarna går i mjukt utan missljud, och att växelspaken inte känns onormalt inexakt eller hackig.
10 På modeller med automatväxellåda, kontrollera att alla växlingar är ryckfria och mjuka och att inte motorvarvet ökar mellan växlar. Kontrollera att alla lägen kan väljas med stillastående bil. Om problem föreligger ska dessa tas om hand av en Saabverkstad.
11 Kör bilen långsamt i en cirkel med fullt utslag på ratten och lyssna efter metalliska klick från framvagnen. Utför den här kontrollen i båda riktningarna. Om du hör klickljud är det ett tecken på slitage i drivaxelknuten, se kapitel 8.

17.4 Lossa och ta bort ventilationens luftfilter

Kontroll av funktion och prestanda i bromssystemet

12 Kontrollera att bilen inte drar åt ena hållet vid inbromsning, och att hjulen inte låser för tidigt vid hård inbromsning.
13 Kontrollera att ratten inte vibrerar vid inbromsning.
14 Kontrollera att handbromsen fungerar ordentligt utan för stort spel i spaken, och att den kan hålla bilen stilla i backe.
15 Testa bromsservon (i förekommande fall) enligt följande. Stäng av motorn, tryck ner bromspedalen 4 eller 5 gånger för att häva vakuumet. Håll pedalen nedtryckt och starta motorn. När motorn startar ska bromspedalen ge efter medan vakuumet byggs upp. Låt motorn gå i minst två minuter och stäng sedan av den. Om pedalen trycks ner nu ska det höras ett väsande från servon. Efter ungefär fem gånger ska väsandet upphöra.

21 Krockkudde – kontroll

1 Följande arbete kan utföras av en amatörmekaniker, men om elektroniska problem uppdagas är det nödvändigt att uppsöka en Saabverkstad som har den nödvändiga diagnostiska utrustningen för avläsning av felkoder i systemet.
2 Vrid startnyckeln till körläge (tändningens varningslampa på), och kontrollera att varningslampan för SRS (Supplementary Restraint System) lyser i 3 till 4 sekunder. Efter fyra sekunder ska varningslampan slockna som ett tecken på att systemet är kontrollerat och fungerar som det ska.
3 Om varningslampan inte släcks, eller om den inte tänds, skall systemet kontrolleras av en Saabverkstad.
4 Undersök om rattens mittplatta och krockkuddemodulen på passagerarsidan har yttre skador. Kontakta en Saabverkstad vid synliga skador.
5 I säkerhetssyfte, se till att inga lösa föremål finns i bilen som kan träffa krockkuddemodulerna om en olycka skulle inträffa.

22.2 Skruva loss växellådans oljenivåplugg med en lämplig insexnyckel (vid pilen)

22.3a Växellådans påfyllningsplugg (vid pilen) är placerad ovanpå växelhuset

Var 40 000:e km

22 Manuell växellådas oljenivå – kontroll

***Observera:** En lämplig insexnyckel behövs för att kunna skruva loss den manuella växellådans påfyllnings- och nivåpluggar (efter tillämplighet). Insexnycklar finns i flesta biltillbehörsbutiker eller hos din Saabverkstad.*

1 Se till att bilen är parkerad på plant underlag. Rengör området runt nivåpluggen, som är placerad till vänster om differentialhuset bak på växellådan, bakom vänster drivaxel. Du kan komma åt pluggen från motorrummet.

2 Skruva loss pluggen med en lämplig insexnyckel eller en sexkantsbit och rengör den med en trasa **(se bild)**. Oljenivån ska nå upp till nivåhålets nederkant. Det samlas alltid lite olja under nivåpluggen som sipprar ut när pluggen tas bort; det betyder **inte** nödvändigtvis att nivån är korrekt. För att kontrollera nivån ordentligt, vänta tills oljan sipprat klart och använd sedan en bit ren ståltråd, böjd i rät vinkel, som mätsticka.

3 Om olja behöver fyllas på, rengör ytan runt påfyllningspluggen, som är placerad ovanpå växellådshuset. Lossa pluggen och torka ren den **(se bilder)**.

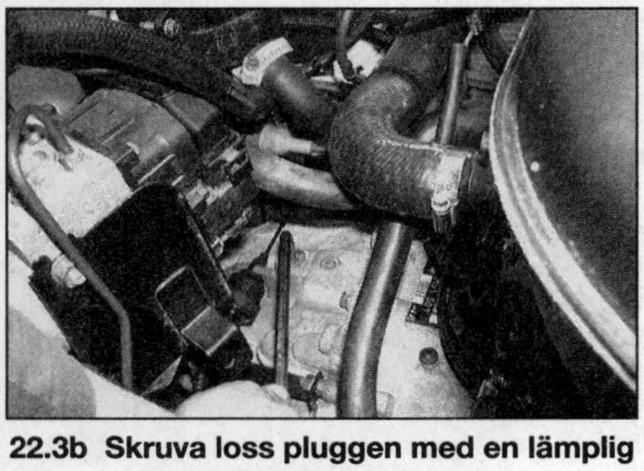

22.3b Skruva loss pluggen med en lämplig insexnyckel

4 Fyll på olja tills ett stadigt sipprande av olja kommer från nivåhålet **(se bild)**. Använd **endast** olja av hög kvalitet av angiven grad. En tratt i påfyllningspluggens öppning gör det lättare att fylla på olja i växellådan utan att spilla.

Varning: På vissa senare modeller är växellådan fylld med syntetisk olja och måste fyllas på med olja av samma typ och grad – fyll inte på med mineralhaltig växelolja. När syntetisk olja används är växellådans påfyllningsplugg märkt 'USE ONLY SAAB OIL NO. 87 48 733'. Mer information finns i "Smörjmedel och vätskor" i slutet av Veckokontroller.

5 När nivån är korrekt, montera och dra åt nivå- och påfyllningspluggarna till angivet åtdragningsmoment. Torka bort eventuellt spill.

23 Hjulinställning – kontroll

Se kapitel 10.

24 Bromsolja – byte

***Observera:** Serviceintervallen grundas på tid och antal körda mil. Bromsoljan måste bytas vart annat år **eller** var 40 000:e km, vilket som inträffar först.*

Varning: Hydraulisk bromsolja kan skada dina ögon och bilens lack, så var ytterst försiktig vid hanteringen. Använd aldrig olja som stått i ett öppet kärl under någon längre tid eftersom den absorberar luftens fuktighet. För mycket fukt i bromsoljan kan orsaka en livsfarlig förlust av bromseffekt.

1 Metoden liknar den som används för luftning av hydraulsystemet som beskrivs i kapitel 9.

2 Arbeta enligt beskrivningen i kapitel 9 och öppna den första luftningsskruven i turordningen, och pumpa sedan försiktigt på bromspedalen tills nästan all gammal olja runnit ut ur huvudcylinderbehållaren. Fyll på olja upp till "MAX"-nivån och fortsätt pumpa tills endast ny olja finns i behållaren och ny olja kan ses rinna ut från luftningsskruven. Dra åt skruven och fyll på behållaren upp till "MAX"-markeringen.

> HAYNES TiPS — ***Gammal hydraulolja är alltid mycket mörkare än ny olja, vilket gör att det är enkelt att skilja dem åt.***

3 Gå igenom resterande luftningsskruvar i ordningsföljd och pumpa till dess att ny olja kommer ur dem. Var noga med att alltid hålla nivån i behållaren över strecket "MIN", annars kan luft komma in i systemet vilket leder till att arbetet tar längre tid.

4 När du är klar, kontrollera att alla luftningsskruvar är ordentligt åtdragna och att deras dammskydd sitter på plats. Tvätta bort allt spill och kontrollera huvudcylinderbehållarens oljenivå en sista gång.

5 Kontrollera bromsarnas funktion innan bilen körs igen.

22.4 Fyll på växellådsolja

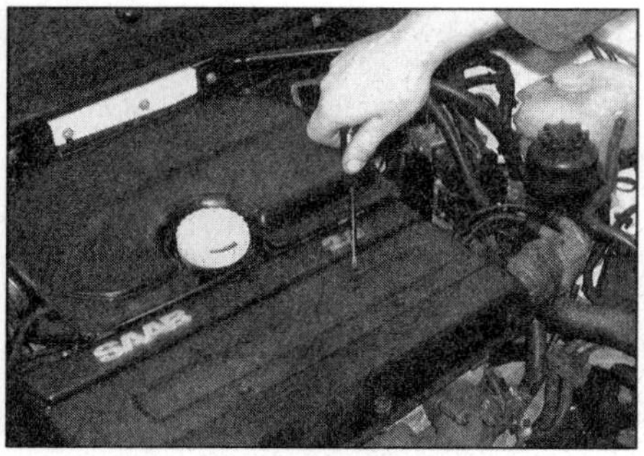

25.2a Ta bort skruvarna. . .

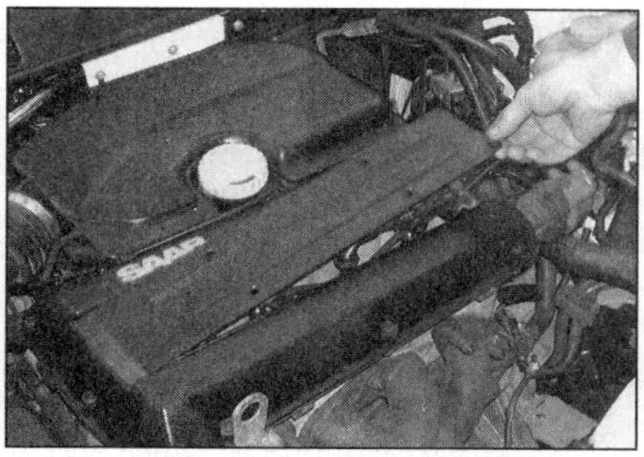

25.2b . . . och lyft av inspektionskåpan från mitten av kamaxelkåpan

25.3 Cylindernummer ingjutna i topplocket

Var 60 000:e km

25 Tändstift – byte

1 Det är av avgörande betydelse att tändstiften fungerar som de ska för att motorn ska gå jämnt och effektivt. Det är viktigt att tändstiften är av en typ som passar motorn. Om denna typ används och motorn är i bra skick ska tändstiften inte behöva åtgärdas mellan schemalagda byten. Rengöring av tändstift är sällan nödvändig och ska inte utföras utan specialverktyg, eftersom det är lätt att skada elektrodernas spetsar.

Modell utan direkttändning (DI)

2 Ta bort skruvarna och lyft inspektionskåpan från mitten av kamaxelkåpan **(se bilder)**.

3 Om inga markeringar syns på tändkablarna ska dessa märkas 1-4 för att överensstämma med respektive cylinder (cylinder nr 1 är vid motorns kamkedjeände) **(se bild)**.

4 Dra loss kablarna från tändstiften med ett grepp om tändhatten, inte kabeln, eftersom det kan bryta ledaren **(se bild)**. När alla kablarna är losskopplade, lyft gummimuffen från strömfördelaränden på topplocket och lägg kablarna åt sidan.

Modell med direkttändning (DI)

5 Utför följande åtgärder enligt beskrivningen i kapitel 5B:

a) Koppla loss ledningskontakten från svänghjulssidan på DI-kassetten.

b) Skruva loss de fyra skruvarna som fäster DI-kassetten på topplockets ovansida. Det behövs en insexnyckel eller en sexkantsbit för att göra detta.

c) Där tillämpligt, lossa bulten och klämman som fäster kassetten.

d) Där tillämpligt, lossa skruven och jordanslutningen.

e) Lyft försiktigt ut DI-kassetten på samma gång som den lossas från övre delen på tändstiften.

Alla modeller

6 Det är klokt att rengöra tändstiftsbrunnarna med ren borste, dammsugare eller tryckluft innan tändstiften tas bort, så att smuts inte kan falla ned i cylindrarna.

7 Skruva loss tändstiften med en tändstiftsnyckel eller passande hylsnyckel. Håll hylsan rakt riktad mot tändstiftet – om den tvingas åt sidan kan porslinsisolatorn brytas av. När ett stift skruvats ur ska det undersökas enligt följande:

8 En undersökning av tändstiften ger en god indikation av motorns skick. Om isolatorns spets är ren och vit utan avlagringar, indikerar detta en mager bränsleblandning eller ett stift med för högt värmetal (ett stift med högt värmetal överför värme långsamt från elektroden medan ett med lågt värmetal överför värmen snabbt).

9 Om isolatorns spets är täckt med en hård svartaktig avlagring, indikerar detta att bränsleblandningen är för fet. Om tändstiftet är svart och oljigt är det troligt att motorn är ganska sliten, förutom att bränsleblandningen är för fet.

10 Om isolatorfoten är täckt med en ljusbrun eller gråbrun beläggning, är bränsleblandningen korrekt och motorn sannolikt i god kondition.

11 Tändstiftets elektrodavstånd är av avgörande betydelse, eftersom ett felaktigt avstånd påverkar gnistans storlek och effektivitet negativt. Elektrodavståndet ska vara ställt till det som anges i specifikationerna.

12 Justera avståndet genom att mäta det med ett bladmått eller en trådtolk och sedan bända upp eller in den yttre elektroden tills rätt avstånd erhålls Mittelektroden får inte böjas eftersom detta kan spräcka isolatorn och förstöra tändstiftet, om inget värre. Om bladmått används ska avståndet vara så stort att det rätta bladet precis ska gå att skjuta in. Observera att vissa modeller är utrustade med tändstift med flera elektroder – försök inte justera elektrodavståndet på den här typen av tändstift.

13 Specialverktyg för justering av elektrodavstånd finns att köpa i biltillbehörsaffärer, eller från tändstiftstillverkaren.

14 Innan tändstiften monteras, försäkra dig om att tändstift och gängor är rena och att gängorna inte går snett. Det är ofta svårt att placera tändstift i sina hål utan att felgänga dem. Detta kan undvikas genom att man sätter en kort bit gummislang över änden på tändstiftet **(se Haynes tips)**.

25.4 Dra loss tändkablarna från tändstiften genom att ta tag i tändhatten, inte själva kabeln

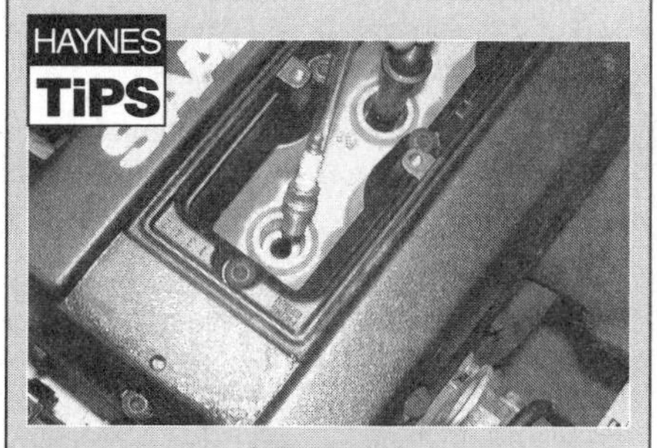

Det är ofta svårt att placera tändstift i sina hål utan att felgänga dem. Undvik detta genom att trä en kort bit gummislang med en inre diameter på 5/16 tum över änden på tändstiftet. Slangen fungerar som universalgäng och hjälper till att rikta tändstiftet efter hålet. Om tändstiftet håller på att bli felgängat kommer slangen att glida ner över nederdelen och förhindra att gängorna förstörs. Ta loss gummislangen och dra åt stiftet till angivet moment med hjälp av en tändstiftshylsa och momentnyckel.

25.15 Montera tändstiften och dra åt dem till angivet moment

25.18 Tryck in tändkabelstyrningarna (vid pilarna) i respektive skåra i topplocket

26.1 Luftrenaren är placerad i motorrummets främre högra hörn

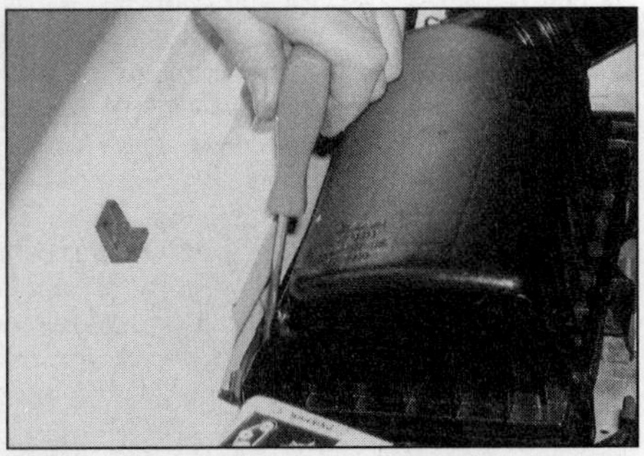

26.2 Lossa klämmorna och ta bort kåpan från luftrenarhuset

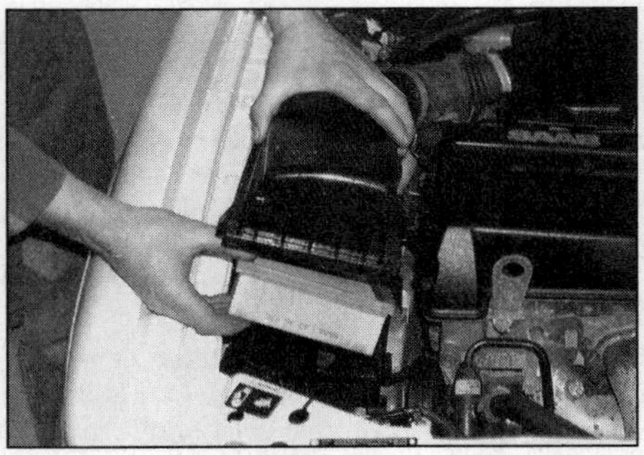

26.3 Lyft ut luftrenarfiltret

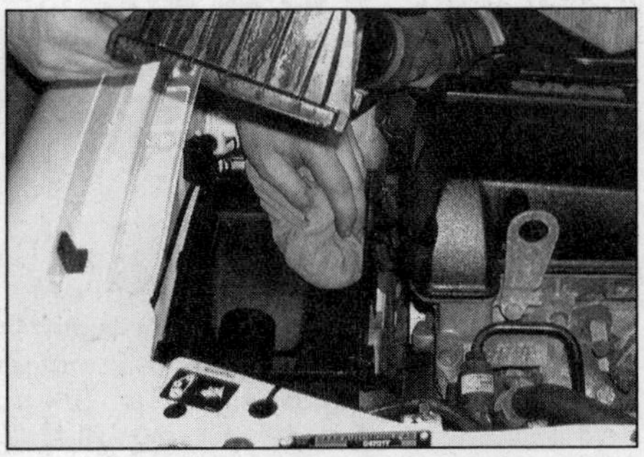

26.4 Rengör kåpans och husets insidor

15 Ta bort gummislangen (om en sådan använts) och dra åt stiftet till angivet moment (se Specifikationer) med hjälp av tändstiftshylsan och en momentnyckel. Montera de resterande tändstiften på samma sätt **(se bild)**.

16 Där tillämpligt, återanslut tändkablarna i rätt tändföljd (se Specifikationer).

Modeller med DI-kassett

17 Montera den nya DI-kassetten i omvänd ordningsföljd. Dra åt de fyra skruvarna till angivet moment (se kapitel 5B, Specifikationer).

Modeller utan DI-kassett

18 Anslut tändkablarna i rätt ordning och montera gummiskyddet. Tryck in tändkabelstyrningarna i respektive skåra i topplocket **(se bild)**.

19 Montera inspektionskåpan och dra åt fästskruvarna.

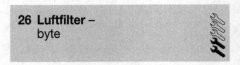

26 Luftfilter – byte

1 Luftrenarhuset är placerad i det främre högra hörnet i motorrummet och luftintaget sitter i bilens främre del, bakom kylargrillen **(se bild)**.

2 Lossa ledklämmorna och ta bort kåpan från luftrenarfiltrets hus **(se bild)**.

3 Lyft ut luftfiltret och notera vilket håll det ska sitta åt **(se bild)**.

4 Rengör kåpans och filterhusets insidor **(se bild)**, placera det nya filtret i huset och se till att tätningsläpparna griper ordentligt runt kanten på huset.

5 Montera kåpan och fäst den med ledklämmorna.

6 Återanslut lufttrumman och fäst den med slangklämman.

Var 80 000:e km

27.3 Avtappningspluggen är placerad på kylarens vänstra sida

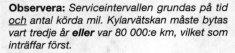

27 Kylarvätska – byte

Observera: *Serviceintervallen grundas på tid och antal körda mil. Kylarvätskan måste bytas vart tredje år **eller** var 80 000:e km, vilket som inträffar först.*

Avtappning av kylsystemet

Varning: Vänta till dess att motorn är helt kall innan detta arbete påbörjas. Låt inte frostskyddsmedel komma i kontakt med huden eller lackerade ytor på bilen. Spola omedelbart bort eventuellt spill med stora mängder vatten.

1 När motorn är helt kall kan expansionskärlets påfyllningslock tas bort. Vrid locket moturs och vänta tills allt återstående tryck försvunnit ur systemet, skruva sedan loss locket och ta bort det.

2 I förekommande fall, ta bort motorns undre skyddskåpa och placera en lämplig behållare under kylarens vänstra sida.

3 Lossa avtappningspluggen och låt kylarvätskan rinna ner i behållaren **(se bild)**. Fäst en bit slang vid avtappningspluggen om det behövs, för att leda vätskan till behållaren.

4 När vätskeflödet upphör, dra åt avtappningspluggen och montera den undre skyddskåpan, om det behövs.

5 Om kylarvätskan tappats ur av någon annan orsak än byte kan den återanvändas, under förutsättning att den är ren och mindre än två år gammal, även om detta inte är att rekommendera.

Spolning av kylsystemet

6 Om kylarvätskebyte inte utförts regelbundet eller om frostskyddet spätts ut, kan kylsystemet med tiden komma att förlora i effektivitet p.g.a. att kylvätskekanalerna sätts igen av rost, kalkavlagringar och annat sediment. Kylsystemets effektivitet kan återställas genom att systemet spolas ur.

7 För att undvika förorening skall kylsystemet spolas oberoende av motorn.

Spolning av kylare

8 Lossa de övre och nedre slangarna och alla andra relevanta slangar från kylaren enligt beskrivningen i kapitel 3.

9 Stick in en trädgårdsslang i det övre kylarinloppet. Spola in rent vatten i kylaren, fortsätt spola till dess att rent vatten rinner ur kylarens nedre utlopp.

10 Om det efter en rimlig tid fortfarande inte kommer ut rent vatten kan kylaren spolas ur med kylarrengöringsmedel. Det är viktigt att spolmedelstillverkarens anvisningar följs noga. Om kylaren är svårt förorenad, demontera kylaren och stick in slangen i nedre utloppet och spola ur kylaren baklänges, sätt sedan tillbaka den.

Spolning av motor

11 Demontera termostaten enligt beskrivning i kapitel 3, och sätt sedan tillfälligt tillbaka termostatlocket. Om kylarens övre slang har kopplats loss, koppla tillbaka den tillfälligt.

12 Lossa övre och nedre kylarslangarna från kylaren och stick in trädgårdsslangen i övre kylarslangen. Spola in rent vatten, fortsätt att spola till dess att rent vatten rinner ur nedre slangen.

13 När spolningen är avslutad, montera termostaten och anslut slangarna enligt beskrivning i kapitel 3.

Påfyllning av kylsystemet

14 Kontrollera innan påfyllningen inleds att alla slangar och slangklämmor är i gott skick och att klämmorna är väl åtdragna. Observera att frostskydd ska användas året runt för att förhindra korrosion i motorn.

15 Skruva av expansionskärlets lock och fyll systemet långsamt tills kylvätskenivån når markeringen MAX på sidan av expansionskärlet.

16 Sätt tillbaka och dra åt expansionskärlets påfyllningslock.

17 Starta motorn och låt den gå tills den når normal arbetstemperatur (tills kylfläkten sätter igång).

18 Stanna motorn och låt den svalna, kontrollera sedan kylarvätskenivån igen enligt beskrivningen i *Veckokontroller*. Fyll på mera vätska om det behövs, och sätt tillbaka expansionskärlets påfyllningslock. Montera i förekommande fall tillbaka den undre skyddskåpan.

Frostskyddsblandning

19 Frostskyddsvätskan måste alltid bytas med angivna mellanrum. Detta inte bara för att bibehålla de frostskyddande egenskaperna utan även för att förhindra korrosion som annars kan uppstå därför att korrosionshämmarna gradvis tappar effektivitet.

20 Använd endast etylenglykolbaserad frostskyddsvätska som är lämpad för motorer med blandade metaller i kylsystemet. Mängden frostskyddsvätska och olika skyddsnivåer anges i specifikationerna.

21 Innan frostskyddet hälls i skall kylsystemet tappas ur helt och helst spolas igenom, samtliga slangar skall kontrolleras beträffande kondition och tillförlitlighet.

22 När kylsystemet fyllts med frostskydd är det klokt att sätta en etikett på expansionskärlet som anger typ och koncentration för använt frostskydd, samt datum för påfyllningen. Varje efterföljande påfyllning ska göras med samma typ och koncentration av frostskyddsmedel.

23 Använd inte motorfrostskyddsvätska i vindrutespolvätskan, eftersom den skadar lacken. Spolarvätska ska hällas i spolarsystemet i den koncentration som anges på flaskan.

Var 100 000:e km

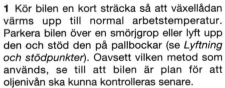

28 Automatväxellådans olja – byte

1 Kör bilen en kort sträcka så att växellådan värms upp till normal arbetstemperatur. Parkera bilen över en smörjgrop eller lyft upp den och stöd den på pallbockar (se *Lyftning och stödpunkter*). Oavsett vilken metod som används, se till att bilen är plan för att oljenivån ska kunna kontrolleras senare.

2 Placera en lämplig behållare under växellådan, skruva bort avtappningspluggen och låt oljan rinna ner i behållaren **(se bild)**. Observera att det behövs en särskild adapternyckel för att skruva bort pluggen.

Varning: Oljan är mycket het så vidtag försiktighetsåtgärder för att undvika skållning. Tjocka, vattentäta handskar rekommenderas.

3 När all olja har runnit ut, torka avtappningspluggen ren och sätt tillbaka den i växellådshuset. Sätt på en ny tätningsbricka om det behövs. Dra åt avtappningspluggen till angivet moment.

4 Fyll på automatväxellådan med angiven mängd olja av rätt grad. Se avsnitt 15 och fyll upp till rätt nivå. Använd först mätstickans markeringar för låg temperatur, kör sedan en sväng med bilen. När oljan har nått arbetstemperatur, kontrollera oljenivån igen med mätstickans markeringar för hög temperatur.

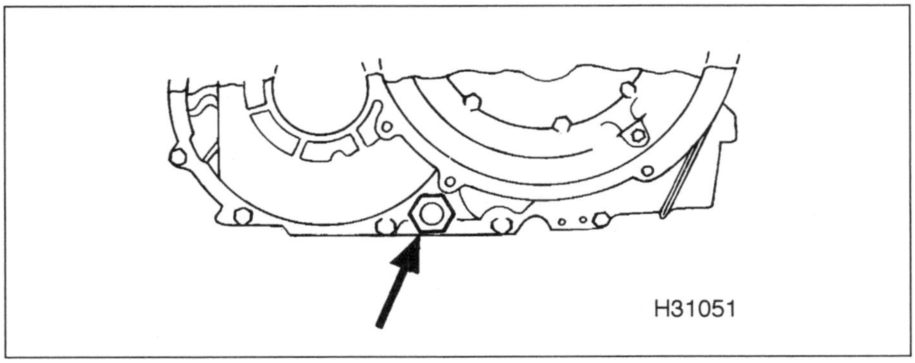

28.2 Placering av automatväxellådans avtappningsplugg (vid pilen)

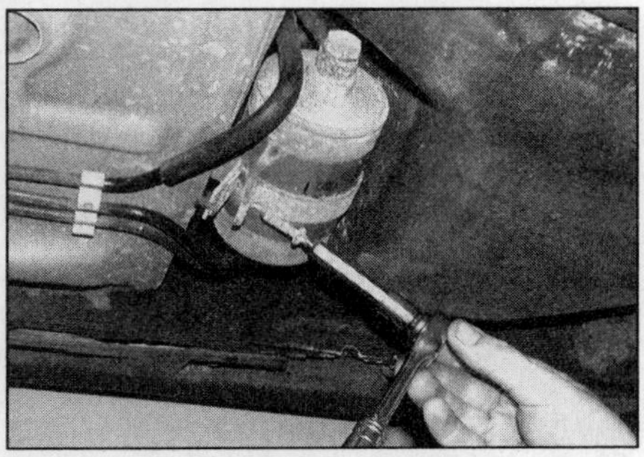

29.6 Lossa fästskruven till bränslefiltrets fästkonsol

29.7 Skruva loss banjokopplingsbultarna från filtrets ändar

29.9 Se till att flödespilen på filterhöljet pekar mot utsläppet som leder till motorrummet

Var 170 000:e km

29 Bränslefilter – byte

Varning: Innan arbetet påbörjas, läs säkehetsanvisningarna i ”Säkerheten främst” i början av handboken och följ dem till punkt och pricka. Bensin är en ytterst brandfarlig vätska och säkerhetsföreskrifterna för hantering kan inte nog betonas.

1 Bränslefiltret på alla modeller är monterat i anslutning till bränsletanken under bilens bakre del.

2 Avlasta trycket i bränslesystemet enligt beskrivning i kapitel 4A.

3 Klossa framhjulen, lyft sedan med hjälp av en domkraft upp bakvagnen och stöd den på pallbockar (se *Lyftning och stödpunkter*).

4 Ta loss plastskyddet där sådant är monterat, rengör sedan områdena kring bränslefiltrets inlopps- och utloppsanslutningar.

5 Placera ett kärl, eller trasor, under filtret för att samla upp bränsle som rinner ut.

6 Lossa fästkonsolens fästskruv **(se bild)**.

7 Skruva loss banjokopplingsbultarna från filtrets ändar, håll fast kopplingen med en nyckel **(se bild)**. Ta loss tätningsbrickorna.

8 Ta bort filtret från fästkonsolen och notera åt vilket håll pilmarkeringen på filterhöljet pekar, lossa fästklammern och dra bort filtret från bilen.

9 Placera det nya filtret i fästklammern, montera det och dra åt fästskruven. Se till att flödespilen på filterhöljet pekar mot utloppet som leder till motorrummet **(se bild)**.

10 Undersök tätningsbrickornas skick och byt dem om det behövs.

11 Sätt tillbaka banjokopplingarna och slangarna till filtrets ändar tillsammans med tätningsbrickorna. Dra åt bultarna ordentligt, håll fast kopplingarna med en nyckel.

12 Torka bort spilld bensin, sätt tillbaka plastskyddet och sänk ner bilen på marken.

13 Starta motorn och kontrollera att inget läckage förekommer vid filterslangarnas anslutningar.

14 Det gamla filtret skall kasseras på lämpligt sätt, och kom ihåg att det är ytterst lättantändligt.

Kapitel 2 Del A:
Reparationer med motorn kvar i bilen

Innehåll

Svårighetsgrader

Enkelt, passar novisen med lite erfarenhet	**Ganska enkelt,** passar nybörjaren med viss erfarenhet	**Ganska svårt,** passar kompetent hemmamekaniker	**Svårt,** passar hemmamekaniker med erfarenhet	**Mycket svårt,** för professionell mekaniker

Specifikationer

Motor (allmänt)

Beteckning:	
1985 cc motor (utan balansaxlar)	B206i
1985 cc motor (med balansaxlar)	B204i
1985 cc turbomotor	B204L
2290 cc motor	B234i
Cylinderdiameter	90,00 mm
Kolvslag:	
1985 cc motor	78,00 mm
2290 cc motor	90,00 mm
Vevaxelns rotationsriktning	Medurs (sett från fordonets högra sida)
Cylinder nr 1, placering	Vid motorns kamkedjesida
Maximal kraft/moment:	
B206i	98 kW @ 6100 varv per minut/180 Nm @ 4300 varv per minut
B204i	96 kW @ 6100 varv per minut/177 Nm @ 4300 varv per minut
B204 Turbo:	
Manuell	136 kW @ 5500 varv per minut/263 Nm @ 2100 varv per minut
Automatisk	136 kW @ 5750 varv per minut/230 Nm @ 2000 varv per minut
B234i	110 kW @ 5700 varv per minut/210 Nm @ 4300 varv per minut

Kamaxlar

Drift	Enkel kedja från vevaxeln
Antal lager	5 på varje kamaxel
Lagertappsdiameter (yttre diameter)	28,922 till 28,935 mm
Axialspel:	
T.o.m. 1993	0,14 till 0,35 mm
Fr.o.m. 1994	0,8 till 0,35 mm

Smörjsystem

Oljepump, typ	Kugghjulspump, driven från vevaxeln
Lägsta oljetryck vid 80°C	2,7 bar vid 2000 varv per minut, med 10W30-motorolja
Kontakten till varningslampan för oljetryck aktiveras vid	0,3 till 0,5 bar
Spel mellan pumpens yttre kugghjul och hus	0,03 till 0,08 mm
Avlastningsventilen öppnas vid	3,8 bar
Oljekylarens termostat öppnas vid	80°C

Motorkoder

Motorkoden är instämplad på motorblockets främre vänstra sida.

Åtdragningsmoment

Åtdragningsmoment	Nm
Automatväxelns drivplatta	95
Balansaxelns överföringskedjedrev	25
Balansaxeldrev	42
Vevstakslagrens överfallsmuttrar	48
Kamaxellageröverfall	15
Kamaxeldrev	63
Vevaxelns remskiva, bult	175
Topplocksbultar:	
Steg 1	60
Steg 2	80
Steg 3	Vinkeldra i 90 graders vinkel
Ventilkåpa	15
Motoroljans avtappningsplugg	25
Motor till växellåda, bultar	70
Höger motorfäste:	
Motorfäste till fästbygel	39
Motorfäste till kaross	73
Vänster motorfäste:	
Motorfäste till fästbygel	39
Motorfäste till kaross	73
Fästbygel till växellåda	45
Bakre motorfäste:	
Fästbygel till växellåda	39
Motorfäste till kryssrambalk	39
Kryssrambalk, främre fästbultar	115
Kryssrambalk, mittre fästbultar	190
Kryssrambalk, bakre fästbultar:	
Steg 1	110
Steg 2	Vinkeldra till 75°
Svänghjul	80
Ramlageröverfall, bultar	110
Oljekylare, slanganslutningar	18
Kolvens kylmunstycke	18
Kamaxelns kedjespännare, plugg	22
Oljekylartermostat, plugg	60
Oljeavlastningsventil, plugg	30
Sump, bultar	22
Kamkedjespännare, hus	63
Kamkedjekåpa, bultar	22

1 Allmän information

Hur detta kapitel används

Den här delen av kapitel 2 beskriver de reparationsåtgärder som kan utföras medan motorn är monterad i bilen. Om motorn redan har lyfts ut ur motorrummet och tagits isär på det sätt som beskrivs i del B, kan du bortse från anvisningarna för förberedande isärtagning i det här kapitlet.

Observera att även om det är möjligt att renovera delar som kolvar/vevstakar medan motorn sitter i bilen, så utförs sällan sådana åtgärder separat. Ofta måste flera andra åtgärder (inklusive rengöring av komponenter och smörjkanaler) utföras, som är lättare att utföra med motorn demonterad. Av den anledningen klassas alla sådana arbeten som större renoveringsåtgärder, och beskrivs i del B i det här kapitlet.

Del B beskriver demontering av motor/växellåda, samt tillvägagångssättet för de reparationer som kan utföras med enheten demonterad.

Beskrivning av motorn

Motorn är fyrcylindrig med dubbla överliggande kamaxlar och 16 ventiler, den är placerad på tvären framtill i bilen. Växellådan är fäst vid motorns vänstra ände. Saab 900 är utrustad med motorversionerna 1985 cc eller 2290 cc; senare versioner av 1985 cc motorn och alla 2290 cc motorer är utrustade med balansaxlar i motorblocket för att minska vibrationer. Alla motorer styrs av fullständiga motorstyrningssystem. Motorer utan turbo är utrustade med en variant av systemet Bosch Motronic, och Saabtillverkade Trionic motorstyrningssystem är monterat på 1985 cc Turbomodeller; se kapitel 4A för ytterligare information.

Vevaxeln går genom fem ramlager. Tryckbrickor är monterade på det mittersta ramlagret för kontroll av vevaxelns axialspel.

Vevstakarna roterar på vågrätt delade lagerskålar i storändarna. Kolvarna är fästa vid vevstakarna med flytande kolvbultar, som hålls kvar i kolvarna med hjälp av låsringar. Lättmetallkolvarna är monterade med tre kolvringar – två kompressionsringar och en oljekontrollring.

Motorblocket är av gjutjärn och cylinderloppen utgör en del av motorblocket. Insugs- och avgasventilerna sluts med spiralfjädrar och är placerade i styrningar intryckta i topplocket; ventilsätesringarna trycks också in i topplocket och de kan tas bort separat om de behöver bytas. Varje cylinder har fyra ventiler.

Kamaxlarna drivs av en enkelradig kamkedja och driver i sin tur de 16 ventilerna via hydrauliska ventillyftare. Med hjälp av hydrauliska kammare och en spännfjäder upprätthåller de hydrauliska ventillyftarna ett förbestämt spel mellan kamlobens lägsta punkt och änden på ventilskaftet. Ventillyftare förses med olja från motorns smörjkrets.

Balansaxlarna (monterade på alla 2290 cc motorer och på senare 1985 cc motorer) roteras åt andra hållet av en liten enkelradig kedja från ett kedjedrev på vevaxelns främre del. Balansaxelns kedja styrs av två fasta styrskenor och ett överföringsdrev. Kedjan är placerad utanför kamaxelns kamkedja och dess spänning kontrolleras av en oljetrycksdriven spännare.

Motorfästena är hydrauliska och har en dubbelt dämpande effekt som hjälper till att kontrollera flera olika frekvenser av motorvibrationer.

Smörjningen sköts av en oljepump av kugghjulstyp som drivs från den främre delen av vevaxeln och som är placerad i kamdedjekåpan. En avlastningsventil i kamkedjekåpan begränsar oljetrycket vid höga motorvarvtal genom att återföra överflödig olja till sumpen. Oljan sugs från sumpen genom en sil, passerar oljepumpen och tvingas genom ett yttre filter och en oljekylare och sedan in i motorblockets/vevhusets ledningar. Därifrån fördelas oljan till vevaxeln (ramlager), balansaxlarnas (i förekommande fall) kamaxellager och de hydrauliska ventillyftarna. På turbomodeller smörjs även det vattenkylda turboaggregatet och de på vevhuset placerade kolvkylmunstyckena kolven. Vevstakslagren förses med olja via inre kanaler i vevaxeln medan kamloberna och ventilerna stänksmörjs liksom övriga motorkomponenter.

Reparationer som kan göras med motorn kvar i bilen

Följande moment kan utföras med motorn monterad:

a) Kompressionsprov
b) Ventilkåpa – demontering och montering
c) Kamkedjekåpa – demontering och montering
d) Kamkedja, balansaxelkedja (senare modeller), styrningar och spännare – demontering och montering
e) Kamaxeloljetätningar – byte
f) Kamaxlar – demontering, kontroll och montering
g) Topplock – demontering och montering
h) Topplock och kolvar – sotning (se del B i detta kapitel)
i) Sump – demontering och montering
j) Oljepump – demontering, renovering och montering
k) Vevaxeloljetätningar – byte
l) Svänghjul/drivplatta – demontering, kontroll och montering
m) Motor-/växellådsfästen – kontroll och byte

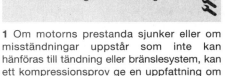

2 Kompressionsprov – beskrivning och tolkning

1 Om motorns prestanda sjunker eller om misständningar uppstår som inte kan hänföras till tändning eller bränslesystem, kan ett kompressionsprov ge en uppfattning om motorns skick. Om kompressionsprov utförs regelbundet kan de ge förvarning om problem innan några andra symptom hinner uppträda.

2 Motorn måste vara uppvärmd till normal arbetstemperatur, batteriet måste vara fulladdat och alla tändstift måste vara urskruvade (kapitel 1A). Dessutom behövs en medhjälpare.

3 På modeller utan turbo, med Bosch Motronics motorstyrning, ta tändsystemet ur drift genom att koppla loss lågspänningskabeln från tändspolen. Se kapitel 5B för ytterligare information.

4 På Turbomodeller med Trionics motorstyrning, ta tändsystemet ur drift genom att koppla loss anslutningskontakten från DI-kassetten, se kapitel 5B för ytterligare information.

5 För att hindra att oförbränd olja når katalysatorn måste också bränslepumpen tas ur drift genom att relevant säkring och/eller relä tas bort; se kapitel 4A för ytterligare information.

6 Montera en kompressionsprovare i tändstiftshålet till cylinder nr 1 – för att korrekta värden ska erhållas måste en provare av den typen som skruvas in i tändstiftsgängorna användas.

7 Låt en medhjälpare trampa gasen i botten, och dra sedan runt motorn på startmotorn. Efter ett eller två varv ska trycket byggas upp till ett maxvärde och stabiliseras. Anteckna den högsta avläsningen.

8 Upprepa testet på återstående cylindrar och notera trycket på var och en.

9 Alla cylindrar ska ha liknande tryck. Om skillnaden mellan två av cylindrarna överstiger 2 bar är det ett tecken på att något är fel. Observera att trycket ska byggas upp snabbt i en frisk motor. Lågt tryck i första slaget följt av ett gradvis stigande tryck är ett tecken på slitna kolvringar. Lågt tryck som inte stiger är ett tecken på läckande ventiler eller trasig topplockspackning (eller ett sprucket topplock). Lågt tryck kan även orsakas av avlagringar på ventilhuvudenas undersidor.

10 Tillverkaren anger inga gränsvärden för kompressionstryck, men cylindertrycket ska alltid hållas över 10 bar. Rådfråga en Saabverkstad eller annan specialist om du är tveksam till om ett avläst tryck är godtagbart.

11 Om trycket i en cylinder är mycket lägre än i de andra, utför följande test för att hitta orsaken. Häll i en tesked ren olja i cylindern genom tändstiftshålet och upprepa kompressionsprovet.

12 Om oljan tillfälligt förbättrar kompressionen är det ett tecken på att slitna kolvringar eller lopp orsakar tryckfallet. Om ingen förbättring sker tyder det på läckande/brända ventiler eller trasig topplockspackning.

13 Ett lågt värde från två intilliggande cylindrar beror med stor säkerhet på att topplockspackningen är trasig mellan de två cylindrarna. Finns det kylvätska i motoroljan bekräftas detta.

14 Om en cylinder har ett värde som är 20% lägre än de andra cylindrarna, och motorns tomgång är något ojämn, kan en sliten kamaxellob vara orsaken.

15 Efter avslutat prov, skruva i tändstiften och anslut tändsystem och bränslepump.

3 Övre dödpunkt för cylinderkolv nr 1 – placering

1 ÖD-inställningsmärken finns ofta som en skåra i vevaxelns remskiva och en motsvarande stav ingjuten i kamkedjans kåpa. ÖD-märken finns även på svänghjulet och motorns fästplatta – dessa är användbara om motorn tas isär på arbetsbänken **(se bild)**.

Observera: *När tändinställningsmärkena är i linje kommer kolv nr 1 (vid motorns kamkedjeände) och kolv nr 4 (vid svänghjulssidan) att befinna sig vid den övre dödpunkten (ÖD), med kolv nr 1 i sitt kompressionsslag.*

2 Dra åt handbromsen, lyft upp framvagnen och ställ den på pallbockar för att lättare komma åt bulten till vevaxelns remskiva (se *Lyftning och stödpunkter*). Ta bort det högra framhjulet, ta loss skruvarna och koppla loss inspektionskåpan från det högra hjulhusfodret.

3 Sätt en hylsa på vevaxelns remskiva och vrid motorn tills ÖD-skåran i vevaxelns remskiva är i linje med staven på kamremskåpan **(se bild)**. Kolv nr 1 (på motorns kamkedjesida) kommer att vara högst upp i sitt kompressionsslag. Kompressionsslaget kan kontrolleras om man tar bort det första tändstiftet och känner efter kompression med ett finger över tändstiftshålet medan kolven närmar sig höjden av sitt slag. Avsaknad av

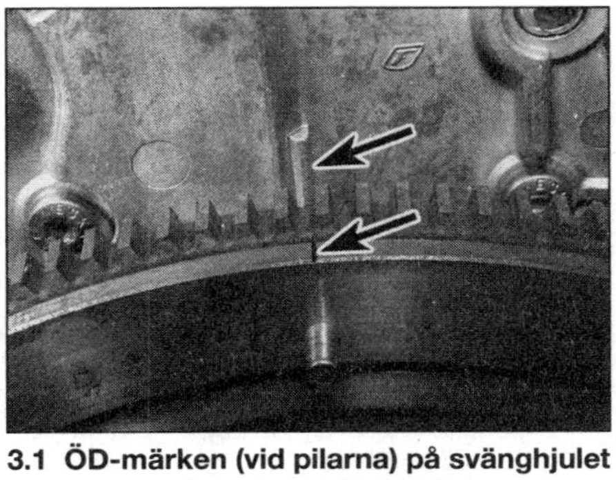

3.1 ÖD-märken (vid pilarna) på svänghjulet och motorns fästplatta

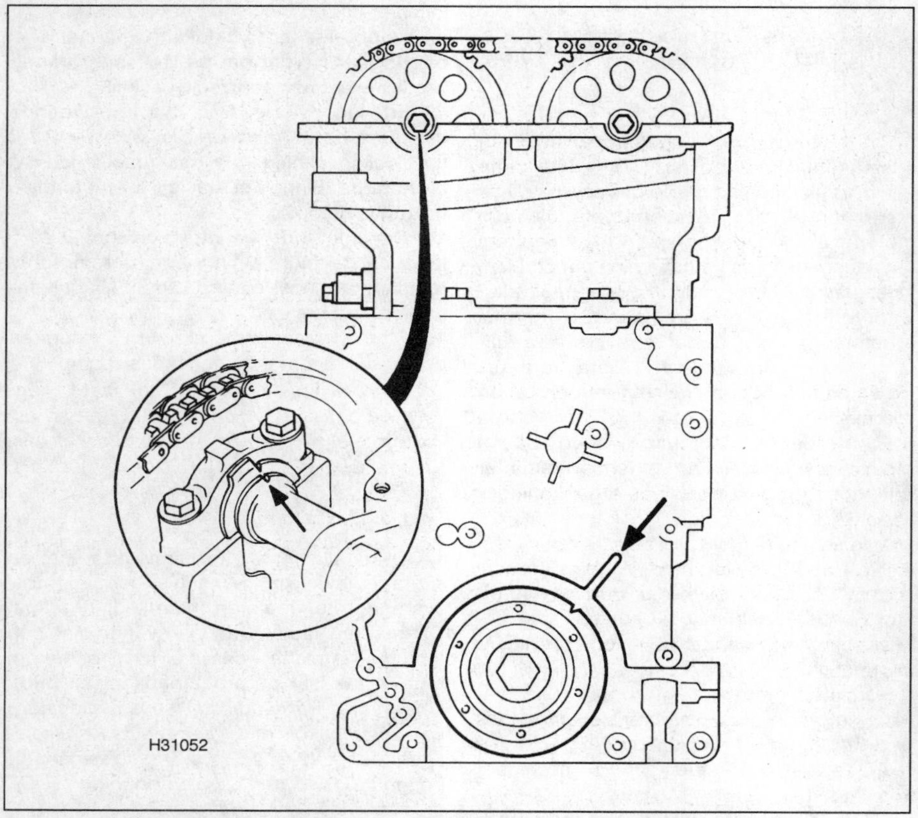

3.3 ÖD-märken på vevaxelns remskiva, kamkedjekåpan, kamaxlarna och kamaxellageröverfallen

tryck är ett tecken på att cylindern är i sitt avgasslag och därför ett vevaxelvarv ur linje.

4 Ta bort ventilkåpan enligt beskrivning i avsnitt 4.

5 Kontrollera att ÖD-markeringarna på kamaxelns remskivesidor är i linje med motsvarande ÖD-märken på kamaxellager-överfallen **(se bild 3.3)**. Vrid vevaxeln om det behövs för att placera märkena i linje.

4 Ventilkåpa – demontering och montering

Demontering

1 Lossa skruvarna och ta bort inspektionskåpan eller DI-kassetten (efter tillämplighet) från mitten på ventilkåpan, se beskrivning i kapitel 5B vid behov **(se bild)**.

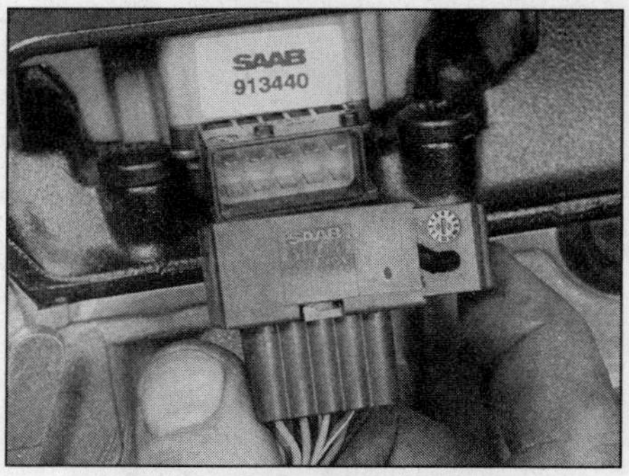

4.1 Ta loss kontaktdonet från DI-kassetten

2 På modeller utan DI-kassett, lossa kablarna från tändstiften.

3 Skruva loss och ta bort ventilkåpan och ta bort packningen **(se bilder)**. Knacka försiktigt på kåpan med handflatan för att få loss den om den sitter fast.

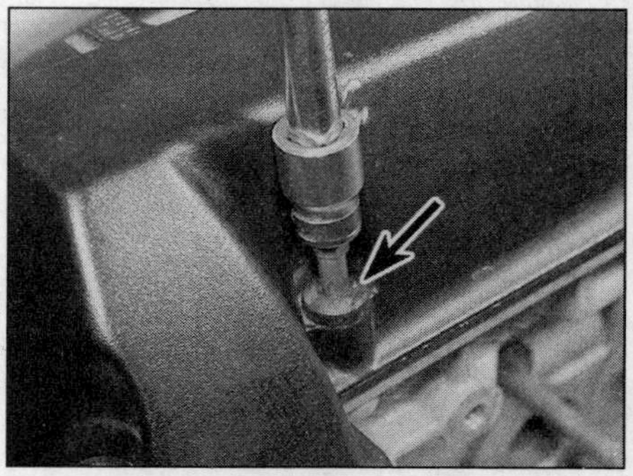

4.3a Skruva loss ventilkåpans fästskruvar

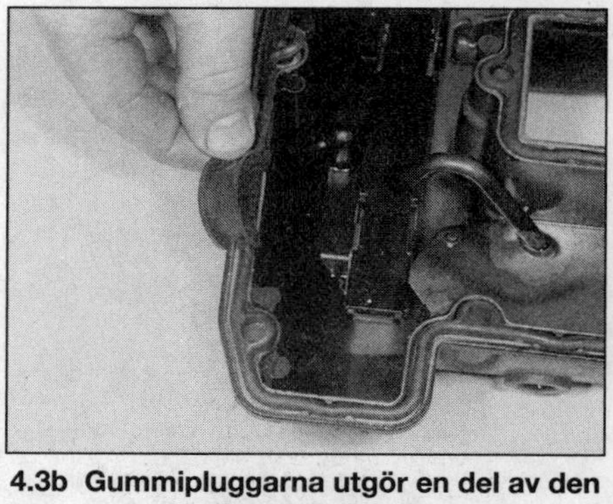

4.3b Gummipluggarna utgör en del av den yttre packningen

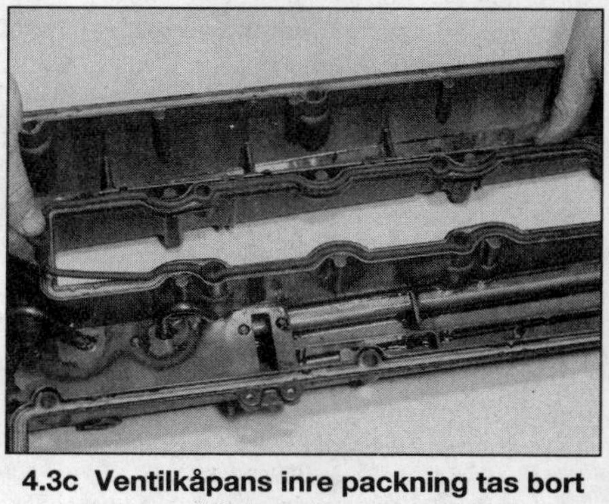

4.3c Ventilkåpans inre packning tas bort

Montering

4 Rengör anliggningsytorna på ventilkåpan och topplocket. Placera den nya packningen ordentligt i skåran i ventilkåpan.

5 Montera ventilkåpan och sätt tillbaka fästbultarna. Dra åt bultarna stegvis, börja med bultarna vid växellådans sida av motorn och sedan mittbulten vid kamkedjesidan. Arbeta runt kåpan i en spiral tills alla bultarna är åtdragna till angivet moment.

6 Där så är aktuellt, anslut kablarna till tändstiften.

7 Montera inspektionskåpan eller DI-kassetten (i förekommande fall) på mitten av ventilkåpan och dra åt skruvarna.

5 Kamkedjekåpa – demontering och montering

Observera 1: *Kamkedjekåpan kan demonteras med motorn kvar i bilen, men tänk på att om kåpan demonteras för att balansaxelns kedja och kedjedrev ska kunna tas bort, måste motorn först demonteras från bilen, eftersom utrymmet mellan motorn och motorrummets sida är för litet.*

Observera 2: *Här beskrivs demontering av kamkedjekåpan där topplocket lämnas monterat. En alternativ metod (där risken att skada topplockspackningen är mindre) är att ta bort topplocket först.*

5.10 Lossa bulten till vevaxelns remskiva

5.11a Ta bort bulten . . .

5.11b . . .och lyft av remskivan från vevaxeln

Demontering

1 Lossa batteriets minusledare och placera den på avstånd från batteriet.

2 Ta bort luftrenaren, luftflödesmätaren och insugsröret enligt beskrivningen i kapitel 4A.

3 Skruva loss bulten ovanför knacksensorn som håller fast kylvätskeröret vid motorn.

4 Dra åt handbromsen och lyft med hjälp av en domkraft upp framvagnen på pallbockar (se *Lyftning och stödpunkter*). Ta bort det högra framhjulet.

5 Tappa av motorolja och kylvätska enligt beskrivning i kapitel 1.

6 Skruva loss fästskruvarna och demontera den högra framskärmens plastpanel och hjulhusfoder.

7 Ta bort drivremmen enligt beskrivningen i kapitel 1.

8 Skruva loss och ta bort drivremsspännaren (och där tillämpligt monteringskonsolen).

5.19a Bultarna som fäster kamkedjekåpan vid motorblocket

9 Be en medhjälpare hålla vevaxeln på plats genom att lägga i fyrans växel och dra åt handbromsen (endast modeller med manuell växellåda). Alternativt, ta bort svänghjulets skyddsplåt från undersidan av växellådans balanshjulskåpa.

10 Lossa bulten till vevaxelns remskiva med hjälp av en lång hylsnyckel. Observera att bulten är åtdragen till ett mycket högt moment **(se bild)**.

11 Skruva ut bulten till vevaxelns remskiva helt, för remskivan till vevaxeländen och ta bort den **(se bilder)**.

12 Skruva loss stöden till kylvätskeröret och oljekylarens rör (efter tillämplighet) från kamkedjekåpan.

13 Dra bort kylvätskeröret från vattenpumpens bakre del (i förekommande fall) och ta bort vattenpumpen enligt beskrivningen i kapitel 3.

14 Skruva loss bulten som fäster servostyrningspumpens stödstag vid kamkedjekåpan. Ta loss muttern från kamkedjekåpans baksida.

15 Skruva loss den övre bulten till växelströmsgeneratorn och de båda fästskruvarna till servostyrningspumpen, dra därefter bort fästet och stödstaget.

16 Lossa den nedre fästbulten till generatorn och vrid generatorn åt sidan.

17 Skruva loss fästbultarna och ta bort fästet till generator och servopump från kamkedjekåpan.

18 Skruva loss och ta bort sumpen enligt beskrivningen i avsnitt 10.

19 Skruva loss bultarna som fäster kamkedjekåpan vid motorblocket, sumpen och topplocket. Observera att bultarna är olika långa. Observera de två övre bultarna på topplocket och de två nedre bultarna i sumpen **(se bilder)**.

20 Var noga med att inte skada topplockspackningen, dra försiktigt bort kamkedjekåpan tillsammans med oljepumpen från vevaxelns spets. Ta bort packningen från motorblocket där sådan finns.

21 Rengör noggrant kamkedjekåpans, sumpens, topplockets och motorblockets kontaktytor från tätningsmedel. Se till att spåret i sumpen är fritt från tätningsmedel.

22 Ta vid behov bort oljepumpen från kamkedjekåpan enligt beskrivningen i avsnitt 11.

Montering

23 Lägg en sträng tätningsmedel på sumpen. Placera de nya packningarna på motorblocket – håll packningarna på plats med lite fett om det behövs. Där det inte sitter några packningar, lägg en sträng lämpligt tätningsmedel på kamkedjekåpans flänsar **(se bild)**.

24 Placera försiktigt kamkedjekåpan på motorblocket samtidigt som oljeröret från blocket förs in i hålet nära botten på kamkedjekåpan, i förekommande fall.

25 Sätt i och dra åt kamkedjekåpans fästbultar till angivet moment. Sätt de övre och nedre bultarna som fäster kamkedjekåpan vid topplocket och sumpen löst på sina platser.

5.19b En av bultarna som fäster kamkedjekåpan vid sumpen tas bort

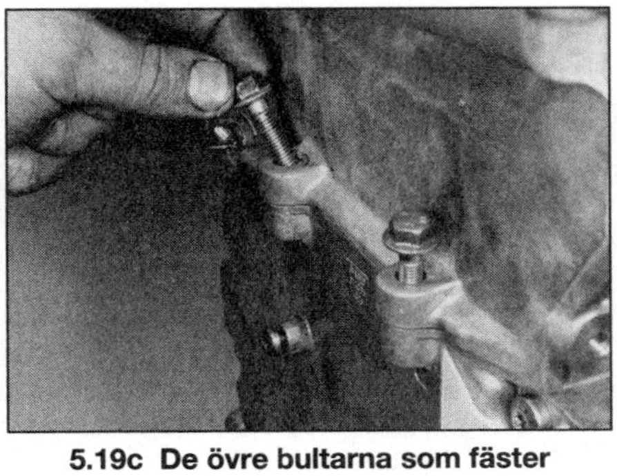

5.19c De övre bultarna som fäster kamkedjekåpan vid topplocket tas bort

5.23 Tätningsmedel på kamkedjekåpans flänsar

6.2 Demontera oljepumpens medbringare från vevaxeln

6.3a INL-markering på insugsbalansaxelns främre lager

6.3b EXH-markering på avgasbalansaxelns främre lager

6.4a Skruva loss bultarna . . .

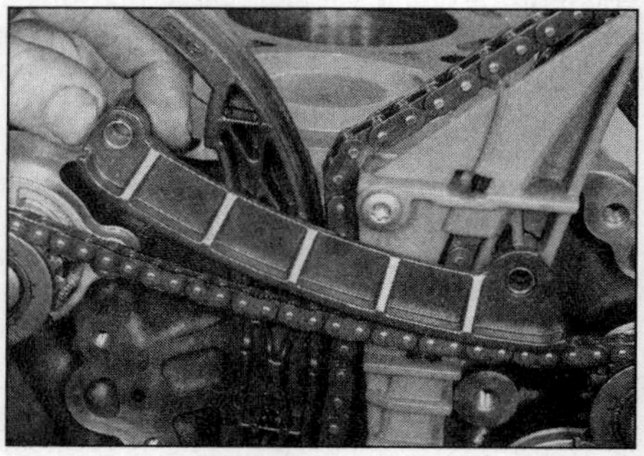

6.4b . . . och ta loss balansaxelkedjans övre styrning

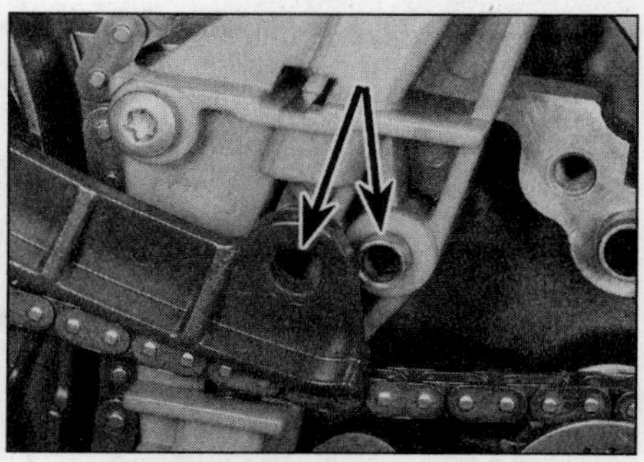

6.4c Observera hur den övre styrningen hakar i styrtappen

6.4d Demontera balansaxelkedjans spännare . . .

6.4e . . . och sidostyrning

6.5a Lossa . . .

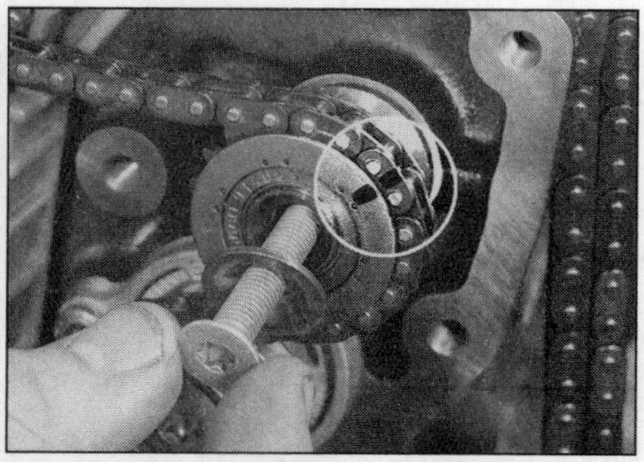

6.5b . . . och ta bort överföringsdrevets bult (notera markeringarna för inställning mellan överföringsdrevet och kedjan) . . .

6.5c . . . ta sedan bort överföringsdrevet och balansaxelkedjan

6.5d Överföringsdrevet består av två delar

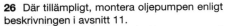

6.6 Demontera balansaxelns kedjedrev från vevaxelns främre ände

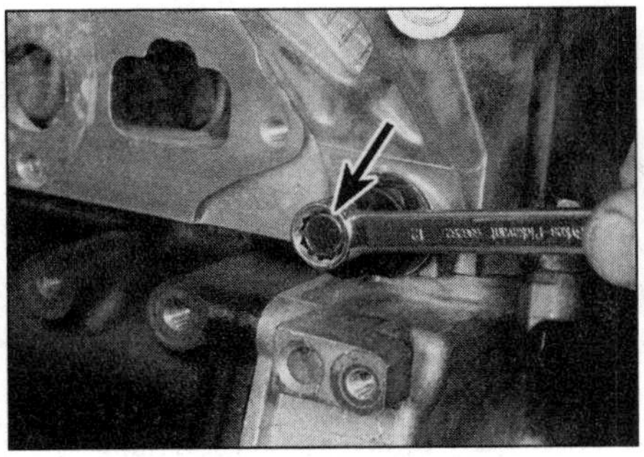

6.9a Skruva loss mittbulten. . .

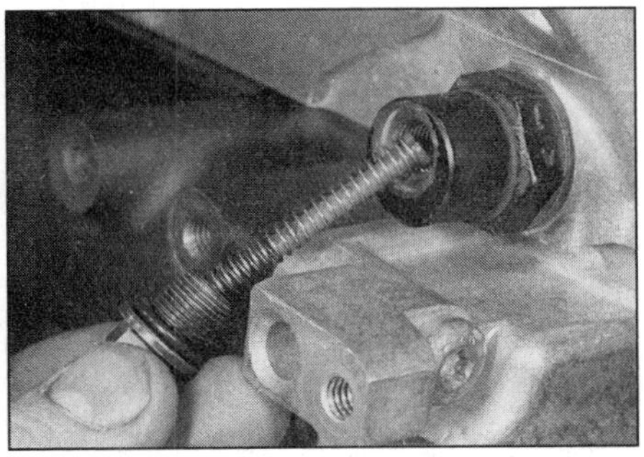

6.9b . . . ta bort fjädern . . .

26 Där tillämpligt, montera oljepumpen enligt beskrivningen i avsnitt 11.

27 Dra åt kamkedjekåpans två övre och två nedre bultar till angivet moment.

28 Montera fästet till växelströmsgeneratorn och servostyrningspumpen och dra åt bultarna.

29 Vrid generatorn mot motorn och montera generator-/servopumpsfästet och stödstaget, dra åt alla bultar till angivet moment.

30 Sätt remskivan på vevaxeln och sätt i remskivans bult. Dra åt bulten till angivet moment medan en medhjälpare håller vevaxeln på plats med en bredbladig skruvmejsel placerad i startkransen.

31 Montera drivremsspännaren och dra åt bultarna. Smörj lite fett på drivremsspännarens lagerytor innan den monteras.

32 Montera vattenpumpen enligt beskrivningen i kapitel 3.

33 Montera drivremmen enligt beskrivningen i kapitel 1.

34 Montera plastpanelen och hjulhusfodret under den högra framskärmen och dra åt fästskruvarna.

35 Kontrollera att sumpens avtappningsplugg och avtappningspluggen för kylvätska är ordentligt åtdragna och att stänkskyddet är monterat under kylaren. Montera det högra framhjulet och sänk ner bilen.

36 Där tillämpligt, sätt tillbaka och dra åt skruven som fäster kylvätskeröret över knacksensorn.

37 Om tillämpligt, montera startmotorn.

38 Återanslut batteriets minusledare.

39 Fyll på motorolja av rätt kvalitet och kvantitet.

40 Fyll på kylsystemet enligt beskrivning i kapitel 1.

41 Starta motorn och låt den gå tills den når normal arbetstemperatur. Leta efter olje- och kylvätskeläckage.

6 Kamkedja och kedjedrev – demontering, kontroll och montering

Demontering

1 Ställ vevaxeln vid övre dödpunkt för kolv nr 1 (motorns kamkedjesida) enligt beskrivning i avsnitt 3.

2 Ta bort kamkedjekåpa n enligt beskrivning i avsnitt 5. Demontera också oljepumpens medbringare från vevaxeln **(se bild)**.

3 Balansaxlarna är inställda på ÖD, men eftersom de roterar dubbelt så snabbt som vevaxeln är de korrekt inställda även när de är inställda på nedre dödläge. Kontrollera att tändningsinställningsmärkena på axlarna är i linje med märkena på framsidan av motorblocket/lagerhuset.

> **HAYNES TiPS** ***Gör inställningsmärken (små prickar målarfärg går bra) på kedjan och dreven för att garantera korrekt montering.***

Observera att balansaxeldreven är markerade med ”INL” (insug) respektive ”EXH” (avgas), och de främre lagren är markerade likadant. Eftersom lagren är monterade med enkla bultar är INL- och EXH-markeringarna alltid korrekt placerade på lagrens ovansida **(se bilder)**.

4 Skruva loss balansaxelkedjans övre styrning och ta bort spännaren och sidostyrningen **(se bilder)**.

5 Skruva loss överföringen från motorblocket, lossa sedan kedjan från balansaxeldreven och vevaxeldrevet. Observera att överföringen består av två delar **(se bilder)**.

6 Dra balansaxeldrevet från vevaxelns främre ände **(se bild)**. Observera att ordet ”Saab” är vänt utåt.

7 Skruva loss fästbultarna och ta bort kedjedreven från balansaxlarnas ändar. Håll fast dreven med ett oljefiltervektyg av kedjetyp eller liknande. Märk dreven så att de kan placeras korrekt vid återmonteringen.

8 Demontera ventilkåpan enligt beskrivning i avsnitt 4.

9 Skruva loss och ta bort kamkedjans spännare från topplockets bakre del. Skruva först bort mittbulten och ta bort fjädern, skruva sedan loss spännaren och ta bort den från topplocket **(se bilder)**.

10 Håll kamaxlarna stadigt på plats med en skiftnyckel på de plana delarna på kamaxeländen mot svänghjulet/drivplattan, lossa fästskruvarna till kamaxeldreven, men ta inte bort dem.

6.9c . . . skruva sedan loss spännaren. . .

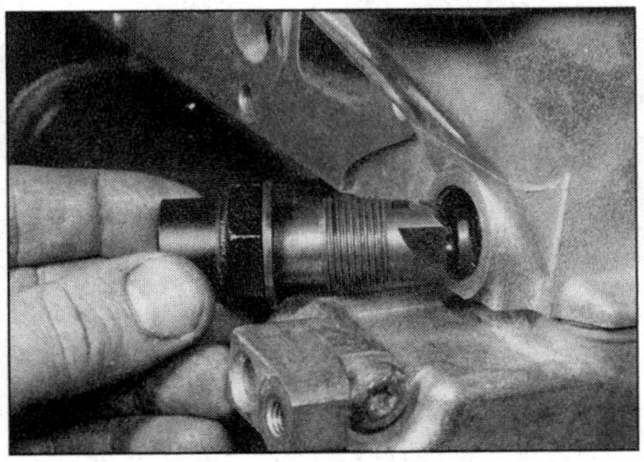

6.9d . . . och ta bort den från topplocket

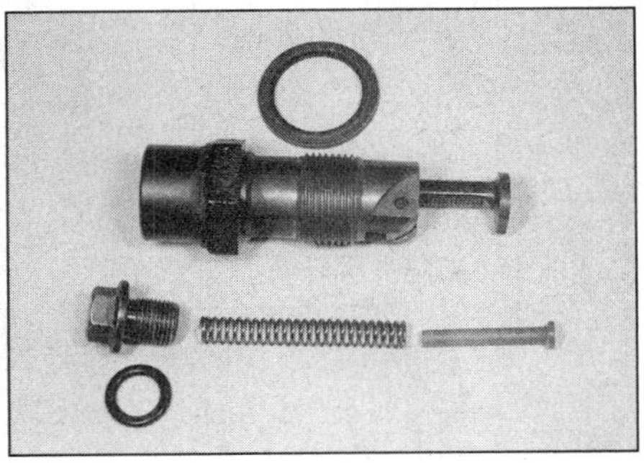

6.9e Kamkedjespännarens komponenter

6.11 Demontera kedjedrevet från insugskamaxeln

6.13a Ta bort fästbulten. . .

6.13b . . . och lossa kedjedrevet från kedjan

11 Skruva loss bulten och dra bort drevet från änden på insugskamaxeln **(se bild)**. Håll kamkedjan med en hand och ta bort drevet från kedjan med den andra handen.

12 Märk dreven så att de kan placeras rätt vid återmonteringen. Observera att varje drev har en utskjutande del som passar in i urtaget i änden på kamaxeln.

13 Skruva loss bulten och dra bort kedjedrevet från insugskamaxelns ände, ta sedan loss det från kedjan **(se bilder)**.

14 Skruva loss bultarna och demontera kamkedjans styrning från motorblocket **(se bilder)**.

15 Skruva loss kamkedjans hållare från motorblocket, koppla sedan loss kamkedjan och ta bort drevet från änden av vevaxeln **(se bilder)**. Om det behövs, ta bort woodruffkilen från spåret i vevaxeln med hjälp av en skruvmejsel.

Kontroll

16 Kamkedjan **(se bild)** (och i förekommande fall balansaxelkedjan) ska bytas ut om dreven är utslitna eller om kedjan är lös och lever om när motorn körs. Det är en god idé att som rutinåtgärd byta kedjan när motorn tas isär för renovering. Stiften på en kraftigt utsliten kedja kan blir spåriga. Undvik framtida problem genom att byta ut kedjan så fort den minsta tvekan råder om dess skick. Samtidigt bör kedjespännaren och styrningarna undersökas och vid behov bytas ut (se avsnitt 7).

17 Undersök kuggarna på vevaxelns kedjedrev, kamaxeldreven (och i förekommande fall balansaxeldreven) efter tecken på slitage. Varje kugge utgör ett inverterat "V". Om kuggarna är utslitna får den ena sidan av varje kugg en något konkav (krokig) form under spänning, i jämförelse med den andra sidan av kuggen (dvs. den ena sidan av det inverterade "V:et" är konkav i jämförelse med den andra). Om kuggarna verkar vara utslitna måste drevet bytas ut.

6.14a Skruva loss bultarna. . .

6.14b . . . och ta bort kamkedjans fasta styrning

6.15a Ta bort kamkedjans hållare (vid pilen) från motorblocket

6.15b Ta bort vevaxeldrevet från vevaxeln

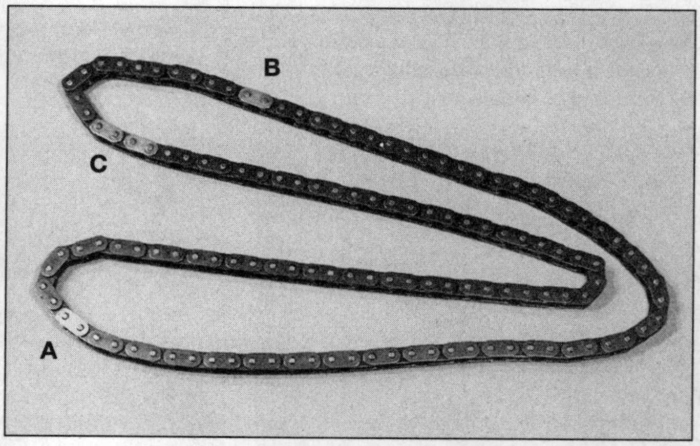

6.16 Kamkedjan demonterad från motorn

A, B, C Se punkt 19, 23 och 24

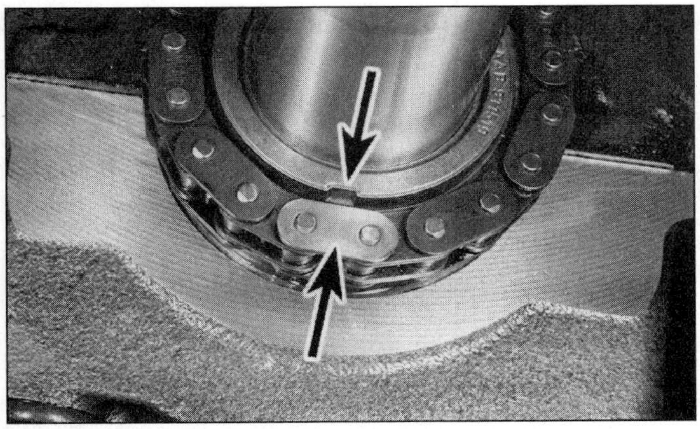

6.19a Den ljusa länken passas in mot urtaget i kedjedrevet (vid pilarna)

6.19b Dra åt kamkedjehållarens fästbultar

Montering

18 Placera woodruffkilen i spåret på vevaxeln. Knacka in kilen i spåret och se till att dess plana sida är parallell med vevaxeln.

19 Fäst kamkedjan i vevaxelns kedjedrev och placera vevaxeldrevet på änden av vevaxeln. Se till att det placeras korrekt över woodruffkilen. Om kamkedjan har ljusa länkar, placera den ensamma ljusa länken (A i bild 6.16) längst ner på kedjedrevet, i linje med urtaget. Montera kedjehållaren och dra åt bultarna **(se bilder)**.

20 Placera kamkedjan i den fasta styrningen, montera sedan styrningen och dra åt bultarna.

21 Montera kedjedrevet på änden av avgaskamaxeln, sätt i bulten och dra åt den för hand. **Lägg inte** låsvätska på bultens gängor.

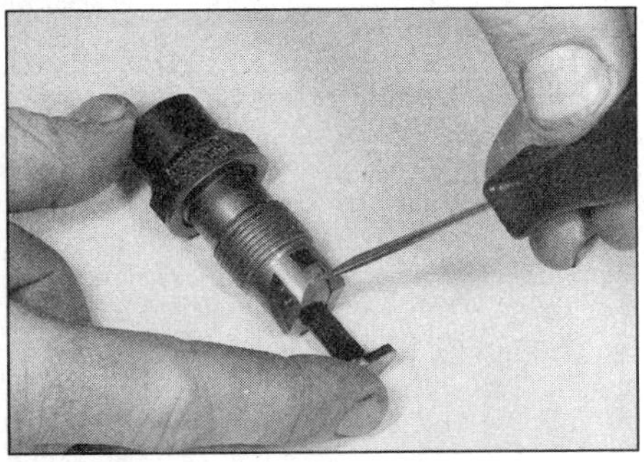

6.25 Justera kamkedjespännaren

22 Kontrollera att vevaxeln och kamaxlarna fortfarande är i ÖD-läge.

23 För kamkedjan upp genom topplocksöppningen och montera den på avgaskamaxelns kedjedrev. Se till att den är spänd mellan de två kedjedreven. Kontrollera att kedjan är korrekt placerad på styrningarna. Om kedjan har en ljus länk (B i bild 6.16), se till att den är i linje med tändinställningsmärket.

24 Haka fast insugskedjedrevet i kamkedjan så att urtaget och den utskjutande delen är i linje med varandra, placera sedan drevet på insugskamaxeln och sätt i bulten. Dra åt bulten för hand så länge. **Applicera inte** låsvätska på bultens gängor. Om kedjan har ljusa länkar (C i bild 6.16), se till att de är i linje med tändinställningsmärket.

25 Justera kamkedjespännaren genom att trycka ner spärrhaken med en skruvmejsel, tryck sedan in tryckkolven hela vägen in i spännaren och lossa spärrhaken **(se bild)**. Kontrollera spännarbrickans skick och byt ut den om det behövs.

26 För in kedjespännaren i topplocket och dra åt den till angivet moment.

27 Sätt i fjädern och styrsprinten av plast i spännaren, montera pluggen tillsammans med en ny O-ring och dra åt till angivet moment. **Observera:** *På nya spännare hålls spännfjädern spänd med en sprint.* ***Försök inte*** *ta bort sprinten förrän spännaren har placerats i topplocket.* När motorn startas kommer eventuell slakhet att tas upp av det hydrauliska trycket.

28 Sätt tillfälligt i bulten till vevaxelns remskiva och vrid motorn medurs två hela varv. Kontrollera att tändinställningsmärkena fortfarande är i linje. Ta bort remskivans bult. Om kedjan har ljusa länkar ska dessa inte längre vara i linje med tändningsinställningsmärkena.

29 Dra åt kamaxeldrevets bult till angivet moment, håll kamaxlarna på plats med en skiftnyckel på de flata punkterna.

30 Montera ventilkåpan enligt beskrivning i avsnitt 4.

31 Montera kedjedreven på balansaxlarnas ändar och dra åt fästskruvarna.

32 Placera balansaxelns kedjedrev på vevaxelns främre ände. Observera att ordet 'Saab' skall placeras utåt.

33 Montera kedjan på dreven, se till att tändningsinställningsmärkena är korrekt inriktade **(se bild)**.

34 Montera överföringsdrevet på blockets framsida och dra åt fästbulten.

35 Montera sidostyrningen, spännaren och den övre styrningen till balansaxelkedjan **(se bild och Haynes Tips)**.

HAYNES TiPS

Håll spännarens tryckkolv nedtryckt med ett plastkabelband innan den monteras. Klipp bort klämman efter monteringen.

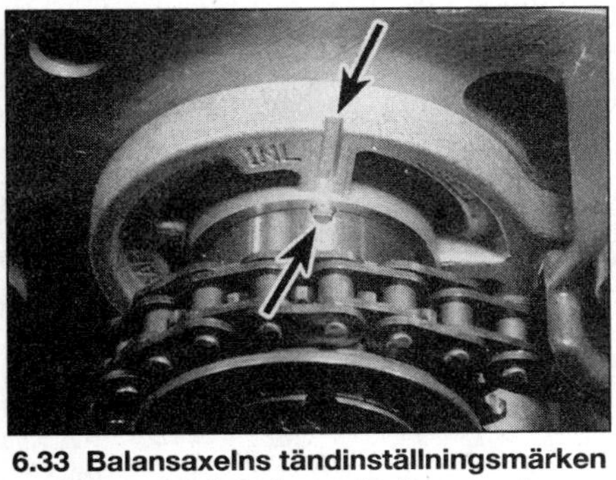

6.33 Balansaxelns tändinställningsmärken måste vara i linje innan kedjan monteras

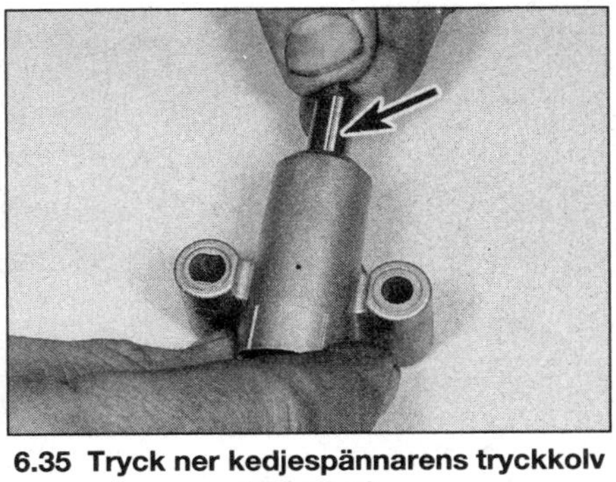

6.35 Tryck ner kedjespännarens tryckkolv (vid pilen)

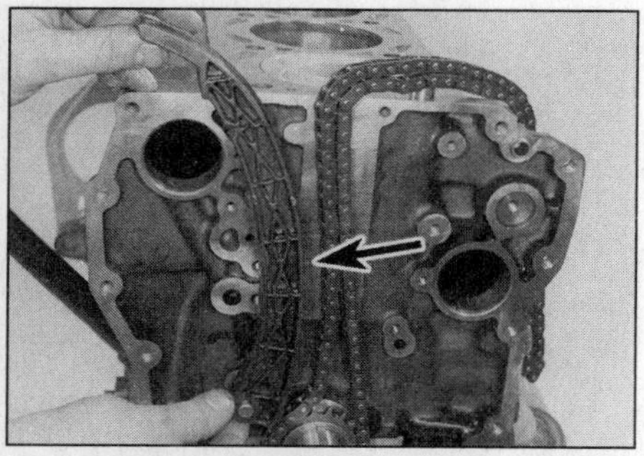

7.2 Lossa den svängbara styrningen från sprinten på topplocket

36 Rotera vevaxeln ett varv och kontrollera att balansaxeldreven fortfarande är korrekt inriktade.

37 Montera kamkedjekåpan enligt beskrivningen i avsnitt 5.

7 Kamkedjans styrningar och spännare – demontering, kontroll och montering

Demontering

1 Demontera kamkedjan enligt beskrivningen i avsnitt 6. Observera att det här momentet inkluderar demontering av den fasta styrningen och balansaxelkedjans styrningar. Kamkedjan behöver inte tas bort från vevaxelns kedjedrev.

2 Skruva loss och ta bort den fasta kamkedjestyrningen och lossa den svängbara styrningen från sprinten på motorblocket **(se bild)**.

Kontroll

3 Granska kedjestyrningarna med avseende på skador och förslitningar, byt ut dem vid behov.

4 Rengör spännarens tryckkolv och hus och undersök dessa med avseende på skador och slitage **(se bild)**. På modeller tillverkade efter 1988 kan tryckkolven tas bort genom att spärrhaken trycks ner mot fjädern. Om tryckkolven eller huset är överdrivet repiga ska hela spännaren bytas ut.

Montering

5 Placera den svängbara styrningen på tappen på motorblocket, montera därefter den fasta styrningen och dra åt fästbultarna.

6 Montera kamkedjan enligt beskrivning i avsnitt 6.

8 Kamaxlar och hydrauliska ventillyftare – demontering, kontroll och montering

Observera: *Följande beskrivning behandlar demontering och montering av kamaxlarna och de hydrauliska ventillyftarna med topplocket monterat i bilen. Vid behov kan arbetet utföras utanför bilen med topplocket*

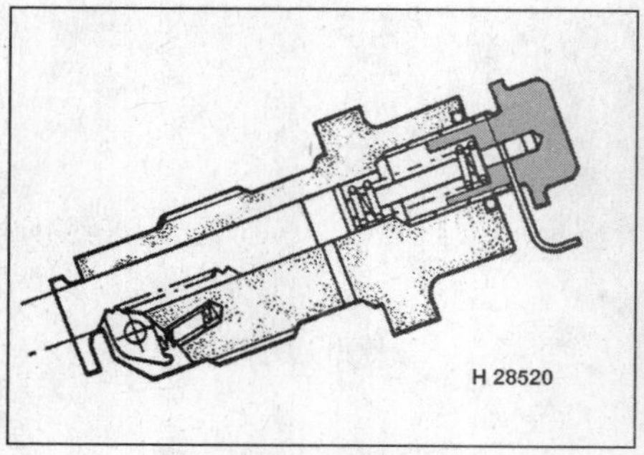

7.4 Genomskärning av kamkedjespännaren

demonterat från motorn. Om så är fallet, följ anvisningarna från och med punkt 12, när topplocket demonterats.

Demontering

1 Öppna motorhuven och rengör motorn runt topplocket.

2 Dra åt handbromsen och lyft med hjälp av en domkraft upp framvagnen på pallbockar (se *Lyftning och stödpunkter*). Ta bort det högra framhjulet.

3 Lossa skruvarna och ta bort plastpanelen och hjulhusfodret från höger framskärm.

4 Lossa batteriets negativa ledning och placera den på avstånd från polen.

5 Koppla loss slangen till vevhuset (och i förekommande fall vakuumstyrenhetens slang) och placera dem åt sidan.

6 Skruva loss skruvarna och ta bort inspektionsluckan eller DI-kassetten från ventilkåpans mitt (se kapitel 5B vid behov).

7 Där så behövs, lossa tändkablarna från tändstiften.

8 Där så är tillämpligt, demontera strömfördelaren enligt beskrivning i kapitel 5B och placera den på sidan.

9 Demontera ventilkåpan enligt beskrivningen i avsnitt 4.

10 Sätt en hylsa på vevaxelns remskiva och vrid motorn tills ÖD-skåran i vevaxelns remskiva är i linje med tändinställningsstaven

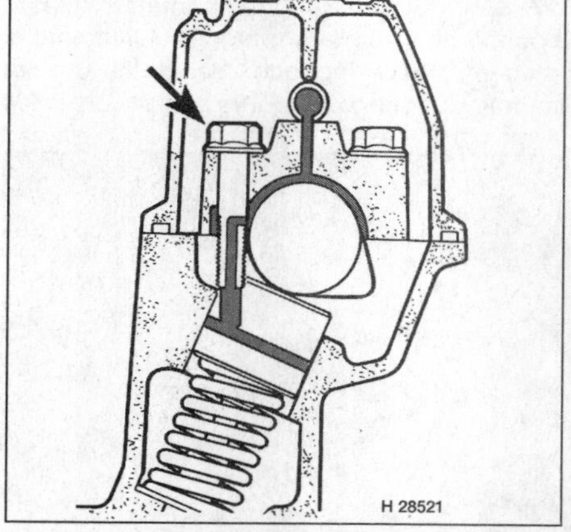

8.14a Kamaxellageröverfallens inre bultar (vid pilen) är ihåliga för att kunna förse de hydrauliska ventillyftarna med olja

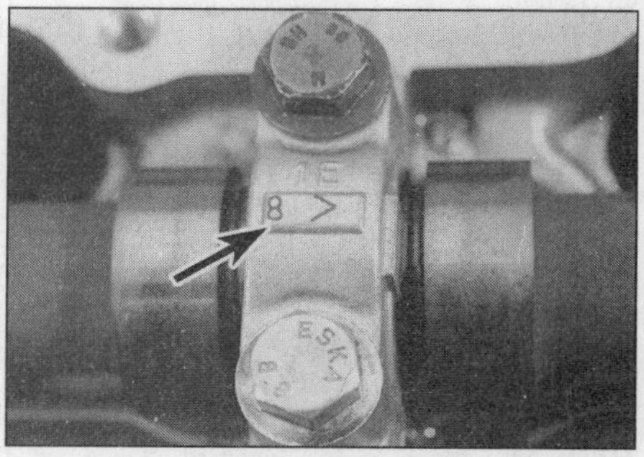

8.13 Kamaxelns lageröverfall är märkta för att underlätta placering (vid pilen)

på kamkedjekåpan. Se avsnitt 3 för ytterligare information om det behövs. Kontrollera även att ÖD-märkena på kamaxelns kedjedrevssidor är i linje med motsvarande ÖD-märken på kamaxellageröverfallen.

11 Skruva loss och ta bort kamkedjans spännare från topplockets bakre del.

12 Håll fast var och en av kamaxlarna med en nyckel på de plana ytorna på änden mot växellådan, skruva loss bultarna, dra bort kedjedreven och låt dem vila på kamkedjans styrningar. Observera att kedjedreven har utskjutande delar som passar in i urtagen i ändarna på kamaxlarna. Kamkedjan kan inte dras bort från vevaxelns kedjedrev eftersom det sitter en styrning under kedjedrevet.

13 Kontrollera att kamaxellageröverfallen och kamaxlarna är märkta för att underlätta återmonteringen. Överfallen är märkta med "1" till "5" på insugssidan, och "6" till "10" på avgassidan – förväxla inte dessa markeringar med de markeringar som finns inpressade på varje överfall **(se bild)**.

14 Skruva stegvis loss lageröverfallens bultar så att överfallen inte utsätts för onödiga påfrestningar av ventilfjädrarna. Se till att lageröverfallen närmast de öppna ventilerna tas bort sist för att undvika att kamaxeln utsätts för onödiga påfrestningar. Ta bort bultarna helt och lyft bort överfallen, lyft sedan bort kamaxlarna från topplocket. Observera att överfallets inre bultar (utom i kamkedjeänden) har svarta huvuden och inre borrningar för att kunna leda olja till de hydrauliska ventillyftarna; kontrollera alltid att rätt bultar monteras **(se bilder)**. Märk kamaxlarna noga för att underlätta återmonteringen.

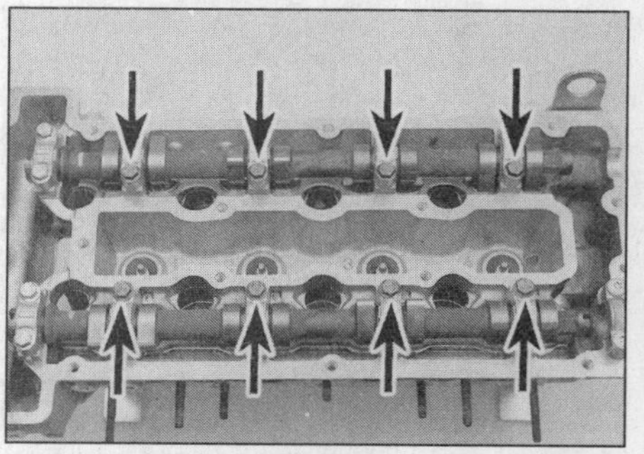

8.14b Lageröverfallens inre bultar med svarta huvuden och kanaler för oljetillförsel

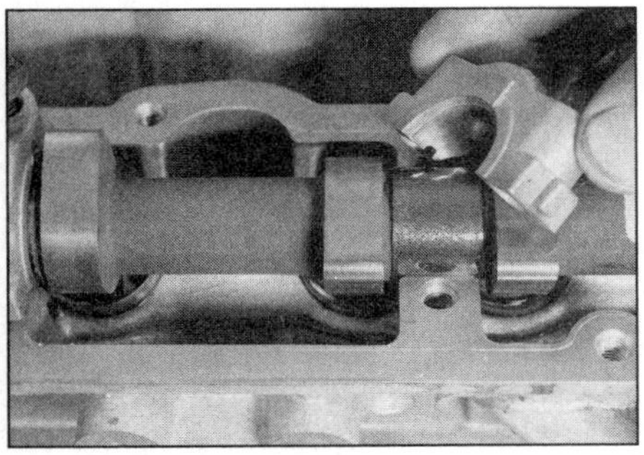

8.14c Ett kamaxellageröverfall demonteras

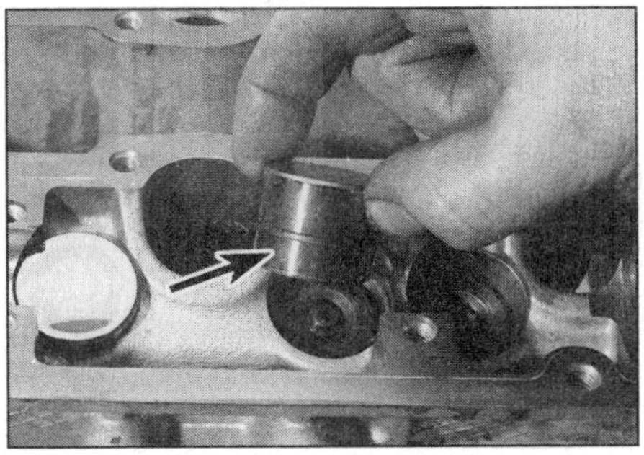

8.15a Demontera de hydrauliska lyftarna

8.15b Hydraulisk ventillyftare borttagen från topplocket. Ventillyftarna ska förvaras i oljebad när de har demonterats

15 Skaffa sexton små, rena plastbehållare och märk dem med "1i" till "8i" (insug) och "1a" till "8a" (avgas). Alternativt, dela in en större behållare i sexton avdelningar och märk dem på samma sätt för insugs- och avgaskamaxlarna. Använd en gummipipett eller en magnet för att dra upp de hydrauliska ventillyftarna i tur och ordning, och placera dem i respektive behållare **(se bilder)**. **Förväxla inte** ventillyftarna med varandra. Förhindra att de hydrauliska ventillyftarna töms på olja genom att hälla ny olja i behållarna så att de täcks.

Varning: Var mycket noga med att inte repa loppen i topplocket när ventillyftarna dras ut.

Kontroll

16 Undersök kamaxellagrens ytor och kamloberna efter tecken på slitage och repor. Byt ut kamaxeln om sådana tecken finns. Undersök lagerytorna på axeltapparna, kamaxellageröverfallen och topplocket. Om topplockets eller lageröverfallens ytor är mycket utslitna måste topplocket bytas ut. Om nödvändig mätutrustning finns tillgänglig kan slitage på kamaxellagrets axeltappar kontrolleras direkt och jämföras med de angivna specifikationerna.

17 Mät kamaxelns axialspel genom att placera varje kamaxel i topplocket, montera kedjedreven och placera ett bladmått mellan kamaxelns främre del och ytan på topplockets främre lager.

18 Undersök de hydrauliska ventillyftarna med avseende på slitage, repor och punktkorrosion där de är i kontakt med loppen i topplocket. I bland kan en hydraulisk ventillyftare låta konstigt när motorn är i gång, och behöva bytas ut. Det är inte lätt att kontrollera om en ventillyftare har inre skador eller slitage när den väl har demonterats; om det råder minsta tveksamhet om skicket på ventillyftarna ska hela uppsättningen bytas ut.

19 Rengör de inre borrningarna i kamaxellageröverfallens bultar så att oljan kan passera till de hydrauliska ventillyftarna.

Montering

20 Smörj loppen för de hydrauliska ventillyftarna i topplocket, och själva lyftarna, placera dem sedan i sina ursprungliga lägen **(se bild)**.

21 Smörj kamaxlarnas lagerytor i topplocket.

22 Placera kamaxlarna på sina rätta platser i topplocket så att ventilerna på cylinder nr 1 (kamkedjeänden) är stängda och ventilerna på cylinder nr 4 "svänger".

23 Tändinställningsmärkena på kamaxlarnas kedjedrevsändar ska vara riktade uppåt.

24 Smörj lagerytorna i överfallen, placera dem sedan på sina platser och sätt i fästbultarna. Dra åt bultarna stegvis till angivet moment.

Observera: *Se till att de svartfärgade oljetillförselbultarna sitter på rätt plats* ***(se bild 8.14b)****.*

25 Kontrollera att båda kamaxlarna är i ÖD-läge – tändinställningsmärkena är placerade på den främre delen av kamaxlarna och skall vara i linje med märket på lageröverfallen.

26 Kontrollera att övre dödpunktens 0-märke på svänghjulet/drivplattan fortfarande är i linje med tändningsinställningsmärket på växellådan. På senare modeller, kontrollera att ÖD-skåran i vevaxelns remskiva är i linje med tändinställningsstaven på kamkedjekåpan.

27 Placera kedjedreven på kamaxlarna, montera först det för avgas och sedan det för insug. Skruva inte åt bultarna helt i det här stadiet. Kontrollera att kamkedjan är korrekt placerad på styrningarna och kedjedreven.

28 Montera kamkedjespännaren enligt beskrivningen i avsnitt 6.

29 Använd en hylsnyckel på vevaxelns remskiva och vrid motorn två kompletta varv medurs, kontrollera att tändinställningsmärkena fortfarande är korrekt inriktade.

30 Dra åt kamaxeldrevets fästbultar till angivet moment medan dreven hålls på plats med en skiftnyckel på de plana ytorna **(se bild)**.

31 Rengör kontaktytorna på ventilkåpan och topplocket. Montera ventilkåpan enligt beskrivning i avsnitt 4.

32 I förekommande fall, kontrollera att strömfördelarens rotor är i linje med tändinställningsmärket, montera sedan strömfördelaren och överfallet enligt beskrivningen i kapitel 5B.

33 Där så är aktuellt, anslut kablarna till tändstiften.

34 Montera inspektionskåpan eller DI-kassetten mitt på ventilkåpan och dra åt fästskruvarna.

35 Anslut slangen till vevhuset.

36 Montera plastpanelen och hjulhusfodret under den högra framskärmen och dra åt fästskruvarna.

37 Montera höger framhjul och sänk ner bilen.

38 Återanslut batteriets minusledare.

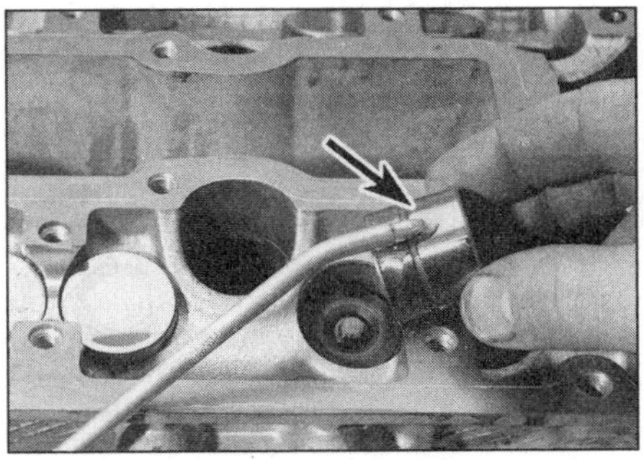

8.20 En hydraulisk ventillyftare oljas in före montering

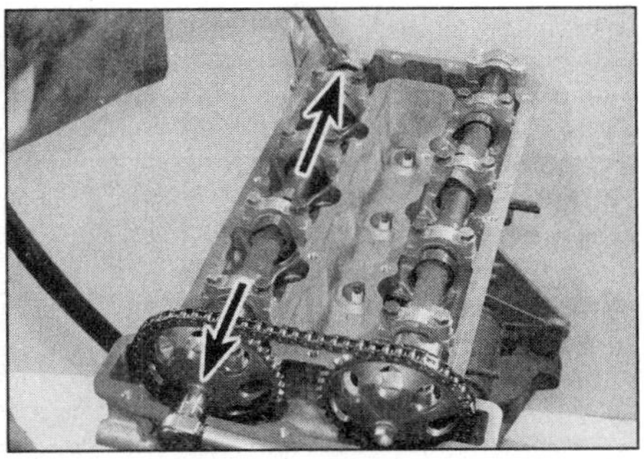

8.30 Dra åt kamaxeldrevets fästbultar, håll kamaxeldrevet på plats med hjälp av en nyckel på de flata punkterna

9.25 En topplocksbult tas bort

9 Topplock – demontering och montering

Demontering

1 Öppna motorhuven och rengör motorn runt topplocket.

2 Dra åt handbromsen och lyft med hjälp av en domkraft upp framvagnen på pallbockar (se *Lyftning och stödpunkter*). Ta bort det högra framhjulet.

3 Koppla loss batteriets minusledare och placera den på avstånd från batteripolen.

4 Lossa skruvarna och ta bort plastpanelen och hjulhusfodret från höger framskärm.

5 Tappa av kylsystemet enligt beskrivningen i kapitel 1.

6 Enligt beskrivningen i kapitel 4A, ta bort luftrenaren från motorrummet. På modeller utan turbo, koppla loss kablaget från luftflödesmätaren, ta sedan bort insugstrumman. På turbomodeller, lossa slangklämman och ta bort insugstrummorna mellan turboaggregatet och mellankylaren, och mellankylaren och gasspjällshuset. Täck turboaggregatets port med en trasa för att skydda det mot smutsintrång

7 Ta bort fästskruvarna och lyft bort insugsresonatorn (modeller utan turbo) eller panelen (turbomodeller) från insugsröret.

8 Se kapitel 1 och ta bort hjälpaggregatens drivrem.

9 Skruva loss servostyrningspumpen från dess fästen enligt beskrivningen i kapitel 10 och fäst den på sidan med hjälp av kabelband av nylon eller liknande. Observera att du inte behöver koppla loss hydrauloljeslangarna från pumpen.

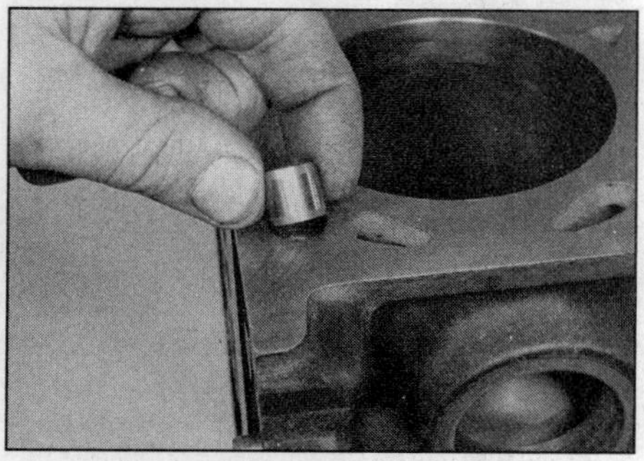

9.27 Ta bort topplockets styrstift

10 Ta bort fästskruvarna och koppla loss insugskröken mellan luftrenaren och turboaggregatet (tillsammans med vevhusventilationens slang) från turboaggregatet.

11 På turbomodeller, skruva loss turboaggregatets fäste. Se kapitel 4A och skruva loss avgassystemets främre rör från turboaggregatet (eller avgasgrenröret på icke-turbomodeller).

12 Lossa slangklämmorna och koppla loss kylarslangarna till kupévärmaren och gasspjällhusets förvärmare från topplocket. På turbomodeller, skruva loss anslutningsbultarna och koppla loss kylledningarna från turboaggregatet.

13 På turbomodeller, skruva loss anslutningsbulten och koppla loss oljeledningarna från turboaggregatet.

14 På modeller med direkttändning (DI), se kapitel 5B och koppla loss kontaktdonet från DI-kassetten.

15 Skruva loss stödfästet och lossa röret till motorns oljemätsticka från topplocket.

16 Lossa slangklämmorna (i förekommande fall) och koppla loss vakuum- och vevhusventilationsslangarna från ventilkåpan.

17 Demontera motorns lyftöglor från insugsröret och flytta kabelhärvans fäste till ena sidan. Se kapitel 4A och demontera insugsröret från topplocket.

18 Ta bort fästbultarna och koppla loss kylarens översta slang vid termostathuset.

19 Ta bort alla fyra tändstiften enligt beskrivningen i kapitel 1.

20 Demontera ventilkåpan enligt beskrivningen i avsnitt 4.

21 Använd en hylsa på vevaxelns remskiva, vrid motorn tills ÖD-markeringen på vevaxelns remskiva är i linje med tändinställningsmärket på kamkedjekåpan och kolv nr 1 (vid motorns kamkedjeände) är högst upp i sitt kompressionsslag. Se avsnitt 3 för ytterligare information om det behövs. Kontrollera även att ÖD-märkena på kamaxlarnas kedjedrevsändar är i linje med motsvarande ÖD-märken på kamaxellageröverfallen.

22 Skruva loss och ta bort kamkedjans spännare från topplockets bakre del.

23 Håll fast en kamaxel i taget med en nyckel på de plana delarna på kamaxelns svänghjuls-/drivplatteände, skruva loss bultarna och koppla loss kedjedreven från kedjan och ta bort dem från motorn.

24 Skruva loss de två bultarna som fäster kamkedjekåpan vid topplocket. Bultarna är inskruvade i botten på topplocket.

25 Arbeta i omvänd ordningsföljd mot den som visas i bild 9.40a, lossa stegvis de tio topplocksbultarna ett halvt varv i taget tills alla bultarna kan skruvas bort för hand **(se bild)**. Bultarna måste skruvas loss med en torxnyckel eftersom de har sex yttre räfflor.

26 När alla topplocksbultar har tagits bort, se till att kamkedjan är placerad så att den svängbara kedjestyrningen inte är i vägen för demontering av topplocket. Lyft topplocket direkt från motorblocket och placera det på arbetsbänken. Ta hjälp av en medhjälpare om det behövs, eftersom topplocket är mycket tungt. Om topplocket sitter fast, försök skaka det en aning för att lossa det från packningen – stick **inte** in en skruvmejsel eller liknande i packningsfogen, då skadas fogytorna. Topplocket sitter på styrstift, så försök inte få loss det genom att knacka det i sidled.

27 Ta bort packningen från motorblockets översida, lägg märke till styrstiften. Om styrstiften sitter löst, ta bort dem och förvara dem tillsammans med topplocket **(se bild)**. Kasta inte packningen – den kan behövas för identifiering.

28 Om topplocket skall tas isär för reparation skall kamaxlarna demonteras enligt beskrivningen i avsnitt 8.

Förberedelser för montering

29 Fogytorna mellan topplocket och motorblocket måste vara noggrant rengjorda innan topplocket monteras. Använd en skrapa av hård plast eller trä och ta bort alla packningsrester och allt sot, rengör även kolvkronorna. Var mycket försiktig vid rengöringen, den mjuka lättmetallen skadas lätt. Se även till att sot inte kommer in i olje- och vattenkanalerna – detta är särskilt viktigt när det gäller smörjningen eftersom sotpartiklar kan täppa igen oljekanaler och blockera oljematningen till motordelarna. Använd tejp och papper till att försegla kanaler och bulthål i motorblocket.

HAYNES TiPS

Smörj lite fett i öppningen mellan kolvarna och loppen för att hindra sot från att tränga in. När alla kolvar är rengjorda, använd en liten borste och ta bort fett och sot från öppningen, torka sedan bort återstoden med en ren trasa.

Rengör alla kolvar på samma sätt.

30 Undersök fogytorna på motorblocket och topplocket med avseende på hack, djupa repor och andra skador. Om skadorna är små kan de försiktigt tas bort med en fil, men om de är omfattande måste skadorna maskinbearbetas eller de skadade delarna bytas ut.

31 Kontrollera topplockspackningens yta med en stållinjal om den misstänks vara skev. Se del B i detta kapitel om så behövs.

32 Kontrollera alltid skicket på topplocksbultarna, särskilt gängorna, när de tagits bort. Tvätta bultarna med lämpligt lösningsmedel och torka dem torra. Undersök varje bult efter tecken på synligt slitage eller skador, byt ut bultar om det behövs. Mät längden på alla bultarna och jämför med längden på en ny bult. Även om Saab inte anger att bultarna måste bytas är det högst rekommendabelt att byta ut hela uppsättningen bultar om motorn har gått långt.

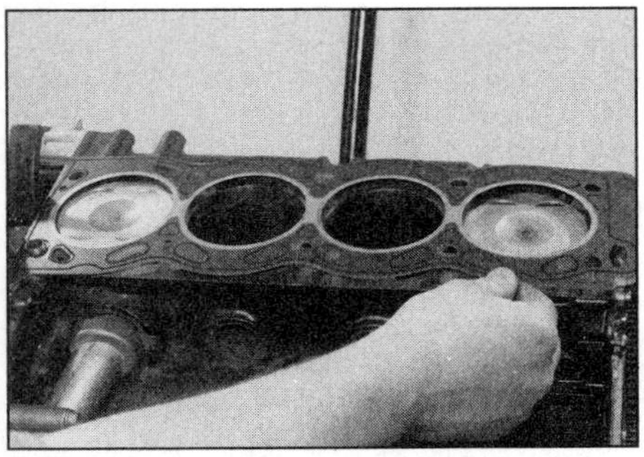

9.35 Placera en ny topplockspackning på motorblocket

Montering

33 Om kamaxlarna har demonterats, montera dem enligt beskrivning i avsnitt 8.

34 Rengör topplockets och motorblockets/ vevhusets fogytor. Kontrollera att de två styrstiften är korrekt placerade på motorblocket.

35 Placera en ny topplockspackning på motorblockets yta och se till att den är placerad med rätt sida upp **(se bild)**.

36 Kontrollera att varje kamaxel är i ÖD-läge – tändinställningsmärkena är placerade på den främre delen av kamaxeln och skall vara i linje med märkena på lageröverfallen.

37 Rotera vevaxeln ett kvarts varv från ÖD-läget; då placeras de fyra kolvarna en bit in i sina lopp och är inte i vägen för monteringen av topplocket.

38 Kontrollera att kamkedjan är korrekt placerad på kedjestyrningarna, sänk därefter försiktigt ner topplocket på motorblocket i linje med styrstiften.

39 Applicera lite fett på topplocksbultarnas gängor och på undersidan av bultskallarna. Sätt i bultarna och dra först åt dem för hand.

40 Dra åt topplocksbultarna stegvis i visad ordning, använd en momentnyckel och dra åt dem till angivet moment för steg 1 **(se bilder)**.

41 Dra åt topplocksbultarna till angivet moment för steg 2 i samma ordning.

42 När alla topplocksbultar är åtdragna till steg 2 ska de vinkeldras till steg 3 i samma ordningsföljd, med en hylsa och förlängningsskaft. Använd en vinkelmätare under det här momentet för att garantera att bultarna dras åt korrekt **(se bild)**.

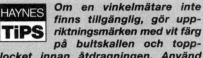

HAYNES TiPS ***Om en vinkelmätare inte finns tillgänglig, gör uppriktningsmärken med vit färg på bultskallen och topplocket innan åtdragningen. Använd märkena för att kontrollera att bulten dragits åt till angivet moment.***

43 Rotera vevaxeln ett kvarts varv tillbaka till ÖD-läget (se avsnitt 3).

44 Sätt i och dra åt de två bultarna som fäster kamkedjekåpan på topplocket.

45 Enligt beskrivningen i kapitel 3, kontrollera att de båda kamaxlarna är i linje vid sina respektive ÖD-lägen. Fäst kamaxeldreven i kamkedjan (enligt beskrivningen i avsnitt 6 om det behövs) och montera dreven på kamaxlarna, montera först insugsdrevet, sedan avgasdrevet. Skruva inte åt bultarna helt i det här stadiet. Kontrollera att kamkedjan är korrekt placerad på styrningarna och dreven.

46 Montera kamkedjespännaren enligt beskrivningen i avsnitt 6.

47 Använd en hylsnyckel på vevaxelns remskiva och vrid motorn två kompletta varv medurs, kontrollera att tändinställningsmärkena fortfarande är korrekt inriktade.

48 Dra åt kamaxeldrevets fästbultar till angivet moment, håll fast kamaxlarna med en nyckel på de plana ytorna på axlarnas växellådsändar.

49 Montera ventilkåpan enligt beskrivningen i avsnitt 4, montera sedan tändstiften enligt beskrivningen i kapitel 1.

50 Sätt tillbaka DI-kassetten (turbomodeller) eller inspektionskåpan (övriga modeller) på ventilkåpan. I förekommande fall, montera strömfördelaren enligt beskrivningen i kapitel 5B.

51 Montera insugsröret enligt beskrivningen i kapitel 4A. Sätt fast motorns lyftöglor och kabelhärvans stödfäste på sina platser.

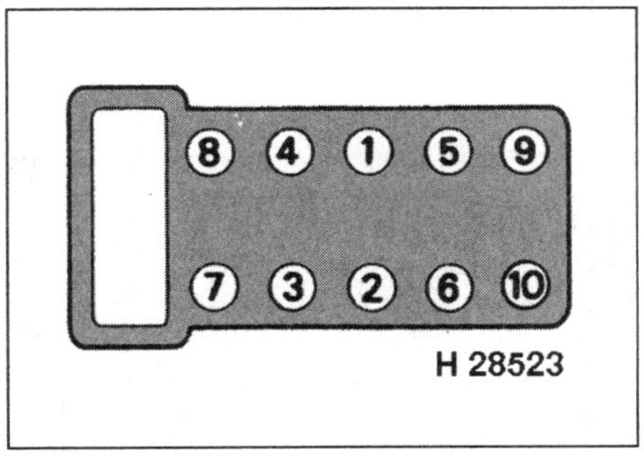

9.40a Åtdragningssekvens för topplockets bultar

52 Återanslut kylvätskeslangarna till gasspjällhusets förvärmare, termostathuset och kupévärmaren till respektive port på topplocket och dra åt slangklämmorna ordentligt.

53 Placera röret till motorns oljemätsticka intill topplocket och fäst det med fästskruven.

54 Återanslut vakuum- och vevhusventilationsslangarna till ventilkåpan.

55 På turbomodeller, återanslut kylvätske- och oljeledningarna till turboaggregatet och dra åt anslutningsbultarna till angivet moment.

56 Enligt beskrivningen i kapitel 4A, montera avgassystemets främre rör på turboaggregatet (turbomodeller) eller avgasgrenröret (modeller utan turbo) och dra åt bultarna till angivet moment.

57 På turbomodeller, montera turboaggregatets stödfäste, sätt i och dra åt bulten till motorblocket först.

58 Montera servostyrningspumpen enligt beskrivningen i kapitel 10, montera sedan drivremmen enligt beskrivningen i kapitel 1.

59 På modeller utan turbo, montera insugstrumman, luftflödesmätaren och luftrenarhuset enligt beskrivningen i kapitel 4A.

60 På turbomodeller, montera turboaggregatets insugskrök och vevhusventilationens rör och fäst dem med fästskruvarna. Ta bort kåpan från turboaggregatets port, montera sedan insugstrummorna mellan turboaggregatet och mellankylaren och mellankylaren och gasspjällhuset.

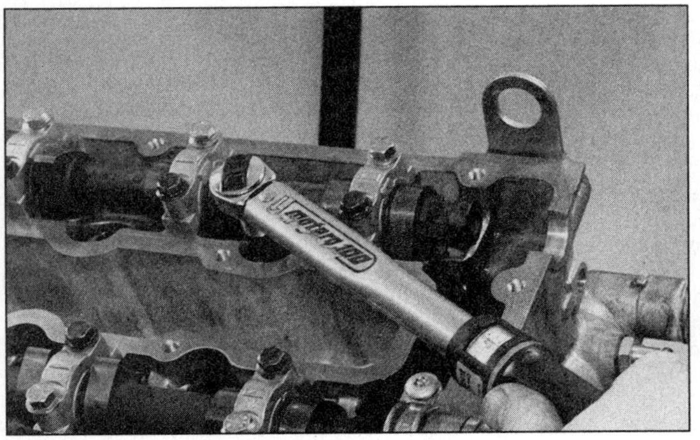

9.40b Dra åt topplocksbultarna med en momentnyckel

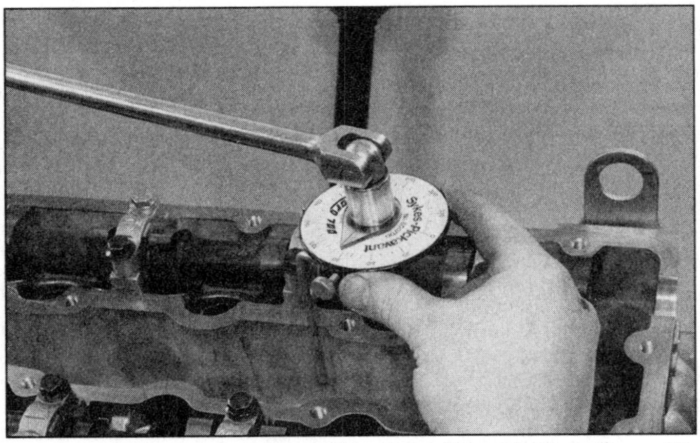

9.42 Använd ett vinkelmätare för att dra åt topplocksbultarna till vinkeln för steg 3

61 Montera resonatorn (modeller utan turbo) eller panelen (turbomodeller) på insugsrörets ovansida.
62 Återanslut batteriets minusledare.
63 Montera mittpanelen under kylaren följt av höger hjulhusfoder och plastpanel.
64 Montera höger framhjul och sänk ner bilen.
65 Fyll på kylsystemet, se kapitel 1.
66 Starta motorn och observera säkerhetsanvisningarna i kapitel 2B, avsnitt 20.

10 Sump – demontering och montering

Demontering

1 Dra åt handbromsen och ställ framvagnen på pallbockar (se *Lyftning och stödpunkter*). Koppla loss batteriets negativa anslutning.
2 Tappa av motoroljan, rengör avtappningspluggen och sätt tillbaka den, dra åt till angivet moment. Ta bort oljemätstickan från röret och placera en ren trasa över påfyllningshalsen för att hindra intrång av smuts. Om motorn ändå närmar sig sitt serviceintervall då oljan och filtret ska bytas ut, rekommenderas att även filtret tas bort och byts ut mot ett nytt. Efter återmontering kan motorn fyllas med ny olja. Se kapitel 1 för ytterligare information.
3 Placera en lyftbom över motorrummet, i linje med de främre fjädertornen. Fäst lyftbommens arm i motorns lyftögla till vänster om topplocket. Höj lyftarmen så mycket att lyftbommen precis börjar lyfta motorn.
4 Koppla ur lambdasondens kablar vid kontaktdonet som sitter på ett fäste till vänster om topplocket.
5 Ställ framvagnen på pallbockar (se *Lyftning och stödpunkter*). Ta bort båda framhjulen.
6 Ta bort fästskruvarna och sänk tråget så att det kommer bort från framspoilern.
7 Enligt beskrivningen i kapitel 4A, skruva loss avgassystemets mellanrör från det främre röret, skruva sedan bort det främre röret från turboaggregatet eller avgasgrenröret, efter tillämplighet. Skruva loss det främre röret från stödfästena och dra bort det från motorrummets undersida.

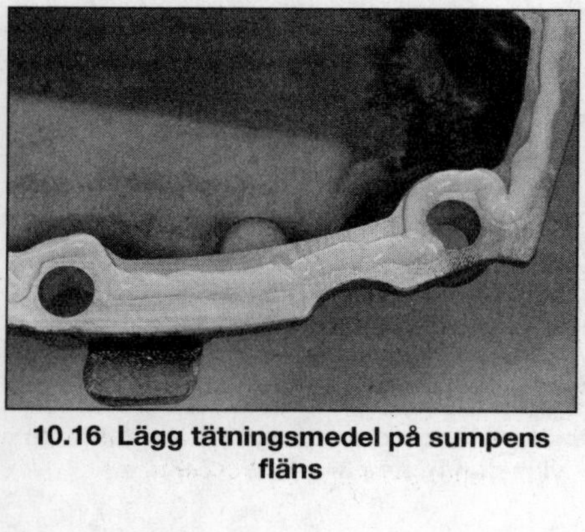

10.16 Lägg tätningsmedel på sumpens fläns

8 Se till att lyftbommen lyfter motorn och växellådan helt, demontera sedan det bakre motorfästet enligt beskrivningen i avsnitt 17.
9 Se kapitel 10 och skruva loss de nedre armarnas spindelleder från de båda navhållarna. Placera en garagedomkraft under fjädringens kryssrambalk, ta bort fästbultarna och sänk ner kryssrambalken från motorrummets undersida.
10 Lossa oljenivågivarens kablage från fästklamrarna, koppla sedan loss kablaget från givaren vid kontaktdonet.
11 I förekommande fall, skruva loss bultarna och ta bort turboenhetens fäste och oljereturrör från sumpen.
12 Demontera sumpens avgasvärmesköld, skruva sedan stegvis loss bultarna som fäster sumpen vid motorblocket, lämna en eller två bultar för att hindra att sumpen faller.
13 Ta bort de kvarvarande bultarna och sänk ner sumpen på marken. Om det behövs, lossa fogen mellan sumpen och vevhuset genom att slå till sumpen med handflatan.
14 Passa på att undersöka om oljepumpens oljeupptagare/sil är igensatt eller skadad medan sumpen är borttagen.

Montering

15 Ta bort alla spår av tätningsmedel från motorblockets/vevhusets och sumpens fogytor, rengör sedan sumpen och motorns insida med en ren trasa.
16 Se till att sumpens och motorblockets fogytor är rena och torra, stryk därefter på ett tunt lager lämpligt tätningsmedel på sumpens fläns **(se bild)**.
17 Passa in sumpen och sätt i fästbultarna, dra åt dem stegvis till angivet moment.
18 Montera värmeskölden och återanslut därefter oljenivågivarens kablage.
19 Montera fjädringens kryssrambalk enligt beskrivningen i kapitel 10. Återanslut fjädringens nedre armar till navhållarna och dra åt spindelledernas fästbultar till angivet moment.
20 Montera det bakre motorfästet enligt beskrivningen i avsnitt 17.
21 Se kapitel 4A och montera det främre avgasröret. Applicera lämpligt antikärvningsmedel på pinnbultarna mellan det främre avgasröret och turboaggregatet och dra åt pinnbultsmuttrarna till angivet moment. Sätt i fästbulten mellan det främre avgasröret och stödfästet och dra åt den ordentligt.
22 Montera tråget på framspoilern och dra åt fästskruvarna.
23 Montera framhjulen och sänk ner bilen. Ta bort lyftbommen och återanslut lambdasondens kablar.
24 Fyll på motorn med rätt mängd olja av rätt kvalitet enligt beskrivningen i kapitel 1, rengör därefter oljemätstickan/påfyllningslocket och montera det.
25 Starta motorn och låt den värmas upp. Undersök områdena runt sumpens fogytor efter tecken på läckage.

11 Oljepump – demontering, kontroll och montering

Demontering

1 Dra åt handbromsen, lyft med hjälp av en domkraft upp framvagnen och stöd den på pallbockar (se *Lyftning och stödpunkter*). Ta bort det högra framhjulet.
2 Lossa skruvarna och demontera plastpanelen och hjulhusfodret från höger skärm.
3 Ta bort drivremmen enligt beskrivningen i kapitel 1.
4 Skruva loss och ta bort mittbulten från vevaxelns remskiva. För att det ska gå måste vevaxeln hållas på plats med någon av följande metoder. På modeller med manuell växellåda, låt en medhjälpare trycka ner bromspedalen och lägga i 4:ans växel. Alternativt, ta bort startmotorn enligt beskrivningen i kapitel 5A, för sedan in en flatbladig skruvmejsel genom växellådans balanshjulskåpa och haka fast den i startkransen för att hindra vevaxeln från att vrida sig. På modeller med automatväxellåda bör endast den senare metoden användas.
5 Dra bort vevaxelns remskiva och nav från vevaxeländen. Använd försiktigt två hävarmar om remskivan eller navet sitter hårt.
6 Dra ut den stora låsringen och dra bort oljepumpskåpan från kamkedjekåpan. Observera att låsringen är hårt spänd och att det behövs en stor låsringstång för att trycka ihop den. Observera även inställningspilarna på kåpan och kamkedjekåpan **(se bilder)**.
7 Ta bort O-ringstätningen från spåret i kåpan **(se bild)**.
8 Anteckna hur djupt vevaxelns oljetätning är placerad i oljepumpskåpan, bänd sedan bort den med en skruvmejsel **(se bild)**.

Kontroll

9 Rengör kugghjulens innerytor och märk dem med märkpenna för att underlätta återmonteringen. Det är mycket viktigt att kugghjulen sätts tillbaka på samma sätt vid monteringen. Observera att den yttre rotorn är placerad så att stanshålet är riktat utåt.
10 Ta bort kugghjulen från kamkedjekåpan (oljepumpshuset) **(se bilder)**.

11.6a Använd en låsringstång för att dra ut oljepumpkåpans låsring

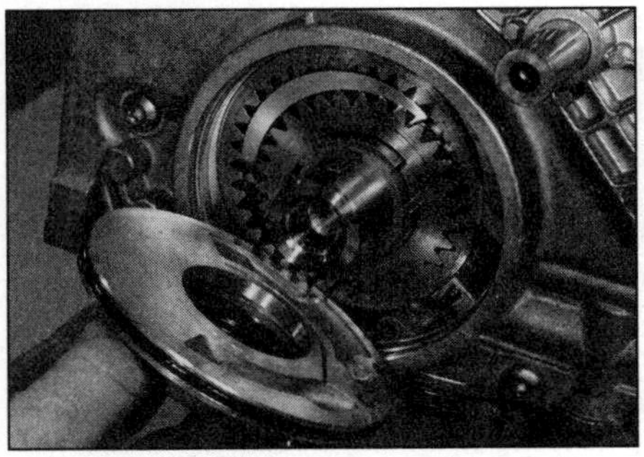

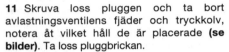

11.6b Ta bort oljepumpskåpan från kamkedjekåpan

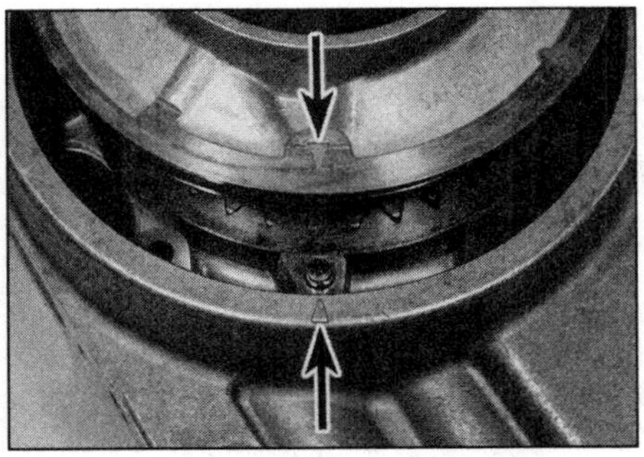

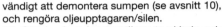

11.6c Inställningspilar på oljepumpkåpan

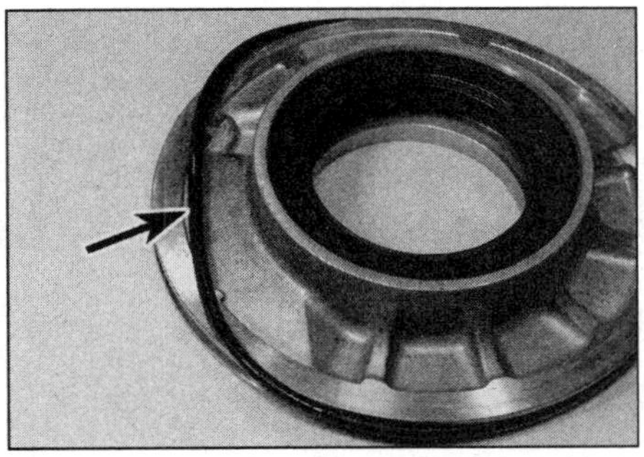

11.7 Ta bort O-ringstätningen från spåret i oljepumpkåpan

11 Skruva loss pluggen och ta bort avlastningsventilens fjäder och tryckkolv, notera åt vilket håll de är placerade **(se bilder)**. Ta loss pluggbrickan.

12 Rengör komponenterna och kontrollera om de är slitna eller skadade. Undersök om pumpkugghjulen och/eller huset är slitna eller skadade. Använd ett bladmått och mät avståndet mellan det yttre kugghjulet och kamkedjekåpan, se Specifikationer **(se bild)**. Vid kraftigt slitage måste hela pumpenheten bytas ut.

13 Undersök om avlastningsventilens tryckkolv är sliten eller skadad och byt ut den om det behövs. Det enda sättet att bedöma skicket på avlastningsventilens fjäder är att jämföra den med en ny fjäder; vid minsta tveksamhet om dess skick ska den bytas ut.

14 Om det visar sig finnas smuts eller avlagringar i oljepumpen kan det vara nödvändigt att demontera sumpen (se avsnitt 10), och rengöra oljeupptagaren/silen.

15 Sätt i avlastningsventilens tryckkolv och fjäder, montera därefter pluggen tillsammans med en ny bricka och dra åt pluggen.

16 Smörj kugghjulen med ny motorolja, placera dem sedan på sina ursprungsplatser i oljepumpshuset. Det yttre kugghjulet måste placeras med identifikationsmarkeringen utåt.

Montering

17 Rengör oljetätningens säte i pumphuset och montera en ny oljetätning i huset, se till att den placeras i det tidigare utmärkta läget.

18 Montera en ny O-ringstätning och sätt in oljepumpen i kamkedjekåpan, se till att inställningspilarna pekar mot varandra. Montera den stora låsringen i spåret så att fasningen är riktad utåt och öppningen är riktad nedåt.

19 Placera vevaxelns remskiva och nav på änden av vevaxeln. Sätt i mittbulten och dra åt den till angivet moment, håll fast vevaxeln på något av de sätt som beskrivs i punkt 5.

20 Montera drivremmen enligt beskrivningen i kapitel 1.

21 Montera plastpanelen och hjulhusfodret och dra åt skruvarna.

22 Montera höger framhjul och sänk ner bilen.

23 Före motorn startas, sätt tändsystemet ur drift genom att koppla loss tändningens kabelhärva från strömfördelaren eller DI-kassetten (se kapitel 5B), ta sedan bort bränslepumpens säkring (se kapitel 12). Starta motorn på startmotorn tills oljetrycket är återställt och varningslampan för oljetrycket slocknar. Återanslut tänd- och bränslesystemen och kör motorn för att leta efter läckor.

11.8 Bänd bort vevaxelns oljetätning från oljepumpkåpan

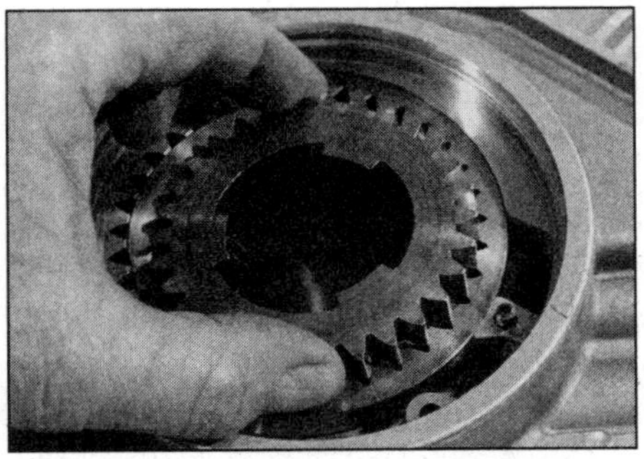

11.10a Demontera det inre kugghjulet . . .

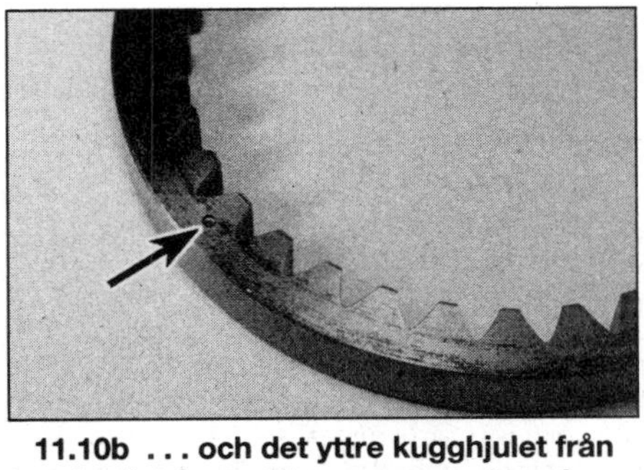

11.10b . . . och det yttre kugghjulet från kamkedjekåpan. Observera att placeringsmarkeringen (vid pilen) ska vara vänd utåt

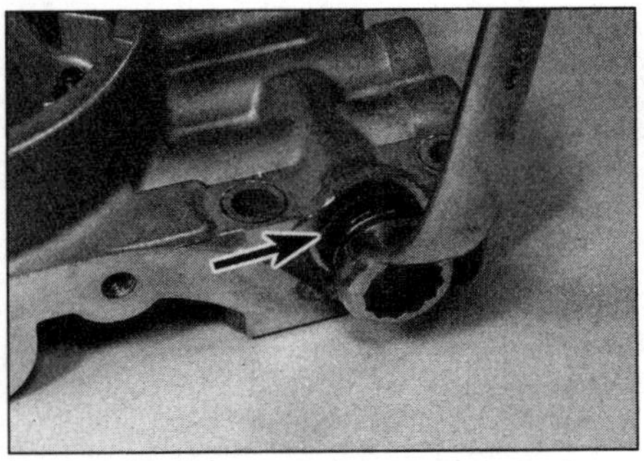

11.11a Skruva loss pluggen (vid pilen) . . .

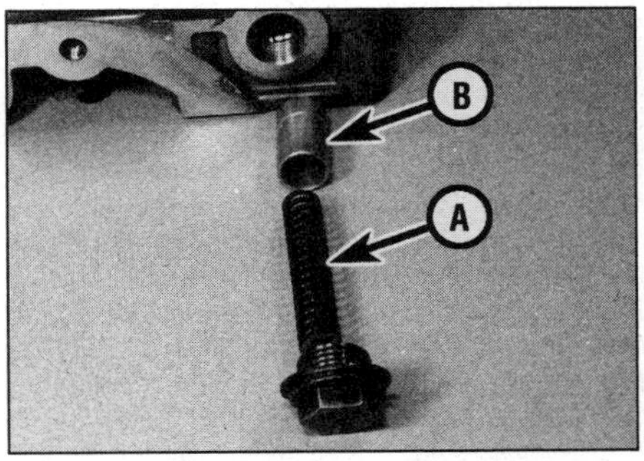

11.11b . . . och ta bort avlastningsventilens fjäder (A) och tryckkolv (B)

11.12 Mät spelet mellan oljepumpens yttre kugghjul och kamkedjekåpan

12 Oljekylare och termostat – demontering och montering

Oljekylare

Demontering

1 Oljekylare finns bara på turbomodeller. Oljekylaren är kopplad till portarna på en adapter som är monterad på oljefiltret, adaptern innehåller även en oljetermostat. För att kunna demontera oljekylaren måste motoroljan först tappas ur enligt beskrivningen i kapitel 1, sätt sedan tillbaka avtappningspluggen och dra åt den.

2 Hissa upp bilens framvagn och stöd den på pallbockar (se *Lyftning och stödpunkter*). Skruva ur fästskruvarna och ta bort spoilern under stötfångaren.

3 Placera en behållare under oljekylaren på motorrummets högra sida. Skruva loss anslutningarna från oljekylarens ovan- och undersida och koppla loss oljeförsörjnings- och returslangarna. Låt oljan rinna ner i behållaren.

4 Skruva loss fästbultarna och ta bort oljekylaren från motorrummet.

Montering

5 Montering sker i omvänd ordning, men dra åt anslutningarna till angivet åtdragningsmoment. Fyll motorn med olja enligt beskrivningen i kapitel 1. Starta därefter motorn och låt den gå på snabbtomgång under flera minuter för att fylla oljekylaren med olja. Kontrollera oljenivån och fyll på med motorolja om det behövs enligt beskrivningen i avsnittet *Veckokontroller*.

Termostat

Demontering

6 Termostaten sitter på höger sida av oljefiltrets adapter.

7 Tappa ur motoroljan enligt beskrivningen i kapitel 1, sätt sedan tillbaka avtappningspluggen och dra åt den.

8 Placera en behållare under termostaten och skruva ur pluggen, ta loss tätningen och låt den överflödiga oljan rinna ner i behållaren.

13.2 Lossa kablaget från oljetryckskontakten

9 Ta bort termostaten och fjädern från filteradaptern.

Montering

10 Montera den nya termostaten i filteradaptern och se till att flänsen vilar i fördjupningen i huset.

11 Skjut in fjädern på plats och sätt tillbaka tätningen på pluggen, skruva in pluggen i filterhuset och dra åt till angivet moment.

12 Fyll motorn med olja enligt beskrivningen i kapitel 1. Starta därefter motorn och låt den gå på snabbtomgång under flera minuter, undersök sedan området runt termostatpluggen för att se om det förekommer läckage. Kontrollera motoroljenivån och fyll på om det behövs (se *Veckokontroller*).

13 Varningslampa för oljetryck, kontakt – demontering och montering

Demontering

1 Oljetryckskontakten är inskruvad i den bakre delen av motorblocket, under insugsröret. Börja med att lyfta upp framvagnen och ställa den på pallbockar (se *Lyftning och stödpunkter*).

2 Lossa kablaget från kontakten **(se bild)**.

3 Lossa kontakten från motorblocket. Var beredd på visst oljespill. Om kontakten ska vara borttagen under en längre tid bör hålet tätas för att hindra smuts från att tränga in.

Montering

4 Rengör kontaktens och monteringshålets gängor. Försök inte rengöra hålet på kontaktspetsen genom att sticka in verktyg eller annat, det kan skada de inre komponenterna.

5 Sätt fast kontakten i motorblocket och dra åt ordentligt.

6 Anslut kablaget till kontakten.

7 Starta motorn och kontrollera om läckage förekommer, sänk därefter ner bilen.

14 Oljenivågivare – demontering och montering

Demontering

1 Oljenivågivaren (i förekommande fall) är placerad på sumpens bakre del, och består av en flottör och en omvandlare. En varningslampa på instrumentpanelen tänds när tändningen är påslagen och oljenivån är låg. När varningslampan tänts fungerar inte givaren igen förrän tändningen stängts av och varit avstängd i minst 5 minuter.

2 Dra åt handbromsen, lyft med hjälp av en domkraft upp framvagnen och ställ den på pallbockar (se *Lyftning och stödpunkter*).

3 Tappa ur motoroljan, se kapitel 1.

4 Lossa kablaget från oljenivågivaren på sumpens baksida.

5 Rengör området runt givaren, skruva därefter loss fästskruvarna och dra ut givaren från sumpen. Ta bort packningen.

Montering

6 Monteringen görs i omvänd ordning, men rengör fogytorna och montera en ny packning. Dra åt fästskruvarna stegvis.

15 Vevaxelns oljetätningar – byte

Höger oljetätning

1 Dra åt handbromsen och lyft med hjälp av en domkraft upp framvagnen på pallbockar (se *Lyftning och stödpunkter*). Ta bort det högra framhjulet.

2 Demontera framskärmens plastpanel följt av hjulhusfodret.

3 Ta bort drivremmen enligt beskrivningen i kapitel 1.

4 Skruva loss och ta bort mittbulten från vevaxelns remskiva. För att det ska gå måste vevaxeln hållas på plats med någon av följande metoder. På modeller med manuell växellåda, låt en medhjälpare trycka ner bromspedalen och lägga i 4:ans växel. Alternativt, ta bort startmotorn enligt beskrivningen i kapitel 5A, för sedan in en flatbladig skruvmejsel genom balanshjulskåpan och haka fast den i startkransen för att hindra vevaxeln från att vrida sig. På modeller med automatväxellåda bör endast den senare metoden användas.

5 Dra bort vevaxelns remskiva och nav från änden på vevaxeln. Använd försiktigt två hävarmar om remskivan eller navet sitter hårt.

6 Observera hur djupt oljetätningen sitter i huset och bänd sedan bort oljetätningen ur oljepumpkåpan med hjälp av en skruvmejsel. Alternativt, stansa eller borra två små hål mitt emot varandra i tätningen. Skruva i självgängande skruvar i hålen och dra i skruvhuvudena med tång för att få ut tätningen. En annan metod är att demontera oljepumpkåpan enligt beskrivningen i avsnitt 11, och ta bort oljetätningen på arbetsbänken.

7 Rengör oljepumpkåpans säte, smörj sedan in kanterna på den nya oljetätningen med ren motorolja och placera den i oljepumpkåpan. Se till att tätningens slutna ände är vänd utåt. Använd en lämplig rörformad dorn (t.ex. en hylsa) som bara vilar på tätningens hårda ytterkant, slå in tätningen på sin plats och se till att den hamnar lika djupt som den gjorde innan demonteringen **(se bild)**.

8 Placera vevaxelns remskiva och nav på änden av vevaxeln. Sätt i mittbulten och dra åt den till angivet moment, håll fast vevaxeln på något av de sätt som beskrivs i punkt 5.

9 Montera drivremmen enligt beskrivningen i kapitel 1.

10 Montera framskärmens plastpanel och hjulhusfoder och dra åt skruvarna.

11 Montera höger framhjul och sänk ner bilen.

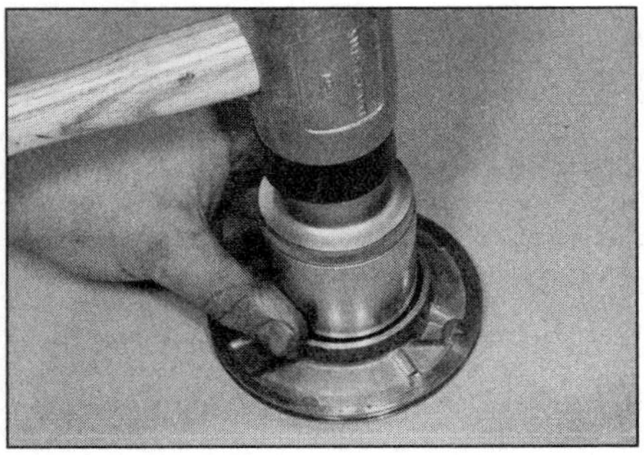

15.7 Montera en ny tätning i oljepumpkåpan

Vänster oljetätning

12 Demontera svänghjulet/drivplattan enligt beskrivningen i avsnitt 16.
13 Anteckna hur djupt tätningen sitter i huset. Stansa eller borra två små hål mitt emot varandra i tätningen. Skruva i självgängande skruvar i hålen och dra i skruvhuvudena med tång för att få ut tätningen. En alternativ metod är att bända ut tätningen med hjälp av en skruvmejsel.
14 Rengör sätet i oljetätningshuset, smörj därefter kanterna på den nya oljetätningen med ny motorolja och placera tätningen försiktigt på vevaxeländen.
15 Använd en lämplig förformad dorn som endast vilar på tätningens yttre kanter, driv tätningen på plats, till samma djup som den gamla tätningen var monterad.
16 Rengör oljetätningen och montera sedan svänghjulet/drivplattan enligt beskrivningen i avsnitt 16.

16 Svänghjul/drivplatta - demontering, kontroll och montering

Demontering

1 Demontera växellådan enligt beskrivning i kapitel 7A eller 7B.
2 På modeller med manuell växellåda, demontera kopplingen enligt beskrivning i kapitel 6.
3 Hindra svänghjulet/drivplattan från att vrida sig genom att blockera startkranskuggarna med en bredbladig skruvmejsel eller liknande. Alternativt, sätt ihop svänghjulet/drivplattan med motorblocket/vevaxeln med en bult (använd bulthålen till kopplingen eller momentomvandlaren).
4 Skruva loss och ta bort fästbultarna, ta bort låsverktyget och demontera svänghjulet/ drivplattan från vevaxelflänsen. Observera att enheten är monterad med en enkel låssprint och inte kan felplaceras.

Kontroll

5 På modeller med manuell växellåda, om svänghjulets kopplingsfogyta är kraftigt repad, sprucken eller har andra skador måste svänghjulet bytas ut. Det kan dock vara möjligt att renovera ytan; kontakta en Saab-verkstad eller en specialist på motor-renoveringar.
6 På modeller med automatväxel ska även drivplattans kondition kontrolleras.
7 Om startkransen är mycket sliten eller saknar kuggar kan det vara möjligt att byta ut den. Det här jobbet bör överlåtas till en Saab-verkstad eller en specialist på motor-renoveringar. Temperaturen som den nya startkransen måste värmas upp till för att kunna installeras är kritisk - om något blir fel förstörs hårdheten och kuggarna.

Montering

8 Rengör fogytorna på svänghjulet/drivplattan och vevaxeln. Rengör fästbultarnas gängor och gängorna i hålen på vevaxeln.

HAYNES TiPS — ***Om en lämplig gängtapp inte finns tillgänglig, skär två skåror i gängorna på en gammal svänghjulsbult och använd denna till att rengöra gängorna.***

9 Se till att styrstiftet är i rätt läge, lyft därefter upp svänghjulet och placera det på styrstiftet.
10 Applicera låsvätska på fästbultarnas gängor. Sätt i bultarna och dra åt dem till angivet moment, håll svänghjulet/drivplattan på plats med någon av metoderna som beskrivs i punkt 3 **(se bild)**.
11 På modeller med manuell växellåda, montera kopplingen enligt beskrivning i kapitel 6.
12 Montera växellådan enligt beskrivningen i kapitel 7A eller 7B.

17 Motorns/växellådans fästen - kontroll och byte

Kontroll

1 Hissa upp framvagnen och ställ den på pallbockar för att skapa bättre utrymme (se *Lyftning och stödpunkter*).
2 Motorfästena är placerade på den främre högra sidan, under växellådans vänstra sida och bakom motorn. Alla fästen utom det övre högra fästet, är av hydraulisk typ och innehåller var sin inre kammare fylld med olja. Vibrationsdämpningen anpassar sig efter lasten och fungerar dämpande på både lodräta och vågräta rörelser.
3 Kontrollera om fästgummina har sprickor eller förhårdnader, eller om gummit har delat sig från metallen vid någon punkt; byt ut fästena vid uppenbara skador eller förslitningar.
4 Kontrollera att fästenas fixturer är hårt åtdragna.
5 Använd en stor skruvmejsel eller ett bräckjärn och leta efter slitage i fästet genom att försiktigt försöka bända det för att leta efter fritt spel. Där detta inte är möjligt, låt en medhjälpare vicka på motorn/växellådan framåt/bakåt och i sidled, medan du studerar fästet. Ett visst spel är att vänta även från nya delar, medan ett större slitage märks tydligt. Om för stort spel förekommer, kontrollera först att fixturerna är tillräckligt åtdragna, och om det behövs, byt sedan slitna komponenter enligt beskrivningen nedan.

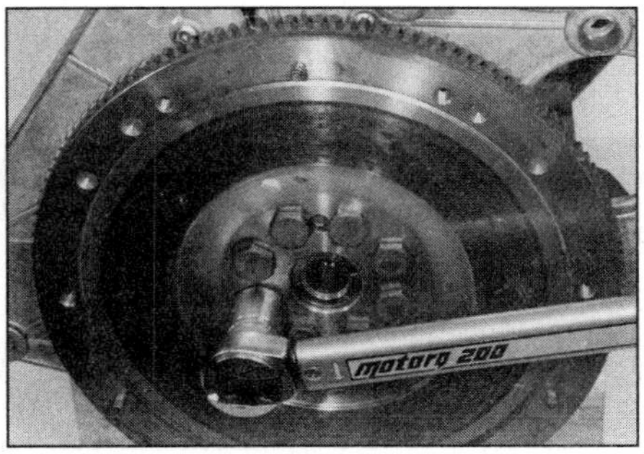

16.10 Stryk låsvätska på bultgängorna och dra åt dem till angivet moment

Byte

Höger motorfäste

6 Dra åt handbromsen och lyft med hjälp av en domkraft upp framvagnen på pallbockar (se *Lyftning och stödpunkter*). Ta bort det högra framhjulet.
7 Demontera skruvarna och ta bort den högra framskärmens plastpanel och hjulhusfoder.
8 Ta bort fästskruvarna och koppla loss plasttråget från framspoilern.
9 Placera en garagedomkraft under motorn och hissa upp domkraften så att den precis lyfter motorn. Se till att domkraftshuvudet inte lyfter i sumpens underdel. En alternativ metod är att placera en lyftbom över motorrummet och lyfta motorn i lyftöglan till höger om topplocket.
10 Skruva loss bultarna som fäster motorfästkonsolen vid karossen **(se bild)**. Sänk ner domkraften något tills motorfästeskonsolen är fritt från karossen. Var noga med att inte överbelasta de bakre och vänstra motorfästena under det här momentet.

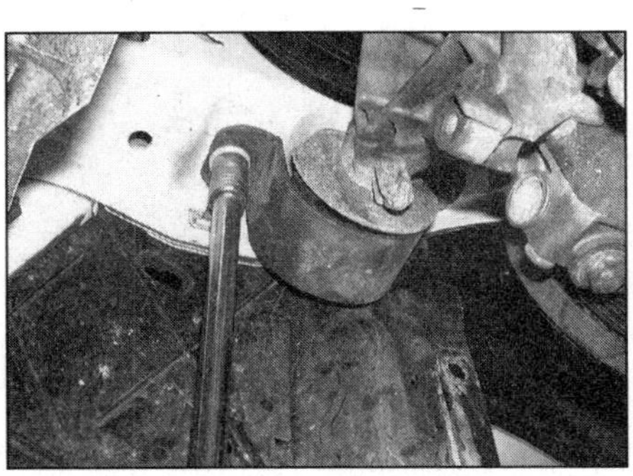

17.10 Skruva loss bultarna som fäster den högra motorfästkonsolen vid karossen

17.17 Skruva loss bultarna som fäster motorns/växellådans vänstra fästkonsol vid karossen

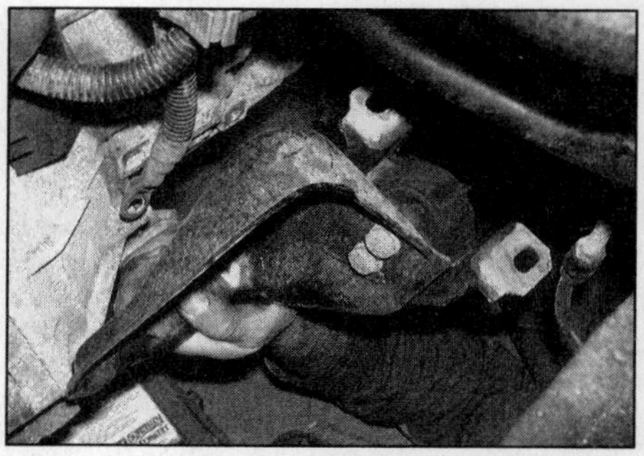

17.18 Ta bort motorns/växellådans fäste och konsol från växellådshuset

11 Skruva loss mittbulten och ta bort motorfästet från fästkonsolen.

12 Montera de nya fästena i omvänd arbetsordning, se till att muttrarna dras åt till angivet moment.

Vänster motor-/växellådefäste

13 Dra åt handbromsen och lyft med hjälp av en domkraft upp framvagnen och ställ den på pallbockar (se *Lyftning och stödpunkter*). Ta bort det vänstra framhjulet.

14 Skruva loss skruvarna, ta bort den vänstra framskärmens plastpanel och hjulhusfoder.

15 Ta bort fästskruvarna och koppla loss plastträget från framspoilern.

16 Placera en garagedomkraft under växellådan och hissa upp domkraften så att den precis lyfter motorn och växellådan. På modeller med automatväxellåda, se till att domkraftshuvudet inte stöder mot undersidan av växellådans sump. En alternativ metod är att placera en lyftbom över motorrummet och lyfta motorn i lyftöglan till vänster om topplocket.

17 Skruva loss bultarna som fäster motorns/växellådans fästkonsol vid karossen **(se bild)**. Sänk ner domkraften något tills fästkonsolen är fri från karossen. Var noga med att inte överbelasta de bakre och högra motorfästena under det här momentet.

18 Skruva bort bultarna och ta bort motorns/växellådans fäste tillsammans med konsolen från växellådshuset **(se bild)**.

19 Montera det nya fästet i omvänd arbetsordning, dra åt muttrarna till angivet moment.

Bakre motorfäste:

20 Placera en lyftbom över motorrummet, i linje med de främre fjädertornen. Fäst lyftbommens arm i motorns lyftögla till vänster om topplocket. Höj lyftarmen så mycket att lyftbommen precis börjar lyfta motorn.

21 Koppla ur lambdasondens kablage vid kontaktdonet som sitter på ett fäste till vänster om topplocket.

22 Hissa upp bilens framvagn och stöd den på pallbockar (se *Lyftning och stödpunkter*). Demontera båda framhjulen.

23 Enligt beskrivningen i kapitel 4A, skruva loss avgassystemets mellanrör från det främre röret, skruva sedan bort det främre röret från turboaggregatet eller avgasgrenröret, efter tillämplighet. Skruva loss det främre röret från stödfästena och dra bort det från motorrummets undersida.

24 Se till att lyftbommen stöder motorn och växellådan helt, skruva sedan loss det bakre motorfästets mittbultar **(se bild)**.

25 Skruva loss motorfästet från växellådshusets baksida och ta bort det från motorrummet **(se bild)**.

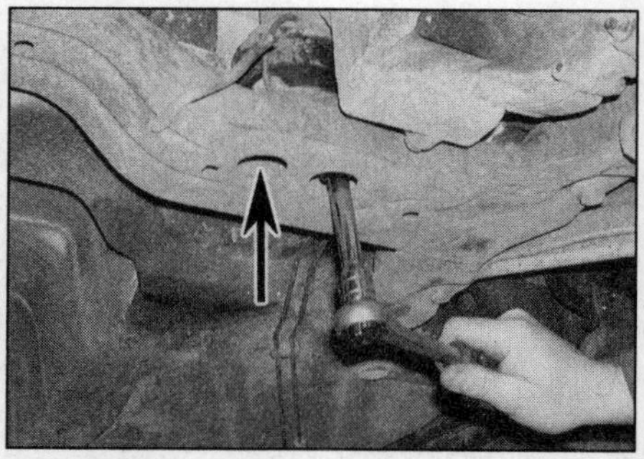

17.24 Skruva bort det bakre motorfästets mittbultar

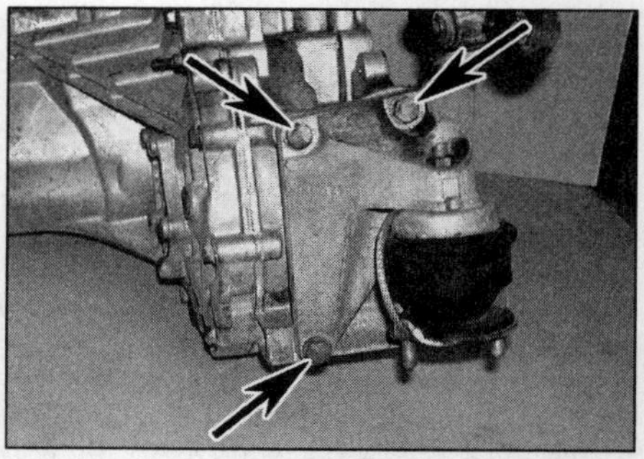

17.25 Bultar mellan bakre motorfästkonsol och växellådshus (vid pilarna) (växellådan demonterad för större tydlighet)

Kapitel 2 del B:
Motor – demontering och reparationer

Innehåll

Svårighetsgrader

Enkelt, passar novisen med lite erfarenhet	**Ganska enkelt,** passar nybörjaren med viss erfarenhet	**Ganska svårt,** passar kompetent hemmamekaniker	**Svårt,** passar hemmamekaniker med erfarenhet	**Mycket svårt,** för professionell mekaniker

Specifikationer

Topplock

Höjd:	
Ny	139,4 till 139,6 mm
Minimum	139,0 mm
Ventilstyrning till ventilskaft, spel (max)	0,50 mm (mätt vid ventilhuvudet höjt 3 mm över sätet)

Ventiler

Ventilhuvud, diameter:	
Insug	33,0 mm
Avgas	29,0 mm
Ventilsätets fasning	45°
Ventilskaft, diameter:	
Insug	6,960 till 6,975 mm
Avgas	6,965 till 6,980 mm
Ventilfjäder, fri längd	44,0 till 47,0 mm

Motorblock

Cylinderlopp, diameter:	
Standard (A)	90,0 till 90,012 mm
Standard (B)	90,003 till 90,02 mm
Standard (B+)	90,011 till 90,03 mm
Första överdimension	90,500 till 90,512 mm
Andra överdimension	91,000 till 91,012 mm

Balansaxlar

Axialspel	0,50 till 0,450 mm
Axeltapp, diameter:	
Större, inre	39,90 ± 0,008 mm
Mindre, yttre	19,947 till 19,96 mm
Lager, diameter:	
Större, inre	39,988 till 40,043 mm
Mindre, yttre	20,0 till 20,021 mm
Löpande lagerspel (maximum)	0,08 till 0,151 mm

Kolvar

Observera: *Kolvens diameter mäts i rät vinkel mot kolvbultens hål, vid det angivna avståndet från mantelns nedre del.*

Avstånd från mantelns nedre del:	
B204L	9,3 mm
B206i, B204i och B234i	11,0 mm
Kolvens diameter:	
Standard A	89,971 till 89,980 mm
Standard AB	89,980 till 89,989 mm
Standard B	89,989 till 90,000 mm
Standard C	90,000 till 90,013 mm
Första överdimension (0,5 mm)	90,472 till 90,488 mm
2:a överdimension (1,0 mm)	90,972 till 90,988 mm
Kolv-/cylinderindelning (spel):	
A/A	0,020 till 0,041 mm
AB/A	0,011 till 0,032 mm
AB/B	0,014 till 0,040 mm
B/B	0,006 till 0,031 mm
B/B+	0,011 till 0,041 mm

Vevstakar

Maximal viktskillnad mellan två vevstakar	6,0 g

Vevaxel

Axialspel	0,06 till 0,31 mm
Ramlagertapp, diameter:	
Standard	57,981 till 58,000 mm
1:a underdimension	57,731 till 57,750 mm
2:a underdimension	57,481 till 57,500 mm
3:e underdimension	57,237 till 57,250 mm
4:e underdimension	56,987 till 57,000 mm
Ramlagerspel	0,014 till 0,062 mm
Vevstakslagertapp, diameter:	
Standard	51,981 till 52,000 mm
1:a underdimension	51,731 till 51,750 mm
2:a underdimension	51,481 till 51,500 mm
3:e underdimension	51,237 till 51,250 mm
4:e underdimension	50,987 till 51,000 mm
Vevstakslagerspel	0,020 till 0,068 mm
Lagertapp, maximal orundhet	0,005 mm
Axeltapp, maximalt konicitet	0.005 mm

Kolvringar

Ringgap:	
Övre kompressionsring	0,30 till 0,50 mm
Andra kompressionsring	0,15 till 0,65 mm
Oljekontrollring	0,38 till 1,40 mm
Sidspel i ringspår:	
Övre kompressionsring	0,050 till 0,082 mm
Andra kompressionsring	0,040 till 0,072 mm
Oljekontrollring	(Förekommer ej)

Åtdragningsmoment

Se kapitel 2A, Specifikationer

1 Allmän information

Denna del av kapitel 2 innehåller information om demontering av motorn och beskrivning av renovering av topplock, motorblock/vevaxel samt övriga komponenter i motorn.

Informationen omfattar allt från allmänna råd beträffande förberedelser för renovering och inköp av reservdelar, till detaljerade steg-för-steg anvisningar avseende demontering, kontroll, renovering och montering av motorns komponenter.

Från och med avsnitt 8 bygger alla instruktioner på antagandet att motorn har demonterats från bilen. Mer information om reparationer med motorn monterad, liksom demontering och montering av de externa komponenter som är nödvändiga vid fullständig renovering, finns i del A i det här kapitlet. Hoppa över de isärtagnings-instruktioner i del A som blir överflödiga när motorn demonterats från bilen.

2 Motorrenovering – allmän information

Det är inte alltid lätt att bestämma när, eller om, en motor skall totalrenoveras eftersom ett antal faktorer måste tas med i beräkningen.

En lång körsträcka är inte nödvändigtvis ett tecken på att bilen behöver renoveras, lika lite som att en kort körsträcka garanterar att det inte behövs någon renovering. Servicegraden är förmodligen den viktigaste faktorn. En motor som får regelbundna och täta olje- och filterbyten, liksom annat nödvändigt underhåll, ska kunna köras driftsäkert i många tusen kilometer. En vansköt motor kan däremot behöva en renovering redan på ett tidigt stadium.

Överdriven oljeförbrukning är ett symtom på att kolvringar, ventilsäten och/eller ventil-styrningar är i behov av åtgärder. Kontrollera att oljeåtgången inte beror på oljeläckage innan du drar slutsatsen att ringarna och/eller styrningarna är slitna. Utför ett kompressions-prov, enligt beskrivningarna i del A i detta kapitel, för att avgöra den troliga orsaken till problemet.

Kontrollera oljetrycket med en mätare som sätts in istället för oljetryckskontakten, och jämför trycket med det som anges (se kapitel 2A i Specifikationer). Om trycket är mycket lågt är troligen ram- och vevstakslagren och/eller oljepumpen utslitna.

Minskad motorstyrka, hackig körning, knackningar eller metalliska motorljud, kraftigt ventilregleringsljud och hög bensinförbrukning är också tecken på att en renovering kan behövas, i synnerhet om dessa symptom visar sig samtidigt. Om en grundlig service inte hjälper, kan en större mekanisk genomgång vara den enda lösningen.

En motorrenovering innebär att alla interna delar återställs till de specifikationer som gäller för en ny motor. Vid en renovering borras cylindrarna om (om det behövs) och kolvarna och kolvringarna byts ut. Ram- och vevstakslagren byts i allmänhet ut; om det behövs byts vevaxeln ut eller slipas om så att axeltapparna återställs. Även ventilerna måste gås igenom, eftersom de vid det här laget sällan är i perfekt skick. Medan motorn renoveras kan man samtidigt renovera andra delar, t.ex. strömfördelaren (i förekommande fall), startmotorn och växelströmsgeneratorn. Slutresultatet ska vara en motor i nyskick med många driftsäkra mil framför sig.

Observera: *Viktiga kylsystemsdelar, t.ex. slangar, termostat och vattenpump, ska också gås igenom i samband med att motorn renoveras. Kylaren ska kontrolleras noggrant så att den inte är tilltäppt eller läcker. Det är dessutom lämpligt att byta ut oljepumpen när motorn renoveras.*

Innan renoveringen av motorn påbörjas, läs igenom hela beskrivningen för att bli bekant med omfattningen av och förutsättningarna för arbetet. Det är inte svårt att renovera en motor, förutsatt att alla instruktioner följs noggrant, att man har tillgång till de verktyg och den utrustning som behövs, samt noga iakttar alla specifikationer. Däremot kan arbetet ta tid. Planera för att bilen kommer att stå stilla under minst två veckor, särskilt om delar måste tas till en verkstad för reparation eller renovering. Kontrollera att det finns reservdelar tillgängliga och att alla nödvändiga specialverktyg och utrustning kan erhållas i förväg. Större delen av arbetet kan utföras med vanliga handverktyg, även om ett antal precisionsmätverktyg krävs för att man ska kunna avgöra om delar måste bytas ut. Ofta kan en verkstad åta sig att ansvara för inspektion av delar och ge råd om renovering och byten.

Observera: *Vänta alltid tills motorn är helt isärtagen och tills alla delar (speciellt motor-blocket/vevhuset och vevaxeln) har inspekt-erats, innan du fattar beslut om vilka service- och reparationsåtgärder som måste överlåtas till en verkstad. Skicket på dessa komponenter är avgörande för beslutet huruvida den gamla motorn skall renoveras eller om en redan färdigrenoverad motor skall införskaffas. Köp därför inga delar och utför inte heller något renoveringsarbete på andra delar, förrän dessa komponenter noggrant har undersökts.*

Generellt sett är tiden den största utgiften vid en renovering, så det lönar sig inte att betala för att sätta in slitna eller undermåliga delar.

Slutligen, för att den renoverade motorn skall få längsta möjliga livslängd med minsta möjliga problem, måste monteringen ske omsorgsfullt i en absolut ren miljö.

3 Motor – demontering, metoder och rekommendationer

Om du har beslutat att motorn skall demonteras för renovering eller större reparationer, bör följande förberedande åtgärder vidtas.

Det är mycket viktigt att ha tillgång till en lämplig arbetsplats. Arbetsplatsen ska ha tillräckligt med arbetsutrymme och en plats att förvara bilen. Om en verkstad eller ett garage inte finns tillgängligt krävs åtminstone en fast, plan och ren arbetsyta.

Om motorrummet och motorn/växellådan rengörs innan motorn demonteras blir det lättare att hålla verktygen rena och välorganis-erade.

En motorlyft eller ett linblock kommer också att behövas. Kontrollera att lyftutrustningen är gjord för att klara större vikt än motorns och växellådans gemensamma vikt. Säkerheten är av högsta vikt, det är ett riskabelt arbete att lyfta motorn/växellådan ur bilen.

Om det är första gången du demonterar en motor bör du ta hjälp av någon. Det underlättar mycket om en erfaren person kan bistå med råd och hjälp. Många moment under arbetet med att demontera en motor kräver att flera uppgifter utförs samtidigt, något en ensam person inte klarar.

Planera arbetet i förväg. Skaffa alla verktyg och all utrustning som behövs innan arbetet påbörjas. Några av de verktyg som behövs för att kunna demontera och montera motorn/växellådan på ett säkert och någorlunda enkelt sätt är (förutom en motorhiss) följande: en kraftig garagedomkraft, fullständiga uppsättningar nycklar och hylsor, träblock och gott om trasor och rengöringsmedel för att torka upp spilld olja, kylvätska och bränsle. Se till att vara ute i god tid om motorlyften måste hyras, och utför alla arbeten som går att göra utan den i förväg. Det sparar både pengar och tid.

Planera för att bilen inte kommer att kunna köras under en längre tid. Vissa åtgärder bör överlåtas till en verkstad eftersom normal-ägaren inte kan utföra dessa åtgärder utan tillgång till specialutrustning. Verkstäder är ofta fullbokade så det är lämpligt att fråga hur lång tid som kommer att behövas för att renovera eller reparera de komponenter som ska åtgärdas redan innan motorn demonteras.

Var alltid mycket försiktig vid demontering och montering av motorn/växellådan. Vårdslöshet kan orsaka allvarliga olyckor. Planera i förväg och låt arbetet få ta den tid som behövs, då kan även omfattande arbeten utföras framgångsrikt.

Motorn och växellådan demonteras genom att de sänks ner under motorrummet.

4 Motor och växellåda – demontering, isärtagning och montering

Demontering

Observera: *Motorn kan endast demonteras som en komplett enhet tillsammans med växellådan; växellådan och motorn tas sedan isär för renovering. Motorn/växellådan sänks ner från motorrummets undersida. Obsevera att det är möjligt att demontera växellådan utan att demontera motorn - se kapitel 7A eller 7B.*

1 Parkera bilen på fast, plant underlag. Klossa bakhjulen och dra åt handbromsen. Hissa upp bilens framvagn och ställ den på pallbockar (se *Lyftning och stödpunkter*).

2 Ta bort båda framhjulen och skruva loss plastpanelerna och hjulhusfodren från framskärmarna för att komma åt motorn från båda sidor.

3 Skruva loss och ta bort det mittersta stänkskyddet under kylaren.

4 Tappa ur kylvätskan enligt beskrivningen i kapitel 1. Spara kylvätskan om den går att återanvända.

Varning: Motorn måste vara kall innan kylvätskan tappas ur.

5 Sätt i och dra åt avtappningspluggen när kylvätskan tappats ur.

6 Demontera motorhuven enligt beskrivning i kapitel 11. Alternativt kan stöttorna lossas från motorhuven så att den kan hållas på plats i helt öppet läge.

7 Demontera batteriet enligt beskrivningen i kapitel 5A.

8 Se kapitel 4A och demontera luftrenaren, insugstrumman och luftflödesmätaren (efter tillämplighet). Skruva loss resonatorenheten eller panelen ovanför gasspjällhuset, efter tillämplighet.

9 Koppla loss gasvajern från gasspjällhuset enligt beskrivningen i kapitel 4A.

10 På modeller med farthållare, koppla loss farthållarkabeln från gasspjällhuset, koppla sedan loss kabelhärvan och ta bort farthållarenheten och farthållarkabeln från motorrummet.

4.36 Markera kanten runt kryssrambalken för att underlätta placeringen vid återmonteringen

11 Koppla bort bränsletillförsel- och returslangarna vid de snabbutlösande anslutningarna enligt beskrivningen i kapitel 4A, avsnitt 14. Plugga igen båda sidorna av de öppna bränsleledningarna för att minimera läckage och hindra smuts från att tränga in.

12 Koppla loss förångarens ångslang från sidan av gasspjällhuset.

13 Skruva loss anslutningen och koppla loss bromssystemets vakuumslang från insugsröret; se kapitel 9 för mer information.

14 På turbomodeller, skruva loss insugsrörets tryckgivare från motorrummets tvärstag, och laddtrycksventilen från den högra sidan av motorrummet enligt beskrivningen i kapitel 4A och lägg dem ovanpå motorn med slangar och kablar fortfarande anslutna.

15 Demontera drivremmen enligt beskrivning i kapitel 1.

16 Enligt beskrivningen i kapitel 10, skruva loss servostyrningens oljepump från monteringskonsolen och fäst den i motorrummets främre del med nylonkabelband eller liknande, låt slangarna sitta kvar i pumpen.

17 På turbomodeller, lossa klamrarna och ta bort insugstrummorna som sitter mellan luftrenaren och mellankylaren och mellan mellankylaren och gasspjällhuset, från motorrummet.

18 Enligt beskrivningen i kapitel 3, lossa slangklämman och koppla loss kylarens övre och nedre kylvätskeslangar från rörändarna på kylaren. Koppla loss expansionskärlets kylvätskeslang från kylaren på samma sätt.

19 På modeller med luftkonditionering, koppla loss kabelhärvan och skruva loss kylkompressorn från monteringskonsolen. Fäst kompressorn med nylonkabelband eller liknande i motorrummets främre del (men inte i fjädringens kryssrambalk). Var noga med att inte utsätta kylvätskeslangarna eller ledningarna för belastning.

20 Ta bort kåpan från den sekundära säkringsdosan, skruva sedan loss muttern och koppla loss batterikabeln från sidan på säkringsdosan.

21 Skruva loss muttern/muttrarna och koppla loss jordkabeln från växellådshusets fram- och ovansida.

22 Koppla loss kablarna från kontakten till backljuset, ovanpå växellådshuset.

23 Enligt beskrivningen i kapitel 5B, koppla loss tändsystemets lågspänningskablar från DI-kassetten eller strömfördelaren, efter tillämplighet. På modeller med Bosch Motronic motorstyrning, koppla loss huvudhögspänningskabeln från strömfördelaren.

24 Koppla loss kablaget till vevaxelns givare, lambdasonden och kylfläktskontakten vid kontaktdonen på monteringskonsolerna på topplockets vänstra sida. Kontaktdonen tas loss genom att låsbalkarna dras ut.

25 På modeller med automatväxellåda, koppla loss ventilationsslangen från växellådshusets framsida; täpp igen den öppna porten för att hindra att smuts kommer in.

26 Koppla loss växelväljarens vajer (modeller med automatväxellåda) eller axel (modeller med manuell växellåda) från växellådshusets baksida; se kapitel 7A eller 7B för ytterligare information. På modeller med automatväxellåda, koppla även loss kabelhärvan till växellådans styrsystem från de två flervalskontaktdonen under den sekundära säkringsdosan i motorrummet.

27 På modeller med manuell växellåda, se kapitel 6 och koppla loss kopplingsvajern från växellådans ovansida. På senare modeller med hydraulisk koppling, koppla loss tillförselrören för hydraulolja från slavcylindern.

28 På modeller med centrallås, ta bort panelen under instrumentbrädan (se kapitel 11) och koppla loss kablarna från centrallåsets styrenhet. Lokalisera de kontaktdon till motorns kabelhärva som är fästa i närheten och koppla loss dem. Dra försiktigt in motorns kabelhärva i motorrummet, genom torpedväggens gummimuff. Linda upp kabelhärvan och placera den ovanpå motorn; täck kontaktdonen med en plastpåse för att hindra skador och föroreningar.

29 Ta bort höger och vänster drivaxel enligt beskrivningen i kapitel 8. Den mellanliggande drivaxeln samt dess lager och monteringskonsol kan lämnas monterade.

30 Skruva loss avgassystemets främre rör och katalysatorn från avgasgrenröret eller turboaggregatet (i förekommande fall), samt mellanröret. Skruva loss katalysatorn från stödfästet, ta sedan bort det främre avgasröret och katalysatorn från bilen.

31 På modeller med automatväxellåda, koppla loss växellådans kylslangar från växellådan och lägg dem åt sidan; var beredd på oljespill. Täpp igen de öppna portarna för att hindra smuts från att komma in.

32 På turbomodeller, skruva loss anslutningarna och koppla loss tillförsel- och returslangarna från motoroljekylaren. Täpp igen slangarna för att hindra smuts från att tränga in.

33 Placera en motorhiss över motorrummet. Fäst lyftarmen i lyftöglorna på båda sidor om topplocket. Hissa upp lyften tills motorn börjar lyftas.

34 Enligt beskrivningen i kapitel 2A avsnitt 17, koppla loss det bakre motorfästet från framfjädringens kryssrambalk genom att lossa bulten och dra ut den genom hålet på kryssrambalkens undersida.

35 Se kapitel 10 och skruva loss de båda spindellederna till framfjädringens nedre armar från de båda navhållarna. Om det behövs, skruva loss krängningshämmarens ändar från de nedre armarna för att skapa bättre arbetsutrymme.

36 Placera ett par garagedomkrafter under fjädringens kryssrambalk och hissa upp dem tills domkraftshuvudena vilar mot kryssrambalkens undersida. Markera området runt kryssrambalken för att underlätta placeringen vid återmonteringen **(se bild)**.

37 Lossa stegvis kryssrambalkens sex fästbultar och ta bort dem. Observera att bultarna har olika längd och diameter – anteckna deras respektive placeringar för att underlätta återmonteringen. Se till att motorlyften håller vikten från motorn/växellådan eftersom enheten kommer att svänga bakåt i motorrummet när kryssrambalken tas bort.

38 Sänk långsamt ner kryssrambalken från motorrummets undersida med hjälp av garagedomkrafterna. Ta loss distansbrickorna från de två bakre bultarna **(se bilder)**.

39 Skruva loss och ta bort motorns/växellådans högra och vänstra fästen enligt beskrivningen i kapitel 2A, avsnitt 17.

40 Kontrollera en sista gång att alla komponenter som kan hindra demonteringen av motorn/växellådan är borttagna eller urkopplade. Se till att komponenter som växelväljarstaget, kopplingsvajern och gasvajern är uppfästa så att de inte kan skadas vid demonteringen.

41 Sänk långsamt ner motorn/växellådan från motorrummet och se till att enheten går fri från komponenterna på de omgivande panelerna **(se bild)**. Var extra noga med att inte komma åt ABS-enheten eller kylaren. Ta hjälp av en medhjälpare under det här momentet eftersom motorenheten kan behöva gungas eller vridas för att undvika karosspanelerna. Sänk ner enheten på marken och ta bort den från motorrummets undersida.

Demontering av växellådan från motorn

42 Om motorn skall tas isär, följ beskrivningen i kapitel 1, tappa av oljan och demontera oljefiltret om det behövs. Rengör och montera avtappningspluggen och dra åt den ordentligt.

43 Stöd motorn/växellådan på lämpliga träblock eller på en arbetsbänk (eller, om inget annat finns till hands, på en rengjord yta på verkstadsgolvet).

44 Ta bort startmotorn enligt beskrivningen i kapitel 5A.

45 Om växelströmsgeneratorn inte har demonterats, skruva loss muttern och koppla loss ledningen från växelströmsgeneratorns baksida. Koppla också bort ledningen till laddningslampan från växelströmsgeneratorn. Skruva loss växelströmsgeneratorns fästbultar och ta bort generatorn från motorn enligt beskrivningen i kapitel 5A.

Modeller med manuell växellåda

46 På turbomodeller, skruva loss bulten som fäster turbons oljerörfäste vid växellådan.

47 Skruva loss och ta bort svänghjulets skyddsplatta från undersidan av växellådans svänghjulskåpa.

48 Se till att både motorn och växellådan har stöd, skruva sedan loss bultarna som fäster svänghjulskåpan vid motorn enligt beskrivningen i kapitel 7A. Anteckna bultarnas respektive placeringar när de tas bort för att underlätta monteringen. Dra bort växellådan direkt från motorn **(se bild)**. Var noga med att inte låta växellådans tyngd vila på den ingående axeln och kopplingens lamell.

4.38a Sänk långsamt ner kryssrambalken från motorrummets undersida med hjälp av garagedomkrafterna.

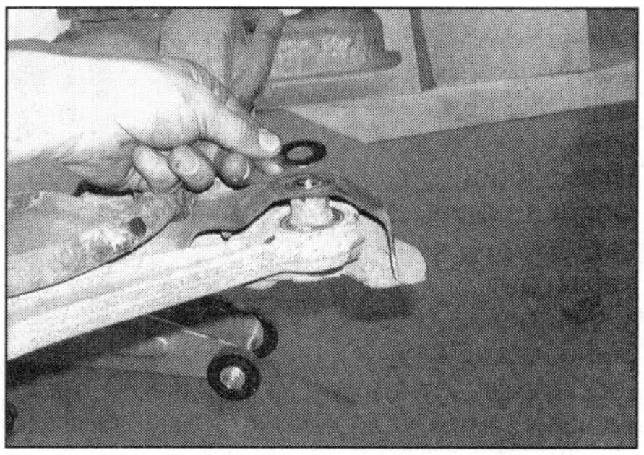

4.38b Ta loss distansbrickorna från de två bakre bultarna.

Modeller med automatväxellåda

49 Ta bort ventilen från växellådans överdel.

50 Arbeta genom öppningen som uppstod vid demonteringen av svänghjulskåpans undre täckplatta och skruva loss bultarna som fäster svänghjulet vid momentomvandlaren. Vrid motorn med en hylsa på bulten till vevaxelns remskiva för att komma åt alla bultar.

51 Saabs mekaniker använder ett specialverktyg för att hålla kvar momentomvandlaren i växellådan medan växellådan skiljs från motorn. Verktyget är ganska enkelt och består av en platta som hakar i momentomvandlaren genom tändinställningshålet i växellådans överdel.

52 Stötta växellådans tyngd, helst med en lyftanordning.

53 Se till att både motorn och växellådan har stöd, skruva därefter loss bultarna som fäster svänghjulskåpan vid motorn. Anteckna bultarnas respektive placeringar allteftersom de tas bort för att underlätta återmonteringen. Dra bort växellådan direkt från motorn (se kapitel 7B för ytterligare information). Se till att momentomvandlaren stannar i växellådans svänghjulskåpa, annars kan den falla ut och skadas.

Montering av växellådan på motorn

Modeller med automatväxellåda

54 Passa försiktigt in växellådan på motorn. Se till att momentomvandlaren hålls på plats i växellådan med hjälp av det ovan beskrivna verktyget.

55 Sätt i bultarna som fäster växellådan vid motorn och dra åt dem till angivet moment.

56 Ta bort specialverktyget, sätt därefter i de tre bultarna som fäster svänghjulet vid momentomvandlaren och dra åt dem till angivet moment. Vrid motorn med hjälp av en hylsnyckel på vevaxelns remskiva.

57 Montera ventilen ovanpå växellådan.

Modeller med manuell växellåda

Varning: Om en ny slavcylinder har monterats till kopplingen eller om hydraulolja har runnit ut från den befintliga slavcylindern måste cylindern snapsas och luftas INNAN växellådan monteras; se kapitel 6 för mer information.

58 Stryk ett lager fett med hög smältpunkt på spårningen på växellådans ingående axel. Använd inte för mycket fett, då kan kopplingens lamell förorenas med fett.

59 Passa försiktigt in växellådan på motorn. Se till att växellådans tyngd inte hänger på den ingående axeln när den kopplas ihop med kopplingslamellen. Sätt i bultarna som fäster

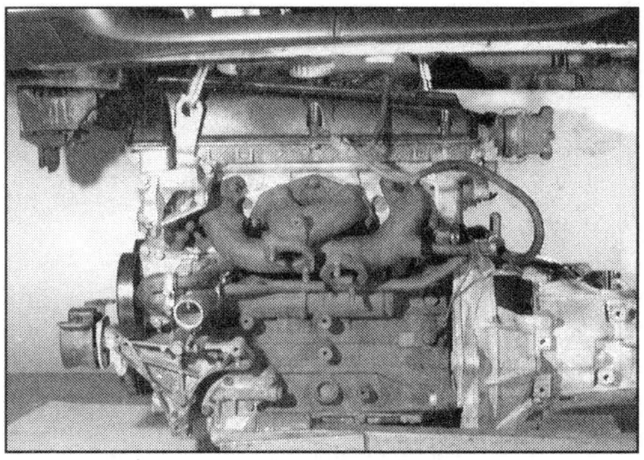

4.41 Sänk långsamt ner motorn/växellådan från motorrummet

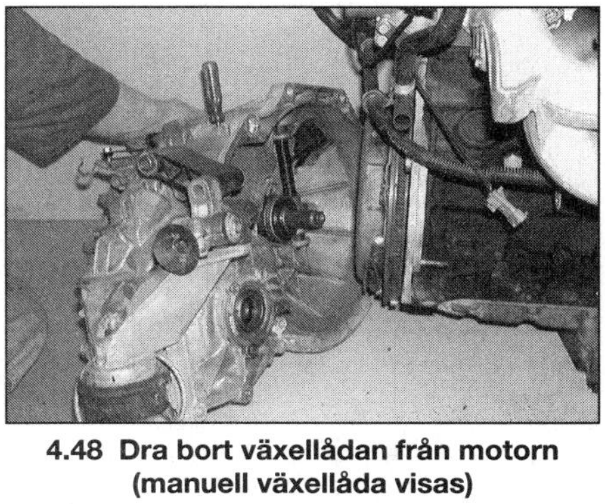

4.48 Dra bort växellådan från motorn (manuell växellåda visas)

4.63 Styr försiktigt in motorn/växellådan i motorrummet så att enheten går fri från alla omgivande komponenter

växellådan vid motorn och dra åt dem till angivet moment.

60 Montera den nedre skyddsplattan till växellådans svänghjulskåpa och dra åt bultarna.

61 På turbomodeller, sätt i och dra åt bultarna som fäster turbooljerörsfästet vid växellådan.

Alla modeller

62 Montera startmotor och växelströmsgeneratorn enligt beskrivningen i kapitel 5A.

Montering

63 Montera motorn och växellådan i omvänd arbetsordning men observera följande **(se bild)**:

a) Hissa upp motorn och växellådan till rätt läge i motorrummet, montera sedan de högra och vänstra motorfästena enligt beskrivningen i kapitel 2A. Montera fjädringens kryssrambalk och se till att sätta distansbrickorna på de två bakre bultarna, observera inställningsmärkena som gjordes vid demonteringen. Vänta med att dra åt kryssrambalkens fästbultar till angivet moment tills det bakre motorfästet har monterats.

b) Dra åt alla muttrar och bultar till angivet moment.

c) Byt alla kopparbrickor på de anslutningar där sådana finns.

d) Anslut gasvajern enligt beskrivningen i kapitel 4A.

e) Enligt beskrivningen i kapitel 6, anslut kopplingsvajern. På senare modeller med hydraulisk koppling, anslut tillförselröret till slavcylindern, lufta sedan hydraulsystemet.

f) Kontrollera att alla kablar har återkopplats ordentligt och att alla skruvar och muttrar har dragits åt.

g) Fyll på motor och växellåda med olja av rätt grad och kvantitet, se kapitel 1.

h) Fyll på kylsystemet enligt beskrivningen i kapitel 1.

i) Kontrollera och fyll vid behov på servostyrningsoljan enligt beskrivningen i "Veckokontroller".

5 Motorrenovering – isärtagning

1 Det är betydligt enklare att demontera och arbeta med motorn om den placeras i ett flyttbart motorställ. Sådana ställ brukar hyras ut i butiker för verktygsuthyrning. Innan motorn monteras i stället ska svänghjulet/drivplattan demonteras så att ställets bultar kan dras ända in i motorblocket/vevhuset.

2 Om det inte finns något ställ tillgängligt går det att ta isär motorn om man pallar upp den på en rejäl arbetsbänk eller på golvet. Var noga med att inte välta eller tappa motorn om arbetet utförs utan ställ.

3 Om du skall skaffa en renoverad motor måste alla yttre komponenter demonteras först, för att kunna överföras till ersättningsmotorn (på exakt samma sätt som om du skulle utföra en fullständig renovering själv). Normalt räknas följande komponenter till de yttre komponenterna, men för att vara på den säkra sidan bör du höra dig för där motorn köptes:

a) Växelströmsgeneratorns fäste (kapitel 5A).

b) Strömfördelare (i förekommande fall), tändkablar eller DI-kassett och tändstift (kapitel 1 och kapitel 5B).

c) Termostat och termostathus (kapitel 3).

d) Oljestickans rör, där tillämpligt.

e) Luftkonditioneringskompressorns monteringskonsol (kapitel 3).

f) Bränsleinsprutningssystemets och avgasreningens komponenter (kapitel 4A och 4B).

g) Alla elektriska kontakter och givare samt motorns kabelhärva.

h) Insugs- och avgasgrenrör (kapitel 4A).

i) Oljefilter (kapitel 1).

j) Motorfästen (del A i detta kapitel).

k) Svänghjul/drivplatta (del A i detta kapitel).

HAYNES TiPS **Vid demonteringen av yttre komponenter från motorn, var mycket uppmärksam på detaljer som kan underlätta eller vara viktiga vid hopsättningen. Anteckna monteringslägen för packningar, tätningar, distanser, stift, brickor, bultar och andra smådelar.**

4 Om du införskaffar en grundmotor (som består av monterade motorblock/vevhus, vevaxel, kolvar och vevstakar), måste även topplocket och oljesumpen demonteras.

5 Om en fullständig renovering skall utföras kan motorn tas isär och de inre komponenterna demonteras i nedanstående ordning, se del A i detta kapitel om inte annat anges:

a) Insugs- och avgasgrenrör (kapitel 4A).

b) Topplock (kapitel 2A).

c) Kamkedja och balansaxelkedja, kedjedrev och spännare (kapitel 2A).

d) Svänghjul/drivplatta (kapitel 2A).

e) Balansaxlar (om tillämpligt) (avsnitt 9).

f) Sump (kapitel 2A).

g) Kolvar/vevstakar (avsnitt 10).

h) Vevaxel (avsnitt 11).

6 Kontrollera att alla nödvändiga verktyg finns till hands innan demonteringen och renoveringen inleds. Se *Verktyg och arbetsutrymmen* för mer information.

6 Topplock – isärtagning

Observera: *Nya/renoverade topplock går att köpa från Saab eller från specialister på motorrenovering. Tänk på att det krävs specialverktyg för isärtagning och inspektion, och att nya komponenter inte alltid går att få tag på med kort varsel. Ofta är det därför mer praktiskt och ekonomiskt för en hemmamekaniker att köpa ett renoverat topplock i stället för att ta isär, inspektera och renovera det ursprungliga topplocket.*

1 Demontera topplocket enligt beskrivningen i del A, skruva sedan loss de externa komponenterna, inklusive grenrör, motorns lyftöglor och strömfördelarens täckplugg, beroende på modell **(se bilder)**.

2 Demontera kamaxlarna och de hydrauliska ventillyftarna enligt beskrivningen i kapitel 2A.

3 Försök skaffa plastskydd till de hydrauliska ventillyftarnas lopp innan ventilerna demonteras. Vid användning av vissa ventilfjäderkompressorer kan loppen lätt skadas

6.1a Skruva loss klämman . . .

6.1b . . . och ta bort strömfördelarens täckplugg

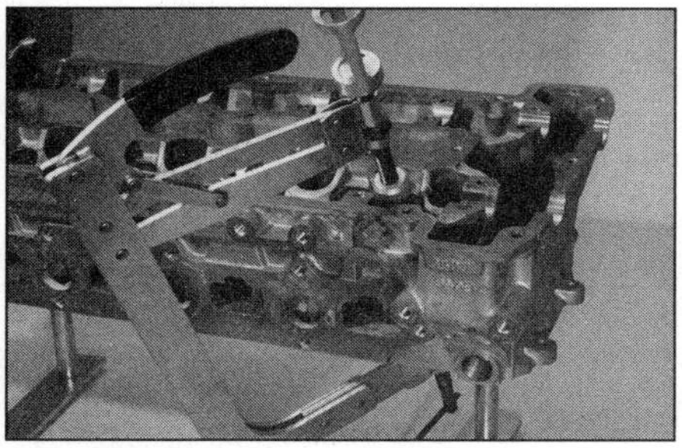
6.4a Använd en kompressor för att trycka ihop ventilfjädrarna så att knastret kan tas ut

6.4b Ta bort fjäderhållaren. . .

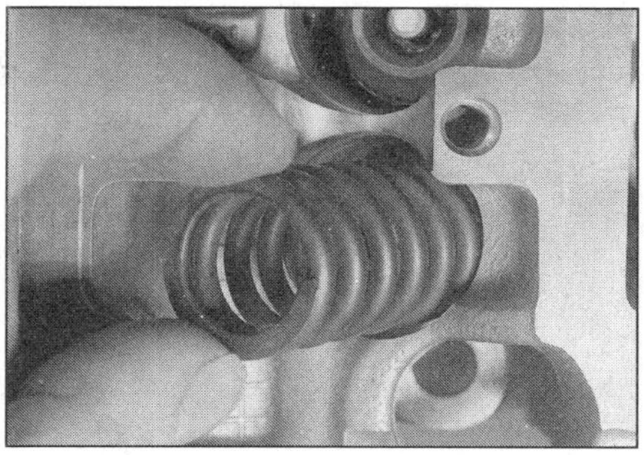
6.4c . . . ventilfjädern . . .

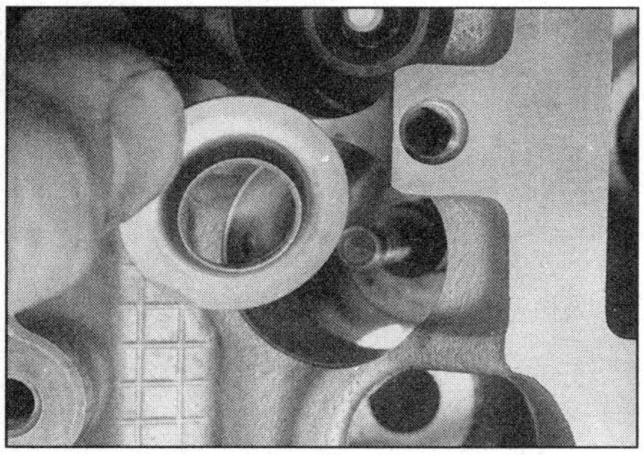
6.4d . . . och sätet

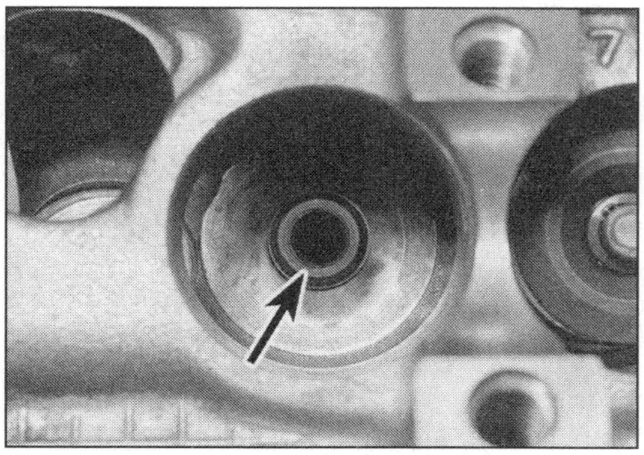
6.4e Ventilskaftets placering

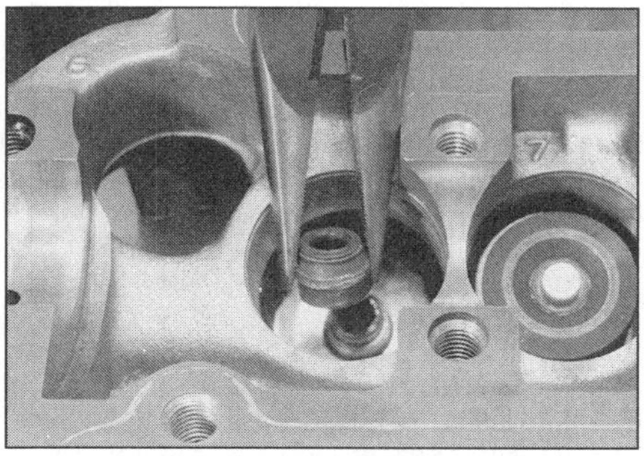
6.4f Ta bort ventilskaftstätningen

om kompressorn råkar glida av ventiländen. Loppen formar en tätningsyta runt de hydrauliska ventillyftarna och om de skadas kan läckage uppstå.

HAYNES TiPS ***Skydd till ventillyftarna kan köpas från en Saab-verkstad, altenativt kan ett skydd tillverkas av en bit plast som skärs till från en diskmedelsflaska eller liknande.***

4 Placera skyddet i ventillyftarloppet, tryck sedan ihop ventilfjädern med en ventilfjäderkompressor tills knastren kan tas bort. Lossa kompressorn och lyft bort fjäderhållare, fjäder och säte. Dra försiktigt bort ventilskaftstätningen från styrningens ovansida med hjälp av en tång **(se bilder)**.

5 Om fjäderhållaren fastnar när fjäderkompressorn skruvas ner i den hjälper det att knacka försiktigt på kompressorn med en lätt hammare, direkt ovanför hållaren. Då lossnar hållaren.

6 Ta bort ventilen genom förbränningskammaren.

7 Det är viktigt att alla ventiler lagras tillsammans med respektive insatshylsor, hållare, fjädrar och fjädersäten. Ventilerna bör även förvaras i samma ordning som de är placerade, om de inte är i så dåligt skick att de måste bytas ut. Om ventilerna ska återanvändas, förvara ventilkomponenterna i märkta plastpåsar eller motsvarande små behållare **(se bilder)**. Observera att cylinder nr 1 är placerad närmast motorns kamkedjeände.

8 När alla ventiler är demonterade, använd en tång för att dra bort ventiltätningarna från styrningarnas överdelar.

7 Topplock och ventiler – rengöring och kontroll

1 Om topplock och ventilkomponenter rengörs noga och sedan inspekteras blir det lättare att avgöra hur mycket arbete som måste läggas ner på ventilerna under motorrenoveringen. **Observera:** *Om motorn har blivit mycket överhettad har topplocket troligen blivit skevt – kontrollera noggrant om så är fallet.*

Rengöring

2 Skrapa bort alla spår av gamla packningsrester från topplocket.

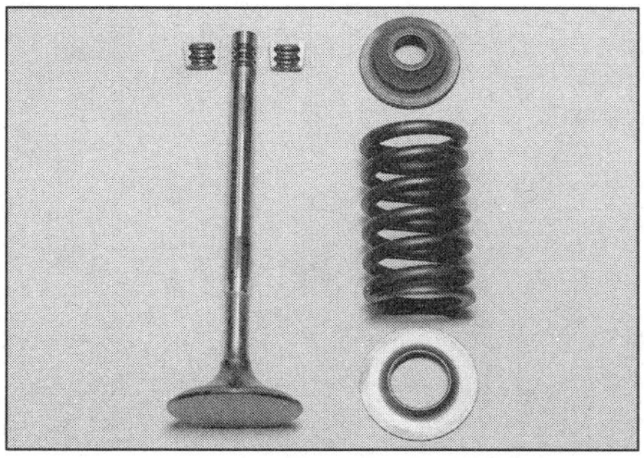
6.7a Ventilfjäderns komponenter

3 Skrapa bort sotavlagringar från förbränningskammare och portar, tvätta topplocket noggrant med fotogen eller annat lämpligt lösningsmedel.

4 Skrapa bort eventuella sotavlagringar från ventilerna, använd sedan en eldriven stålborste för att ta bort avlagringar från ventilhuvuden och skaft. Var noga med att undvika att erodera metall från ventilhuvudets eller ventilskaftens tätningsyta.

Kontroll

Observera: *Var noga med att utföra hela granskningsproceduren nedan innan beslut fattas om en verkstad behöver anlitas för någon åtgärd. Gör en lista över alla delar som behöver ses över.*

Topplock

5 Undersök topplocket noggrant med avseende på sprickor, tecken på kylvätskeläckage

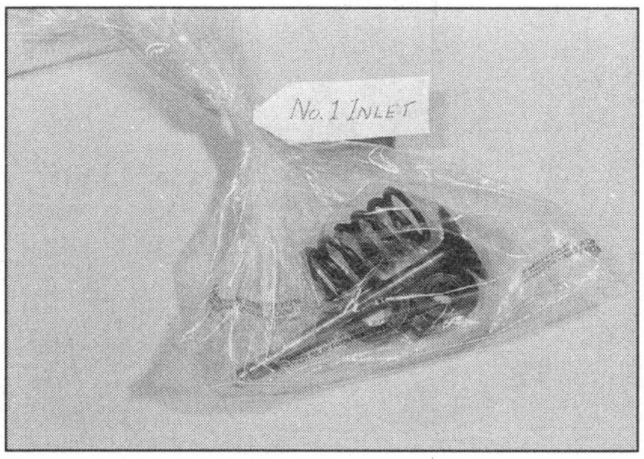

6.7b Placera ventilerna med tillhörande komponenter i varsin märkt plastpåse

7.6 Kontrollera att topplockets yta inte är skev

och andra skador. Om topplocket är sprucket ska det bytas ut.

6 Använd en stållinjal och ett bladmått för att kontrollera att topplockets yta inte är skev **(se bild)**. Om topplocket är skevt kan det maskinslipas under förutsättning att det inte har slipats ner till under den angivna höjden.

7 Undersök ventilsätena i förbränningskamrarna. Om de är mycket gropiga, spruckna eller brända måste de bytas ut eller fräsas om av en specialist på motorrenoveringar. Om de endast är lite gropiga kan det räcka med att slipa till ventilhuvuden och säten med fin ventilslipmassa enligt beskrivningen nedan. Observera att avgasventilerna har ett härdat ytterskikt, det går bra att slipa till dem med slipmassa, men de får inte maskinslipas.

8 Undersök om ventilstyrningarna är slitna genom att montera en ventil i taget och undersöka om de rör sig i sidled. En mycket liten rörelse kan accepteras. Om rörelsen är stor ska ventilen demonteras. Mät ventilskaftets diameter (se nedan), och byt ut ventilen om den är sliten. Om ventilskaftet inte är slitet måste slitaget sitta i ventilstyrningen, i så fall måste styrningen bytas ut. Byten av ventilstyrningar bör överlåtas till en Saabverkstad eller till specialister på motorrenoveringar eftersom de har tillgång till nödvändiga verktyg.

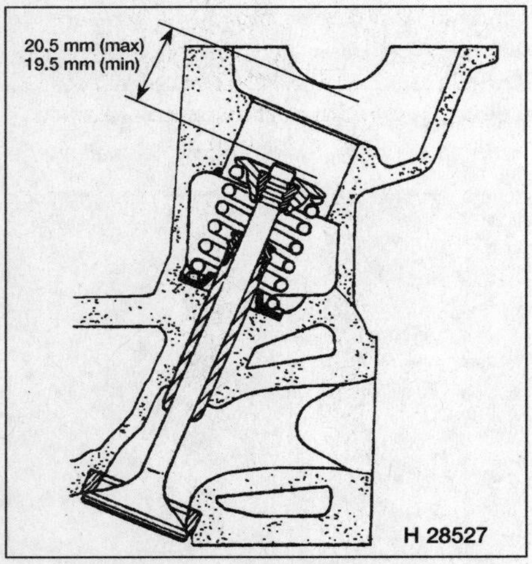

7.16 Kontrollera ventilskaftens djup under kamaxellagrets yta

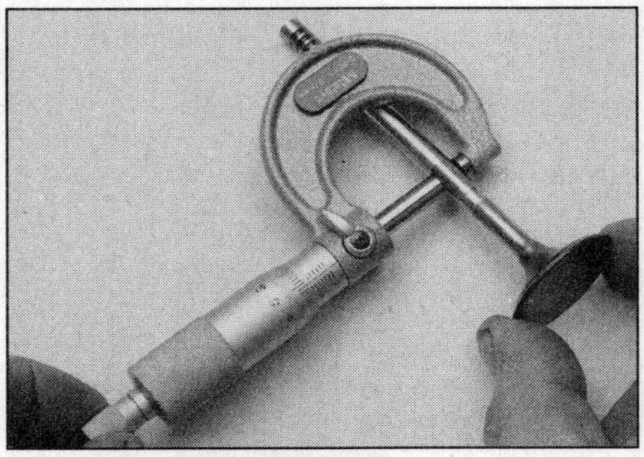

7.10 Mät ventilskaftets diameter

Ventiler

9 Undersök om ventilhuvudena är slitna, har gropar, brännskador eller sprickor. Kontrollera om ventilskaftet blivit spårigt eller slitet. Vrid ventilen och kontrollera att den inte är skev. Leta efter gropar och överdrivet slitage på ventilskaftens spetsar. Byt ut alla ventiler som visar tecken på slitage eller skador.

10 Om en ventil verkar vara i gott skick ska ventilskaftet mätas på flera punkter med en mikrometer **(se bild)**. Tydliga avvikelser mellan avläsningarna är tecken på att ventilskaftet är slitet. Skulle så vara fallet måste ventilen/ventilerna bytas ut.

11 Om ventilerna är i någorlunda gott skick ska de slipas in i sina säten för att garantera en smidig och gastät tätning. Om sätena endast är lite gropiga eller om de har frästs om ska de slipas in med slipmassa för att få rätt yta. Grov ventilslipmassa ska *inte* användas om inte ett säte är svårt bränt eller har djupa gropar. Om så är fallet ska topplocket och ventilerna undersökas av en specialist som kan avgöra om ventilsätena ska fräsas om eller om ventilen eller sätesinsatsen måste bytas ut (där det är möjligt).

12 Ventilslipning går till på följande sätt. Placera topplocket upp och ner på en bänk.

13 Smörj en aning ventilslipmassa (av rätt grovhet) på sätesytan och tryck ett sugslipningsverktyg över ventilhuvudet. Slipa ventilhuvudet med en roterande rörelse ner till sätet, lyft ventilen ibland för att omfördela slipmassan. Om en lätt fjäder placeras under ventilhuvudet blir arbetet lättare.

14 Om grov slipmassa används, arbeta tills ventilhuvudet och sätet får en matt, jämn yta, torka sedan bort den använda slipmassan och upprepa arbetet med fin slipmassa. När både ventilen och sätet fått en slät, ljusgrå, matt yta är slipningen färdig. *Slipa inte in* ventilerna längre än vad som är absolut nödvändigt, då kan sätet sjunka in i topplocket för tidigt.

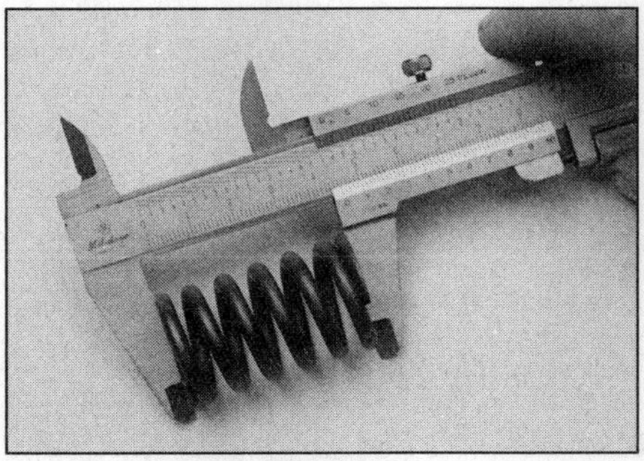

7.18 Mät ventilfjäderns fria längd

15 När samtliga ventiler har blivit inslipade ska *alla* spår av slipmassa försiktigt tvättas bort med fotogen eller annat lämpligt lösningsmedel, innan topplocket sätts ihop.

16 För att de hydrauliska ventillyftarna ska fungera ordentligt måste ventilskaften sitta på ett visst djup under kamaxellagren. Det kan vara möjligt att få tag i ett kontrollverktyg från en Saabverkstad, men om det inte går kan kontrollen utföras med hjälp av stållinjaler. Kontrollera att måtten ligger inom de angivna gränserna i Specifikationer genom att sätta in varje ventil i sin styrning och mäta måttet mellan änden på ventilskaftet och kamaxellagrets yta **(se bild)**.

17 Om måttet inte ligger inom de angivna gränserna måste antingen ventilskaftets eller ventilsätets höjd åtgärdas. Om avståndet är kortare än det minsta angivna värdet måste längden på ventilskaftet minskas, och om avståndet överstiger det angivna värdet måste ventilsätet fräsas ur. Ta hjälp av en Saabverkstad eller en specialist på motorrenoveringar.

Ventilkomponenter

18 Undersök om ventilfjädrarna är skadade eller missfärgade, och mäta deras fria längd **(se bild)**.

19 Ställ alla fjädrar på en plan yta och kontrollera att de står vinkelrätt mot ytan **(se bild)**. Om någon av fjädrarna är kortare än minimimåttet för fri längd, eller om de är skadade, skeva eller har förlorat sin spänning, ska alla fjädrarna bytas ut.

20 Byt ut ventilskaftens oljetätningar, oavsett deras aktuella skick.

8 Topplock – hopsättning

1 Smörj in ventilskaften och montera ventilerna på sina ursprungliga platser **(se bild)**. Nya ventiler ska monteras där de slipats in.

7.19 Kontrollera ventilfjäderns vinkelräthet

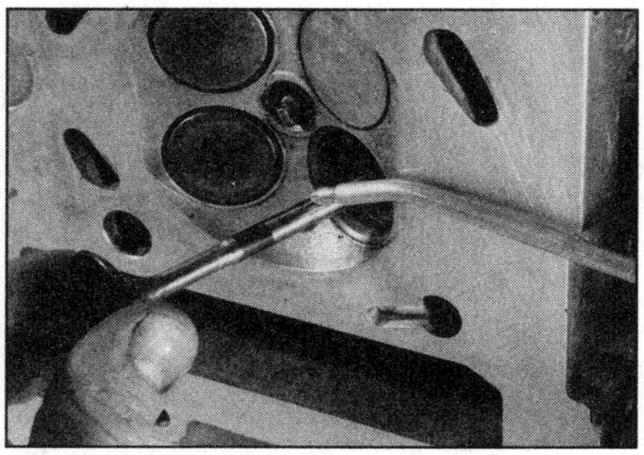

8.1 **En ventil placeras i topplocket**

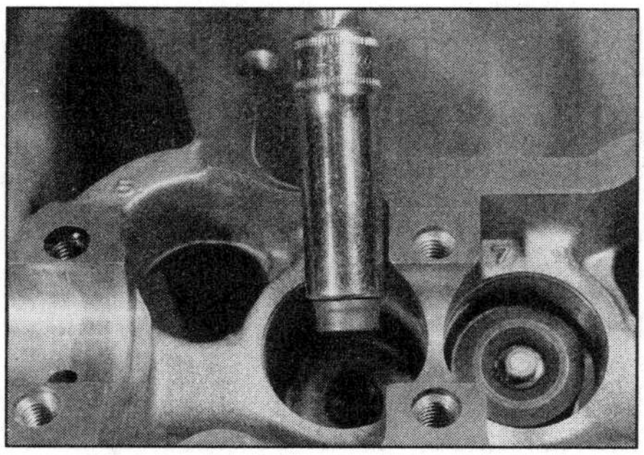

8.2 **Använd en hylsa för att montera ventilskaftstätningarna**

Använd lite fett för att underlätta monteringen av knastren på ventilskaften och hålla dem på plats medan fjäderkompressorn släpps

2 Arbeta på den första ventilen och doppa den nya ventilskaftstätningen i ren motorolja. Placera den försiktigt över ventilen och på styrningen. Var noga med att inta skada tätningen när den förs över ventilskaftet. Använd en lämplig hylsa eller ett metallrör för att trycka fast tätningen ordentligt på styrningen **(se bild)**.

3 Montera ventilfjädern och fjäderhållaren, placera därefter plastskyddet i det hydrauliska ventillyftarloppet.

4 Pressa ihop ventilfjädern och placera knastren i ventilskaftets fördjupning **(se Haynes tips)**. Lossa kompressorn och ta bort skyddet, upprepa sedan arbetet på de återstående ventilerna.

5 När alla ventiler är installerade, placera topplocket plant på en arbetsbänk och knacka på änden av varje ventilskaft med hammare och träblock, så att delarna sätter sig på plats.

6 Montera de hydrauliska ventillyftarna och kamaxlarna enligt beskrivningen i del A, avsnitt 8.

7 Montera de externa komponenter som demonterades i avsnitt 6. När strömfördelarens täckplugg monteras, byt O-ringstätningen om det behövs.

8 Topplocket kan nu monteras enligt beskrivningen i del A i detta kapitel.

9 Balansaxlar – demontering, kontroll och montering

Demontering

1 Ställ vevaxeln i ÖD-läge för cylinder nr 1 (motorns kamkedjeände) enligt beskrivningen i kapitel 2A.

2 Demontera kamkedjekåpan enligt beskrivningen i kapitel 2A.

3 Balansaxlarna är inställda på ÖD, men eftersom de roterar dubbelt så snabbt som vevaxeln är de korrekt inställda även när de är inställda på nedre dödläge (ND). Kontrollera att tändinställningsmärkena på axlarna är i linje med märkena på lagerfästena. Märk kedja och kedjehjul med lite färg för att garantera att de placeras korrekt vid återmonteringen. Observera att balansaxeldreven är markerade med ”INL” (insug) och ”EXH” (avgas) för att underlätta återmonteringen, och de främre lagren är markerade på samma sätt. Eftersom lagren är monterade med enkla bultar hamnar INL- och EXH-markeringarna alltid uppåt.

4 Skruva loss den övre styrningen till balansaxelkedjan, demontera därefter kedjespännaren och sidostyrningen.

5 Skruva loss fästbulten och demontera överföringsdrevet från blocket.

6 Ta loss kedjan från balansaxeldreven och vevaxeldrevet.

7 Skruva loss lagrets fästbultar och dra bort balansaxlarna från motorblocket **(se bilder)**. Märk axlarna så att de placeras korrekt vid monteringen.

Varning: Var noga med att inte repa lagrets insida med balansaxelloben när den dras ut.

8 Skruva loss fästbultarna och demontera dreven från balansaxeländarna medan varje axel hålls på plats i ett skruvstäd med mjuka käftar.

Kontroll

9 Rengör balansaxlarna och undersök om lagertapparna är slitna eller skadade. Lagren inuti motorblocket bör också undersökas. Kontakta en Saabverkstad eller en specialist på motorrenoveringar om de är mycket slitna eller skadade. Lagren kan bytas ut, men det kräver tillgång till speciell verkstadsutrustning.

9.7a **Skruva loss lagrets fästbultar. . .**

9.7b **. . . och dra bort avgasbalansaxeln från motorblocket**

9.7c **Ta bort insugsbalansaxeln från motorblocket**

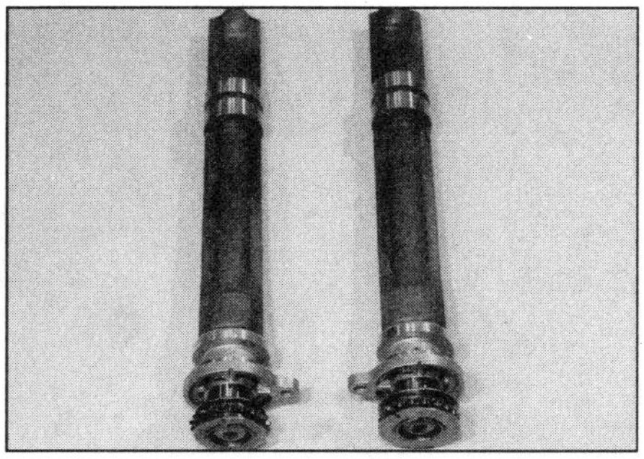

9.7d **De två balansaxlarna demonterade från motorn**

10.5a Ta bort vevstakslagrets överfall

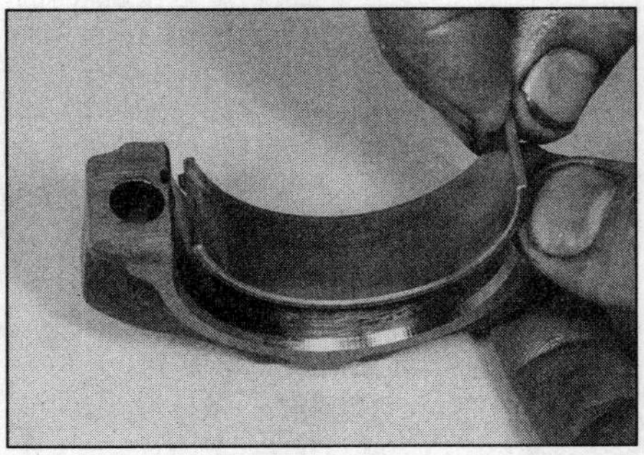

10.5b Ta bort lagerskålen från överfallet

Montering

10 Montera dreven på balansaxeländarna och dra åt fästbultarna.

11 Smörj in lagertapparna med ren motorolja och montera balansaxlarna i ursprungsläge i motorblocket.

12 Montera balansaxeldrevet på vevaxelns framsida med ordet 'Saab' utåt.

13 Montera kedjan på dreven och montera överföringen på blockets framsida, kontrollera att alla inställningsmarkeringar är korrekt inriktade.

14 Montera sidostyrningen, spännaren och balansaxelkedjans övre styrning.

15 Rotera vevaxeln ett varv och kontrollera att balansaxeldreven fortfarande är korrekt inställda.

16 Montera kamkedjekåpan enligt beskrivningen i kapitel 2A.

11.5 Ramlageröverfallen är numrerade från motorns kamkedjeände

10 Kolvar och vevstakar – demontering

1 Demontera topplocket och sumpen enligt beskrivningen i kapitel 2A. Dra ut oljeröret från vevhusets nedre del. Ta loss O-ringstätningen om den sitter löst.

2 Om cylinderloppens övre delar har tydliga slitagespår ska de tas bort med skrapa eller skavstål innan kolvarna demonteras, eftersom spåren kan skada kolvringarna. Djupa slitagespår är tecken på att cylinderloppen är slitna.

3 Använd en hammare och körnare, färg eller liknande och märk alla vevstakslageröverfall med respektive cylindernummer på den plana ytan; ta hänsyn till tidigare gjorda inställningsmärken om motorn har varit isärtagen förut.

4 Vrid vevaxeln för att ställa cylindrarna 1 och 4 i nedre dödläge.

5 Skruva loss muttrarna från vevstakslageröverfallet till kolv nr 1. Ta bort överfallet och ta loss den nedre halvan av lagerskålen. Tejpa ihop lagerskålarna med lageröverfallet om skålarna ska återanvändas **(se bilder)**.

6 Tejpa över gängorna på vevstakens pinnbult för att undvika att vevaxelns lagertappar skadas.

7 Använd ett hammarskaft för att skjuta upp kolven genom loppet och ta bort den från motorblocket. Ta loss lagerskålen och tejpa fast den på vevstaken så den inte kommer bort.

8 Placera lageröverfallet löst på vevstaken och fäst det med muttrarna – på så sätt blir det lättare att hålla komponenterna i rätt ordning.

9 Ta bort kolv nr 4 på samma sätt.

10 Vrid vevaxeln 180° för att ställa cylinder 2 och 3 i nedre dödläge och demontera dem på samma sätt.

11 Vevaxel – demontering

1 Demontera kamkedjan, kedjedrevet, sumpen, oljeupptagaren/silen och svänghjulet/drivplattan enligt beskrivningen i kapitel 2A.

2 Ta bort kolvarna och vevstakarna enligt beskrivningen i avsnitt 10. **Observera:** *Om inget arbete ska utföras på kolvarna eller vevstakarna är det ingen idé att ta bort topplocket eller trycka ut kolvarna ur cylinderloppen. Kolvarna ska då bara tryckas in så långt i loppen att de inte är i vägen för vevaxeltapparna.*

3 Kontrollera vevaxelns axialspel enligt beskrivningen i avsnitt 14, fortsätt därefter på följande sätt.

4 Skruva loss och ta bort vevaxelns bakre oljetätningshus från änden av motorblocket, observera hur styrstiften är placerade. Om styrstiften sitter löst, ta bort dem och förvara dem tillsammans med topplocket. Ta bort packningen.

5 Cylindernumren ska vara ingjutna på ramlageröverfallens underdelar **(se bild)**. Om de inte är det, numrera överfallet och vevhuset med en körnare på samma sätt som på vevstakarna och överfallen i tidigare beskrivning.

6 Skruva loss och ta bort ramlageröverfallets fästbultar och ta bort överfallen tillsammans med lagerskålarna **(se bilder)**. Knacka loss lageröverfallen med en plast- eller träklubba om de sitter fast.

7 Ta bort lagerskålarna från överfallen, men förvara dem tillsammans och märk dem för att garantera korrekt placering vid monteringen **(se bild)**.

11.6a Skruva loss och ta bort ramlageröverfallens bultar...

11.6b ... och ta bort ramlageröverfallen

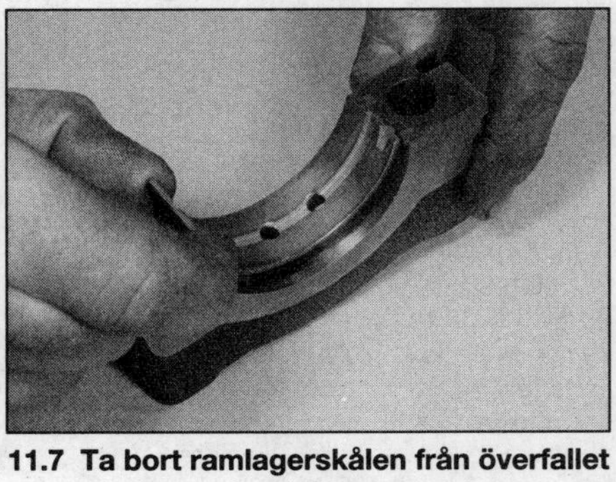

11.7 Ta bort ramlagerskålen från överfallet

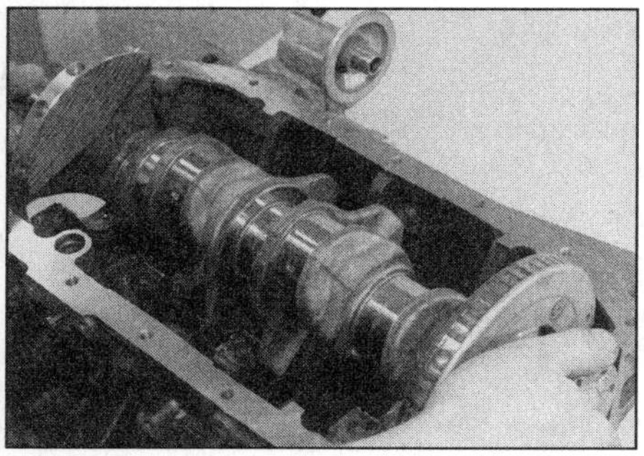

11.8 Lyft bort vevaxeln från vevhuset

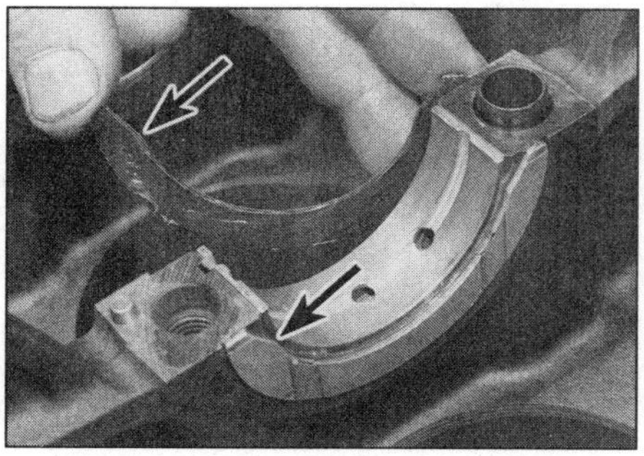

11.9a Ta bort tryckbrickorna (pilar) . . .

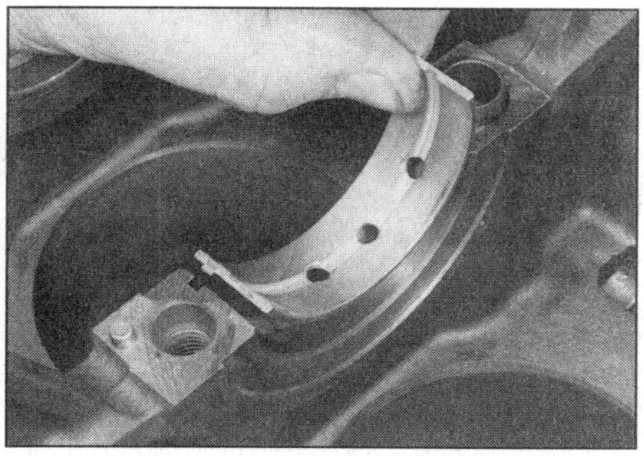

11.9b . . . och ramlageröverfallen

8 Lyft försiktigt upp vevaxeln från vevhuset **(se bild)**. Var noga med att inte skada det magnetiska motståndet.

9 Ta bort de övre lagerskålarna från vevhuset och märk dem för att underlätta monteringen. Ta även bort tryckbrickorna på sidorna om ramlagret och förvara dem tillsammans med överfallet **(se bilder)**.

10 När vevaxeln är demonterad kan vevaxellägesgivarens magnetiska motstånd demonteras genom att skruvarna tas bort och motståndet dras bort över vevaxelns ände **(se bild)**. Observera att skruvarna är placerade så att det bara går att montera det magnetiska motståndet på ett sätt.

12 Motorblock/vevhus – rengöring och kontroll

Rengöring

1 Ta bort alla yttre komponenter och elektriska kontakter/givare från blocket. Vid en grundlig rengöring bör hylspluggarna tas bort på följande sätt. Borra ett litet hål i pluggarna, skruva sedan i en självgängande skruv. Dra ut pluggarna genom att dra i skruven med en tång eller liknande. På turbomotorer ska även kolvarnas fyra oljemunstycken skruvas loss från vevhuset **(se bild)**.

2 Skrapa bort alla rester av tätningen från motorblocket/vevhuset, var försiktigt så att packnings-/tätningsytorna inte skadas.

3 Ta bort alla pluggar från oljeledningarna (om monterade). Pluggarna sitter ofta mycket hårt och kan behöva borras ut så att hålen måste gängas om. Använd nya pluggar när motorn monteras i hop.

4 Om motorblocket/vevhuset är mycket smutsigt bör det rengöras med ångtvätt.

5 Rengör alla oljehål och oljeledningar, spola de inre utrymmena med varmt vatten tills vattnet som kommer ut är rent. Torka noggrant och lägg ett tunt lager olja på alla fogytor för att hindra dem från att rosta. Rengör även cylinderloppen. Använd tryckluft om det finns tillgängligt, för att skynda på torkningen och blåsa ur alla oljehål och ledningar.

Varning: Bär skyddsglasögon om hålen rengörs med tryckluft!

6 Om motorblocket inte är så smutsigt går det bra att rengöra det med hett såpvatten och en hård borste. Ta god tid på dig och var noggrann. Oavsett vilken rengöringsmetod som används är det viktigt att alla hål och ledningar rengörs mycket noggrant och att alla komponenter torkas ordentligt. När motorblocket är rengjort ska cylinderloppen skyddas från rost på det sätt som beskrivs ovan.

7 Alla gängade hål måste vara rena för att korrekta åtdragningsmoment ska garanteras vid monteringen. Rengör gängorna med hjälp av en gängtapp av rätt storlek i alla hålen för att ta bort rost, korrosion, tätningsmedel eller slam, och för att reparera skadade gängor **(se bild)**. Använd om möjligt tryckluft efteråt för att blåsa ut föroreningarna ur hålen (se varningen i punkt 5).

8 Lägg ett lager tätningsmedel på de nya oljeledningspluggarna och montera dem i hålen på motorblocket. Dra åt dem ordentligt. På turbomodeller, montera och dra åt kolvarnas oljemunstycken på vevhuset.

9 Om motorn inte skall sättas ihop genast, täck över den med en stor plastsäck för att hålla den ren; skydda alla anliggningsytor och cylinderlopp enligt ovanstående beskrivning, för att hindra att rost uppstår.

Kontroll

10 Undersök motorblocket med avseende på sprickor och korrosion. Leta efter skadade gängar i de gängade hålen. Om det någon gång har förekommit vattenläckage i motorblocket bör en specialist på motorrenoveringar kontrollera motorblocket/vevhuset med specialutrustning. Försök reparera eventuella defekter, annars måste hela motorblocket bytas ut.

11 Kontrollera att cylinderloppen inte är slitna eller repiga. Kontrollera om det finns slitspår ovanpå cylindern, det är i så fall ett tecken på att loppet är överdrivet slitet.

12 Cylinderloppen och kolvarna är ihopparade och indelade enligt fem koder (se apecifikationerna). Koden är stämplad på kolvkronorna och motorblockets framsida **(se bilder)**. Observera att alla kombinationer av indelningar kan förekomma på ett motorblock.

13 Slitage på cylinderloppen och kolvarna kan mätas med ett bladmått om kolven som ska kontrolleras skjuts in i sitt lopp utan

11.10 Placering av skruvarna som fäster vevaxellägesgivarens magnetiska motstånd

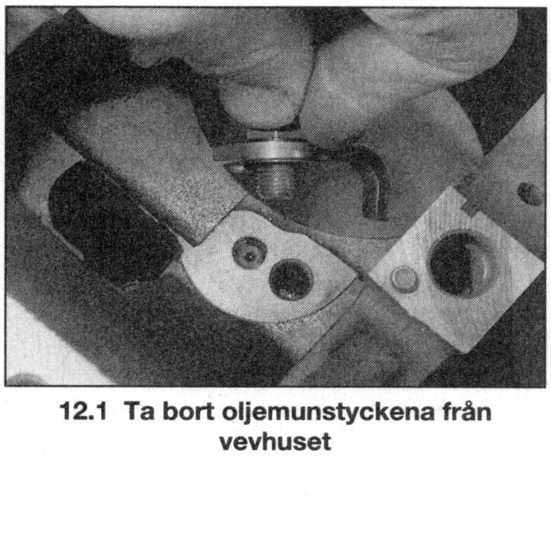

12.1 Ta bort oljemunstyckena från vevhuset

12.7 Rengör topplocksbultarnas hål i motorblocket med hjälp av en gängtapp

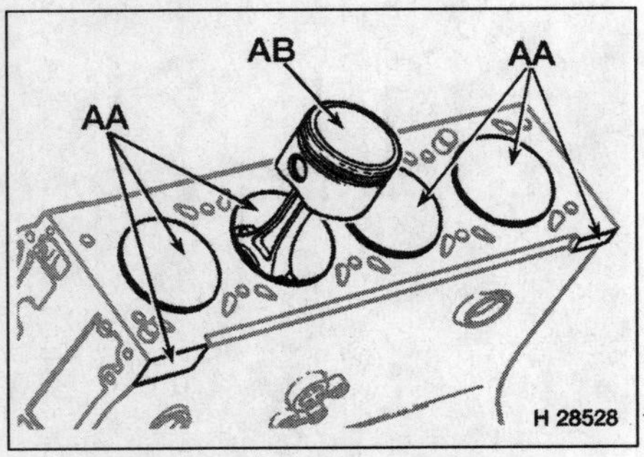

12.12a Placering av kolvens och cylinderloppets indelningskoder

12.12b Cylinderloppets indelningskod på framsidan av motorblocket

12.12c Kolvens indelningskod på kolvkronan

kolvringar. Alternativt kan ett riktigt verktyg för mätning av lopp hyras eller lånas. Utför kontrollen dels med kolven nära loppets överdel, dels med kolven nära loppets botten, det är de delarna som utsätts för mest slitage. Om glappet är större än värdet i specifikationerna ska en specialist på motorrenoveringar kontaktas som kan avgöra om omborrning krävs. Observera att kolvar från flera olika tillverkare inte får användas i samma motor.

13 Kolvar/vevstakar – kontroll

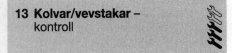

1 Innan kontrollen kan börja ska kolvarna/vevstakarna rengöras, och originalkolvringarna demonteras från kolvarna **(se bild)**.

2 Dra försiktigt bort de gamla ringarna från kolvarna. Använd två eller tre gamla bladmått för att hindra att ringarna ramlar ner i de tomma spåren när de dras bort **(se bilder)**. Var noga med att inte repa kolven med ringens kanter. Ringarna är sköra och spricker om de töjs ut för mycket. De är också mycket vassa – skydda dina fingrar och händer. Observera att den tredje ringen har en expander. Ta alltid bort ringarna från kolvens ovansida. Förvara varje ringuppsättning tillsammans med tillhörande kolv, om de gamla ringarna ska återanvändas.

3 Skrapa bort alla spår av sot från kolvens överdel. En stålborste (för manuellt bruk), eller en bit fin smärgelduk kan användas när större delen av avlagringarna har skrapats bort.

4 Ta bort sotet från ringspåren i kolven med hjälp av en gammal ring. Bryt ringen i två delar för att göra detta (skär dig inte – kolvringar är vassa). Var noga med att bara ta bort sotavlagringarna – ta inte bort någon metall, och repa eller rispa inte sidorna i ringspåren.

5 När avlagringarna har tagits bort, rengör kolven/vevstaken med fotogen eller annat lämpligt lösningsmedel och torka ordentligt. Se till att oljereturhålen i ringspåren är rena.

6 Om kolvarna och cylinderloppen inte är skadade eller överdrivet slitna, och om motorblocket inte behöver borras om, kan originalkolvarna monteras tillbaka. Normalt kolvslitage visar sig som jämnt vertikalt slitage på kolvens stötytor, och som att den översta ringen sitter något löst i sitt spår.

7 Gör en noggrann granskning av varje kolv beträffande sprickor kring manteln, runt kolvbultens hål och på ytorna mellan ringspåren.

8 Leta efter spår och repor på kolvmanteln, hål i kolvkronan och brända områden på kolvänden. Om manteln är repig eller nött kan motorn ha drabbats av överhettning och/eller onormal förbränning som lett till överdrivet höga arbetstemperaturer. Kyl- och smörjningssystemet bör kontrolleras noggrant. Brännmärken på sidorna av kolvarna är tecken på att genomblåsning har ägt rum. Ett hål i kolvkronan eller brända områden i kanten av kolvkronan är tecken på att onormal förbränning (förtändning, tändningsknack) har ägt rum. Om något av ovanstående problem föreligger måste orsakerna till problemen undersökas och åtgärdas, annars kommer felen att uppstå igen. Orsakerna kan vara felaktig tändinställning och/eller felaktig bränsle-/luftblandning.

9 Punktkorrosion på kolven är tecken på att kylvätska har läckt in i förbränningskammaren och/eller vevhuset. Orsaken måste åtgärdas även här, annars återstår problemet i den renoverade motorn.

10 Vid behov kan kolvar köpas från en Saabverkstad.

11 Undersök varje vevstake noggrant efter tecken på skador, som t.ex. sprickor runt vevlager och lilländslager. Kontrollera att vevstaken inte är böjd eller skev. Det är inte troligt att vevstaken har några skador om inte motorn har skurit ihop eller överhettats kraftigt. En noggrann undersökning av vevstaken kan endast utföras av en Saabverkstad eller en motorreparatör med tillgång till nödvändig utrustning.

12 Kolvbultarna är av flottörtyp, och hålls på plats med två låsringar. Kolvar och vevstakar kan separeras och monteras på följande sätt.

13 Använd en liten, flatbladig skruvmejsel, bänd bort låsringarna och tryck ut kolvbulten **(se bilder)**. Bulten ska inte sitta hårdare än att man kan få ut den med handen. Märk kolven, kolvbulten och vevstaken för att garantera korrekt placering vid återmonteringen.

14 Undersök kolvbulten och vevstakens lilländslager efter tecken på slitage och skador. Slitage kan åtgärdas genom att kolvbulten och bussningen byts ut. Bussningsbyte måste dock utföras av en

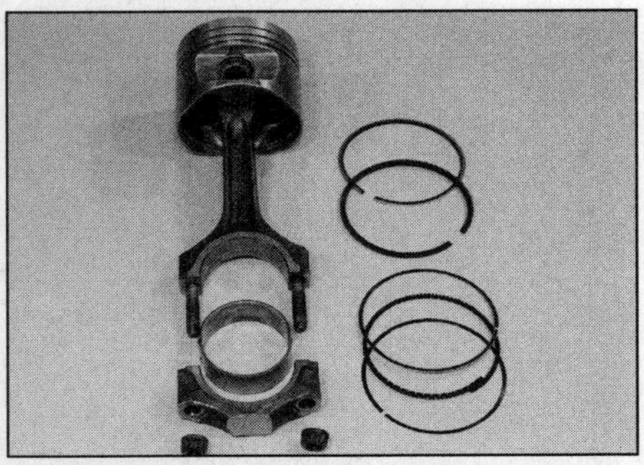

13.1 Kolvens/vevstakens komponenter

13.2a Kolvens kompressionsring tas bort med hjälp av ett bladmått

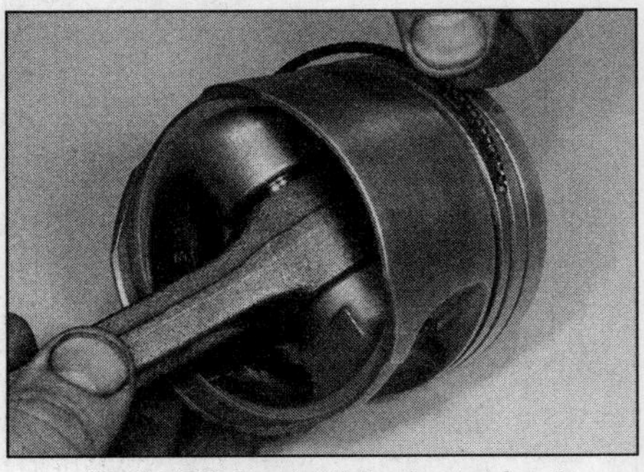

13.2b Oljekontrollringen tas bort

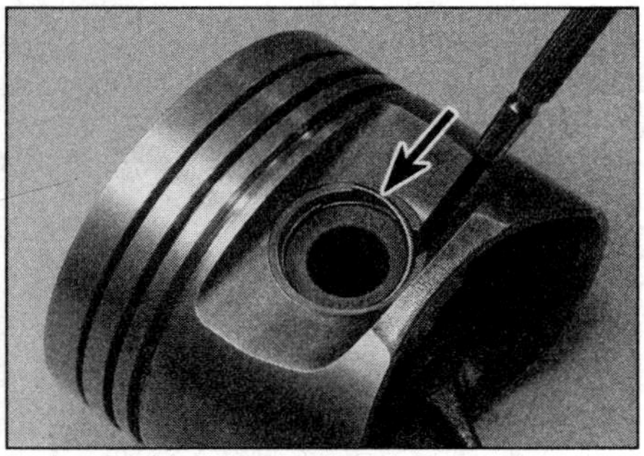

13.13a Bänd ut kolvbultens låsring . . .

13.13b . . . dra sedan ut kolvbulten och ta bort kolven från vevstaken

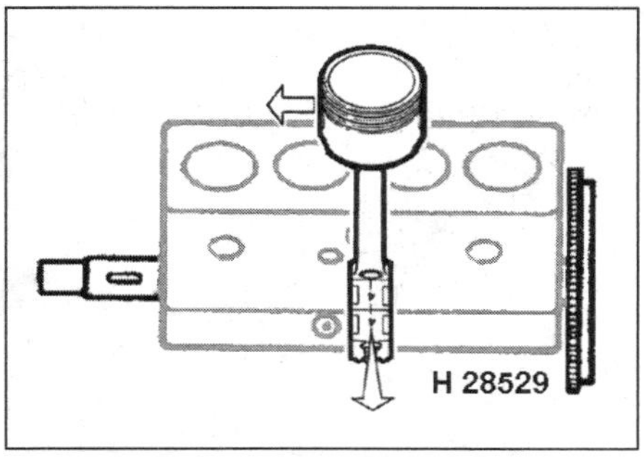

13.17 Förhållande mellan kolv och vevstake

specialist – det krävs hydrauliskt tryck för att göra det, och den nya bussningen måste brotschas ordentligt.

15 Vevstakarna själva ska inte behöva bytas ut om inte motorn skurit ihop eller om något annat större mekaniskt fel har uppstått. Undersök vevstakarnas inställning. Om vevstakarna inte är raka ska de överlåtas till en specialist på motorrenoveringar för en mer detaljerad kontroll.

16 Undersök alla komponenter och skaffa alla nya delar som behövs från en Saab-verkstad. Nya kolvar levereras alltid med kolvbultar och låsringar. Låsringar kan även köpas separat.

17 Placera kolven så att pilen på kronan är riktad mot motorns kamkedjeände, och numren på vevstaken och vevstakslager-överfallet är riktade mot sidan på motor-blocket. När du håller kolven i handen med pilen på kronan riktad åt vänster ska numret på vevstaken vara riktat mot dig **(se bild)**. Smörj lite ren motorolja på kolvbulten. Skjut in kolvbulten i kolven och genom vevstakens lilländе. Kontrollera att kolven svänger fritt på vevstaken, fäst sedan kolvbulten i sitt läge med låsringarna. Se till att alla låsringar placeras i rätt kolvspår.

Observera: *Låsringens öppning måste vara riktad uppåt, d.v.s. mot kolvkronan.*

18 Mät kolvarnas diameter och kontrollera att de är inom gränsen för motsvarande lopp-diametrar. Om avståndet mellan kolv och lopp är överdrivet stort måste motorblocket borras om och nya kolvar och ringar monteras.

14 Vevaxel – kontroll

Kontroll av vevaxelns axialspel

1 Om vevaxelns axialspel skall kontrolleras måste vevaxeln fortfarande vara monterad i motorblocket, men den skall kunna röra sig fritt (se avsnitt 11).

2 Kontrollera axialspelet med hjälp av en mätklocka som har kontakt med vevaxelns ände. Tryck vevaxeln helt åt ena hållet och nollställ mätklockan. Tryck vevaxeln helt åt andra hållet och mät axialspelet **(se bild)**. Resultatet kan jämföras med det angivna värdet och ger en fingervisning om ifall tryckbrickorna måste bytas.

3 Om en mätklocka inte finns tillgänglig kan bladmått användas. Tryck först vevaxeln hela vägen mot motorns svänghjulsände, använd sedan bladmåttet för att mäta spelet mellan vevstakstapp nr 3 och ramlagrets mittersta tryckbricka **(se bild)**.

Kontroll

4 Rengör vevaxeln med fotogen eller annat lämpligt lösningsmedel och torka den. Använd helst tryckluft om det finns tillgängligt. Var noga med att rengöra oljehålen med en piprensare eller liknande så att de inte är igentäppta.

Varning: Bär skyddsglasögon vid användning av tryckluft!

5 Kontrollera ramlagertappar och vevlager-tappar beträffande ojämnt slitage, repor, gropigheter eller sprickor.

6 Slitage i vevstakslagren åtföljs av märkbara metalliska knackningar när motorn är igång (de märks särskilt tydligt när motorns varvtal ökar från lågt varvtal), samt en viss minskning av oljetrycket.

7 Slitage i ramlagret åtföljs av starka motor-vibrationer och ett dovt ljud – som ökar i takt med att motorns varvtal ökar – samt minsk-ning av oljetrycket.

8 Kontrollera om lagertapparna har ojämn-heter genom att försiktigt dra ett finger över lagerytan. Ojämnheter (som åtföljs av uppen-bart lagerslitage) anger att vevaxeln måste borras om (om det går) eller bytas ut.

9 Om vevaxeln har borrats om, kontrollera om det finns borrskägg runt vevaxelns oljehål (hålen är oftast fasade, så borrskägg bör inte vara något problem om inte omborrningen skötts slarvigt). Ta bort eventuella borrskägg med en fin fil eller skrapa, och rengör oljehålen noggrant enligt beskrivningen ovan.

10 Använd en mikrometer och mät ramlager-tapparnas och vevlagertapparnas diameter, och jämför resultatet med värdena i speci-fikationerna **(se bild)**. Genom att mäta diametern på flera ställen runt varje axeltapp kan man avgöra om axeltappen inte är rund. Mät axeltappens diameter i båda ändarna för att avgöra om den smalnar av. Jämför de uppmätta resultaten med värdena i specifikationerna.

14.2 Vevaxelns axialspel kontrolleras med mätklocka

14.3 Vevaxelns axialspel mäts med hjälp av ett bladmått

14.10 Mät diametern på axeltappen till vevaxelns vevstakslager

15.1 "STD"-markering på stödplattan till en vevstakslagerskål

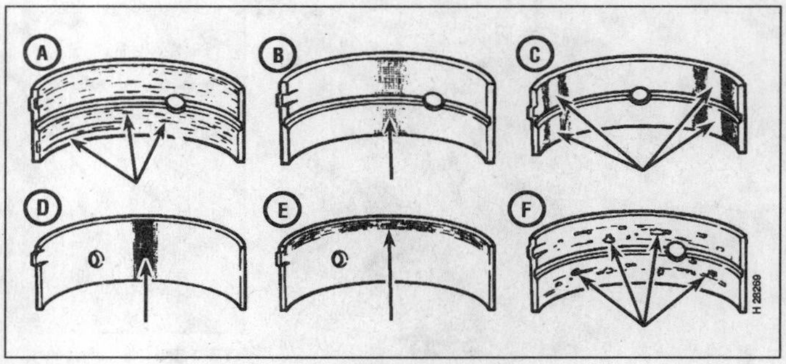

15.2 Vanliga lagerfel

A *Repad av smuts; smuts inbäddat i materialet*
B *Oljebrist; bortnött ytlager*
C *Felaktig placering i sätet; ljusa (polerade) delar*
D *Konisk axeltapp; ytlagret bortnött från hela ytan*
E *Kantslitage*
F *Utmattning; gropar eller håligheter*

11 Kontrollera att oljetätningens fogytor i båda ändar av vevaxeln inte är slitna eller skadade. Om tätningen har slitit en djup skåra i vevaxelns yta ska en specialist på motorrenoveringar kontaktas. Det är möjligt att skadan går att reparera, annars måste vevaxeln bytas ut.

15 Ramlager och vevstakslager - kontroll

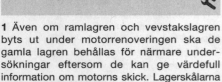

1 Även om ramlagren och vevstakslagren byts ut under motorrenoveringen ska de gamla lagren behållas för närmare undersökningar eftersom de kan ge värdefull information om motorns skick. Lagerskålarna delas in efter tjocklek, graden på varje skål anges med en färgkod på skålen – skålarna kan även ha märken på stödplattorna **(se bild)**. Standardskålarna är märkta med färgkombinationerna gul-gul, eller röd-blå. De enda skålar som går att få tag på som reservdelar är de med gul-gul kod. Inga särskilda mått anges av Saab.

2 Lagerfel kan uppstå på grund av bristande smörjning, förekomst av smuts eller främmande partiklar, överbelastning av motorn eller korrosion **(se bild)**. Oavsett vad som orsakar lagerfelet måste det åtgärdas (där så går) innan motorn sätts ihop för att förhindra att felet uppstår igen.

3 När lagerskålarna ska kontrolleras, ta bort dem från motorblocket/vevhuset, ramlageröverfallen, vevstakarna och vevstakslageröverfallen. Lägg ut dem på en ren yta i samma positioner som de har i motorn. Det gör det möjligt att koppla ihop eventuella lagerfel med motsvarande vevaxeltapp. *Rör inte* lagerskålarnas känsliga ytor med fingrarna under kontrollen, då kan de repas.

4 Smuts och andra partiklar kan komma in i motorn på flera olika sätt. De kan hamna i motorn vid ihopsättningen eller de kan passera genom filter eller genom vevhusventilationssystemet. De kan hamna i oljan och därifrån ta sig in i lagren. Metallspån från maskinslipningsarbeten och vanligt motorslitage förekommer ofta. Slipmedel lämnas ibland kvar i motorkomponenterna efter renovering, särskilt när delarna inte rengjorts ordentligt på rätt sätt. Oavsett var de kommer i från, så hamnar dessa partiklar ofta inbäddade i det mjuka lagermaterialet och de är lätta att känna igen. Stora partiklar bäddas inte in i lagret, de repar eller gör hål i lagret och axeltappen. Det bästa sättet att förebygga detta är att rengöra alla delar noggrant och att hålla allting skinande rent vid hopsättningen av motorn. Täta och regelbundna olje- och filterbyten rekommenderas också.

5 Oljebrist har ett antal relaterade orsaker. Överdriven värme (som tunnar ut oljan), överbelastning (som trycker ut oljan från lagerytan) och oljeläckage (på grund av för stora lagerspel, utsliten oljepump eller höga varvtal) bidrar alla till oljebrist. Igentäppta oljepassager, som oftast är resultatet av felinställda oljehål i en lagerskål, leder också till oljebrist, med uttorkade och förstörda lager som följd. När ett lagerfel beror på oljebrist torkas lagermaterialet bort eller slits bort från lagrets stödplatta av stål. Temperaturen kan öka till den punkt då stålplattan blir blå av överhettning.

6 Körstil kan också påverka lagrens livslängd betydligt. Körning med gasen i botten vid låga varvtal belastar lagren mycket hårt så att oljelagret riskerar att klämmas ut. Dessa belastningar kan få lagren att vika sig vilket leder till fina sprickor i lagerytorna (utmattning). Så småningom kommer lagermaterialet att lossna i bitar och dras bort från stålplattan.

7 Kortdistanskörning leder till korrosion i lagren eftersom den värme som bildas i motorn inte hinner bli tillräckligt varm för att få bort det kondenserade vattnet och de korrosionsframkallande ångorna. Vattnet och ångorna samlas i motoroljan och bildar syra och slam. När oljan kommer till motorlagren angriper syran lagermaterialet och korrosion uppstår.

8 Felaktig lagerinställning vid hopmonteringen av motorn leder också till lagerfel. Tättsittande lager lämnar för lite lagerspel och resulterar i oljebrist. Smuts eller främmande partiklar fångade bakom en lagerskål bildar knölar på lagret som leder till lagerfel.

9 *Rör inte* den ömtåliga lagerytan på någon av skålarna med fingrarna under hopsättningen, den kan repas eller förorenas.

> HAYNES TiPS
> ***Lagerskålarna bör bytas ut som en rutinåtgärd vid en motorrenovering, det är mest ekonomiskt. Se avsnitt 18 beträffande närmare information om val av lagerskålar.***

16 Motorrenovering – ordning för hopsättning

1 Innan återmonteringen, se till att alla nya delar och nödvändiga verktyg finns tillgängliga. Läs igenom hela monteringsordningen för att bli bekant med de arbeten som ska utföras, och för att kontrollera att alla nödvändiga delar och verktyg för hopsättning av motorn finns till hands. Förutom alla vanliga verktyg och delar kommer även låsningsmedel för gängor att behövas. En lämplig sorts tätningsmedel krävs också till de fogytor som inte har några packningar.

2 För att spara tid och undvika problem rekommenderas att hopsättning av motorn sker i följande ordningsföljd:

a) Vevaxel (avsnitt 18).
b) Kolvar/vevstakar (avsnitt 19).
c) Sump (kapitel 2A).
d) Balansaxlar (avsnitt 9).
e) Svänghjul/drivplatta (kapitel 2A).
c) Kamkedja och balansaxelkedja, kedjedrev och spännare (kapitel 2A).

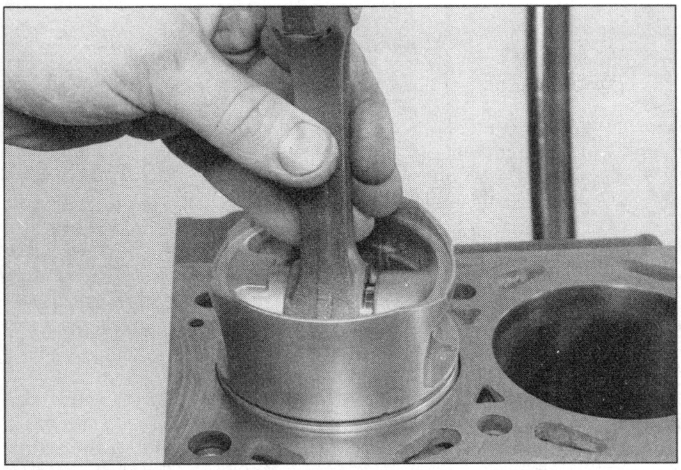

17.3 Tryck ner kolvringen i loppet med överdelen av en kolv

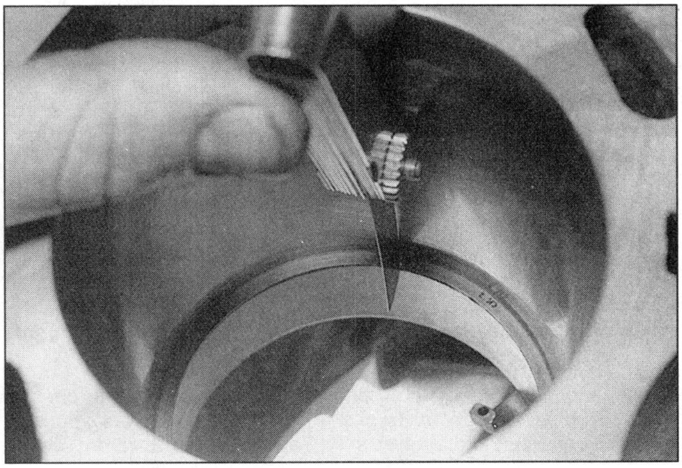

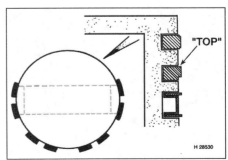

17.4 Kolvringens ändgap mäts

g) Topplock (kapitel 2A).
h) Insugs- och avgasgrenrör (kapitel 4A).
i) Motorns yttre komponenter.

3 I det här läget ska alla motorkomponenter vara helt rena och torra, och alla fel åtgärdade. Komponenterna ska läggas ut på en helt ren arbetsyta (eller i enskilda behållare).

17 Kolvringar – montering

1 Innan nya kolvringar monteras skall deras gap kontrolleras på följande sätt.
2 Lägg ut kolvarna/vevstakarna och de nya kolvringarna så att ringarna matchas med samma kolv och cylinder såväl vid mätning av ändgapen som vid efterföljande ihopsättning av motorn.
3 Montera den övre ringen i den första cylindern och tryck ner den i loppet med överdelen av kolven **(se bild)**. Det gör att ringen håller sig vinkelrät mot cylinderväggarna. Placera ringen nära cylinderloppets botten, vid den nedre gränsen av ringbanan; detta är särskilt viktigt om cylinderloppen visar tecken på slitage. Observera att den övre ringen skiljer sig från den andra ringen.
4 Mät ändgapet med bladmått och jämför de uppmätta värdena med siffrorna i specifikationerna **(se bild)**.
5 Om öppningen är för liten (inte troligt om äkta Saabdelar används), måste det förstoras, annars kommer ringändarna att komma i kontakt med varandra medan motorn körs och orsaka omfattande skador. Helst ska nya kolvringar med korrekt storlek på öppningarna monteras. Som en sista utväg kan öppningen förstoras genom att ringändarna försiktigt filas ned med en fin fil. Fäst filen i ett skruvstäd med mjuka käftar, trä ringen över filen med ändarna mot filytan, och rör långsamt ringen för att slipa ner kanterna. Var försiktig, kolvringar är vassa och går lätt sönder.
6 Med nya kolvringar är det inte troligt att öppningen är för stor. Om öppningen ändå är för stor, kontrollera att ringarna är tillverkade för den aktuella motortypen och mät cylinderloppen en gång till.
7 Upprepa kontrollen av alla ringar i cylinder nr 1 och sedan av ringarna i de återstående cylindrarna. Kom ihåg att hålla ihop de ringar, kolvar och cylindrar som hör ihop.
8 När ringöppningarna har kontrollerats, och eventuellt justerats, kan de monteras på kolvarna.
9 Montera kolvringarna med samma teknik som användes vid demonteringen. Montera den nedersta ringen (oljekontrollringen) först, och fortsätt uppåt. När oljekontrollringen monteras, stick först in expandern, montera sedan nedre och övre kompressionsringar med ringöppningarna på den kolvsida som inte utsätts för tryck, med ungefär 60° emellan. Se till att den andra kompressionsringen monteras åt rätt håll med ordet ”TOP” överst. Placera öppningarna på den översta och den andra kompressionsringen på motsatta sidor om kolven, ovanför kolvbultens ändar **(se bild)**. **Observera:** *Följ alltid instruktionerna som medföljer de nya uppsättningarna med kolvringar – olika tillverkare kan ange olika tillvägagångssätt. Blanda inte ihop den översta och den andra kompressionsringen, de har olika profiler.*

18 Vevaxel – montering och kontroll av ramlagerspel

Val av nya lagerskålar

1 Ramlagerskålarna delas in efter storlek och beskrivs i följande tabell (Saab anger inga specifika mått):

Skål	Färg
Tunnaste	Röd
+0,005 mm	Gul
+0,010 mm	Blå

Observera att upp till den andra understorleken är det möjligt att blanda olika skåltjocklekar för att uppnå korrekt spel. Börja med de två tunnaste skålarna, om spelet blir för stort, byt ut en av de tunna skålarna mot en tjockare och kontrollera spelet igen. Är spelet fortfarande för stort, byt till två tjocka skålar.

Kontroll av ramlagerspel

2 Rengör lagerskålarnas baksidor och lagersätena i både motorblocket och ramlageröverfallen.
3 Tryck in lagerskålarna på sina platser och se till att skålarnas flikar hakar i hacket i motorblocket eller ramlageröverfallets säte. Var noga med att inte vidröra skålens lageryta med fingrarna.
4 Spelet kan kontrolleras med följande metoder.
5 En metod (som är svår att använda utan ett antal inre mikrometrar eller inre/yttre skjutmått) är att återmontera ramlageröverfallen på motorblocket/vevhuset med lagerskålarna på plats. Se till att överfallens fästbultar är ordentligt åtdragna och mät den inre diametern på alla ihoppsatta par lagerskålar. Om diametern på de motsvarande vevaxeltapparna mäts och sedan dras i från måttet på lagrens inre diameter motsvarar differensen ramlagrens spel.
6 Den andra (och mer korrekta) metoden är att använda en produkt som kallas

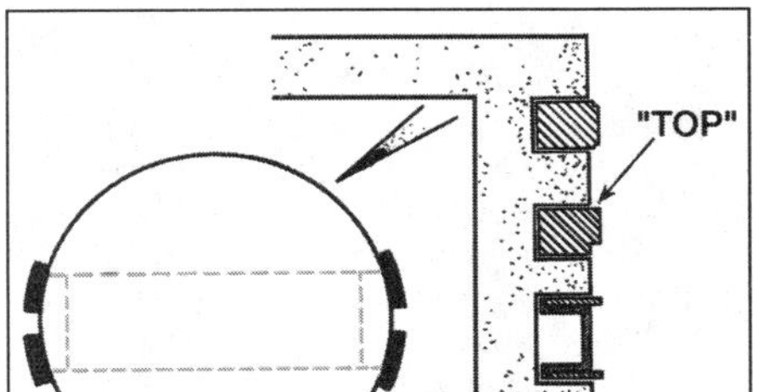

17.9 Genomskärning av kolvringar och gapens placering

18.8 Plastigauge placerad på vevaxelns ramlagertapp

18.9 Ramlageröverfallets bult dras åt

18.11 Mät bredden på den tillplattade Plastigaugetråden med kortmätaren

”Plastigauge”. Detta består av en fin tråd av perfekt rundad plast som trycks in mellan lagerskålen och axeltappen. När sedan överfallet och skålen tas bort, har plasten deformerats och kan då mätas med en speciell kortmätare som medföljer utrustningen. Lagerspelet bestäms med hjälp av detta mätverktyg. Plastigauge kan finnas till försäljning hos din Saabverkstad, annars bör större bilverkstäder kunna hänvisa till en försäljare. Plastigauge används på följande sätt.

7 Se till att ramlagrets övre skålar är på plats och lägg försiktigt vevaxeln i sitt läge. Använd inget smörjmedel i det här läget; vevaxeltapparna och lagerskålarna måste vara helt rena och torra.

8 Klipp flera bitar av Plastigauge med rätt längd (något kortare än ramlagrens bredd), och placera en bit på varje vevaxeltapp **(se bild)**. Plastigaugebiten bör placeras ungefär 6,0 mm till sidan om axeltappens mittlinje. Undvik att placera Plastigauge nära ett oljeborrhål.

9 Se till att ramlagrens nedre skålar är i läge, montera sedan ramlageröverfallen och sätt i bultarna och dra åt dem stegvis till angivet moment **(se bild)**. Var noga med att inte rubba Plastigaugetråden, och vrid *inte* vevaxeln någon gång under det här momentet.

10 Skruva loss skruvarna och ta bort ramlageröverfallen, var fortfarande försiktig så att Plastigaugetråden inte rubbas eller vevaxeln roteras.

11 Jämför bredden på de hopklämda Plastigaugebitarna på alla axeltappar med skalan på förpackningen för att få måttet på ramlagrets spel **(se bild)**. Jämför det uppmätta värdet med det värde som anges i specifikationerna i början av det här kapitlet.

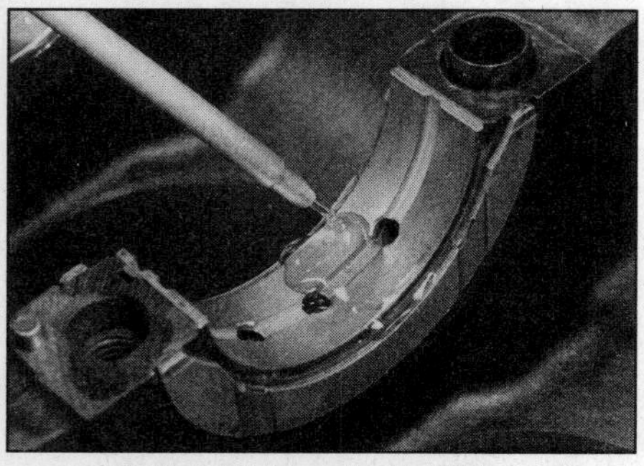

18.18 Smörj ramlagerskålarna

12 Om det uppmätta spelet skiljer sig mycket från det förväntade kan lagerskålarna ha fel storlek (eller vara slitna, om originalskålarna återanvänds). Skaffa inte lagerskålar med annan storlek innan du kontrollerat att det inte fanns någon smuts eller olja mellan lagerskålarna och ramlageröverfallen eller motorblocket när spelet mättes. Om Plastigaugemassan var bredare i ena änden kan vevaxeltappen vara konisk.

13 Om spelet inte stämmer med specifikationerna, använd det uppmätta värdet och tjockleken på skålarna som anges ovan för att beräkna hur tjocka lagerskålar som behövs. När det nödvändiga lagerspelet beräknas är det bra att tänka på att det alltid är bättre att ha ett så litet spel som möjligt enligt specifikationerna, så det finns utrymme för visst slitage innan spelet blir för stort.

14 Om det behövs, införskaffa lagerskålar av de tjocklekar som behövs och upprepa proceduren med att mäta lagerspelet enligt beskrivningen ovan.

15 Avsluta med att försiktigt skrapa bort alla spår av Plastigaugetråden från vevaxeln och lagerskålarna. Använd naglarna eller en skrapa av trä eller plast som inte repar lagerytorna.

Slutlig montering av vevaxeln

16 Lyft försiktigt ut vevaxeln från motorblocket ytterligare en gång. Där tillämpligt, montera vevaxellägesgivarens magnetiska motstånd om det tagits bort, och dra åt skruvarna.

17 Använd lite fett och fäst de övre tryckbrickorna på båda sidor om mittramlagrets övre plats; se till att smörjkanalernas spår på tryckbrickorna är riktade utåt (från motorblocket).

18 Placera lagerskålarna i sina lägen i överfallen enligt beskrivningen ovan. Om nya lagerskålar används ska alla spår av skyddsfett först tvättas bort med fotogen. Torka skålarna och vevstakarna med en luddfri trasa. Smörj lagerskålarna i motorblocket/vevhuset med rikligt med ren motorolja **(se bild)**.

19 Sänk ner vevaxeln på sin plats så att cylinderns vevstakstappar 2 och 3 är i övre dödläge. I det här läget är vevstakstapparna 1 och 4 i nedre dödläge och kolv nr 1 redo att monteras. Kontrollera vevaxelns axialspel enligt beskrivningen i avsnitt 14.

20 Smörj de nedre lagerskålarna i ramlageröverfallen med ren motorolja. Se till att styrtapparna på skålarna hakar i spåren i överfallen.

21 Montera ramlageröverfallen på sina rätta platser och se till att de sitter åt rätt håll (spåren i motorblocket och överfallen för lagerskålarnas styrtappar måste vara på samma sida). Sätt i bultarna löst.

22 Dra stegvis åt ramlageröverfallens bultar till angivet moment.

23 Kontrollera att vevaxeln kan rotera fritt.

24 Montera kolvarna/vevstakarna på vevaxeln enligt beskrivningen i avsnitt 19.

25 Byt oljetätning i vevaxelns bakre oljetätningshus innan det monteras, se beskrivningen i kapitel 2A. Driv in tätningen i huset med hjälp av en träkloss och en hammare, eller använd en träkloss i ett skruvstäd **(se bilder)**.

26 Applicera ett lämpligt tätningsmedel på det bakre oljetätningshusets kontaktytor, smörj sedan lite olja på oljetätingens läppar och montera styrstiften om det behövs. Placera huset på motorblockets bakre del. Gör en styrning av en plastburk eller använd tejp för att skydda oljetätningen från skador när den placeras på vevaxeln. Ta bort

18.25a Driv in vevaxelns oljetätning i huset

18.25b Montera vevaxelns oljetätning med hjälp av en träkloss i ett skruvstäd

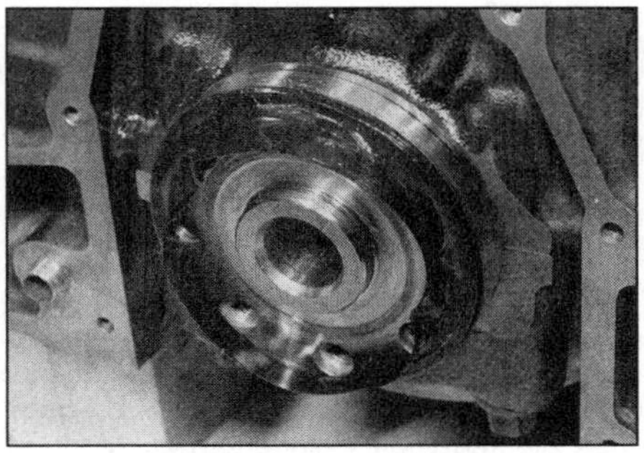

18.26a Tejp över änden på vevaxeln skyddar oljetätningen vid monteringen

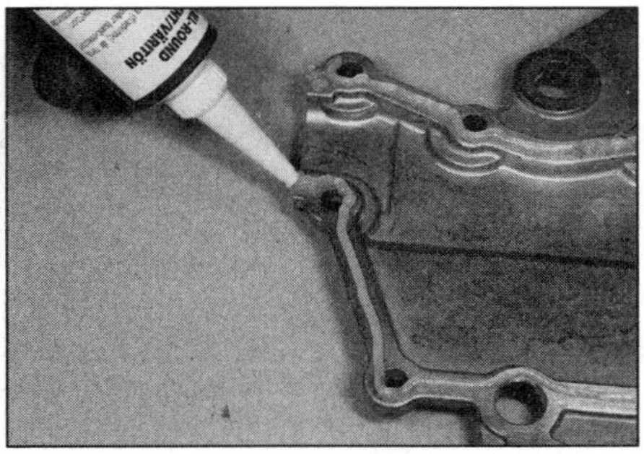

18.26b Lägg på tätningsmedel på det bakre oljetätningshuset

styrningen eller tejpen när huset är i läge, sätt i bultarna och dra åt dem till angivet moment **(se bilder)**.

27 Montera svänghjulet/drivplattan, oljeupptagaren/silen och sumpen enligt beskrivningen i del A i det här kapitlet.

28 Om topplocket har demonterats skall det monteras enligt beskrivningen i kapitel 2A.

29 Montera kamkedjan och kedjedrevet enligt beskrivningen i kapitel 2A.

19 Kolvar/vevstakar – montering och kontroll av vevstakslagerspel

Val av lagerskålar

1 Vevstakarnas lagerskålar delas in efter tjocklek på samma sätt som ramlagerskålarna som beskrivs i avsnitt 18. Observera att upp till den andra understorleken är det möjligt att blanda skålar av olika tjocklek för att få korrekt lagerspel. Börja med de två tunnaste skålarna, om spelet blir för stort, byt ut en av de tunna skålarna mot en tjockare och kontrollera spelet igen. Är spelet fortfarande för stort, byt till två tjocka skålar.

Kontroll av vevstakslagerspel

2 Spelet kan kontrolleras med någon av följande metoder.

3 En metod är att sätta tillbaka vevstakslageröverfallet på vevstaken innan kolvarna monteras i motorblocket, se till att de sitter åt rätt håll med lagerskålarna i läge. Se till att överfallets fästmuttrar är ordentligt åtdragna, använd en inre mikrometer eller ett skjutmått för att mäta den inre diametern på alla sammansatta lagerskålar. Om diametern på de motsvarande vevaxeltapparna mäts och sedan dras i från måttet på lagrens inre diameter motsvarar differensen vevstakslagrets spel.

4 Den andra, och mer exakta metoden, är att använda Plastigauge (se avsnitt 18) med kolvarna monterade på motorblocket. Följande punkter beskriver den senare metoden tillsammans med monteringen av kolvarna på motorblocket.

5 Placera motorblocket antingen på sidan eller på svänghjulet/drivplattan.

6 Lägg ut kolvarna och vevstakarna i ordningsföljd, tillsammans med lagerskålar, vevstaksöverfall och muttrar.

7 Rengör lagerskålarnas baksidor och lagersätena i både vevstaken och överfallet. Om nya lagerskålar används ska alla spår av skyddsfett först tvättas bort med fotogen.

8 Tryck in lagerskålarna på sina platser och se till att skålarnas flikar hakar i hacken på vevstaken och överfallet. Var noga med att inte vidröra skålarnas lagerytor med fingrarna. Om de gamla lagerskålarna används vid kontrollen måste de placeras på sina ursprungliga platser.

9 Smörj cylinderloppen, kolvarna och kolvringarna med ren motorolja, placera sedan kolvarna/vevstakarna i sina respektive lägen. Smörj inte in lagerskålarna i det här läget.

18.26c Montera det bakre oljetätningshuset (motorns fästplatta)

10 Börja med cylinder nr 1. Se till att kolvringarna fortfarande är utplacerade enligt beskrivning i avsnitt 17, tryck därefter in dem i sina lägen med en kolvringskompressor **(se bild)**.

11 Montera kolven/vevstaken i överdelen på cylinder nr 1. Se till att hacket eller pilen på kolvkronan pekar mot motorns kamkedjeände. Använd en träkloss eller ett hammarskaft på kolvkronan och knacka ner kolvenheten i cylinderloppet tills kolvkronan är i jämnhöjd med cylinderns överkant **(se bilder)**. Se till att kanterna på vevstakslageröverfallets bultar inte repar loppets väggar.

12 När vevstakstapp nr 1 befinner sig längst ner i sitt slag, för vevstaken över den medan du fortsätter att knacka på kolvtoppen med hammarskaftet.

13 Placera en bit Plastigauge på vevtappen.

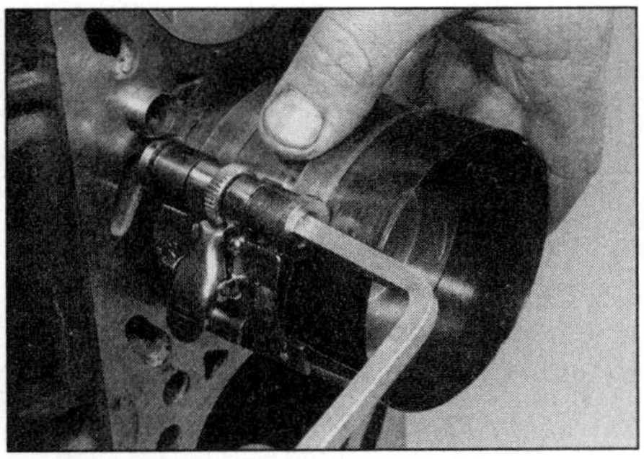

19.10 Kolvringskompressor monterad över kolvringarna

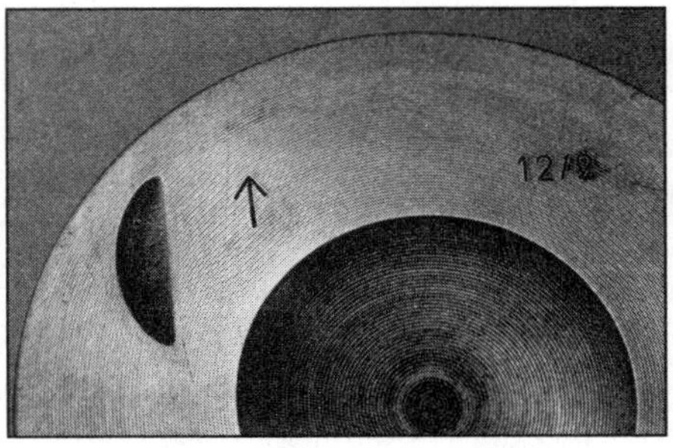

19.11a Pilen på kolvkronan måste peka mot motorns kamkedjeände

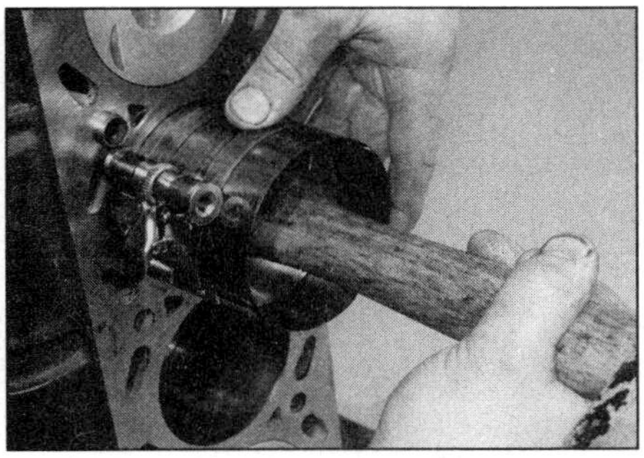

19.11b Använd ett hammarskaft för att knacka in kolven i cylinderloppet

19.14 Lageröverfallets muttrar dras åt

14 Montera vevstakslageröverfallet, ta hjälp av märkena som gjordes vid demonteringen för att garantera att de monteras åt rätt håll. Dra åt överfallets muttrar till angivet moment **(se bild)**. Var noga med att inte rubba Plastigaugetråden eller vrida på vevaxeln under åtdragningen.

15 Ta isär enheten och använd skalan på Plastigauge-förpackningen för att läsa av värdet för vevstakslagrets spel.

16 Om det uppmätta spelet skiljer sig mycket från det angivna värdet kan lagerskålarna ha fel storlek (eller vara slitna, om originalskålarna återanvänds). Välj lagerskålar med en annan storlek om det behövs, se beskrivningen i punkt 1. Se till att inte smuts eller olja fanns mellan lagerskålarna och överfallet eller vevstaken när spelet mättes. Om Plastigaugetråden var bredare i ena änden kan vevtappen vara konisk.

17 Tryck in kolv/vevstake nr 1 i cylinderns överdel, montera sedan kolv/vevstake nr 4 och upprepa kontrollen av lagerspelet. Montera kolv 2 och 3 när kolv 1 och 4 befinner sig högst upp i sina lopp, och kontrollera deras lagerspel.

18 Avsluta med att försiktigt skrapa bort alla spår av Plastigauge från vevaxeln och lagerskålarna. Använd naglarna eller en skrapa av trä eller plast som inte repar lagerytorna.

Slutlig montering av kolvar/vevstakar

19 Placera vevstakstapp nr 1 längst ner i dess kolvslag. Smörj vevstakstappen och de båda lagerskålarna med rikligt med ren motorolja. Knacka ner kolven/vevstaken i loppet och på vevstakstappen, och var noga med att inte repa cylinderloppet. Montera vevstakslageröverfallet och dra åt fästmuttrarna med fingrarna. Observera att ytorna med identifikationsmarkeringar måste passa ihop (vilket betyder att lagerskålarnas styrflikar hakar i varandra).

20 Dra åt överfallets fästmuttrar jämnt och stegvis till angivet moment.

21 Vrid vevaxeln. Kontrollera att den kan vridas fritt, viss stelhet kan dock förväntas om nya detaljer har monterats, men den skall inte kärva på något sätt.

22 Montera de tre återstående kolvarna/vevstakarna på vevstakstapparna på samma sätt.

23 Montera oljetransportröret vid vevhusets nedre del, använd en ny O-ringstätning. Montera sumpen och topplocket enligt beskrivningen i kapitel 2A.

20 Motor – första start efter renovering

1 Kontrollera motorolje- och kylvätskenivåerna när motorn monterats i bilen (se *Veckokontroller*). Kontrollera en sista gång att allt har återanslutits och att det inte ligger kvar några verktyg eller trasor i motorrummet.

2 Ta bort tändstiften. På modeller med strömfördelare, ta tändsystemet ur drift genom att koppla ur lågspänningskabeln från tändspolen. På modeller med direkttändning, koppla bort anslutningskontakten från DI-kassetten (se kapitel 5B om det behövs). Ta bort bränslepumpens säkring för att förhindra att oförbränt bränsle förorenar katalysatorn.

3 Vrid runt motorn med startmotorn tills oljetryckslampan slocknar. Montera tändstiften och återanslut spolens ledning till strömfördelarlocket eller DI-kassettens kablar (efter tillämplighet) samt montera bränslepumpens säkring.

4 Starta motorn. Observera att det kan ta lite längre tid än vanligt eftersom bränslesystemets komponenter måste fyllas.

5 Låt motorn gå på tomgång och undersök om det förekommer läckage av bränsle, vatten eller olja. Bli inte orolig om det luktar konstigt eller ryker från delar som blir varma och bränner bort oljeavlagringar.

6 Om allt verkar bra, fortsätt att låta motorn gå på tomgång tills varmt vatten kan kännas cirkulera genom den övre slangen, stäng sedan av motorn.

7 Kontrollera oljan och kylvätskan igen efter några minuter enligt beskrivningen i *Veckokontroller*, och fyll på om det behövs.

8 Om nya kolvar, ringar eller vevlager har monterats måste motorn behandlas som om den var ny och köras in de första 800 kilometrarna. *Ge inte* full gas och växla noga så att motorn inte behöver gå med låga varvtal. Oljan och filtret bör bytas efter inkörningsperioden (se kapitel 1).

Kapitel 3
Kyl-, värme- och ventilationssystem

Innehåll

Svårighetsgrader

Enkelt, passar novisen med lite erfarenhet	**Ganska enkelt,** passar nybörjaren med viss erfarenhet	**Ganska svårt,** passar kompetent hemmamekaniker	**Svårt,** passar hemmamekaniker med erfarenhet	**Mycket svårt,** för professionell mekaniker

Specifikationer

Allmänt

Expansionskärlets öppningstryck	1,4 till 1,5 bar

Termostat

Öppningstemperatur	89°C ± 2°C

Elektrisk kylfläkt

Starttemperatur (tändning påslagen):	
Steg 1	100° ± 2°C
Steg 2	113° ± 2°C
Bryttemperatur (tändning avslagen):	
Turbomotorer	103° ± 2°C
Motorer utan turbo	110° ± 2°C
Bryttemperatur (tändning påslagen):	
Turbomotorer	99° ± 2°C
Motorer utan turbo	106° ± 2°C
Luftkonditionering, temperatur för avstängning (motortemp. ökar)	126° ± 2°C
Luftkonditionering, temperatur för igångsättning (motortemp. minskar)	125° ± 0,5°C

Motortemperaturgivare

Resistans:	
Vid 0°C	5,7 kohm
vid 20°C	2,4 kohm
Vid 30°C	1,6 kohm
Vid 50°C	800 ohm
Vid 85°C	300 ohm
Vid 110°C	140 ohm
Vid 130°C	100 ohm

Åtdragningsmoment

Åtdragningsmoment	**Nm**
Automatväxellådans oljekylarslangar till kylaren	25
Termostathus	22

1 Allmän information och föreskrifter

Allmän information

1 Kylsystemet är ett trycksystem och består av en vattenpump som drivs av hjälpaggregatens drivrem, en kylare med vattengenomströmning i horisontalled, en eldriven kylfläkt, en termostat, ett värmepaket samt anslutna slangar. Expansionskärlet är placerat till vänster i motorrummet.

2 Systemet fungerar på följande sätt. Kall kylvätska i botten på kylaren passerar genom bottenslangen till vattenpumpen, därifrån pumpas kylarvätskan runt i motorblocket och motorns huvudutrymmen. När cylinderloppen, förbränningsytorna och ventilsätena kylts når kyarlvätskan undersidan av termostaten, som är stängd. Kylarvätskan passerar genom värmaren och återvänder via motorblocket till vattenpumpen.

3 När motorn är kall cirkulerar kylarvätskan endast genom motorblocket, topplocket, gasspjällhuset och värmaren. På turbomodeller passerar vätskan även turboaggregatet. När kylarvätskan når en angiven temperatur öppnas termostaten och kylarvätskan passerar genom den övre slangen till kylaren. Under sin väg genom kylaren kyls vätskan av den luft som strömmar in när bilen är i rörelse, om det behövs används även den elektriska fläkten för att kyla vätskan. När kylarvätskan når botten av kylaren är den kall och cykeln upprepas.

4 När motorn har normal arbetstemperatur expanderar kylarvätskan, och lite av vätskan förpassas till expansionskärlet. Kylarvätskan samlas i kärlet och återvänder till kylaren när systemet kallnar.

5 Den elektriska kylfläkten bak på kylaren styrs av en termostatbrytare. När kylarvätskan når en angiven temperatur slås fläkten i gång.

Föreskrifter

Varning: Försök inte ta bort expansionskärlets påfyllningslock eller på annat sätt göra ingrepp i kylsystemet medan motorn är varm, risken för allvarliga brännskador är mycket stor. Om påfyllningslocket måste tas bort innan motorn och kylaren har svalnat helt (även om detta inte rekommenderas), måste övertrycket i kylsystemet först släppas ut. Täck locket med en tjock trasa för att undvika brännskador, skruva sedan långsamt bort locket tills ett pysande ljud hörs. När pysandet har slutat är det ett tecken på att trycket är utjämnat, skruva långsamt bort påfyllningslocket tills det kan tas bort; om ytterligare pysande hörs, vänta med att ta bort locket tills det har slutat. Håll alltid avstånd till påfyllningslocket när det öppnas och skydda händerna.

Varning: Låt inte frostskyddsmedel komma i kontakt med huden eller lackerade ytor på bilen. Spola omedelbart bort eventuellt spill med stora mängder vatten. Lämna aldrig kylarvätska i en öppen behållare eller i en pöl på marken eller garagegolvet. Barn och djur kan attraheras av den söta lukten, men kylarvätska är extremt giftigt och förtäring kan vara livsfarligt.

Varning: Om motorn är varm kan den elektriska fläkten starta även om motorn inte är i gång. Var noga med att hålla undan händer, hår och löst sittande kläder från fläkten vid arbete i motorrummet.

Varning: Se även föreskrifter för arbete på modeller med luftkonditionering i avsnitt 10.

2 Kylsystemets slangar – losskoppling och byte

1 Antalet slangar, hur de är dragna och i vilket mönster varierar från modell till modell, men grundmetoden är den samma. Kontrollera att de nya slangarna finns tillgängliga, tillsammans med eventuella slangklämmor, innan arbetet inleds. Det är klokt att byta ut slangklämmorna samtidigt med slangarna.

2 Tappa ur kylsystemet, enligt beskrivningen i kapitel 1, spara kylarvätskan om den går att återanvända. Spruta lite smörjolja på slangklämmorna om de visar tecken på rost.

3 Lossa och ta bort slangklämmorna från respektive hus.

4 Lossa samtliga ledningar, vajrar eller andra slangar som är anslutna till den slang som skall demonteras. Anteckna gärna deras placering för att underlätta återmonteringen. Det är relativt enkelt att ta bort slangarna när de är nya, på en äldre bil kan de däremot ha fastnat vid utgångarna.

5 Försök lossa slangar som sitter hårt genom att rotera dem innan de dras bort. Var noga med att inte skada rörändar eller slangar. Tänk särskilt på att kylarslangändarna är känsliga; ta inte i för hårt när slangarna dras bort.

3.8 Koppla loss expansionskärlets avluftningsslang från kylarens ovansida

6 Smörj in röränderna med diskmedel eller lämpligt gummismörjmedel innan den nya slangen ansluts. Använd inte olja eller smörjfett, det kan angripa gummit.

HAYNES TiPS ***Om ingenting annat fungerar, kapa slangarna med en vass kniv, skär dem sedan så att de kan "skalas" av i två delar. Även om den här metoden är dyr, är den billigare än att köpa en ny kylare.***

7 För slangklämmorna över slangändarna, montera sedan slangen över sina röränder och tryck den på plats. När slangarna sitter på sina platser, placera slangklämmorna där de ska vara och dra åt dem.

8 Fyll på kylsystemet enligt beskrivning i kapitel 1. Starta motorn och kontrollera att inga läckage förekommer.

9 Kontrollera och dra vid behov åt slangklämmorna efter 40-50 mil.

10 Fyll på kylarvätska om det behövs (se *Veckokontroller*).

3 Kylare – demontering, kontroll och montering

Observera: *Om läckage är orsaken till att kylaren demonteras kan det vara idé att först försöka täta kylaren med tätningsmedel. Tätningsmedlet hälls i kylarvätskan och kan ofta täta smärre läckor utan att kylaren måste demonteras.*

Demontering

1 På turbomodeller, ta bort mellankylaren enligt beskrivningen i kapitel 4A.

2 Tryck ner den övre klammern och ta bort grillen för att komma åt kylaren.

3 Ta bort motoroljekylaren, om sådan finns, och bind upp den på ena sidan med hjälp av ett snöre eller en vajer.

4 På modeller med luftkonditionering, skruva loss kondensatorn och lägg den åt sidan utan att koppla loss slangarna.

5 Ta bort batteriet enligt beskrivningen i kapitel 5A.

6 Tappa av kylsystemet enligt beskrivningen i kapitel 1.

7 På turbomodeller, koppla loss och ta bort mellankylarens förbikopplingsslang och insugsslangen från gasspjällhuset.

8 Lossa klammern och koppla loss expansionskärlets avluftningsslang från kylarens övre högra sida **(se bild)**.

9 Lossa klammern och koppla loss den övre slangen från kylarens övre vänstra sida **(se bild)**.

10 Koppla loss kablarna till den elektriska kylfläkten.

11 Skruva loss bulten och lossa servostyrningspumpens vätsketillförselslang från sin placering ovanför kylaren. Skruva loss kabelfästet från batteriets fästplatta och knyt

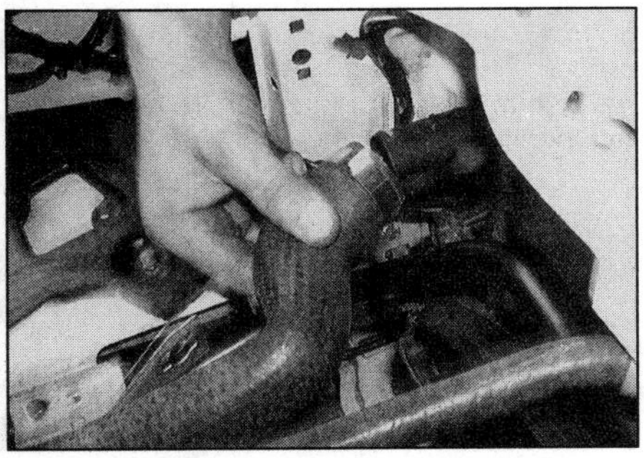
3.9 Lossa den övre slangen från kylaren

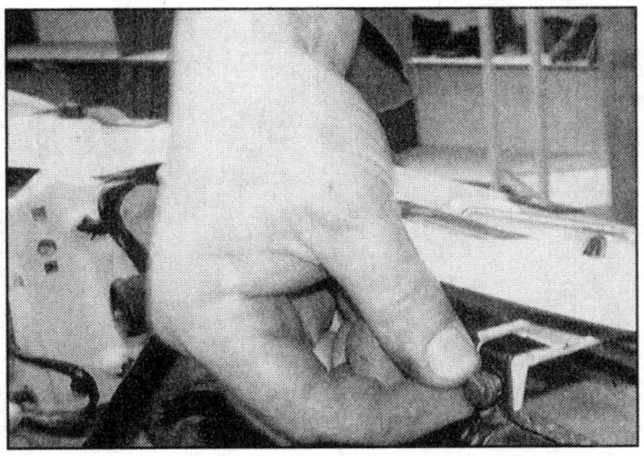
3.11a Skruva loss bulten som fäster servopumpens vätsketillförselslang vid tvärbalken . . .

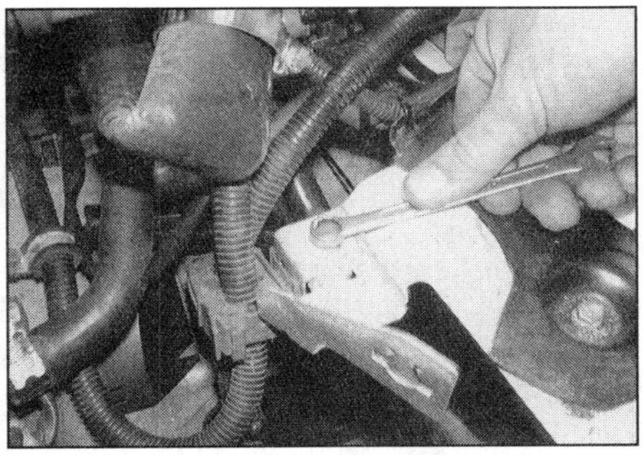
3.11b . . . skruva sedan loss kabelfästet från batteriets fästplatta . . .

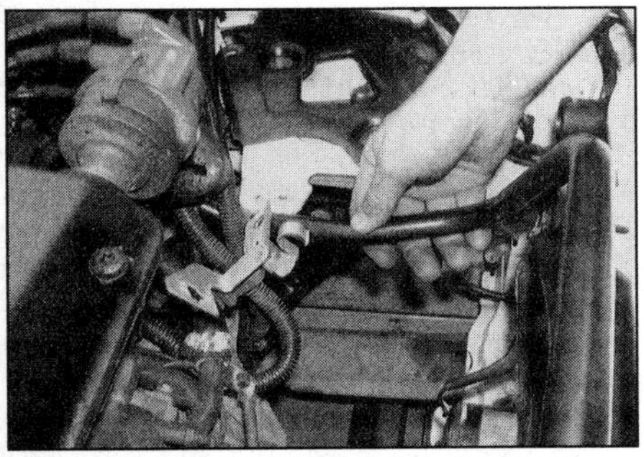
3.11c . . . och ta bort slangen från kylaren

upp vätsketillförselslangen en bit från kylaren **(se bilder)**.

12 Där tillämpligt, skruva loss skruvarna och ta bort kåpan över den elektriska kylfläkten.

13 På modeller med automatväxellåda, koppla loss oljekylarslangarna från kylaren och plugga igen dem för att hindra damm och smuts från att tränga in. Ta också bort slangfästet från kylaren.

14 Lossa klämman och ta bort den nedre slangen från kylaren **(se bild)**.

15 Lossa de övre klämmorna genom att pressa ihop dem, flytta sedan kylaren bakåt och lyft ut den från framkantens gummimuffar och dra ut den ur motorrummet **(se bilder)**.

Var försiktig så att kylarflänsarna inte skadas. På modeller med luftkonditionering, lossa kompressorkabeln när kylaren lyfts upp.

Kontroll

16 Om kylaren har demonterats för att den misstänks vara igentäppt ska den spolas igenom enligt beskrivningen i kapitel 1. Tvätta bort smuts och avlagringar från kylflänsarna med hjälp av en luftledning eller en mjuk borste.

Varning: Var försiktig, flänsarna är vassa och skadas lätt.

17 Vid behov kan en kylarspecialist anlitas för ett "flödestest" på kylaren, för att avgöra om en inre blockering föreligger.

18 En kylare som läcker måste lämnas in till en specialist för totalreparation. Försök inte svetsa eller löda en läckande kylare.

19 Demontera kylfläktens termostatbrytare innan kylaren lämnas in för reparation eller byte.

20 Undersök skicket på kylarens övre och nedre gummifästen och byt ut dem om så behövs.

Montering

21 Lägg lite diskmedel på framkantens gummimuffar, det blir då lättare för kylarens styrsprintar att gå in i muffarna.

3.14 Lossa den nedre slangen från kylaren

22 Sänk försiktigt ner kylaren i läge och placera den i de nedre gummimuffarna. Tryck kylaren nedåt och framåt in i de övre fästena, montera sedan de övre klämmorna för att hålla fast den.

23 På modeller med luftkonditionering, sätt tillbaka kompressorkabeln.

24 På modeller med automatväxellåda, återanslut oljekylarens slang. Återanslut även slangens stödfäste till kylaren.

25 Återanslut den nedre slangen och fäst klämman.

26 I förekommande fall, montera kåpan över den elektriska kylfläkten och dra åt skruvarna.

27 Sätt tillbaka servostyrningspumpens

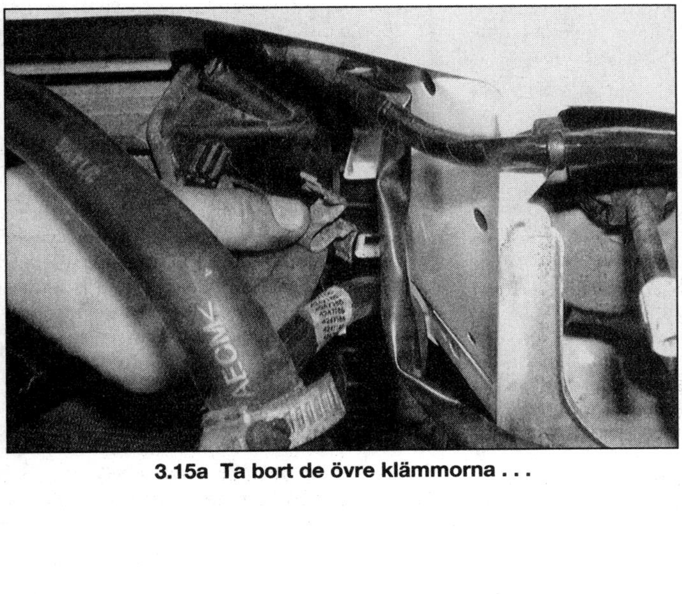
3.15a Ta bort de övre klämmorna . . .

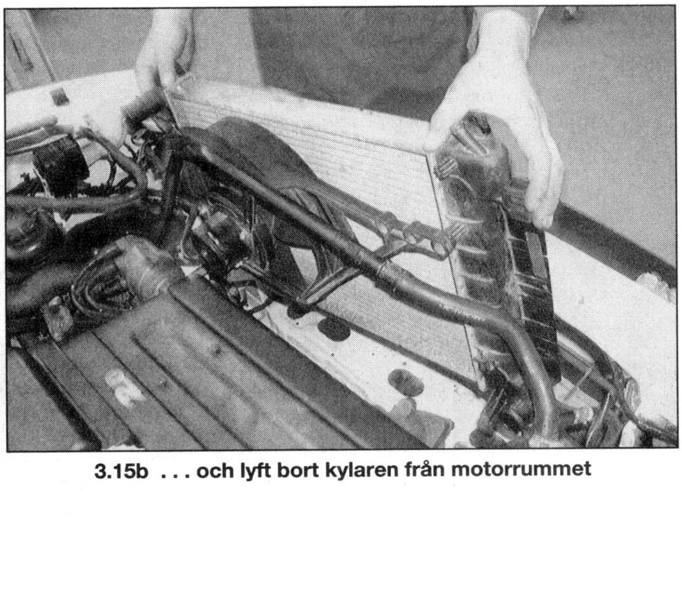
3.15b . . . och lyft bort kylaren från motorrummet

vätsketillförselslang på tvärbalken och dra åt bulten. Montera kabelfästet på batteriets fästplatta.

28 Återanslut kablarna till den elektriska kylfläkten.

29 Återanslut den nedre slangen och dra åt klämman.

30 Återanslut expansionskärlets avluftningsslang till kylarens övre högra sida och dra åt fästklämman. Fäst slangen vid tvärbalken med klämmorna.

31 På turbomodeller, återanslut mellankylarens förbikopplingsslang och gasspjällhusets insugsslang.

32 Montera batteriet enligt beskrivningen i kapitel 5A.

33 På modeller med luftkonditionering, montera kondensatorn och grillen.

34 På turbomodeller, montera mellankylaren enligt beskrivningen i kapitel 4A.

35 Kontrollera att kylarens avtappningsplugg är ordentligt åtdragen, fyll sedan på kylsystemet och lufta det enligt beskrivningen i kapitel 1.

36 Starta motorn och kontrollera om kylsystemet läcker.

4 Termostat – demontering, kontroll och montering

Demontering

1 Tappa ur kylsystemet enligt beskrivningen i kapitel 1.

2 På turbomodeller, ta bort kåpan, koppla sedan ur mellankylarens förbikopplingsslang och insugsslangen och ta bort dem från gasspjällhuset.

3 Skruva loss bulten och koppla loss kylvätskeröret från vattenpumpen, skruva sedan bort bulten som håller fast röret vid motorns främre vänstra hörn. Ta bort O-ringen från vattenpumpen.

4.4a Koppla bort förvärmningens kylvätskeslang från röret . . .

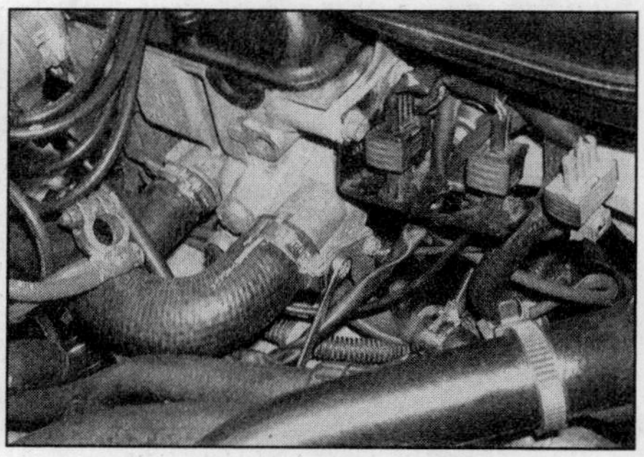

4.4b . . . skruva sedan loss röret från termostatkåpan

4 Lossa klammern och koppla bort förvärmningens kylvätskeslang från gasspjällhuset eller från röret, skruva sedan loss röret från termostatkåpan **(se bilder)**.

5 Skruva loss bultarna och ta bort termostatkåpan **(se bild)**. Den övre slangen behöver inte kopplas loss från kåpan.

6 Ta bort termostaten från topplocket eller termostatkåpan **(se bild)**.

Kontroll

7 Kontrollera termostaten genom att binda ett snöre i den och sänka ner den i en gryta med vatten. Hetta upp vattnet tills det kokar – termostaten måste ha öppnat sig när vattnet kokar. Om den inte har det ska den bytas ut.

8 Om en termometer finns till hands, använd denna för att fastställa termostatens exakta öppningstemperatur. Jämför siffrorna med angivna värden i specifikationerna. Öppningstemperaturen står normalt angiven på termostaten.

9 En termostat som inte stängs när vattnet svalnar måste också bytas.

10 Byt ut gummiringen på termostatens utsida om det behövs.

Montering

11 Placera termostaten i kåpan, se till att luftningshålen är överst.

12 Montera kåpan på topplocket och dra åt bultarna ordentligt.

13 Använd en ny O-ring, montera kylvätskeröret vid vattenpumpen och dra åt bulten.

14 Återanslut slangen till gasspjällhuset och fäst röret vid termostatkåpan.

15 På turbomodeller, återanslut mellankylarens förbikopplingsslang och insugsslangen till gasspjällhuset, montera sedan kåpan.

16 Fyll på och lufta kylsystemet enligt beskrivningen i kapitel 1.

5 Elektrisk kylfläkt – kontroll, demontering och montering

Kontroll

1 Kylfläktens strömtillförsel styrs av ett relä som är jordat av den centrala elektroniska styrenheten (ECU) (se kapitel 12). Enheten känner av temperaturen på motorns kylsystem via en temperaturgivare. På modeller med luftkonditionering styrs kylfläkten också av ett luftkonditioneringsreglage. Observera att vissa modeller är utrustade med två kylfläktar.

2 Om fläkten inte fungerar, kontrollera först

4.5 Ta bort termostatkåpan . . .

4.6 . . . och ta bort termostaten från topplocket

5.10a Skruva loss fästbulten . . .

5.10b . . . och dra bort kylfläkten från styrspåren

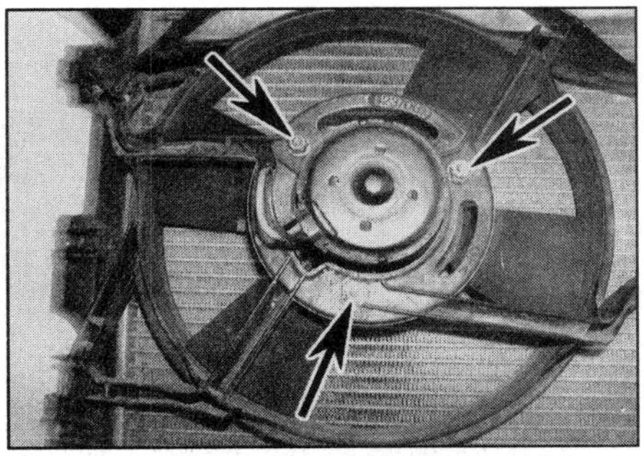

5.11 Fästmuttrar till kylfläktens motor

att anslutningskontakten intill kylfläkten är intakt. Observera att Saabmekaniker använder ett elektroniskt testverktyg för att kontrollera styenheten efter felkoder. Om så behövs bör en diagnos utföras av en Saabverkstad för att lokalisera felet.

3 Om en multimeter finns tillgänglig kan reläet som styr fläkten kontrolleras. Ta bort reläet och anslut en voltmätare mellan pol 30 och jord. När tändningen är i gång bör värdet på pol 30 vara 12 volt.

4 Koppla ihop pol 30 och 87 med en kabel. Om kylfläkten fungerar nu är reläet defekt och ska bytas ut.

5 Om reläet och kablarna är i gott skick sitter felet i själva motorn. Motorn kan undersökas genom att den kopplas bort från kabelhärvan och ansluts direkt till en källa på 12 volt.

Demontering

6 Koppla loss batteriet och demontera det (se kapitel 5A).

7 Lossa ledningarna till den elektriska kylfläkten.

8 Skruva loss bulten som fäster servostyrningens vätsketillförselslang vid kylarens tvärbalk. Skruva loss slangstödet från batterifästet och för slangen åt sidan om det behövs.

9 lossa kylsystemets avluftningsslang från kylarens tvärbalk.

10 Skruva loss fästbulten/fästbultarna och dra kylfläkten åt sidan för att lossa den från spåren **(se bilder)**. Lyft bort fläkten från motorrummet.

11 Skruva loss muttrarna och ta bort fläktmotorn från huset **(se bild)**. Om det finns två fläktar ska även resistorn demonteras.

Montering

12 Montering sker i omvänd ordningsföljd.

6 Temperaturgivare för kylarvätska – kontroll, demontering och montering

Kontroll

1 Motorns temperaturgivare för kylarvätska är placerad på topplockets vänstra sida. Givarens resistans varierar beroende på kylarvätskans temperatur.

2 Testa givaren genom att koppla loss kablaget vid kontakten, koppla sedan en ohmmätare till givaren.

3 Mät kylarvätskans temperatur, jämför sedan resistansen med uppgifterna i Specifikationer. Om värdena inte stämmer överens måste givaren bytas ut.

Demontering

4 Tappa av kylarvätskan enligt beskrivning i kapitel 1.

5 Med kablarna bortkopplade, skruva loss givaren och ta bort den från topplocket.

Montering

6 Montera givaren och dra åt ordentligt.

7 Återanslut kablarna.

8 Fyll på kylsystemet enligt beskrivningen i kapitel 1.

7 Vattenpump – demontering och montering

Demontering

1 Tappa av kylsystemet enligt beskrivningen i kapitel 1.

2 Ta bort luftrenaren enligt beskrivningen i kapitel 4A.

3 På turbomodeller, koppla loss mellankylarens insugsslang och förbikopplingsslangen från gasspjällhuset.

4 Ta bort drivremmen enligt beskrivningen i kapitel 1.

5 Ta bort servostyrningspumpen enligt beskrivningen i kapitel 10 men låt vätskeslangarna sitta kvar. Bind upp pumpen mot kylarens tvärbalk med ett snöre eller en vajer.

6 Skruva loss servostyrningspumpens monteringskonsol från topplocket **(se bild)**.

7 Lossa klämman och koppla loss den nedre slangen från vattenpumpen **(se bild)**.

8 Skruva loss bulten och koppla loss kylvätskeröret från vattenpumpen, skruva sedan loss bulten som fäster röret vid motorns främre vänstra sida **(se bild)**. Ta bort O-ringen från vattenpumpen.

7.6 Ta bort servostyrningspumpens monteringskonsol från topplocket

7.7 Koppla loss den nedre slangen från vattenpumpen

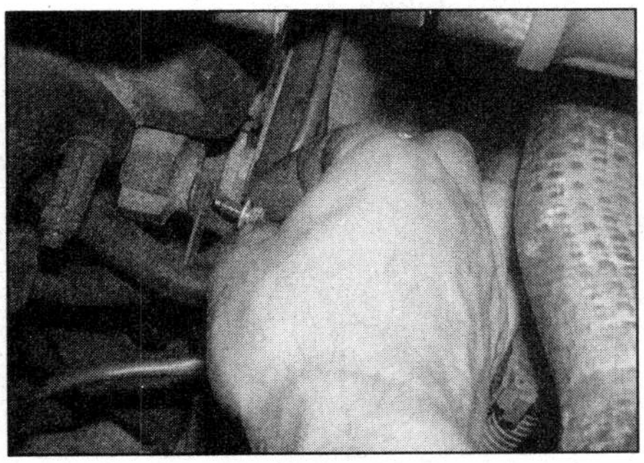

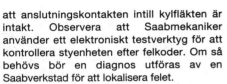

7.8 Skruva loss bulten som fäster kylvätskeröret på topplockets främre vänstra sida

7.9 Koppla loss förvärmningsslangen från kylvätskeröret

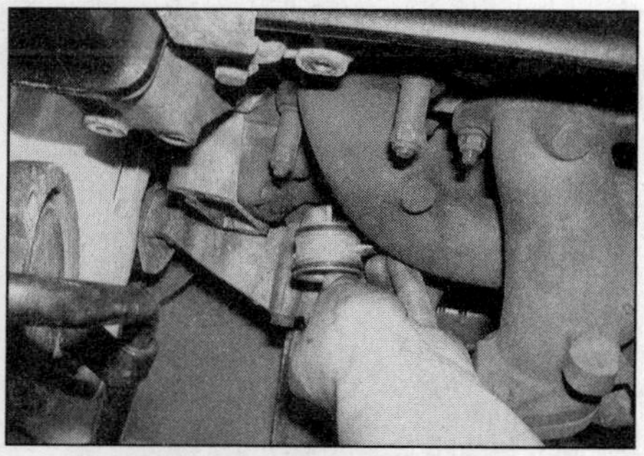

7.13 Ta bort adapterhylsan och O-ringarna från motorblocket

9 Lossa klammern och koppla bort förvärmningens kylvätskeslang från gasspjällhuset eller från röret **(se bild)**, skruva sedan loss röret från termostatkåpan. För undan röret från vattenpumpen.

10 På turbomodeller, ta bort laddtrycksventilen enligt beskrivningen i kapitel 4A och lägg den åt sidan.

11 Lossa klammern och koppla bort värmereturslangen från vattenpumpen.

12 Skruva loss fästbultarna och dra bort vattenpumpen från motorblockets framsida **(se bilder)**.

13 Ta bort adapterhylsan och O-ringarna från öppningen i motorblocket **(se bild)**.

14 Vattenpumpen kan tas bort som en enhet eller så kan hjulet/remskivan tas bort separat. Markera de två delarnas placering i förhållande till varandra innan de skiljs åt. Skruva loss bultarna och sära på de två halvorna **(se bild)**.

Montering

15 När halvorna är skilda åt, rengör fogytorna och sätt ihop de båda halvorna igen med en ny packning. Sätt i bultarna och dra åt dem ordentligt.

16 Montera adapterhylsan på motorblocket tillsammans med nya O-ringar. Smörj lite vaselin på O-ringarna för att underlätta monteringen på motorblocket.

17 Placera vattenpumpen på motorblocket, montera bultarna och dra åt ordentligt.

18 Återanslut värmarens returslang och dra åt klämman.

19 På turbomodeller, montera laddtrycksventilen enligt beskrivningen i kapitel 4A.

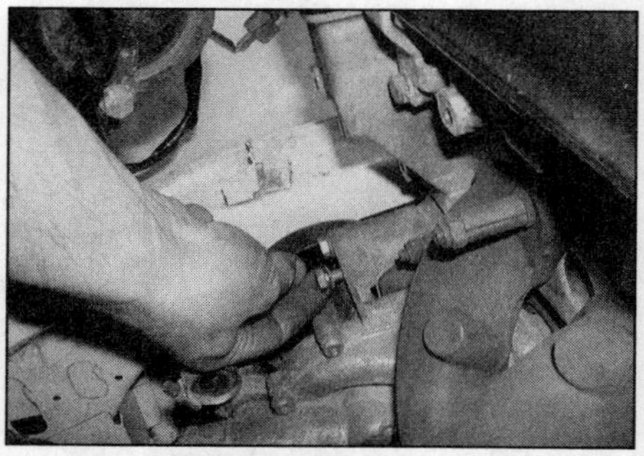

7.12a Skruva loss fästbultarna . . .

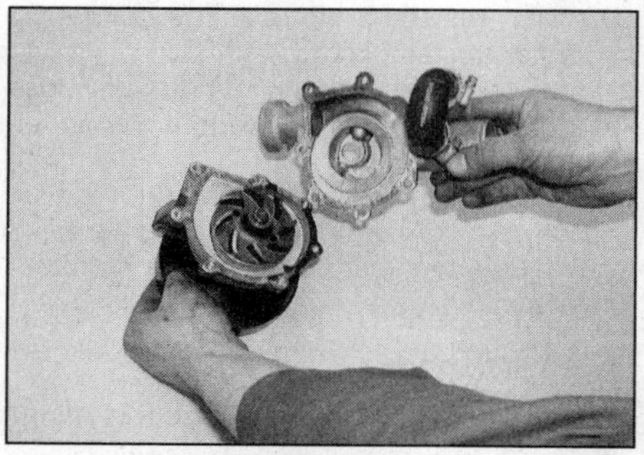

7.14 Sära på vattenpumpens två halvor

20 Montera kylvätskeröret på vattenpumpen tillsammans med en ny O-ring och dra åt bultarna.

21 Återanslut förvärmningens kylvätskeslang till gasspjällhuset och dra åt klammern.

22 Placera röret på termostatkåpan och dra åt bulten. Sätt i och dra åt bulten som fäster kylvätskeröret vid motorns främre vänstra hörn.

23 Återanslut den nedre slangen till vattenpumpen och dra åt klammern.

24 Montera servostyrningspumpens monteringskonsol på topplocket och dra åt bultarna.

25 Montera servostyrningspumpen enligt beskrivningen i kapitel 10.

26 Montera drivremmen enligt beskrivningen i kapitel 1.

27 På turbomodeller, sätt tillbaka mellankylarens insugsslang och förbikopplingsslangen på gasspjällhuset.

28 Montera luftrenaren enligt beskrivningen i kapitel 4A.

29 Fyll på och lufta kylsystemet enligt beskrivningen i kapitel 1.

8 Värme- och ventilationssystem – allmän information

1 Det finns tre typer av värme-/ventilationssystem monterade – ett standardsystem som styrs manuellt, ett standardsystem med luftkonditionering som också styrs manuellt, samt den automatiska klimatkontrollen ACC (Automatic Climate Control) som håller temperaturen inne i bilen vid ett angivet gradantal, oberoende av vilken temperatur det är utanför bilen. Den enkla värme-/ventilationsenheten är lika för alla versioner och består av lufttrummor från den centralt placerade värmaren till en ventil i mitten och två sidoventiler, samt en anslutning från botten av värmaren, genom mittkonsolen till de bakre fotbrunnarna. En värmefläkt med fyra lägen ingår.

7.12b . . . och dra bort vattenpumpen från motorblockets framsida

2 Värme- och ventilationsreglagen sitter i mitten av instrumentbrädan. Vajerstyrda klaffventiler i luftfördelarhuset leder luften till de olika trummorna och ventilerna.

3 Kalluft kommer in i systemet genom grillen under vindrutan. Om det behövs förstärks luftflödet av kompressorn och flödar sedan genom de olika lufttrummorna i enlighet med reglagets inställningar. Gammal luft blåses ut genom lufttrummor som mynnar bak på bilen. Om varm luft krävs, leds den kalla luften över värmepaketet, som värms upp av motorns kylarvätska.

4 På modeller med luftkonditionering kan man stänga av tillförseln av luft utifrån med ett återcirkuleringsreglage och i stället låta luften i bilen återcirkulera. Den här möjligheten är bra för att förhindra otrevlig lukt att tränga in i bilen utifrån, men den bör endast användas under kortare perioder eftersom den återcirkulerade luften i bilen snart blir dålig.

5 En solsensor ovanpå instrumentbrädan känner av ökad solstrålning och ökar farten på kompressormotorn. Det är nödvändigt för att luftgenomströmningen i bilen ska öka.

9 Värme- och ventilationssystem – demontering och montering av komponenter

Fläktmotor till värmaren

Demontering

1 Ta bort torkarmotorn och länksystemet enligt beskrivningen i kapitel 12.

2 Ta bort pollenfiltret ovanför värmarmotorn.

3 Koppla loss kablarna från värmarmotorn **(se bild)**.

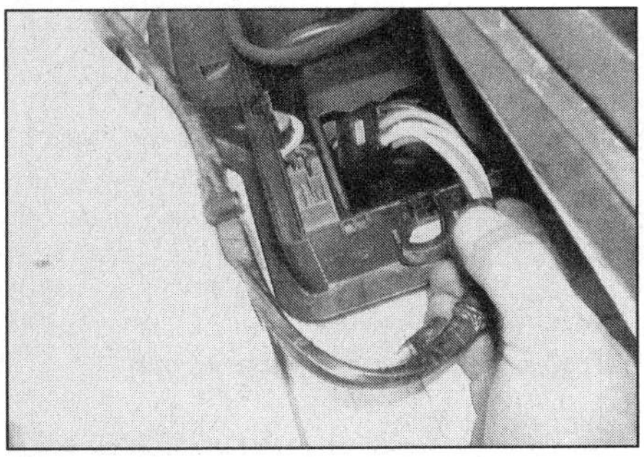

9.3 Koppla loss värmarmotorns kablar

9.4a Skruva loss bultarna . . .

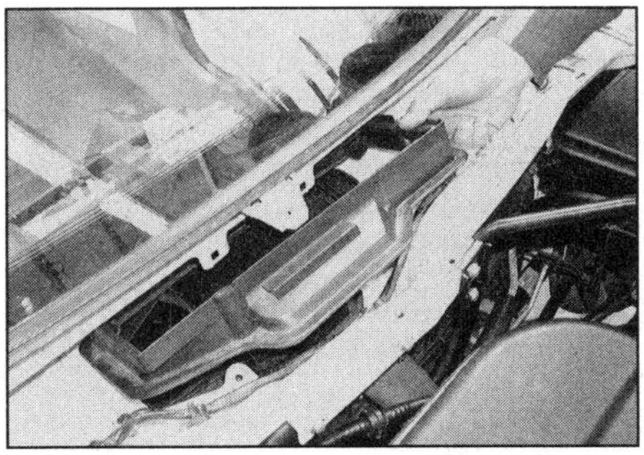

9.4b . . . och ta bort pollenfilterramen

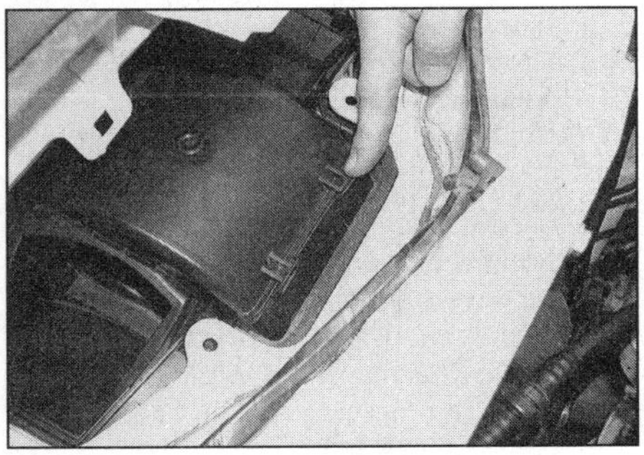

9.5a Lossa klamrarna . . .

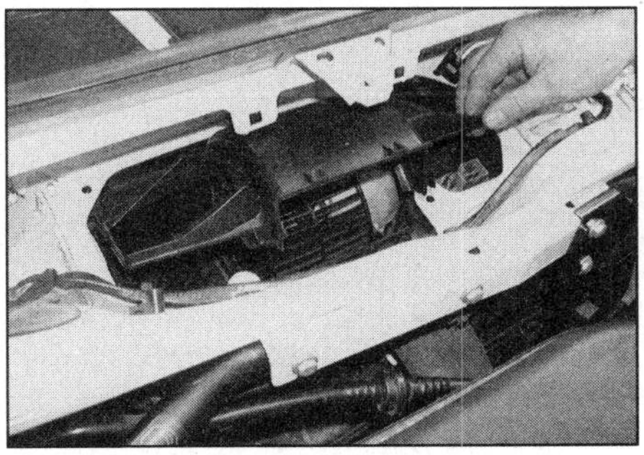

9.5b . . . och ta bort kåpan från värmefläktens motor

9.6 Kabelhylsa till värmefläktens motor

4 Skruva loss bultarna och ta bort pollenfilterramen **(se bilder)**.
5 Ta bort kåpan **(se bilder)**.
6 Skruva loss skruven som fäster kabelhylsan vid torpedväggen **(se bild)**.
7 Skruva loss de återstående skruvarna och lyft bort värmarmotorn från torpedväggen.

Montering

8 Montering sker i omvänd ordningsföljd.

Värmeväxlare

Demontering

9 I förekommande fall, ta bort lufttrumman från motorrummets bakre del.
10 Montera slangklämmor på värmeslangarna vid torpedväggen.
11 Märk slangarna för att underlätta återmonteringen, lossa sedan klamrarna och koppla loss dem från värmepaketet. Plugga igen ändarna för att undvika att kylarvätska läcker ut medan värmepaketet tas bort från bilen.
12 Ta bort mittkonsolen enligt beskrivningen i kapitel 11.
13 Lossa kabelklämmorna och ta bort lufttrummorna från värmarhusets baksida **(se bild)**.
14 Lossa värmarhusets bakre kåpa **(se bild)**.
15 Använd en skruvmejsel för att lossa klämmorna som fäster de två slangarna vid värmepaketet **(se bild)**.
16 Placera trasor under värmepaketet, lossa sedan klämmorna på värmarhusets sidor och dra ner slangarna från värmepaketet. Räkna med visst kylvätskespill.
17 Dra försiktigt bort värmepaketet från huset.

Montering

18 Montering sker i omvänd ordningsföljd.

Värmarhus

Demontering

19 På modeller med luftkonditionering måste kylmedlet tappas ur av en utbildad mekaniker.

⚠ ***Varning: Försök inte utföra det här arbetet på egen hand, det kan vara farligt.***

20 Ta bort instrumentbrädan (se kapitel 11).
21 På modeller med luftkonditionering, skruva loss bulten och koppla loss kylmedelsslangarna från torpedväggen.
22 Sätt slangklämmor på värmeslangarna vid torpedväggen, lossa sedan klamrarna och koppla loss dem.
23 Arbeta inuti bilen. Ta bort den nedre klädselpanelen från instrumentbrädan enligt beskrivningen i kapitel 11.

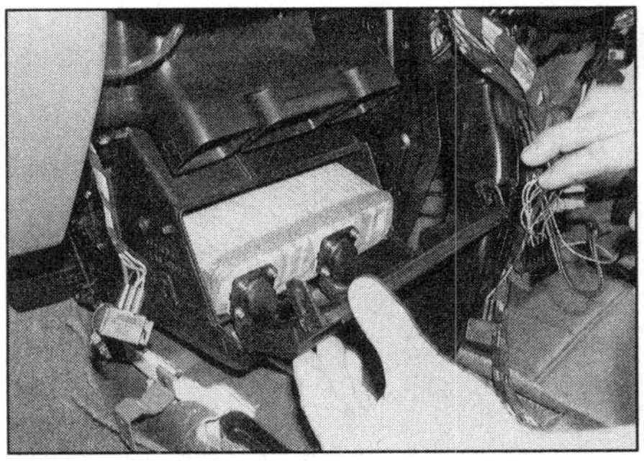

9.14 Lossa värmarhusets bakre kåpa

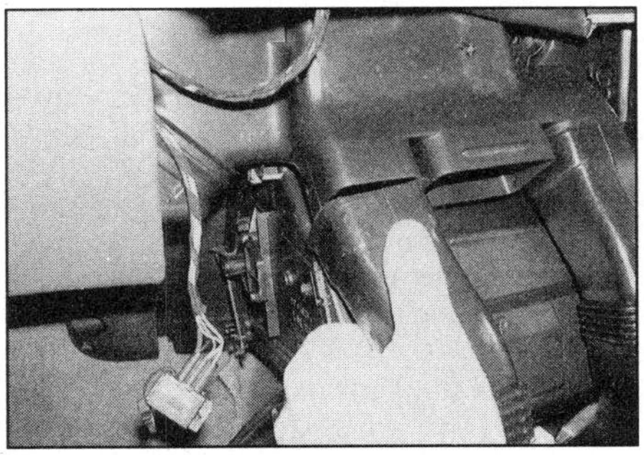

9.13 Ta bort lufttrummorna

24 Lossa kabelklämmorna, koppla sedan loss lufttrummorna och ta bort dem från värmarhusets baksida.
25 Koppla loss lufttrummorna från sidorna på värmarhuset.
26 Ta bort vindrutetorkarens motor och länksystem enligt beskrivningen i kapitel 12.

9.15 Lossa värmeslangarnas klamrar från värmepaketet

27 Inuti bilen, skruva loss fäsmuttrarna och bultarna till instrumentbrädans tvärbalk.
28 Skruva loss stödfästet från värmarhuset.
29 Om en krockkudde finns monterad på passagerarsidan, ta bort knäskyddet från torpedväggen.
30 Ta bort rattstången enligt beskrivningen i kapitel 10.
31 Skruva loss muttrarna och vik ut stödfästena från pedalenhetens överdel.
32 Skruva loss bultarna som fäster säkringsdosan vid instrumentbrädans tvärbalk.
33 Observera hur kablarna är dragna, ta sedan bort tvärbalken.
34 Koppla loss kablarna från värmarhuset.
35 I motorrummet, ta bort värmefläktens motor enligt beskrivningen i punkt 1 till 7.
36 Skruva loss bultarna och ta bort motorns fästram från torpedväggens övre del.
37 Skruva loss bultarna som fäster värmeslangarna vid det undre golvet i motorrummet.
38 Lägg ut plast eller trasor i passagerarutrymmet, dra sedan bort värmarhuset.

Montering

39 Montering sker i omvänd ordningsföljd.

Värmereglagepanel

Demontering

40 Skruva loss bulten och ta bort mittkonsolens sidopanel för att komma åt värmereglagepanelens baksida.
41 Tryck försiktigt bort panelen från baksidan och koppla loss styraxeln.
42 Koppla loss kablarna. Markera kontakternas placering så att återmonteringen blir korrekt.
43 Lossa klammern och koppla loss styrkablen.
44 Dra bort värmereglagepanelen.
45 Om det behövs kan reglagepanelen tas bort genom att knopparna och skruvarna tas bort. Koppla även bort styrkablarna från värmarhuset om det behövs **(se bild)**.

Montering

46 Montering sker i omvänd ordningsföljd.

Modul för automatisk klimatkontroll (ACC)

Demontering

47 Använd en skruvmejsel och bänd försiktigt bort de två kontakterna på ACC-panelens båda sidor och koppla loss kablarna.
48 Tryck ut ACC-modulen bakifrån och koppla loss kablarna.

Montering

49 Montering sker i omvänd ordningsföljd, men kalibrera ACC-systemet genom att samtidigt trycka på knapparna 'AUTO' och 'OFF' när monteringen är klar.

Solsensor

Demontering

50 Dra solsensorkåpan i mitten av instrumentbrädans överdel bakåt.
51 Koppla loss kablarna.
52 Lägg kåpan på arbetsbänken, tryck ner och vrid mätaren moturs för att ta bort den från kåpan.

Montering

53 Montering sker i omvänd ordningsföljd, men kalibrera ACC-systemet genom att samtidigt trycka på knapparna 'AUTO' och 'OFF' när monteringen är klar.

Temperaturgivare för innerluft

Demontering

54 Demontera styrmodulen enligt beskrivningen ovan.
55 Tryck ner kåpan på båda sidor om temperaturgivaren, dra sedan bort kåpan från givaren.
56 Använd en skruvmejsel, lossa spärrarna och tryck givaren inåt.
57 Dra bort givaren och koppla loss kablarna.

Montering

58 Montering sker i omvänd ordningsföljd, men kalibrera ACC-systemet genom att samtidigt trycka på knapparna 'AUTO' och 'OFF' när monteringen är klar.

Blandluftgivare

Demontering

59 Demontera handskfacket enligt beskrivningen i kapitel 11.
60 Skruva loss skruven och ta bort panelen från sidan av mittkonsolen.
61 Ta bort lufttrumman till golvventilationen, haka sedan loss blandluftgivaren och koppla loss kablarna. Tryck ut givarkablarna från kontaktdonet.

Montering

62 Montering sker i omvänd ordningsföljd, men kalibrera ACC-systemet genom att samtidigt trycka på knapparna 'AUTO' och 'OFF' när monteringen är klar.

Luftfördelarens stegmotor

Demontering

63 Demontera styrmodulen enligt beskrivningen ovan.

9.45 Styrkabel på sidan av värmarhuset

64 Skruva loss skruvarna och ta bort stegmotorn.
65 Koppla loss kablarna.

Montering

66 Montering sker i omvänd ordningsföljd, men kalibrera ACC-systemet genom att samtidigt trycka på knapparna 'AUTO' och 'OFF' när monteringen är klar.

Luftfördelarens stegmotor

Demontering

67 Demontera handskfacket, skruva sedan loss skruvarna och ta bort panelen från sidan av mittkonsolen.
68 Ta bort lufttrumman från golvet.
69 Koppla loss kablarna.
70 Skruva loss skruvarna och ta bort luftfördelarens stegmotor.

Montering

71 Montering sker i omvänd ordningsföljd, men kalibrera ACC-systemet genom att samtidigt trycka på knapparna 'AUTO' och 'OFF' när monteringen är klar.

Fläktens styrenhet

Demontering

72 Demontera handskfacket enligt beskrivningen i kapitel 11.
73 Skruva loss skruven och ta bort panelen från sidan av mittkonsolen.
74 Ta bort lufttrumman från golvet.
75 Skruva loss skruven och ta bort skyddskåpan.
76 Skruva loss skruvarna och ta bort fläktens styrenhet, koppla sedan loss kablarna.

Montering

77 Smörj silikon på de ytor som är i kontakt med förångaren innan styrenheten återmonteras. Dra åt skruvarna.
78 Återanslut kablarna och starta fläkten. Kontrollera att det inte droppar kondens från styrenheten.
79 Montera skyddskåpan och golvlufttrumman.
80 Montera panelen på sidan av mittkonsolen, sätt sedan tillbaka handskfacket.
81 Kalibrera ACC-systemet genom att samtidigt trycka på knapparna 'AUTO' och 'OFF' när monteringen är klar.

10 Luftkonditioneringssystem – allmän information och föreskrifter

Allmän information

1 Luftkonditionering finns som tillval på alla modeller. Luftkonditioneringen kan sänka temperaturen inuti bilen och avfuktar luften så att imma försvinner snabbare och komforten ökar.

2 Systemets kylning fungerar på samma sätt som ett vanligt kylskåp. Kylgas dras in i en remdriven kompressor och leds in i en kondensator i kylarens främre del, där sänks temperaturen och gasen omvandlas till vätska. Vätskan passerar genom en mottagare och en expansionsventil till en förångare där den omvandlas från vätska under högt tryck till gas under lågt tryck. Den här omvandlingen leder till ett temperaturfall som kyler förångaren. Kylgasen återvänder till kompressorn och cykeln börjar om.

3 Luft som matas genom förångaren skickas vidare till luftfördelarenheten. Luftkonditioneringssystemet slås på med reglaget på värmepanelen.

4 Systemets uppvärmning fungerar på samma sätt som på modeller utan luftkonditionering.

5 Kompressorns arbete styrs av en elektromagnetisk koppling på drivremskivan. Eventuella problem med systemet ska överlåtas till en Saabverkstad.

Föreskrifter

6 Det är viktigt att vidta försiktighetsåtgärder när man arbetar med luftkonditioneringssystemet. Om systemet av någon anledning måste kopplas loss ska detta överlåtas till en Saabverkstad eller till en kylsystemsmekaniker.

Varning: Kylkretsen innehåller ett flytande kylmedel under tryck och det är därför farligt att koppla bort någon del av systemet utan specialistkunskap och nödvändig utrustning. Kylmedlet kan vara farligt och får endast hanteras av kvalificerade personer. Om kylmedel kommer i kontakt med huden kan det orsaka köldskador. Kylmedlet är inte giftigt i sig själv, men om det kommer i kontakt med eld (t.ex. en glödande cigarett) bildar det en giftig gas. Okontrollerade utsläpp av kylmedlet är farligt och utgör ett hot mot miljön. Använd inte luftkonditioneringen om det innehåller för lite kylmedel eftersom det kan skada kompressorn.

11 Luftkonditionering – demontering och montering av komponenter

Varning: Öppna inte kylkretsen. Läs föreskrifterna i avsnitt 10.

1 Det enda arbete som kan utföras på ett enkelt sätt, utan att kylkretsen behöver kopplas loss, är byte av kompressorns drivrem. Detta beskrivs i kapitel 1, avsnitt 16. Andra arbeten måste överlåtas till en Saabverkstad eller en specialist på luftkonditioneringssystem.

2 För att komma åt andra komponenter kan man skruva loss kompressorn och flytta den åt sidan, **utan** att slangarna kopplas loss, efter det att drivremmen tagits bort.

3 Man kommer åt kondensatorn genom att ta bort grillen.

Kapitel 4 del A: Bränsle- och avgassystem

Innehåll

Svårighetsgrader

Enkelt, passar novisen med lite erfarenhet	**Ganska enkelt,** passar nybörjaren med viss erfarenhet	**Ganska svårt,** passar kompetent hemmamekaniker	**Svårt,** passar hemmamekaniker med erfarenhet	**Mycket svårt,** för professionell mekaniker

Specifikationer

Systemtyp

1985 cc modeller med B206i eller B204i motorer	Bosch Motronic 2.10.2 motorstyrningssystem
1985 cc turbomodeller med B204L motor	Saab Trionic motorstyrningssystem
2290 cc modeller med B234I motor	Bosch Motronic 2.10.2 motorstyrningssystem

Bränslesystem (Bosch Motronic 2.10.2 motorstyrningssystem)

Luftflödesmätare	
Arbetstemperatur	165°C
Arbetseffekt:	
Inget flöde	0,2 V
4 gram/sek.	1,0 V
33 gram/sek.	2,6 V
133 gram/sek.	4,6 V
Elektronisk styrenhet (ECU)	
Strömförbrukning i vila	<2,5 mA
Gasspjällets lägesgivare	
Resistans:	
Vid tomgång	2,4 till 3,4 V
Vid full gas	0,7 till 1,0 V
Tomgångsregleringsventil (IAC)	
Antal spolar	2
Spolmotstånd	9 till 15 Ω
Arbetsfrekvens	100Hz
Temperaturgivare för kylarvätska	
Resistans:	
20°C	2,3 till 2,7 kΩ
60°C	565 till 670 Ω
90°C	200 till 240 Ω
Bränsleinsprutare	
Resistans	14,5 ± 0,35 Ω
Flödeskapacitet	107 ml på 30 sek.

Bränslesystem (Bosch Motronic 2.10.2 motorstyrningssystem) (forts)

Vevaxelns lägesgivare:	
Resistans	540 Ω
Avstånd mellan givare och magnetiskt motstånd	0,4 till 1,3 mm
Lambdasond	
Förvärmarkapacitet	12 W
Givarens resistans	4.0 Ω
Avgiven signaleffekt	0 till 1,0 V
Bränsletrycksregulator	
Bränsletryck, öppning	3,0 bar
Bränslepump/mätarens givarenhet	
Bränslepumpens kapacitet	700 ml på 30 sek. vid 3,0 bar
Bränslemätarens givare, resistans:	
Full tank	350 Ω
Tom tank	35 Ω
Tomgångshastighet	
Alla modeller	900 varv per minut, styrs av styrenheten (ej justerbar)
Avgasernas CO-halt	
Alla modeller	Styrs av styrenheten (ej justerbar)

Bränslesystemdata (Saab Trionic motorstyrningssystem)

Givare för insugsrörets absoluta tryck (MAP-givare) (uttryckt i absolut tryck)

Tryck	**Spänning (cirka)**
-0,75 bar	0,48
-0,50 bar	0,95
0 bar	1,9
0,25 bar	2,4
0,50 bar	2,8
0,75 bar	3,3

Temperaturgivare för insugsluft

Temperatur (°C)	**Spänning (V)**
-30	4,5
-10	3,9
20	2,4
40	1,5
60	0,9
80	0,54
90	0,41

Gasspjällets lägeskontakt	**Resistans (Ω)**	**Spänning (V)**
Stift 1 och 2	1,6 till 2,4	5 ± 0,1
Stift 2 och 3 – tomgång	0,8 till 1,2	0,5 ± 0,4
Stift 2 och 3 – vidöppet	2,0 till 3,0	4,5 ± 0,4

Vevaxelns lägesgivare:	
Resistans (stift 1 och 2)	540 ± 55 Ω
Bränsletrycksregulator	
Bränsletryck, öppning	3,0 ± 0,1 bar
Bränsleinsprutare	
Resistans vid 20°C	12,0 ± 0,35 Ω
Flödeskapacitet	176 ± 14 ml/30 sekunder
Maximal flödesskillnad mellan bränsleinsprutare	18 ml
Tomgångsregleringsventil:	
Resistans vid 20°C	7,7 ± 1 Ω
Bränslepump	
Typ	Elektrisk, nedsänkt i bensintanken
Kapacitet vid 3,0 bar	700 ml/30 sek (minimum)
Bränslemätarens givarenhet, resistans	33 till 370 Ω
Tomgångshastighet	
Alla modeller	Styrs av styrmodulen 900 ± 50 varv per minut (ej justerbar)

Bränslesystemdata (Saab Trionic motorstyrningssystem) (forts)

Avgasernas CO-halt	
Alla modeller	Styrs av styrenheten (ej justerbar)
Laddtrycksventil	
Resistans	3 ± 1 Ω

Turboaggregat

Grundladdtryck	0,40 ± 0,03 bar
Maximalt laddtryck	0,8 bar
Tryckreglaget öppnas vid	1,05 bar

Rekommenderat bränsle ... 95 oktan blyfri

Åtdragningsmoment

	Nm
Temperaturgivare för kylarvätska	13
Vevaxelns lägesgivare, skruv	8
Främre avgasrör till avgasgrenrör	40
Främre avgasrör till turboaggregat	25
Avgasgrenrör till topplock	25
Avgassystemets fogmuttrar och bultar	20
Bränslefilteranslutningar	21
Bränslepumpens fästring	75
Insugsrör till topplock	22
Lambdasond	45
Gasspjällhus till insugsrör	8
Turboaggregat till avgasgrenrör	22

1 Allmän information och föreskrifter

Bränsletillförselsystemet består av en bränsletank som sitter under bilens bakvagn (med en nedsänkt elektrisk bränslepump), ett bränslefilter samt bränsletillförsel- och returledningar. Bränslepumpen matar bränsle till bränslefördelarskenan som fungerar som en behållare för de fyra bränsleinsprutarna, vilka sprutar in bränsle i insugssystemet. Bränslefiltret sitter ihop med tillförselledningen från pumpen till bränslefördelarskenan och ser till att bränslet som transporteras till bränsleinsprutarna är rent. Filtret är monterat mitt emot bränsletanken.

Motorstyrningssystemet är av modellen Bosch Motronic (modeller utan turbo) eller Saab Trionic (turbomodeller). Se relevanta avsnitt för ytterligare information om hur de båda bränsleinsprutningssystemen fungerar.

Ett farthållarsystem finns som standard på 'SE'-modellerna, och finns som tillval på 'S'-modellerna.

Turbomodeller är utrustade med ett vattenkylt turboaggregat (se avsnitt 16 och 17 för ytterligare information). Laddtrycket styrs av Saab Motronics motorstyrning, enligt beskrivningen i avsnitt 7 och 15.

Föreskrifter

Varning: Många av följande åtgärder kräver att bränsleledningar kopplas loss, något som kan leda till bränslespill. Läs instruktionerna i "Säkerheten främst!" innan något arbete utförs på bränsle-systemet, och följ dem noggrant. Bensin är en mycket farlig och flyktig vätska och vikten av att vidta säkerhetsåtgärder kan inte nog betonas.

2 Luftrenare – demontering och montering

Demontering

1 Se till att tändningen är avstängd, koppla sedan loss kablaget från luftflödesmätaren.

2 Lossa fjäderklämmorna och ta bort luftflödesmätaren från baksidan av luftrenarhuset (där tillämpligt, se avsnitt 14). Vila mätaren försiktigt på innerskärmen – låt den inte hänga fritt eftersom detta kan skada de känsliga inre komponenterna. På turbomodeller, lossa slangklämmorna och koppla bort lufttrummorna från luftrenarhuset.

3 Lossa fjäderklämmorna och ta bort kåpan från luftrenarhuset. Lyft bort luftfiltret och markera vilket håll det ska sitta åt, se kapitel 1 för ytterligare information.

4 Skruva loss fästmuttrarna och lyft bort luftrenarhuset från motorrummet **(se bild)**. Insugsstrumman kan tas bort om det behövs genom att låsknappen pressas ner och trumman dras bort från husets framsida.

Varning: Kör inte motorn medan luftrenarhuset och/eller lufttrummorna är demonterade, särskilt inte på turbomodeller – trycket vid turboaggregatets insug kan öka mycket snabbt om motorn får gå snabbare än tomgångshastighet.

Montering

5 Montering sker i omvänd ordningsföljd. Om tillämpligt, se till att luftflödesmätarens kablage ansluts ordentligt.

2.4 Lyft bort luftrenarhuset från motorrummet (modell utan turbo visad)

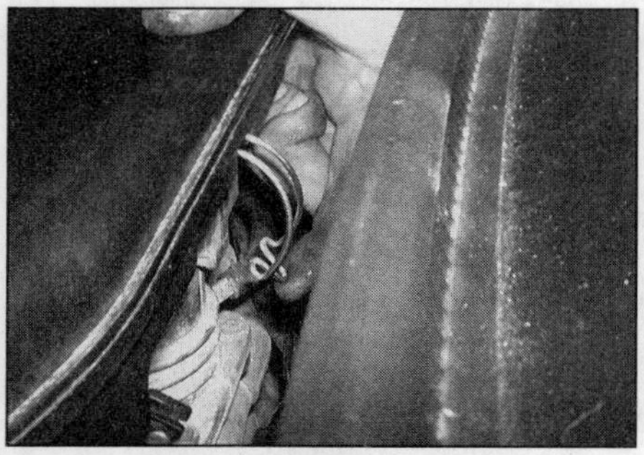

3.1a Lossa klamrarna...

3 Gasvajer – demontering, montering och justering

Demontering

1 Arbeta i motorrummet. Skruva loss skruvarna/lossa klamrarna och lyft bort kåpan (turbomodeller) eller resonatorenheten (modeller utan turbo) från gasspjällhusets ovansida **(se bilder)**.

2 Öppna gasspjället något för hand, haka loss gasvajern från gasspjällets skivarm och lossa gasspjället. Ta loss fjäderklammern och dra bort vajerhöljet från monteringskonsolen **(se bilder)**.

3 Lossa gasvajern från eventuella fästklamrar i motorrummet.

4 Arbeta i fotbrunnen på förarsidan. Koppla loss gasvajern från gaspedalens övre del enligt beskrivningen i avsnitt 4 **(se bild)**.

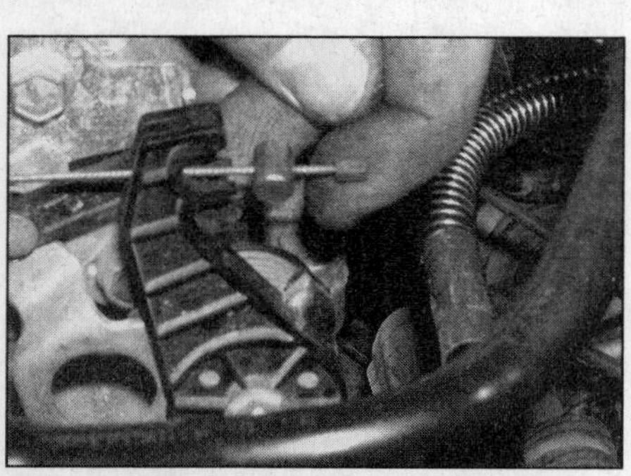

3.2a Haka loss gasvajern från gasspjällets skivarm . . .

3.2b . . . ta sedan loss fjäderklammern och dra bort vajerhöljet från monteringskonsolen

3.1b . . . och lyft bort resonatorenheten från gasspjällhusets ovansida (modell utan turbo visad)

5 Dra gasvajern genom torpedväggen in i motorrummet och ta bort den från bilen.

Montering

6 Dra gasvajern genom öppningen i torpedväggen och in i utrymmet bakom instrumentbrädan ovanför förarens fotbrunn.

7 Lägg vajern på plats i motorrummet och fäst den med fästklamrar där så är tillämpligt. Se till att vajern inte är veckad eller vriden någonstans.

8 Placera änden av vajerhöljet i monteringskonsolen vid gasspjällhuset och fäst den med fjäderklammern av metall.

9 Öppna gasspjällhuset något för hand och haka fast änden av innervajern i spåret på gasspjällets skivarm. Lossa gasspjället och låt det återvända till tomgångsstoppet.

Justering

10 Låt en medhjälpare trycka ner gaspedalen så att gasspjället hålls vidöppet. På modeller med manuell växellåda ska pedalen röra vid sitt stopp. På modeller med automatväxellåda ska pedalen snudda vid men **inte** sätta igång kickdownkontakten. Håll pedalen stadigt i det här läget.

11 Arbeta i motorrummet. Vrid den räfflade knoppen i änden av vajerhöljet tills gasspjällets skivarm når fullt stopp.

12 Släpp gaspedalen och låt den återvända till sitt viloläge.

13 Arbeta i fotbrunnen på förarsidan. Sträck innervajern genom att vrida pedalens justeringsskruv på gaspedalens arm precis ovanför pivåaxeln.

14 Kontrollera att gasspjällarmen fortfarande vilar mot tomgångsstoppet vid gasspjällhuset.

15 Montera kåpan/resonatorenheten över insugsröret och gasspjällhuset.

16 Montera den nedre kåpan på instrumentbrädans undersida.

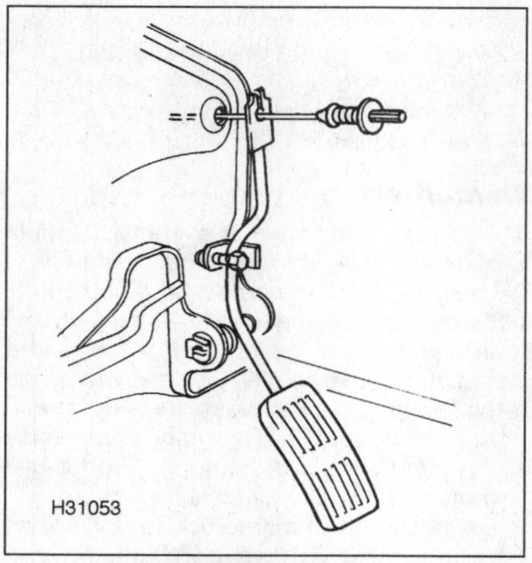

3.4 Koppla loss gasvajern från gaspedalens övre del

4 Gaspedal – demontering och montering

Demontering

1 Koppla loss gaspedalen från gasspjällhuset enligt beskrivningen i avsnitt 3.

2 Arbeta i fotbrunnen på förarsidan. Lossa fästena och koppla loss den nedre kåpan från instrumentbrädans undersida. På vissa modeller kan det vara nödvändigt att försöka skruva loss skruvarna och sedan lossa diagnosuttaget från instrumentbrädans underdel.

3 Sträck upp handen bakom instrumentbrädan och haka loss gasvajern från gaspedalens överdel.

4 Tryck ihop pedalens returfjäder och lossa den från pedalarmen.

5 Använd en tång och dra bort låsklammern från änden av pedalens pivåaxel och ta loss bussningen.

6 Dra bort pedalen från monteringskonsolen och ta bort den från bilen **(se bild)**.

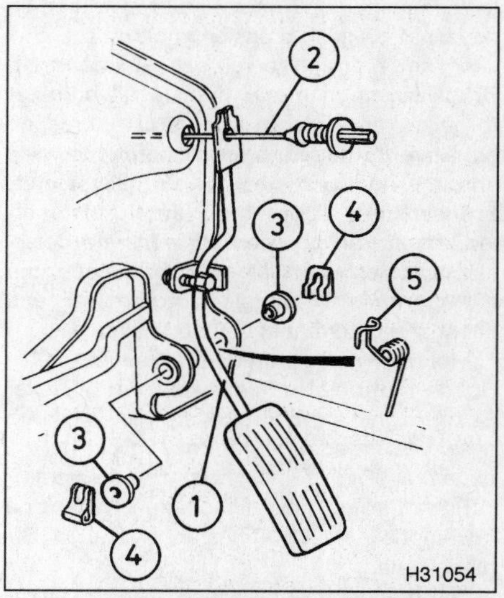

4.6 Gaspedalens komponenter

1 Pedal
2 Gasvajer
3 Bussning
4 Låsklammer
5 Returfjäder

Montering

7 Montering sker i omvänd ordningsföljd. Justera gasvajern enligt beskrivningen i avsnitt 3 när monteringen är klar.

5 Farthållare – beskrivning och byte av komponenter

Beskrivning

1 Med farthållaren kan föraren välja en hastighet och sedan släppa gaspedalen utan att tappa fart. Farthållaren justerar gasspjället automatiskt för att upprätthålla en konstant hastighet. Systemet avaktiveras när kopplingen eller bromspedalen trycks ner, när neutralläget väljs (modeller med automatväxellåda) eller när farthållaren stängs av med hjälp av reglaget. Systemet har en minnesfunktion som gör det möjligt att återuppta en förvald hastighet om farthållaren tillfälligt sätts ur funktion med kopplingen eller bromspedalen.

2 När farthållaren är aktiv kan den förvalda hastigheten ökas eller minskas i små etapper med hjälp av farthållarens flerfunktionskontroll.

3 Om ett fel uppstår i farthållaren, kontrollera först att alla kablar sitter ordentligt. Ytterligare undersökningar bör överlåtas till en Saabverkstad som har den diagnosutrustning som behövs för att hitta felet snabbt.

4 Farthållarsystemet på senare modeller omfattar följande delar:

a) ***Styrenhet**: styrmodulen består av en elektrisk stegmotor som styr styrkabeln på gasspjällets skivarm på gasspjällhuset. Modulen känner av bilens hastighet via signaler från hastighetsmätaren på instrumentpanelen. Systemet fungerar inte vid hastigheter under 30 km/tim eller över 220 km/tim. När farthållaren aktiveras på turbomodeller går en signal till motorstyrningssystemets styrenhet för att garantera mjukare kontroll av hastigheten. Styrenheten avgör vilken hastighet bilen ska ha med hjälp av en signal från de låsningsfria bromsarnas (ABS) styrenhet.*

b) ***Brytare/kontakter**: flerfunktionskontrollen för farthållaren sitter i hop med rattstångens vänstra brytarspak. Kontakter som är monterade bakom instrumentbrädan och som styrs av bromspedalen och kopplingen avaktiverar systemet när någon av pedalerna trycks ner. Av säkerhetsskäl är bromspedalens farthållarkontakt jordad genom bromsljusens glödlampor, via bromsljuskontakten – om kretsen är defekt fungerar inte farthållaren.*

c) ***Indikeringslampa**: indikeringslampan på instrumentpanelen lyser när farthållaren är aktiverad.*

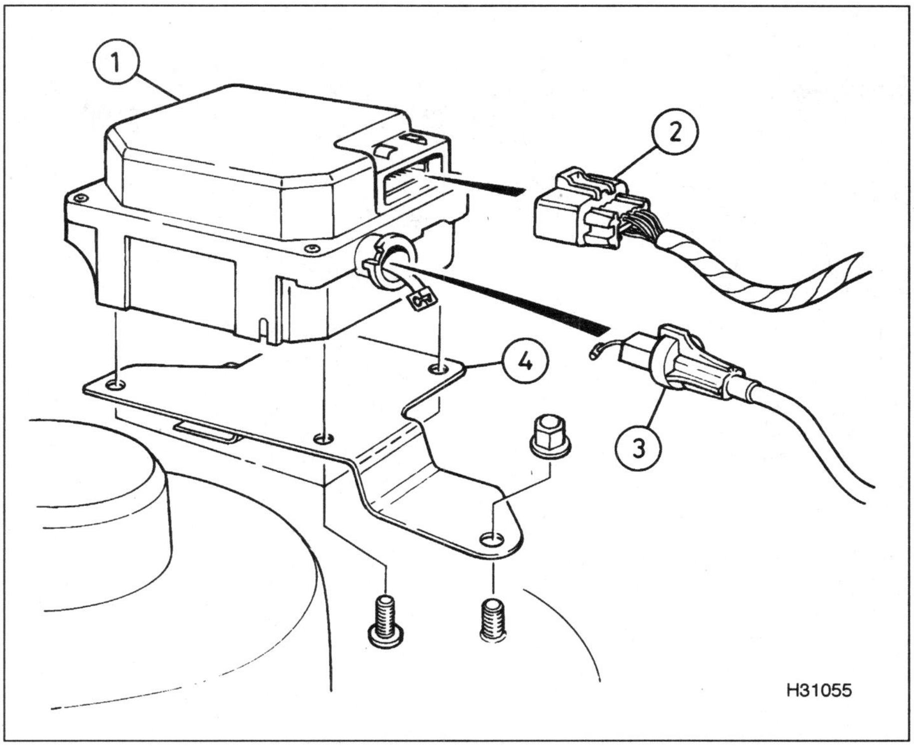

5.7 Farthållarens komponenter

1 Elektronisk styrenhet
2 Kabelhärvans flervägskontakt
3 Styrkabel
4 Monteringskonsol

Byte av komponenter

Elektronisk styrenhet (ECU)

5 Farthållarens styrenhet är placerad i motorrummet, bakom det högra fjädertornet. Se till att tändningen är avstängd innan arbetet inleds.

6 Vrid styrvajerns anslutning för att lossa bajonettkopplingen. Dra ut vajerhöljet något från styrenheten, haka sedan loss innervajern från den inre styrkedjan. Koppla loss kablaget från styrenheten vid flervägskontakten.

7 Lossa och ta bort bulten som fäster styrenhetens monteringskonsol vid karossen. Vrid runt monteringskonsolen, lossa fästskruvarna och lossa styrenheten från monteringskonsolen **(se bild)**.

8 Montering sker i omvänd ordningsföljd.

Styrvajer

9 Koppla loss styrvajern från styrenheten enligt beskrivningen i föregående underavsnitt.

10 Skruva loss fästskruvarna och ta bort kåpan/resonatorenheten över insugsröret.

11 Koppla loss gasvajern från gasspjällets skivarm enligt beskrivningen i avsnitt 3, haka sedan loss styrvajern (innervajern) från gasspjällets skivarm.

12 Tryck in låsflikarna och lossa styrvajerns hölje från gasvajerns monteringskonsol,

13 Lossa styrvajern från fästklamrarna, ta sedan bort styrvajern från motorrummet.

14 Montering sker i omvänd ordningsföljd.

Flerfunktionskontakt

15 I kapitel 12 avsnitt 4 finns information om hur man demonterar brytarspaken för blinkers/halvljus/helljus från rattstången.

Pedalkontakter

16 Ta bort fästena och ta loss den nedre kåpan från förarsidan av instrumentbrädan. På vissa modeller kan det vara nödvändigt att först skruva loss skruvarna och lossa diagnosuttaget från instrumentbrädans undersida.

17 Sträck upp handen bakom instrumentbrädan och koppla loss kablarna från relevant kontakt.

18 Bänd försiktigt bort kontakten från monteringskonsolen.

19 Sätt tillbaka kontakten genom att försiktigt bända ut kontaktens tryckkolv, tryck sedan ner broms-/kopplingspedalen (vilken som är relevant). Montera kontakten i monteringskonsolen och släpp pedalen långsamt tills den kommer i kontakt med kontaktens tryckkolv. Återanslut kablarna ordentligt.

Bromsljuskontakt

20 Se informationen i kapitel 9.

6 Blyfri bensin – allmän information och användning

Observera: *Informationen i det här kapitlet gäller i skrivande stund. Om det finns behov av mer aktuell information, kontakta en Saabverkstad. Vid resor utomlands, kontakta en bilorganisation (eller liknande) för råd om tillgängligt bränsle och dess lämplighet för din bil.*

1 Bränsle som rekommenderas av tillverkaren finns angivet i avsnittet Specifikationer i början av detta kapitel.

2 RON och MON är olika teststandarder för oktantal; RON står för Research Octane Number (skrivs även RM), och MON står för Motor Octane Number (skrivs även MM).

3 Alla Saab 900 modeller som behandlas i den här handboken ska köras på blyfri bensin med minst 91 oktan (finns fortfarande i vissa länder), men 95-oktanig blyfri bensin rekommenderas. Alla modeller är utrustade med katalysator och får **endast** köras på blyfri bensin. Blyad bensin får på inga villkor användas eftersom det förstör katalysatorn.

7 Motorstyrningssystem – allmän information

Trionic motorstyrningssystem

Saab Trionic motorstyrningssystem styr tre funktioner i motorn från en enda elektronisk styrenhet (ECU). De tre funktionerna är bränsleinsprutningssystemet, tändsystemet och på turbomodeller turboaggregatets styrsystem för laddning. Information om de olika komponenterna i tändsystemet finns i kapitel 5B.

Systemet styrs av en mikroprocessor som anpassar sig efter förutsättningarna och alltid förser bränslesystemet med rätt mängd bränsle för fullständig förbränning. Data från olika givare behandlas i motorstyrningssystemet som avgör hur länge bränsleinsprutarna ska vara öppna för att exakt rätt mängd bränsle ska sprutas in i insugsröret.

Systemet är av sekvenstyp där bränsle sprutas in i enlighet med motorns tändföljd. Konventionella bränsleinsprutningssystem av sekvenstyp kräver en kamaxelgivare som arbetar tillsammans med vevaxelns lägesgivare för att avgöra vilken cylinder i ÖD-läge som är i kompressionsslag och vilken som är i sitt avgasslag. Trionic systemet har ingen kamaxelgivare, det avgör varje cylinders kolvslag genom att lägga en låg likströmsspänning över varje tändstift. När en cylinder är i sitt förbränningsslag och närmar sig ÖD orsakar spänningen en joniseringsström mellan tändstiftets poler och visar på så sätt vilken cylinder som står på tur för bränsleinsprutning och tändning. Sekvensstyrning av tändinställningen för att kontrollera förbränningsknackning fungerar på samma sätt (se kapitel 5B).

När tändningen slås på och när bränslepumpen är i gång, arbetar alla bränsleinsprutare samtidigt under en kort period. Detta minskar tiden för igångdragning av motorn.

Huvudkomponenterna i systemet är följande:

a) ***Elektronisk styrenhet**: den elektroniska styrenheten styr hela funktionen hos bränsleinsprutningssystemet, tändsystemet och turboaggregatets laddtryckssystem.*

b) ***Vevaxelns lägesgivare**: vevaxelns lägesgivare anger ett mätvärde till styrenheten för att beräkna vevaxelns läge i förhållande till ÖD. Givaren startas av en skiva med magnetiskt motstånd som roterar inuti vevhuset.*

c) ***Givare för insugsrörets absoluta tryck**: givaren för absolut grenrörstryck strömför den elektroniska styrenheten i proportion till trycket i insugsgrenröret.*

d) ***Temperaturgivare för insugsluft**: temperaturgivaren för insugsluft ger signaler till den elektroniska styrenheten som gör det möjligt att beräkna densiteten på den luft som kommer in i motorn.*

e) ***Motorns temperaturgivare för kylarvätska**: motorns temperaturgivare för kylarvätska informerar den elektroniska styrenheten om motorns temperatur.*

f) ***Gasspjällets lägesgivare**: gasspjällets lägesgivare informerar den elektroniska styrenheten om gasspjällsventilens läge.*

g) ***Lambdasond**: lambdasonden förser den elektroniska styrenheten med konstanta uppgifter om syrehalten i avgaserna.*

h) ***Tändningsenhet och tändstift**: tändningsenheten (eller DI-kassetten) innehåller fyra tändspolar som är direkt anslutna till tändstiften (se kapitel 5B).*

i) ***Bränsleinsprutare**: varje bränsleinsprutare består av en solenoidstyrd nålventil som öppnas på kommando av den elektroniska styrenheten. Bränsle från bränslefördelarskenan transporteras då genom bränsleinsprutarens munstycke till insugsröret.*

j) ***Laddtrycksventil (även kallad solenoidventil)**: laddtrycksventilen styr turboaggregatets arbete. Under vissa förutsättningar (när växel nr 1 är ilagd), minskar laddtrycket.*

k) ***Tomgångsventil**: tomgångsventilen reglerar mängden luft som passerar gasspjällets fjärilsskiva. Systemet upprätthåller motorns tomgångshastighet oavsett tryck från växelströmsgeneratorn eller luftkonditioneringens kompressor, eller när en annan växel än P eller N väljs på modeller med automatväxellåda. Om tomgångsventilens krets bryts, justeras ventilöppningen av en inre fjäder för att hålla motorvarvtalet på ungefär 1000 varv per minut. Tomgångsventilen används även för att kontrollera avgasutsläppet; när motorn motorbromsar kan otillräckligt luftintag leda till dålig förbränning och utsläpp med hög kolvätehalt. När så är fallet öppnar den elektroniska styrenheten luftintaget för att öka luftflödet och minska utsläppen av kolväten.*

l) ***EVAP kanisterrensventil**: kanisterrensventilen öppnas när motorn startas för att tömma ut bränsle som samlats i kanistern. Systemet arbetar i korta perioder för att göra det möjligt för lambdasonden att kompensera för det extra bränslet.*

m) ***Bränslepump**: bränslepumpen sitter i bensintanken. Pumphuset innehåller en separat matarpump som förser huvudpumpen med bubbelfritt bränsle under tryck.*

Bosch Motronic motorstyrningssystem

Bosch Motronic motorstyrningssystem fungerar i stort sett på samma sätt som Saab Trionic system som beskrivs ovan. Viktiga skillnader räknas upp nedan.

a) ***Tändsystem:** ett vanligt tändsystem används, med en separat tändspole och en roterande strömfördelare. Förbränningsknackning känns av med hjälp av en knacksensor monterad på motorblocket (se kapitel 5B för ytterligare information).*

b) ***Luftflödesmätare:** Motorns belastning mäts med en luftflödesmätare av glödtrådstyp snarare än genom att mäta undertrycket i insugsröret. Mätaren innehåller en uppvärmd glödtråd som är monterad i flödet från luftintaget. Temperaturminskningen som orsakas i glödtråden på grund av luftflödet ändrar den elektriska resistansen, som sedan omvandlas till en variabel signal för avgiven effekt. Genom att mäta flödet av luftmassan snarare än luftvolymen kan skillnader i luftdensitet, beroende på höjd över havet eller liknande, kompenseras för. Observera att den här typen av mätning utesluter behovet av att mäta insugsluftens temperatur.*

c) ***Kamaxelgivare:** kamaxelgivaren sitter i tändfördelaren. Givaren informerar den elektroniska styrenheten om när cylinder nr 1 är i sitt förbränningsslag och möjliggör sekvensstyrd bränsleinsprutning och tändinställning (för knackreglering av förbränningen).*

Varningslampan "Check Engine"

Oavsett vilken typ av motorstyrningssystem man har ska bilen snarast lämnas in till en Saabverkstad om varningslampan "Check Engine" tänds. Då kan en fullständig test av motorstyrningssystemet utföras med hjälp av speciell elektronisk testutrustning. Motorstyrningssystemet kan ställas in på "självtestläge" så att alla lagrade felkoder visas genom att lampan "Check Engine" blinkar i en kodad ordningsföljd. Koden kan sedan tolkas och man kan avgöra vilka fel som har upptäckts av motorstyrningssystemet; se avsnitt 13 för ytterligare information.

8 Bränsletillförsel - föreskrifter och tryckutjämning

Observera: *Läs varningstexten i slutet av avsnitt 1 innan arbetet fortsätter.*

Varning: Nedanstående moment lättar endast på trycket i bränslesystemet - kom ihåg att bränsle fortfarande finns kvar i systemets komponenter och vidtag säkerhetsåtgärder innan någon del demonteras.

1 När man talar om bränslesystemet i det här avsnittet avses en bränslepump fäst på tanken, ett bränslefilter, bränsleinsprutare, bränslefördelarskena och en tryckregulator, samt de metallrör och slangar som är kopplade mellan dessa komponenter. Alla komponenter innehåller bränsle som är under tryck när motorn är igång och/eller när tändningen är påslagen.

Varning: Bränslet kan befinna sig under tryck ett tag efter att tändningen har stängs av och måste tryckutjämnas innan någon av ovanstående komponenter åtgärdas.

2 Öppna säkringsdosan som finns under en kåpa i anslutning till instrumentpanelen (se *Veckokontroller*) och ta bort bränslepumpens säkring (säkring nummer 32).

3 Vrid startnyckeln och dra igång motorn. Om den startar och går, låt den gå på tomgång tills den stannar av bränslebrist; det bör inte ta mer än några sekunder. Försök starta den två gånger till för att garantera att allt övertryck har försvunnit.

4 Koppla loss batteriets minuspol, sätt sedan tillbaka bränslepumpens säkring.

5 Placera ett lämpligt kärl under anslutningen som skall lossas och var beredd med en stor trasa för att torka upp bränslespill.

6 Lossa anslutningen eller muttern (efter tillämplighet) långsamt för att undvika en plötslig tryckförändring, placera trasan runt anslutningen för att hejda utsprutande bränsle. När trycket väl har lättats kan bränsleledningen lossas.

HAYNES TiPS ***Klipp bort fingrarna från ett par gummihandskar och sätt fast dem över de öppna bränsleledningarna eller portarna med gummiband för att minimera bränslespill och för att hindra smuts från att komma in i bränslesystemet.***

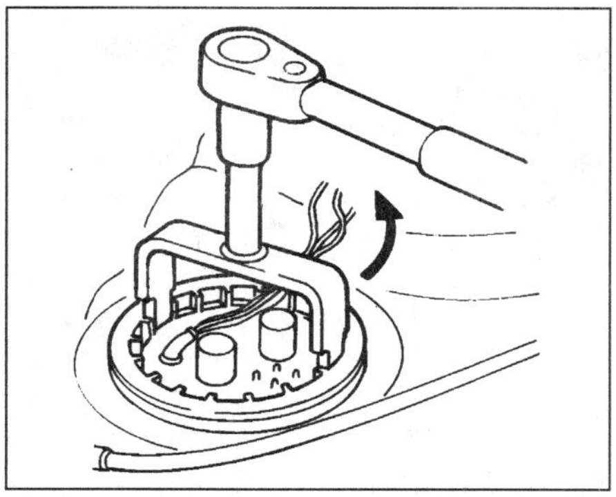

9.3 Skruva loss och ta bort låsringen från bränslepumpens ovansida

9 Bränslepump - demontering och montering

Varning: Se föreskrifterna i avsnitt 1 och informationen i avsnittet "Säkerheten främst!" i den här handboken, innan någon av bränslesystemets komponenter åtgärdas.

Observera: *Bränslepumpen innehåller även bränslemätarens givarenhet.*

Demontering

1 Lossa batteriets negativa kabel och placera den på avstånd från batteriet.

2 Demontera bensintanken enligt beskrivningen i avsnitt 12.

3 Enheten är fäst med en fastskruvad ring. Saabmekaniker använder ett specialverktyg för att skruva bort ringen, men en stor tång (tång för vattenpumpar) som sticks in mellan tänderna på ringens inre kant ger samma resultat. Skruva loss och ta bort ringen **(se bild)**. Observera placeringspilarna på pumpen och tanken.

4 Lyft försiktigt bort pumpflänsen från bränsletanken. Låt överflödigt bränsle rinna tillbaka i tanken, vrid sedan pumpen medurs i ungefär ett kvarts varv och dra bort den från bensintanken **(se bild)**. Ta loss O-ringstätningen från tanköppningen.

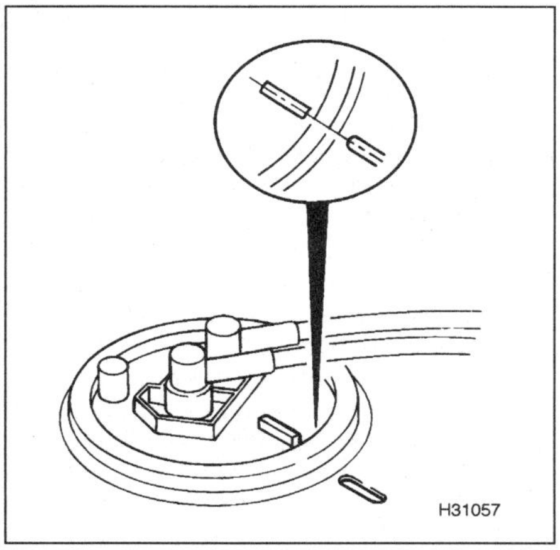

9.6 Kontrollera att markeringarna på bränslepumpen och tanken är i linje med varandra när bränslepumpen monteras

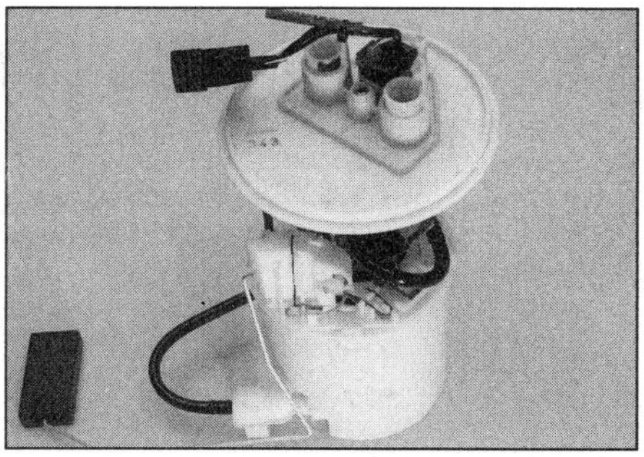

9.4 Bränslepumpen demonterad från tanken

Montering

5 Montera en ny O-ringstätning i bränsletankens öppning, tryck ner den ordentligt i spåret.

6 Sänk ner bränslepumpen i bränsletanken och vrid den så att inställningsmärkena på bränslepumpen och tanken är i linje med varandra **(se bild)**.

7 Skruva på den stora låsringen av plast och dra åt den med samma metod som användes vid demonteringen.

8 Montera bensintanken enligt beskrivningen i avsnitt 12.

9 Återanslut batteriets negativa kabel.

10 Bränslepumprelä - demontering och montering

Demontering

1 Bränslepumpreläet är placerat på reläbrädan bakom instrumentbrädan (se kapitel 12 för exakt placering).

2 Lossa batteriets negativa kabel och placera den på avstånd från polen.

3 Lossa fästena och koppla loss den nedre kåpan från förarsidan av instrumentbrädan.

4 Ta bort fästskruvarna och ta ner säkringsbrädan från instrumentbrädan.

5 Bränslepumpreläet sitter i andra kolumnen från vänster, andra raden uppifrån och är märkt 'F'.

6 Ta tag i reläet och dra det rakt ut från reläbrädan.

Montering

7 Montering sker i omvänd ordningsföljd. Se till att reläet trycks hela vägen in i sitt fäste.

11 Bränslemätarens givarenhet - demontering och montering

Bränslemätarens givarenhet sitter ihop med bränslepumpen på alla modeller; se avsnitt 9 för ytterligare information.

12 Bensintank – demontering, reparation och montering

Varning: Se föreskrifterna i avsnitt 1 och informationen i "Säkerheten främst!" i början av handboken, innan någon av bränslesystemets komponenter åtgärdas.

1 Innan bränsletanken tas bort bör den tömmas på bränsle. Eftersom tanken inte har någon avtappningsplugg bör bilen ha körts tills tanken är så gott som tom vid demonteringen.

Demontering

2 Lossa batteriets negativa kabel och placera den på avstånd från polen.

3 Lägg i ettans växel (manuell växellåda) eller 'Park' (automatväxellåda) och klossa framhjulen ordentligt. Lyft upp bakvagnen och stöd den på pallbockar (se *Lyftning och stödpunkter*).

4 Lossa klamrarna och ta loss påfyllningsslangen från tanken. Koppla även loss ventilationsslangen.

5 Skruva loss bränslefiltrets fästskruv. Koppla loss bränslefiltret från sidan av bensintanken.

6 Placera en garagedomkraft med träkloss över domkraftshuvudet mitt under bränsletanken. Höj domkraften så mycket att den precis börjar lyfta bränsletanken.

7 Skruva stegvis bort muttrarna som fäster bränsletankens stödband vid monteringskonsolerna **(se bild)**. Haka loss ändarna av de lossade stödbanden från respektive fäste.

8 Sänk ner domkraften något för att komma åt bensintankens översida – sänk inte ner den helt i det här läget.

9 Ta försiktigt loss alla bränsleledningar från sina fästklamrar på tankens sidor och på ovansidan.

10 Koppla loss de två kontaktdonen från bränslepumpens ovansida.

11 Märk bränsletillförsel- och returslangarna för att underlätta monteringen, koppla sedan loss dem från bränslepumpens ovansida. Gör det genom att trycka in låsflikarna på sidorna om anslutningarna med snabbutlösning. Var beredd på visst bränslespill.

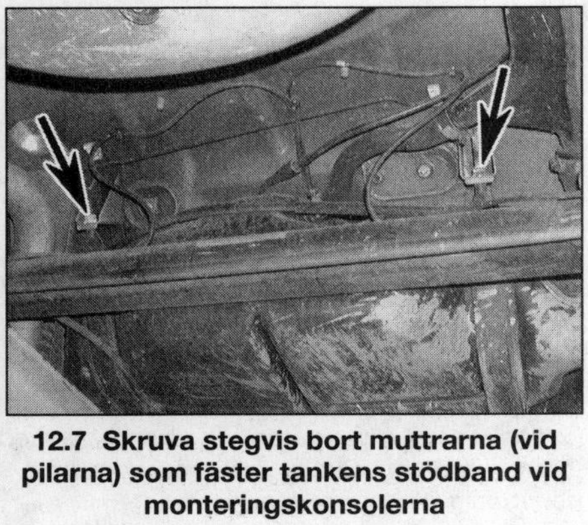

12.7 Skruva stegvis bort muttrarna (vid pilarna) som fäster tankens stödband vid monteringskonsolerna

12 Koppla loss de återstående ventilationsslangar eller kablar som kan förhindra demonteringen av tanken.

13 Ta hjälp av en medhjälpare för att sänka ner bensintanken på marken och ta bort den.

Reparation

14 Om tanken är förorenad med avlagringar eller vatten ska bränslepumpen demonteras och tanken sköljas ur med ren bensin. I vissa fall kan det vara möjligt att reparera små läckor eller mindre skador. Kontakta en specialist innan några försök görs att reparera bensintanken.

Montering

15 Montera instrumentbrädan i omvänd ordningsföljd, men observera följande punkter:

a) *Undersök O-ringarna vid bränsletillförsel- och returslangarnas snabbutlösningsanslutningar ovanpå bränslepumpen.*

b) *Se till att alla bränsleledningar och ventilationsslangar dras korrekt och att de inte är veckade eller vridna.*

c) *Dra åt bensintankens stödband ordentligt.*

13 Motorstyrningssystem – test, kontroll och justering

Allmän information

1 På modeller med antingen Bosch Motronic eller Saab Trionic motorstyrningssystem styrs motorns tomgångshastighet och bränsleblandningens lufttillförsel (och således avgasernas CO-halt automatiskt av den elektroniska styrenheten. Det är möjligt att *kontrollera* tomgångshastigheten och bränsleblandningen på alla modeller med hjälp av en varvräknare och en avgasanalyserare, men det kan vara svårt att koppla en vanlig varvräknare till en turbomotor med DI-kassett. Alla modeller är dessutom utrustade med katalysatorer och det kan vara svårt att mäta hur stor halt av koloxider (CO), kolväten (HC) och kväveoxider (NOx) som produceras utan tillgång till professionell testutrustning, om systemet fungerar normalt. Man kan dock avgöra om något är fel med bränsle- eller tändsystemet om man använder en avgasanalyserare (finns att köpa) och uppmäter höga nivåer av en eller flera av de förorenande gaser som nämnts ovan.

2 Om ett misstänkt fel uppstår i motorstyrningssystemet, kontrollera att alla kontaktdon sitter som de ska och inte visar tecken på korrosion. Se till att felet inte beror på bristande underhåll – dvs. att luftrenarfiltret är rent, att bränslefiltret har bytts ut tillräckligt ofta och att tändstiften med tillhörande komponenter (inklusive strömfördelaren och tändspolen, i förekommande fall) är i gott skick. Kontrollera också att motorns ventilationsslang ligger fritt och att den är oskadad. Kontrollera slutligen att cylindrarnas kompressionstryck är korrekt, se kapitel 1, 2A och 5B för ytterligare information.

3 Om orsaken till felet fortfarande är okänd efter dessa kontroller ska bilen lämnas in till en Saabverkstad för undersökning. Det finns ett diagnostikuttag i motorstyrningssystemets kabelhärva där ett elektroniskt diagnosverktyg speciellt för Saab kan anslutas. Verktyget kommer att identifiera de fel som registrerats av motorstyrningssystemets elektroniska styrenhet genom att tolka de felkoder som finns lagrade i styrenhetens minne. Verktyget gör det även möjligt att undersöka systemets givare och manövreringsorgan utan att koppla loss dem eller ta bort dem från bilen. Det minskar behovet av enskilda tester av alla systemets komponenter, med vanlig testutrustning. Diagnosuttaget sitter under instrumentbrädan, på förarsidan.

Varningslampan "Check Engine"

4 Oavsett vilken typ av motorstyrningssystem man har ska bilen snarast lämnas in till en Saabverkstad om varningslampan "Check Engine" tänds. Då kan en fullständig test av motorstyrningssystemet utföras med hjälp av speciell elektronisk testutrustning. Motorstyrningssystemet kan ställas in på "självtestläge" så att alla lagrade felkoder visas genom att lampan "Check Engine" blinkar i en kodad ordningsföljd. Utifrån en tolkning av ordningsföljden kan man sedan avgöra vilka fel som har upptäckts av motorstyrningssystemet. Observera att de felkoder som visas genom att lampan "Check Engine" blinkar är begränsade till den sorts fel som leder till ökade avgasutsläpp eller utsläpp av ånga. Bilen måste lämnas in till en Saabverkstad eller till en specialist på bränsleinsprutningssystem för en tydlig diagnos över hela motorstyrningssystemet.

5 Följ punkterna nedan för att ställa motorstyrningssystemet i "självtestläge".

Turbomodeller med Saab Trionic motorstyrning

6 Stäng av motorn och vrid av tändningen. Vänta i några sekunder, vrid sedan på tändningen utan att starta motorn.

7 Lampan "Check Engine" börjar blinka. En blinkning som varar i tre sekunder följt av en paus och sedan ytterligare en tre sekunders blinkning anger att felkoden kommer att visas. Räkna de snabba blinkningar som sedan följer efter ett kort uppehåll – de motsvarar den första felkoden. Efter ännu ett uppehåll på ungefär 2 sekunder visas nästa felkod, om mer än ett fel har upptäckts. En lång blinkning på tre sekunder anger att alla felkoder har visats.

8 Blinkningarna upprepas sedan tills tändningen vrids av och motorn startas. Nedan finns en tabell över felkoderna.

Blink-kod	Fel
2	MAP-givare
3	Temperaturgivare för insugsluft
4	Temperaturgivare för kylarvätska
5	Gasspjällets lägesgivare
6	Lambdasond
7	Anpassningsfel
8	Förångarens rensventil
9	Elektroniska styrenheten defekt

Modeller utan turbo med Bosch Motronic motorstyrning

9 Diagnostikuttaget sitter under instrumentbrädan på bilens förarsida.

10 Skaffa en bit tunn, enkelflätad, isolerad kopparkabel. Ta bort ungefär 10 mm av isoleringen från kabelns båda ändar.

11 Se till att tändningen är avstängd, för sedan försiktigt in ena änden av den skalade kabeln till det läge som motsvarar stift 6 på diagnostikuttaget.

12 Se till att kabelns fria ände inte är i kontakt med någon del av bilen, vrid sedan på tändningen utan att starta motorn.

13 Placera kabelns fria ände mot en lämplig jordpunkt (t.ex. en omålad del av karossen) och låt den ligga mot jord under 0,5 till 4,5 sekunder.

14 Lampan "Check Engine" börjar blinka. En lång blinkning anger att felkoden kommer att visas. Räkna antalet korta blinkningar som följer – de motsvarar den första siffran i felkoden. Räkna sedan de antal korta blinkningar som följer efter en kort paus – de motsvarar den andra siffran i felkoden. Efter ett uppehåll visar systemet nästa lagrade felkod, om mer än ett fel har upptäckts. Blinkningarna upprepas sedan tills tändningen vrids av och motorn startas. Nedan finns en tabell över felkoderna.

Blink-kod	Fel
11	Sekundär luftinsprutning, relä
12	Inget fel
21	Luftflödesgivare
41	Temperaturgivare för kylarvätska
51	Gasspjällets lägesgivare
61	Lambdasond
71	Lång anpassningstid
73	Kort anpassningstid
81	Förångarens rensventil
91	Elektronisk styrenhet (ECU) fel på RAM-minnet
92	Elektronisk styrenhet (ECU) fel på ROM-minnet

14 Motorstyrning (Bosch Motronic) – demontering och montering av komponenter

Varning: Se föreskrifterna i avsnitt 1 och informationen i avsnittet "Säkerheten främst!" i början av boken, innan någon av bränslesystemets komponenter åtgärdas.

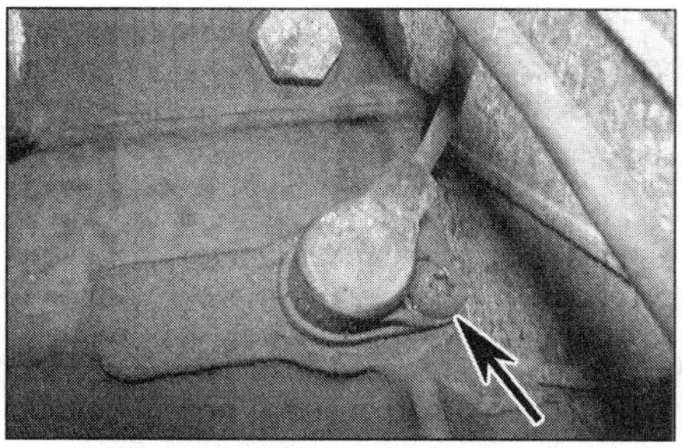

14.9a Fästskruv till vevaxelns lägesgivare (vid pilen)

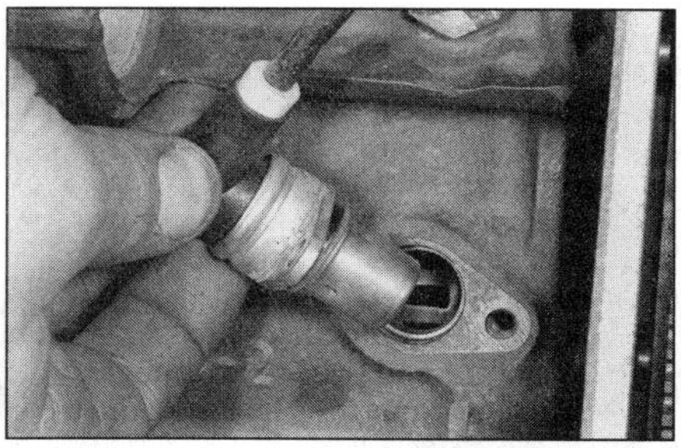

14.9b Ta bort vevaxelns lägesgivare från motorblocket

Elektronisk styrenhet (ECU)

Demontering

1 Se till att tändningen är avslagen. Lossa batteriets negativa kabel och placera den på avstånd från batteriet.

2 Inne i bilen, demontera handskfacket.

3 Dra undan mattan för att komma åt styrenheten som sitter på karossen vid A-stolpens fot. Ta bort centrallåssystemets relä från fästena.

4 Lossa låsarmen och koppla loss kabelhärvans kontakt från undersidan av styrenheten.

5 Skruva loss fästskruvarna och ta bort styrenheten från bilen.

Montering

6 Montering sker i omvänd ordningsföljd. Se till att kabelhärvans kontakt fästs ordentligt med låsarmen. Observera att om en ny styrenhet har monterats så kommer den undan för undan att "lära sig" motorns egenskaper medan bilen körs. Körbarhet, prestanda och bränsleekonomi kan därför vara något sämre under den här perioden.

Vevaxelns lägesgivare

Demontering

7 Vevaxelns lägesgivare är placerad på motorblockets framsida, i anslutning till fogytan på växellådans svänghjulskåpa.

8 Observera hur kablaget till vevaxelns lägesgivare är draget. Koppla loss kablaget vid kontaktdonet till vänster om topplocket. Lossa kablaget från fästklamrarna som sitter utmed hela kablarnas längd.

9 Ta loss fästskruven och dra bort givaren från sin plats på motorblockets främre vänstra sida **(se bilder)**. Observera hur O-ringen sitter monterad och ta loss den. Rengör sätet i motorblocket.

Montering

10 Montering sker i omvänd ordningsföljd, men se till att O-ringen placeras ordentligt i sätet. Dra åt givarens fästskruv till angivet moment. Se till att kablarna hålls fast med klamrarna/kabelklämmorna på sina ursprungliga platser och att flervägskontakten återansluts ordentligt.

Temperaturgivare för kylarvätska

Demontering

11 Givaren är inskruvad i insugsröret **(se bild)**. Se till att motorn är helt kall, släpp sedan ut trycket ur kylsystemet genom att ta bort och sedan sätta tillbaka expansionskärlets påfyllningslock (se *Veckokontroller*).

12 Ta loss klamrarna och ta bort insugsresonatorn från gasspjällhusets ovansida.

13 Lossa kontaktdonet från givaren.

14 Skruva loss givaren från det undre insugsröret. Var beredd på visst spill av kylvätska.

Montering

15 Rengör gängorna, sätt därefter in givaren i insugsröret och dra åt ordentligt.

16 Montera kontaktdonet, återanslut sedan insugsresonatorn och se till att de två O-ringstätningarna monteras ordentligt.

17 Fyll på kylsystemet enligt beskrivningen i "*Veckokontroller*".

Gasspjällets lägesgivare

Demontering

18 Se till att tändningen är avstängd.

19 Lossa klamrarna och ta bort insugsresonatorn från gasspjällhusets ovansida.

20 Lossa klamrarna och ta bort vevhusventilationens slang från ventilkåpan och gasspjällhuset.

21 Dra bort tomgångsventilen från fästets pinnbult och för den åt sidan.

22 Koppla loss kontaktdonet från gasspjällets lägesgivare.

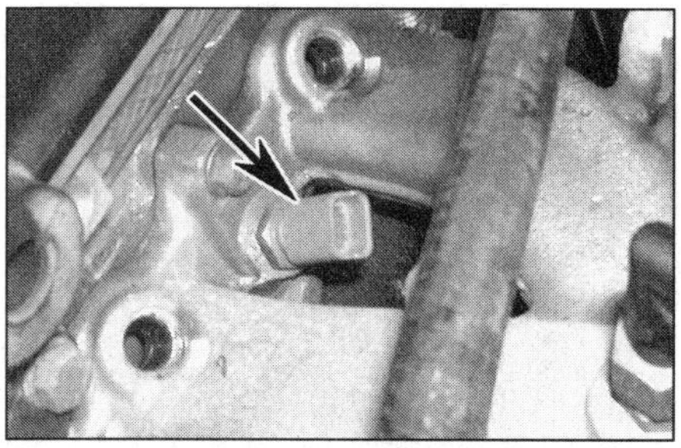

14.11 Temperaturgivaren för kylarvätska (vid pilen) är inskruvad i insugsröret (bränslefördelarskena och insprutare är borttagna)

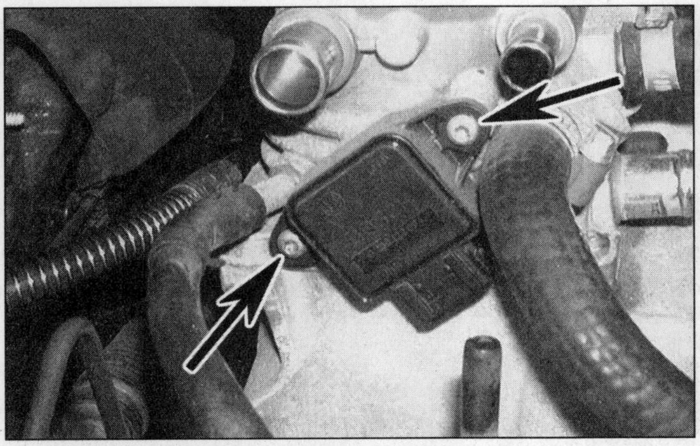

14.23 Fästskruvar till gasspjällets lägesgivare (vid pilarna)

14.26 Lambdasondens placering i det främre avgasröret

23 Skruva loss fästskruvarna och dra bort givaren från änden av gasspjällets axel **(se bild)**. Ta loss O-ringstätningen.

Montering

24 Montering sker i omvänd ordningsföljd. Se till att O-ringstätningen till gasspjällets lägesgivare monteras ordentligt. Kontrollera att de två O-ringstätningarna monteras ordentligt när insugsresonatorn monteras på gasspjällhuset.

Lambdasond

Demontering

25 Se till att tändningen är avstängd.

26 Skruva loss sonden från det främre avgasröret **(se bild)**. En hylsa med skåra krävs eftersom sonden sitter ihop med kabeln.

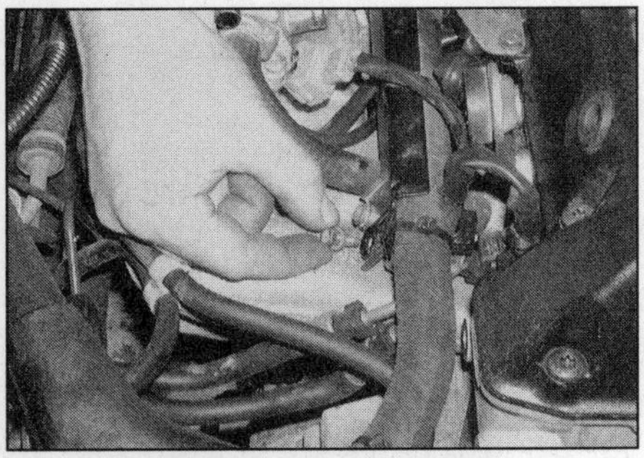

14.36a Lossa och ta bort skruvarna. . .

27 Lossa givarens kablage från fästklamrarna i motorrummet, observera hur det är draget.

28 Koppla loss sondens kablage från huvudkabelhärvan vid kontaktdonet till vänster om topplocket, och ta bort det från motorrummet.

Montering

29 Montering sker i omvänd ordningsföljd. Smörj in givarens gängor med ett lämpligt antikärvningsfett som tål höga temperaturer, montera sedan givaren och dra åt till angivet moment.

Bränsleinsprutare, bränslefördelarskena och tryckregulator

Observera: *Läs varningstexten i slutet av avsnitt 1 innan arbetet påbörjas.*

Demontering

30 Tryckutjämna bränslesystemet enligt beskrivningen i avsnitt 8. Se till att tändningen är avstängd under tiden.

31 Ta loss klamrarna och ta bort insugsresonatorn från gasspjällhusets ovansida.

32 Lossa klamrarna och ta bort vevhusventilationens slang från ventilkåpan och gasspjällhuset.

33 Dra bort tomgångsventilen från fästets pinnbult och för den åt sidan.

34 Skruva loss oljemätstickans rör från topplockets baksida.

35 Se avsnitt 3 och koppla loss gasvajern från gasspjällhuset. I förekommande fall, se avsnitt 5 och koppla bort farthållarens kabel från gasspjällhuset.

36 Skruva loss de två skruvarna som fäster kabelstyrningen vid bränslefördelarskenan. Lossa kabelklämmorna och koppla loss kabelhärvan från kabelstyrningen. Ta bort kabelstyrningen från motorrummet **(se bilder)**.

37 Lossa låsklamrarna och koppla loss kablarna från de fyra bränsleinsprutarna **(se bild)**. Markera kontaktdonen för att underlätta återmonteringen.

38 Koppla loss bränsletillförsel- och retur-slangarna från den högra änden av bränsle-fördelarskenan. Slangarna innehåller snabbutlösningsanslutningar som vanligtvis kräver tillgång till ett specialverktyg. Verktyget består av en plastring som glider mellan bränsleslangens fäste och bränsleröret som leder till bränslefördelarskenan. När verktyget trycks in på rätt ställe bänds de fyra flikarna inuti snabbanslutningen ut och slangen kan kopplas loss. Samma effekt kan uppnås med en bit plaströr, skär en skåra längsmed röret så det går att trä över bränsleröret. Observera att gummimuffarna måste bändas bort från fästena innan slangen kan kopplas loss **(se bilder)**.

14.36b . . . ta sedan bort kabelstyrningen

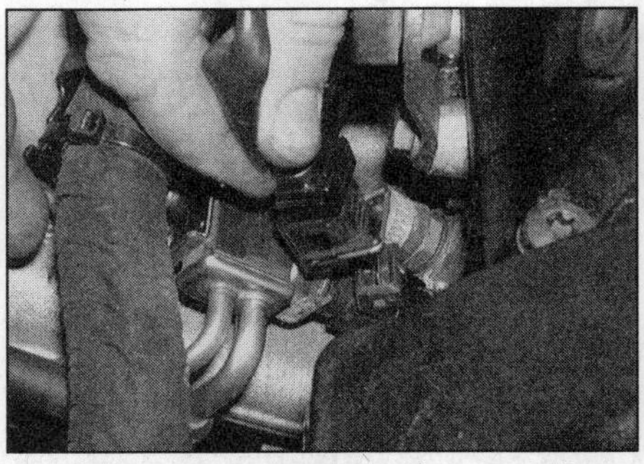

14.37 Koppla loss kontaktdonen från bränsleinsprutarna

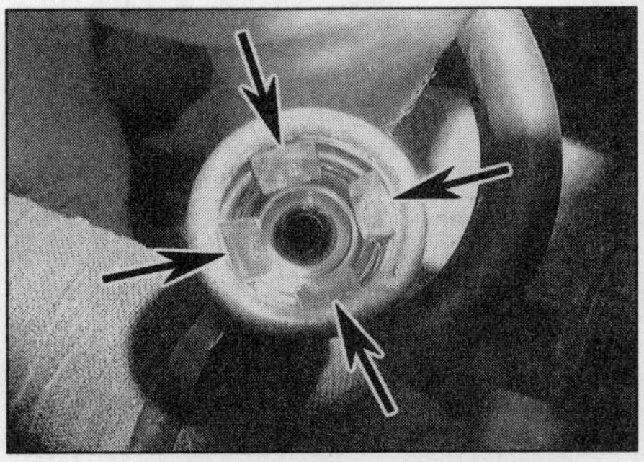

14.38a Snabbutlösningsanslutningen innehåller fyra inre flikar (vid pilarna)

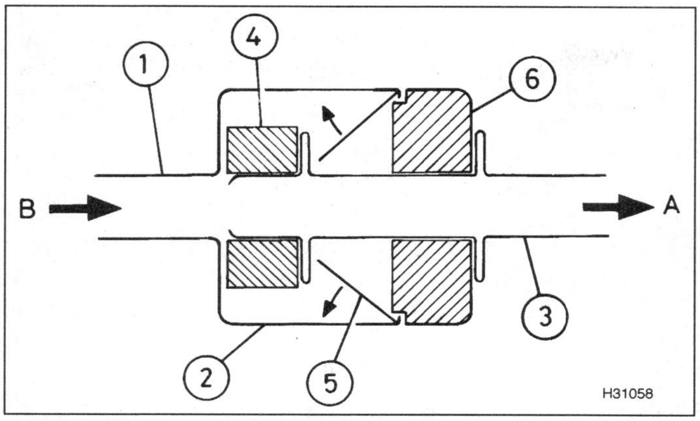

14.38b Slangens snabbutlösningsanslutning i genomskärning

A Till bränsle-fördelarskenan
B Från bränsle-tanken
1 Bränsleslang
2 Snabbutlösnings-anslutning
3 Bränslerör
4 Tätning
5 Fjäderflik
6 Muff

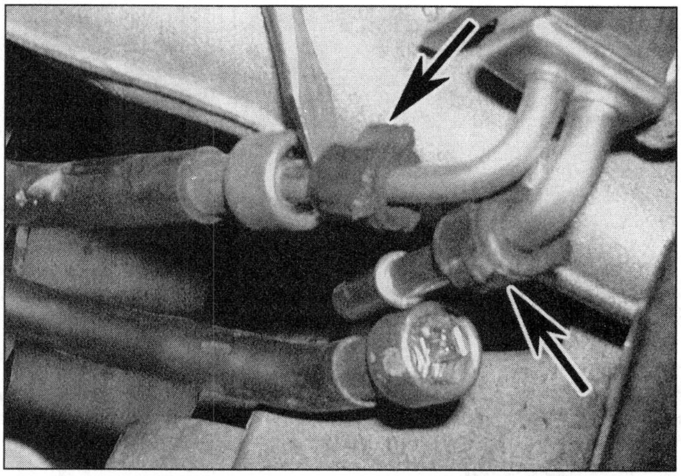

14.38c Gummimuffarna måste bändas bort från kopplingen innan slangarna kan kopplas loss

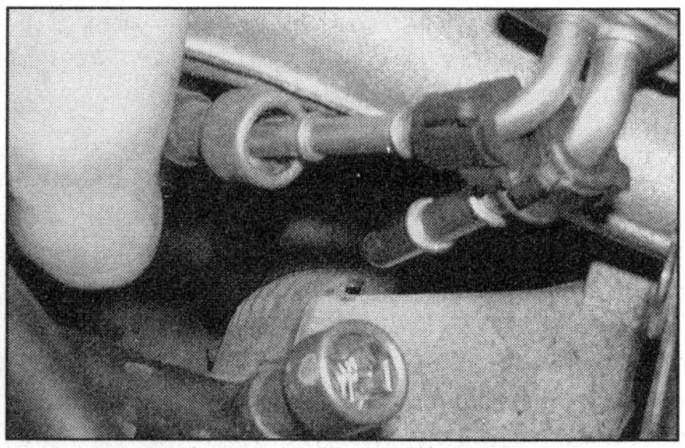

14.38d Koppla loss bränsletillförsel- och returslangarna från bränslefördelarskenan

39 Ta bort de två skruvarna som fäster bränslefördelarskenan vid topplocket **(se bild)**. Lägg en trasa under bränslefördelarskenan för att suga upp det bränsle som läcker ut när bränslefördelarskenan demonteras.

40 Lyft bränslefördelarskenan från insugsröret tillsammans med bränsleinsprutarna. Om det behövs, lossa metalklämman och ta bort bränsletrycksregulatorn från bränslefördelarskenans vänstra ände. Ta loss O-ringstätningen **(se bilder)**.

41 Bänd bort fästklamrarna och dra bort bränsleinsprutarna från bränslefördelarskenan. Ta loss O-ringstätningarna av gummi **(se bilder)**.

Montering

42 Montering sker i omvänd ordningsföljd. Montera bränsleinsprutarna på bränslefördelarskenan, tryck sedan in bränslefördelarskenan och bränsleinsprutarna i insugsröret som en enhet. Smörj lite vaselin på O-ringstätningarna av gummi innan de monteras i insugsröret, då blir det lättare att få in bränsleinsprutarna. Se till att rätt kontaktdon ansluts till rätt bränsleinsprutare.

14.39 Ta bort skruvarna . . .

14.40a . . . och lyft bort bränslefördelarskenan från insugsröret

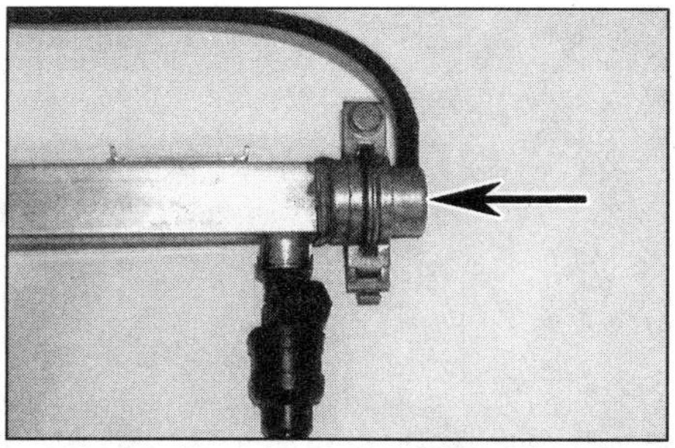

14.40b Skruva loss skruven och lossa metallklämman för att ta bort bränsletrycksregulatorn (vid pilen)

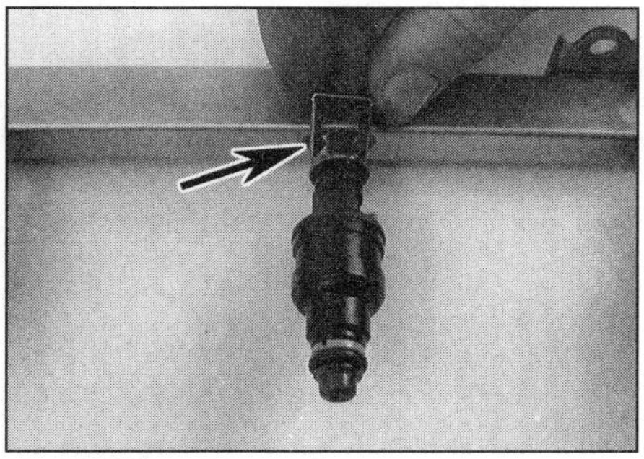

14.41a Bänd ut fästklamrarna . . .

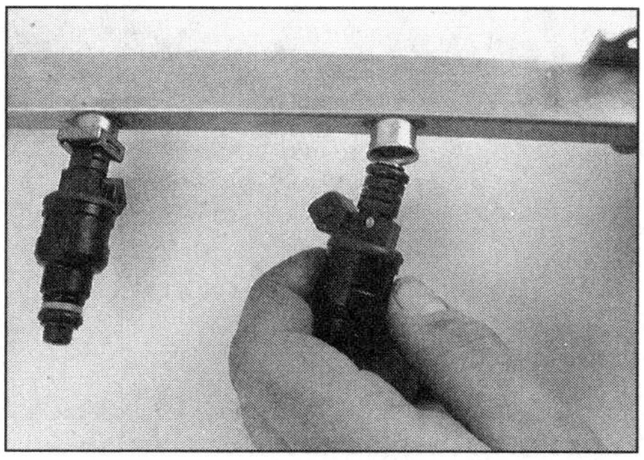

14.41b . . . och dra bort bränsleinsprutarna från bränslefördelarskenan

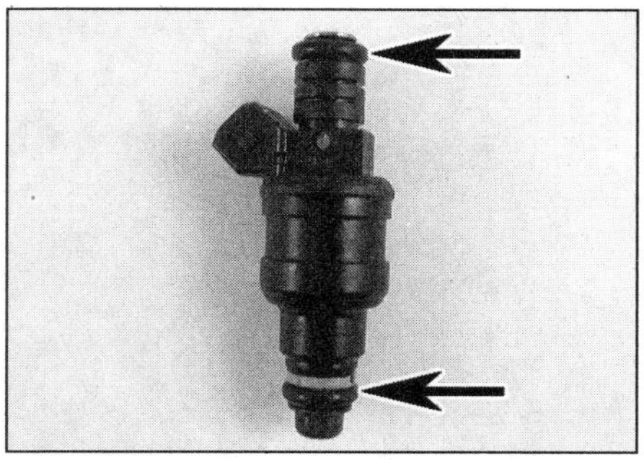

14.41c Byt O-ringstätningar

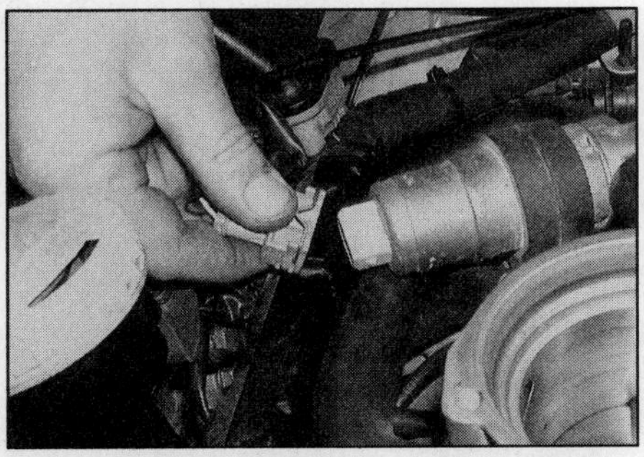

14.45a Koppla loss kontaktdonet från ventilens nederdel . . .

Kontrollera att de två stora O-ringstätningarna monteras ordentligt när insugsresonatorn monteras på gasspjällhuset.

Tomgångsventil

Demontering

43 Se till att tändningen är avstängd.

44 Ta loss klamrarna och ta bort insugsresonatorn från gasspjällhusets ovansida.

45 Koppla loss kontaktdonet från ventilens nederdel, dra sedan loss ventilen från dess pinnbult **(se bilder)**.

46 Lossa luftslangarna från portarna på gasspjällshuset och ta bort ventilen från motorrummet **(se bilder)**.

Montering

47 Montering sker i omvänd ordningsföljd. Kontrollera att de två O-ringstätningarna monteras ordentligt när insugsresonatorn monteras på gasspjällhuset.

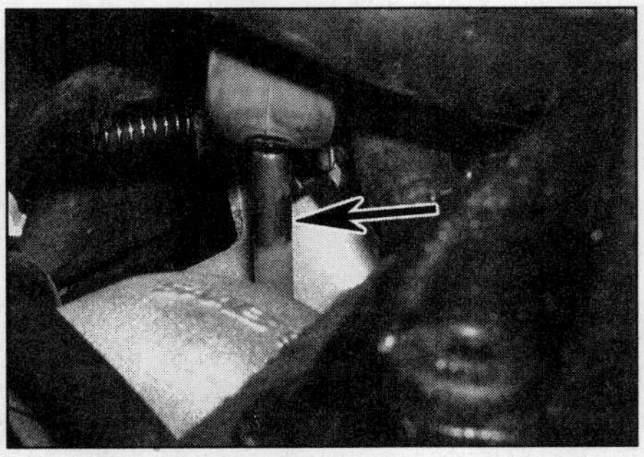

14.45b . . . dra sedan bort ventilen från pinnbulten (vid pilen)

Förångarens rensventil

Demontering

48 Se till att tändningen är avstängd.

49 Ta bort den del av den flexibla insugstrumman som kopplar ihop luftflödesmätaren med resonatorn.

50 Koppla loss kablarna från rensventilen, koppla sedan bort vakuumslangarna, anteckna monteringsordningen för att underlätta monteringen.

51 Lossa ventilen från fästkragen och ta bort den från motorrummet.

Montering

52 Montering sker i omvänd ordningsföljd.

Luftflödesmätare

Demontering

53 Se till att tändningen är avstängd.

54 Koppla loss kontaktdonet från sidan av luftflödesmätaren **(se bild)**.

55 Lossa slangklämmorna, ta bort fjäderklamrarna och koppla bort mätaren från luftrenaren och det mjuka insugslufttrumman **(se bilder)**.

Montering

56 Montering sker i omvänd ordningsföljd.

Kamaxelgivare

57 Kamaxelgivaren sitter i hop med tändfördelaren; se kapitel 5B för information om demontering och montering.

Gasspjällhus

Demontering

58 Ta bort kåpan, lossa sedan klammern och koppla loss insugsslangen från gasspjällhusets ovansida.

59 Koppla loss kontaktdonet från gasspjälllägesgivaren.

60 När motorn är kall, skruva loss expansionskärlets påfyllningslock, sätt därefter tillbaka locket och dra åt det.

61 Lossa klamrarna, koppla loss kylvätskeslangarna från gasspjällhuset och plugga igen dem.

62 Koppla loss vevhusventilationens slang från gasspjällhuset **(se bild)**.

63 Koppla loss tomgångsventilens slang från gasspjällhuset.

64 Koppla loss gasvajern (och om det behövs farthållarvajern) enligt beskrivningen i avsnitt 3 och 5.

65 Skruva loss fästskruvarna och lyft bort

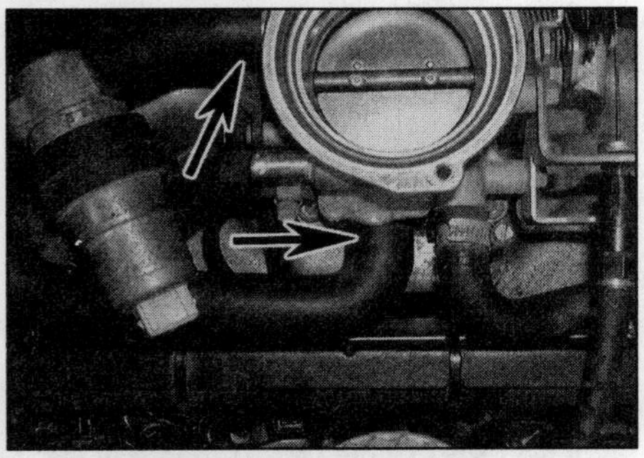

14.46a Lossa luftslangarna från gasspjällhusets portar (vid pilarna) . . .

14.46b . . . och ta sedan bort ventilen från motorrummet

14.54 Koppla loss kontaktdonet från sidan av luftflödesmätaren

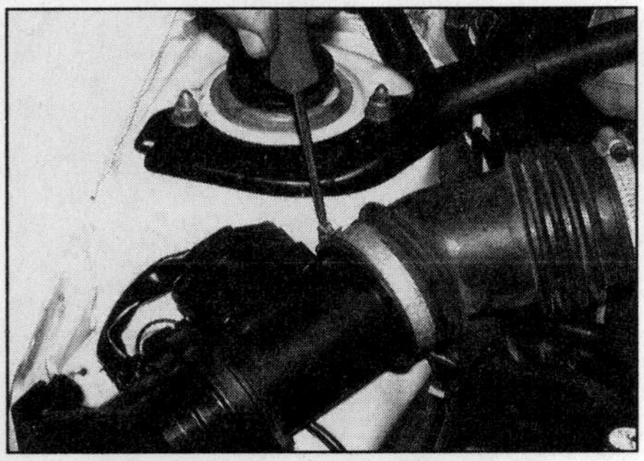

14.55a Lossa slangklämmorna . . .

14.55b . . . lossa klamrarna och koppla bort mätaren från luftrenaren och den flexibla insugstrumman

14.62 Koppla loss vevhusventilationens slang från gasspjällhuset

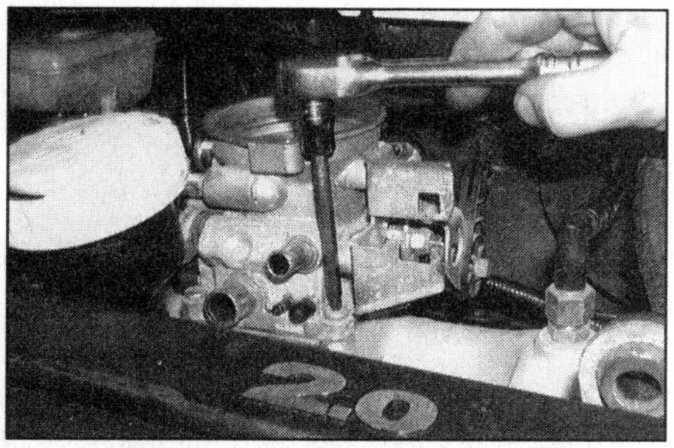

14.65 Gasspjällhusets fästskruvar lossas

gasspjällhuset från insugsröret **(se bild)**. Ta loss O-ringen.

Montering

66 Rengör kontaktytorna mellan gasspjällhuset och insugsröret, montera därefter gasspjällshuset tillsammans med en ny O-ring. Dra åt fästskruvarna.

67 Återanslut och justera gasvajern (och där så behövs farthållarvajern) enligt beskrivningen i avsnitt 3.

68 Återanslut tomgångsventilens och vevhusventilationens slangar.

69 Återanslut kylarvätskeslangarna och dra åt klamrarna.

70 Återanslut kontaktdonet till gasspjällets lägesgivare.

71 Återanslut gummislangen till gasspjällhuset och dra åt klammern.

72 Fyll på kylsystemet enligt beskrivningen i *"Veckokontroller"*.

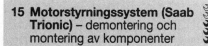

15 Motorstyrningssystem (Saab Trionic) – demontering och montering av komponenter

Varning: Se föreskrifterna i avsnitt 1 och informationen i avsnittet "Säkerheten främst" i början av boken innan någon av bränslesystemets komponenter åtgärdas.

Elektronisk styrenhet (ECU)

Demontering

1 Se till att tändningen är avslagen. Lossa batteriets negativa kabel och placera den på avstånd från batteriet.

2 Inne i bilen, demontera handskfacket.

3 Dra undan mattan för att komma åt styrenheten som sitter på karossen vid A-stolpens fot. Ta bort centrallåssystemets relä från fästena.

4 Lossa låsarmen och koppla loss kontakten från undersidan av styrenheten.

5 Skruva loss fästskruvarna och ta bort styrenheten från bilen.

Montering

6 Montering sker i omvänd ordningsföljd. Se till att kabelhärvans kontakt fästs ordentligt med låsarmen. Observera att om en ny styrenhet har monterats så kommer den undan för undan att "lära sig" motorns egenskaper medan bilen körs. Körbarhet, prestanda och bränsleekonomi kan därför vara något sämre under den här perioden.

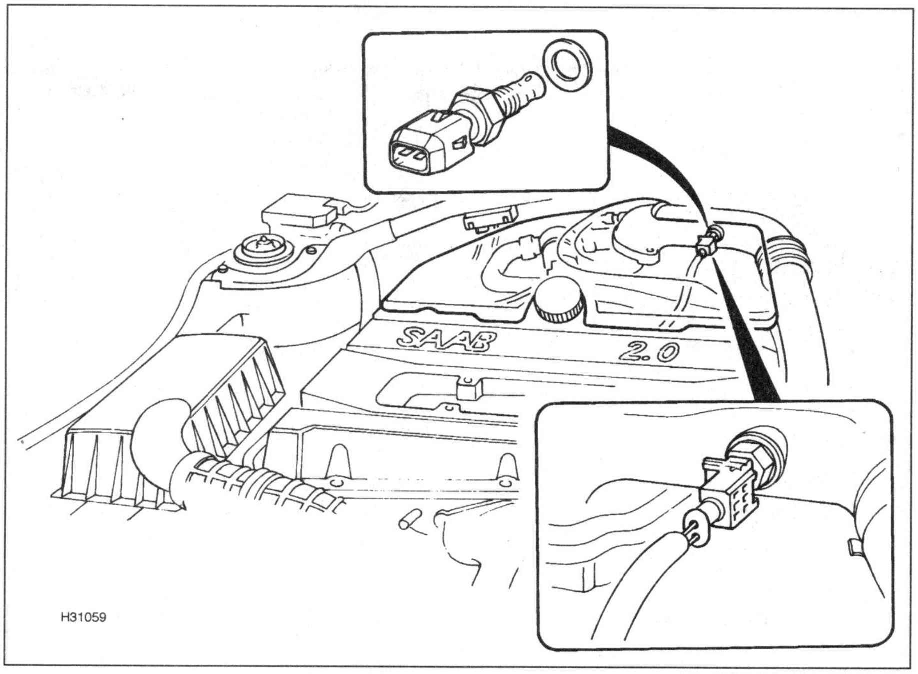

15.8 Temperaturgivare för insugsluft

Temperaturgivare för insugsluft

Demontering

7 Lossa fästena och ta bort kåpan ovanför gasspjällhuset.

8 Koppla loss kablaget från givaren, som är placerad i huvudinsugstrumman till gasspjällhuset. Skruva loss givaren från insugstrumman och ta loss tätningsbrickan **(se bild)**.

Montering

9 Montering sker i omvänd ordning, men kontrollera och byt tätningsbrickan om det behövs.

Givare för absolut tryck i insugsröret (MAP-givare)

Demontering

10 Lossa fästena och ta bort kåpan ovanför gasspjällhuset.

11 Koppla loss kontaktdonet och vakuumslangen, ta sedan bort fästskruvarna och koppla loss givaren från undersidan av tvärbalken i motorrummet **(se bild)**.

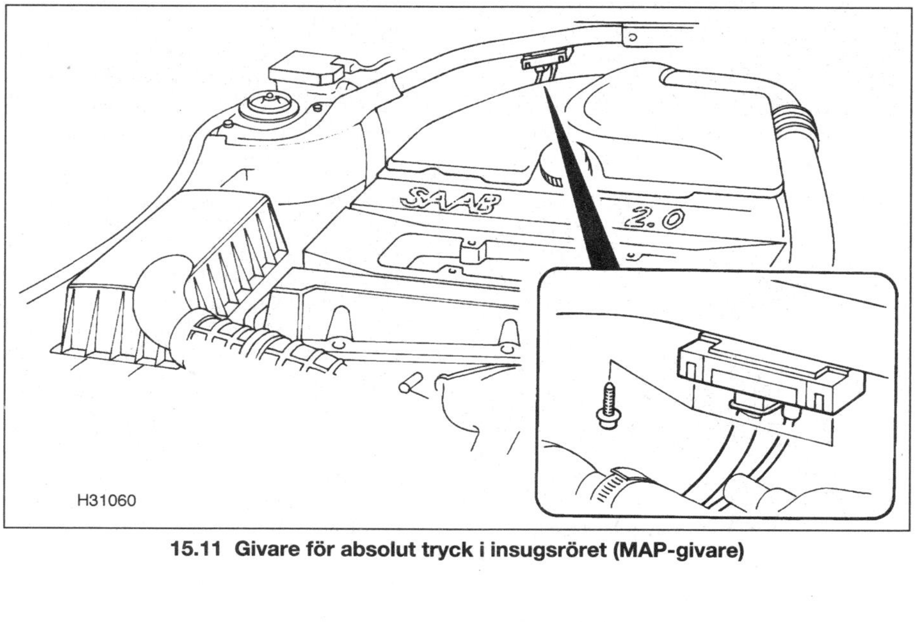

15.11 Givare för absolut tryck i insugsröret (MAP-givare)

Montering

12 Montering sker i omvänd ordningsföljd.

Motorns temperaturgivare för kylarvätska

Demontering

13 Givaren är inskruvad i insugsröret. Se till att motorn är helt kall, släpp ut trycket ur kylsystemet genom att ta bort och sedan sätta tillbaka expansionskärlets påfyllningslock (se *Veckokontroller*).

14 Ta loss klamrarna och ta bort insugsresonatorn från gasspjällhusets ovansida.

15 Lossa kontaktdonet från givaren.

16 Skruva loss givaren från det undre insugsröret. Var beredd på visst spill av kylvätska.

Montering

17 Rengör gängorna, sätt därefter in givaren i insugsröret och dra åt ordentligt.

18 Se till att montera kontaktdonet ordentligt.

19 Fyll på kylsystemet enligt beskrivningen i "*Veckokontroller*".

Vevaxelns lägesgivare

Demontering

20 Vevaxelns lägesgivare är placerad på motorblockets framsida, i anslutning till fogytan på växellådans balanshjulskåpa.

21 Ta bort kåpan ovanför gasspjällhuset, lossa sedan slangklämmorna och ta bort insugstrumman för att komma åt vevaxelns lägesgivare. Observera hur kablaget till vevaxelns lägesgivare är draget. Koppla loss kablaget vid kontaktdonet till vänster om topplocket. Lossa kablaget från fästklamrarna som sitter utmed hela kablarnas längd.

22 Ta bort fästskruven och dra bort givaren från sin plats på motorblockets främre vänstra sida. Ta bort kragen och O-ringen, observera hur O-ringen är monterad. Rengör sätet i motorblocket.

Montering

23 Montering sker i omvänd arbetsordning, se till att kragen och O-ringen monteras ordentligt. Dra åt givarens fästskruv till angivet moment. Se till att kablarna hålls fast med klamrarna/kabelklämmorna på sina ursprungliga platser och att flervägskontakten återansluts ordentligt.

Gasspjällets lägesgivare

Demontering

24 Se till att tändningen är avstängd.

25 Lossa fästena och ta bort kåpan från gasspjällshusets ovansida.

26 Lossa klamrarna och ta bort vevhusventileringens slang från ventilkåpan och gasspjällshuset.

27 Dra bort tomgångsventilen från fästets pinnbult och för den åt sidan.

28 Koppla loss kontaktdonet från gasspjällets lägesgivare.

29 Skruva bort fästskruvarna och dra bort givaren från änden av gasspjällets axel. Ta loss O-ringstätningen.

Montering

30 Montering sker i omvänd ordningsföljd. Se till att O-ringstätningen till gasspjällets lägesgivare monteras ordentligt.

Tomgångsventil

Demontering

31 Se till att tändningen är avstängd.

32 Lossa fästena och ta bort kåpan från gasspjällhusets ovansida.

33 Koppla loss kontaktdonet från ventilens nederdel, dra sedan loss ventilen från dess pinnbult. Observera åt vilket håll flödespilen på ventilhuset pekar.

34 Lossa luftslangarna från portarna på gasspjällhuset och ta bort ventilen från motorrummet.

Montering

35 Montering sker i omvänd ordningsföljd. Flödespilen på ventilhuset måste peka bort från gasspjällhuset.

Bränslefördelarskena, bränsleinsprutare och tryckregulator

Observera: *Läs varningstexten i slutet av avsnitt 1 innan arbetet påbörjas.*

Demontering

36 Tryckutjämna bränslesystemet enligt beskrivningen i avsnitt 8. Se till att tändningen är avstängd under tiden.

37 Lossa fästena och ta bort kåpan från gasspjällhusets ovansida.

38 Lossa klamrarna och ta bort vevhusventilationens slang från ventilkåpan och gasspjällhuset.

39 Dra bort tomgångsventilen från fästets pinnbult och för den åt sidan.

40 Skruva loss oljemätstickans rör från topplockets baksida.

41 Se avsnitt 3 och koppla loss gasvajern från gasspjällhuset. I förekommande fall, se avsnitt 5 och koppla bort farthållarens kabel från gasspjällhuset.

42 Skruva bort de två skruvarna som fäster kabelstyrningen vid bränslefördelarskenan. Lossa kabelklämmorna och koppla loss kabelhärvan från kabelstyrningen. Ta bort kabelstyrningen från motorrummet.

43 Lossa låsklamrarna och koppla bort kablarna från de fyra bränsleinsprutarna. Märk kontaktdonen för att underlätta återmonteringen.

44 Ta bort de två skruvarna som fäster bränslefördelarskenan vid topplocket. Lägg en trasa under bränslefördelarskenan för att suga upp den bensin som läcker ut när bränslefördelarskenan tas bort.

45 Lyft bränslefördelarskenan från insugsröret tillsammans med bränsleinsprutarna. Om det behövs, lossa metallklämman och ta bort bränsletrycksregulatorn från bränslefördelarskenans vänstra ände. Ta loss O-ringstätningen.

46 Bänd bort fästklamrarna och dra bort insprutarna från bränslefördelarskenan. Ta loss O-ringstätningarna av gummi.

Montering

47 Montering sker i omvänd ordningsföljd. Montera bränsleinsprutarna på bränslefördelarskenan och tryck in skenan och insprutarna i insugsröret som en enhet. Smörj lite vaselin på O-ringstätningarna innan de monteras i insugsröret, då blir det lättare att få in bränsleinsprutarna. Se till att rätt kontaktdon ansluts till rätt bränsleinsprutare. Kontrollera att de två O-ringstätningarna monteras ordentligt när insugsresonatorn monteras på gasspjäll-huset.

Gasspjällhus

Demontering

48 Lossa klammern och koppla bort gummislangen från gasspjällhuset.

49 Koppla loss kontaktdonet från gasspjällhusets lägesgivare.

50 När motorn är kall, skruva loss expansionskärlets påfyllningslock, sätt därefter tillbaka locket och dra åt det.

51 Lossa klamrarna, koppla därefter loss kylvätskeslangarna från gasspjällhuset och plugga igen dem.

52 Koppla loss vevhusventilationens slang från gasspjällhuset.

53 Koppla loss tomgångsventilens slang från gasspjällhuset.

54 Koppla loss gasvajern (och om det behövs farthållarvajern) enligt beskrivningen i avsnitt 3 och 5.

55 Skruva loss fästmuttrarna och ta bort gasspjällhuset från insugsröret. Ta loss O-ringen.

Montering

56 Rengör kontaktytorna mellan gasspjällhuset och insugsröret, montera därefter gasspjällshuset tillsammans med en ny O-ring. Dra åt fästbultarna.

57 Återanslut och justera gasvajern (och där så behövs farthållarvajern) enligt beskrivningen i avsnitt 3.

58 Återanslut tomgångsventilens och vevhusventilationens slangar.

59 Återanslut kylvätskeslangarna och dra åt klamrarna.

60 Återanslut kontaktdonet till gasspjällets lägesgivare.

61 Återanslut gummislangen till gasspjällhuset och dra åt klammern.

62 Fyll på kylsystemet enligt beskrivningen i "*Veckokontroller*".

Laddtrycksventil

Demontering

63 Ventilen är placerad i motorrummets främre högra hörn.

64 Se till att tändningen är avstängd, koppla sedan loss kontaktdonet från ventilen.

65 Märk slangarna som leder till ventilen för att hålla reda på deras korrekta placeringar, lossa sedan klamrarna och ta loss slangarna från ventilportarna.

66 Skruva loss skruvarna och ta bort laddtrycksventilen från motorrummet.

Montering

67 Montering sker i omvänd ordningsföljd. Det är av största vikt att slangarna monteras till korrekta portar på laddtrycksventilen **(se bild)**.

Förbikopplingsventil för laddtryck

Demontering

68 Koppla loss vakuumslangen från ventilhusets ovansida.

69 Lossa klamrarna och koppla loss insugslufttrummorna från sidorna av förbikopplingsventilen **(se bild)**.

Montering

70 Montering sker i omvänd ordningsföljd.

Lambdasond

71 Se informationen i kapitel 14.

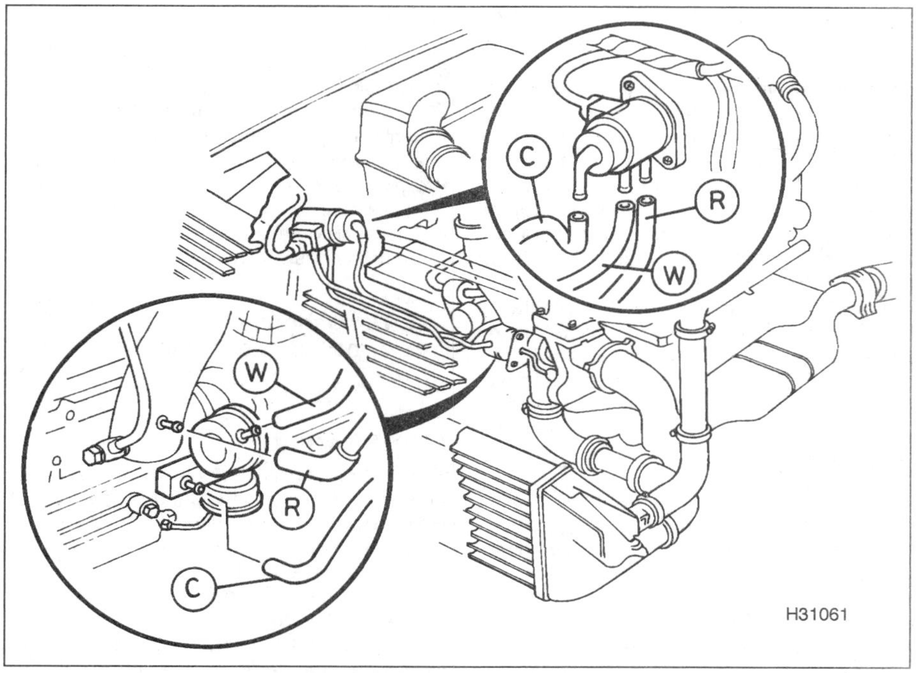

15.67 Laddtrycksventilens placering och slanganslutningar

W Anslutning wastegate *R Insugslufttrummans anslutning* *C Turboaggregatets anslutning*

16 Turboaggregat – beskrivning och föreskrifter

Beskrivning

1 Turboaggregaten på 2.0 liters turbomodeller ökar motorns verkningsgrad och prestanda genom att höja trycket i insugsröret över atmosfäriskt tryck. I stället för att insugsluften sugs in i förbränningskammaren tvingas den dit under tryck. Det leder till en större ökning av laddningstrycket under förbränning och förbättrad bränsleförbränning, så att motorns termiska verkningsgrad ökar. Vid dessa förhållanden tillsätts extra bränsle från bränsleinsprutningssystemet, i proportion till det ökade luftflödet.

2 Turboaggregatet drivs av avgaserna. Gasen flödar genom ett specialutformat hus (turbinhuset) där den får turbinhjulet att snurra. Turbinhjulet sitter på en axel och i änden av axeln sitter ett till vingförsett hjul, kompressorhjulet. Kompressorhjulet snurrar i sitt eget hus och komprimerar insugsluften på väg till insugsröret.

3 Mellan turboaggregatet och insugsröret passerar den komprimerade luften genom en mellankylare. I mellankylaren, som sitter framför kylaren, kyls varm luft ner med kall luft från den främre grillen och de elektriska kylfläktarna. Insugsluftens temperatur stiger vid komprimeringen i turboaggregatet – mellankylaren kyler ner luften igen innan den når motorn. Eftersom kall luft har högre densitet än varm luft går det då att tvinga in en större luftmassa (med samma volym) i förbränningskamrarna vilket resulterar i ytterligare ökning av motorns termiska verkningsgrad.

4 Laddtrycket (trycket i insugsröret) begränsas av en wastegate som leder bort avgaserna från turbinhjulet som reaktion på ett tryckkänsligt manövreringsorgan. Wastegate styrs av motorstyrningssystemets styrenhet, via en elektronisk laddtrycksventil. Styrenheten öppnar och stänger (modulerar) laddtrycksventilen flera gånger i sekunden, med resultatet att wastegate utsätts för grenrörets vakuum i en serie snabba pulser – pulsernas täthet beror i huvudsak på motorns varvtal och belastning. Styrenheten visar laddtrycket via insugsrörets tryckgivare, och använder laddtrycksventilen för att upprätthålla optimalt tryck under alla motorvarvtal. Om styrenheten upptäcker förtändning ('spikning' eller 'tändningsknack') minskas laddtrycket för att hindra skador på motorn; se kapitel 5B för ytterligare information.

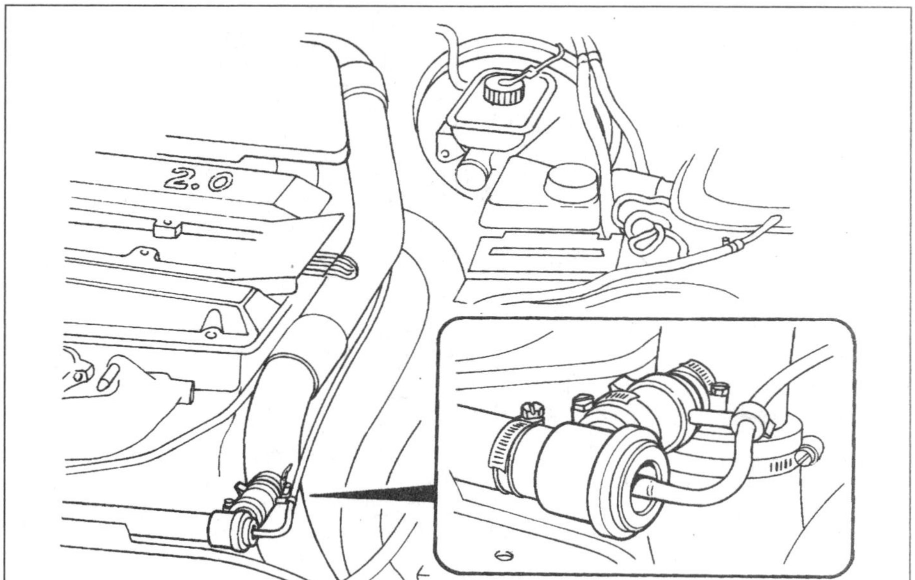

15.69 Placering av förbikopplingsventil för laddtryck

5 En förbikopplingsventil i luftflödet mellan de låga och höga trycktillförselsidorna på turboaggregatets kompressor gör det möjligt att avyttra överflödigt laddtryck i insugstrumman när gasspjället är stängt vid höga motorvarvtal (dvs. under motorbroms eller inbromsning). Det förbättrar körbarheten genom att förhindra att kompressorn överstegras (och minskar därför turboförskjutningen), och genom att eliminera den överbelastning som annars skulle uppstå när gasspjället öppnas.

6 Turboaxeln trycksmörjs av ett oljematarrör från huvudoljeledningarna. Axeln "flyter" på en dyna av olja och har inga rörliga lager. Ett avtappningsrör för tillbaka oljan till sumpen. Turbinhuset är vattenkylt med ett system av kylvätsketillförsel- och returslangar **(se bild)**.

Föreskrifter

7 Turboaggregatet arbetar vid extremt höga hastigheter och temperaturer. Vissa säkerhetsåtgärder måste vidtas under reparationsarbetet för att undvika personskador och skador på turboaggregatet.

8 Kör aldrig turbon med någon del exponerad eller med någon av slangarna demonterade. Om ett föremål skulle falla ner på de roterande vingarna kan det orsaka omfattande materiella skador och (om det slungas ut) personskador.

9 Varva inte motorn direkt efter starten, särskilt inte om den är kall. Låt oljan cirkulera i några sekunder.

10 Låt alltid motorn gå ned på tomgång innan den stängs av – varva inte upp motorn och vrid av tändningen, eftersom aggregatet då inte får någon smörjning.

11 Låt motorn gå på tomgång under några minuter efter körning med hög belastning. Då svalnar slangarna till turbinhuset innan kylvätskan slutar cirkulera.

12 Observera de rekommenderade intervallerna för påfyllning av olja och byte av oljefilter och använd olja av rätt märke och kvalitet. Oregelbundna oljebyten eller användning av begagnad olja eller olja av dålig kvalitet, kan orsaka sotavlagringar på turboaxeln med driftstopp som följd.

17 Turboaggregat – demontering och montering

Demontering

1 Dra åt handbromsen och lyft med hjälp av en domkraft upp framvagnen på pallbockar (se *Lyftning och stödpunkter*).

2 Ta bort skölden under kylaren, tappa sedan av kylsystemet enligt beskrivningen i kapitel 1.

3 Lossa klamrarna och koppla loss luftslangen mellan turboaggregatet och mellankylaren. Ta på samma sätt bort insugsluftslangen som leder mellan luftrenaren och turboaggregatets insugskrök, tillsammans med förbikopplingsventilen för laddtryck.

4 Skruva loss och ta bort det främre avgasröret och katalysatorn.

5 Skruva loss och ta bort turboaggregatets fäste. För att komma åt lättare, ta bort låsringen och koppla loss membranenhetens styrarm från axeln wastegateventilens axel.

6 Lossa anslutningarna och koppla loss oljetillförsel- och returrören från turboaggregatet. Täpp igen de öppna portarna för att hindra smuts från att komma in.

7 Märk de tre slangarna som går till laddtrycksventilen för att underlätta monteringen. Lossa klamrarna och koppla loss slangarna från turboaggregatet, wastegatens aktiverare och luftslangen.

8 Skruva loss insugskröken från turboaggregatets inlopp och ta bort den. Observera att detta innefattar demontering av vevhusventilationsröret som är kopplat till sidan av insugskröken.

9 Skruva loss anslutningarna och koppla loss kylvätsketillförsel- och returanslutningarna från turbinhuset. Täpp igen de öppna portarna för att hindra smuts från att komma in.

10 Skruva loss turboaggregatets fästmuttrar och ta bort turboaggregatet från avgasgrenrörets pinnbultar.

Montering

11 Montera instrumentbrädan i omvänd ordningsföljd, men observera följande punkter:

a) Fyll turboaggregatets inre kammare med ren motorolja genom oljetillförselanslutningen på turboaggregatet. Detta är viktigt eftersom det måste finnas olja i turboaggregatet när motorn startas.

b) Rengör avgasgrenrörets kontaktyta noga innan turboaggregatet monteras.

c) Byt alla kopparanslutningars tätningsbrickor, O-ringstätningar och packningar i förekommande fall.

d) Dra åt alla muttrar, bultar och olje- och kylvätskeanslutningar till angivna moment där så anges.

e) Lägg ett lämpligt värmetåligt antikärvningsfett på gängorna till pinnbultarna och muttrarna mellan avgassystemet och turboaggregatet samt avgasgrenröret och turboaggregatet.

f) Se till att laddtrycksventilens slangar monteras korrekt på turboaggregatet, wastegatens aktiverare och luftslangen (se avsnitt 15, bild 15.67).

g) Montera membranenhetens styrarm på wastegateaxeln och fäst den med låsringen.

12 När monteringen är klar, kontrollera att kylarens avtappningsplugg är ordentligt åtdragen och montera skölden.

13 Sänk ner bilen och kontrollera motoroljan, fyll på om det behövs (se *Veckokontroller*). Om ett nytt turboaggregat har monterats bör motoroljan bytas innan motorn startas eftersom det skyddar turbolagren under inkörningsperioden.

14 Fyll på kylsystemet (se kapitel 1).

15 Laddtrycket bör kontrolleras av en Saabverkstad så snart som möjligt.

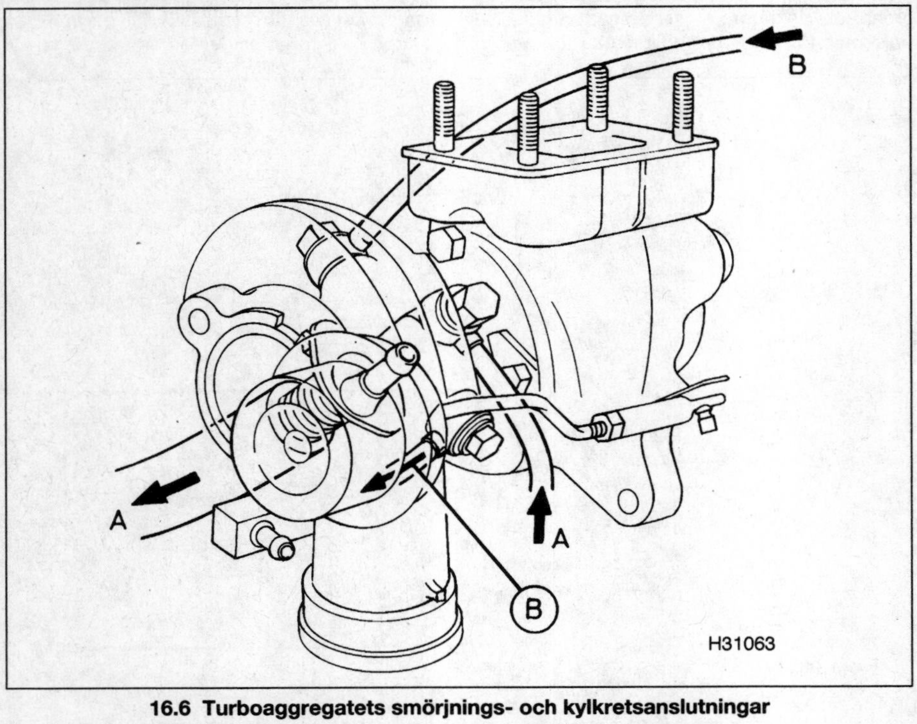

16.6 Turboaggregatets smörjnings- och kylkretsanslutningar

A Smörjning *B Kylning*

18 Mellankylare – demontering och montering

Demontering

1 Demontera den främre grillen enligt beskrivningen i kapitel 11.
2 Se kapitel 12 och demontera signalhornet, båda strålkastarna och båda blinkers.
3 Hissa upp bilens framvagn och stöd den på pallbockar (se *Lyftning och stödpunkter*). Demontera den främre stötfångaren enligt beskrivningen i kapitel 11.
4 Lossa slangklämmorna och ta loss luftslangarna från mellankylarens vänstra ände.
5 Skruva bort mellankylarens fästskruvar tillsammans med fästpelarna, brickorna och muffarna.
6 Flytta bort mellankylaren från frontpanelen, lyft bort den från fästena och ta bort den från motorrummet.

Montering

7 Montering sker i omvänd ordningsföljd. Se till att luftslangens klamrar sitter åt ordentligt.

19 Insugsrör – demontering och montering

Varning: Se föreskrifterna i avsnitt 1 och informationen i avsnittet "Säkerheten främst" i början av boken innan någon av bränslesystemets komponenter åtgärdas.

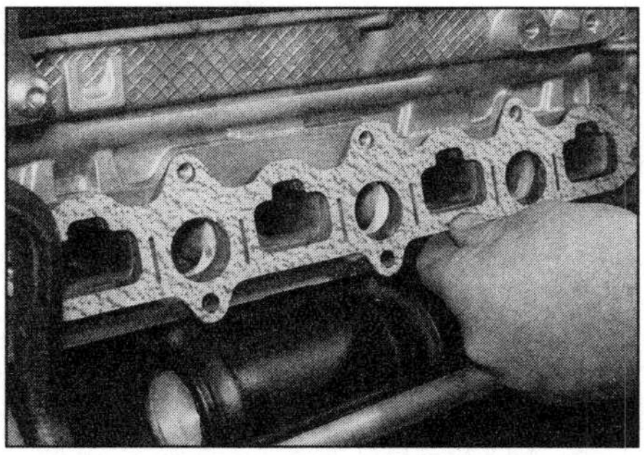

19.8a En packning placeras på insugsröret (modell utan turbo visas)

Demontering

1 Lossa batteriets negativa kabel.
2 Se avsnitt 14 eller 15 (efter tillämplighet och demontera gasspjällhuset från insugsröret.
3 Demontera bränslefördelarskenan och bränsleinsprutarna från insugsröret enligt beskrivningen i avsnitt 14 eller 15.
4 Lossa bromsservons vakuumslang från insugsröret.
5 Koppla loss kablarna från temperaturgivaren för kylarvätska enligt beskrivningen i avsnitt 14 eller 15.
6 Skruva loss fästbultarna som fäster insugsröret vid topplocket. Skruva även bort den undre bulten från staget.
7 Dra bort insugsröret från topplocket. I förekommande fall, dra försiktigt bort insugsluftvärmeplattan och koppla loss kablarna vid flervägskontakten. Ta loss packningen från topplocket.

Montering

8 Montering sker i omvänd ordningsföljd. Montera en ny packning och, i förekommande fall, återanslut kablarna till insugsluftens värmeplatta **(se bilder)**. Se till att insugsrörets fästbultar dras åt till angivet moment.

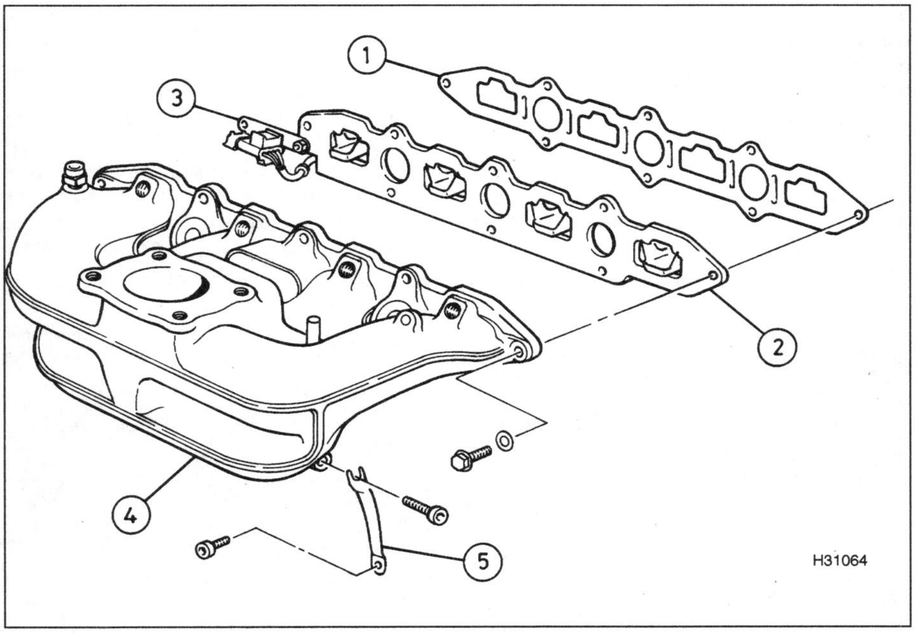

19.8b Insugsrör och tillhörande komponenter – turbomodell visas

1 Packning
2 Värmeplåt
3 Värmeplåtens kontaktdon
4 Insugsrör
5 Stödstopp

20 Avgasgrenrör – demontering och montering

Modeller utan turbo

Demontering

1 Dra åt handbromsen och lyft med hjälp av en domkraft upp framvagnen på pallbockar (se *Lyftning och stödpunkter*).
2 Koppla loss lambdasondens kablage enligt beskrivningen i avsnitt 14 eller 15.
3 Ta bort det främre avgasgrenröret och katalysatorn enligt beskrivningen i avsnitt 21.
4 Ta bort drivremmen enligt beskrivningen i kapitel 1. Servostyrningens oljepump måste skruvas loss och flyttas åt sidan för att det högra avgasgrenrörets muttrar ska gå att komma åt; se kapitel 10 för ytterligare information. Observera att hydrauloljerören inte behöver kopplas loss.
5 Skruva loss och ta bort avgasgrenrörets fästmuttrar, lyft sedan bort avgasgrenröret från topplocket. Avgasgrenröret består av två delar; mittendelen ska tas bort först, notera att den återstående delen har hylsor monterade under alla fästmuttrar **(se bilder)**.

20.5a Avgasgrenrörets mittsektion tas bort

20.5b Ta bort hylsorna från avgasgrenrörets ytterdel

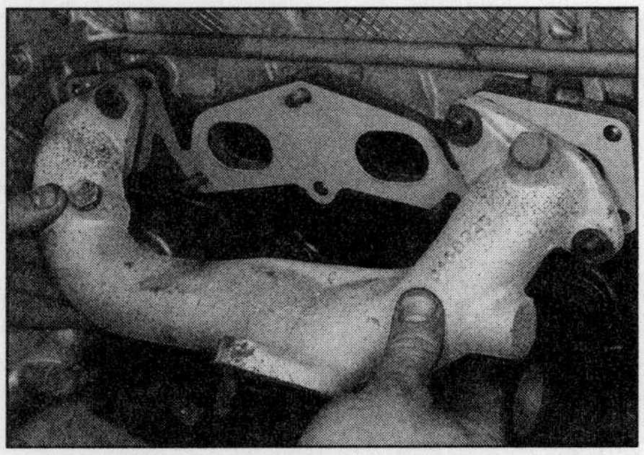

20.5c Ta bort avgasgrenrörets ytterdel

20.6 Ta bort avgasgrenrörets packning

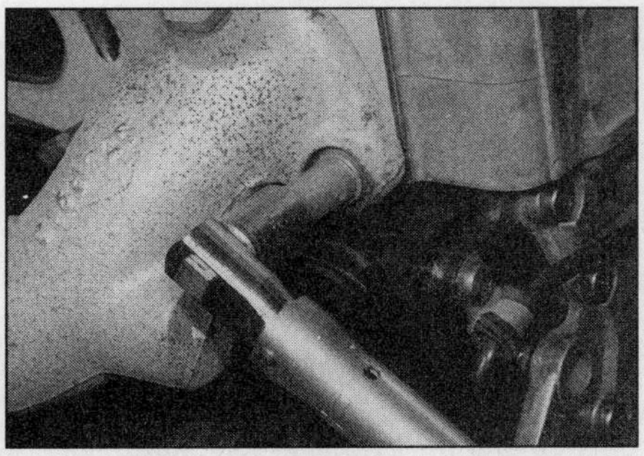

20.8 Dra åt avgasgrenrörets muttrar till angivet moment

6 Ta bort avgasgrenrörets packning från topplockets pinnbultar **(se bild)**.

Montering

7 Rengör kontaktytorna på topplocket och avgasgrenröret.

8 Montera avgasgrenröret på pinnbultarna på topplocket tillsammans med en ny packning, dra sedan åt fästmuttrarna till angivet moment **(se bild)**. Se till att hylsorna monteras på rätt platser enligt beskrivningen ovan. Montera den yttre delen av avgasgrenröret först och dra åt fästmuttrarna till angivet moment, montera sedan mittendelen och dra åt muttrarna.

9 Montera servostyrningspumpen enligt beskrivningen i kapitel 10.

10 Montera drivremmen enligt beskrivningen i kapitel 1.

11 Montera det främre avgasgrenröret enligt beskrivningen i avsnitt 21.

12 Anslut lambdasondens kablage enligt beskrivningen i avsnitt 14 eller 15.

13 Sänk ned bilen på marken.

Turbomodeller

Demontering

14 Ta bort turboaggregatet enligt beskrivningen i avsnitt 17.

15 Den återstående delen av demonteringen sker på samma sätt som för modeller utan turbo, men notera att grenröret är en helgjuten del och att hylsor endast är monterade under de yttre fästmuttrarna.

Montering

16 Montering sker i omvänd ordningsföljd.

21 Avgassystem – allmän information och demontering av komponenter

Allmän information

1 Avgassystemet består av fyra sektioner:

a) Det främre röret (omfattar trevägskatalysator på vissa modeller).

a) Mellanröret (omfattar trevägskatalysator på vissa modeller).

c) Mellanliggande ljuddämpare.

d) Bakre ljuddämpare och avgasrör.

2 Avgassystemets delar sitter ihop med flänsar med rörändar som vidgar sig inåt. Skarven mellan det främre röret och grenröret är försedd med en packning och är fäst med pinnbultar och muttrar. Det främre röret och anslutningsrören mellan ljuddämparna är aluminiumpläterade. Ljuddämparna är gjorda av kromstål.

3 Lambdasonden är placerad i det främre röret på alla modeller. Katalysatorn är placerad antingen i det främre röret eller i den främre ljuddämparen och röret.

4 På modeller utan turbo är det främre röret uppdelat i två grenar. På turbomodeller har det enkla främre röret en krök i framänden, som är kopplad till turboaggregatet.

5 På samtliga modeller är systemet i sin helhet monterat med gummiupphängningar.

Demontering

6 Varje del av avgasgrenröret kan demonteras separat. Det är också möjligt att demontera hela avgassystemet i en del.

7 För att ta bort en del av systemet, lyft först upp bilens fram- eller bakvagn och stöd dem på pallbockar (se *Lyftning och stödpunkter*). Alternativt kan bilen placeras över en smörjgrop eller på ramper.

Främre röret (och katalysator där sådan förekommer)

Observera: *Var noga med att inte tappa enheten om den innehåller en katalysator eftersom denna innehåller en ömtålig keramisk del.*

8 På modeller med katalysator, ta bort lambdasonden enligt beskrivningen i avsnitt 14 eller 15.

9 Skruva loss muttrarna och dela flänsskarven mellan det främre röret och mellanröret **(se bild)**.

10 Haka loss fästgummina från underredet **(se bild)**. I förekommande fall, ta bort bulten som fäster katalysatorn vid stödfästet.

11 Skruva loss muttrarna som fäster det främre röret vid turboaggregatet eller avgasgrenröret (efter tillämplighet), sänk sedan ner röret mellan motorn och den främre kryssrambalkens tvärbalk **(se bilder)**. Ta loss packningarna.

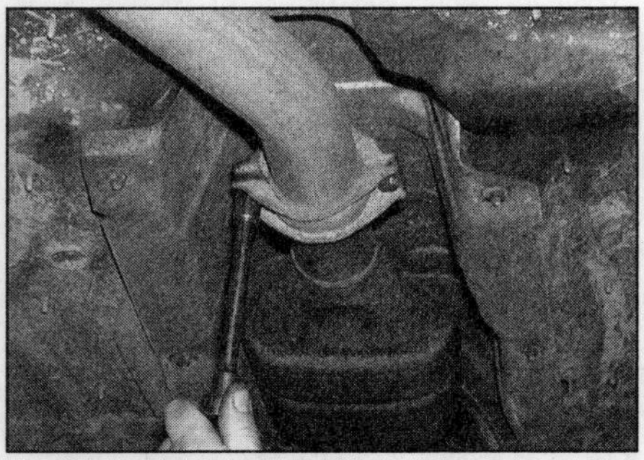

21.9 Skruva loss muttrarna och dela flänsskarven mellan det främre röret och mellanröret

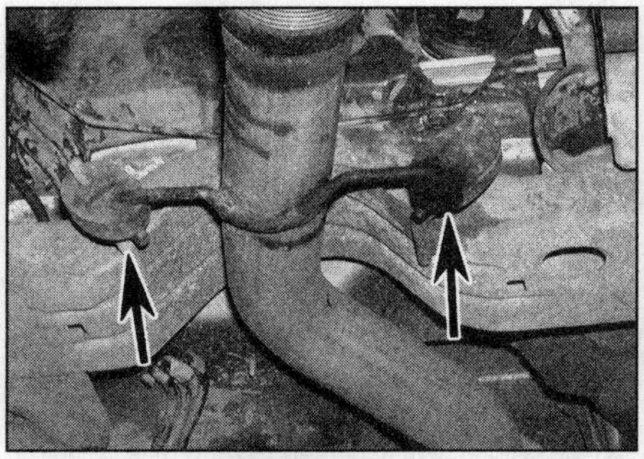

21.10 Haka loss fästgummina från underredet

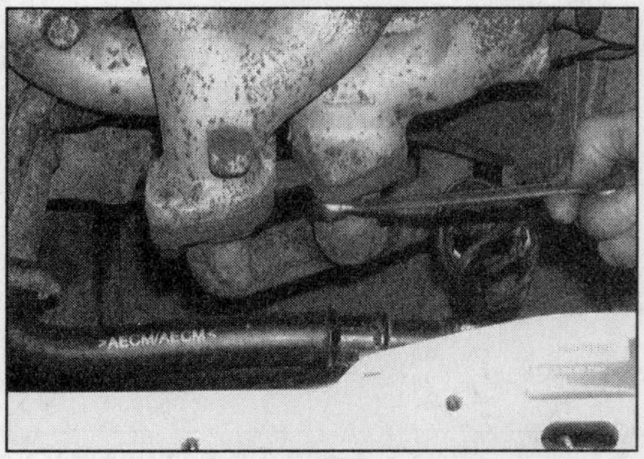

21.11a Skruva loss muttrarna som fäster det främre röret vid avgasgrenröret (modell utan turbo visas) . . .

21.11b . . . ta sedan bort det främre röret

Mellanrör

Observera: *Var noga med att inte tappa enheten om den innehåller en katalysator, eftersom denna innehåller en ömtålig keramisk del.*

12 Skruva loss muttrarna och separera flänsanslutningarna mellan mellanröret och det främre röret och den mellanliggande ljuddämparen.

13 Haka loss fästgummina från underredet och sänk ner den främre ljuddämparen och röret till marken.

Mellanliggande ljuddämpare

14 Skruva loss muttrarna/bultarna och separera flänsanslutningarna mellan den mellanliggande ljuddämparen och mellanröret, och mellan den bakre ljuddämparen och ändavgasröret.

15 Haka loss fästgummina från underredet och sänk ner den mellanliggande ljuddämparen och röret till marken.

Bakre ljuddämpare och avgasrör

16 Skruva loss bultarna och separera flänsanslutningen mellan den bakre ljuddämparen och avgasröret och den mellanliggande ljuddämparen och röret.

17 Haka loss fästgummina från underredet och sänk ner den bakre ljuddämparen och avgasröret till marken.

Värmesköldar

18 Värmesköldarna är fästa vid underredet med bultar. Varje sköld kan tas bort så fort relevant del av avgasgrenröret har demonterats.

Montering

19 Varje del monteras i omvänd ordning, och notera följande punkter:

a) Se till att alla spår av korrosion har avlägsnats från de vidgade rörändarna i flänsarna, och byt packning(ar) mellan det främre röret och avgasgrenröret/turboaggregatet.

b) Undersök om gummifästena är skadade eller slitna och byt ut dem om det behövs.

c) På modeller med katalysator, montera lambdasonden enligt beskrivningen i avsnitt 14 eller 15.

d) Se till att alla gummifästen placeras korrekt och att det finns tillräckligt med utrymme mellan avgassystemet och underredet.

Kapitel 4 Del B: Avgasreningssystem

Innehåll

Svårighetsgrader

Enkelt, passar novisen med lite erfarenhet	**Ganska enkelt,** passar nybörjaren med viss erfarenhet	**Ganska svårt,** passar kompetent hemmamekaniker	**Svårt,** passar hemmamekaniker med erfarenhet	**Mycket svårt,** för professionell mekaniker

1 Allmän information

1 Alla modeller går på blyfri bensin och är försedda med bränslesystem med flera olika egenskaper för att minimera miljöfarliga utsläpp. Alla modeller är utrustade med vevhusventilationssystem, katalysator och avdunstningsregleringssystem för att minimera utsläppen av bränsleångor. I Sverige förses 2.3 liters modellerna även med ett sekundärt luftinsprutningssystem för att ytterligare förbättra avgasvärdena under uppvärmning av motorn. Avgasreningssystemen fungerar på följande sätt.

Vevhusventilation

2 För att minska utsläppen av oförbrända kolväten från vevhuset ut i atmosfären tätas motorn, och genomblåsningsgaserna och oljan dras ut från vevhuset genom en oljeavskiljare och in i insugssystemet för att förbrännas under normal förbränning.

3 När högt undertryck råder i grenröret (tomgångskörning, inbromsning) sugs gaserna ut ur vevhuset. Vid förhållanden med lågt undertryck i grenröret (acceleration, körning med fullt gaspådrag) tvingas gaserna ut ur vevhuset av det (relativt) högre vevhustrycket. Om motorn är sliten gör det höjda trycket i vevhuset att en viss del av gaserna leds tillbaka vid alla grenrörsförhållanden (beroende på ökad genomblåsning).

Katalysator

4 För att minimera mängden föroreningar som släpps ut i atmosfären är alla modeller försedda med en katalysator i avgassystemet. Katalysatorn är av sluten typ med en lambdasond i avgassystemet som ger bränsleinsprutningens/tändsystemets styrenhet konstant information så att styrenheten kan justera blandningen för att göra det så lätt för katalysatorn att arbeta som möjligt.

5 Lambdasondens spets är syrekänslig och skickar en spänning till styrenheten som varierar beroende på syrehalten i avgaserna; om insugsluften/bränsleblandningen är för fet har avgaserna låg syrehalt och sonden skickar en lågspänningssignal, spänningen stiger när blandningen blir tunnare och syrehalten stiger i avgaserna. Maximal omvandlingseffekt för alla större föroreningar uppstår när bränsleblandningen hålls vid den kemiskt korrekta kvoten för fullständig förbränning av bensin, som är 14,7 delar (vikt) luft till 1 del bensin (det ”stoikiometriska” förhållandet). Sondens signalspänning ändras kraftigt vid denna punkt och styrenheten använder signaländringen som referens för att justera bränsleblandningen genom att ändra insprutningens pulsbredd.

Avdunstningsreglering

6 För att minimera utsläppen av oförbrända kolväten i atmosfären finns även ett system för avdunstningsreglering monterat på alla modeller. Bränsletankens påfyllningslock är tätat och en kolkanister är monterad bakom den högra framskärmen. Kanistern samlar upp de bensinångor som samlas i tanken när bilen står parkerad, och lagrar dem tills de kan lämna kanistern (under inverkan av bränsleinsprutningens/tändsystemets styrenhet) via rensventilen och in i insugssystemet, där de förbränns av motorn under normal förbränning.

7 För att garantera att motorn går korrekt när den är kall och/eller går på tomgång, och för att skydda katalysatorn från effekterna av en för fet bränseblandning öppnas inte rensventilen av styrenheten förrän motorn har värmts upp och belastas. Ventilen öppnas sedan till och från för att de lagrade ångorna ska kunna ledas in i insugssystemet.

Det sekundära luftinsprutningssystemet

8 Syftet med det sekundära luftinsprutningssystemet är att minska avgasutsläppen när motorn är kall. Systemet uppnår detta genom att höja temperaturen på avgaserna så att de i sin tur snabbt värmer upp katalysatorn till normal arbetstemperatur. När katalysatorn har blivit varm stängs luftinsprutningssystemet av.
9 Systemet består av en pump, en backventil och en solenoidventil, och styrs av bränsleinsprutningens/tändningens styrenhet. När motorn är kall öppnar solenoidventilen luftventilen och pumpen pumpar in en viss mängd luft i topplockets avgasportar. Luften blandas sedan med avgaserna så att eventuella oförbrända bränsleartiklar i blandningen förbränns i avgasporten/grenröret och avgasernas temperatur höjs effektivt. När katalysatorn är varm stänger solenoidventilen luftventilen och pumpen slås av. En backventil hindrar avgaserna att passera genom luftventilen.

2 Avgasreningssystem – kontroll och byte av komponenter

Vevhusventilation

1 Inga komponenter i det här systemet behöver tillsyn, förutom slangen/slangarna som måste kontrolleras regelbundet så att de inte är igentäppta eller skadade.

Avdunstningsreglering

Kontroll

2 Om systemet misstänks vara defekt, koppla loss slangarna från kolkanistern och rensventilen och kontrollera att de inte är igentäppta genom att blåsa i dem. En fullständig kontroll av systemet kan endast utföras med elektronisk specialutrustning som kopplas till motorstyrningssystemets diagnostikkontakt (se kapitel 4A). Om rensventilen eller kolkanistern misstänks vara defekta måste de bytas ut.

Kolkanister – byte

3 Kolkanistern är monterad bakom den högra framskärmen. Dra åt handbromsen, lyft upp framvagnen och stöd den på pallbockar för att lättare komma åt kolkanistern (se *Lyftning och stödpunkter*).
4 Ta bort fästskruvarna och fästena och ta bort hjulhusfodret för att komma åt kanistern.
5 Märk ångslangarna för att underlätta identifiering och koppla sedan loss dem. Dra bort kanistern från monteringskonsolen och ta bort den från bilen **(se bild)**.
6 Montering sker i omvänd arbetsordning, se till att alla slangar återansluts ordentligt.

Rensventil – byte

7 Se kapitel 4A, avsnitt 14.

Avgasreningssystem

Kontroll

8 Katalysatorns effektivitet kan endast kontrolleras genom att avgaserna mäts med en noggrant inställd avgasanalysator av hög kvalitet, enligt beskrivningen i kapitel 4A, avsnitt 13.

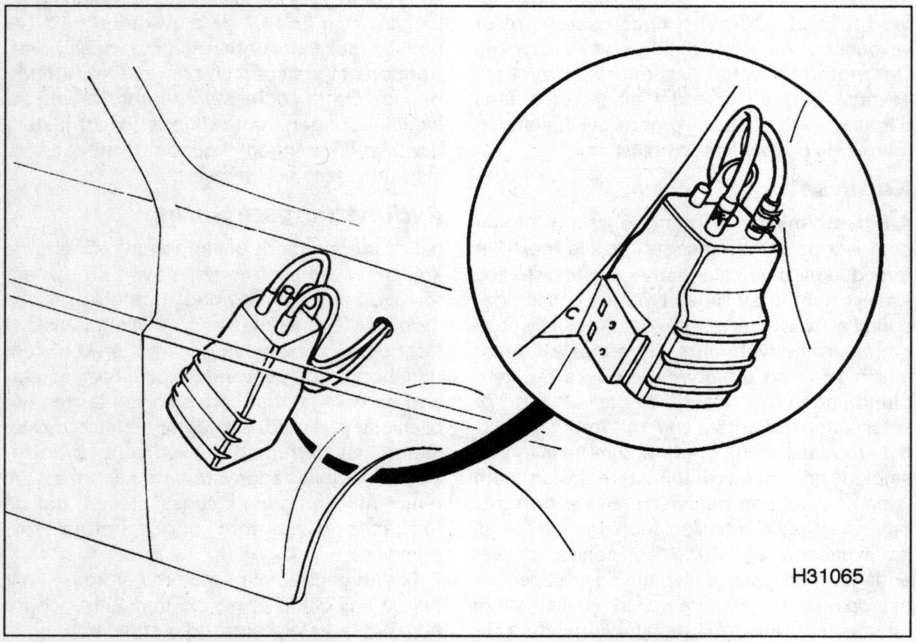

2.5 Koppla loss ångslangarna och dra bort kolkanistern från monteringskonsolen

9 Om CO-halten vid det bakre avgasröret är för hög ska bilen lämnas till en Saabverkstad så att bränsleinsprutningen och tändsystemet, inklusive lambdasonden, kan kontrolleras ordentligt med speciell diagnosutrustning. Om systemen kontrolleras och förklarats felfria sitter felet i katalysatorn som då måste bytas ut.

Katalysator – byte

10 Se kapitel 4A, avsnitt 21.

Lambdasond – byte

11 Se kapitel 4A, avsnitt 14.

3 Katalysator – allmän beskrivning och föreskrifter

1 Katalysatorn är en tillförlitlig och enkel anordning som inte kräver något underhåll. Det finns dock några punkter som bör uppmärksammas för att katalysatorn skall fungera ordentligt under hela sin livslängd.

Bensinmodeller

a) ANVÄND INTE blyad bensin i en bil med katalysator – blyet täcker över ädelmetallerna och reducerar deras katalytiska förmåga och förstör med tiden hela katalysatorn.
b) Underhåll alltid tändnings- och bränslesystemen regelbundet enligt tillverkarens underhållsschema.
c) Om motorn börjar misstända skall bilen inte köras alls (eller åtminstone så lite som möjligt) tills felet är åtgärdat.
d) Bilen får INTE knuffas eller bogseras igång eftersom katalysatorn då dränks i oförbränt bränsle och kommer att överhettas när motorn startas.
e) Slå INTE av tändningen vid höga varvtal.
f) ANVÄND INGA tillskott i bränsle eller olja – de kan innehålla ämnen som skadar katalysatorn.
g) FORTSÄTT INTE att köra bilen om motorn bränner olja så att den lämnar blå rök efter sig.
h) Tänk på att katalysatorn arbetar vid mycket hög temperatur. Parkera därför INTE bilen i torr undervegetation, i långt gräs eller över lövhögar efter en längre körsträcka.
i) Tänk på att katalysatorn är ÖMTÅLIG – slå inte på den med verktyg vid arbete.
j) Ibland kan en svavelaktig lukt (som från ruttna ägg) kännas från avgasröret. Det är vanligt för bilar med katalysatorer och lukten försvinner när bilen körts några tusen kilometer.
k) Katalysatorn i en väl underhållen och körd bil ska hålla mellan 80 000 och 160 000 km – om den inte längre är effektiv måste den bytas.

4 Sekundärt luftinsprutningssystem – kontroll och byte av komponenter

Observera: *Det sekundära luftinsprutningssystemet finns endast på bilar i Sverige och USA med 2.3 liters motorer.*

Kontroll

1 En fullständig kontroll av systemet kan endast utföras med elektronisk specialutrustning som kopplas till motorstyrningssystemets diagnostikkontakt (se kapitel 4A). Om någon komponent är defekt måste den bytas ut.

Byte av luftinsprutningspump och filter

2 Pumpen är placerad i motorrummet, bakom den vänstra strålkastarenheten **(se bild)**. Lyft upp framvagnen och ställ den på pallbockar för att lättare komma åt pumpen (se *Lyftning och stödpunkter*). Ta bort spoilerenheterna av plast från den främre stötfångarens framkant (se kapitel 11).

3 Koppla loss luftslangarna från pumpen och skruva bort fästmuttrarna från pumpens monteringskonsol.

4 Ta bort pumpen från motorrummet och koppla loss kontaktdonet när det går att komma åt. Om det behövs kan ventilen och monteringskonsolen sedan separeras.

5 Montering sker i omvänd ordning, dra åt fästmuttrarna ordentligt.

Byte av solenoidventil

6 Solenoidventilen sitter i motorrummets bakre vänstra del, under fjädringens kryssrambalk **(se bild)**. Lokalisera ventilen genom att följa vakumslangen bakåt från luftventilen i motorns främre del.

7 Koppla loss kontaktdonet från ventilen och koppla loss vakuumslangarna, observera deras korrekta placeringar.

8 Skruva loss fästskruvarna och ta bort ventilen från motorrummet.

9 Montering sker i omvänd arbetsordning, se till att vakuumslangarna återansluts ordentligt.

Vakuumventil, byte

10 Vakuumventilen är placerad i motorrummets främre vänstra hörn. Ta bort ventilen genom att lossa slangklämmorna och koppla loss luftslangarna från ventilens sidor. Koppla också loss vakuumslangen från ventilens ovansida och ta bort den från motorrummet **(se bild)**.

11 Montering sker i omvänd arbetsordning.

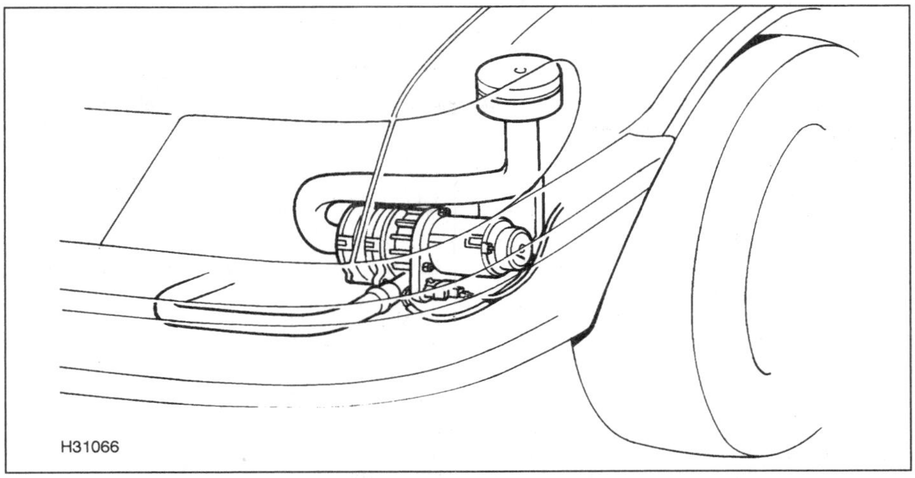

4.2 Luftinsprutningspump och filter sitter i motorrummet, bakom vänster strålkastare

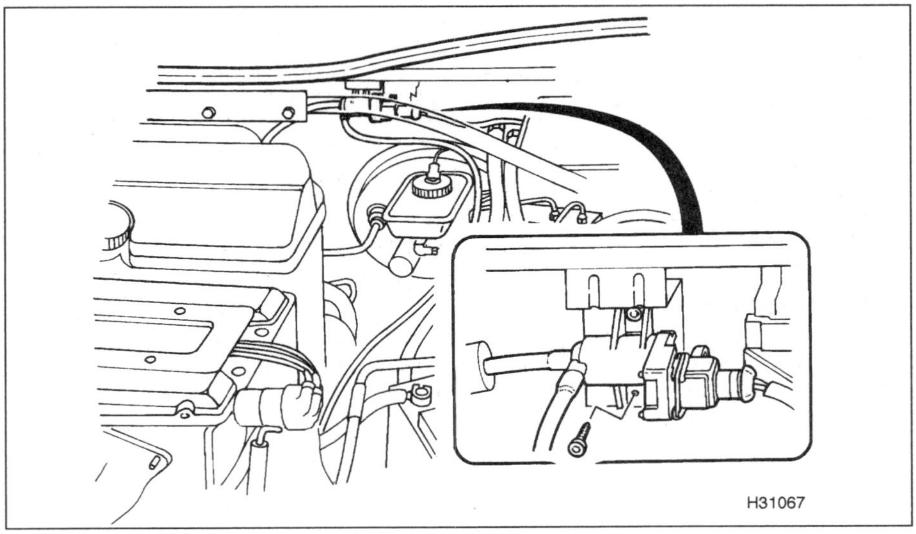

4.6 Solenoidventilen sitter i motorrummets bakre vänstra del, under fjädringens kryssrambalk

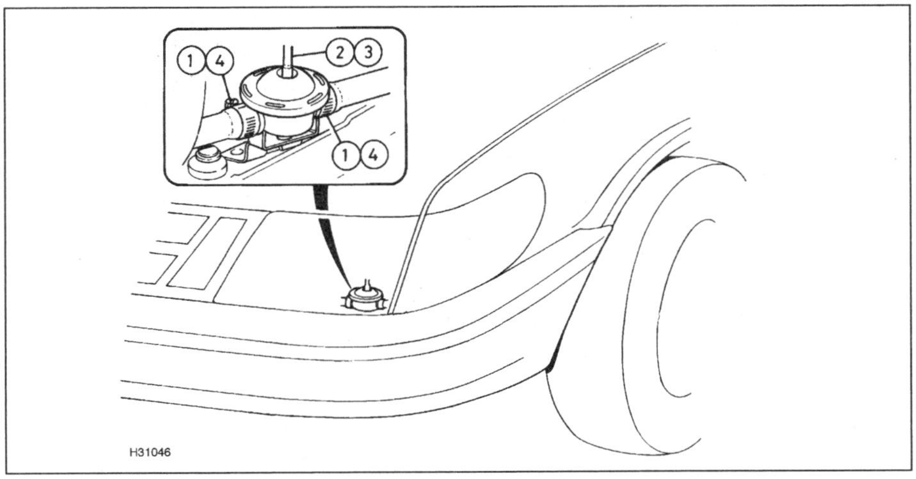

4.10 Vakuumventilen är placerad i motorrummets främre vänstra hörn

1-4 Slangklämmor *2-3 Vakuumslang*

Kapitel 5 Del A:
Start- och laddningssystem

Innehåll

Svårighetsgrader

Enkelt, passar novisen med lite erfarenhet	**Ganska enkelt,** passar nybörjaren med viss erfarenhet	**Ganska svårt,** passar kompetent hemmamekaniker	**Svårt,** passar hemmamekaniker med erfarenhet	**Mycket svårt,** för professionell mekaniker

Specifikationer

Systemtyp	12 volt, negativ jord
Batteri	
Typ	Blybatteri, ”lågunderhålls-” eller ”underhållsfritt” (livstidsförseglat)
Batterikapacitet	60 Amperetimmar
Laddning:	
Dålig	12,5 volt
Normal	12,6 volt
God	12,7 volt
Elektrolytvätskans specifika vikt:	
Laddning (rekommenderad)	1,21
Full laddning	1,28
Startström:	
SAE	520 Ampere
IEC	320 Ampere
Växelströmsgenerator	
Typ	Bosch KC 14V 40 – 70A, 45-90A eller NC 14V 60-120A
Märkspänning	14 Volt
Arbetseffekt:	
Vid 1800 varv per minut	40, 45 eller 60 Ampere
Vid 6000 varv per minut	70, 90 eller 120 Ampere
Minimilängd på borstarnas utstickande del från hållaren	7,5 mm
Minimidiameter för släpring	14,8 mm
Startmotor	
Typ	Bosch DW 12V
Arbetseffekt	1,4 kW
Åtdragningsmoment	**Nm**
Startmotorns solenoid till startmotorn	5
Startmotorns genomgående skruvar	3

1 Allmän information och föreskrifter

Allmän information

Eftersom start-, laddnings- och tändsystemen står i nära relation till motorfunktionerna behandlas komponenterna i dessa system separat från de andra elektriska funktionerna, som strålkastare, instrument, m.m. (vilka behandlas i kapitel 12). Se del B i det här kapitlet för information om tändsystemet.

Systemet är ett 12 volts elsystem med negativ jordning.

Originalbatteriet är ett lågunderhålls- eller underhållsfritt batteri (livstidsförseglat). Batteriet laddas upp av en växelströmsgenerator som drivs av en rem på vevaxelns remskiva. Batteriet kan naturligtvis ha bytts ut mot ett standardbatteri av en tidigare ägare om bilen är begagnad.

Startmotorn är föringreppad med en inbyggd solenoid. Vid start för solenoiden drevet mot svänghjulets/drivplattans startkrans innan startmotorn ges ström. När motorn startat förhindrar en envägskoppling att startmotorn drivs av motorn tills drevet släpper från startkransen. Till skillnad från vissa moderna startmotorer innehåller den planetväxlar mellan generatorankaret och drevet.

Föreskrifter

Detaljinformation om de olika system ges i relevanta avsnitt i detta kapitel. Även om vissa reparationer beskrivs är det normala tillvägagångssättet att byta defekta komponenter. Ägare som är intresserade av mer än enbart komponentbyte rekommenderas att köpa boken *Bilens elektriska och elektroniska system* från detta förlag.

Det är viktigt att vidta extra försiktighetsåtgärder vid arbete med elsystemet för att undvika skador på halvledare (dioder, transistorer och integrerade kretsar) och för att undvika personskador. Vid arbete med elsystemet skall säkerhetsföreskrifterna i *Säkerheten främst* samt följande säkerhetsföreskrifter följas:

Ta alltid av ringar, klockor och liknande innan arbete med elsystemet. En urladdning kan inträffa även med batteriet urkopplat, om en komponents strömstift jordas genom ett metallföremål. Det kan leda till stötar eller elaka brännskador.

Kasta inte om batteripolerna. Komponenter som växelströmsgeneratorer, elektroniska styrenheter eller andra komponenter med halvledarkretsar kan totalförstöras så att de inte går att reparera.

Om motorn startas med hjälp av startkablar och laddningsbatteri, koppla ihop batterierna *pluspol till pluspol* och *minuspol till minuspol* (se *Starthjälp* i början av boken). Det gäller även vid inkoppling av batteriladdare.

Varning: Koppla aldrig loss batteripolerna, växelströmsgeneratorn, elektriska ledningar eller testutrustning när motorn är i gång.

Låt aldrig motorn dra runt växelströmsgeneratorn när generatorn inte är ansluten.

"Testa" aldrig generatorns effekt genom att jorda utmatningsledningen.

Testa aldrig kretsar eller anslutning med en ohmmätare av den typ som har handvevad generator.

Kontrollera alltid att batteriets negativa anslutning är bortkopplad vid arbete i det elektriska systemet.

Koppla ur batteriet, växelströmsgeneratorn och komponenter som bränsleinsprutningens/tändningens elektroniska styrenhet för att skydda dem från skador, innan elektrisk bågsvetsningsutrustning används på bilen.

Den radio/kassettbandspelare som är standardutrustning på vissa modeller har en inbyggd stöldskyddskod. Om strömmen till anläggningen bryts aktiveras stöldskyddet. Även om strömmen återansluts omedelbart kommer enheten inte att fungera förrän den korrekta koden angetts. Om du inte känner till koden till ljudanläggningen bör du alltså **inte** koppla loss batteriets minuspol eller ta bort radion/kassettbandspelaren från bilen. Se avsnittet *Stöldskydd för radio/ kassettbandspelare* för ytterligare information.

2 **Elsystem** – felsökning, allmän information

Se kapitel 12.

3 **Batteri** – test och laddning

Standard- och lågunderhållsbatterier – kontroll

1 Om bilen endast körs en kort sträcka varje år är det mödan värt att kontrollera elektrolytens specifika vikt var tredje månad för att avgöra batteriets laddningsstatus. Använd en hydrometer för att utföra kontrollen, och jämför resultatet med följande tabell. Observera att de specifika viktvärdena gäller för en elektrolyttemperatur på 15°C. För varje 10°C under 15°C ska 0,007 dras bort från vikten, för varje 10°C över 15°C ska 0,007 läggas till vikten. För att underlätta är temperaturerna som anges i följande tabell **omgivande** temperaturer (lufttemperaturer utomhus) över eller under 25°C:

	Över 25°C	**Under 25°C**
Fulladdat	*1,210 till 1,230*	*1,270 till 1,290*
70% laddat	*1,170 till 1,190*	*1,230 till 1,250*
Urladdat	*1,050 till 1,070*	*1,110 till 1,130*

2 Om batteriet misstänks vara defekt ska först elektrolytens specifika vikt kontrolleras i varje cell. Avvikelser på 0,040 eller mer mellan cellerna är tecken på elektrolytsvinn eller nedbrytning av de inre plattorna.

3 Om de specifika vikterna har avvikelser på 0,040 eller mer ska batteriet bytas ut. Om variationen mellan cellerna är godkänd men batteriet är urladdat ska det laddas upp enligt beskrivning längre fram i detta avsnitt.

Underhållsfritt batteri – test

4 Om ett underhållsfritt, "livstidsförseglat", batteri är monterat kan elektrolyten inte testas eller fyllas på. Batteriets skick kan därför endast kontrolleras med en batteriindikator eller voltmätare.

5 Vissa bilar kan vara utrustade med ett batteri med inbyggd laddningsindikator. Indikatorn sitter på batterihöljets ovansida och visar batteriets skick med olika färger. Om indikatorn visar grönt är batteriet i gott skick. Om indikatorns färg mörknar och slutligen blir svart måste batteriet laddas upp enligt beskrivningen längre fram i det här avsnittet. Om indikatorn är ofärgad eller gul är elektrolytnivån för låg och batteriet måste bytas ut. Försök **inte** ladda eller hjälpstarta ett batteri då indikatorn är ofärgad eller gul.

6 Om batteriet kontrolleras med en voltmätare ska den kopplas över batteriet och resultaten jämföras med värdena i specifikationerna, under "laddning". För att kontrollen ska ge korrekt utslag får batteriet inte ha laddats på något sätt under de närmast föregående sex timmarna, inklusive laddning från växelströmsgeneratorn. Om detta inte är fallet, tänd strålkastarna under 30 sekunder och vänta sedan 5 minuter innan batteriet testas. Alla andra elektriska kretsar måste vara frånslagna, kontrollera till exempel att dörrarna och bakluckan är helt stängda när kontrollen utförs.

7 Om spänningen är lägre än 12,2 volt är batteriet urladdat. Ett värde på 12,2 till 12,4 volt är tecken på att batteriet är delvis urladdat.

8 Om batteriet ska laddas, ta ut det ur motorrummet (avsnitt 4) och ladda det enligt beskrivningen i följande punkter.

Standard- och lågunderhållsbatterier – laddning

Observera: *Följande är endast avsett som allmän vägledning. Följ alltid tillverkarens rekommendationer (ofta på en tryckt etikett på batteriet) när batteriet laddas.*

9 Ladda batteriet med 3,5 till 4 ampere, och fortsätt tills den specifika vikten inte stiger ytterligare under en period på fyra timmar.

10 Alternativt kan en droppladdare som laddar med 1,5 ampere användas över natten.

11 Extra snabba laddare som påstås ladda batteriet på 1–2 timmar rekommenderas inte, eftersom de kan orsaka överhettning och skada batteriet allvarligt.

12 Elektrolytens temperatur får aldrig överskrida 37,8°C när batteriet laddas.

Underhållsfritt batteri – laddning

Observera: *Följande är endast avsett som allmän vägledning. Följ alltid tillverkarens rekommendationer (ofta på en tryckt etikett på batteriet) vid laddning av ett batteri.*

13 Den här batteritypen kräver längre tid för laddning än ett standardbatteri. Hur lång tid det tar beror på hur urladdat batteriet är, men det kan ta upp till tre dagar.

14 En laddare med konstant spänning behövs och ska om möjligt ställas in till mellan 13,9 och 14,9 volt med en laddström som understiger 25 ampere. Med denna metod bör batteriet vara användbart inom 3 timmar med en spänning på 12,5 V, men detta gäller ett delvis urladdat batteri. Full laddning kan som sagt ta avsevärt längre tid.

15 En normal droppladdare bör inte skada

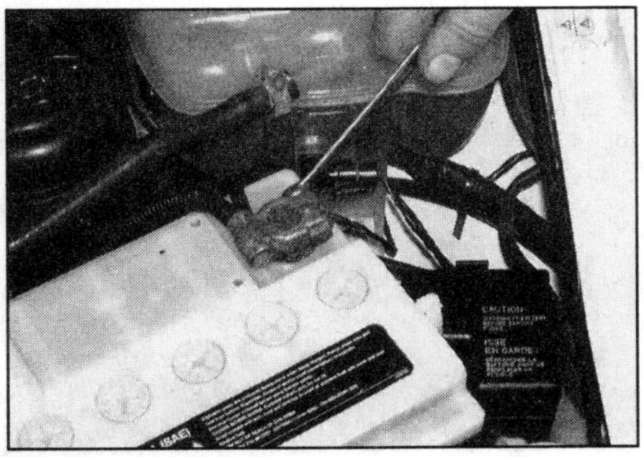

4.2a Lossa klämmuttern och koppla loss kabeln från minuspolen (jord)

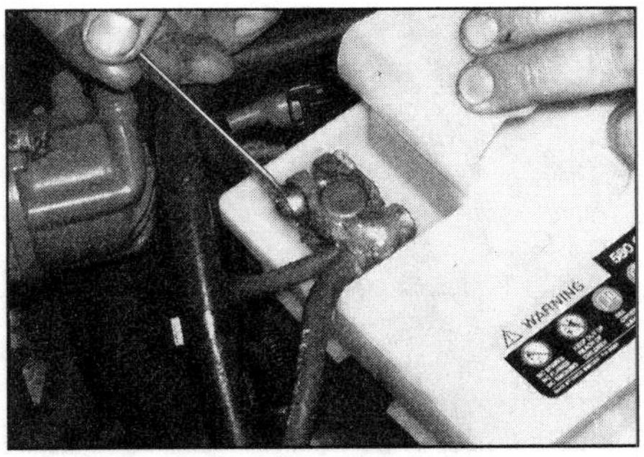

4.2b Lossa klämmuttern och koppla loss kabeln från pluspolen

4.3 Skruva loss bulten och ta bort batteriets fästklammer

batteriet, förutsatt att inte överdriven gasbildning får äger rum och att motorn inte tillåts bli för het.

4 Batteri – demontering och montering

Demontering

1 Batteriet är placerat till vänster i motorrummet.

2 Lossa klämmuttern och kabeln från batteriets minuspol (jord). Koppla loss kabeln från pluspolen på samma sätt **(se bilder)**.

3 Skruva loss bulten och ta bort fästklammern som fäster batteriet i monteringskonsolen **(se bild)**.

4 Lyft bort batteriet från motorrummet (var noga med att inte luta batteriet) **(se bild)**.

Montering

5 Montering sker i omvänd ordningsföljd. Smörj vaselin på polerna när kablarna återansluts, och koppla alltid in den positiva kabeln först och den negativa kabeln sist.

5 Laddningssystem – test

Observera: *Läs säkerhetsanvisningarna i avsnittet "Säkerheten främst!" och i avsnitt 1 i detta kapitel innan arbetet påbörjas.*

1 Om laddningslampan inte tänds när tändningen slås på, kontrollera att växelströmsgeneratorns kabelanslutningar sitter ordentligt. Om de sitter ordentligt, kontrollera att inte glödlampan har gått sönder och att lampsockeln sitter ordentligt på instrumentpanelen. Om lampan fortfarande inte tänds, kontrollera att det går ström genom ledningen från generatorn till lampan. Om allt fungerar, men lampan fortfarande inte tänds är generatorn defekt och måste bytas eller tas till en bilelektriker för test och reparation eller bytas ut.

2 Stäng av motorn om laddningslampan tänds när motorn är i gång. Kontrollera att drivremmen är intakt och spänd (se kapitel 1), och att växelströmsgeneratorns kopplingar sitter ordentligt. Om allt fungerar, kontrollera generatorborstarna och släpringarna enligt beskrivningen i avsnitt 8. Om lampan fortsätter att lysa ska växelströmsgeneratorn lämnas in till en bilelektriker för test och reparation, eller bytas ut.

3 Om växelströmsgeneratorns arbetseffekt misstänks vara felaktig även om varningslampan fungerar som den ska, kan regulatorspänningen kontrolleras på följande sätt.

4 Anslut en voltmätare över batteripolerna och starta motorn.

5 Öka motorns varvtal tills voltmätaren stadigt visar cirka 12 till 13 volt, spänningen får inte gå högre än 14 volt.

6 Slå på så många elektriska tillbehör som möjligt (t ex, strålkastare, bakrutedefroster, och värmefläkt), och kontrollera att växelströmsgeneratorn håller regulatorspänningen runt 13 till 14 volt.

7 Om regulatorspänningen ligger utanför de angivna värdena kan felet bero på utslitna borstar, svaga borstfjädrar, en defekt spänningsregulator, en defekt diod, en bruten fasledning eller slitna eller skadade släpringar. Borstarna och släpringarna kan kontrolleras (se avsnitt 8), men om felet består ska växelströmsgeneratorn lämnas till en bilelektriker för test och reparation, eller bytas ut.

6 Växelströmsgeneratorns drivrem – demontering, montering och spänning

Se beskrivningen av drivremmen i kapitel 1.

7 Växelströmsgenerator – demontering och montering

Demontering

1 Koppla loss batteriets minusledare.

2 Dra åt handbromsen och lyft med hjälp av en domkraft upp framvagnen på pallbockar

4.4 Lyft försiktigt bort batteriet från motorrummet

(se *Lyftning och stödpunkter*). Ta bort det högra framhjulet.

3 Ta bort den högra framskärmens plastlist samt den främre delen av hjulhusfodriet för att komma åt motorn.

4 Ta bort drivremmen enligt beskrivningen i kapitel 1.

5 Observera hur kablarna är dragna på växelströmsgeneratorns baksida, skruva sedan loss polmuttrarna (om tillämpligt) och koppla loss kablarna **(se bild)**.

6 Skruva loss växelströmsgeneratorns övre och nedre fästbultar **(se bild)**. Observera att den nedre bulten går igenom monteringskonsolen till den mellanliggande drivaxelns lager.

7 Dra bort växelströmsgeneratorn via det högra hjulhuset.

7.5 Skruva loss polmuttrarna (där tillämpligt) och koppla loss kablarna från växelströmsgeneratorns baksida

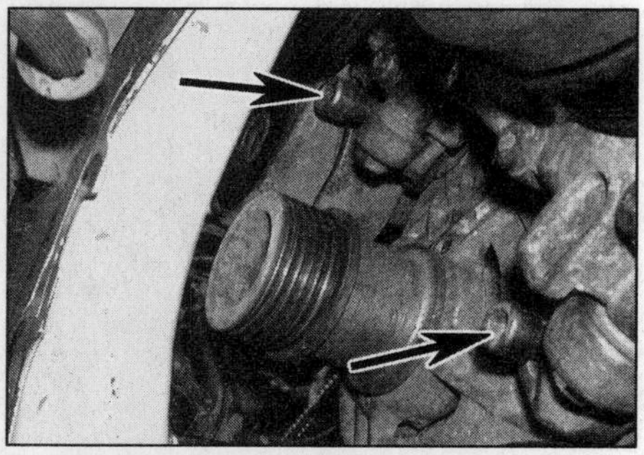

7.6 Skruva loss växelströmsgeneratorns övre och nedre fästbultar (vid pilarna)

8.2a Skruva loss den stora polmuttern . . .

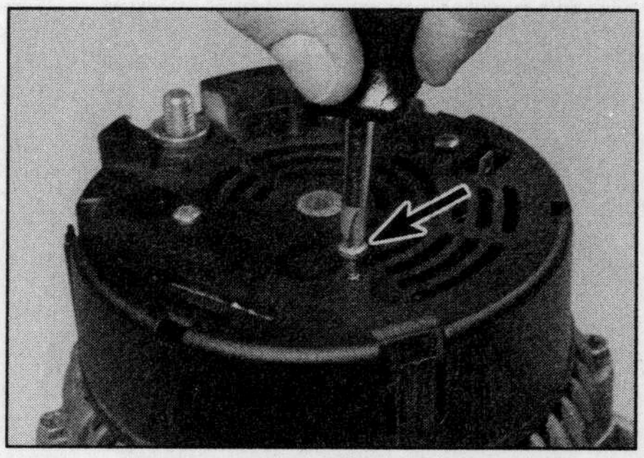

8.2b . . . och skruvarna som fäster kåpan på generatorns baksida

Montering

8 Montering sker i omvänd ordningsföljd. Se till att generatorfästena dras åt ordentligt och montera drivremmen enligt beskrivningen i kapitel 1.

8 Växelströmsgeneratorns borstar och regulator – kontroll och byte

1 Demontera växelströmsgeneratorn (se avsnitt 7).

2 Skruva loss den stora polmuttern och skruvarna som fäster kåpan på växelströmsgeneratorns baksida **(se bilder)**.

3 Använd en skruvmejsel, bänd loss kåpan och ta bort den från växelströmsgeneratorns baksida **(se bilder)**.

4 Skruva loss de två fästskruvarna och ta bort regulatorn/borsthållaren från generatorns baksida **(se bilder)**.

5 Mät varje borstes utskjutande del från borsthållaren med hjälp av en stållinjal eller skjutmått **(se bild)**. Om de utskjutande delarna är kortare än 5,0 mm ska borstarna bytas ut eller en ny enhet införskaffas. På tidiga modeller kan borstarna lödas loss och bytas ut, men på senare modeller går inte det.

6 Använd en lödkolv och löd loss borstkablarna från polerna på hållarens överdel. **Observera:** *Var noga med att inte överhetta regulatorn.* Ta bort borstarna och spännfjädrarna från hållaren.

7 Ta bort överflödigt lod från polerna och rengör hållarna. Det är viktigt att de nya borstarna kan röra sig fritt i hållarna.

8 Montera de nya borstarna i hållarna, en i taget, och håll dem mot spännfjädern med en tång medan kablarna löds fast på polerna. Släpp inte borstarna innan lödningen har svalnat.

9 Om originalborstarna är i gott skick, rengör dem och kontrollera att de kan röra sig fritt i sina hållare.

10 Rengör växelströmsgeneratorns släpringar med en trasa fuktad i bränsle. Kontrollera släpringarnas yta så den inte är spårig eller bränd. Eventuellt kan en elspecialist renovera släpringarna.

11 Montera regulatorn/borsthållaren och dra åt fästskruvarna ordentligt.

12 Montera kåpan, sätt i och dra åt fästskruvarna och sätt tillbaka den stora polmuttern.

13 Montera växelströmsgeneratorn enligt beskrivningen i avsnitt 7.

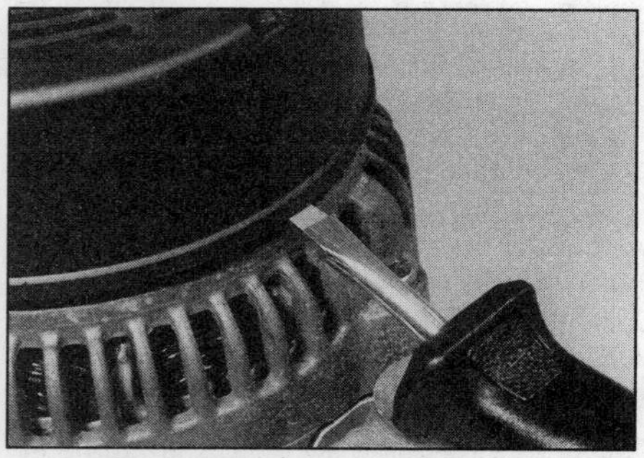

8.3a Bänd loss kåpan från generatorns baksida . . .

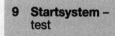

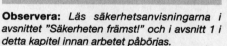

8.3b . . . och ta bort den

8.4a Skruva loss och ta bort de två fästskruvarna . . .

8.4b . . . och ta bort regulatorn/borsthållaren från generatorn

9 Startsystem – test

Observera: *Läs säkerhetsanvisningarna i avsnittet "Säkerheten främst!" och i avsnitt 1 i detta kapitel innan arbetet påbörjas.*

1 Om startmotorn inte går igång när startnyckeln vrids till rätt läge kan orsaken vara någon av följande:

a) Batteriet är defekt.

b) De elektriska anslutningarna mellan tändningslås, solenoid, batteri och startmotor har ett fel någonstans som gör att ström inte kan passera från batteriet till jord genom startmotorn.

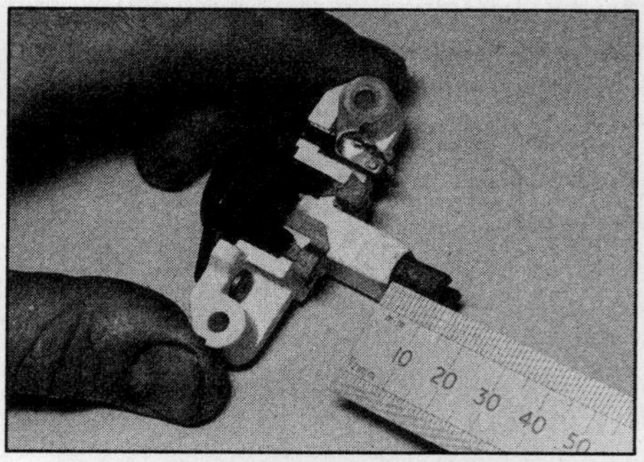

8.5 Mät hur långt borstarna sticker ut ur sina hållare med t.ex. en stållinjal

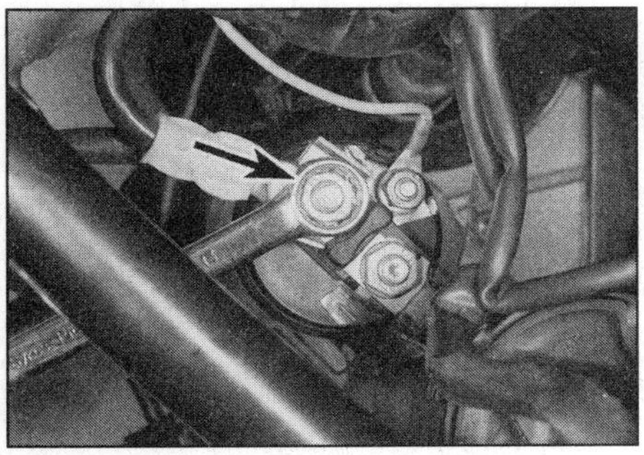
10.3 Skruva loss muttern och koppla loss batteriets positiva ledning från polen på solenoiden

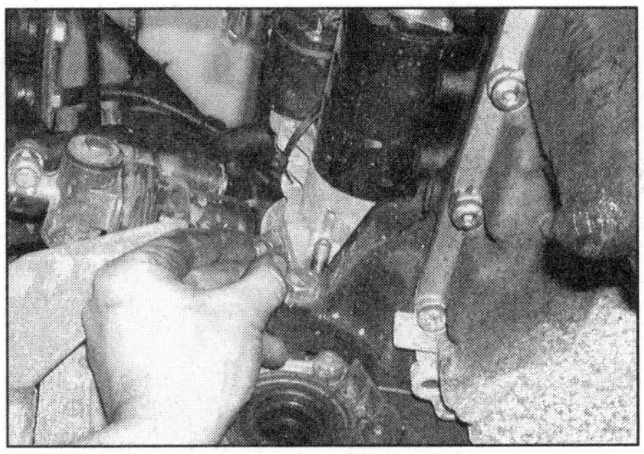
10.5 Skruva loss och ta bort startmotorns nedre fästmutter (mellanliggande drivaxel demonterad)

10.7 Ta bort startmotorns övre fästbult från svänghjulskåpans växellådssida

c) Solenoiden är defekt.

d) Startmotorn har ett mekaniskt eller elektriskt fel.

2 Kontrollera batteriet genom att tända strålkastarna. Om de försvagas efter ett par sekunder är batteriet urladdat. Ladda upp (se avsnitt 3) eller byt batteriet. Om strålkastarna lyser klart, vrid om startnyckeln och kontrollera strålkastarna. Om strålkastarna försvagas betyder det att strömmen når startmotorn, vilket anger att felet finns i startmotorn. Om strålkastarna fortsätter lysa klart (och inget klick hörs från solenoiden) är det ett tecken på fel i kretsen eller solenoiden – se följande punkter. Om startmotorn snurrar långsamt trots att batteriet är i bra skick, är det ett tecken på fel i startmotorn eller på att det finns ett avsevärt motstånd någonstans i kretsen.

3 Om kretsen misstänks vara defekt, koppla loss batterikablarna, startmotorns/solenoidens kablar och motorns/växellådans jordledning. Rengör alla anslutningar noga och anslut dem igen. Använd sedan en voltmätare eller testlampa och kontrollera att full batterispänning finns vid den positiva batterikabelns anslutning till solenoiden och att jordförbindelsen är god.

4 Om batteriet och alla anslutningar är i gott skick, kontrollera kretsen genom att lossa ledningen från solenoidens bladstift. Koppla en voltmätare eller testlampa mellan ledningen och en bra jord (exempelvis batteriets minuspol) och kontrollera att ledningen är strömförande när startnyckeln vrids till startläget. Om den är strömförande är kretsen god, om inte kan kretsen kontrolleras enligt beskrivning i kapitel 12.

5 Solenoidens kontakter kan kontrolleras med en voltmätare eller testlampa som kopplas mellan polen på solenoidens startmotorsida och jorden. När tändningsnyckeln vrids till startläget ska mätaren ge utslag eller lampan lysa. Om inget sker är solenoiden eller kontakterna defekta och solenoiden måste bytas ut.

6 Om kretsen och solenoiden fungerar måste felet finnas i startmotorn. Demontera startmotorn (se avsnitt 10) och kontrollera borstarna (se avsnitt 11). Om felet inte ligger hos borstarna måste motorns lindning vara defekt. I det fallet kan det vara möjligt att låta en specialist renovera motorn, men kontrollera först pris och tillgång på reservdelar. Det kan mycket väl vara billigare att köpa en ny eller begagnad startmotor.

10 Startmotor – demontering och montering

Demontering

1 Startmotorn är placerad på motorns vänstra bakre sida och är fastbultad vid motorns fästplatta och växellådan. Koppla först loss batteriets negativa kabel.

2 Dra åt handbromsen och lyft med hjälp av en domkraft upp framvagnen på pallbockar (se *Lyftning och stödpunkter*).

3 Skruva loss muttern och koppla loss batteriets positiva matningsledning från polen på solenoiden **(se bild)**.

4 Där tillämpligt, skruva loss den positiva ledningens kabelstöd från insugsrörets stopp.

5 Skruva loss och ta bort startmotorns nedre fästmutter **(se bild)**.

6 Ta bort muttern och koppla loss solenoidkabeln från bladstiftet.

7 Lossa och dra bort startmotorns övre fästbult från balanshjulskåpans växellådssida **(se bild)**.

8 Dra bort startmotorn från balanshjulskåpan och ta bort den från motorrummet **(se bild)**.

Montering

9 Montering sker i omvänd ordningsföljd. Dra åt alla kabelanslutningar ordentligt.

11 Startmotor – byte av borste

Observera: *Tillverkaren har inte angivit något minimivärde för borstlängden, men det bör vara uppenbart när borstarna är så utslitna att ett byte är nödvändigt.*

1 Demontera startmotorn enligt beskrivningen i avsnitt 10.

2 Skruva loss muttern och lossa startmotorns matarkabel från solenoidpolen **(se bilder)**.

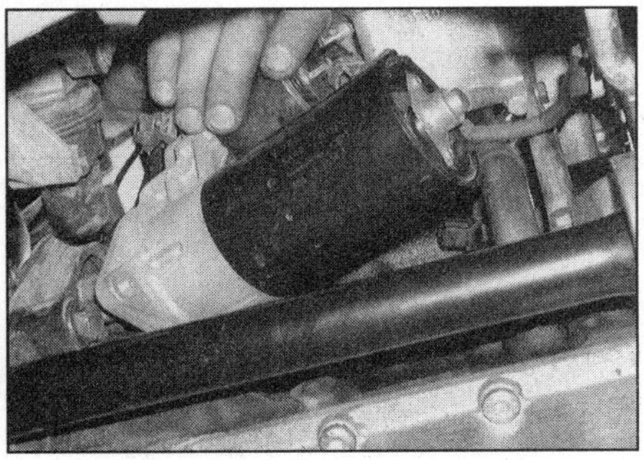
10.8 Dra bort startmotorn från balanshjulskåpan

11.2a Skruva loss muttern . . .

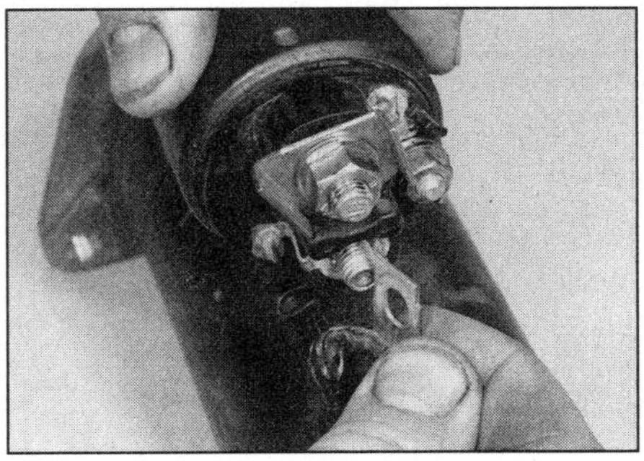
11.2b . . . och koppla loss startmotorns matarkabel från solenoidpolen

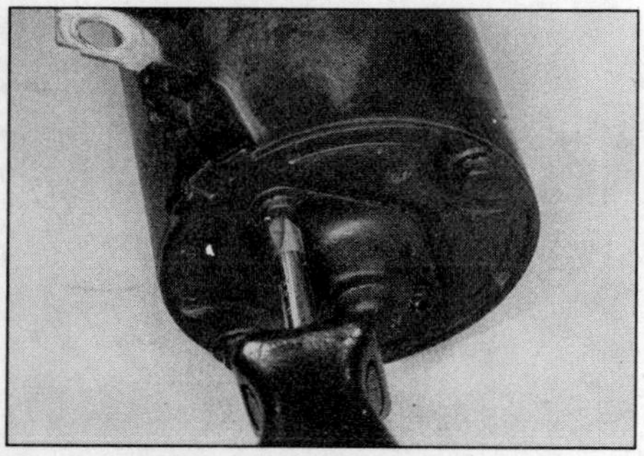

11.3a Skruva loss och ta bort de två fästskruvarna . . .

11.3b . . . lyft bort locket . . .

11.3c . . . och ta bort tätningen

3 Skruva loss och ta bort de två skruvarna som fäster locket vid ändfästet. Lyft bort locket och ta bort tätningen **(se bilder)**.

4 Ta bort låsringen och demontera mellanlägget(-en) och O-ringstätningen **(se bild)**.

5 Skruva loss de genomgående bultarna som fäster kommutatorns ändfäste och ok vid drevets ändfäste **(se bild)**. Märk ut ändfästets förhållande till oket.

6 Demontera kommutatorns ändfäste **(se bild)**.

7 Dra bort borsthållaren och lossa samtidigt matarkabelns genomföring från oket. Om kommutatorn/generatorankaret behöver ses över eller rengöras, dra bort det från oket och ta sedan bort borsthållarenheten **(se bild)**. När hållarna tas bort kommer fjädrarna att trycka ut borstarna ur hållarna, men de hänger kvar i kablarna.

8 Kontrollera om borstarna är utslitna och byt ut dem om det behövs. Det kan finnas lösa borstar hos en motorhandlare, annars måste hela borsthållarna bytas ut. Rengör alla komponenter innan monteringen. Rengör kommutatorn med ett fint sandpapper. Om den är mycket sliten kan den eventuellt maskinslipas av en bilelektriker. Se till att borsthållarna är ordentligt rengjorda så att de nya borstarna kan röra sig fritt i dem.

9 Placera borstplåten utan borsthållarna en bit in i kommutatorn, centrera sedan borstarna och montera hållare och fjädrar över dem **(se bild)**.

10 Om generatorankaret har demonterats, montera det inne i oket.

11 Dra hela borsthållaren över generatorankarets kommutator, samtidigt som matarkabelns genomföring styrs in i okets öppning.

12 Placera kommutatorns ändfäste på generatorankaret, följt av O-ringstätning, mellanlägg och låsring. Se till att O-ringstätningen monteras korrekt.

13 Montera ändfästet och kontrollera att markeringen är i linje med den tidigare gjorda markeringen på oket. Sätt i och dra åt de genomgående skruvarna till angivet åtdragningsmoment.

14 Montera mellanlägg och låsringar, montera därefter locket och tätningen på ändfästet och dra åt de två skruvarna.

15 Återanslut matarkabeln till solenoidpolen och dra åt muttern.

16 Montera startmotorn enligt beskrivningen i avsnitt 10.

12 Tändningslås – demontering och montering

Demontering

1 På modeller med manuell växellåda, se kapitel 7A och skruva loss växelspakens hus från golvplåten. Skruva loss skruvarna och koppla loss låsplattans hållare och fästfjäder från undersidan av växelspakens hus. Bänd bort låsplattans tapp med hjälp av en skruvmejsel och ta bort stopplattan.

2 På modeller med automatväxellåda, ta bort växelspaken från golvplåten enligt beskrivningen i kapitel 7B.

3 Koppla loss kablaget från tändningslåsets bas, ta sedan bort låsets fästskruvar (5) och dra bort enheten från växelspakslåset **(se bild)**. Om så behövs, ta bort fästskruven (4) och dra bort låset från spakens hus.

11.4 Ta bort låsringens mellanlägg

11.5 Skruva loss de genomgående bultarna . . .

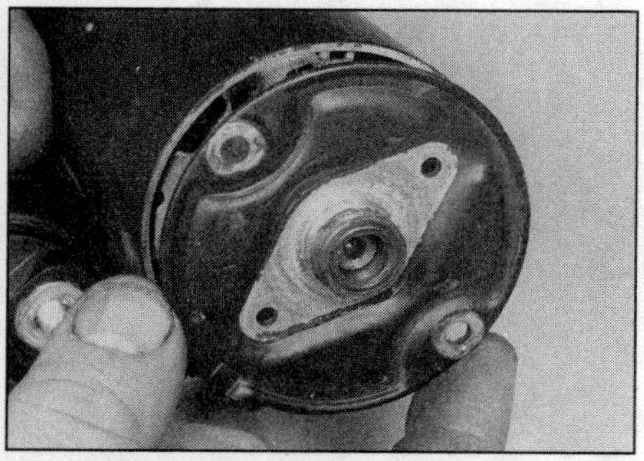

11.6 . . . och ta bort kommutatorns ändfäste

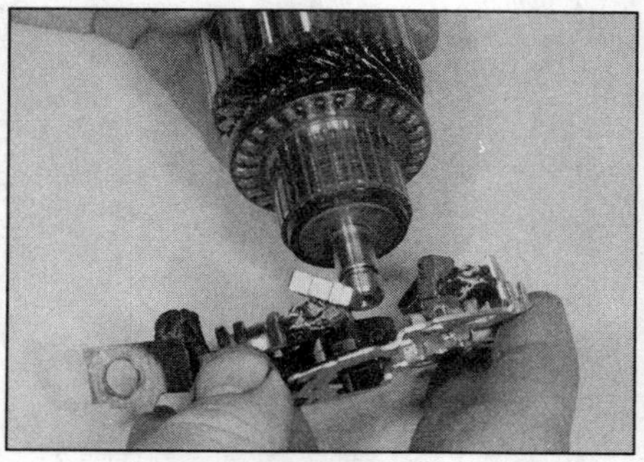

11.7 Ta bort borsthållaren

11.9 Montera borsthållarna

Montering

4 Placera växelspakslåset i huset och sätt i och dra åt fästskruven. Montera tändningslåset och sätt i och dra åt fästskruvarna. Återanslut kablarna till tändningslåsets bakre del.

5 På modeller med manuell växellåda, tryck stopplattan på plats i växelspakshuset, montera sedan låsplattan i sitt läge och se till att svängtapparna hakar i sina öppningar och att bussningarna placeras korrekt. Montera låsplattans hållare, täck sedan fästskruvarnas gängor med låsvätska och skruva i dem. Montera låsplattans fjäder, justera sedan låsplattan genom att vrida fästskruven till låsplattans fäste så att kanten på låsplattan är i nivå med klacken i växelspakshuset. Se till att stoppet inte kommer i kontakt med låsplattan (se kapitel 7A).

6 På modeller med automatväxellåda, kontrollera att parkeringslåsmekanismen är korrekt justerad enligt beskrivningen i kapitel 7B, avsnitt 5.

7 Se kapitel 7A eller 7B för ytterligare information om montering av växelspaken.

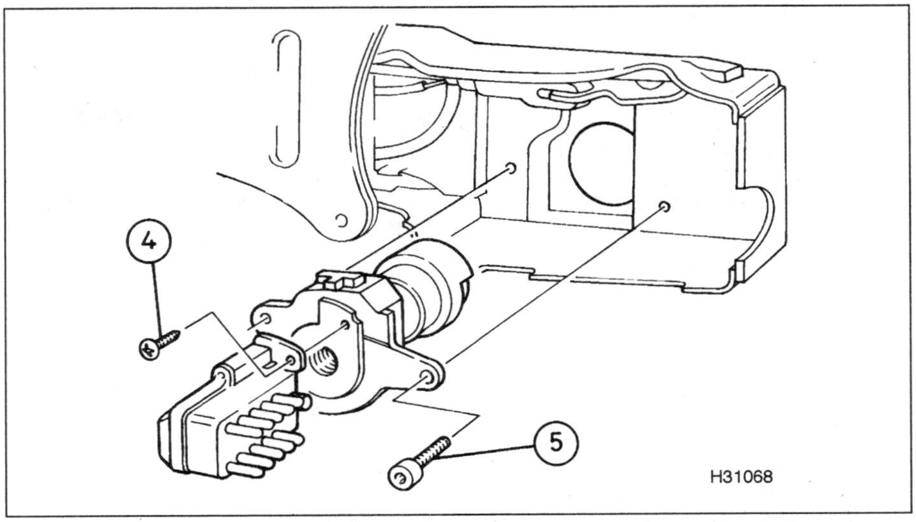

12.3 Ta bort kontaktens fästskruvar och dra bort enheten från växelspakslåsets bas

Kapitel 5 Del B: Tändsystem

Innehåll

Svårighetsgrader

Enkelt, passar novisen med lite erfarenhet	**Ganska enkelt,** passar nybörjaren med viss erfarenhet	**Ganska svårt,** passar kompetent hemmamekaniker	**Svårt,** passar hemmamekaniker med erfarenhet	**Mycket svårt,** för professionell mekaniker

Specifikationer

Systemtyp

2.0 liters modeller utan turbo och 2.3 liters modeller	Tändsystem av Hall-typ, Bosch Motronic motorstyrningssystem
2.0 liters turbomodeller	Direkttändning (DI), Saab Trionic motorstyrningssystem

Tändsystem av Hall-typ

Tändspole, resistans:	
Primärlindning	0,52 till 0,76 ohm
Sekundärlindning	7200 till 8200 ohm
Tändkablar, motstånd:	
Tändspole till strömfördelare	500 till 1500 ohm
Strömfördelare till tändstift	2000 till 4000 ohm

Direkttändningssystem (DI)

Tändningsladdning (DI-kassett):	
Kondensatorspänning	400 volt
Tändningsspänning (maximum)	40 000 volt
Tändinställning	Förprogrammerad i den elektroniska styrenheten (ECU)

Tändningsföljd	1-3-4-2 (cylinder nr 1 vid kamkedjeänden)

Åtdragningsmoment

	Nm
DI-kassett (urladdningsmodul)	12
Knacksensor	22
Tändstift	27

1 Allmän information

Tändsystem av Hall-typ

1 Systemet är ett brytarlöst elektroniskt tändsystem och består av en impulsgenerator (Hall-givare i strömfördelaren), en tändspole och tändstift. Impulsgeneratorn använder Hall-effektmetoden för att skicka signaler till motorstyrningssystemet Bosch Motronics elektroniska styrenhet (ECU), som sedan driver lågspänningskretsen. Styrenheten övervakar och reglerar tändinställning och vilovinkel.

2 Strömfördelaren innehåller inga centrifugal- eller vakuumförställda mekanismer eftersom den hastighets- och belastningsrelaterade tändningsförställningen styrs helt av motorstyrningssystemet.

Direkttändningssystem (DI)

3 Direkttändningssystemet använder enskilda tändspolar för varje tändstift. Den elektroniska styrmodulen till Saab Trionics motorstyrningssystem (ECM) övervakar motorn med hjälp av olika givare, för att avgöra den mest effektiva tändinställningen.

4 När bilen startas med en vevaxelhastighet som överstiger 150 varv per minut, bildas gnistor i det cylinderpar som har kolvarna i ÖD-läge. Råder försvårande omständigheter bildas flera gnistor för att underlätta starten. Den elektroniska styrenheten avgör i vilken cylinder förbränning äger rum genom att mäta spänningen över tändstiftselektroderna, och använder sedan informationen till att justera tändningen

5 När tändningen vrids av och motorn stannar fortsätter huvudreläet att fungera i ytterligare 6 sekunder. Under den här perioden jordar Trionics styrmodul alla kablar 210 gånger i sekunden i 5 sekunder, för att bränna bort orenheter från tändstiftselektroderna.

6 Eftersom systemet inte använder högspänningskablar måste radioavstörning inkluderas i tändstiften. Därför måste alltid tändstift av resistortyp användas.

7 Direkttändningssystem använder kapacitiv

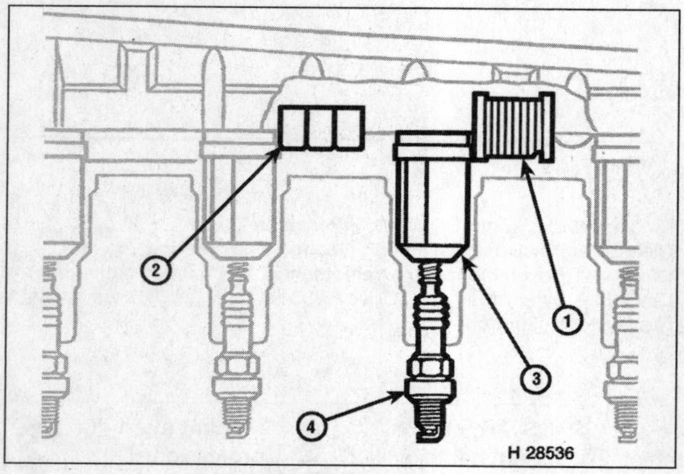

1.7a DI-kassett

1 Transformator (12 volt/400 volt)
2 Kondensator
3 Tändspole
4 Tändstift

1.7b Direkttändningens kondensator (vid pilen) i kassetten

urladdning för att generera högspänningsgnistor. Ungefär 400 volt lagras i en kondensator **(se bilder)**, och vid tändningsögonblicket laddas spänningen ur genom de primära kretsarna för relevant spole. Ungefär 40 000 volt induceras i den sekundära spolen och laddas ur över tändstiftselektroderna.

8 Om ett fel uppstår i systemet lagras en felkod i den elektroniska styrenheten. Koden kan endast läsas av Saabmekaniker med rätt utrustning.

9 Observera att startmotorn aldrig får drivas om DI-kassetten är lossad från tändstiften men fortfarande ansluten till kabelstammen. Detta kan orsaka skador på kassetten som ej går att reparera.

10 Motorstyrningssystemet styr motorns förförbränning via en knacksensor inbyggd i tändsystemet. Sensorn sitter på motorblocket och känner av vibrationer med hög frekvens, som uppstår när motorn börjar förtända ("spika"). När vibrationer uppstår skickar knacksensorn en elektrisk signal till den elektroniska styrenheten, som i sin tur sänker tändförställningen med små steg tills spikningen upphör. I Saab Trionic system används själva tändstiften som knacksensorer, istället för att en separat knacksensor i motorblocket används. Tändstiften fungerar som knacksensorer genom att en svag likström läggs över varje tändstift. När två cylindrar närmar sig ÖD orsakar spänningen en joniseringsström mellan tändstiftets poler i den cylinder som är under förbränning. En stark ström anger att knackning förekommer och i vilken cylinder tändningen behöver sänkas. Bränsleinsprutningens ordningsföljd styrs på samma sätt (se kapitel 4A).

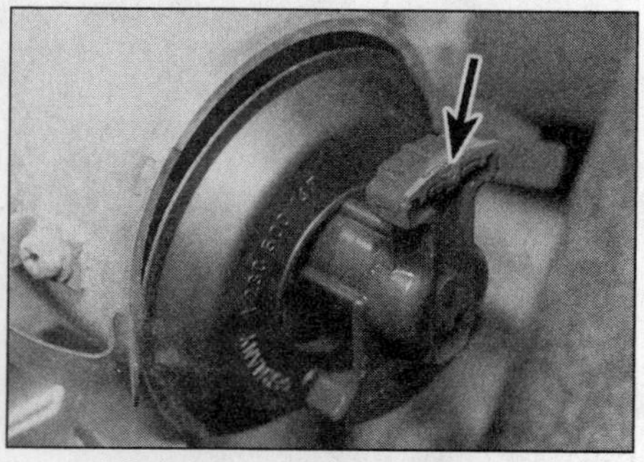

2.4 Rotorarm i strömfördelarlocket

2 Tändsystem – kontroll

Varning: Den spänning som genereras i ett elektroniskt tändsystem är betydligt högre än den som genereras i ett konventionellt tändsystem. Var mycket försiktig vid arbete med systemet när tändningen är påslagen. Personer med pacemaker får inte komma i närheten av tändningskretsarna, komponenterna eller testutrustningen. Slå alltid av tändningen innan komponenter kopplas bort eller ansluts, och när en multimätare används för att mäta resistansen.

Tändsystem av Hall-typ

1 Komponenterna i ett tändsystem av Hall-typ är normalt mycket pålitliga; eventuella fel beror oftare på lösa eller smutsiga anslutningar eller på spårningsfel i tändkabeln på grund av smuts, fukt eller skadad isolering, än på defekter hos systemkomponenterna. Kontrollera **alltid** alla kablar ordentligt och arbeta metodiskt för att utesluta alla andra möjligheter innan en elektrisk komponent döms ut som defekt.

2 Den gamla ovanan att kontrollera gnistor genom att hålla den strömförande delen av tändkabeln på kort avstånd från motorn rekommenderas **absolut inte**; dels finns stor risk att få en ordentlig stöt, dels kan spolen eller förstärkarenheten skadas. Försök heller **aldrig** att fastställa feltändning genom att dra bort den ena tändkabeln efter den andra.

Motorn startar inte

3 Om motorn inte vill gå runt alls eller går runt mycket långsamt, ska batteriet och startmotorn kontrolleras. Anslut en voltmätare över batteripolerna (mätarens plussond till batteriets pluspol). Koppla loss tändspolens tändkabel från strömfördelarlocket och jorda den. Läs av mätaren medan motorn vrids runt på startmotorn i (max) tio sekunder. Om det avlästa värdet understiger 9,5 volt, börja med att kontrollera batteriet, startmotorn och laddningssystemet enligt beskrivningen i del A i det här kapitlet.

4 Om motorn vrids runt i normal hastighet men inte startar, kontrollera högspänningskretsen genom att ansluta en tändinställningslampa (följ tillverkarens instruktioner) och dra runt motorn på startmotorn. Om lampan blinkar fungerar kretsen, men då bör tändstiften kontrolleras. Om lampan inte blinkar, kontrollera tändkablarna följt av strömfördelarlocket, kolborsten och rotorarmen **(se bild)**, enligt beskrivningarna i kapitel 1.

5 Om det finns en gnista, kontrollera om bränslesystemet är defekt, se närmare beskrivning i kapitel 4A.

6 Om det fortfarande inte finns någon gnista, kontrollera spänningen vid tändspolens pluspol; den ska ha samma värde som batterispänningen (minst 11,7 volt). Om spänningen vid spolen understiger batterispänningen med mindre än 1 volt, kontrollera tillförseln från batteriet tills felet lokaliseras.

7 Om tillförselledningarna till spolen är felfria skall motståndet i spolens primär- och sekundärlindning kontrolleras enligt nedanstående beskrivning. Byt spolen om den är defekt, men gör först en noggrann kontroll av lågspänningsanslutningarna för att konstatera om felet inte är orsakat av smutsiga eller dåligt fastsatta anslutningar.

8 Om spolen är i gott skick finns felet antagligen i förstärkarenheten eller Hallgeneratorkretsen i strömfördelaren. Kontrollen av dessa komponenter bör överlåtas till en Saabmekaniker.

Motorn feltänder

9 Oregelbunden feltändning tyder på lösa anslutningar, på ett intermittent fel på primärkretsen eller på en defekt tändkabel.

10 Stäng av motorn och gör en noggrann kontroll av systemet. Se till att samtliga anslutningar är rena och sitter fast ordentligt.

11 Kontrollera att tändspolen, strömfördelarlocket och tändkablarna är rena och torra. Undersök ledningarna och tändstiften (genom byte om det behövs), kontrollera sedan strömfördelarlocket, kolborsten och rotorarmen enligt beskrivningen i kapitel 1.

12 Regelbunden feltändning beror nästan säkert på fel i strömfördelarlocket, tändkablarna eller tändstiften. Använd en tändinställningslampa (punkt 4 ovan) för att kontrollera om det finns högspänning i alla ledningar.

13 Om någon ledning inte innehåller högspänning ligger felet i ledningen eller i strömfördelarlocket. Om alla ledningar innehåller högspänning ligger felet hos tändstiften. Kontrollera och byt ut dem om det råder minsta tvivel om deras skick.

14 Om högspänning saknas skall tändspolen kontrolleras; dess sekundärlindningar är eventuellt för högt belastade.

Direkttändningssystem (DI)

15 Om ett fel uppstår i direkttändningssystemet, kontrollera först att alla kablar sitter ordentligt och är i gott skick. Om det behövs kan enskilda komponenter från direkttändningssystemet tas bort och undersökas enligt beskrivningen längre fram i det här kapitlet. Spolar undersöks bäst genom att man ersätter den misstänkt defekta spolen med en fungerande spole och kontrollerar om feltändningen upphör.

16 På grund av tändstiftens placering under DI-kasseten finns det inget enkelt sätt att kontrollera om högspänningskretsen är defekt. Ytterligare kontroller bör överlåtas till en Saabverkstad som har nödvändig utrustning för att läsa felkoderna som lagrats i den elektroniska styrenheten.

3 Tändspole (Bosch Motronic) - demontering, kontroll och montering

Demontering

1 Tändspolen är placerad i motorrummets främre del, under behållaren med servostyrningsolja **(se bild)**.

2 Ta bort batteriet från fästkonsolen enligt beskrivningen i kapitel 5A.

3 Koppla loss huvudhögspänningskabeln från strömfördelarens överdel.

3.1 Tändspolen sitter i motorrummets främre del, under servostyrningsoljans behållare

4 Notera hur lågspänningskablarna är monterade, och lossa dem från anslutningarna på tändspolen **(se bild)**.

5 Skruva loss klämbulten till monteringskonsolen och ta bort spolen från motorrummet.

Kontroll

6 Spolen kontrolleras med hjälp av en multimätare inställd på resistans, som anger om den primära lindningen (lågspänningens pluspol till minuspol) och den sekundära lindningen (lågspänningens pluspol till tändkabelns pol) är hela. Jämför de uppmätta värdena med de värden som anges i specifikationerna i början av det här kapitlet. Resistansen i spollindningarna kan variera något beroende på spolens temperatur.

Montering

7 Montering sker i omvänd ordning, men se till att fästets klämbult dras åt ordentligt och att kontaktdonen monteras korrekt.

4 Strömfördelare (Bosch Motronic) - demontering och montering

Demontering

1 Märk tändkablarna för att underlätta monteringen, och dra loss dem från strömfördelarlocket. Om kablarna måste tas bort från tändstiften måste först inspektionskåpan

3.4 Koppla loss lågspänningskablarna från anslutningarna på tändspolen

demonteras från mitten av topplocket. Lossa klamrarna från strömfördelarlockets sidor och lägg locket åt sidan **(se bild)**. Om klamrarna sitter hårt kan en skruvmejsel användas för att försiktigt bända bort dem.

2 Koppla loss anslutningskontakten från Hallgivaren.

3 Skruva loss och ta bort strömfördelarens flänsbult.

Observera: *Strömfördelarens fläns har inget spår så strömfördelarens läge i förhållande till topplocket kan inte justeras; den grundläggande tändinställningen bestäms av motorstyrningssystemet.*

4 Dra bort strömfördelaren från topplockets ände. Observera att strömfördelarens drivaxel innehåller en excentrisk medbringare som hakar i spår i änden av avgaskamaxeln **(se bilder)**.

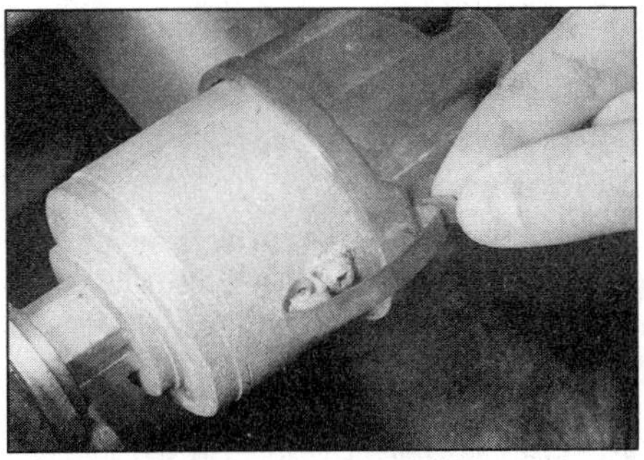

4.1 Lossa strömfördelarlockets klamrar

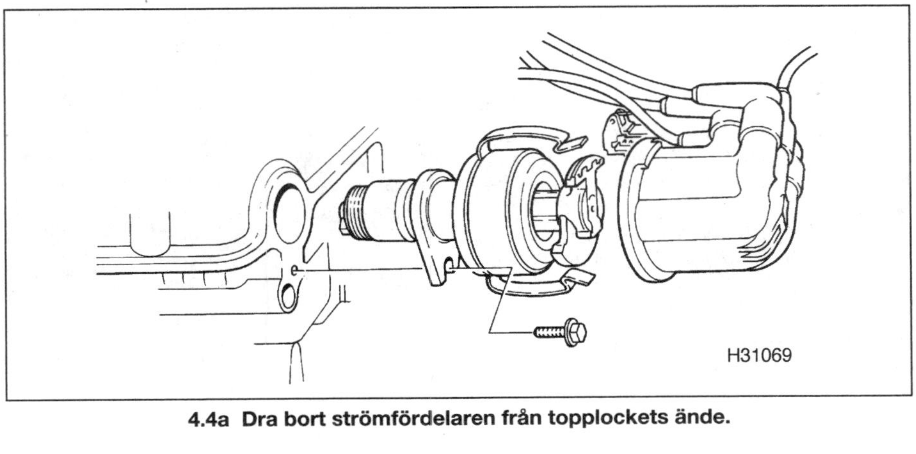

4.4a Dra bort strömfördelaren från topplockets ände.

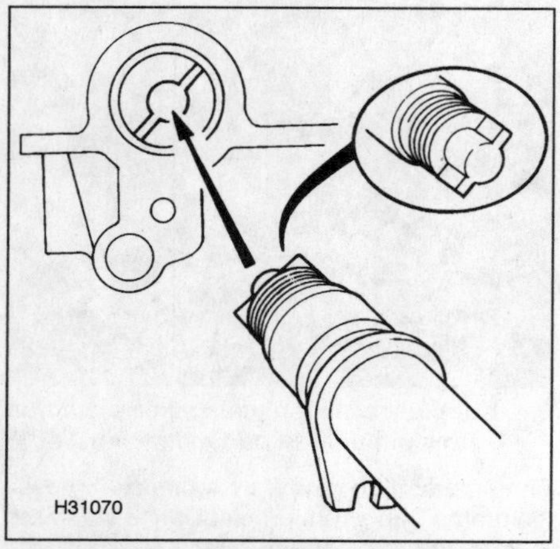

4.4b Observera att strömfördelarens drivaxel innehåller en excentrisk medbringare som hakar i spår i änden av avgaskamaxeln

Montering

5 Vrid strömfördelaren så att den excentriska medbringaren kommer i linje med spåret i änden på kamaxeln.

6 Skjut in strömfördelaren i topplocket, sätt ditt flänsens klämbult och dra åt den ordentligt.

7 Återanslut kablarna till Hall-givaren.

8 Montera strömfördelarlocket och återanslut tändkablarna.

5 DI-kassett (Saab Trionic) - demontering och montering

Demontering

1 Koppla loss batteriets negativa kabel.

2 Skruva loss de fyra skruvarna som fäster DI-kassetten på topplockets ovansida. Använd en insexnyckel **(se bild)**.

3 Skruva loss bulten och lossa kassettens kabelklämma.

4 I förekommande fall, skruva loss bulten och koppla loss jordledningen.

5 Koppla loss systemets anslutningskontakt på kassettens vänstra sida **(se bild)**.

6 Lyft upp DI-kassetten samtidigt som den lossas från tändstiften.

7 Om det behövs kan höljet tas bort från kassettens undersida, vänd den upp och ner och skruva loss höljet med en insexnyckel. Ta loss det svarta (undre) höljet från kassetten **(se bilder)**.

8 Tändkabelfjädrarna kan försiktigt bändas bort från höljet med hjälp av en skruvmejsel.

Montering

9 Montering sker i omvänd arbetsordning, dra åt fästbultarna till angivet moment.

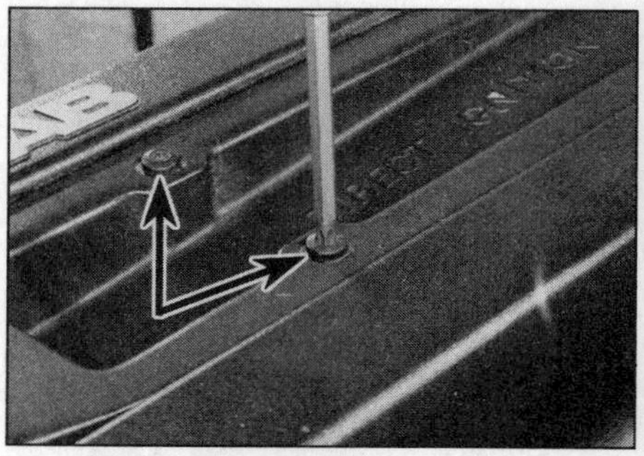

5.2 Ta bort DI-kassettens fästskruvar (två visade på bilden)

6 Tändspolar (Saab Trionic) - demontering och montering

Demontering

1 Ta bort höljet från DI-kassetten enligt beskrivningen i avsnitt 5.

2 Avlägsna försiktigt tändspolarna från kassettens övre del.

Montering

3 Montering sker i omvänd ordningsföljd.

7 Knacksensor (Bosch Motronic) - demontering och montering

Demontering

1 Knacksensorn är placerad på topplockets baksida, under insugsröret. Börja med att hissa upp framvagnen och ställa den på pallbockar (se *Lyftning och stödpunkter*).

2 Koppla loss kablarna från knacksensorn.

3 Lossa knacksensorn från motorblocket.

Montering

4 Rengör knacksensorns gängor och öppningen i motorblocket.

5 Sätt i knacksensorn och dra åt den till angivet moment. **Observera:** *Det är viktigt att enheten dras åt till korrekt moment, annars skickar den felaktiga signaler till den elektroniska styrenheten.*

6 Återanslut kablarna och sänk ner bilen.

5.5 Koppla loss kontakten från DI-kassetten

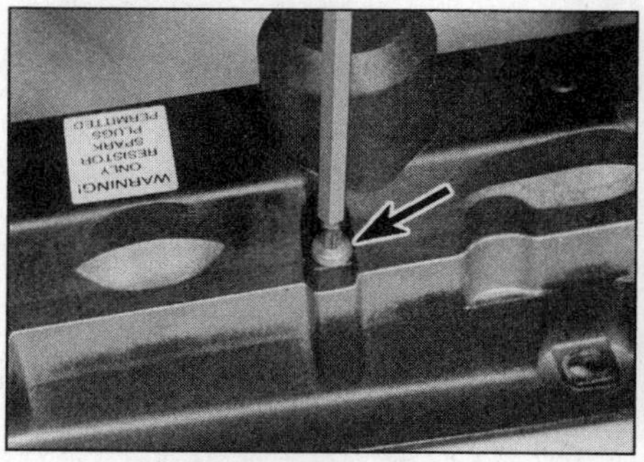

5.7a Skruva loss skruvarna . . .

8 Elektronisk styrenhet - demontering och montering

Se information i kapitel 4A.

9 Tändinställning, kontroll - allmän information

1 Tändinställningen på alla modeller är förprogrammerad i den elektroniska styrenheten och kan inte justeras. Det är också svårt att kontrollera den grundläggande tändinställningen vid tomgång eftersom motorstyrningssystemet hela tiden anpassar tändningsinställningen för att styra motorns tomgångshastighet i takt med tomgångsluftregleringsventilen (IAC). Om tändinställningen misstänks vara felaktig ska bilen lämnas in till en Saabverkstad som har den nödvändiga utrustningen för att läsa koderna som lagrats i den elektroniska styrenheten.

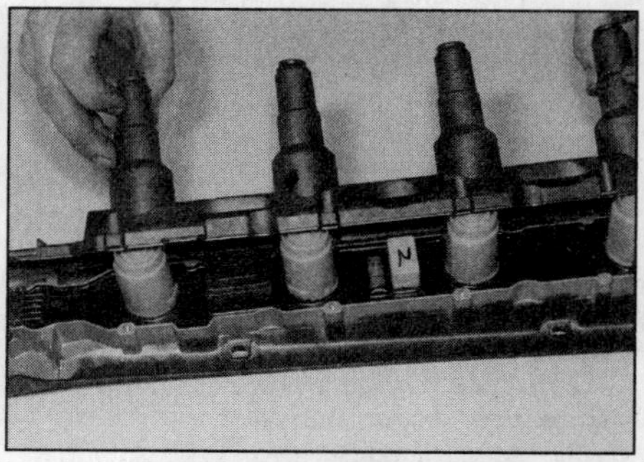

5.7b . . . och ta bort det svarta höljet från kassettens undersida

Kapitel 6
Koppling

Innehåll

Svårighetsgrader

Enkelt, passar novisen med lite erfarenhet	**Ganska enkelt,** passar nybörjaren med viss erfarenhet	**Ganska svårt,** passar kompetent hemmamekaniker	**Svårt,** passar hemmamekaniker med erfarenhet	**Mycket svårt,** för professionell mekaniker

Specifikationer

Systemtyp

1993 till 1998	Enkel torrlamell, styrs med självjusterande vajer
Från och med 1998	Enkel torrlamell, styrs av ett hydrauliskt urkopplingssystem med huvud/slavcylinder.

Lamell, diameter

2.0 och 2.3 liters modeller utan turbo	215 mm
2.0 liters turbomodeller	228 mm

Hydraulisk urkopplingsmekanism

Slavcylinderns kolvslag	8,0 mm
Huvudcylinderns kolvdiameter	19,05 mm

Åtdragningsmoment

	Nm
Huvudcylinder till monteringskonsol	24
Huvudcylinderns fästskruvar	24
Kopplingskåpans platta till svänghjulet	22
Kopplingspedalens svängtapp till monteringskonsol, mutter	47
Kopplingspedalens/huvudcylinderns monteringskonsol till torpedvägg, mutter	24
Kopplingspedalens/huvudcylinderns monteringskonsol till kaross, bult	24
Slavcylinderns fästskruvar	10
Tillförselrör till slavcylinder, övre anslutning	15
Tillförselrör till slavcylinderhus	22
Tätningshållare, ingående axel	38
Urkopplingsgaffel till svängtappsaxel, klämma	25

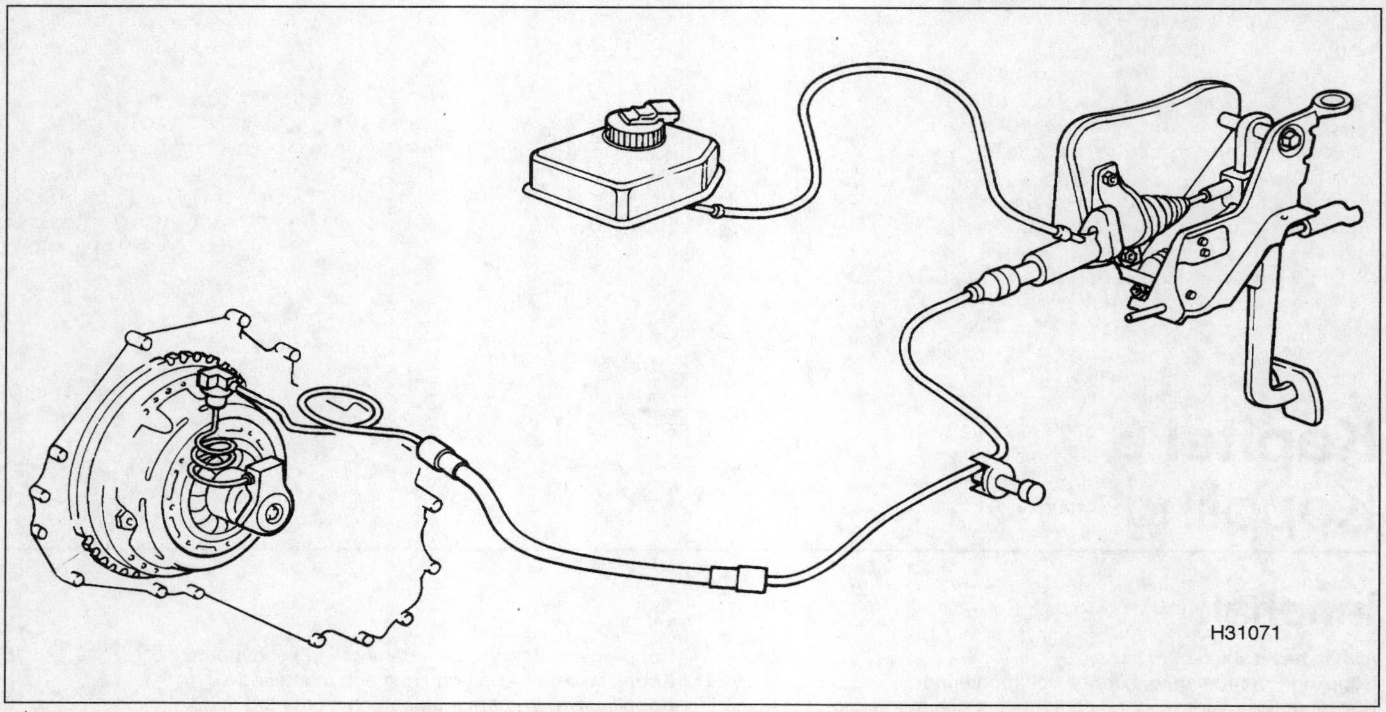

1.1 Hydrauliskt urkopplingssystem på modeller från och med 1998

1 Allmän beskrivning

1 Kopplingssystemet har en enkel torrlamell och består av följande huvudkomponenter: kopplingspedal, kopplingsvajer, urkopplingsarm och urkopplingslager, lamell och tryckplatta med inbyggd tallriksfjäder och kåpa. På alla modeller byggda från och med 1998 monterades ett hydrauliskt urkopplingssystem i stället för den vajerdrivna urkopplingsmekanismen **(se bild)**.

2 Lamellen kan glida fritt längs räfflorna på växellådans ingående axel. Axeln hålls på plats mellan svänghjulet och tryckplattan av en tallriksfjäder som trycker på tryckplattan. Lamellen är fodrad med ett material med hög friktion på båda sidor. Fjädringen mellan friktionsbeläggningen och navet fångar upp stötar från växellådan och bidrar till mjuk kraftupptagning vid koppling.

3 Tallriksfjädern är fäst på sprintar och hålls på plats i kåpan med stödpunktsringar.

4 Urkopplingslagret är placerat på en styrhylsa på framsidan av växellådan. Lagret kan glida fritt på hylsan, under inverkan av urkopplingsarmen som svänger inuti kopplingens balanshjulskåpa.

5 På modeller med vajerstyrd koppling överförs kraft från kopplingspedalen till urkopplingsarmen i växellådan via kopplingsvajern. När lamellen slits ner uppvägs den växande vajersträckningen av en självjusteringsmekanism inbyggd i vajerenheten. Tillverkaren anger ingen periodisk justering av kopplingsvajern.

6 På modeller med hydraulstyrd koppling överförs kraft från kopplingspedalen till huvudcylindern på den främre delen av torpedväggen i motorrummet, via en tryckstång. Huvudcylinderns kolv tvingar hydraulolja genom ett tillförselrör till slavcylindern, som är placerad i växellådshuset mitt över växellådans ingående axel. Oljan tvingar ut kolven ur slavcylindern och aktiverar på så sätt urkopplingslagret.

7 När kopplingspedalen är nedtryckt tvingas urkopplingslagret att glida längs den ingående axelns hylsa så det går emot tallriksfjäderns mitt och trycker den inåt. Tallriksfjädern verkar mot en rund stödpunktsring i kåpan. När fjäderns mitt trycks in trycks fjäderns yttre del ut så att tryckplattan kan röra sid bakåt, från lamellen.

8 När kopplingspedalen släpps tvingar tallriksfjädern tryckplattan mot lamellens friktionsytor. Detta trycker lamellen framåt i spåren och tvingar den mot svänghjulet. Lamellen sitter nu fast mellan tryckplattan och svänghjulet och tar upp kraft.

9 Oljan som används i det hydrauliska kopplingssystem på senare modeller är av samma sort som den som används i bromssystemet. Oljan tillförs huvudcylindern genom en tapp i bromsoljebehållaren. Kopplingens hydraulsystem måste tätas innan arbete kan utföras på komponenterna i kopplingssystemet, och sedan fyllas på och luftas för att få bort eventuella luftbubblor ur systemet. Ytterligare information finns i avsnitt 8 i detta kapitel.

2 Kopplingsvajer – demontering och montering

Demontering

1 Arbeta i motorrummet. Ta bort batteriet från fästplattan enligt beskrivningen i kapitel 5A.

2 Haka loss kopplingsvajerns ände från urkopplingsarmen. Tryck urkopplingsarmen mot motorn om det behövs för att underlätta demonteringen **(se bild)**.

3 Dra bort vajerdämparen från tappen ovanpå växellådans hus **(se bild)**.

4 Skruva loss huvudsäkringsdosan från karossen i motorrummet och flytta den åt sidan.

5 Arbeta längs med den del av kopplingsvajern som är synlig från motorrummet och

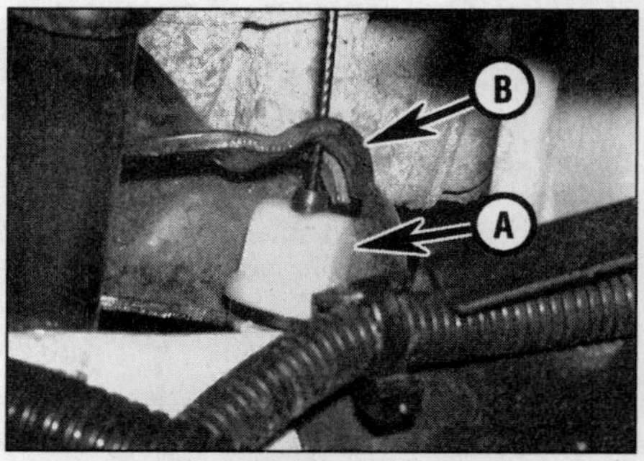

2.2 Haka loss kopplingsvajerns ände (A) från urkopplingsarmen (B)

lossa den från fästklamrarna vid torpedväggens bakre del och fjädringens korsstag.

6 Arbeta inuti bilen, i fotbrunnen på förarsidan. Skruva loss skruvarna och lossa diagnostikuttaget från instrumentbrädans undersida, ta sedan bort instrumentbrädans undre klädselpanel.

7 Skruva loss skruvarna och ta bort golvlufttrumman och ta sedan bort knäskyddet från instrumentbrädan.

8 Lossa kåpan, ta sedan bort fästskruvarna och sväng bort säkringsdosan från den högra sidan av instrumentbrädan.

9 Koppla loss den inbyggda centrala elektroniska styrenheten (IEC) enligt beskrivöningen i kapitel 12.

10 Ta bort lufttrumman som leder från värmarenheten till förarens högra ansiktsfläkt.

11 Haka loss returfjädern från kopplingspedalen bakom instrumentbrädan, och koppla loss plastöglan i änden av kopplingsvajern från pedalens överdel. Observera att returfjäderns ände håller fast vajeränden i pedalen.

12 Vajerenheten kan nu dras in i motorrummet genom torpedväggen. Var försiktig så att inte självjusteringsmekanismen eller torpedväggens gummiskydd skadas när vajern dras bort.

Montering

13 Montering sker i omvänd ordningsföljd. Självjusteringsmekanismen måste sitta tätt tryckt mot torpedväggen när vajern är i läge.

3 Kopplingspedal – demontering och montering

Modeller med vajerstyrd koppling

Demontering

1 Koppla loss kopplingsvajern från kopplingspedalens övre del enligt beskrivningen i avsnitt 2.

2 Ta bort låsfjäderklammern från den högra sidan av pedalens pivåaxel, skruva sedan loss pedalens fästmutter och ta bort brickan/brickorna.

3 Tryck ut pivåaxeln ur pedalfästet, mot mitten av bilen, sänk sedan pedalen och returfjädern. Notera brickornas och/eller mellanläggens placering på pivåaxeln för att underlätta en korrekt återmontering **(se bild)**.

4 Dra bort pedalen och returfjädern från bilen. Observera justerskruven som reglerar pedalens neutralläge. Skruven är fabriksinställd och inställningen bör inte ändras eftersom det påverkar funktionen hos kopplingsvajerns självjusteringsmekanism.

Montering

5 Montering sker i omvänd arbetsordning, men smörj in pedalens pivåaxel med lite fett innan den monteras.

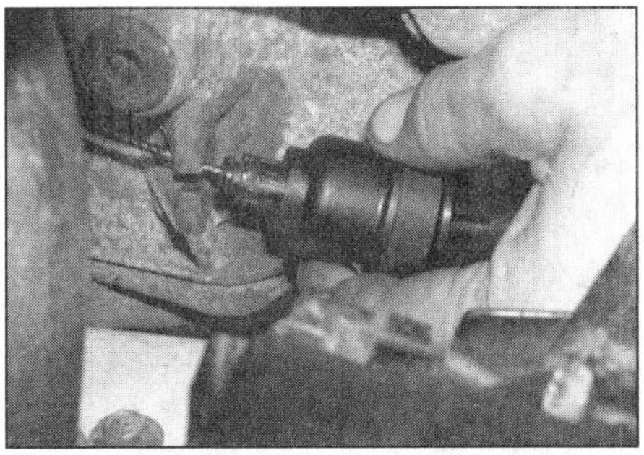

2.3 Dra bort vajerdämparen från tappen uppe på växellådshuset

Modeller med hydraulisk koppling

Demontering

6 Koppla loss batteriets negativa kabel och placera den på avstånd från batteripolen.

7 På vänsterstyrda modeller, skruva loss motorrummets säkringsdosa från fästena och lägg den åt sidan.

8 Sätt en slangklämma på slangen mellan vätskebehållaren och huvudcylindern.

9 Ta bort alla spår av smuts från huvudcylinderns utsida och lägg en trasa under cylindern för att fånga upp eventuellt spill.

10 Lossa klammern och koppla loss tillförselslangen från huvudcylinderns överdel. Torka upp spilld hydraulolja med rena trasor och vatten.

11 Dra ut fästklammern och lösgör det hydrauliska tillförselröret från huvudcylinderns framsida. Plugga igen rörändarna och huvudcylinderns port för att minimera oljespill och hindra smuts från att komma in. Ta loss tätningsringen från anslutningen och kasta den; en ny ring måste användas vid montering. Montera fästklammern i huvudcylinderns spår och se till att den är korrekt placerad.

12 Skruva loss muttern som fäster den högra sidan av kopplingspedalens fäste vid torpedväggens baksida i motorrummet.

13 Arbeta inuti bilen, i fotbrunnen på förarsidan. Skruva loss skruvarna och lossa diagnostikuttaget från instrumentbrädans undersida, ta sedan bort instrumentbrädans undre klädselpanel.

14 Skruva loss skruvarna och ta bort golvlufttrumman och ta sedan bort knäskyddet från instrumentbrädan.

15 Lossa kåpan, ta sedan bort fästskruvarna och sväng bort säkringsdosan från den högra sidan av instrumentbrädan.

16 Koppla bort den centrala elektroniska styrenheten enligt beskrivningen i kapitel 12.

17 Ta bort lufttrumman som leder från värmarenheten till förarens högra ansiktsfläkt.

18 Lossa fjäderklammern och koppla loss huvudcylinderns tryckstång från kopplingspedalen.

19 Skruva loss muttern som fäster kopplingspedalens svängtapp på den högra sidan av monteringskonsolen.

20 Skruva loss bulten och muttern som fäster överdelen av kopplingspedalens monteringskonsol vid karossen.

21 Arbeta i motorrummet. Skruva loss muttern som fäster den vänstra sidan av pedalkonsolen vid torpedväggen.

22 Dra bort pedalen tillsammans med monteringskonsolen och huvudcylindern, via instrumentbrädans undersida, ta sedan loss pedalen från konsolen.

Montering

23 Passa in monteringskonsolen, pedalen och huvudcylindern på torpedväggen. Se till

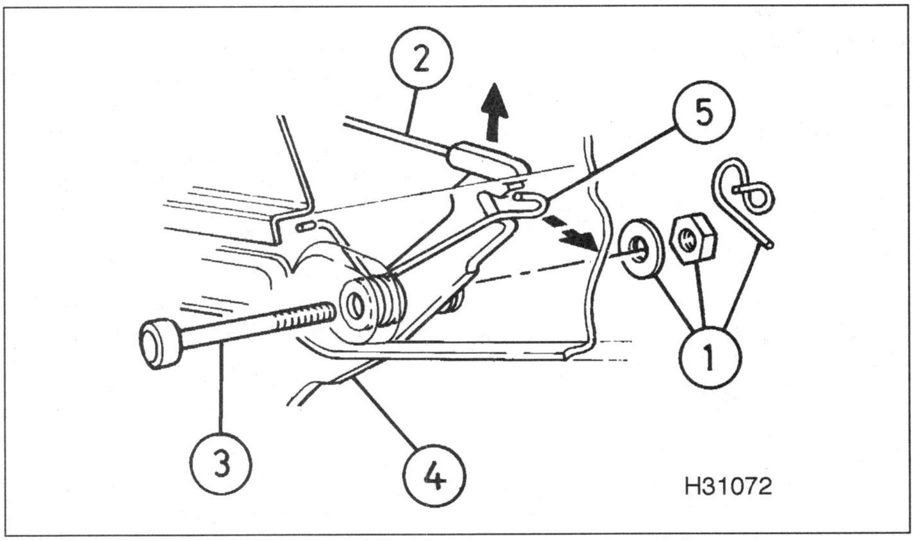

3.3 Kopplingspedalens komponenter

1 Bricka, mutter och låsfjäderklammer
2 Kopplingsvajer
3 Pivåaxel
4 Kopplingspedal
5 Returfjäder

4.3 Skruva loss kopplingskåpan från svänghjulet. Var beredd på att ta emot lamellen när kopplingsenheten lyfts bort

4.7 När kopplingen är demonterad, undersök svänghjulets slipade yta

att pedalens returfjäder monteras ordentligt och sätt sedan i kopplingspedalens pivåmutter, men dra inte åt den. Sätt i bulten och muttern mellan fästet och karossen och dra åt till angivet moment.

24 Arbeta i motorrummet. Sätt i fästmuttrarna mellan monteringskonsolen och torpedväggen och dra åt dem till angivet moment.

25 Återanslut tillförselröret till huvudcylindern och fäst den med fästklammern. Återanslut oljetillförselslangen till porten ovanpå huvudcylindern på samma sätt.

26 Arbeta i fotbrunnen på förarsidan och dra åt kopplingspedalens pivåbult till angivet moment.

27 Montera huvudcylinderns tryckstång på kopplingspedalen och fäst den med fjäderklammern.

28 Montera alla komponenter som togs bort för att komma åt kopplingspedalen. Där tillämpligt, se till att kopplingspedalens farthållarreglage är korrekt monterat enligt beskrivningen i kapitel 4A.

29 Avsluta med att lufta det hydrauliska kopplingssystemet enligt beskrivningen i avsnitt 8. Kontrollera kopplingssystemets funktion (och där tillämpligt farthållarens avstängningsreglage).

4 Koppling – demontering, kontroll och montering

Demontering

1 Börja med att demontera växellådan eller demontera och separera motorn/växellådan för att komma åt kopplingen, fortsätt sedan enligt följande.

2 Observera markeringen på svänghjulet som är i linje med hacket i kopplingskåpans kant. Skruva sedan stegvis bort de sex bultarna och fjäderbrickorna som fäster kopplingskåpan vid svänghjulet.

3 Lyft bort kopplingen när alla bultar är borttagna. Var beredd att ta emot lamellen när kopplingsenheten lyfts bort från svänghjulet, och åt notera vilket håll lamellen sitter. Navets större utskjutande sida ska vara riktad från svänghjulet **(se bild)**.

4 Kopplingens komponenter kan undersökas med avseende på slitage och skador enligt beskrivningen i avsnitt 5.

Kontroll

5 Torka bort allt damm med en torr trasa när kopplingsenheten är demonterad. Även om de flesta lameller har asbestfri beläggning nu för tiden, så finns det de som inte har det. Var försiktig, asbestdamm är farligt och får inte andas in.

6 Undersök om lamellens belägg är slitna eller skeva eller om de har lösa nitar, sprickor, trasiga torsionsfjädrar eller utslitna spår. Lamellytorna kan vara blankslitna, men så länge friktionsbeläggets mönster syns tydligt är allt som det ska. Om en sammanhängande eller fläckvis svart, blank missfärgning förekommer är lamellen nedsmutsad med olja och måste bytas ut och orsaken till nedsmutsningen måste spåras och åtgärdas. Orsaken kan vara en läckande oljetätning från antingen vevaxeln eller växellådans ingående axel – eller från båda två. Rutiner för byte beskrivs i kapitel 2A, 2B och 7A, i förekommande fall. Lamellen måste också bytas ut om beläggen slitits ner till nithuvudena eller strax över.

7 Undersök svänghjulets och tryckplattans maskinslipade ytor **(se bild)**. Om de är spåriga eller kraftigt repade måste de bytas ut. Tryckplattan måste också bytas ut om den har tydliga sprickor, om tallriksfjädern är skadad eller fjädertrycket misstänks vara för löst.

8 Medan kopplingspedalen är demonterad är det klokt att undersöka urkopplingslagrets skick enligt beskrivningen i avsnitt 5.

Montering

9 Om inte motorn och växellådan ska monteras i bilen som en enhet, är det enklare att montera kopplingen när motorn redan är på plats i bilen. Då behöver inte kopplingens lamell centreras.

10 Om så är tillämpligt kan kopplingen monteras före motorn och växellådan kopplas ihop och monteras enligt följande.

11 Det är viktigt att se till att inte olja eller fett hamnar på lamellens belägg, eller på tryckplattans och svänghjulets ytor. Det är viktigt att ha rena händer vid monteringen av kopplingsenheten, och att torka av tryckplattans och svänghjulets ytor med en ren trasa innan monteringen.

12 Placera lamellen mot svänghjulet, se till att den sitter åt rätt håll. Den större utskjutande sidan på navet ska vara riktad från svänghjulet, och den instämplade texten ska vara riktad mot svänghjulet **(se bild)**.

13 Montera kopplingens kåpa och ställ in

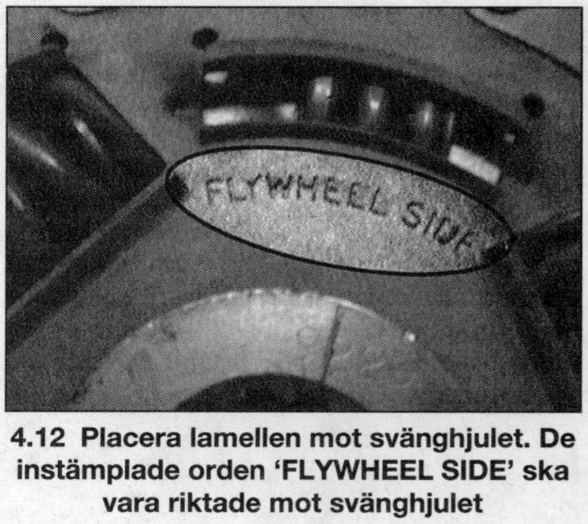

4.12 Placera lamellen mot svänghjulet. De instämplade orden 'FLYWHEEL SIDE' ska vara riktade mot svänghjulet

4.13 Sätt i kopplingskåpans fästbultar och fjäderbrickor

5.2 Skruva loss klämbulten som fäster urkopplingsgaffeln vid urkopplingsarmens pivåaxel

5.3a Dra urkopplingsarmens pivåaxel upp och ut ur balanshjulskåpan . . .

märkena på svänghjulet i linje med hacket i kanten på kopplingskåpan **(se bild)**. Sätt i de sex bultarna och fjäderbrickorna (i förekommande fall), och dra åt dem för hand, så att lamellen sitter på plats, men fortfarande kan flyttas.

14 Lamellen måste nu centreras så att spåren i växellådans ingående axel går i ingrepp med spåren på lamellens nav när motorn och växellådan kopplas ihop.

15 Lamellen kan centreras genom att en rundstav eller en lång skruvmejsel sticks in i hålet i lamellens mitt, så att änden av staven/mejseln vilar i tapplagret i vevaxelns mitt. Använd ett trubbigt verktyg om det går, om en skruvmejsel används ska bladet viras in med tejp så att inte lagerytorna skadas. När staven/mejseln rörs i sidled eller upp och ner flyttas lamellen och kan på så sätt centreras. Ta bort staven och kontrollera lamellnavets placering i förhållande till hålet i vevaxelns ände och cirkeln som skapas av tallriksfjäderns fingrar. När navet befinner sig exakt i mitten är det på rätt plats. Alternativt, om det finns tillgång till ett inställningsverktyg för koppling behövs inga gissningar och inställningen behöver inte kontrolleras visuellt.

16 Dra stegvis åt kåpans fästbultar i diagonal ordningsföljd till angivet moment. Ta bort inställningsverktyget.

17 Nu kan växellådan monteras enligt beskrivningen i kapitel 7A eller 7B.

5 Urkopplingslager och arm – demontering och montering

Observera: *Om urkopplingslagrets styrhylsa tas bort måste en ny O-ring användas vid monteringen.*

Demontering

1 Ta bort växellådan enligt beskrivningen i kapitel 7A eller 7B för att komma åt urkopplingslagret.

2 Skruva loss klämbulten som fäster urkopplingsgaffeln vid urkopplingsarmens pivåaxel **(se bild)**.

3 Dra urkopplingsarmens pivåaxel upp och ut ur balanshjulskåpan, dra sedan bort urkopplingslagret från den ingående axelns styrhylsa och koppla loss det från gaffeln **(se bilder)**.

4 Snurra urkopplingslagret för hand och kontrollera om det har några ojämnheter. Håll i den yttre lagerbanan och försökt röra den i sidled mot den inre lagerbanan. Vid överdrivna rörelser eller ojämnheter ska lagret bytas ut. När en ny koppling monteras är det klokt att alltid byta urkopplingslagret samtidigt.

5 Om man vill ta bort urkopplingslagrets styrhylsa kan man göra det genom att skruva loss de tre fästbultarna, sedan kan den ingående axelns oljetätning bytas ut. Ta loss O-ringen mellan styrhylsan och balanshjulskåpan. Bänd bort den gamla oljetätningen från styrhylsan och montera en ny tätning med hjälp av en dorn eller hylsa. Fäst brickorna mellan oljetätningens läppar med litiumbasfett, montera sedan styrhylsan med en ny O-ring. O-ringen ska vara torr vid monteringen.

6 Nylonbussningarna som stöder urkopplingsarmens pivåaxel kan bytas ut om det behövs. Knacka bort dem från tapparna i balanshjulskåpan med hjälp av en dorn. Driv de nya bussningarna på plats och se till att låsflikarna hakar i spåren i balanshjulskåpans tappar **(se bilder)**.

Montering

7 Montering av urkopplingslagret och armen sker i omvänd ordningsföljd, men tänk på följande.

8 Smörj de inre ytorna på urkopplingsarmens pivåbussningar och den yttre ytan på urkopplingslagrets styrhylsa med molybdendisulfidfett.

9 I förekommande fall, sätt ihop urkopplingslagret med plastringen, montera sedan urkopplingslagret och gaffeln tillsammans.

10 Belasta urkopplingslagret och armen

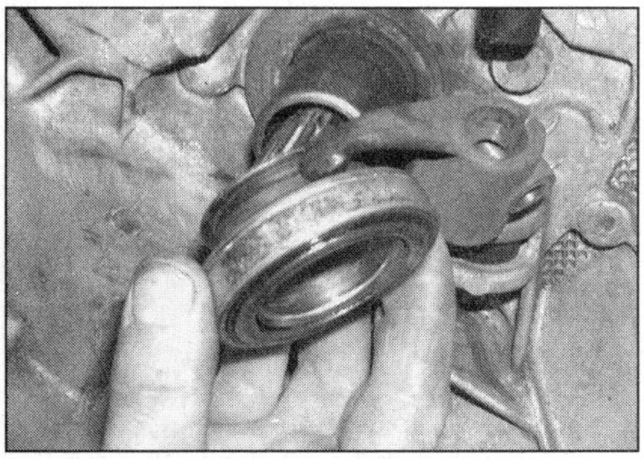

5.3b . . . dra sedan bort urkopplingslagret från den ingående axelns styrhylsa och koppla loss det från urkopplingsgaffeln

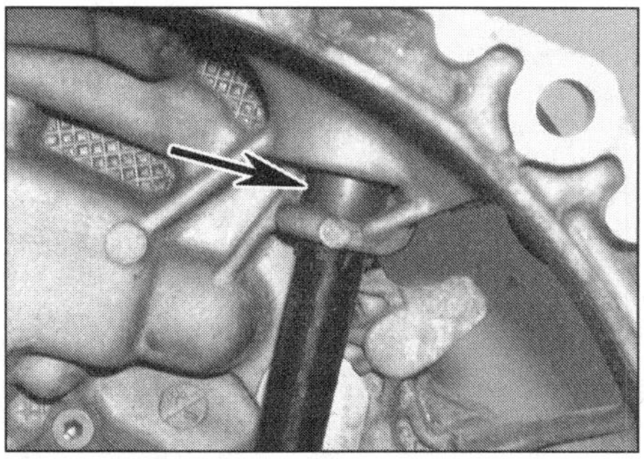

5.6a Lossa armens pivåaxels övre . . .

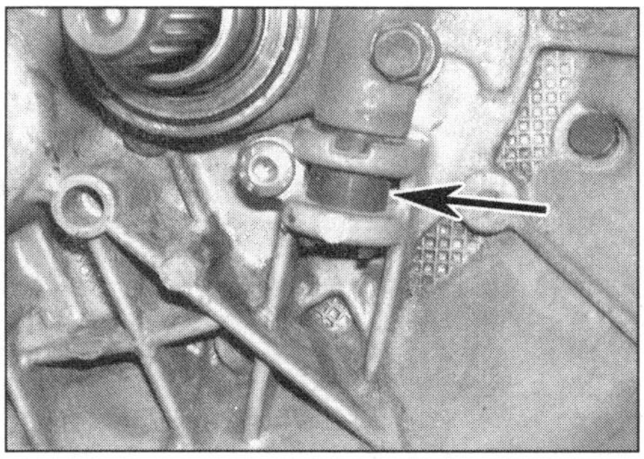

5.6b . . . och nedre bussningar (vid pilarna)

5.10 Hacket (vid pilen) i urkopplingsaxeln måste haka i urkopplingsgaffelns klämbult (axeln utdragen för att visa hacket)

samtidigt, så att urkopplingsgaffeln placeras korrekt i förhållande till hacket i urkopplingsaxeln, montera sedan gaffelns klämbult och dra åt den till angivet moment **(se bild)**.

11 Montera växellådan på motorn enligt beskrivningen i kapitel 7A eller 7B.

6 Kopplingens slavcylinder – demontering och montering

Demontering

1 Om inte hela motorn/växellådan ska demonteras och tas isär för en större renovering (se kapitel 2B), kan man komma åt urkopplingscylindern genom att bara ta bort växellådan, enligt beskrivningen i kapitel 7A eller 7B.

2 Torka rent slavcylinderns utsida och lossa anslutningsmuttern och koppla loss hydraulröret. Torka upp eventuellt oljespill med en ren trasa.

3 Skruva loss fästbultarna och dra bort slavcylindern från växellådans ingående axel **(se bild)**. Ta bort tätningsringen som sitter mellan cylindern och växellådshuset och kasta den eftersom en ny ring måste användas vid monteringen. Var noga med att inte låta smuts komma in i växellådan medan cylinder är borttagen.

4 Slavcylindern är försluten och kan inte renoveras. Om cylindertätningarna läcker eller om urkopplingslagret låter illa eller är trögt vid körning, måste hela enheten bytas ut.

Montering

5 Se till att slavcylinderns och växellådans fogytor är rena och torra, montera sedan den nya tätningsringen i växellådans fördjupning.

6 Smörj slavcylindertätningen med lite växellådsolja, för sedan försiktigt cylindern i läge längs den ingående axeln. Se till att tätningsringen fortfarande sitter ordentligt i spåret, montera sedan slavcylinderns fästbultar och dra åt dem till angivet moment.

7 Återanslut hydraulröret till slavcylindern och dra åt anslutningsmuttern till angivet moment.

8 Snapsa och lufta slavcylindern med hydraulolja enligt beskrivningen i avsnitt 8.

9 Montera växellådan enligt beskrivningen i kapitel 7A eller 7B.

7 Kopplingens huvudcylinder – demontering och montering

Demontering

1 Lossa batteriets negativa kabel och placera den på avstånd från batteriet.

2 På vänsterstyrda modeller, skruva loss motorrummets säkringsdosa från fästena och lägg den åt sidan.

3 Sätt en slangklämma på slangen mellan vätskebehållaren och huvudcylindern.

4 Ta bort alla spår av smuts från huvudcylinderns utsida och lägg en trasa under cylindern för att fånga upp eventuellt spill.

5 Lossa klämman och koppla loss tillförselslangen från huvudcylinderns överdel. Torka upp spilld hydraulolja med rena trasor och vatten.

6 Dra ut fästklammern och lösgör det hydrauliska tillförselröret från huvudcylinderns framsida. Plugga igen rörändarna och huvudcylinderns port för att minimera oljespill och hindra smuts från att komma in. Ta loss tätningsringen från anslutningen och kasta den, en ny ring måste användas vid montering. Sätt fästklammern i huvudcylinderns spår och se till att den placeras korrekt.

7 Skruva loss muttern som fäster den högra sidan av kopplingspedalens fäste bak på torpedväggen i motorrummet **(se bild)**.

8 Arbeta inne i bilen, i fotbrunnen på förarsidan. Skruva loss skruvarna och lossa diagnostikuttaget från instrumentbrädans undersida, ta sedan bort instrumentbrädans undre klädselpanel.

9 Skruva loss skruvarna och ta bort golvlufttrumman och ta sedan bort knäskyddet från instrumentbrädan.

10 Lossa kåpan, ta bort fästskruvarna och sväng bort säkringsdosan från den högra sidan av instrumentbrädan.

11 Koppla bort den centrala elektroniska styrenheten enligt beskrivningen i kapitel 12.

12 Ta bort lufttrumman som leder från värmarenheten till förarens högra ansiktsfläkt.

13 Lossa fjäderklammern och koppla loss huvudcylinderns tryckstång från kopplingspedalen.

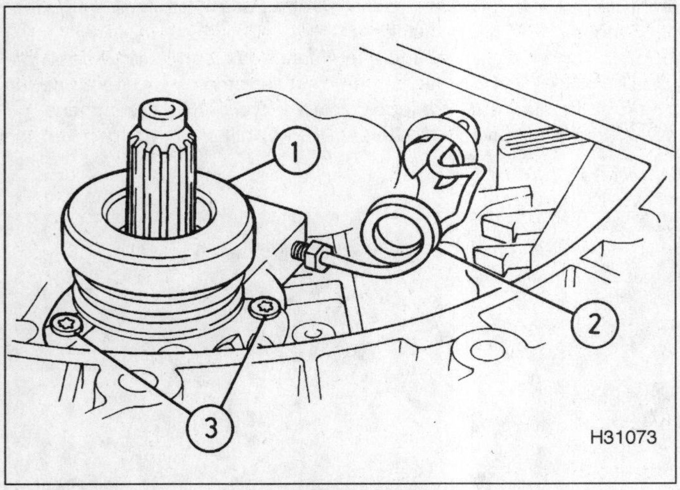

6.3 Slavcylinder

1 *Urkopplingslager*
2 *Hydrauloljerör*
3 *Fästskruvar*

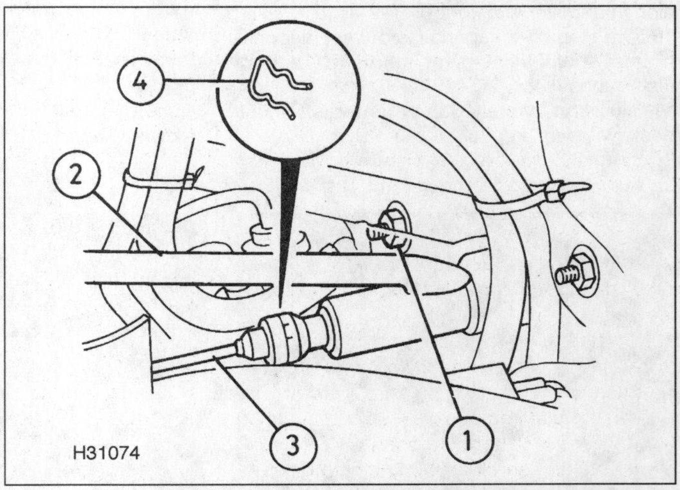

7.7 Ta bort muttern som fäster den högra sidan av kopplingspedalens/huvudcylinderns fäste vid torpedväggen i motorrummet

1 *Fästmutter* 2 *Tillförselslang* 3 *Tillförselrör* 4 *Klammer*

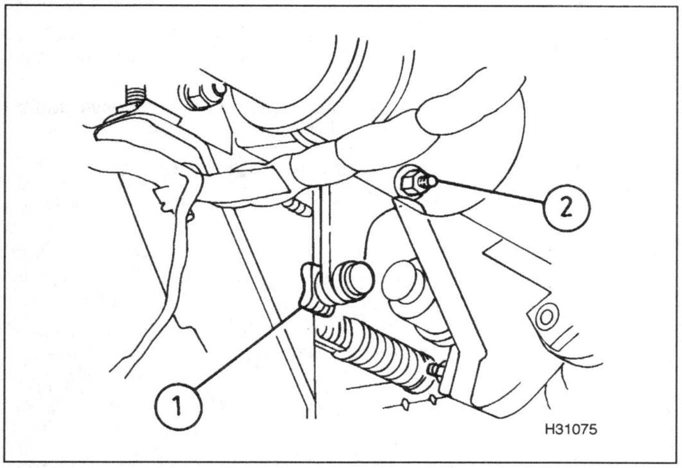

7.14 Anslutning mellan kopplingspedal och huvudcylinder, komponenter

1 *Fjäderklammer till huvudcylinderns tryckstång*
2 *Kopplingspedalens pivåmutter*

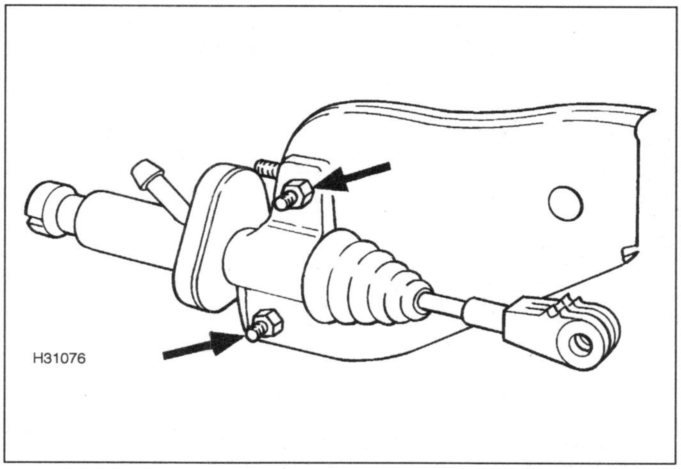

7.15 Skruva loss muttrarna (vid pilarna) och koppla loss huvudcylindern från monteringskonsolen

14 Skruva loss muttern som fäster kopplingspedalens pivå på monteringskonsolens högra sida, dra sedan bort monteringskonsolen tillsammans med huvudcylindern från torpedväggen **(se bild)**.
15 Skruva loss muttrarna och koppla loss huvudcylindern från monteringskonsolen **(se bild)**. Om huvudcylindern är defekt måste den bytas ut, det går inte att renovera den.

Montering

16 Montera huvudcylindern på monteringskonsolen och dra åt fästmuttrarna till angivet moment.
17 Passa in monteringskonsol och huvudcylinder på torpedväggen och kopplingspedalen. Se till att pedalens returfjäder monteras ordentligt och montera sedan kopplingspedalens pivåmutter, men dra inte åt den.
18 Arbeta i motorrummet. Montera fästmuttern mellan monteringskonsolen och torpedväggen och dra åt den till angivet moment.
19 Återanslut tillförselröret till huvudcylindern och fäst den med fästklammern. Återanslut oljetillförselslangen till porten ovanpå huvudcylindern på samma sätt.
20 Arbeta i fotbrunnen på förarsidan och dra åt kopplingspedalens pivåbult till angivet moment.
21 Montera huvudcylinderns tryckstång på kopplingspedalen och fäst den med fjäderklammern.
22 Montera alla komponenter som togs bort för att komma åt kopplingspedalen. I förekommande fall, se till att kopplingspedalens farthållarreglage är korrekt monterat enligt beskrivningen i kapitel 4A.
23 Avsluta med att lufta det hydrauliska kopplingssystemet enligt beskrivningen i avsnitt 8. Kontrollera kopplingssystemets funktion (och i förekommande fall farthållarens avstängningsreglage).

8 Kopplingens hydraulsystem – luftning

Allmän information

Varning: Hydraulolja är giftigt; tvätta omedelbart bort eventuella stänk från huden. Kontakta läkare om oljan sväljs eller kommer i ögonen. Vissa hudrauloljor är lättantändliga och kan självantända om de kommer i kontakt med heta komponenter. Vid arbete med hydraulsystem är det alltid säkrast att anta att oljan ÄR brandfarlig, och att vidta samma försiktighetsåtgärder mot brand som när bensin hanteras. Hydraulolja är ett kraftigt färglösningsmedel och angriper även flera plaster. Om hydraulolja spills ut på lackerade ytor som kaross och beslag ska den omedelbart tvättas bort med rikliga mängder rent vatten. Oljan är även hygroskopisk (absorberar fukt från luften); överdriven fukt sänker oljans kokpunkt till en oacceptabelt låg nivå med minskat hydrauliskt tryck som följd. Gammal hydraulolja kan innehålla vatten och ska därför aldrig användas. Vid påfyllning eller byte av olja ska alltid olja av rekommenderad grad från en nybruten förpackning användas.

1 När kopplingens hydraulledningar är bortkopplade för översyn kommer luft att komma in i systemet. När luft kommer in i ett hydraulsystem uppstår en viss elasticitet som leder till dålig pedaleffekt och minskad nedtryckningsbarhet med dålig urkoppling och svår utväxling som följd. Därför måste hydraulsystemet luftas efter reparationer eller renoveringar.
2 Kopplingens hydraulsystem luftas genom att det trycksätts externt. Det mest effektiva sättet att göra det är med en sats verktyg för tryckluftning av bromsar.
3 Tryckluftningssatser finns att köpa i reservdelsbutiker och är mycket effektiva. Följande underavsnitt beskriver hur luftning av kopplingssystemet går till med en sådan sats.

Luftning av kopplingens hydraulsystem

Observera: *Läs underavsnittet "Luftning av slavcylindern" om en ny slavcylinder har monterats, eller om hydrauloljan misstänks ha runnit ur den befintliga slavcylindern under reparationen eller översynen.*
4 Ta bort dammskyddet från luftningsnippeln **(se bild)**.
5 Sätt en ringnyckel över luftningsnippelns huvud, men skruva inte loss den än. Fäst den ena änden av en plastslang över nippeln och lägg den andra änden i en ren behållare. Häll hydraulolja i behållaren så att den lösa slangänden täcks fullständigt.

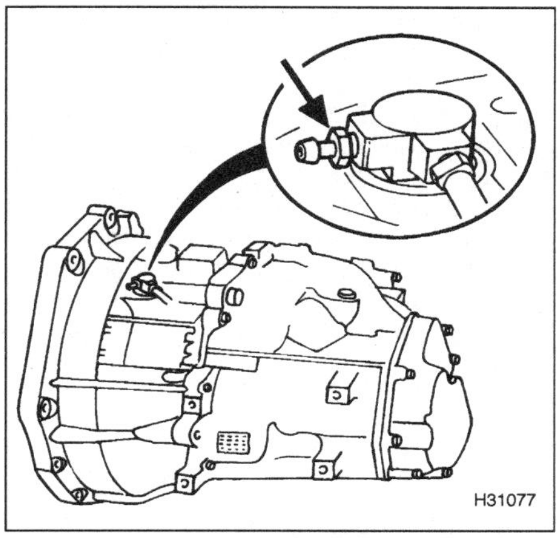

8.4 Luftningsnippel till kopplingens hydraulsystem (vid pilen)

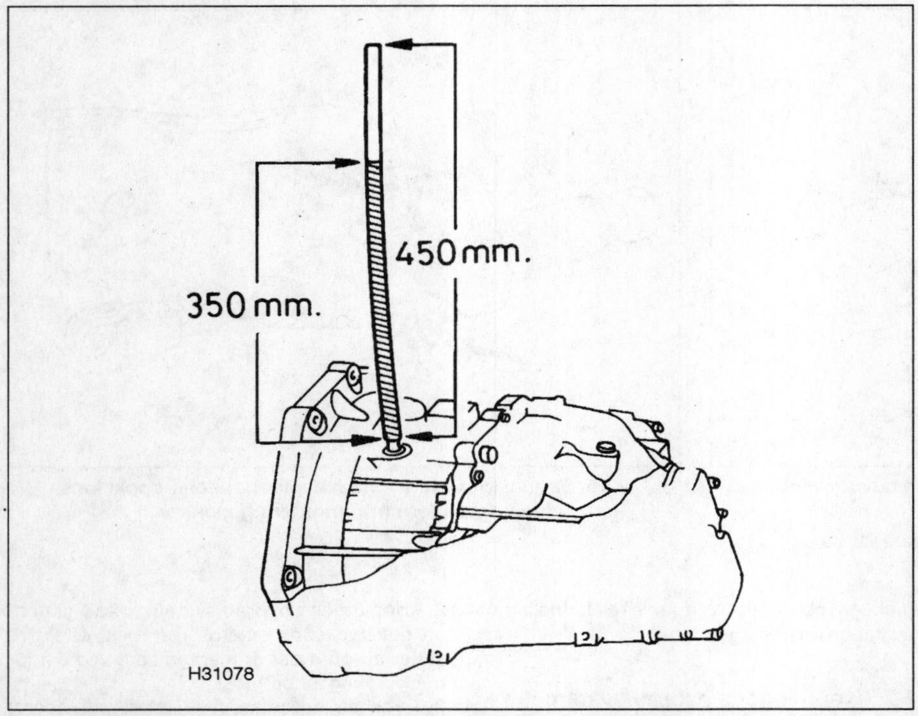

8.20 Fyll slangen med ny bromsolja till 350 mm höjd (mätt från luftningsnippeln)

6 Följ anvisningarna från tillverkaren av tryckluftningssatsen och häll hydrauloljan i luftningssatsens kärl.

7 Skruva loss locket till bilens oljebehållare, och anslut luftningssatsens tillförselslang till behållaren.

8 Anslut tryckslangen till en tryckluftskälla – ett reservdäck fungerar bra.

Varning: Kontrollera att trycket i däcken inte överskrider det maxvärde som anges av tillverkaren. Släpp ut lite luft för att minska trycket om det behövs. Öppna försiktigt ventilen och låt lufttrycket och oljetrycket utjämnas. Kontrollera att det inte förekommer några läckor innan arbetet fortsätter.

9 Lossa luftningsnippeln med nyckeln tills olja och luftbubblor rinner genom slangen och ner i behållaren. Låt det rinna tills oljan som kommer ut är fri från luftbubblor; var uppmärksam på oljenivån i luftningssatsens kärl och bilens oljebehållare – om nivån sjunker för mycket kan luft tvingas in i systemet och omintetgöra arbetet. Fyll på kärlet genom att vrida av tryckluften, ta bort locket och hälla i rätt mängd ren olja från en ny behållare. Återanvänd **inte** oljan som samlats upp i uppsamlingsbehållaren. Upprepa arbetet tills oljan som rinner ut är helt fri från bubblor.

10 Avsluta med att pumpa kopplingspedalen flera gånger för att bedöma hur den känns och hur långt den går att trycka ner. Om pedalen inte ger ett fast, beständigt motstånd finns det troligen fortfarande luft i systemet – upprepa luftningen tills pedalen känns som den ska.

11 Tryckutjämna luftningssatsen och ta bort den från bilen.

12 Om en ny slavcylinder monterats, eller om du misstänker att luft trängt in i den befintliga slavcylindern, gå till väga enligt följande: Låt uppsamlingsbehållaren vara ansluten, öppna luftningsskruven och låt en medhjälpare trycka ner kopplingspedalen och hålla den nere. Vänta tills oljan rinner ner i uppsamlingsbehållaren, dra sedan åt luftningsnippeln medan kopplingspedalen fortfarande är nedtryckt, släpp sedan pedalen. Upprepa arbetet tills oljan som rinner ner i behållaren är fri från luftbubblor. Var uppmärksam på oljenivån i bilens oljebehållare och fyll på om det behövs.

13 Avsluta luftningen med att dra åt luftningsnippeln ordentligt, ta bort uppsamlingsbehållaren och montera dammkåpan.

14 Om bilens oljebehållare innehåller för mycket olja ska överflödet tömmas ut med hjälp av en *ren* pipett tills nivån når maxmarkeringen.

15 Kontrollera slutligen kopplingens funktion genom att köra bilen en sväng.

Luftning av slavcylindern

16 Om slavcylindern inte har demonterats från växellådan bör metoden som beskrivs ovan räcka för att få ut all luft från kopplingens hydraulsystem. Om däremot stora mängder olja runnit ut ur slavcylindern så att luft kunnat komma in, eller om en ny slavcylinder har monterats, kan ytterligare åtgärder behöva vidtas för att all luft skall försvinna från slavcylindern. Detta beror på att luftningsnippeln är placerad på den punkt där hydrauloljan leds in i slavcylinderns överdel. Det gör att oljan inte tvingas genom slavcylindern, som därför inte snapsas helt med hydraulolja under luftningen. Det kan alltså finnas luft kvar i slavcylinderhuset.

17 För att åtgärda detta måste slavcylindern snapsas innan växellådan monteras.

18 Sätt en 450 mm lång genomskinlig plastslang med 8 mm diameter över slavcylinderns luftningsnippel.

19 Öppna nippeln och tryck urkopplingslagret längs den ingående axelns hylsa mot växellådan, så att kolven skjuts in helt i slavcylindern. Fånga upp eventuell olja från slangen i en behållare.

20 Håll slangen vertikalt och fyll den med ny bromsolja till 350 mm höjd (mätt från luftningsnippeln) **(se bild)**.

21 Koppla en fotpump eller cykelpump till slangänden, se till att slangen sluter tätt runt pumpen. Öka stegvis trycket i slangen med hjälp av pumpen, tills bromsoljan rinner in i slavcylindern. Låt kolven skjutas ut ur slavcylindern till slutet av sitt slag *men inte längre* – motståndet i pumpen ska öka när kolven når slutet av sitt slag.

22 Tryck tillbaka urkopplingslagret längs den ingående axelns hylsa mot växellådan, så att kolven trycks tillbaka helt i cylindern. Släpp ut luftbubblorna som nu flödar genom bromsoljan genom slangen.

23 Upprepa stegen i punkt 21 och 22 tills det inte kommer ut mer luft från slavcylindern.

24 Lämna kolven helt indragen i slavcylindern, koppla sedan loss plastslangen och töm den. Montera växellådan enligt beskrivningen i kapitel 7A eller 7B, utan att röra slavcylindern. Avsluta med att lufta hela hydraulsystemet enligt beskrivningen i underavsnittet ovan, var extra uppmärksam på punkt 12.

Kapitel 7 del A:
Manuell växellåda

Innehåll

Svårighetsgrader

Enkelt, passar novisen med lite erfarenhet	**Ganska enkelt,** passar nybörjaren med viss erfarenhet	**Ganska svårt,** passar kompetent hemmamekaniker	**Svårt,** passar hemmamekaniker med erfarenhet	**Mycket svårt,** för professionell mekaniker

Specifikationer

Allmänt

Typ	Tvärställd, framhjulsdriven växellåda med inbyggd axelöverförd differential/bakaxelväxel. Fem framåtväxlar och en back, alla synkroniserade
Oljetyp (se varning nedan*)	se *"Smörjmedel och vätskor"*
Oljevolym	se kapitel 1, Specifikationer

Varning: Under modellåret 1997 presenterades en syntetisk växellådsolja på marknaden. Växellådor med syntetisk olja får bara fyllas på med olja av samma typ och grad – fyll inte på med mineralhaltig olja. Om syntetisk olja används är växellådans påfyllningslock märkt "USE ONLY SAAB OIL NO. 87 48 733" (använd endast Saabs olja nr 87 48 733)

Beteckning

2.0 och 2.3 liters modeller utan turbo med B206i, B204I eller B234i motorer:	
Växellåda, modell	M5N
Växellåda, typ	FM54 501
2.0 liters turbomodeller med B204L motorer:	
Växellåda, modell	M5NE
Växellåda, typ	FM55 501

Utväxlingsförhållanden (typiska)

1	3,38 : 1
2	1,76 : 1
3	1,12 : 1
4	0,89 : 1
5	0,70 : 1
Back	3,17 : 1
Bakaxelväxel:	
M5N	4,048 : 1
M5NE	3,818 : 1

Åtdragningsmoment

	Nm
Oljepåfyllnings-, nivå- och avtappningspluggar	60
Balanshjulskåpa till motorblock, bultar	70
Lagerhus till differential, skruvar	22
Backljuskontakt	22
Skruvar till urkopplingslagrets styrhylsa	14
Väljarstag till växelspak, bult	22
Väljarstagets klämbult	20
Kryssrambalkens främre fästbultar	115
Kryssrambalkens mittre fästbultar	190
Kryssrambalkens bakre fästbultar:	
Steg 1	110
Steg 2	Vinkeldra till 75°
Växellåda till kryssrambalkens monteringskonsol, muttrar	39
Vänster motorfäste:	
Motorfäste till fästkonsol	39
Motorfäste till kaross	73
Fästkonsol till växellåda	45
Bakre motorfäste:	
Fästkonsol till växellåda	39
Motorfäste till kryssrambalk	39

1 Allmän information

Den manuella växellådan är tvärställd i motorrummet och fastbultad direkt på motorn. Den här utformningen ger kortast möjliga drivavstånd till framhjulen samtidigt som kylningen av växellådan förbättras eftersom den är placerad mitt i luftflödet genom motorrummet.

Enheten har ett hölje av aluminiumlegering och är försedd med oljepåfyllnings-, avtappnings- och nivåpluggar. Höljet har två fogytor – en mot balanshjulskåpan, som är tätad med packningsmassa, och en mot växellådans ändkåpa som är tätad med en fast packning. Det sitter en "labyrintventil" ovanpå växellådshuset som släpper ut expanderande luft och gaser som produceras av smörjmedlet. Ventilen är utrustad med en filterplugg som hindrar vatten och smuts från att tränga in.

Kraft från vevaxeln överförs via kopplingen till växellådans ingående axel, som är räfflad för att haka i kopplingens lamell. De sex drivväxlarna (dreven) är monterade på den ingående axeln; backens, ettans och tvåans drev är fästa med axeltappar på glidande kontaktlager, och treans fyrans och femmans drev är nållagerburna.

De fem växlarnas kugghjul är monterade på den utgående axeln, även här är treans, fyrans och femmans kugghjul nållagerburna. Backen är inbyggd i första/andra växelns synkroniseringshylsa.

Dreven är i ständig kontakt med motsvarande kugghjul, och rör sig fritt oberoende av växellådans axlar, tills en växel väljs. Skillnaden i diameter och antalet kuggar mellan dreven och kugghjulen ger axeln den hastighetsminskning och den momentmultiplicering som krävs. Kraft överförs sedan till bakaxelväxelns kugghjul/differential via den utgående axeln.

Alla kugghjul är synkroniserade, även backen. När en växel väljs överförs den golvmonterade växelspakens rörelser till växellådan via ett väljarstag. Denna aktiverar i sin tur ett antal väljargafflar inuti växellådan som sitter ihop med synkroniseringshylsorna. Hylsorna, som är fästa på växellådans axlar men som kan glida längs axlarna med hjälp av räfflade nav, trycker synkroniseringsringar mot respektive kugghjul/drev. De konformade ytorna mellan ringarna och dreven/kugghjulen fungerar som friktionskoppling och anpassar stegvis synkroniseringshylsans hastighet (och växellådans axel) med kugghjulets/drevets hastighet. Kuggarna på synkroniseringsringens utsida hindrar synkroniseringshylsan från att haka i kugghjulet/drevet tills de har exakt samma hastighet; det gör utväxlingen mjuk och minskar oljud och slitage som orsakas av snabba utväxlingar.

När backen läggs i hakar ett överföringsdrev i backdrevet och kuggarna på utsidan av den första/andra synkroniseringshylsan. Det minskar hastigheten så mycket som krävs, och tvingar den utgående axeln att rotera i motsatt riktning, vilket gör att bilen kan köras baklänges.

2 Manuell växellåda – avtappning och påfyllning

Allmän information

1 Vid tillverkningen fylls växellådan med rätt kvantitet olja av rätt kvalitet. Nivån måste kontrolleras regelbundet i enlighet med underhållsschemat, och olja fyllas på om det behövs (se kapitel 1). Oljan i växellådan behöver däremot inte tömmas ut och bytas under växellådans liv, om inte växellådan utsätts för reparationsarbete.

Avtappning

2 Ta ut bilen på en tillräckligt lång körning för att värma upp motorn och växellådan till normal arbetstemperatur. Det gör att avtappningen går fortare, och slam och skräp följer lättare med oljan ut.

3 Parkera bilen på plant underlag, slå av tändningen och dra åt handbromsen. Lyft upp framvagnen och ställ den på pallbockar för att lättare komma åt (se *Lyftning och stödpunkter*). **Observera:** *Bilen måste sänkas ner och parkeras på plant underlag för korrekt kontroll och påfyllning av olja.*

4 Rengör området runt påfyllningspluggen ovanpå växellådan (se kapitel 1 för ytterligare information). Skruva loss pluggen från växellådshuset och ta loss tätningsbrickan.

5 Placera en behållare som rymmer minst 2 liter (gärna tillsammans med en stor tratt) under avtappningspluggen. Avtappningspluggen sitter på växellådans högersida, under drivaxeln. Använd en nyckel för att skruva loss pluggen från växellådshuset. Observera att avtappningspluggen innehåller en avtagbar magnetisk insats för att fånga upp de metallfragment som lösgörs när växellådans komponenter slits **(se bilder)**.

2.5a Skruva loss avtappningspluggen från växellådshuset

2.5b Observera att avtappningspluggen innehåller en avtagbar magnetisk insats

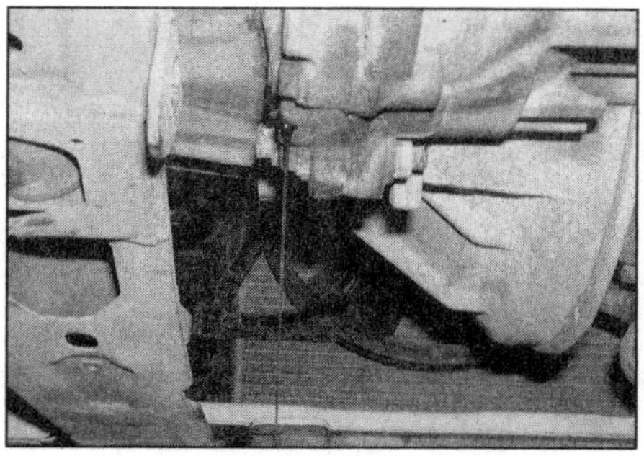

2.6 Låt all växellådsolja rinna ner i behållaren

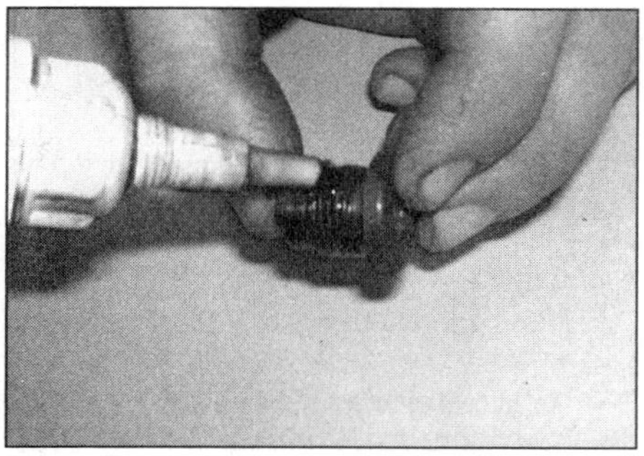

2.7a Täck avtappningspluggens gängor med fästmassa . . .

6 Låt all olja rinna ner i behållaren **(se bild)**. Vidta försiktighetsåtgärder för att undvika brännskador om oljan är het. Rengör både påfyllnings- och avtappningspluggen ordentligt och var extra noga med gängorna. Kasta tätningsbrickorna (i förekommande fall); de ska alltid bytas ut om de tas bort.

Påfyllning

7 När oljan har runnit ut helt, rengör plugghålens gängor i växellådshuset. I förekommande fall, montera en ny tätningsbricka på avtappningspluggen. Täck gängorna med fästmassa och skruva fast dem i växellådshuset **(se bilder)**. Sänk ner bilen.

8 Låt oljan få god tid på sig att rinna ner i växellådan efter påfyllningen, innan nivån kontrolleras. Observera att bilen måste vara parkerad på plant underlag när oljenivån kontrolleras. Använd en tratt om det behövs för att få ett regelbundet flöde och undvika spill.

9 Fyll på växellådan med olja av rekommenderad kvantitet och kvalitet, kontrollera sedan oljenivån enligt beskrivningen i kapitel 1. Om stora mängder olja rinner ut när nivåpluggen tas bort, sätt tillbaka både påfyllnings- och nivåpluggen och kör bilen en sväng så att den nya oljan fördelas i alla växellådans komponenter. Kontrollera sedan oljenivån igen.

10 Avsluta med att sätta tillbaka påfyllnings- och nivåpluggen med nya tätningsbrickor. Täck gängorna med fästmassa och dra åt dem ordentligt.

3 Utväxlingens länksystem – justering

1 Om utväxlingens länksystem känns stelt, löst eller otydligt i hanteringen kan det bero på felaktig inställning mellan utväxlingens länksystem och växellådans väljarstag. Nedan följer en beskrivning av hur inställningen kan kontrolleras och, om det behövs, justeras.

2 Parkera bilen, dra åt handbromsen och stäng av motorn.

3 Leta reda på inställningshålet ovanpå växellådshuset, i anslutning till plåten med artikelnumret. Ta bort pluggen för att komma åt inställningshålet. Lägg i fyrans växel, stick sedan in en skruvmejsel med en axeldiameter på ungefär 4 mm i inställningshålet för att på så sätt spärra växellådan i detta växelläge. Skruvmejselns handtag hindrar skruvmejseln från att falla ner i växellådan **(se bilder)**.

4 Arbeta inne i bilen. Ta bort växelspakens damask och fästram för att komma åt växelspakens hus. Stick in en skruvmejsel eller en borr, med en chuckdiameter på ungefär 4 mm, i inställningshålet i sidan av spakhuset för att låsa spaken i fyrans växel – observera att spaken även kan låsas i treans växel, som på bilden **(se bild)**.

5 Om skruvmejseln kan sättas i utan svårighet är utväxlingens länksystem korrekt inställt. Ta bort länksystemet och undersök

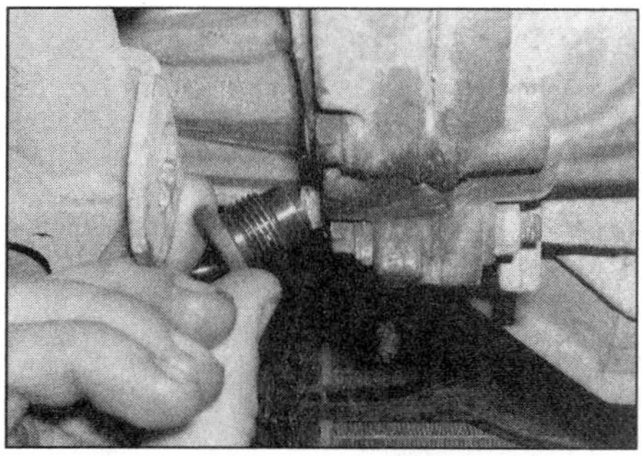

2.7b . . . innan den skruvas tillbaka i växellådshuset

det beträffande slitage eller skada – se avsnitt 4 för ytterligare information.

6 Om skruvmejseln inte kan placeras i inställningshålet är utväxlingens länksystem felaktigt inställt.

7 Arbeta från motorrummet där väljarstaget passerar genom torpedväggen, lossa klämbulten bredvid gummikopplingen för att åstadkomma ett spel mellan väljarstagets båda halvor **(se bild)**.

8 Flytta växelspaken så att skruvmejselskaftet kan sättas in i växelspakshusets inställningshål, och kontrollera att växelspaken fortfarande är ilagd i fyrans växel.

9 Arbeta i motorrummet och dra åt klämbulten på väljarstaget till angivet moment.

10 Ta bort skruvmejseln från växellådans inställningshål och montera plastpluggen.

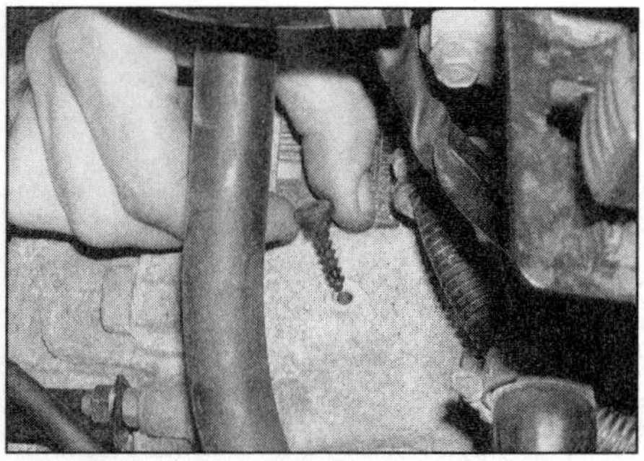

3.3a Ta bort pluggen från inställningshålet på växelhusets ovansida . . .

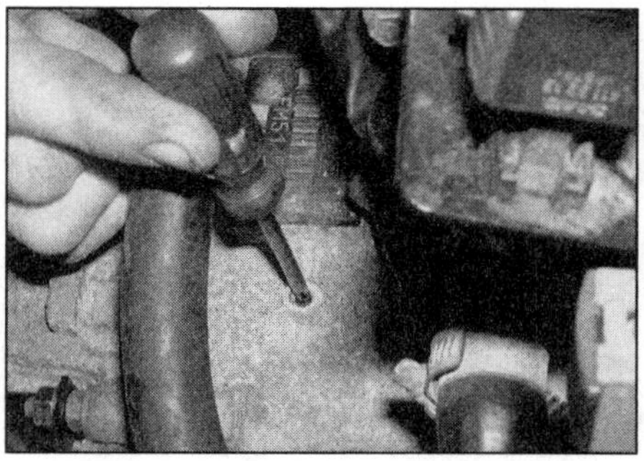

3.3b . . . lägg sedan i fyrans växel och stick in en skruvmejsel i inställningshålet för att spärra växellådan i växelläget

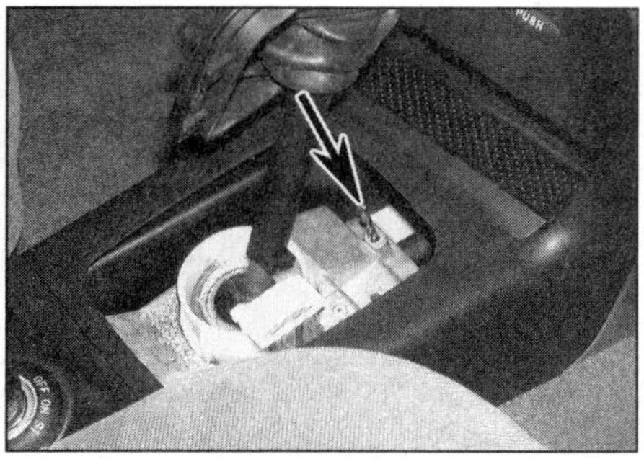

3.4 Arbeta inuti bilen. Stick in en skruvmejsel eller en borr i sidan av växelspakshuset

11 Ta bort skruvmejseln från växelspakshusets inställningshål.
12 Montera växelspakens damask och fästram.
13 Kontrollera att växelspaken kan flyttas från neutralläge till alla sex växellägen, innan bilen flyttas. Avsluta med att köra bilen en sväng och kontrollera att alla växlar fungerar mjukt och exakt.

4 Utväxlingens länksystem – demontering, kontroll och montering

Demontering

1 Parkera bilen, stäng av motorn och dra åt handbromsen.
2 Se kapitel 11, ta bort det vänstra framsätet och växelspakshusets konsol. Lossa lufttrumman till baksätet från sidan av växelspakshuset.
3 Lås växelspaken och väljarstaget i fyrans läge enligt beskrivningen i avsnitt 3.
4 Arbeta i motorrummet där väljarstaget passerar genom torpedväggen. Lossa klämbulten bredvid gummikopplingen (se avsnitt 3).
5 Ta låsverktyget från växelspaken, lägg i treans växel och sätt tillbaka låsverktyget. Då separeras väljarstagets två halvor vid den fasta kopplingen i motorrummet.

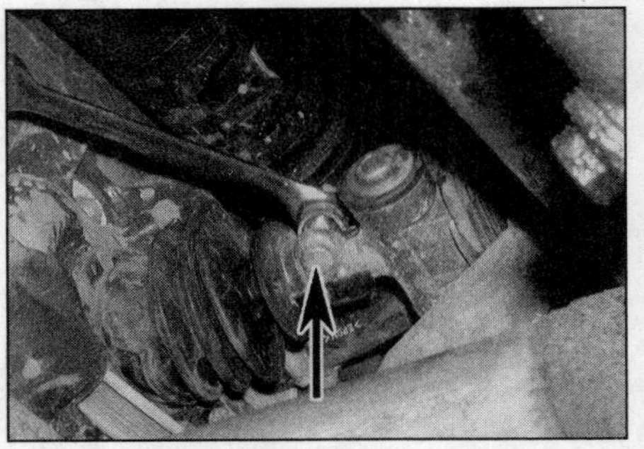
3.7 Lossa väljarstagets klämbult

6 Skruva loss de fyra bultarna som fäster växelspakshuset i fotbrunnen.
7 Lyft upp huset så långt det går, utan att skada konsolklädseln, och ta loss tändningslåsets kablar från huset.
8 Koppla loss tändkabeln från växelspakshusets baksida, ta sedan bort huset genom att dra det bakåt i bilen samtidigt som väljarstaget dras ut genom öppningen i golvbrunnen.
9 Ta bort växelspaken genom att skruva loss skruvarna och koppla loss låsplattans hållare och fästfjädern från växelspakshusets undersida. Bänd bort låsplattans svängtapp med hjälp av en skruvmejsel och ta bort stopplattan. Lägg i backen, skruva loss skruvarna och separera väljarstaget från växelspakens nederdel. Ovanpå huset, tryck ner de tre klamrarna runt kanten av växelspakens runda ytterlager av plast, och dra bort spaken och lagret från huset **(se bild)**.

Kontroll

10 Om mekanismen visar tecken på slakhet beror det troligen på slitna bussningar mellan växelspaken och väljarstaget. Ta bort bussningarna från växelspakens länksystem **(se bild)** och undersök dem; om de visar tecken på slitage eller korrosion ska de tryckas bort från växelspakens bas och bytas ut.

Montering

11 Montera växelspaken i huset, återanslut sedan spaken till väljarstaget och dra åt bulten till angivet moment.
12 Tryck stopplattan på plats i växelspakshuset, montera sedan låsplattan i sitt läge och se till att svängtapparna hakar i sina öppningar och att bussningarna placeras korrekt.
13 Montera låsplattans hållare, täck sedan fästskruvarnas gängor med låsvätska och skruva i dem.
14 Montera låsplattans fjäder, justera sedan låsplattan genom att vrida fästskruven till låsplattans hållare så att kanten på låsplattan är i nivå med klacken i växelspakshuset. Se till

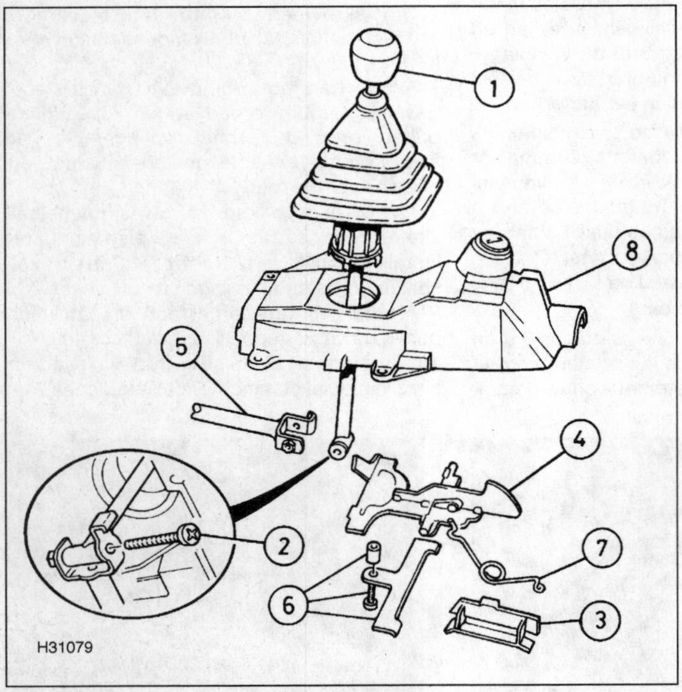

4.9 Växelspak och hus

1 Växelspak
2 Skruv mellan växelspak och väljarstag
3 Stopplatta
4 Låsplatta
5 Väljarstag
6 Skruv och hylsa
7 Låsplattans fjäder
8 Växelspakshus

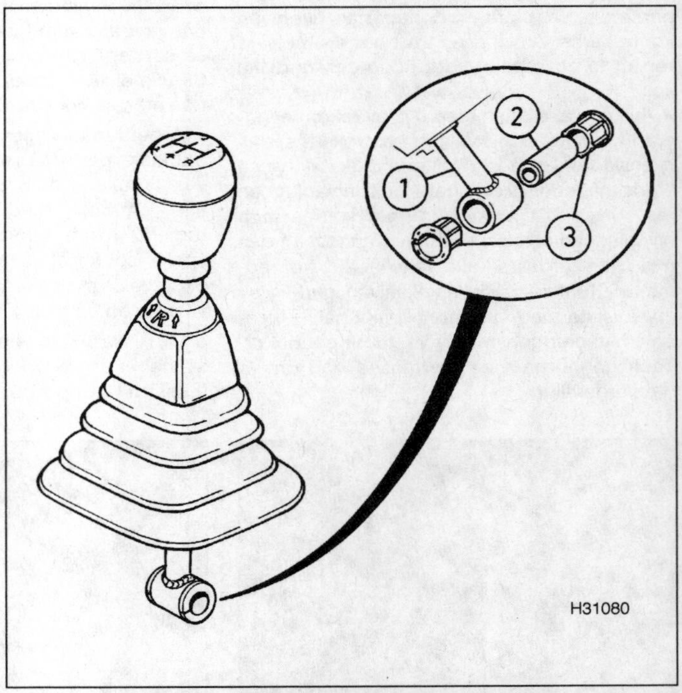

4.10 Bussningar till växelspakens väljarstag

1 Växelspak
2 Hylsa
3 Bussningar

att stoppet inte kommer i kontakt med låsplattan **(se bild)**.

15 Montera växelspakshuset och väljarstaget i bilen i omvänd arbetsordning. Återanslut väljarstaget till växellådan vid den fasta kopplingen i motorrummet enligt beskrivningen i avsnitt 3.

16 Avsluta med att kontrollera att växelspaken kan flyttas från neutralläge till alla sex växellägen. Avsluta med att köra bilen en sväng och kontrollera att alla växlar fungerar mjukt och exakt.

5 Oljetätningar – byte

Höger drivaxels oljetätning

Observera: *Det här underavsnittet behandlar endast byte av O-ringstätningen i lagerhuset. Att byta drivaxelns oljetätningar är mer komplicerat och kräver tillgång till en hydraulisk press, och bör därför överlåtas till en Saabverkstad.*

1 Parkera bilen på plant underlag, dra åt handbromsen och klossa bakhjulen.

2 Ta bort navkapslarna och lossa hjulmuttrarna.

3 Dra åt handbromsen, lyft upp framvagnen på pallbockar och demontera hjulen; se *Lyftning och stödpunkter*.

4 Se avsnitt 2 och tappa ur växellådsoljan. Rengör och montera avtappningspluggen enligt beskrivningen i avsnitt 2.

5 Arbeta efter beskrivningen i kapitel 8, ta bort den högra och den mellanliggande drivaxeln med tillhörande lager.

6 Ta bort de fyra fästskruvarna från drivaxelns lagerhus **(se bild)**.

7 Bänd försiktigt ut lagerhuset ur differentialkåpan. Ta bort mellanläggen.

8 Ta bort O-ringstätningen från lagerhuset och kasta den.

9 Rengör noggrant lagerhusets och differentialkåpans fogytor. Var försiktig så att inte smuts tränger in i lagren. Om det finns tillgång till en hydraulisk press, driv ut drivaxelns gamla oljetätning och pressa in en ny tätning rakt in i huset. Fyll fördjupningen i den nya tätningen med drivaxelfett.

10 Smörj in den nya O-ringen med ren olja och placera den noggrant över drivaxelns lagerhus; det är viktigt att den placeras korrekt.

11 Montera mellanläggen, knacka sedan försiktigt in lagerhuset i differentialkåpan, tills det är i linje med husets yta.

12 Kontrollera att O-ringen är placerad korrekt och att den inte har blivit skev. Sätt därefter i de fem fästskruvarna i lagerhuset och dra åt dem stegvis i diagonal ordningsföljd, till angivet moment.

13 Se beskrivningen i kapitel 8 och montera den högra drivaxeln och den mellanliggande drivaxeln med tillhörande lager.

14 Montera hjulen och sänk ner bilen. Dra åt hjulbultarna till angivet moment (se kapitel 1, Specifikationer), och montera navkapslarna.

15 Se avsnitt 2 och fyll på växellådan med rätt mängd olja av rekommenderad kvalitet.

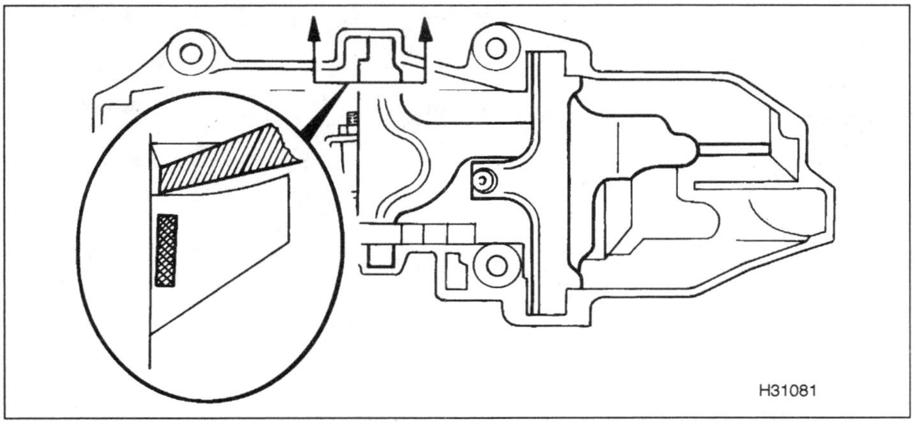

4.14 Justera låsplattans placering så att kanten på låsplattan är i nivå med klacken i växelspakshuset

Vänster drivaxels oljetätning

Observera: *Det här underavsnittet behandlar endast byte av O-ringstätningen i lagerhuset. Att byta drivaxelns oljetätningar är mer komplicerat och kräver tillgång till en hydraulisk press, och bör därför överlåtas till en Saabverkstad.*

16 Parkera bilen på plant underlag, dra åt handbromsen och klossa bakhjulen. Ta bort navkapslarna och lossa hjulmuttrarna.

17 Dra åt handbromsen, lyft upp framvagnen på pallbockar och demontera hjulen; se *Lyftning och stödpunkter*.

18 Se avsnitt 2 och tappa ur växellådsoljan. Rengör och sätt i avtappningspluggen enligt beskrivningen i avsnitt 2.

19 Följ anvisningarna från relevant avsnitt i kapitel 8, koppla loss den vänstra drivaxeln från växellådan.

20 Placera en behållare under drivaxelhusets fogyta, lossa sedan fästskruvarna och dra bort dem.

21 Bänd försiktigt ut lagerhuset ur differentialkåpan.

22 Ta loss mellanläggen från drivaxelns lagerhus och ta bort O-ringen.

23 Rengör noga lagerhusets och differentialkåpans fogytor; var noga med att inte låta rengöringsmedel tränga in i lagren. Om det finns tillgång till en hydraulisk press, driv ut drivaxelns gamla oljetätning och pressa in en ny tätning rakt ner i huset.

24 Montera mellanläggen på differentialkåpan, smörj sedan den nya O-ringen med ren motorolja och montera den försiktigt över drivaxelns lagerhus. Kontrollera att den är korrekt placerad.

25 Montera mellanläggen, knacka sedan försiktigt in lagerhuset i differentialkåpan, tills det är i linje med husets yta.

26 Kontrollera att O-ringen är placerad korrekt och att den inte har blivit skev. Sätt därefter i de fem fästskruvarna i lagerhuset och dra åt dem stegvis, i diagonal ordningsföljd, till angivet moment.

27 Se kapitel 8 och montera den vänstra drivaxeln vid växellådan.

28 Montera hjulen och sänk ner bilen. Dra åt hjulbultarna till angivet moment (se kapitel 1, Specifikationer) och montera navkapslarna.

29 Se avsnitt 2 och fyll på växellådan med rätt mängd olja av rekommenderad kvalitet.

Ingående axelns oljetätning

30 Se avsnitt 7, ta bort växellådan och placera den stadigt på en arbetsbänk.

31 Följ beskrivningen i kapitel 6, ta bort urkopplingsaxeln, gaffeln och lagret. Skruva loss fästskruvarna och ta bort urkopplingslagets styrhylsa.

32 Bänd bort tätningen från huset. Använd ett trubbigt verktyg när växellådan monteras så att inte husets eller den ingående axelns fogytor skadas och tätningsläckage uppstår.

33 Undersök om den ingående axelns fogyta har några defekter som kan ha orsakat det ursprungliga tätningsläckaget. Mindre borrskägg kan tas bort med fint slippapper, men om allvarligare slitage eller skador förekommer måste den ingående axeln bytas ut.

34 Rengör noggrant anliggningsytorna med en ren trasa, smörj därefter in den nya

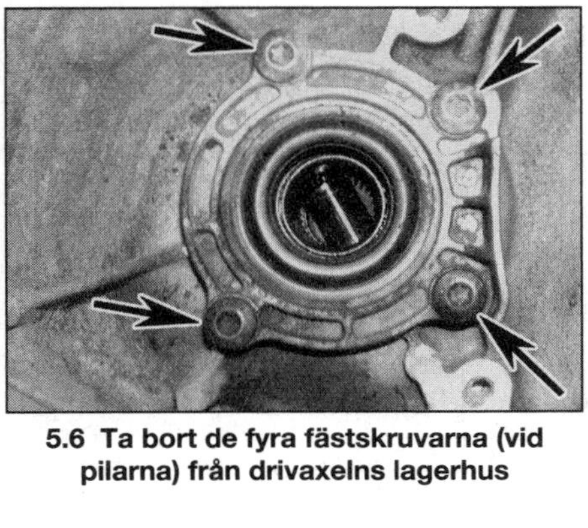

5.6 Ta bort de fyra fästskruvarna (vid pilarna) från drivaxelns lagerhus

oljetätningen med ny motorolja. Tryck den nya oljetätningen rakt in i huset.

35 Montera urkopplingshylsan, axeln, gaffeln och lagret enligt beskrivningen i kapitel 6. Dra åt skruvarna till urkopplingslagrets styrhylsa till angivet moment.

36 Se beskrivningen i avsnitt 7 och montera växellådan.

Väljarstagets oljetätning

37 Byte av väljarstagets oljetätning kan endast utföras som del av fullständig renovering av växellådan och bör överlåtas till en Saabverkstad.

6 Backljuskontakt – kontroll, demontering och montering

Kontroll

1 Lossa batteriets negativa kabel och placera den på avstånd från anslutningen.

2 Lossa kabelhärvan från backljuskontakten vid kontaktdonet. Kontakten sitter på växellådshusets baksida **(se bild)**.

3 Anslut sonderna på en kontinuitetsmätare, eller en multimeter som ställts in på resistansfunktion, över backljuskontaktens poler.

4 Kontakten är normalt öppen, så om inte backen är ilagd bör mätaren ange kretsbrott. När backen läggs i ska kontakten stängas så att mätaren visar på kortslutning.

5 Kontakten skall bytas ut om tycks vara konstant öppen eller bruten, eller om den har en ojämn funktion.

Demontering

6 Se till att tändningen är avslagen.

7 Koppla loss kabelhärvan från backljuskontakten vid kontaktdonet.

8 Använd en lämplig skiftnyckel för att skruva loss kontakten från ändplåten. Ta vara på brickorna som är monterade; dessa **måste** sättas tillbaka för att korrekt spel skall erhållas mellan kontaktaxeln och backväxelns axel.

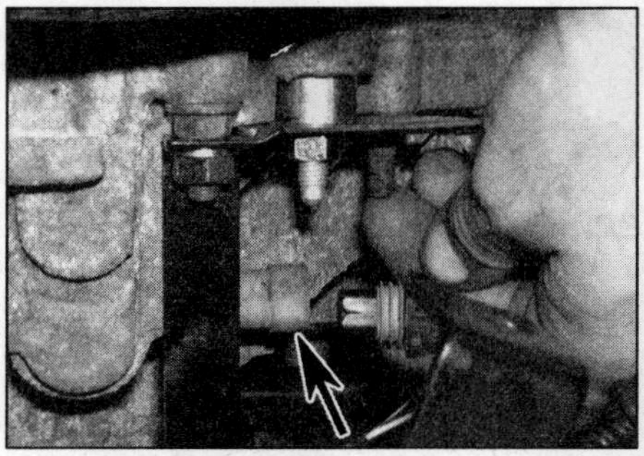

6.2 Koppla loss kablarna från backljuskontakten vid kontaktdonet

7.5 Skruva loss batteriets jordkablar från pinnbultarna på växellådshuset

Montering

9 Montera kontakten i omvänd arbetsordning och dra åt till angivet moment.

7 Manuell växellåda – demontering och montering

Demontering

Observera: *Se kapitel 2B för beskrivning av demontering av motor och växellåda som en enhet.*

1 Parkera bilen på plant underlag, dra åt handbromsen och klossa bakhjulen.

2 Dra åt handbromsen, lyft upp framvagnen på pallbockar och ta bort framhjulen (se *Lyftning och stödpunkter*).

3 Se avsnitt 2 i det här kapitlet och töm växellådan på olja. Montera och dra åt avtappningspluggen.

4 Se beskrivningen i kapitel 5A, lossa båda batterikablarna och ta ut batteriet.

5 Skruva loss batteriets jordkablar från pinnbultarna på växellådshuset **(se bild)**. Lossa batteriets positiva kabel och armering från fästklamrarna.

6 Skruva loss kablarna från backljuskontakten bakom växellådshuset (avsnitt 6).

7 Lossa kopplingsvajern från växellådan enligt beskrivningen i kapitel 6. På senare modeller med hydraulisk koppling, koppla loss tillförselröret för hydraulolja från slavcylindern.

8 Koppla loss lambdasondens kablar från motorns huvudkabelhärva (se kapitel 4A). Lossa sondens kablage från fästklamrarna på topplockets främre vänstra sida.

9 Ta bort luftrenar- och insugstrummorna enligt beskrivning i kapitel 4A, inklusive trumman mellan mellankylaren och gasspjällhuset på turbomodeller. Ta bort resonatorenheten (modeller utan turbo) eller kåpan (turbomodeller) från gasspjällhuset.

10 Placera en lyftbom över motorrummet, i nivå med motorns lyftöglor. Ta bort gummimuffen från den vänstra öglan och haka fast den på lyftbommens krok **(se bilder)**. Hissa upp kroken tills den precis lyfter motorn och växellådans gemensamma vikt.

11 Ta isär växelväljaren vid den fasta kopplingen i motorrummet enligt beskrivningen i avsnitt 3 och 4. Spärra växellådan i fyrans växel och spärra växelspaken i treans växel.

12 Skruva loss och ta bort det främre avgasröret och katalysatorn (se kapitel 4A).

13 Enligt beskrivningen i kapitel 11, ta bort spoilerpanelerna från den främre stötfångarens undersida. Ta bort fästskruvarna och dra bort plastfodret från det vänstra hjulhuset. Ta även bort plastskyddet från

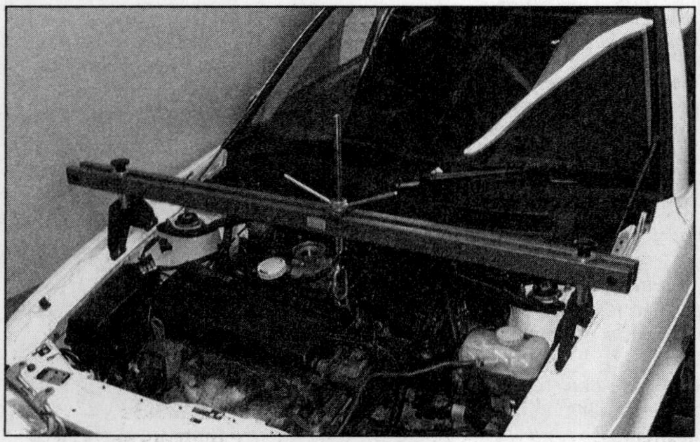

7.10a Placera en lyftbom över motorrummet, i nivå med motorns lyftöglor

7.10b Ta bort gummimuffen från den vänstra öglan (vid pilen) och haka fast den ordentligt på lyftbommens krok

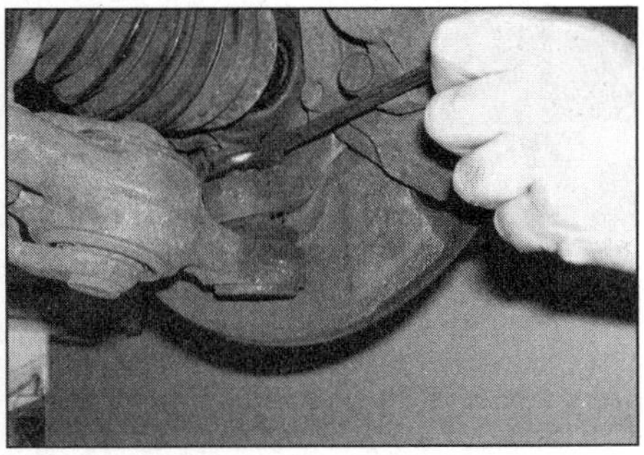

7.15a Skruva loss spindellederna på framfjädringens nedre armar. . .

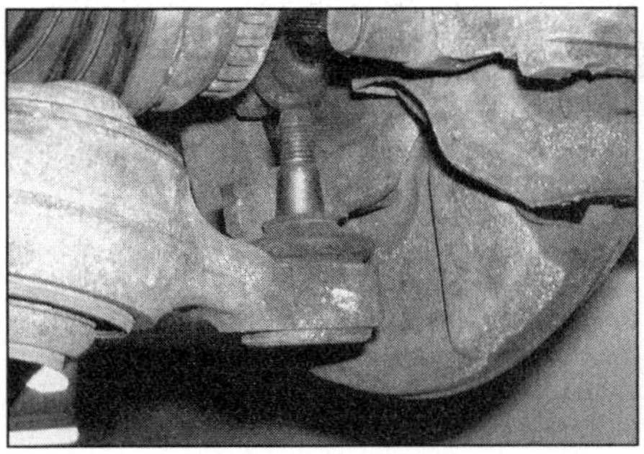

7.15b . . . och ta bort dem från respektive navhållare

7.16a Ta bort den vänstra drivaxeln från den mellanliggande axeln

7.16b Ta bort den mellanliggande axeln

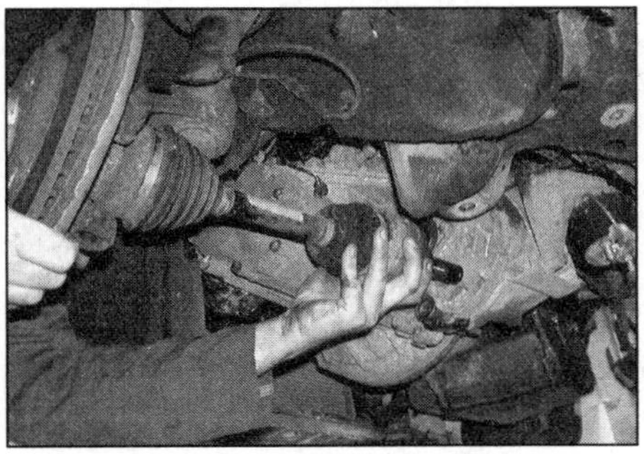

7.16c Demontera den högra drivaxeln

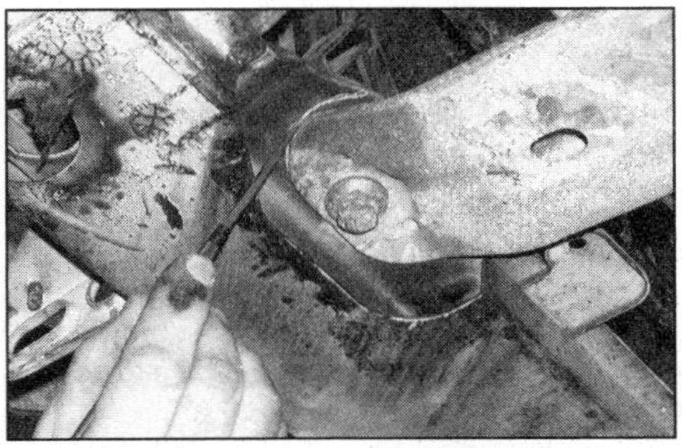

7.18 Märk området runt fjädringens kryssrambalk för att underlätta korrekt inställning vid återmonteringen

höger hjulhus för att komma åt vevaxelns remskiva.

14 Ta bort drivremmen enligt beskrivningen i kapitel 1.

15 Lossa de båda spindellederna på framfjädringens nedre armar från navhållarnas nedre delar enligt beskrivningen i kapitel 10. Skruva loss krängningshämmarens ändar från de nedre armarna om det behövs, för att öka spelet **(se bilder)**.

16 Ta bort vänster drivaxel, höger drivaxel, den mellanliggande axeln och lagrets stödfäste enligt beskrivningen i kapitel 8 **(se bilder)**. Observera att växelströmsgeneratorns nedre fästbult måste tas bort för att stödfästet till den mellanliggande drivaxelns lager ska kunna demonteras.

17 Skruva loss muttrarna som fäster det bakre motorfästets underdel vid fjädringens kryssrambalk (se kapitel 2A).

18 Märk området runt fjädringens kryssrambalk. Det underlättar inställningen vid återmonteringen **(se bild)**.

19 Placera ett par garagedomkrafter under fjädringens kryssrambalk och hissa upp dem tills domkraftshuvudena vilar mot kryssrambalkens undersida.

20 Lossa stegvis kryssrambalkens sex fästbultar och ta bort dem. Observera att bultarna har olika längd och diameter – anteckna deras respektive placeringar för att underlätta återmonteringen. Se till att motorhissen lyfter vikten från motorn/ växellådan eftersom enheten kommer att svänga bakåt i motorrummet när kryssram-balken tas bort.

21 Sänk långsamt ner kryssrambalken från motorrummets undersida med hjälp av garagedomkrafterna. Ta loss distansbrickorna från de två bakre bultarna **(se bilder)**.

22 Kontrollera en sista gång att alla komponenter som kan hindra demonteringen av växellådan är borttagna eller urkopplade. Se till att komponenter som växelväljarstaget och kopplingsvajern är uppfästa så att de inte kan skadas vid demonteringen.

23 Placera en garagedomkraft under växellådshuset. Hissa upp domkraften tills den precis börjar lyfta växellådan.

24 Skruva loss motorns/växellådans vänstra fästen enligt beskrivningen i kapitel 2A. Sänk lyftbommens krok så att motorns och växellådans vänstra sida sänks med ungefär 10 cm. Det skapar ett tillräckligt stort utrymme för att växellådan senare ska kunna dras bort från motorn.

25 Skruva loss svänghjulets skyddsplåt från den högra sidan av växellådans balanshjulskåpa **(se bild)**.

26 Arbeta runt balanshjulskåpan och ta bort växellådans översta fästbult. Observera att en

7.21a Sänk långsamt ner kryssrambalken från motorrummets undersida med hjälp av två garagedomkrafter . . .

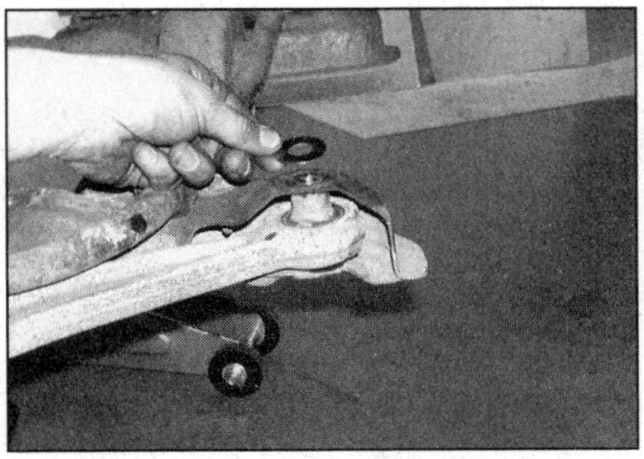

7.21b . . . och ta loss distansbrickorna från de två bakre bultarna

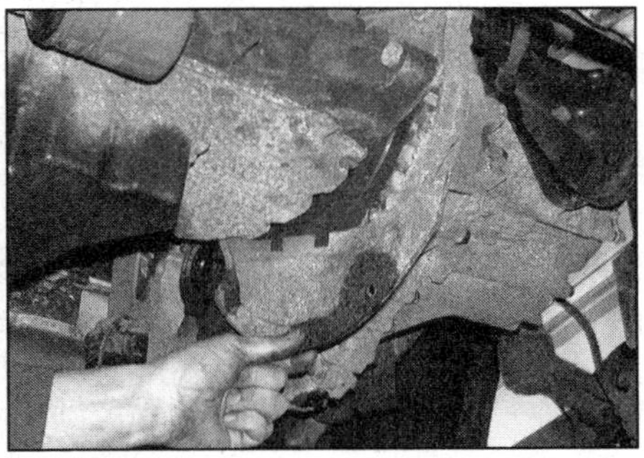

7.25 Skruva loss svänghjulets skyddsplåt från den högra sidan av växellådans balanshjulskåpa

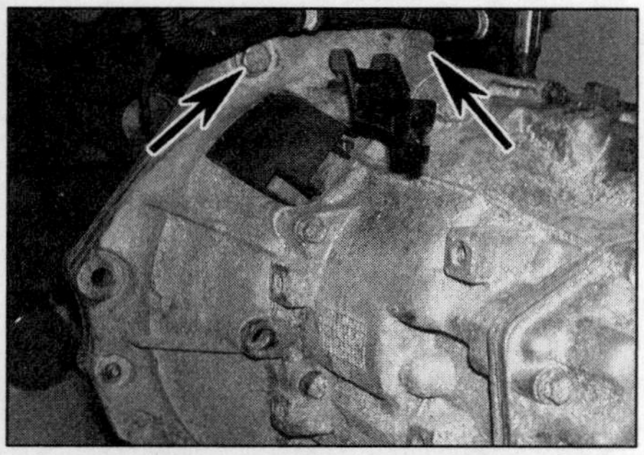

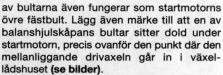

7.26a Lossa bultarna till växellådans balanshjulskåpa och ta bort alla utom den översta fästbulten

7.26b Observera att en av balanshjulskåpans bultar (pil) sitter dold mellan startmotorn och den mellanliggande drivaxeln

7.29 Sänk långsamt ner växellådan från motorrummet med en garagedomkraft

av bultarna även fungerar som startmotorns övre fästbult. Lägg även märke till att en av balanshjulskåpans bultar sitter dold under startmotorn, precis ovanför den punkt där den mellanliggande drivaxeln går in i växellådshuset **(se bilder)**.

27 Se till att garagedomkraften lyfter växellådan, ta sedan bort den sista av växellådans fästbultar från balanshjulskåpan.

28 Dra bort växellådan från motorn. Låt inte enhetens vikt vila på navet till kopplingens lamell; håll enheten upprätt tills den ingående axeln släpper från kopplingen, annars kommer skador att uppstå.

29 Sänk långsamt ner motorn/växellådan från motorrummet och se till att enheten går fri från komponenterna på de omgivande panelerna **(se bild)**. Sänk ner enheten på marken och ta bort den från bilen.

Montering

30 Montera växellådan i omvänd ordning och notera följande punkter:

a) *Om en ny slavcylinder har monterats till kopplingen eller om hydraulolja har runnit ut från den befintliga slavcylindern måste cylindern snapsas och luftas **innan** växellådan monteras; se kapitel 6 för ytterligare information.*

a) *Stryk ett lager fett med hög smältpunkt på räfflorna på växellådans ingående axel. Använd inte för mycket fett, då kan kopplingens lamell förorenas.*

b) *När kryssrambalken monteras, se till att sätta tillbaka distansbrickorna på de två bakre bultarna och ta hänsyn till inställningsmärkena som gjordes vid demonteringen. Dra inte åt kryssrambalkens bultar till angivet moment förrän hela motorns och växellådans vikt vilar på balken.*

c) *Observera angivna åtdragningsmoment (i förekommande fall) när muttrar och skruvar dras åt.*

d) *Återanslut väljarstaget enligt beskrivningen i avsnitt 3.*

e) *Se till att alla jordkablar ansluts ordentligt.*

f) *Återanslut kopplingsvajern enligt beskrivningen i kapitel 6.*

g) *På senare modeller med hydraulisk koppling, återanslut oljetillförselröret till slavcylindern och lufta sedan hydraulsystemet.*

h) *Avsluta med att fylla växellådan med rätt mängd olja av rätt kvalitet enligt beskrivningen i avsnitt 2.*

8 Manuell växellåda, renovering – allmän information

Renovering av en manuell växellåda är ett komplicerat (och ofta dyrt) arbete för en hemmamekaniker och kräver tillgång till specialutrustning. Det omfattar isärtagning och ihopsättning av många små delar. Ett stort antal spel måste mätas exakt och vid behov justeras med mellanlägg och distansbrickor. Inre komponenter till växellådor är ofta svåra att få tag på och, i många fall, mycket dyra. Därför är det bäst att överlåta växellådan till en specialist eller byta ut den om den går sönder eller börjar låta illa.

Trots allt är det inte omöjligt för en erfaren hemmamekaniker att renovera en växellåda, förutsatt att specialverktyg finns att tillgå och att arbetet utförs på ett metodiskt sätt så att ingenting glöms bort.

Inre och yttre låsringstänger, lageravdragare, en hammare, en uppsättning pinndorn, en mätklocka (indikatorklocka) , och eventuellt en hydraulpress är några av de verktyg som behövs vid en renovering. Dessutom krävs en stor, stadig arbetsbänk och ett skruvstäd.

Anteckna noga hur alla komponenter är placerade medan växellådan tas isär för att underlätta monteringen.

Innan växellådan tas isär är det till stor hjälp om felet är lokaliserat. Vissa problem kan höra nära samman med vissa delar av växellådan, vilket kan underlätta undersökningen och bytet av komponenter. Se avsnittet *Felsökning* i slutet av den här handboken för ytterligare information.

Kapitel 7 del B:
Automatväxellåda

Innehåll

Svårighetsgrader

Enkelt, passar novisen med lite erfarenhet	**Ganska enkelt,** passar nybörjaren med viss erfarenhet	**Ganska svårt,** passar kompetent hemmamekaniker	**Svårt,** passar hemmamekaniker med erfarenhet	**Mycket svårt,** för professionell mekaniker

Specifikationer

Allmänt

Typ	Fyrväxlad, elektroniskt styrd automatväxellåda med tre lägen (normal, sport och vinter)
Identifikationskod*:	
2.0 liters modeller med B204i eller B206i motorer	FA46 701
2.3 liters modeller med B234i motor	FA46 801
2.0 liters turbomodeller med B204L motor	FA46 901

**Identifikationskoden finns på en platta på växellådshuset*

Smörjning

Oljetyp	se *Smörjmedel och vätskor*
Oljevolym	Se kapitel 1

Justeringar

Växelspakens parkeringslås, spel	0,7 ± 0,3 mm

Åtdragningsmoment

Åtdragningsmoment	Nm
Avtappningsplugg	35
Motor till växellåda, bultar	75
Drivplattans/nedre balanshjulskåpans skyddsplåt	7
Oljekylarens anslutningar	22
Oljetemperaturgivare	25
Oljetemperaturgivarens skyddskåpa, skruv	25
Ingående axelns hastighetsgivare, bult	6
Utgående axelns hastighetsgivare, bult	6
Växellådans omkopplare:	
Skruv/mutter mellan kontakten och växellådan	25
Mutter mellan växelspaken och omkopplaraxeln	8
Momentomvandlare till drivplatta, bultar	50
Kryssrambalkens främre fästbultar	115
Kryssrambalkens mittre fästbultar	190
Kryssrambalkens bakre fästbultar:	
Steg 1	110
Steg 2	Vinkeldra till 75°
Vänster motorfäste:	
Motorfäste till fästkonsol	39
Motorfäste till kaross	73
Fästkonsol till växellåda	45
Bakre motorfäste:	
Fästkonsol till växellåda	39
Motorfäste till kryssrambalk	39

1 Allmän information

1 Alla modeller utan turbo (och senare turbomodeller) som behandlas i den här handboken finns med tillvalet fyrväxlad, elektroniskt styrd automatväxellåda. Denna består av en momentomvandlare, en planetväxel med kraftöverföring via kugghjul och hydrauliskt styrda kopplingar och bromsar. Enheten styrs av den elektronisk styrenheten (ECU) via fyra elektroniskt styrda solenoidventiler. Växellådan har tre körlägen: normalläge (ekonomi), sportläge och vinterläge.

2 I normalläget (ekonomi), som är standardläge, växlar växellådan upp vid relativt låga varvtal för att kombinera tillfredsställande prestanda med ekonomi. Om växellådan ställs till sportläge med hjälp av knappen på växelspaken, växlar växellådan endast upp vid höga varvtal, med snabbare acceleration och ökad prestanda som resultat. När växellådan är i sportläge lyser lampan på instrumentpanelen. Om växellådan ställs till vinterläge med hjälp av knappen på växelspaken kommer automatväxeln att välja treans växel från start, för att ge bilen bättre grepp på hala vägar.

3 Momentomvandlaren är en hydraulisk koppling mellan motorn och växellådan och fungerar som en automatisk koppling samtidigt som den ger viss momentökning vid acceleration.

4 Planetväxelns kugghjulsdrivna kraftöverföring ger antingen en av fyra framåtdrivande utväxlingsförhållanden, eller en bakåtväxel, beroende på vilka av dess komponenter som är stilla och vilka som vrids. Komponenterna i den kugghjulsdrivna kraftöverföringen hålls eller släpps via bromsar och kopplingar som aktiveras av styrenheten. En oljepump inuti växellådan ger nödvändigt hydrauliskt tryck för att bromsarna och kopplingarna ska kunna fungera.

5 Föraren styr växellådan med en växelspak med sju lägen. Läge D tillåter automatisk utväxling i alla fyra utväxlingsförhållandena. En automatisk kick-downkontakt växlar ner växellådan ett läge när gaspedalen trycks i botten. Växellådan har också tre fasta lägen, 1 betyder att endast det första utväxlingsförhållandet kan väljas, 2 låter både det första och det andra utväxlingsförhållandet väljas automatiskt och 3 tillåter automatisk växling mellan de tre första utväxlingsförhållandena. De fasta lägena är användbara för att kunna motorbromsa vid körning utför branta backar. Observera att växellådan *aldrig* får växlas ner vid höga motorvarvtal.

6 På grund av automatväxellådans komplexitet måste alla renoverings- och reparationsarbeten överlämnas till en Saabverkstad med nödvändig specialutrustning för feldiagnoser och reparationer. Följande avsnitt innehåller därför endast allmän information och sådan underhållsinformation och instruktioner som ägaren kan ha nytta av.

2 Automatväxellådans olja – avtappning och påfyllning

Se informationen i kapitel 1, avsnitt 28.

3 Växelväljarvajer – justering

Observera: *Om batteriet kopplas loss med växelspaken i läge P, kommer spaken att låsas i det läget. För att lossa växelspaken för hand, bänd försiktigt ut växelspakens ram från mittkonsolens överdel, tryck sedan ner spärrhaken till vänster om växelspaken med hjälp av en flatbladig skruvmejsel.*

1 För växelspaken i tur och ordning till alla dess sju lägen, och kontrollera att växellådan hakar i rätt växel på växelspakens lägesgivare. Eventuella justeringar utförs enligt följande.

2 Placera växelspaken i läge N (neutral).

3 Enligt beskrivningen i kapitel 11, ta bort golvkonsolen och baksätets lufttrummor mellan framsätena för att komma åt växelspakshuset.

4 Ta bort låsklammern från änden av väljarvajern, vid växelspakens bas. Skruva loss muttern till vajerjusteraren i växelspakshusets främre del **(se bild)**.

5 Arbeta i motorrummet. Ta bort batteriet från fästplattan för att komma väljarvajerns ände mot växellådan (se kapitel 5A).

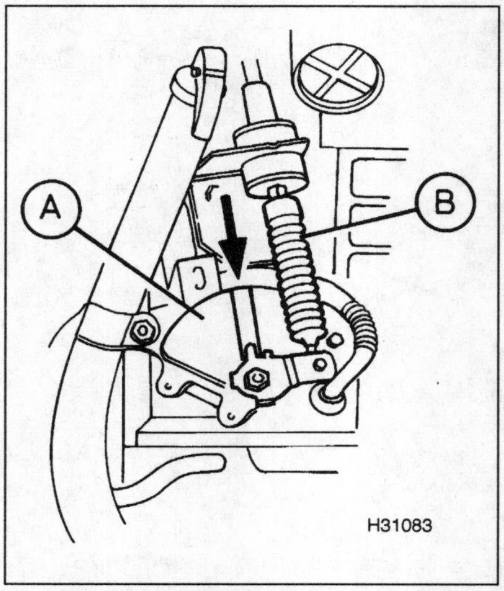

3.6 Pilen på armen måste peka mellan de två parallella inställningslinjerna på kvadranten ovanpå omkopplingshuset

A Växellådans omkopplare
B Väljarvajer

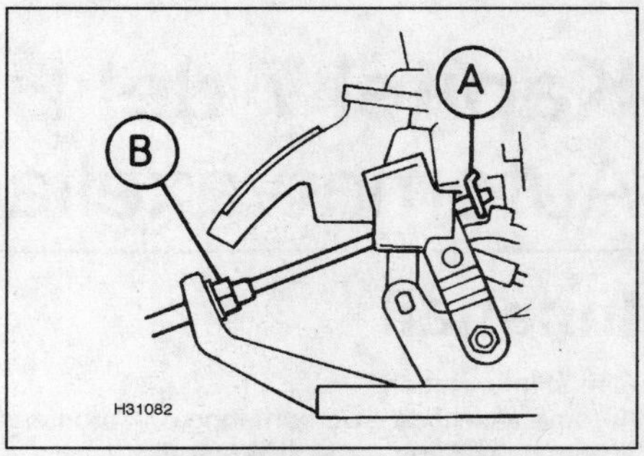

3.4 Ta bort låsklammern (A) från väljarvajerns ände. Skruva loss vajerjusterarmuttern helt (B)

6 Lokalisera armen på växellådans omkopplare, till vilken väljarvajern är ansluten. Placera armen så att växellådan sätts i neutralläge – pilen på armen måste peka mellan de två parallella inställningslinjerna på kvadranten ovanpå omkopplarhuset **(se bild)**.

7 När både växelspaken och växellådan är korrekt placerade, dra åt vajerjusterarens mutter ordentligt på växelspakshusets framsida.

8 Montera låsklammern på väljarvajerns ände, vid växelspakens bas.

9 Montera tillfälligt tillbaka batteriet, kontrollera sedan att växelspaken fungerar ordentligt och upprepa justeringen om det behövs.

10 Avsluta med att montera lufttrumman och golvkonsolen enligt beskrivningen i kapitel 11.

4 Växelväljarvajer – demontering och montering

Demontering

1 Ta bort mittkonsolen och baksätets lufttrummor enligt beskrivningen i kapitel 11, sätt sedan växelspaken i läge N (neutral).

2 Ta bort låsklammern och koppla loss väljarvajern vid växelspakens bas. Skruva loss vajerjusterarens mutter från växelspakshusets främre del **(se bild 3.4)**.

3 Arbeta i motorrummet. Ta bort batteriet från fästplattan för att komma åt väljarvajerns ände mot växellådan (se kapitel 5A).

4 Lokalisera armen på växellådans omkopplare, dit väljarvajern är ansluten. Ta bort fästmuttern och koppla loss armen från omkopplaren. Dra bort låsklammern och koppla bort väljarvajern från armen **(se bilder)**.

5 Arbeta bakåt längs vajern, observera hur den är dragen och ta loss den från alla relevanta fästklamrar. Ta loss vajergenomföringen från torpedväggen och ta bort den från bilen.

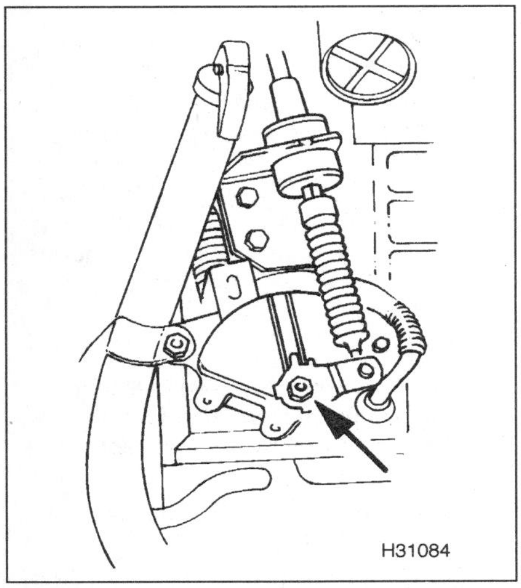

4.4a Ta bort omkopplarens mutter (vid pilen) och koppla loss armen från omkopplaraxeln

6 Undersök vajern efter tecken på slitna ändbeslag eller skadat ytterhölje, och kontrollera att innervajern inte har fransat sig. Kontrollera vajerns funktion, innervajern ska kunna röra sig mjukt och utan hinder genom ytterhöljet. Kom ihåg att en vajer som verkar fungera bra utanför bilen kan löpa mycket trögare när den viks in på sin plats. Byt ut vajern om den visar tecken på överdrivet slitage eller skada.

Montering

7 Manövrera in vajern på sin plats och se till att den dras korrekt genom torpedväggen. Se till att vajern passerar genom växelspakshuset, montera sedan genomföringen ordentligt vid torpedväggen.

8 För växellådans ände av vajern genom monteringskonsolen och fäst vajerhöljet ordentligt med klamrarna. Anslut vajeränden vid växellådans arm och fäst den med låsklammern. Montera armen vid växellådans omkopplare, montera sedan muttern och dra åt den ordentligt.

9 Arbeta inuti bilen. Fäst vajerhöljet på sin plats i växelspakshuset med fästklammern.

10 Justera vajern enligt beskrivningen i avsnitt 3.

11 Avsluta med att montera mittkonsolen enligt beskrivningen i kapitel 11, och montera sedan alla komponenter som tagits bort för att komma åt växellådans ände av vajern.

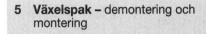

5 Växelspak - demontering och montering

Observera: *Byte av kontakterna för sport- och vinterläge behandlas i avsnitt 8.*

Demontering

1 Ta bort lufttrummorna från mittkonsolen och baksätet enligt beskrivningen i kapitel 11, sätt sedan växelspaken i läge N (neutral).

2 Lossa indikatorpanelen från växelspakshuset, koppla sedan loss väljarvajern från växelspakens bas enligt beskrivningen i avsnitt 4.

3 Skruva loss fästbultarna och manövrera bort växelspaken från fotbrunnen **(se bild)**.

4 Koppla loss kontaktdonen till lägesomkopplaren från sidorna av huset. Där tillämpligt, ta bort lampsockeln från indikatorpanelen.

5 Koppla loss tändningslåsvajern från husets baksida, ta sedan bort huset och växelspaken från bilen. Se till att växelvajerjusterarens mutter inte faller ut.

6 Undersök växelspaksmekanismen efter tecken på slitage eller skada.

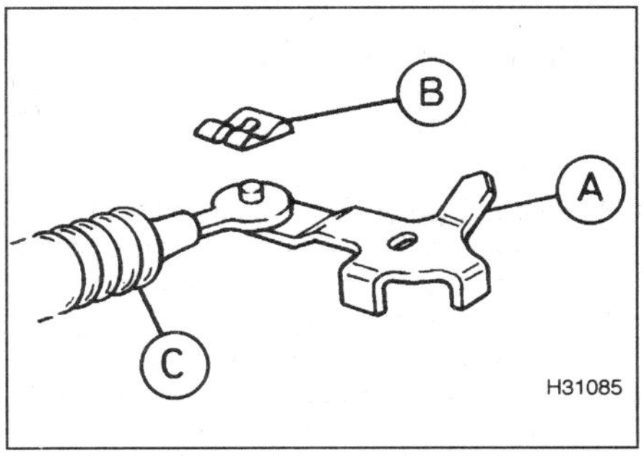

4.4b Dra bort låsklammern (B) och koppla loss väljarvajern (C) från växelspaken (A)

Montering

7 Kontrollera parkeringslåsets inställning enligt beskrivningen i följande underavsnitt, innan växelspakshuset monteras.

8 Montering sker i omvänd arbetsordning. Avsluta med att justera väljarvajern enligt beskrivningen i avsnitt 3, montera sedan mittkonsolen och lufttrummorna enligt beskrivningen i kapitel 11.

Parkeringslås, justering

9 Placera växelspaken i läget PARK och slå av tändningen.

10 Vrid huset och mät sedan spelet mellan låssprinten och skivan med hjälp av bladmått, och jämför värdet med det mått som anges i Specifikationer **(se bild)**.

11 Fortsätt enligt följande om spelets uppmätta värde inte stämmer överens med det angivna värdet.

12 Vrid startnyckeln till läge 'PÅ'.

13 Lossa muttern på låsmekanismens länkstav, lossa sedan fjäderklammern och dra bort länkstavens låssprint.

14 Vrid länkstavens ändfäste tills korrekt spel uppnås.

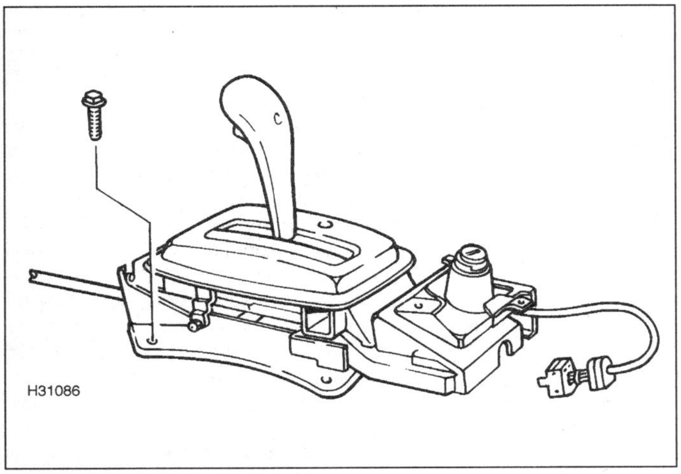

5.3 Skruva loss fästbultarna och ta bort växelspaken från golvet

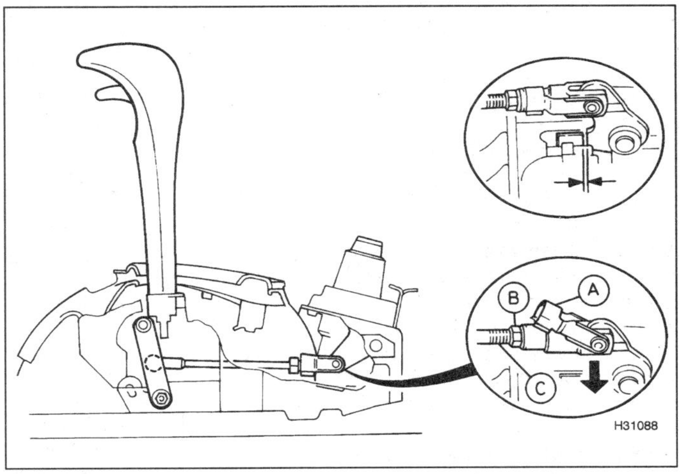

5.10 Använd bladmått för att mäta spelet mellan låssprinten och skivan

A Fjäderklammer *B Låsmutter* *C Länkstav*

15 Avsluta med att montera låssprinten och fjäderklammern.

16 Montera växelspakshuset enligt beskrivningen i föregående underavsnitt.

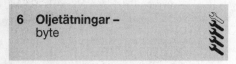

6 Oljetätningar – byte

Drivaxelns oljetätningar

1 Se kapitel 7A.

Momentomvandlarens oljetätning

2 Demontera växellådan enligt beskrivningen i avsnitt 9.

3 Dra försiktigt bort momentomvandlaren från växellådans axel, var beredd på oljespill.

4 Notera hur tätningen sitter i oljepumpshuset, bänd sedan försiktigt bort tätningen och var noga med att inte repa huset eller den ingående axeln.

5 Tvätta bort all smuts från området runt oljetätningens öppning, tryck sedan fast en ny tätning och se till att tätningsläppen är riktad inåt.

6 Smörj tätningen med ren växellådsolja, montera sedan försiktigt momentomvandlaren på sin plats.

7 Montera växellådan (se avsnitt 9).

7 Oljekylare – allmän information

Växellådans oljekylare utgör en del av kylaren. Se kapitel 3 för information om demontering och montering. Om oljekylaren skadas måste hela kylarenheten bytas ut.

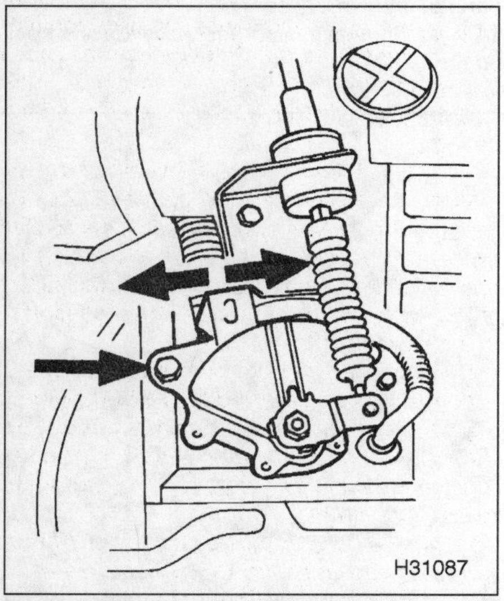

8.8 Lossa muttern (vid pilen) och sväng omkopplarhuset tills pilen på spaken pekar mellan de två parallella inställningslinjerna på ovansidan av omkopplarhuset

8 Växellådans styrsystem, elektriska komponenter – demontering och montering

Växellådans omkopplare

Allmän information

1 Förutom att informera växellådans elektroniska styrenhet om vilken växel som för närvarande är vald vid växelspaken, innehåller omkopplaren även kontakter som styr backljusens relä och startmotorns spärrelä.

Demontering

2 Ta bort batteriet från fästplåten enligt beskrivningen i kapitel 5A.

3 Lossa slangen för servostyrningsolja från monteringskonsolen och lägg den åt sidan.

4 Skruva loss fästmuttern och ta loss röret till växellådans oljemätsticka från sidan av växellådans omkopplare.

5 Koppla loss väljarvajern från växellådans omkopplare enligt beskrivningen i avsnitt 4.

6 Skruva loss muttrarna och skruvarna som fäster växellådans omkopplare på sin plats.

7 Koppla loss omkopplarens kablage från huvudkabelhärvan vid de två kontaktdonen i monteringskonsolen på topplockets vänstra sida. Dra bort omkopplaren från växellådans axel och ta bort den från motorrummet.

Montering

8 Montering sker i omvänd ordningsföljd. Dra åt omkopplarens fästmutter till angivet moment och avsluta med att kontrollera väljarvajerns inställning enligt beskrivningen i avsnitt 3. Om pilen på omkopplaren inte pekar mellan de parallella inställningslinjerna på omkopplarhusets ovansida, kontrollera först att växelspaken är i läge N, lossa sedan omkopplarens mutter och sväng omkopplarhuset tills pilen och inställningslinjerna är inställda enligt beskrivningen ovan **(se bild)**.

Kickdown-kontakt

Demontering

9 Arbeta i fotbrunnen på förarsidan. Ta bort klädselpanelen vid A-stolpens bas (se kapitel 11).

10 Lyft gaspedalen, dra sedan bak mattan för att komma åt kickdown-kontakten **(se bild)**.

11 Koppla loss kablaget vid kontaktdonet, dra sedan bort kickdown-kontakten från fästspåret.

Montering

12 Montering sker i omvänd ordningsföljd. Se till att kontakten trycks ner helt i fästspåret och att kablaget återansluts ordentligt.

Elektronisk styrenhet (ECU)

Demontering

13 Den elektroniska styrenheten är placerad i den främre fotbrunnen på passagerarsidan. Koppla loss batteriets negativa anslutning innan demonteringen.

14 Bänd ut fästklamrarna och ta bort den undre kåpan från instrumentbrädan på passagerarsidan. Ta bort handskfacket från instrumentbrädan (se kapitel 11) för att komma åt den elektroniska styrenheten.

15 Lossa fästklammern och koppla loss kontaktdonet från den elektroniska styrenheten. Lossa monteringskonsolen från karossen och ta bort den elektroniska styrenheten från bilen.

Montering

16 Montering sker i omvänd arbetsordning se till att kablaget återansluts ordentligt.

Hastighetsgivare för växellådans ingående och utgående axlar

Demontering

17 Hastighetsgivarna är monterade ovanpå växellådan. Den ingående axelns hastighetsgivare är den främre av de två givarna och är närmast växellådans vänstra sida. Den

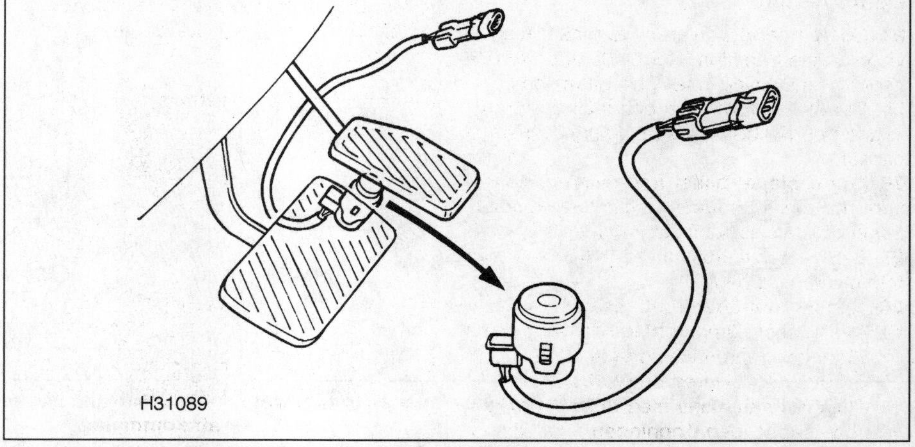

8.10 Lyft gaspedalen och dra undan mattan för att komma åt kickdown-kontakten.

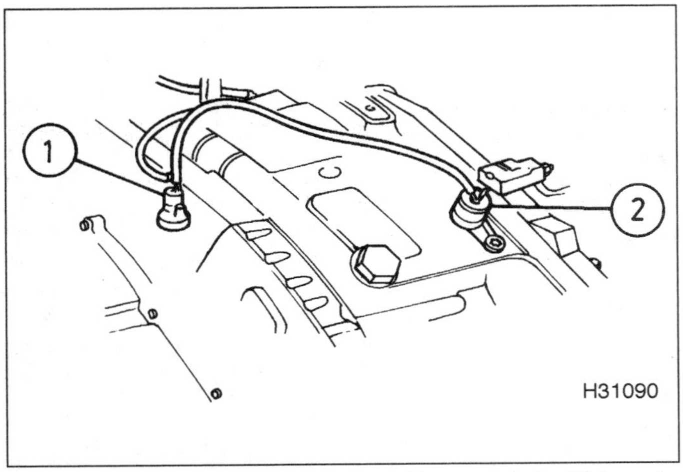

8.17 Placering av hastighetsgivare för automatväxellådans ingående axel (1) och utgående axel (2)

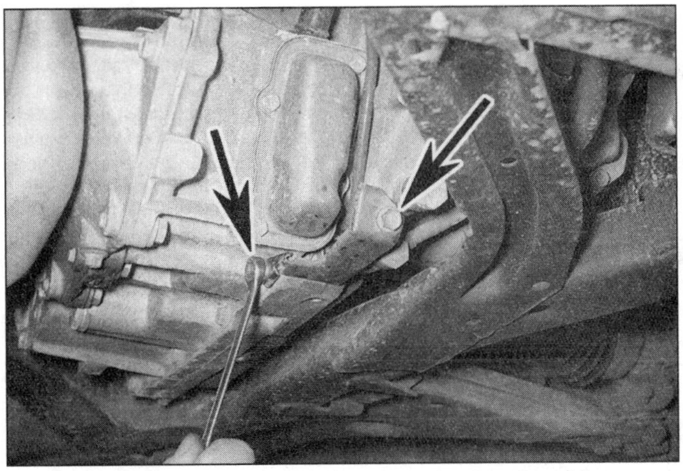

8.27 Skruva loss fästbultarna (vid pilarna) och ta bort kåpan . . .

utgående axelns givare är den bakre av de två **(se bild)**.

18 För att komma åt givarna, ta bort batteriet från fästplattan enligt beskrivningen i kapitel 5A. Åtkomsten blir ännu bättre om kylarens expansionskärl demonteras från sina fästen och placeras ur vägen.

19 Koppla loss kontaktdonet i monteringskonsolen till vänster om topplocket. Rengör området runt relevant givare.

20 Skruva loss fästbulten och ta bort givaren från växellådan. Ta bort tätningsringen från givaren och kasta den, en ny måste användas vid monteringen.

Montering

21 Montera den nya tätningsringen i spåret på givaren och smörj den med växellådsolja.

22 Sätt tillbaka givaren på sin plats, montera fästbulten och dra åt den till angivet moment. Återanslut kontaktdonet.

23 Montera batteriet och sätt tillbaka expansionskärlet (om det behövs) med klammern.

Växellådans oljetemperaturgivare

Demontering

24 Oljetemperaturgivaren är inskruvad i växellådans framsida. Koppla loss batteriets negativa anslutning innan givaren tas bort.

25 Dra åt handbromsen och ställ upp framvagnen på pallbockar (se *Lyftning och stödpunkter*).

26 Följ kablaget bakåt från givaren, observera hur det är draget. Koppla loss kontaktdonet och ta loss kablaget från fästklamrarna.

27 Skruva loss fästbultarna och ta bort kåpan från givaren **(se bild)**.

28 Rengör området runt givaren och var beredd med en lämplig plugg för att stoppa oljeflödet när givaren tas bort **(se bild)**.

29 Skruva loss givaren och ta bort den från växellådan tillsammans med tätningsbrickan. Plugga snabbt igen öppningen i växellådan och torka upp eventuellt oljespill.

Montering

30 Sätt en ny tätningsbricka på givaren, ta bort pluggen och skruva snabbt fast givaren i växellådan. Dra åt den till angivet moment och torka bort eventuellt oljespill. Montera kåpan och dra åt fästbultarna till angivet moment.

31 Se till att kablaget dras korrekt och fäst det med fästklamrarna, återanslut sedan kontaktdonet ordentligt.

32 Sänk ner bilen och återanslut batteriet. Kontrollera växellådans oljenivå enligt beskrivningen i kapitel 1.

9 Automatväxellåda – demontering och montering

Observera: *Bultarna mellan momentomvandlaren och drivplattan och oljekylarens tätningsringar ska bytas ut vid monteringen.*

Demontering

1 Klossa bakhjulen, lägg i handbromsen och placera växelspaken i neutralläge (N). Lyft upp framvagnen och ställ den på pallbockar (se *Lyftning och stödpunkter*). Demontera framhjulen, ta bort fästskruvarna och fästena (om det behövs) och ta bort kåpan under motorn/växellådan.

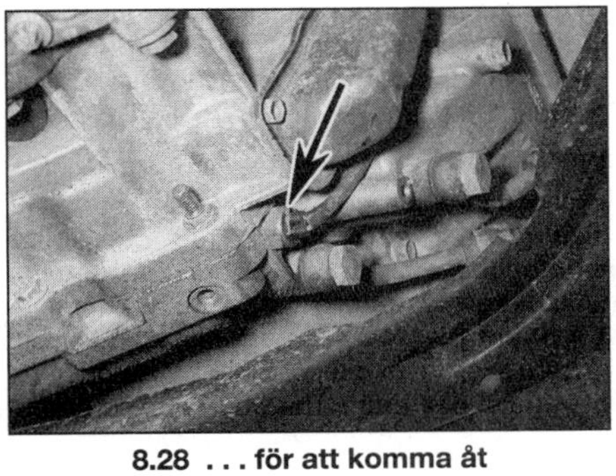

8.28 . . . för att komma åt oljetemperaturgivaren (vid pilen)

2 Töm ur växellådsoljan enligt beskrivningen i kapitel 1, montera sedan avtappningspluggen och dra åt den till angivet moment.

3 Ta bort batteriet från fästplattan enligt beskrivningen i kapitel 5A.

4 Koppla loss batteriets jordkabel/kablar från växellådshuset. Lossa kablarna från röret till växellådans oljemätsticka.

5 Dra bort oljemätstickan och röret från växellådshuset och plugga igen det öppna hålet för att hindra smuts från att tränga in.

6 Koppla loss ventilationsslangen (där tillämpligt) från växellådans överdel.

7 Koppla loss väljarvajern från växellådan enligt beskrivningen i avsnitt 3 och 4.

8 Koppla loss kablaget till växellådans styrsystem vid de två kontaktdonen under den andra säkringsdosan till vänster i motorrummet.

9 Följ kablaget från växellådans kontakter och givare och koppla loss de olika kontaktdonen genom att lyfta fästklamrarna. Lossa huvudkabelhärvan från klamrarna eller banden som fäster kabelhärvan vid växellådan.

10 Ta bort luftrenaren och insugstrummorna enligt beskrivningen i kapitel 4A. På turbomodeller ska också trummorna mellan mellankylaren och gasspjällhuset tas bort. Ta bort resonatorenheten (modeller utan turbo) eller kåpan (turbomodeller) från gasspjällhusets ovansida.

11 Placera en lyftbom över motorrummet, i nivå med motorns lyftöglor. Ta bort gummimuffen från den vänstra öglan och haka fast den på lyftbommens krok. Hissa upp kroken tills den precis lyfter motorn och växellådans gemensamma vikt.

12 Skruva loss och ta bort det främre avgasröret och katalysatorn (se kapitel 4A).

13 Enligt beskrivningen i kapitel 11, ta bort spoilerpanelerna från den främre stötfångarens undersida. Ta bort fästskruvarna och dra bort plastfodret från det vänstra hjulhuset. Ta även bort plastskyddet från det högra hjulhuset för att komma åt vevaxelns remskiva.

14 Ta bort drivremmen enligt beskrivningen i kapitel 1.

15 Lossa de båda spindellederna på framfjädringens nedre armar från navhållarnas nedre delar enligt beskrivningen i kapitel 10. Skruva loss krängningshämmarens ändar från de nedre armarna om det behövs, för att öka spelet.

16 Demontera vänster drivaxel, höger drivaxel och mellanaxeln och dess lagerstödfäste enligt beskrivningen i kapitel 8. Observera att växelströmsgeneratorns nedre fästbult måste tas bort för att stödfästet till den mellanliggande drivaxelns lager ska gå att ta bort.

17 Skruva loss muttrarna som fäster det bakre motorfästets nederdel vid fjädringens kryssrambalk.

18 Märk området runt fjädringens kryssrambalk med en permanent märkpenna. Det underlättar inställningen vid återmonteringen.

19 Placera ett par garagedomkrafter under fjädringens kryssrambalk och hissa upp dem tills domkraftshuvudena vilar mot kryssrambalkens undersida. Märk kanten runt kryssrambalken för att underlätta inställningen vid återmonteringen

20 Lossa stegvis kryssrambalkens sex fästbultar och ta bort dem. Observera att bultarna har olika längd och diameter – anteckna deras respektive placeringar för att underlätta återmonteringen. Se till att motorlyften lyfter vikten från motorn/växellådan eftersom enheten kommer att svänga bakåt i motorrummet när kryssrambalken tas bort.

21 Sänk långsamt ner kryssrambalken från motorrummets undersida med hjälp av garagedomkrafterna. Ta loss distansbrickorna från de två bakre bultarna.

22 Lossa anslutningarna och koppla loss växellådans kylvätskeslangar från växellådshusets framsida. Ta loss tätningsbrickorna.

23 Kontrollera en sista gång att alla komponenter som kan hindra demonteringen av växellådan är borttagna eller urkopplade. Se till att komponenter som väljarvajern är uppfästa så att de inte kan skadas vid demonteringen.

24 Skruva loss drivplattans skyddsplåt från den högra sidan under växellådans balanshjulskåpa, för att komma åt momentomvandlarens fästbultar.

25 Skruva loss momentomvandlarens synliga bultar, använd sedan en hylsnyckel för att vrida runt vevaxelns remskiva och skruva loss de återstående bultarna som fäster momentomvandlaren vid drivplattan när de blir åtkomliga. På alla modeller har momentomvandlaren totalt sex fästbultar. Kasta bultarna, nya måste användas vid monteringen.

26 Dra momentomvandlaren längs axeln och hela vägen in i växellådshuset så att den inte faller ut när växellådan tas bort.

27 Placera en garagedomkraft under växellådshuset. Hissa upp domkraften tills den precis börjar lyfta växellådan.

28 Skruva loss motorns/växellådans vänstra fästen enligt beskrivningen i kapitel 2A. Sänk lyftommens krok så att motorns och växellådans vänstra sida sänks med ungefär 10 cm. Det skapar ett tillräckligt stort utrymme för att växellådan senare ska kunna dras bort från motorn.

29 Arbeta runt balanshjulskåpa och ta bort växellådans fästbultar utom den översta. Observera att vissa av bultarna är ingängade från balanshjulskåpans högra sida.

30 Se till att garagedomkraften lyfter växellådan, ta sedan bort den sista av växellådans fästbultar från svänghjulskåpan.

31 Dra bort växellådan från motorn; håll enheten i horisontellt läge tills balanshjulskåpan går fri från drivplattan och fäststiften.

32 Sänk långsamt ner motorn/växellådan från motorrummet och se till att enheten går fri från komponenterna på de omgivande panelerna. Sänk ner enheten på marken och ta bort den från motorrummets undersida.

Montering

33 Växellådan monteras i omvänd arbetsordning, men tänk på följande.

a) Innan monteringen, ta bort alla spår av gammal fästmassa från momentomvandlarens gängor genom att skruva en gängtapp av rätt storlek i hålen. Om en lämplig gängtapp saknas kan man göra en skåra i en av de gamla bultarnas gängor och använda den i stället.

b) Innan monteringen, se till att motorns/växellådans styrstift är korrekt placerade och lägg lite molybdendisulfidfett på momentomvandlarens styrstift och centreringsbussning i vevaxeländen.

c) När växellådan och motorn är korrekt ihopsatta, sätt i fästbultarna och dra åt dem till angivet moment.

d) Montera den nya momentomvandlaren på drivplattans bultar och dra åt dem löst till att börja med, dra sedan åt dem till angivet moment i diagonal ordningsföljd.

e) Dra åt alla muttrar och bultar till angivet moment (där sådant anges).

f) Byt ut drivaxelns oljetätningar (se kapitel 7A) och montera drivaxlarna till växellådan enligt beskrivningen i kapitel 8.

g) Montera de nya tätningsringarna vid oljekylarhuset och se till att de båda anslutningarna fästs ordentligt med klamrarna.

h) När kryssrambalken monteras, se till att sätta distansbrickorna på de två bakre bultarna och ta hänsyn till inställningsmärkena som gjordes vid demonteringen. Dra inte åt kryssrambalkens bultar till angivet moment förrän hela motorns och växellådans vikt vilar på balken.

i) Se till att alla jordkablar ansluts ordentligt.

j) Avsluta med att fylla på växellådan med rätt mängd och kvalitet olja enligt beskrivningen i avsnitt 2 och justera väljarvajern enligt beskrivningen i avsnitt 3.

10 Automatväxellåda – renovering, allmän information

1 När ett fel uppstår i växellådan måste man först avgöra om felet är mekaniskt eller hydrauliskt, för detta krävs specialutrustning. Om växellådan misstänks vara defekt måste arbetet därför överlåtas till en Saab-mekaniker.

2 Ta inte bort växellådan från bilen innan en professionell feldiagnos har ställts – de flesta tester krävs att växellådan är monterad i bilen.

Kapitel 8
Drivaxlar

Innehåll

Svårighetsgrader

Enkelt, passar novisen med lite erfarenhet	**Ganska enkelt,** passar nybörjaren med viss erfarenhet	**Ganska svårt,** passar kompetent hemmamekaniker	**Svårt,** passar hemmamekaniker med erfarenhet	**Mycket svårt,** för professionell mekaniker

Specifikationer

Allmänt

Drivaxeltyp	Solida stålaxlar med inre och yttre universal- och CV-knutar. Mellanliggande axel från höger sida av växellådan till drivaxeln.
Smörjning (endast vid renovering eller reparation)	Använd endast smörjmedel som levereras tillsammans med damask/renoveringssatser; knutarna är annars packade med fett och förseglade

Åtdragningsmoment

Åtdragningsmoment	Nm
Drivaxelmutter	290
Hjulbultar:	
Lättmetallfälgar	117
Stålfälgar	100
Framfjädringens nedre spindelled till navhållaren/fjäderbenet	75
Främre krängningshämmaren till nedre fjädringsarmens stödbalk	10
Bultar mellan mellanaxelns fäste och motorn	30

1 Allmän information

Kraft överförs från växellådan till hjulen via drivaxlarna. De yttre drivknutarna på alla modeller är av CV-typ (constant velocity) och består av sex kulor som löper i axialspår. Drivaxelns yttre knutar har axeltappar som är räfflade för att haka i naven i framfjädringens navhållare/fjäderben. De inre universalknutarna är konstruerade för att röra sig i mindre bågar än de yttre CV-knutarna, och de kan även röra sig längs axeln så att framfjädringen kan röra sig. Det finns två typer av inre drivknutar beroende på modell. På 2.3 liters turbomodeller med automatväxellåda är den inre drivknuten av tripodtyp och består av en trearmad "spindel" med nållager och yttre lagerbana som sitter kilad på drivaxeln, samt ett yttre hus med tre motsvarande spår där lagerbanorna kan glida. På 2.0 liters modeller med manuell växellåda liknar de inre drivknutarna CV-knutarna som beskrivits tidigare, men det yttre huset är annorlunda för att drivaxeln ska kunna röra sig axialt.

En mellanliggande drivaxel med eget stödlager är monterad mellan växellådans axel och den högra drivaxeln – en utformning som utjämnar drivaxelns vinklar vid alla fjädringspunkter och minskar drivaxelns flexibilitet för att förbättra stabiliteten vid hög acceleration.

Universal- och CV-knutar ger mjuk kraftöverföring till hjulen vid alla styr- och fjädringsvinklar. Knutarna skyddas av gummidamasker och är packade med fett för att alltid vara välsmorda. Om en knut skulle slitas ut kan den bytas ut separat från drivaxeln. Drivknutarna behöver inte smörjas utifrån, om de inte renoverats eller gummidamaskerna har skadats så att fettet förorenats. Kapitel 1 innehåller en beskrivning om hur man undersöker drivaxeldamaskernas skick.

Kontrollera om drivaxlarna är slitna genom att köra bilen långsamt i en cirkel med fullt rattutslag (kör både åt vänster och åt höger), och lyssna efter metalliskt klickande eller knackande ljud från framhjulen. En medhjälpare i passagersätet kan lyssna efter ljud från drivknuten närmast passagerarsidan. Om sådana ljud hörs är det ett tecken på slitage i den yttre drivknuten. Om vibrationer som ökar och avtar i förhållande till hastigheten känns vid acceleration eller motorbromsning kan det vara ett tecken på att de inre drivknutarna är slitna. Utför en mer ingående kontroll genom att demontera och ta isär drivaxlarna där så är möjligt, enligt beskrivningen i följande avsnitt. Vänd dig till en Saab-verkstad för information om tillgången på drivaxelkomponenter.

2.4 Skruva loss drivaxelns mutter

2.8 Ta bort drivaxeln från spåren i naven

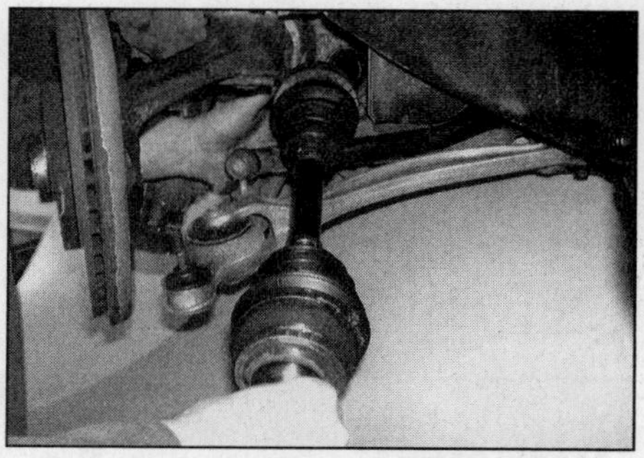

2.10 Dra bort drivaxeln från växellådan

2 Drivaxel - demontering och montering

Demontering

1 Parkera bilen på plant underlag, dra åt handbromsen och klossa bakhjulen.

2 Ta bort navkapseln och använd en stadig nyckel med en tättsittande hylsa för att ta loss drivaxelns mutter, observera dess höga åtdragningsmoment.

3 Dra åt handbromsen, lyft upp framvagnen och ställ den på pallbockar (se *Lyftning och stödpunkter*). Demontera aktuellt hjul.

4 Skruva loss och ta bort drivaxelns mutter **(se bild)**.

5 Skruva loss muttern och koppla loss styrstagsänden från styrarmen med hjälp av en spindelledsavdragare (se kapitel 10).

6 Skruva loss muttern som fäster krängningshämmaren vid den nedre fjädringsarmens stödbalk, och ta bort brickan och gummibussningen.

7 Skruva loss muttern och koppla sedan loss den nedre armens spindelled från navhållaren/fjäderbenet med hjälp av en spindelledsavdragare (se kapitel 10). Tryck ner den nedre fjäderarmen så långt som möjligt, och för navhållaren/fjäderbenet åt ena sidan. Lossa armen och se till att spindelledens damask inte skadas av navhållarens/fjäderbenets underdel (var noga med att inte sträcka bromsslangarna eller kablaget till bromsklossarnas slitagevarning). **Observera:** *Kassera spindelledens mutter, en ny måste användas vid monteringen.*

8 Använd en hammare och knacka försiktigt drivaxeln inåt från spåren i navet medan fjäderbenets nedre ände dras ut **(se bild)**.

9 Dra bort den högra drivaxeln från mellanaxelns spår. Använd en hävarm om det behövs för att lossa den inre låsringen från ringspåret.

10 Placera en behållare under växellådan för att fånga upp eventuellt oljespill, och dra sedan ut den vänstra drivaxeln. Bänd försiktigt med en hävarm mot växellådshuset om den inre låsringen sitter hårt i kugghjulen på växellådans sida. Lägg en träkloss emellan hävarmen och växellådshuset för att hindra att växellådshuset skadas, och var noga med att inte skada oljetätningen när drivaxeln demonteras **(se bild)**. **Observera:** *På modeller med universalknut, var noga med att inte dra ut drivaxelspindeln ur drivknutshuset.*

Montering

11 Undersök låsringen på drivaxelns inre ände och byt ut den om den inte är i bra skick **(se bild)**.

12 Rengör spåren på drivaxelns ändar och i navet och rengör oljetätningen i växellådshuset i förekommande fall. Undersök oljetätningen och byt ut den om så behövs, enligt beskrivningen i kapitel 7A eller 7B. Smörj lite olja på oljetätningens läppar innan drivaxeln monteras.

13 Placera drivaxelns inre ände i växellådshuset eller på den mellanliggande axeln – vrid drivaxeln efter behov för att haka i spåren. Tryck in drivaxeln tills den inre låsringen hakar i ringspåret. Kontrollera att låsringen har hakat i genom att försiktigt försöka dra ut drivaxeln.

14 Haka i drivaxelns yttre ände i spåren i navet, tryck sedan ner den nedre fjädringsarmen och styr in nederdelen på navhållaren/fjäderbenet på den nedre armens spindelled. Skruva på den nya muttern och dra åt till angivet moment.

15 Sätt i krängningshämmarens fäste i den nedre armens stödbalk, montera sedan gummibussningen och brickan och dra åt muttern till angivet moment.

16 Sätt i styrstagsänden i styrarmen och dra åt muttern till angivet moment.

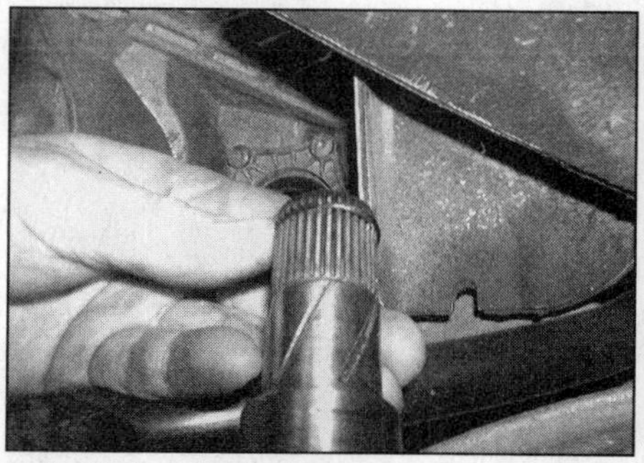

2.11 Undersök låsringen på drivaxelns inre ände

17 Skruva på drivaxelns mutter och dra åt den löst.

18 Montera hjulet, sänk ner bilen och dra åt bultarna till angivet moment.

19 Dra åt drivaxelns mutter till angivet moment.

3 Drivaxelns gummidamasker - byte

1 En reparationssats som innehåller alla delar som behövs vid byte av drivaxeldamasker kan köpas från en Saabverkstad.

2 Se avsnitt 2 och demontera drivaxeln.

3 Kläm fast drivaxeln i ett skruvstäd med mjuka käftar och rengör områdena runt gummidamaskerna.

4 Ta loss de små och stora klamrarna som fäster damasken vid drivaxeln **(se bild)**. Om veckade klamrar används, skär av de upphöjda delarna med en liten bågfil och skaffa nya klamrar.

5 På CV- och Rzeppa-knutar, dra bort damasken från knuten längs axeln, ta sedan vara på så mycket av fettet som möjligt. Använd en låsringstång på knutens innerkant, öppna låsringen och dra bort knuten från drivaxeländen **(se bilder)**. Om den sitter hårt, använd en hammare och en mjuk dorn för att knacka bort drivknutens nav från spåren.

6 På universalknutar, märk drivknutshuset i förhållande till drivaxeln och tripoden (spindeln), dra sedan bort huset. Fäst de yttre lagerspåren vid spindeln med tejp om det

3.4 Ta bort klamrarna . . .

3.5a . . . ta loss gummidamasken från drivknutshuset . . .

3.5b . . . använd sedan en låsringstång för att öppna låsringen . . .

3.5c . . . och dra bort drivknuten från drivaxelns ände

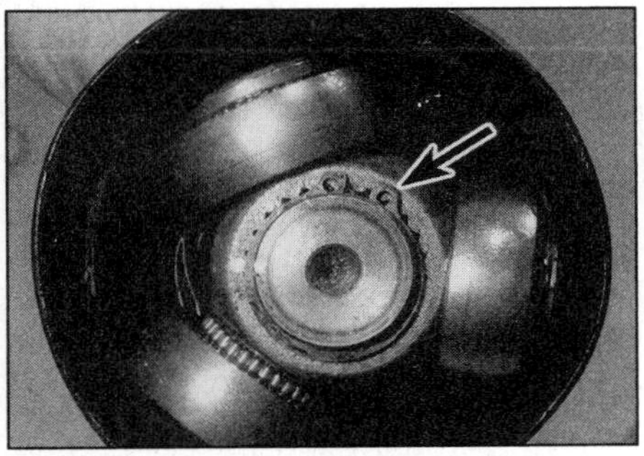

3.6a På universalknutar hålls spindeln fast med en låsring (vid pilen)

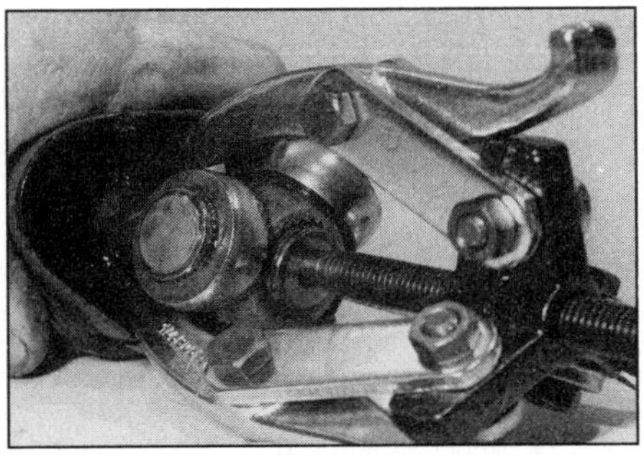

3.6b En avdragare används för att ta bort spindeln från drivaxelspåren

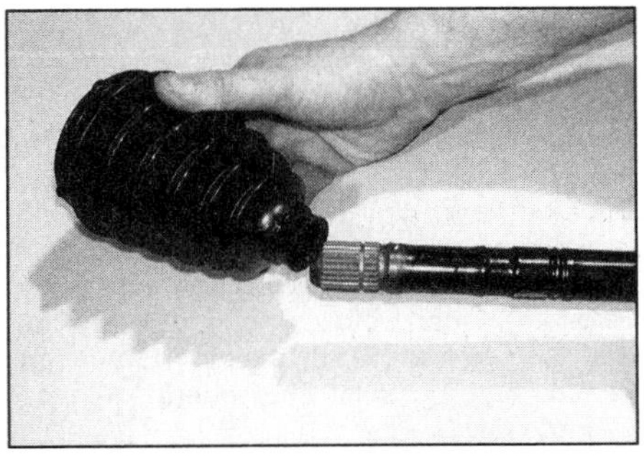

3.7 Ta bort den yttre gummidamasken

3.8 Den yttre CV-knuten

3.9 Låsringen (vid pilen) är placerad i den yttre drivknutens nav

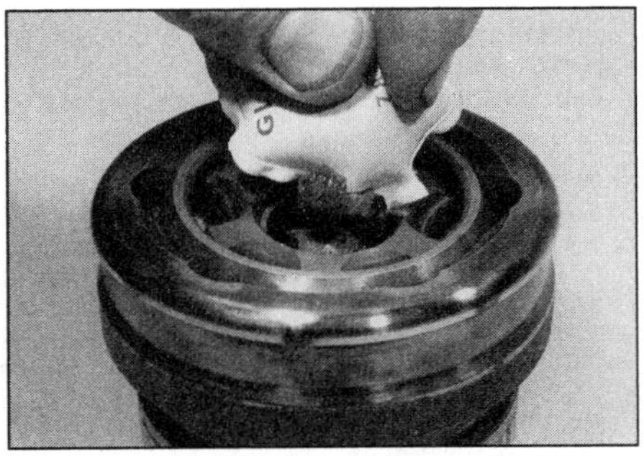

3.12 Fyll CV-knuten med fett från reparationssatsen

behövs. Ta bort låsringen med hjälp av en låsringstång, dra sedan bort spindeln från spåren på drivaxeln **(se bilder)**. Använd en avdragare om den sitter hårt.

7 Dra bort gummidamasken från drivaxelns ände **(se bild)**.

8 Om drivknuten har förorenats av vatten eller smuts måste dess komponenter rengöras noga **(se bild)**. Om det behövs kan CV-knuten tas isär enligt beskrivningen i följande punkt. **Observera:** *Det går inte att ta isär den inre drivknuten av Rzeppa-typ, och om föroreningen inte går att ta bort måste hela drivknuten bytas ut.*

9 Vrid navet och hylsan inuti huset, och ta bort kulorna en i taget. Vrid navet 90° och dra bort det, vrid sedan hylsan 90° och ta bort den på samma sätt. Ta bort låsringen från navet och kontrollera om den är sliten eller skadad **(se bild)**. Rengör komponenterna noga i lämpligt lösningsmedel och torka dem; montera dem sedan i omvänd arbetsordning.

10 Rengör drivaxelspåren och smörj dem något med CV-fett.

11 Trä på den nya damasken på drivaxeln tillsammans med de små och stora fästklamrarna.

12 På CV- och Rzeppa-knutar, packa drivknuten med 80g fett – använd fettet som följde med damasken och se till att det arbetas in ordentligt i drivknutens fördjupningar **(se bild)**. Trä drivknuten över drivaxelspåren tills låsringen hakar i ringspåret. Använd en hammare om det behövs, för att knacka drivknuten i läge.

13 På universalknutar, placera spindeln på drivaxelspåren med den fasade änden först, montera sedan låsringen i ringspåret **(se bild)**. Packa drivknutshuset med 175g fett, använd det fett som följde med damasken, trä sedan

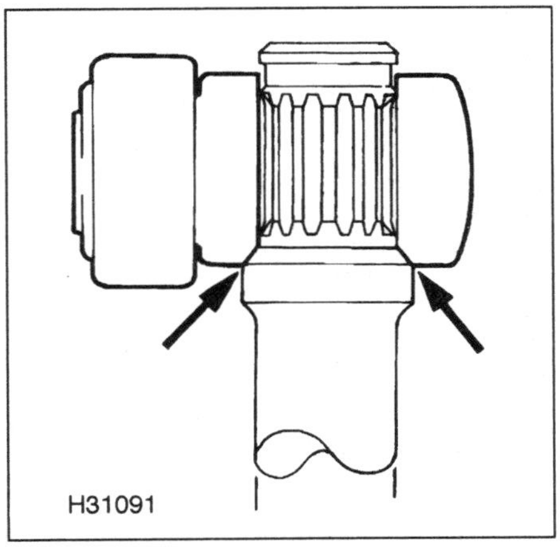

3.13 På universalknutar, se till att den fasade änden riktas mot den inre ansatsen på drivaxeln

huset på spindeln och se till att det placeras på den plats som märktes ut vid demonteringen.

14 Dra damasken över drivknutshuset och montera fästklamrarna. Om veckade klamrar används kan de gå att spänna dem genom att knipa ihop de upphöjda delarna med en kniptång **(se bild)**. Alternativt kan fästband av plast användas för att fästa damaskerna.

15 Rengör damasken, montera sedan drivaxeln enligt beskrivningen i avsnitt 2.

3.14 Använd en kniptång för att dra åt damaskklamrarna

4 Mellanliggande drivaxel och stödlager – demontering, renovering och montering

Demontering

1 Koppla loss batteriets negativa anslutning (jord) (se kapitel 5A).

2 Demontera den högra drivaxeln enligt beskrivningen i avsnitt 2.

3 Arbeta under bilen, skruva loss och ta bort växelströmsgeneratorns nedre fästbult från den mellanliggande drivaxelns monteringskonsol. Flytta växelströmsgeneratorn något utåt från fästet.

4 Placera en behållare under växellådan för att fånga upp eventuellt oljespill när den mellanliggande drivaxeln demonteras.

5 Skruva loss bultarna som fäster monteringskonsolen vid motorblocket.

6 Dra bort fästet från styrstiften, dra sedan bort den mellanliggande drivaxeln från växellådssidans kugghjul, var noga med att inte skada oljetätningen. Dra bort drivaxeln och fästet från bilens undersida.

Renovering

7 Använd en låsringstång och dra bort den stora låsringen som håller lagret i fästet.

8 Den mellanliggande drivaxeln och lagret måste nu tryckas ut ur fästet. Använd en tvåbent avdragare på drivaxeländen för att göra detta.

9 Ta bort O-ringstätningen från ringspåret i drivaxeln, ta sedan bort låsringen.

10 Ta bort lagret från drivaxeln med hjälp av avdragaren.

11 Stöd fästet med den öppna änden uppåt, montera sedan det nya lagret och tryck eller driv in det helt med hjälp av en metallhylsa vilande på den yttre lagerbanan. Montera den stora låsringen för att säkra lagret i fästet.

12 Fäst den mellanliggande drivaxeln i ett skruvstäd, montera lagret och fästet på drivaxeln och tryck eller driv på den inre lagerbanan tills lagret kommer i kontakt med ansatsen. Se till att fästet monteras åt rätt håll och tryck endast på den inre lagerbanan.

13 Montera den lilla låsringen i ringspåret, se till att den konkava sidan riktas mot lagret.

14 Montera en ny O-ringstätning i drivaxelns spår.

Montering

15 Rengör växellådans oljetätning, smörj sedan in tätningläpparna med lite olja. Kontrollera att oljetätningen är i gott skick och byt ut den om det behövs enligt beskrivningen i kapitel 7A eller 7B.

16 Montera den mellanliggande drivaxeln i växellådssidans kugghjul och låt spåren haka i varandra.

17 Placera fästet på stiften, sätt sedan i bultarna och dra åt dem till angivet moment.

18 Flytta tillbaka växelströmsgeneratorn på fästet så att fästets hål är korrekt inställda. Sätt i fästbulten och dra åt den. Justera växelströmsgeneratorns drivremsspänning om så behövs, enligt beskrivningen i kapitel 1.

19 Montera den högra drivaxeln enligt beskrivningen i avsnitt 2.

20 Återanslut batteriets negativa ledning (jord) (se kapitel 5A).

5 Drivknut – kontroll och byte

Kontroll

1 Provkör bilen och lyssna efter metalliska klick från framvagnen när bilen körs långsamt i en cirkel med fullt rattutslag. Om klickanden hörs är det ett tecken på slitage i den yttre CV-knuten, som då måste bytas ut.

2 Dra åt handbromsen, lyft upp framvagnen och stöd den på pallbockar för att kontrollera om den inre drivknuten är sliten (se *Lyftning och stödpunkter*). Försök röra drivaxelns inre ände uppåt och nedåt, håll sedan drivknuten med ena handen och försök vrida drivaxeln med den andra handen.

3 Vid en noggrannare kontroll kan drivaxeln demonteras och plockas i sär enligt beskrivningen i avsnitt 3. Rengör noga drivaxelns komponenter med fotogen eller lämpligt lösningsmedel, var noga med att inte ta bort inställningsmärkena som gjordes vid demonteringen. Undersök om drivknutens komponenter är slitna eller skadade. Var extra noga med att undersöka lagerytorna efter korrosion. Vid överdrivet slitage måste drivknuten bytas ut.

Byte

4 I avsnitt 3 finns en beskrivning av hur man byter drivknutar och gummidamasker. Damaskerna ska alltid bytas när drivknutarna byts ut.

Kapitel 9
Bromssystem

Innehåll

Svårighetsgrader

Enkelt, passar novisen med lite erfarenhet	**Ganska enkelt,** passar nybörjaren med viss erfarenhet	**Ganska svårt,** passar kompetent hemmamekaniker	**Svårt,** passar hemmamekaniker med erfarenhet	**Mycket svårt,** för professionell mekaniker

Specifikationer

Allmänt

Bromssystemets typ och utformning:		
Fotbroms	Diagonalt delade hydrauliska kretsar; vänster fram/höger bak (primär) och höger fram/vänster bak (sekundär). Bromsskivor fram och bak, ventilerade bromsskivor fram. Glidande bromsok med enkla kolvar fram och fasta bromsok med dubbla kolvar bak. Låsningsfria bromsar (ABS) är standard på alla modeller med vakuumservo.	
Handbroms	Spak- och vajerstyrd, verkar på bromsbackar i trummor inbyggda i de bakre bromsskivorna.	

Främre bromsar

Bromsskivor:		
Typ	Ventilerade	
	T.o.m. modellår 1996	**Fr.o.m. modellår 1997**
Yttre diameter	284,0 mm	288,0 mm
Tjocklek (ny bromsskiva)	24,0 mm	25,0 mm
Minimitjocklek efter slipning	22,5 mm	23,5 mm
Slitagegräns	21,0 mm	22,0 mm
Maximal skevhet	0,08 mm	0,08 mm
Maximal tjockleksvariation	0,015 mm	0,015 mm
Bromsok		
Typ	Enkel kolv av flottörtyp	
Kolvdiameter	54,0 mm	57,0 mm
Bromsklossar:		
Minimitjocklek på bromsbeläggen	5,0 mm	

Bakre bromsar

Bromsskivor:	
Typ	Massiva
Ytterdiameter:	
T.o.m. modellår 1996	260,0 mm
Fr.o.m. modellår 1997	286,0 mm
Tjocklek (ny bromsskiva)	10,0 mm
Minimitjocklek efter slipning	8,5 mm
Slitagegräns	8,0 mm
Maximal skevhet	0,08 mm
Maximal tjockleksvariation	0,015 mm
Handbromstrummans inre diameter	160,0 mm
Handbromstrummans maximala orundhet	0,08 mm
Bromsok	
Typ	Dubbla kolvar av fast typ
Kolvdiameter	35,0 mm
Bromsklossar:	
Minimitjocklek på bromsbeläggen	5,0 mm
Handbroms:	
Minsta tjocklek på bromsbacksbeläggen	2,0 mm

Vakuumservo

Diameter	229,0 mm

Huvudcylinder

Diameter	23,81 mm

ABS-komponenter

Hydraulenhet:	
Tillverkare:	
1994 och 1995 års modeller	Bosch ABS 2E (3-portssystem)
1996 års modeller och nyare	Bosch ABS 5.3 (4-portssystem)
Hjulgivare:	
Resistans	1130 ± 115 ohm vid 20°C
Avstånd mellan givare och kugg	0,6 ± 0,3 mm

Åtdragningsmoment

	Nm
ABS-hydraulenhetens fästmutter	20
Främre bromsokets fästbult:	
T.o.m. modellår 1996	105
Fr.o.m. modellår 1997	110
Bakre bromsok, fästsbult	80
Bakre bromsskiva	10
Främre bromsskiva	4
Främre bromsokets styrsprint:	
T.o.m. modellår 1996	25
Fr.o.m. modellåt 1997	27,5
Bromsrörsanslutning, mutter	14
Främre bromsslang	40
Hjulbultar:	
Lättmetallfälgar	117
Stålfälgar	100
Bakre nav till axel:	
Steg 1	50
Steg 2	Vinkeldra 30°

1 Allmän information

Bilen bromsas med ett tvåkrets hydraulsystem och en vakuumservoenhet. Alla modeller har bromskivor både fram och bak. De främre bromsskivorna är ventilerade för att förbättra kylningen och minska slitaget.

Hydraulsystemet med två kretsar är diagonalt uppdelat; en krets styr de främre högra och bakre vänstra bromsarna, den andra styr de främre vänstra och bakre högra bromsarna. Utformningen garanterar att bilen behåller minst 50% av sin bromskapacitet om någon av hydraulkretsarna drabbas av tryckfall. Den diagonala utformningen hindrar bilen från att bli instabil om bromsarna slås på när bara en krets fungerar.

De främre bromsoken är av flottörtyp med enkla kolvar – en utformning som tar så lite plats som möjligt och som minskar värmeöverföringen till bromsoljan och minimerar på så sätt minimerar bromsslitage. Varje bromsok innehåller två asbestfria bromsklossar, en på insidan av och en på utsidan av bromsskivan. Vid bromsning tvingar hydrauliskt tryck kolven längs cylindern och trycker den inre bromsklossen mot bromsskivan. Bromsokshuset reagerar genom att glida längs sina styrsprintar så att den yttre bromsklossen kommer i kontakt med bromsskivan. På så sätt påverkar bromsklossarna bromsskivan med lika stort tryck från båda sidorna. När bromsningen upphör faller hydraultrycket bakom kolven så att kolven dras tillbaka in i cylindern och den inre bromsklossen släpper från bromsskivan. Bromsokshuset glider då tillbaka längs styrsprintarna och släpper den yttre bromsklossen.

De bakre bromsklossarna har dubbla fasta kolvar och två asbestfria bromsklossar, en på var sida om skivan. Vid bromsning tvingar hydrauliskt tryck kolvarna längs cylindrarna och i kontakt med skivans båda sidor. Kolvcylindrarna har en mindre diameter än de i det främre bromsoket. Skillnaden i bromskraft mellan främre och bakre bromsok hindrar bakhjulen från att låsa sig vid hårda inbromsningar. 1994 och 1995 års modeller är utrustade med en tryckreduceringsventil i de bakre hydraulbromsledningarna på varje bromsok, för att hindra bakhjulen från att låsa sig. Den här ventilerna finns inte på senare modeller.

Huvudcylindern omvandlar kraften från fotbromspedalen till hydrauliskt tryck. Tandemkonstruktionen innehåller två kolvar, den ena framför den andra, som styr de hydrauliska kretsarna. Under normala förhållanden belastas de båda kretsarna med lika stort tryck så att bromssystemet balanseras, men om en läcka uppstår i en av kretsarna fortsätter den återstående kretsen att fungera, även om pedalen sjunker längre ner mot golvet när den funktionsodugliga kolven rör sig mot sitt stopp.

Huvudcylindern tillförs ett konstant flöde av bromsolja från bromsoljebehållaren. Den är delad i två separata kammare för att garantera att minst en av kretsarna fortsätter få olja även om ett läckage uppstår i den andra kretsen. Behållaren är halvgenomskinlig så att oljenivån lätt ska kunna kontrolleras, och ett skruvlock gör det möjligt att fylla på olja. En nivågivarkontakt sitter inbyggd i påfyllningslocket och tänder en varningslampa på instrumentbrädan när oljenivån i behållaren blir för låg.

Vakuumservon använder motorns grenrörsvakuum för att förstärka bromsrörelsen till huvudcylindern från bromspedalen.

De låsningsfria bromsarna (ABS) hindrar hjulen från att låsa sig vid kraftig inbromsning så att föraren behåller kontrollen över styrningen och så att bromssträckan förkortas. Genom att elektroniskt mäta varje hjuls hastighet i förhållande till de andra hjulen kan systemet avgöra när ett hjul är på väg att låsa sig, innan föraren förlorar kontrollen över bilen. Bromsoljetrycket på det utsatta hjulets bromsok minskar och ökar växelvis flera gånger i sekunden tills hjulet åter går att kontrollera (observera att på modeller före 1996 minskas/ökas bromsoljetrycket på båda bakdäcken samtidigt). Systemet består av en elektronisk styrenhet (ECU), fyra hjulhastighetsgivare, en hydraulenhet, bromsledningar och en varningslampa på instrumentbrädan. De fyra hjulhastighetsgivarna är monterade på hjulnaven. Varje hjul har en roterande kuggskiva i navet; hastighetsgivaren sitter i nära anslutning till skivan. Kuggarna på skivornas ytor aktiverar givarna så att de producerar spänningsimpulser, vars frekvens varierar med hastigheten på skivans rotation. Impulserna överförs till den elektroniska styrenheten, som använder dem till att beräkna hastigheten för varje hjul. Den elektroniska styrenheten har ett verktyg för självdiagnos och tar ABS-systemet ur drift samt tänder varningslampan på instrumentpanelen om ett fel upptäcks. Bromssystemet övergår då till att fungera som konventionella bromsar, utan ABS. Om felet inte kan lokaliseras vid en vanlig kontroll *måste* bilen lämnas in till en Saabverkstad som har rätt diagnosutrustning för att läsa ABS-systemets styrenhet elektroniskt och ta reda på exakt var felet ligger.

2 Hydraulsystem – luftning

Varning: Hydraulolja är giftigt; tvätta omedelbart bort eventuella stänk från huden. Kontakta läkare om oljan sväljs eller kommer i ögonen. Vissa hudrauloljor är lättantändliga och kan självantända om de kommer i kontakt med heta komponenter. Vid arbete med hydraulsystem är det alltid säkrast att anta att oljan ÄR brandfarlig, och vidta samma försiktighetsåtgärder mot brand som när bensin hanteras. Hydraulolja är dessutom ett effektivt färgborttagningsmedel och angriper många plaster. Om den spills måste den spolas bort med stora mängder vatten. Hydraulolja är också hygroskopisk (den absorberar luftens fuktighet) – gammal olja kan vara förorenad och oduglig för användning. Vid påfyllning eller byte ska alltid rekommenderad typ användas och den måste komma från en nyligen öppnad förseglad förpackning.

Allmänt

1 Ett hydraulsystem kan endast fungera korrekt om komponenterna och kretsarna är helt fria från luft; det uppnås genom att systemet luftas.

2 Vid luftning får endast ren, oanvänd hydraulolja av rekommenderad typ användas. Återanvänd inte olja som tappats ur systemet. Se till att ha tillräckligt med olja innan arbetet påbörjas.

3 Om det föreligger minsta risk att fel typ av olja finns i systemet måste bromsarnas komponenter och kretsar spolas ur helt med ren olja av rätt typ, och alla tätningar måste bytas.

4 Om hydraulolja har läckt ur systemet eller om luft har trängt in på grund av en läcka måste läckaget åtgärdas innan arbetet fortsätter.

5 Parkera bilen över en smörjgrop eller på ramper. Alternativt, dra åt handbromsen, lyft upp bilen med en domkraft och ställ den på pallbockar (se *Lyftning och stödpunkter*). Ta bort hjulen när bilen är upphissad för att lättare komma åt.

6 Kontrollera att alla rör och slangar sitter säkert, att anslutningarna är ordentligt åtdragna och att luftningsskruvarna är stängda. Rengör områdena kring luftningsskruvarna.

7 Skruva loss huvudcylinderbehållarens lock och fyll på behållaren till MAX-markeringen. Skruva på locket löst och kom ihåg att hålla nivån över MIN-markeringen under hela arbetet, annars kan ytterligare luft komma in i systemet.

8 Det finns ett antal luftningssatser att köpa i motortillbehörsbutiker, som gör det möjligt för en person att lufta bromssystemet utan hjälp. Vi rekommenderar att en sådan sats används eftersom den i hög grad förenklar arbetet och dessutom minskar risken att avtappad olja och luft sugs tillbaka in i systemet. Om det inte går att få tag på en luftningssats måste grundmetoden (för två personer) användas, se beskrivningen nedan.

9 Om en luftningssats ska användas, förbered bilen enligt beskrivningen ovan och följ tillverkarens anvisningar – tillvägagångssätten kan variera. I stora drag används metoden som beskrivs nedan.

10 Oavsett vilken metod som används, måste samma arbetsordning följas (punkt 11 och 12) för att man garanterat ska få ut all luft ur systemet.

Ordningsföljd vid luftning av bromsar

11 Om systemet endast kopplats ur delvis och åtgärder vidtagits för att minimera oljespill, ska bara den aktuella delen av systemet behöva luftas (dvs. primär- eller sekundärkretsen).

12 Om hela systemet ska luftas ska det göras i följande ordningsföljd:

a) Höger frambroms
b) Vänster frambroms
c) Höger bakbroms
d) Vänster bakbroms

Luftning – grundmetod (för två personer)

13 Skaffa en ren glasburk, en lagom bit plast- eller gummislang som sluter tätt över avluftningsskruven, och en ringnyckel som passar skruven. Dessutom behövs en medhjälpare.

14 Ta bort dammskyddet från den första luftningsskruven i ordningsföljden. Trä ringnyckeln och slangen över luftningsskruven och lägg den andra slangänden i glasburken. Häll hydraulolja i burken så att slangänden täcks ordentligt.

15 Se till att oljenivån i huvudcylinderbehållaren överstiger MIN-markeringen under hela arbetet.

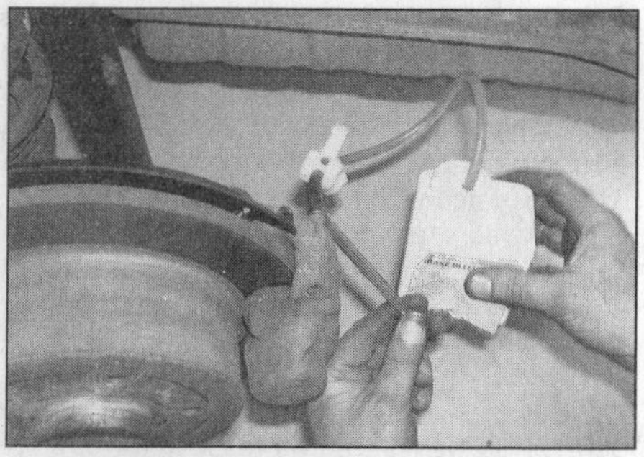

2.22 Luftning av bakre bromskrets med envägsventil

16 Låt medhjälparen pumpa bromsen i botten flera gånger så att ett inre tryck byggs upp i systemet.

17 Lossa luftningsskruven ungefär ett halvt varv och låt sedan medhälparen långsamt trampa ner bromspedalen till golvet och hålla den där. Dra åt luftningsskruven och låt medhjälparen långsamt släppa upp pedalen till viloäget.

18 Upprepa proceduren i punkt 17 tills vätskan som rinner ut från luftningsskruven är fri från luftbubblor. Kontrollera oljenivån i behållaren efter var annan eller var tredje pedalnedtryckning och fyll på med mer olja om det behövs.

19 När inga fler luftbubblor kommer ut, dra åt luftningsskruven ordentligt, ta bort slangen och nyckeln, och montera dammskyddet. Dra inte åt luftningsskruven för hårt.

20 Upprepa proceduren med de återstående luftningsskruvarna i ordningen tills all luft är borta från systemet och bromspedalen känns fast igen.

Luftning – med envägsventil

21 Som namnet antyder består luftningssatsen av ett slangstycke med en monterad envägsventil som hindrar att utdriven luft och olja dras tillbaka in i systemet igen. Vissa luftningssatser har även en genomskinlig behållare som kan placeras så att man lättare ser luftbubblorna flyta från slangöppningen.

22 Koppla luftningssatsen till luftningsskruven och öppna den **(se bild)**. Gå till förarsätet, trampa ner bromspedalen med en mjuk, stadig rörelse och släpp långsamt upp den. Upprepa tills hydrauloljan som kommer ut i behållaren är fri från luftbubblor.

23 Observera att dessa luftningssatser är så lättanvända att man lätt glömmer bort att kontrollera oljenivån i huvudcylinderbehållaren. Se till att oljenivån alltid överstiger MIN-markeringen.

Luftning – med tryckluftssats

24 De tryckluftsdrivna luftningssatserna drivs ofta av tryckluften i reservdäcket. Observera att trycket i reservdäcket dock förmodligen är för högt för att passa luftningssatsen och måste minskas, se tillverkarens instruktioner.

25 Genom att koppla en trycksatt, oljefylld behållare till huvudcylinderbehållaren kan luftningen utföras genom att luftningsskruvarna helt enkelt öppnas en i taget (i angiven ordningsföljd) och oljan får flöda ut tills den inte längre innehåller några luftbubblor.

26 En fördel med den här metoden är att den stora vätskebehållaren innebär ytterligare ett hinder mot att luft dras tillbaka in i systemet under luftningen.

27 Luftning med tryckluftssats lämpar sig särskilt för luftning av "svåra" system, eller för luftning av hela system vid rutinmässiga oljebyten.

Alla metoder

28 När luftningen är avslutad och pedalen känns fast, torka bort eventuellt oljespill, dra åt luftningsskruvarna ordentligt och sätt tillbaka dammskydden.

29 Kontrollera hydrauloljenivån i huvudcylinderbehållaren och fyll på om det behövs (se *Veckokontroller*).

30 Kassera all olja som har tappats ut ur systemet, den kan inte återanvändas.

31 Kontrollera känslan i bromspedalen. Om den känns det minsta svampig finns det fortfarande luft i systemet som måste luftas ytterligare. Om systemet fortfarande innehåller luft efter ett rimligt antal luftningsförsök kan det bero på slitna tätningar i huvudcylindern.

3 Hydraulrör och slangar – byte

Varning: Se varningen i början av avsnitt 2 angående risker med hydraulolja.

1 Om ett rör eller en slang måste bytas ut, minimera oljespillet genom att först ta bort huvudcylinderbehållarens lock och sedan skruva på det igen över en bit plastfolie så att det blir lufttätt. Alternativt kan slangklämmor användas på slangar för att isolera delar av kretsen; bromsrörsanslutningar av metall kan pluggas igen (var försiktig så att inte smuts kommer in i systemet) eller täckas över så fort de kopplas loss. Placera trasor under de anslutningar som ska lossas för att fånga upp eventuellt oljespill.

2 Om en slang ska kopplas loss, skruva loss muttern till bromsrörsanslutningen innan fjäderklammern som fäster slangen i monteringskonsolen tas bort **(se bild)**. I förekommande fall, skruva loss banjoanslutningsbulten som fäster slangen vid bromsoket och ta loss kopparbrickorna. När den främre slangen tas bort, dra ut fjäderklammern och koppla loss den från fjäderbenet.

3 När anslutningsmuttrarna ska skruvas ur är det bäst att använda en bromsrörsnyckel av korrekt storlek, de finns att köpa i välsorterade tillbehörsbutiker. Om en bromsrörsnyckel inte finns tillgänglig går det att använda en öppen nyckel av rätt storlek, men om muttrarna sitter hårt eller är korroderade kan de runddras. Om det skulle hända kan de envisa anslutningarna skruvas loss med en självlåsande tång, men då måste röret och de skadade muttrarna bytas ut vid återmonteringen. Rengör alltid anslutningen och området kring den innan den skruvas loss. Om en komponent med mer än en anslutning demonteras, anteckna noga hur anslutningarna är monterade innan de lossas.

4 Om ett bromsrör måste bytas ut kan ett nytt köpas färdigkapat, med muttrar och flänsar monterade, hos en Saabverkstad. Allt man själv behöver göra är att kröka röret med det gamla röret som mall, innan det monteras. Alternativt kan de flesta tillbehörsbutiker bygga upp bromsrör av satser men det kräver noggrann uppmätning av originalet för att utbytesdelen ska hålla rätt längd. Det säkraste alternativet är att ta med det gamla bromsröret till verkstaden som mall.

5 Dra inte åt anslutningsmuttrarna för hårt vid återmonteringen.

6 Använd alltid kopparbrickor när slangar återansluts till bromsoken, och dra åt banjoanslutningsbultarna till angivet moment. Se till att slangarna placeras så att de inte kommer i kontakt med omgivande karrosseri eller hjul.

7 Se till att rören och slangarna dras korrekt, utan veck, och att de monteras ordentligt i klamrar och fästen. Efter monteringen, ta bort plastfolien ur oljebehållaren och lufta hydraulsystemet enligt beskrivningen i avsnitt 2. Skölj bort allt oljespill och undersök noga om läckage förekommer.

4 Främre bromsklossar – byte

Varning: Byt ut BÅDA främre bromsklossuppsättningarna på en gång – byt ALDRIG bromsklossar bara på ena hjulet eftersom det kan ge ojämn bromsverkan. Observera att även om Saabs bromsklossar inte innehåller asbest så kan dammet från slitna bromsklossar av andra märken vara hälsovådligt att andas in. Använd inte tryckluft för att blåsa bort bromsdamm och avlagringar – använd en borste. Undvik att andas in dammet, använd en godkänd ansiktsmask. Använd endast Saabs egen

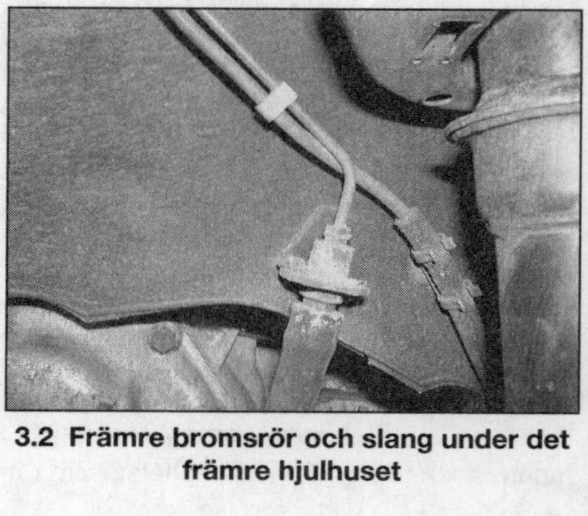

3.2 Främre bromsrör och slang under det främre hjulhuset

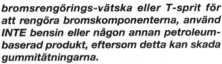

4.2 Använd en skruvmejsel för att bända bort fästfjädern

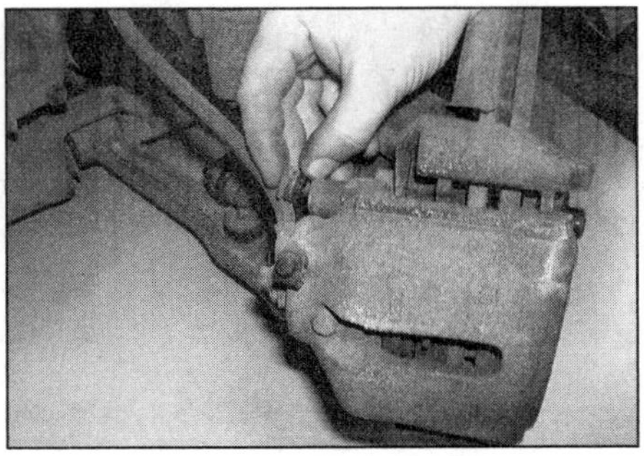

4.3 Ta bort dammskydden . . .

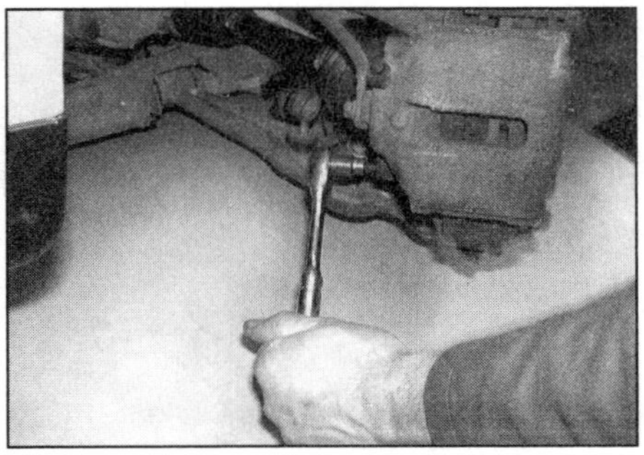

4.4a . . . skruva loss styrbultarna. . .

bromsrengörings-vätska eller T-sprit för att rengöra bromskomponenterna, använd INTE bensin eller någon annan petroleumbaserad produkt, eftersom detta kan skada gummitätningarna.

1 Dra åt handbromsen, lyft upp framvagnen och ställ den på pallbockar (se *Lyftning och stödpunkter*). Demontera båda framhjulen.

2 Bänd försiktigt bort fästfjädern från hålen på bromsokets utsida, observera hur fjädern är monterad i bromsokets monteringskonsol **(se bild)**.

3 Ta bort dammskydden från styrbultarnas inre ändar **(se bild)**.

4 Skruva loss styrbultarna från bromsoket och lyft bort bromsoket och bromsklossarna från monteringskonsolen **(se bilder)**. Knyt upp bromsoket på fjäderbenet med en bit ståltråd. Låt inte bromsoket hänga i bromsslangen.

5 Ta bort den inre och yttre bromsklossen från bromsokskolven, observera att den inre bromsklossen är fäst med en fjäderklammer på stödplattan **(se bild)**. **Observera:** *Modeller från och med 1998 har ett varningslarm på den yttre bromsklossen, som består av en metallremsa som kommer i kontakt med bromsskivan när belägget blir tunnare än 3,0 mm. Larmet ger ifrån sig ett skrapande missljud som varnar föraren att bromsklossarna är slitna.*

6 Borsta bort smuts och damm från bromsoket, var noga med att inte andas in dammet. Ta försiktigt bort rost från kanten på bromsskivan.

7 Mät tjockleken på bromsklossarna (belägg och stödplatta) **(se bild)**. Om någon kloss är sliten ner till angiven minimitjocklek eller under måste alla fyra klossarna bytas. Klossarna ska även bytas om de är förorenade med fett eller olja, det finns inget bra sätt att avfetta förorenat friktionsmaterial. Om någon bromskloss är ojämnt sliten eller förorenad ska orsaken spåras och problemet åtgärdas innan hopsättningen.

8 Om bromsklossarna fortfarande är användbara, rengör dem noga med en fin stålborste eller liknande, och var extra noga med stödplattans kanter och baksida. Rengör spåren i beläggen och ta bort större partiklar som bäddats in om det behövs. Rengör noga bromsklossarnas säten i bromsokshuset/monteringskonsolen.

9 Se till att styrbultarna sitter bra i bromsoksbussningarna innan bromsklossarna monteras. Borsta bort damm och smuts från bromsoket och kolven (se varningen i början av det här avsnittet). Smörj lite kopparbromsfett med hög smältpunkt på de områden runt bromsklossarnas stödplattor som är i kontakt med bromsoket och kolven. Undersök om kolvens dammskydd är intakt och om kolven visar spår av oljeläckage, korrosion eller skador. Om någon av dessa komponenter måste åtgärdas, se avsnitt 6.

10 Om nya bromsklossar ska monteras måste okets kolv tryckas in i cylindern för att ge plats åt dem. Använd en G-klammer eller liknande, eller använd lämpliga trästycken som hävarmar. Under förutsättning att huvudcylinderns behållare inte överfyllts bör det inte bli något spill, men håll ett öga på oljenivån när kolven trycks tillbaka. Om oljenivån stiger över MAX-markeringen måste överskottet tömmas bort med en hävert eller matas ut genom ett plaströr anslutet till avluftningsskruven.

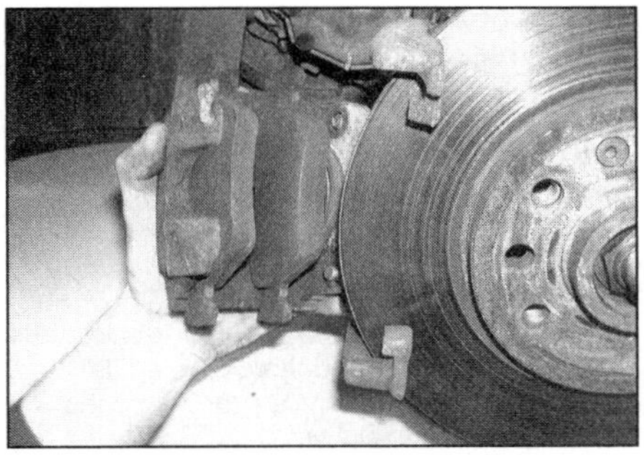

4.4b . . . och lyft bort bromsoket och bromsklossarna från monteringskonsolen

Varning: Bromsolja är giftig och får därför inte sifoneras med munnen, använd en bollspruta eller liknande.

11 Kontrollera att skårorna i bromsokskolven är placerade horisontellt. Vrid kolven rätt om det behövs.

12 Montera den inre bromsklossen i bromsoket och se till att klammern placeras korrekt på bromsokskolven.

13 Montera den yttre bromsklossen i bromsokets monteringskonsol och se till att belägget är riktat mot bromsskivan **(se bild)**.

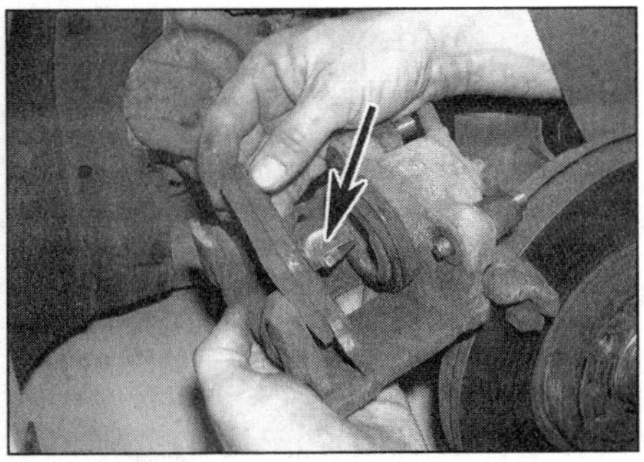

4.5 Ta bort den inre bromsklossen från bromsoket - observera fjäderklammern

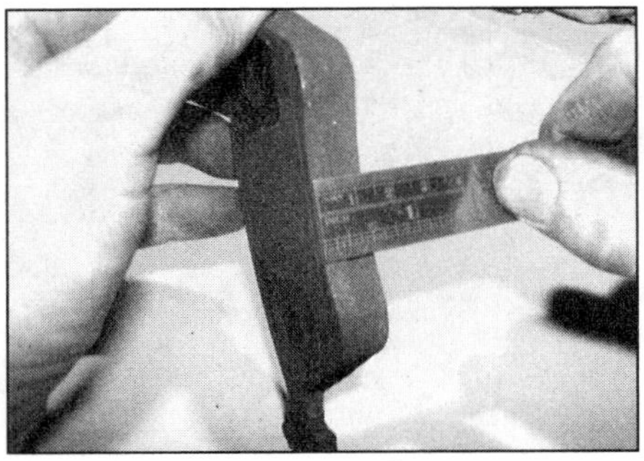

4.7 Mät tjockleken på den främre bromsklossen, inklusive stödplattan

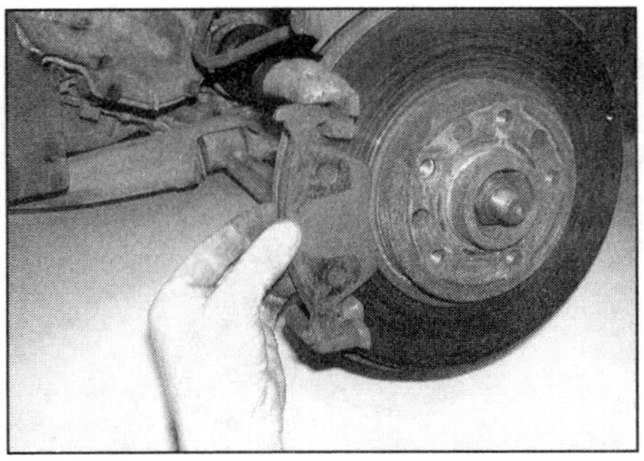

4.13 Placera den yttre bromsklossen i bromsokets monteringskonsol

4.14 Placera bromsok och inre bromskloss över den yttre bromsklossen

5.2 Använd en körnare för att driva ut den bakre bromsklossens fästsprintar

5.3 Ta bort dämpfjäderplattan

14 Dra bromsoket och den inre bromsklossen i läge över den yttre bromsklossen, och fäst den i monteringskonsolen **(se bild)**.

15 Skruva i bromsokets styrbultar och dra åt dem till angivet moment.

16 Sätt tillbaka styrbultarnas damskydd.

17 Montera fästfjädern på bromsoket och se till att fjäderändarna är korrekt placerade i hålen på bromsoket.

18 Trampa ner bromspedalen upprepade gånger tills normalt pedaltryck återställs.

19 Upprepa ovanstående procedur med det andra främre bromsoket.

20 Montera hjulen, sänk ner bilen och dra åt hjulbultarna till angivet moment.

21 Kontrollera hydrauloljenivån enligt beskrivningen i *"Veckokontroller"*.

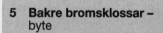

5 Bakre bromsklossar – byte

Varning: Byt ut BÅDA bromsklossuppsättningarna på en gång – byt ALDRIG bromsklossar bara på ena hjulet eftersom det kan ge ojämn bromsverkan. Dammet från bromsklossarnas slitage kan innehålla asbest vilket är hälsovådligt. Blås aldrig bort dammet med tryckluft och andas inte in det. Använd en godkänd ansiktsmask vid arbete med bromsarna. ANVÄND INTE petroleumbaserade lösningsmedel för att rengöra bromskomponenterna – endast speciellt bromsrengöringsmedel eller T-sprit.

1 Klossa framhjulen, lyft upp bilens bakvagn med hjälp av en domkraft och stöd den på pallbockar (se *Lyftning och stödpunkter*). Ta bort bakhjulen.

2 Observera hur dämpfjäderplattan är placerad, driv sedan ut bromsklossens övre och undre fästsprint från bromsokets utsida med hjälp av en körnare **(se bild)**.

3 Ta bort dämpfjäderplattan **(se bild)**.

4 Tryck bort bromsklossarna något från bromsskivan, dra sedan bort den yttre bromsklossen från bromsoket med hjälp av en tång eller ett demonteringsverktyg.

5 Ta bort den inre bromsklossen från bromsoket **(se bilder)**.

6 Borsta bort smuts och damm från bromsoket, var noga med att inte andas in dammet. Ta försiktigt bort rost från kanten på bromsskivan.

7 Mät tjockleken på bromsklossarna (belägg och stödplatta). Om någon kloss är sliten ner till angiven minimitjocklek eller under måste alla fyra klossarna bytas. Klossarna ska även bytas om de är förorenade med fett eller olja, det finns inget bra sätt att avfetta förorenat friktionsmaterial. Om någon bromskloss är ojämnt sliten eller förorenad måste orsaken spåras och problemet åtgärdas innan hopsättningen.

8 Om bromsklossarna fortfarande är användbara, rengör dem noga med en fin stålborste eller liknande, och var extra noga med stödplattans kanter och baksida. Rengör noga bromsklossarnas säten i bromsokshuset/monteringskonsolen.

9 Rengör och kontrollera bromsklossarnas fästsprintar innan bromsklossarna monteras. Borsta bort damm och smuts från bromsoket och kolven (se varningen i början av det här avsnittet). Smörj lite kopparbromsfett med hög smältpunkt på de områden runt bromsklossarnas stödplattor som är i kontakt med bromsoket och kolven. Kontrollera att kolvens dammskydd är intakt och om kolven visar spår av oljeläckage, korrosion eller skador. Om någon av dessa komponenter måste åtgärdas, se avsnitt 7.

10 Om nya bromsklossar ska monteras måste bromsokets kolvar tryckas in i cylindern för att ge plats åt dem. Använd antingen en G-klammer eller liknande, eller använd lämpliga trästycken som hävarmar. Under förutsättning att huvudcylinderns behållare inte överfyllts bör det inte bli något spill, men håll ett öga på oljenivån när kolvarna trycks tillbaka. Om oljenivån stiger över MAX-markeringen måste överskottet tömmas bort med en hävert eller matas ut genom ett plaströr anslutet till avluftningsskruven.

Varning: Bromsolja är giftig och får därför inte sifoneras med munnen, använd en bollspruta eller liknande.

11 Använd en stållinjal och kontrollera att skårorna i kolvarna är placerade på det sätt som visas **(se bild)**. Skårorna ska vara längst ner på bromsoket. Vrid kolvarna rätt om det behövs.

12 Placera de nya bromsklossarna i bromsoket. Se till att belägget är riktat mot bromsskivan och kontrollera att bromsklossarna kan röra sig fritt.

5.5a Ta bort den inre bromsklossen

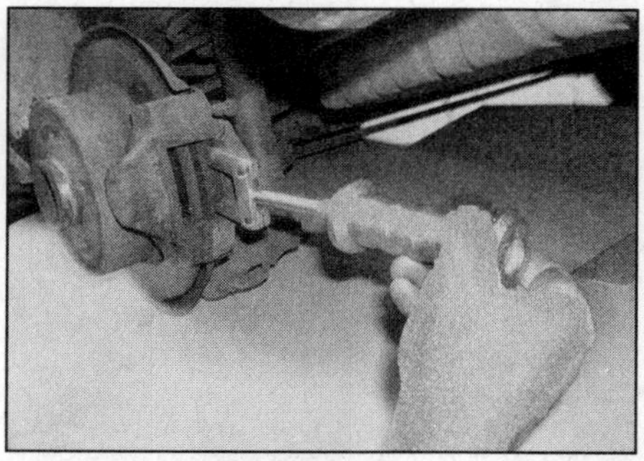

5.5b Den inre bromsklossen tas bort med hjälp av ett demonteringsverktyg

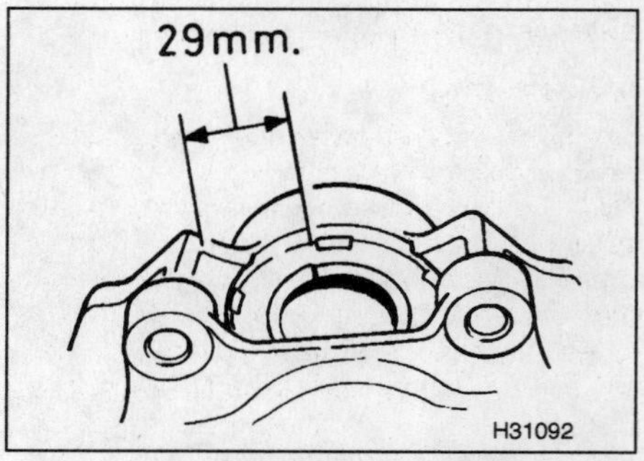

5.11 Korrekt placering av kolven i det bakre bromsoket

13 Placera dämpfjäderplattan på bromsklossarna och montera fästsprintarna inifrån kanten på bromsoket medan fjädern trycks ner. Knacka fast sprintarna ordentligt i oket.
14 Trampa ner bromspedalen upprepade gånger tills normalt pedaltryck återställs.
15 Upprepa ovanstående procedur med det andra bakre bromsoket.
16 Montera hjulen, sänk ner bilen och dra åt hjulbultarna till angivet moment.
17 Kontrollera hydrauloljenivån enligt beskrivningen i *Veckokontroller.*

6 Främre bromsok – demontering, renovering och montering

Varning: Se varningen i början av avsnitt 2 angående hantering av hydraulolja, och varningen i början av avsnitt 4 angående farorna med asbestdamm.

Demontering

1 Dra åt handbromsen, lyft upp framvagnen och stöd den på pallbockar (se *Lyftning och stödpunkter*). Demontera aktuellt framhjul.
2 Minimera eventuellt oljespill genom att först skruva av huvudcylinderbehållarens lock och sedan skruva på det igen över en bit plastfolie, så att det blir lufttätt. Alternativt, använd en bromsslangklämma, en G-klammer eller liknande och kläm ihop slangen som leder till bromsoket.
Varning: Använd inte en G-klammer med oskyddade käftar eftersom de kan skada slangen.
3 Rengör området runt bromsokets slanganslutningar. Observera vilken vinkel slangen har (för att garantera korrekt återmontering), skruva sedan loss och ta bort anslutningsbultarna och ta loss tätningsbrickorna av koppar från sidorna av slanganslutningen. Kassera brickorna, nya måste användas vid återmonteringen. Plugga igen slangänden och bromsokshålet för att minimera oljespill och förhindra smuts från att tränga in i hydraulsystemet.
4 Ta bort bromsklossarna enligt beskrivningen i avsnitt 4, ta sedan bort bromsoket från bilen.
5 Skruva loss bromsokets monteringskonsol från navet/fjäderbenet om det behövs.

Renovering

6 Lägg bromsoket på arbetsbänken och ta bort all smuts och avlagringar.
7 Dra bort kolven från bromsokshuset och ta bort dammskyddet. Kolven kan dras bort för hand eller, om det behövs, tryckas ut med hjälp av tryckluft som kopplas till bromsslangens anslutningsöppning. Det tryck man får från en fotpump bör räcka för att få bort kolven.
8 Ta försiktigt bort kolvtätningen från bromsoket med en liten skruvmejsel, var noga med att inte repa loppet.
9 Ta bort styrbultarna, tryck sedan ut styrbussningarna ur bromsokets hus.
10 Rengör noga alla komponenter, använd endast T-sprit eller ren bromsolja. Använd aldrig mineralbaserade lösningsmedel som bensin eller fotogen, de angriper gummikomponenterna i hydraulsystemet. Torka komponenterna med tryckluft eller en luddfri trasa. Använd tryckluft, om det finns tillgängligt, för att blåsa ren oljepassagerna (använd skyddsglasögon).
11 Kontrollera alla komponenter och byt ut de som är utslitna eller skadade. Om kolven och/eller cylinderloppet är överdrivet repiga ska hela bromsokshuset bytas ut. Undersök samtidigt styrbussningarnas och bultarnas skick. Både bussningar och bultar ska vara oskadda och sitta någorlunda tätt i hylsorna. Om en komponents skick är det minsta tvivelaktigt ska den bytas. Byt bromsokstätningarna och dammskydden varje gång arbete utförs på bromsoken; nya tätningar och skydd kan köpas som en renoveringssats tillsammans med fett.
12 Se till att alla delar är fullständigt rena vid ihopsättnigen.
13 Smörj den nya tätningen med det medföljande fettet, eller doppa den i ren hydraulolja. Placera tätningen i spåret i cylinderloppet, använd endast fingrarna.
14 Fyll den inre håligheten i dammskyddet med det medföljande fettet, eller doppa det i ren hydraulolja, montera det sedan på kolven.
15 Placera kolven på bromsoket så att skårorna är riktade enligt beskrivningen i avsnitt 4. Tryck försiktigt in kolven hela vägen i bromsokshuset och vrid kolven från sida till sida för att garantera att den placeras korrekt i den inre tätningen. Se samtidigt till att dammskyddets inre ände hakar i spåret på bromsokshuset och att den yttre änden hakar i spåret på kolven.
16 Montera styrbussningarna och styrbultarna i bromsokshuset och smörj dem med lämplig fett.

Montering

17 Placera bromsokets monteringskonsol på navhållaren/fjäderbenet, applicera sedan låsvätska på fästbultsgängorna, sätt i dem och dra åt dem ordentligt.
18 Montera bromsklossarna enligt beskrivningen i avsnitt 4, tillsammans med bromsoket som i det här stadiet inte har någon slang kopplad till sig.
19 Placera nya koppartätningsbrickor på sidorna av slanganslutningen och anslut bromsslangen till bromsoket. Se till att slangen är korrekt placerad mot bromsokshusets tapp, sätt sedan i anslutningsbulten och dra åt den ordentligt.
20 Ta bort bromsslangklämman eller plasten, efter tillämplighet, och lufta hydraulsystemet enligt beskrivningen i avsnitt 2. Observera att endast den aktuella frambromsen behöver luftas, förutsatt att åtgärder vidtagits för att minimera oljespill.

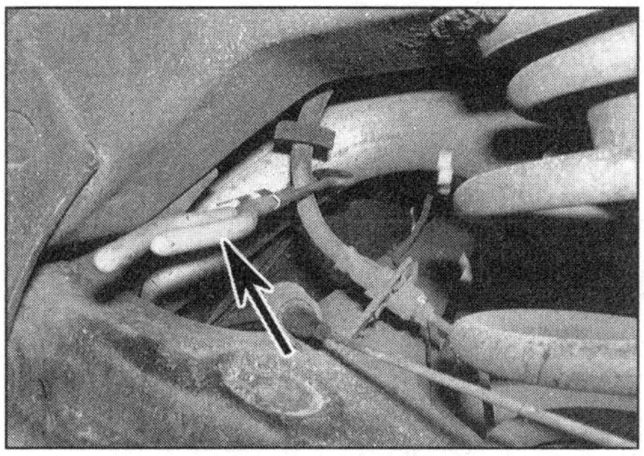

7.2 Bromsslangklämma på slangen från huset till bromsledningen på bakaxeln

21 Montera hjulet, sänk ner bilen och dra åt hjulbultarna till angivet moment.

7 Bakre bromsok – demontering, renovering och montering

Varning: Se varningen i början av avsnitt 2 angående hantering av hydraulolja, och varningen i början av avsnitt 4 angående farorna med asbestdamm.

Demontering

1 Klossa framhjulen, lyft upp bilens bakvagn med hjälp av en domkraft och stöd den på pallbockar (se *Lyftning och stödpunkter*). Ta bort hjulet.
2 Minimera eventuellt oljespill genom att först skruva av huvudcylinderbehållarens lock och sedan skruva på det igen över en bit plastfolie, så att det blir lufttätt. Alternativt, använd en bromsslangklämma, en G-klammer eller liknande till att klämma ihop slangen från huset till bromsledningen på bakaxeln **(se bild)**.
Varning: Använd inte en G-klammer med oskyddade käftar eftersom de kan skada slangen.
3 Rengör området runt hydraulledningens anslutningsmutter, lossa sedan muttern **(se bild)**. Skruva inte loss muttern helt i det här stadiet.
4 Ta bort bromsklossarna enligt beskrivningen i avsnitt 5.

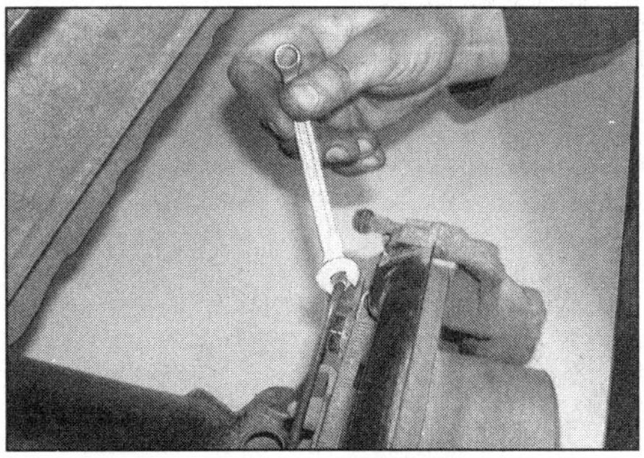

7.3 Skruva loss hydraulledningens anslutningsmutter från bromsoket

7.5 Ta bort det bakre bromsokets fästbultar

5 Skruva loss och ta bort fästbultarna som fäster bromsoket på fästplattan **(se bild)**.

6 Skruva loss anslutningsmuttern helt och koppla loss hydraulledningen från bromsoket, dra sedan bort bromsoket från skivan **(se bild)**. Tejpa över eller plugga igen hydraulledningen för att hindra att damm eller smuts tränger in.

Renovering

7 Lägg bromsoket på arbetsbänken och ta bort all smuts och avlagringar.

8 Dra bort kolvarna från bromsokshuset och ta bort dammskydden. Kolvarna kan dras bort för hand eller, om det behövs, tryckas ut med hjälp av tryckluft som kopplas till bromsledningens anslutningshål. Det tryck man får från en fotpump bör räcka för att få bort kolven.

Observera: Märk kolvarna för att garantera korrekt återmontering.

9 Ta försiktigt bort kolvtätningarna från bromsoket med en liten skruvmejsel, var noga med att inte repa loppen.

10 Rengör noga alla komponenter, använd endast T-sprit eller ren bromsolja. Använd aldrig mineralbaserade lösningsmedel som bensin eller fotogen, de angriper gummikomponenterna i hydraulsystemet. Torka komponenterna med tryckluft eller en ren, luddfri trasa. Använd tryckluft, om det finns tillgängligt, för att blåsa ren oljepassagerna (använd skyddsglasögon).

11 Kontrollera alla komponenter och byt ut de som är utslitna eller skadade. Om kolvarna och/eller cylinderloppen är överdrivet repiga ska hela bromsokshuset bytas ut. Byt bromsokstätningarna och dammskydden varje gång arbete utförs på bromsoken; nya tätningar och skydd kan köpas som en renoveringssats tillsammans med fett.

12 Se till att alla delar är fullständigt rena vid ihopsättnigen.

13 Smörj de nya tätningarna med det medföljande fettet, eller doppa dem i ren hydraulolja, montera dem sedan i spåren i cylinderloppen med fingrarna.

14 Fyll dammskyddens inre håligheter med det medföljande fettet, eller doppa dem i ren hydraulolja, montera dem sedan på kolvarna.

15 Arbeta med en kolv i taget, placera kolven på bromsoket så att skårorna är riktade enligt beskrivningen i avsnitt 5. Tryck försiktigt in kolven hela vägen in i bromsokshuset och vrid kolven från sida till sida för att garantera att den placeras korrekt i den inre tätningen. Se samtidigt till att dammskyddets inre ände hakar i spåret på bromsokshuset och att den yttre änden hakar i spåret på kolven.

Montering

16 När båda kolvarna är monterade, placera bromsoket över skivan, anslut hydraulledningen och skruva fast anslutningsmuttern. Skruva inte åt bulten helt i det här stadiet.

17 Applicera lite låsvätska på fästbultsgängorna, montera bultarna och dra åt till angivet moment.

18 Montera bromsklossarna (se avsnitt 5).

19 Dra åt hydraulanslutningsmuttern helt.

20 Ta bort plasten (om sådan använts), och lufta hydraulsystemet enligt beskrivningen i avsnitt 2. Observera att endast den aktuella bakbromsen behöver luftas, förutsatt att åtgärder vidtagits för att minimera oljespill.

21 Montera hjulet, sänk ner bilen och dra åt hjulbultarna till angivet moment.

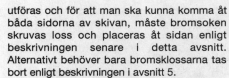

8 Främre bromsskiva – kontroll, demontering och montering

Kontroll

1 Dra åt handbromsen, lyft upp framvagnen och stöd den på pallbockar (se *Lyftning och stödpunkter*). Demontera båda framhjulen.

2 För att en noggrann kontroll ska kunna utföras och för att man ska kunna komma åt båda sidorna av skivan, måste bromsoken skruvas loss och placeras åt sidan enligt beskrivningen senare i detta avsnitt. Alternativt behöver bara bromsklossarna tas bort enligt beskrivningen i avsnitt 5.

3 Kontrollera att bromsskivans fästskruv sitter säkert, placera sedan ungefär 10,0 mm tjocka mellanlägg på hjulbultarna och skruva sedan tillbaka dem igen. Då hålls bromsskivan i sitt normala arbetsläge.

4 Vrid bromsskivan och undersök om den har djupa repor eller spår. Viss spårning är normalt, men om bromsskivan har överdrivna spår måste den tas bort och bytas ut, eller maskinslipas (inom de angivna gränsvärdena) av en mekaniker. Bromsskivans minimitjocklek anges i specifikationerna i början av det här kapitlet.

5 Använd en mätklocka eller en platt metallbit och bladmått och kontrollera att bromsskivans skevhet inte överskrider värdet i specifikationerna **(se bild)**.

6 Om bromsskivan är överdrivet skev, ta bort den enligt beskrivningen nedan och kontrollera att ytorna mellan bromsskivan och navet är helt rena. Montera bromsskivan och kontrollera skevheten igen. Om skivan fortfarande är överdrivet skev ska den bytas ut.

7 Använd en mikrometer och kontrollera att bromsskivans tjocklek inte underskrider det angivna värdet i specifikationerna. Mät tjockleken på flera ställen runt bromsskivan.

8 Upprepa kontrollen på den andra främre bromsskivan.

Demontering

9 Ta bort hjulbultarna och mellanläggen som användes vid kontrollen av bromsskivan.

10 Ta bort skivans bromsklossar enligt beskrivningen i avsnitt 4, skruva sedan bort det främre bromsoket och knyt upp det på ena sidan. Ta även bort det främre bromsokets monteringskonsol enligt beskrivningen i avsnitt 6.

11 Ta bort fästskruven och dra bort bromsskivan från navet **(se bilder)**.

Montering

12 Montering sker i omvänd ordningsföljd, men se till att kontaktytorna mellan

7.6 Ta bort det bakre bromsoket

8.5 Den främre bromsskivan kontrolleras med en mätklocka

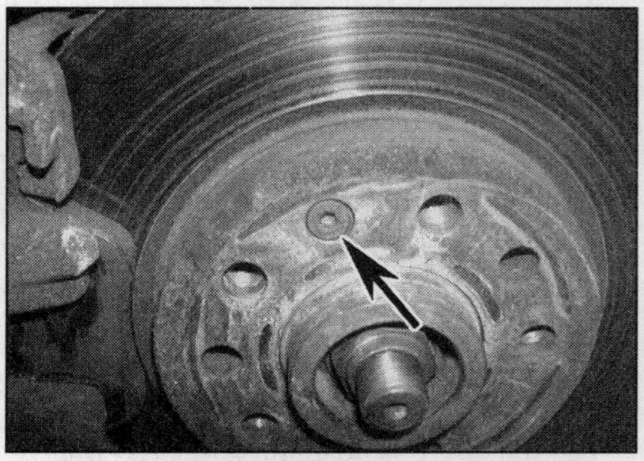

8.11a Främre bromsskivans fästskruv

8.11b Ta bort den främre bromsskivan

9.14a Ta bort skruven. . .

9.14b . . . och ta bort den bakre bromsskivan

bromsskivan och navet är helt rena och applicera lite låsvätska på fästskruvens gängor innan den dras åt. Om en ny bromsskiva monteras, ta bort skyddslagret med lämpligt lösningsmedel. Montera bromsskivans bromsklossar enligt beskrivningen i avsnitt 4, montera sedan hjulet och sänk ner bilen.

9 Bakre bromsskiva - kontroll, demontering och montering

Kontroll

1 Klossa framhjulen, lyft upp bilens bakvagn med hjälp av en domkraft och stöd den på pallbockar (se *Lyftning och stödpunkter*). Demontera båda bakhjulen.

2 För att en noggrann kontroll ska kunna utföras och för att man ska kunna komma åt båda sidorna av skivan, måste bromsoken skruvas loss och placeras åt sidan enligt beskrivningen senare i detta avsnitt. Alternativt behöver bara bromsklossarna tas bort enligt beskrivningen i avsnitt 5.

3 Kontrollera att bromsskivans fästskruv sitter säkert, montera sedan ungefär 10,0 mm tjocka mellanlägg på hjulbultarna och skruva därefter tillbaka dem igen. Då hålls bromsskivan i sitt normala arbetsläge.

4 Vrid bromsskivan och undersök om den har djupa repor eller spår. Viss spårning är normalt, men om bromsskivan har överdrivna spår måste den tas bort och bytas ut, eller maskinslipas (inom de angivna gränsvärdena) av en mekaniker. Bromsskivans mimimitjocklek anges i specifikationerna i början av det här kapitlet.

5 Använd en mätklocka eller ett platt metallblock och bladmått och kontrollera att bromsskivans skevhet inte överskrider värdet i specifikationerna.

6 Om bromsskivan är överdrivet skev, demontera den enligt beskrivningen nedan, och kontrollera att ytorna mellan bromsskivan och navet är helt rena. Montera bromsskivan och kontrollera skevheten igen. Om skivan fortfarande är överdrivet skev måste den bytas ut.

7 Använd en mikrometer och kontrollera att bromsskivans tjocklek inte underskrider det angivna värdet i Specifikationer. Mät tjockleken på flera ställen runt bromsskivan.

8 Upprepa kontrollen på den andra bakre bromsskivan.

Demontering

9 Ta bort hjulbultarna och mellanläggen som användes vid kontrollen av bromsskivan.

10 Ta bort bromsklossarna enligt beskrivningen i avsnitt 4.

11 Lossa försiktigt bakbromsens hydraulledning från klammern på bakaxeln, var noga med att inte böja ledningen överdrivet mycket.

12 Skruva loss och ta bort det bakre bromsoket enligt beskrivningen i avsnitt 7, och knyt upp det åt ena sidan. Avgassystemet är en lämplig plats att knyta upp bromsoket på, använd ett långt kabelband av plast.

13 Använd en skruvmejsel genom åtkomsthålet och backa handbromsbackens justering enligt beskrivningen i avsnitt 15.

14 Ta bort fästskruven och dra bort bromsskivan från navet **(se bilder)**.

Montering

15 Montering sker i omvänd ordningsföljd, men se till att kontaktytorna mellan bromsskivan och navet är helt rena och applicera lite låsvätska på fästskruvens gängor innan den dras åt. Om en ny bromsskiva monteras, ta bort skyddslagret med lämpligt lösningsmedel. Montera det bakre bromsoket enligt beskrivningen i avsnitt 7 och dra åt fästbultarna till angivet moment. Montera bromsklossarna enligt beskrivningen i avsnitt 4, justera handbromsbackarna enligt beskrivningen i avsnitt 15 och handbromsvajrarna enligt beskrivningen i avsnitt 16. Montera hjulet och sänk ner bilen.

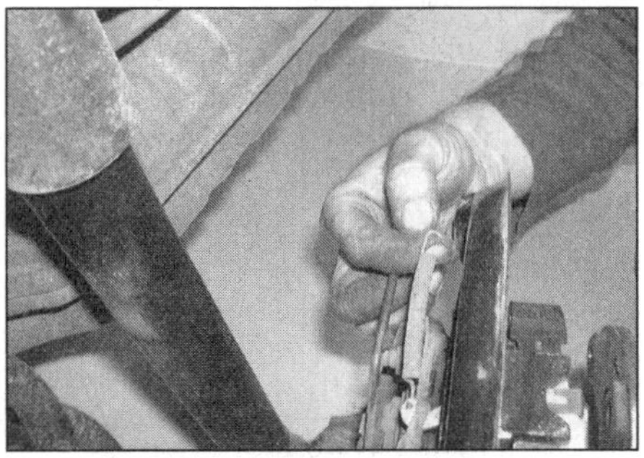

10.5 Haka loss vajerns returfjäder

10 Handbromsbackar - kontroll, demontering och montering

Varning: Handbromsbackarna måste bytas ut på båda bakhjulen samtidigt för att handbromsen ska fungera ordentligt. Observera även att dammet från bromsbackarnas slitage kan innehålla hälsovådlig asbest. Blås aldrig bort dammet med tryckluft och andas inte in det. Använd en godkänd ansiktsmask vid arbete med bromsarna. ANVÄND INTE bensin eller petroleumbaserade lösningsmedel för att avlägsna dammet, endast bromsrengöringsvätska eller T-sprit.

Kontroll

1 Handbromsen fungerar oberoende av fotbromsen med bromsbackar på insidan av bromsskivan på samma sätt som på modeller med bakre trumbroms.

2 Demontera den bakre bromsskivan och bromsoket enligt beskrivningen i avsnitt 9.

3 När bromskivan är demonterad, kontrollera att belägget inte är nedslitet under det angivna minimivärdet. Om någon av bromsbackarna är nedsliten under det angivna gränsvärdet måste alla fyra handbromsbackarna bytas ut på en gång.

Demontering

4 När den bakre bromsskivan är demonterad, tvätta bort damm och smuts från bromsbackarna och fästplattan.

5 Haka loss vajerns returfjäder från hålet i fästplattan och från vajerändens fäste **(se bild)**.

6 Ta bort vajerhöljet och muffen från fästet och haka loss vajeränden från handbromsspaken **(se bilder)**.

7 Notera hur alla komponenter sitter monterade och rita en skiss över dem om det behövs.

8 Ta bort bromsbackens nedhållningssprintar, fjädrar och skålar genom att trycka ner skålarna och vrida dem 90° med hjälp av

10.6a Lossa vajerhöljet och muffen från fästet . . .

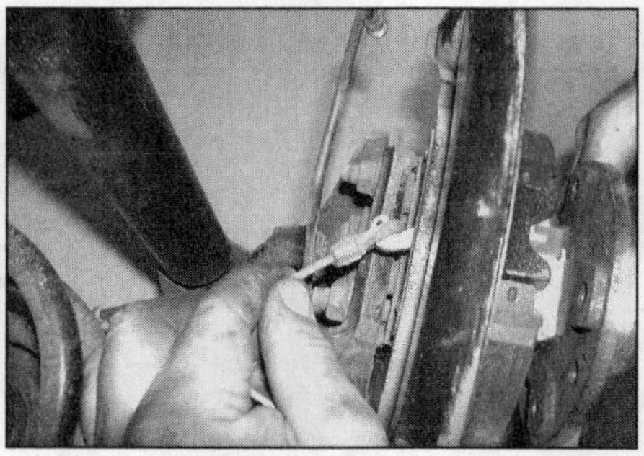

10.6b . . . haka sedan loss ändfästet från spaken

10.8a Tryck ned nedhållningsfjädrarna och vrid skålarna 90° . . .

10.8b . . . ta sedan bort skålarna och fjädrarna . . .

10.8c . . . och sprintarna

en tång eller genom att sticka in ett lämpligt verktyg genom hålet i navflänsen **(se bilder)**. Det är svårt på grund av starka fjädrar och begränsad åtkomlighet.

9 Haka loss den nedre returfjädern och lossa sedan den nedre justeraren. Ta bort bromsbackarna tillsammans med den övre expandern, och ta isär dem på arbetsbänken **(se bilder)**.

10 Var noga med att inte blanda ihop de båda handbromsenheterna om de tas bort samtidigt.

11 Ta isär och rengör alla komponenter, undersök sedan om de är slitna eller skadade. Byt ut utslitna eller skadade komponenter. Se till att expandern och justeraren inte har kärvat ihop – applicera lite olja på expanderns svängtapp och lägg lite fett med hög smältpunkt på juserarens gängor innan den återmonteras. Ställ in justeraren till den minsta längden.

Montering

12 Rengör fästplattan noga och smörj lite kopparfett på bromsbackens kontaktytor innan monteringen **(se bild)**.

13 Sätt ihop den övre expandern och bromsbackarna tillsammans med returfjädern och montera dem på fästplattan, placera samtidigt armen i dammskyddet av gummi **(se bild)**.

10.9a Haka loss den nedre returfjädern . . .

10.9b . . . och lossa den nedre justeraren . . .

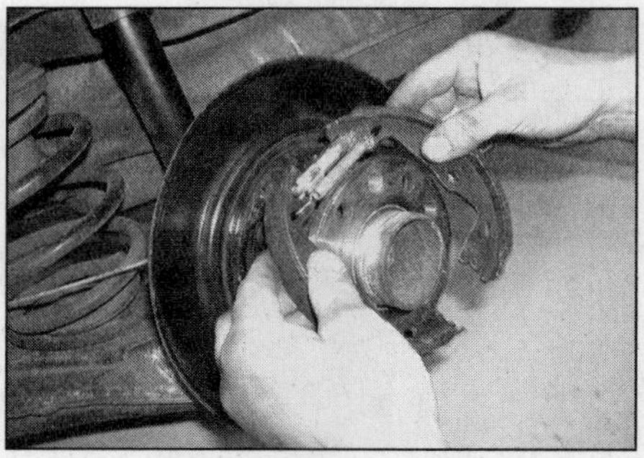

10.9c . . . ta sedan bort bromsbackarna tillsammans med den övre expandern

10.9d Den övre expandern

10.12 Smörj lite kopparfett på bromsbackens kontaktytor

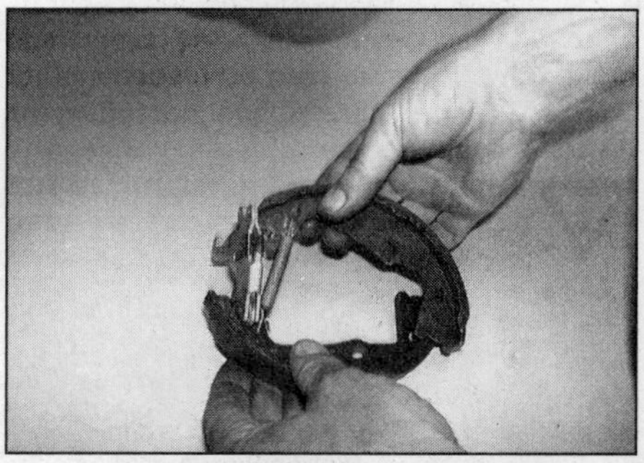

10.13 Sätt ihop bromsbackarna och den övre expandern

14 Placera den nedre justeraren mellan bromsbackarna och montera returfjädern.
15 Håll enheten på fästplattan och montera bromsbackarnas nedhållningssprintar, fjädrar och skålar. Tryck ner skålarna och vrid dem 90° med en tång för att fästa dem.
16 Haka fast vajeränden fäste på expanderarmen och placera vajerhållaren i fästet.
17 Haka fast vajerns returfjäder i hålet i fästplattan och på ändfästet.
18 Montera den bakre bromsskivan och bromsoket enligt beskrivningen i avsnitt 9.
19 Justera handbromsbackarna enligt beskrivningen i avsnitt 15, montera sedan hjulen och sänk ner bilen.

11 Huvudcylinder - demontering, renovering och montering

Varning: Se varningen i början av avsnitt 2 angående risker med hydraulolja.

Demontering

1 Evakuera allt vakuum från bromsservon genom att pumpa med bromspedalen.
2 Koppla loss kablaget från hydrauloljans nivågivare på huvudcylinderbehållarens lock, ta sedan bort locket och sug ut hydrauloljan från behållaren med en hävert.

Varning: Bromsolja är giftig och får därför inte sifoneras med munnen, använd en bollspruta eller liknande.

Alternativt, öppna en lämplig luftningsskruv och pumpa försiktigt med bromspedalen för att tappa ur oljan genom en plastslang kopplad till luftningsskruven (se avsnitt 2).
3 Placera tygtrasor under huvudcylindern för att fånga upp oljespill.
4 Observera hur bromsledningarna är placerade, skruva sedan loss anslutningsmuttrarna och flytta ledningarna åt ena sidan precis så att de är ur vägen för huvudcylindern. Böj inte bromsledningarna mer än vad som behövs. Använd en öppen nyckel för att skruva loss muttrarna, de kan sitta mycket hårt. Tejpa över eller plugga igen öppningarna i bromsledningarna och huvudcylindern.
5 Skruva loss fästmuttrarna och dra bort huvudcylindern från vakuumservons framsida. Ta loss tätningen. Vira in huvudcylindern i tygtrasor och ta bort den från motorrummet. Var noga med att inte spilla hydraulolja på bilens lackade delar.

Renovering

6 Kontrollera tillgång och pris på reservdelar innan huvudcylindern tas isär, det kan löna sig att köpa en helt ny huvudcylinder.
7 Tvätta bort all smuts och alla avlagringar från huvudcylinderns utsida.
8 Använd en bredbladig skruvmejsel och bänd försiktigt bort oljebehållaren från huvudcylinderns överdel. Bänd bort gummitätningarna **(se bild)**.
9 Ta bort locket och låssprinten från oljeöppningen till den sekundära kolven.
10 Använd en tång och dra bort låsringen från huvudcylinderns mynning medan kolven trycks ner något mot fjäderspänningen.
11 Ta bort den primära och den sekundära kolven tillsammans med fjädrarna från huvudcylinderloppet, observera demonteringsordningen. Om kolvarna sitter hårt, knacka cylindern på arbetsbänken eller på ett träblock för att lossa dem.
12 Rengör noga huvudcylinderns komponenter med T-sprit eller ren bromsolja, och kontrollera om de är slitna eller skadade. Var extra noga med att kontrollera loppens ytor och gummitätningarna. Ytorna i loppen får inte vara angripna av punktkorrosion eller spåriga och gummitätningarna får inte vara skadade eller utslitna. Rengör oljeportarna från rost och avlagringar.
13 Om cylinderloppet är i gott skick men gummitätningarna överdrivet slitna måste antingen tätningarna eller både tätningarna och kolvarna bytas ut.
14 Smörj tätningarna och ytorna i loppen med ren bromsolja. Montera den sekundära kolvenheten med skåran i linje med cylinderns överdel, och sätt sedan tillbaka låssprinten och locket för att hålla kolven på plats. Se till att tätningsläppen inte skadas när den trycks in i cylindern.
15 Montera den primära kolvenheten och se även nu till att tätningsläppen inte skadas när den trycks in i cylindern.
16 Tryck ner den primära kolven och montera låsringen i spåret i cylindermynningen. Lossa kolven.
17 Doppa gummitätningarna i ren olja och placera dem i öppningarna ovanpå huvudcylindern.
18 Montera oljebehållaren i gummitätningarna och tryck fast den ordentligt.

Montering

19 Se till att fogytorna är rena och torra och montera sedan den nya tätningen på huvudcylinderns baksida.
20 Montera huvudcylindern på vakuumservoenhetens pinnbultar och se till att servoenhetens tryckstång går in mitt i huvudcylinderns kolv. Montera fästmuttrarna och dra åt dem ordentligt.
21 Ta bort tejpen eller pluggarna och återanslut bromsledningarna till huvudcylindern. Dra först åt anslutningsmuttrarna med fingrarna för att undvika korsgängning, dra sedan åt dem ordentligt med en nyckel.
22 Fyll oljebehållaren med ny bromsolja upp till MAX-markeringen.
23 Lufta hydraulsystemet enligt beskrivningen i avsnitt 2, sätt sedan tillbaka påfyllningslocket och återanslut kablaget till hydrauloljenivågivaren. Gör en noggrann kontroll av bromssystemets funktion innan bilen körs igen.

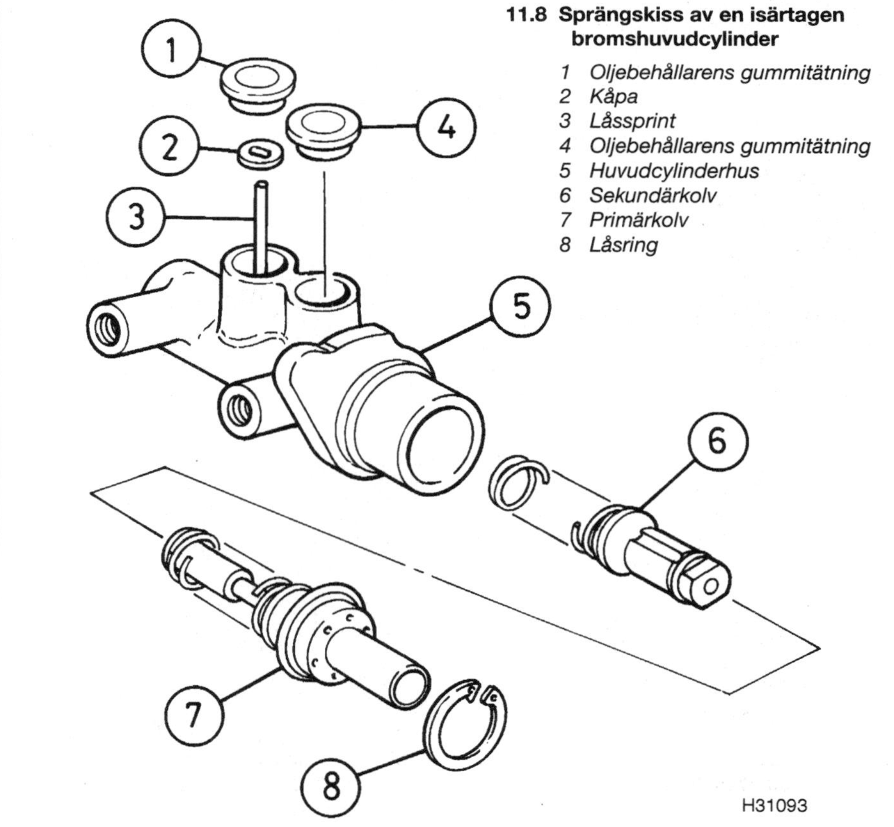

11.8 Sprängskiss av en isärtagen bromshuvudcylinder

1 Oljebehållarens gummitätning
2 Kåpa
3 Låssprint
4 Oljebehållarens gummitätning
5 Huvudcylinderhus
6 Sekundärkolv
7 Primärkolv
8 Låsring

12 Backventil för vakuumservo – demontering, kontroll och montering

Demontering

1 Backventilen är placerad i slangen som leder från vakuumservon till insugsröret. Det går inte att få tag på en backventil separat från slangen.

2 Ta försiktigt bort slangtillsatsen från gummifästet på servoenhetens framsida.

3 Skruva loss anslutningsmuttern och koppla loss slangen från insugsröret.

4 Lossa slangen från stödet och ta bort den från motorrummet.

Kontroll

5 Undersök om ventilen och slangen är skadade och byt ut dem om det behövs. Ventilen kan testas genom att man blåser luft genom slangen i båda riktningarna. Luften ska endast kunna komma igenom ventilen i ena riktningen – när man blåser från den sida som är vänd mot servoenheten. Byt ut ventilen tillsammans med slangen om det behövs.

6 Undersök om tätningsmuffen i vakuumservon är skadad eller åldrad och byt ut den om det behövs.

Montering

7 Montering sker i omvänd ordningsföljd, men dra åt anslutningsmuttern ordentligt. Avsluta med att starta motorn och kontrollera funktionen på bromsarna. Kontrollera också att det inte förekommer några läckor.

13 Vakuumservo – kontroll, demontering och montering

Kontroll

1 Testa vakuumservon på följande sätt: Tryck ner fotbromsen upprepade gånger med motorn avstängd, för att pumpa ut vakuumet. Starta sedan motorn, håll pedalen nedtryckt. När motorn startar ska pedalen kännbart ge efter medan vakuumet byggs upp. Låt motorn gå i minst två minuter och stäng sedan av den. Om bromspedalen nu trycks ned ska den kännas normal, men fler tryckningar ska göra att den känns fastare med allt kortare pedalväg för varje nedtryckning.

2 Om servon inte fungerar enligt ovan, kontrollera först servons backventil enligt beskrivningen i avsnitt 12.

3 Om servon fortfarande inte fungerar som den ska finns felet i själva servoenheten. Om servoenheten är defekt måste den bytas ut, den går inte att reparera.

Vänsterstyrda modeller

Demontering

4 Skruva loss stödbalken mellan de främre fjäderbenstornen.

5 Ta loss ljuddämparen och ta bort den från sin plats ovanför gasspjällhuset enligt beskrivningen i kapitel 4A.

6 Ta bort bromshuvudcylindern enligt beskrivningen i avsnitt 11.

7 Ta försiktigt bort slangtillsatsen från gummifästet på servoenhetens framsida.

8 Flytta säkringsdosan åt sidan för att skapa bättre utrymme.

9 Skruva loss och ta bort fästmuttrarna och brickorna som fäster vakuumservon vid fästet.

10 Ta loss gummidamasken från torpedväggen bakom vakuumservon, och dra den mot servoenheten för att komma åt pedalens tryckstång.

11 Bänd bort fjäderklammern från hylsan, dra sedan servoenheten framåt från pedalens tryckstång och ta bort den från motorrummet.

Montering

12 Placera servoenheten på fästet och haka samtidigt fast hylsan i pedalens tryckstång. Montera och dra åt fästmuttrarna och brickorna när alla pinnbultar är isatta.

13 Säkra pedalens tryckstång med fjäderklammern när den är fullständigt monterad. Kontrollera att tryckstången sitter fast genom att försöka dra ut den ur hylsan.

14 Placera gummidamasken på torpedväggen.

15 Montera säkringsdosan.

16 Tryck in vakuumslangens tillsats i gummimuffen på servoenhetens framsida.

17 Montera bromshuvudcylindern enligt beskrivningen i avsnitt 11, och lufta bromshydraulsystemet enligt beskrivningen i avsnitt 2.

18 Montera ljuddämparen över gasspjällhuset enligt beskrivningen i kapitel 4A.

19 Montera stödbalken mellan fjäderbenstornen och dra åt fästbultarna.

20 Avsluta med att starta motorn och leta efter luftläckage vid anslutningen mellan vakuumslangen och servoenheten. Kontrollera att bromssystemet fungerar som det ska.

Högerstyrda modeller

Demontering

21 Demontera båda torkararmarna enligt beskrivningen i kapitel 12.

22 Ta bort plastkåpan från motorrummets bakre torpedvägg för att komma åt torkarnas länksystem. Koppla loss kablaget och skruva sedan loss fästskruvarna och lyft ut torkarnas länksystem.

23 Skruva loss stödbalken mellan de främre fjäderbenstornen.

24 Ta bort bromshuvudcylindern enligt beskrivningen i avsnitt 11.

25 Bänd bort täckpluggarna och skruva loss bultarna till vakuumservons övre monteringskonsol.

26 Ta bort vakuumslangens tillsats från gummimuffen på vakuumservons framsida.

27 Arbeta inne i bilen. Ta bort den nedre klädselpanelen från instrumentbrädans högra sida.

28 Ta loss fjäderklammern, dra ut tappen som fäster tryckstångens gaffel vid bromspedalen.

29 Ta bort farthållaren och lägg den åt ena sidan (se kapitel 4A).

30 Dra bort servoenheten och den övre monteringskonsolen från torpedväggen och ta bort dem från motorrummet.

31 Skruva loss muttrarna och ta bort fästet från servoenhetens baksida.

Montering

32 Montera fästet på servoenhetens baksida och dra åt muttrarna.

33 Placera servoenheten och monteringskonsolen på torpedväggen och se till att det övre fästet placeras korrekt på det nedre fästet.

34 Applicera låsvätska på gängorna till den övre monteringskonsolens bultar, skruva sedan fast dem och dra åt dem. Montera åtkomstpluggarna.

35 Arbeta inuti bilen. Anslut tryckstångens gaffel till pedalen, montera sedan tappen och fäst den med en fjäderklammer.

36 Justera bromsljuskontakten enligt beskrivningen i avsnitt 20.

37 Montera den nedre klädselpanelen.

38 Tryck in vakuumslangens tillsats i gummimuffen på vakuumservons framsida.

39 Montera farthållaren enligt beskrivningen i kapitel 4A.

40 Montera bromshuvudcylindern enligt beskrivningen i avsnitt 11 och lufta bromshydraulsystemet enligt beskrivningen i avsnitt 2.

41 Montera stödbalken mellan de främre fjäderbenstornen och dra åt fästbulten.

42 Montera torkarnas länksystem och dra åt fästskruvarna. Återanslut kablaget och montera plastkåpan på torpedväggens bakre del.

43 Montera torkararmarna enligt beskrivningen i kapitel 12.

44 Avsluta med att starta motorn och leta efter luftläckage vid anslutningen mellan vakuumslangen och servoenheten. Kontrollera att bromssystemet fungerar som det ska.

14 Vakuumpump – demontering och montering

Demontering

1 För att öka bromseffekten har alla turbomodeller med automatväxellåda som tillverkats från 1996 och framåt en elektrisk vakuumpump monterad under den vänstra framskärmen, bakom hjulhusfodret. Pumpen slås på när vakuumtrycket understiger 0,35 bar, och slås av när vakuumtrycket överstiger 0,4 bar. Trycket anges av en tryckgivare som sitter monterad på torped-

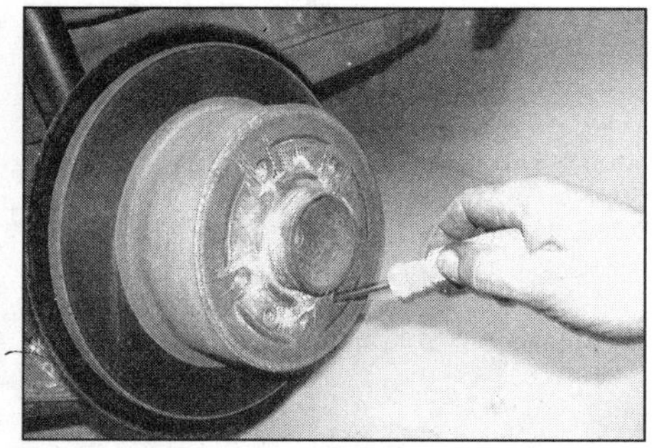

15.3 Stick en skruvmejsel genom hålet i den bakre bromsskivan för att vrida handbromsjusterarens tandning

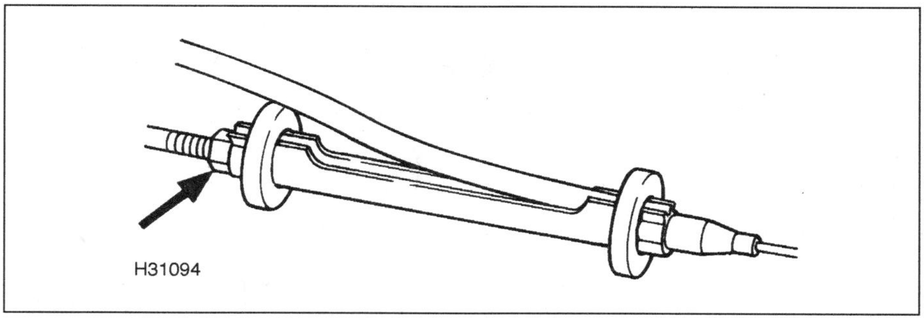

15.6a Handbromsvajerns utjämnares justeringsmutter på ett handbromssystem med enkel vajer

väggen. Systemet fungerar endast när tändningen är på och läge D är valt.

2 Dra åt handbromsen, hissa upp framvagnen och ställ den på pallbockar (se *Lyftning och stödpunkter*). Ta bort det vänstra framhjulet.

3 Ta bort hjulhusfodret och, i förekommande fall, motorns undre skyddskåpa.

4 Koppla loss vakuumslangen från pumpen.

5 Koppla loss kablarna.

6 Skruva loss fästmuttrarna och bultarna och dra bort vakuumpumpen.

Montering

7 Montering sker i omvänd ordningsföljd.

15 Handbroms – justering

Varning: Justera handbromsen först när bromsskivorna har svalnat ordentligt och inte omedelbart efter att bilen har körts och bromsskivorna fortfarande kan vara varma. Skivorna expanderar vid höga temperaturer och det kan leda till felaktiga inställningar.

1 Handbromsen behöver oftast bara justeras när handbromsbackarna eller vajrarna tagits isär eller bytts ut. Klossa framhjulen, lyft upp bilens bakvagn med hjälp av en domkraft och stöd den på pallbockar (se *Lyftning och stödpunkter*). Demontera båda bakhjulen.

2 Lägg ur handbromsspaken helt.

3 Arbeta på en sida i taget och justera bromsbackarna enligt följande. Vrid den bakre skivan/trumman tills åtkomsthålet är placerat över den nedre justerarens tandning. Stick en skruvmejsel genom hålet, vrid justerarens tandning så att bromsskivan/trumman spärras **(se bild)**. Dra sedan bak tandningen så att skivan/trumman precis är fri att vrida sig. Upprepa inställningen på den återstående skivan/trumman.

4 Montera bakhjulen och dra åt bultarna.

5 Ställ in handbromsspaken i något av hacken 3 till 5 på modeller med dubbla handbromsvajrar, eller i hack 6 på modeller med enkel handbromsvajer. Båda bakhjulen ska vara låsta och inte gå att vrida för hand. Om endast bakhjulet på ena sidan är låst ska vajern justeras enligt följande punkter.

6 Ställ handbromsspaken i hack nr 2, dra sedan åt muttern på utjämnaren tills de bakre skivorna/trummorna börjar fastna. På handbromssystem med enkel vajer är utjämnaren placerad på bakaxeln men på modeller med dubbla bromsvajrar är den placerad ovanför ett värmeskydd på underrede, vid vajrarnas främre ände **(se bilder)**.

7 Lägg ur handbromsen, ställ sedan spaken i det hack som anges i punkt 5. Bakhjulen ska vara låsta och inte gå att vrida för hand.

8 Sänk ner bilen efter avslutat arbete.

16 Handbromsvajrar – demontering och montering

Modell med enkel vajer

Demontering

1 Handbromsvajern består av en enkel vajer från handbromsspakens dragstång till de högra bakre handbromsbackarnas styrarm. Vid vajerns bakre del är en utjämnare placerad tillsammans med en kort vajerförlängning till de vänstra bakre handbromsbackarna **(se bild)**. Klossa framhjulen, lyft upp bilens bakvagn med hjälp av en domkraft och stöd den på pallbockar (se *Lyftning och stödpunkter*). Demontera båda bakhjulen.

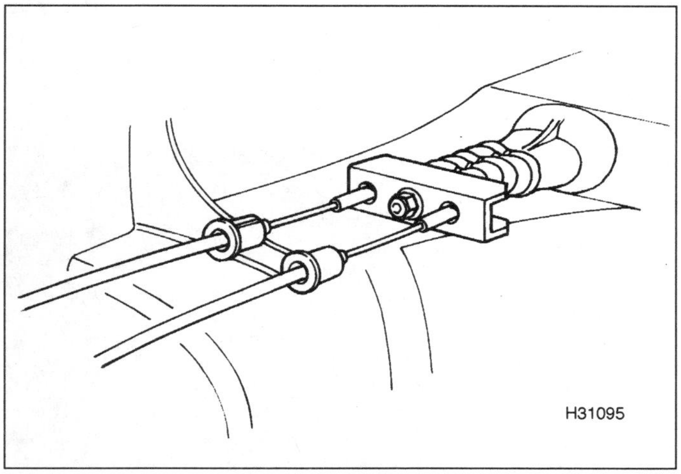

15.6b Handbromsvajrar, utjämnare och justermutter på handbromssystem med dubbla vajrar

15.6c Handbromsvajern justeras med hjälp av en hylsnyckel

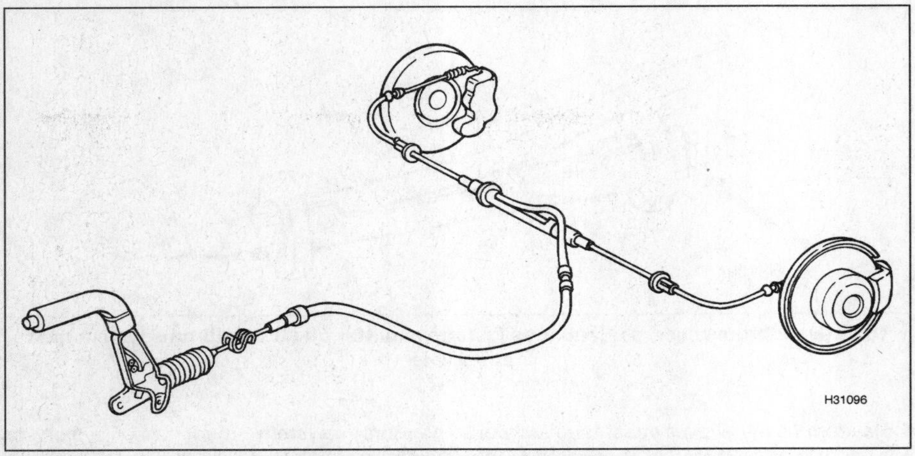

16.1 Handbromssystem med enkel vajer

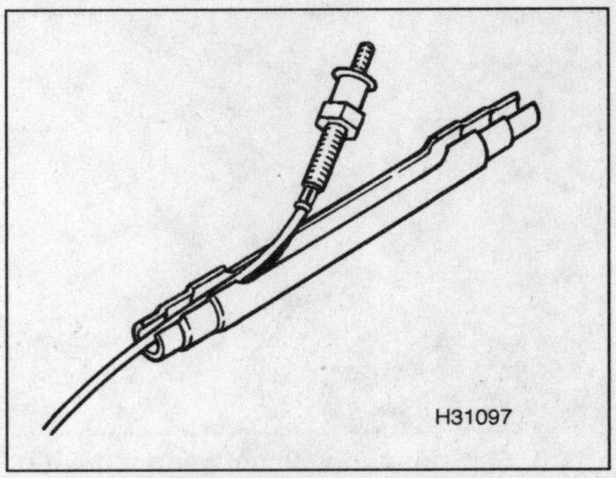

16.12 Koppla loss den korta vajerns justeringsfäste från utjämnaren (system med enkel vajer)

2 Arbeta vid den högra bakre bromsen, koppla loss returfjädern från hålen i fästplattan och bromsbackarnas styrarm.

3 Tryck bort vajerns främre och bakre styrhylsor från fästena och ta loss vajern.

4 Haka loss vajeränderns fäste från de högra bromsbackarnas styrarm.

5 Lossa gummiringen, koppla sedan loss huvudvajerhöljet från utjämnarens stång.

6 Skruva loss muttrarna och ta bort avgassystemets värmesköld ovanför bakaxelns vänstra sida. Flytta panelen åt sidan, ta sedan bort vajerns styrhylsa från fästet.

7 Skruva loss muttrarna och sänk ner det mittre avgasvärmeskyddet för att komma åt handbromsvajerns främre ände. Dra bort den yttre vajern från fästet, koppla sedan loss innervajern från handbromsspakens dragstång.

8 Dra ut handbromsens huvudvajer från tankens framsida.

9 Arbeta vid den vänstra bakre bromsen, koppla bort returfjädern från hålen i fästplattan och bromsbackarnas styrarm.

10 Tryck bort vajerns styrhylsa från fästet på bakaxelns vänstra sida och ta loss vajern.

11 Haka loss den korta vajerns ändfäste från de vänstra bromsbackarnas styrarm.

12 Lossa gummiringen, koppla sedan loss den korta vajerns justeringsfäste från utjämnarens stång **(se bild)**.

13 Dra bort vajerkomponenterna under bilen.

14 Mät längden på justeringsfästets gängor, skruva sedan loss justermuttern och koppla loss den korta vajern från utjämnarstången.

Montering

15 Montering sker i omvänd ordningsföljd, avsluta med att justera handbromsen enligt beskrivningen i avsnitt 15.

Modell med dubbla vajrar

Demontering

16 Handbromsvajern består av två vajrar från handbromsspakens dragstång till de vänstra och högra handbromsbackarnas styrarmar, som sitter ihop med en utjämnare på innervajrarna **(se bild)**. Det går inte att byta sidovajrarna separat. Klossa framhjulen, lyft upp bilens bakvagn med hjälp av en domkraft och stöd den på pallbockar (se *Lyftning och stödpunkter*). Demontera båda bakhjulen.

17 Skruva loss muttrarna från underredet och flytta de mittre och bakre avgasvärmeskydden åt sidan.

18 Arbeta vid utjämnaren i vajrarnas främre del, mät längden på den gängade del som är synlig mellan justermuttern och änden av handbromsspakens dragstång. Måttet används som riktmärke vid återmonteringen av vajrarna.

19 Skruva loss justeringsmuttern och ta bort utjämnaren från dragstångens bakre del.

20 Stöd bränsletanken, skruva sedan bort muttern från det vänstra fästbandet och haka loss det.

21 Koppla loss de vänstra och högra returfjädrarna från hålen i fästplattorna och bromsbackarnas styrarmar.

22 Ta bort de båda vajrarnas bakre styrhylsor från fästena och haka loss vajrarnas ändfästen från bromsbackarnas styrarmar **(se bild)**.

23 Dra bort vajrarna från hålen i bakaxeln och från fästena bakom det bakre värmeskyddet.

24 Lossa vajrarna från det främre fästet nära vajerjusteraren.

25 Ta bort de kvarvarande plastkabelbanden och dra bort vajerkomponenterna under bilen.

Montering

26 Montering sker i omvänd ordningsföljd, men avsluta med att justera handbromsen enligt beskrivningen i avsnitt 15.

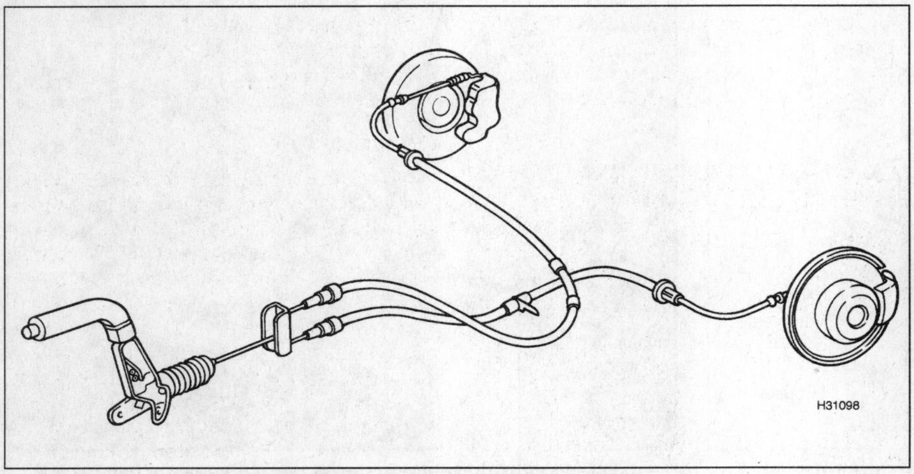

16.16 Handbromssystem med dubbla vajrar

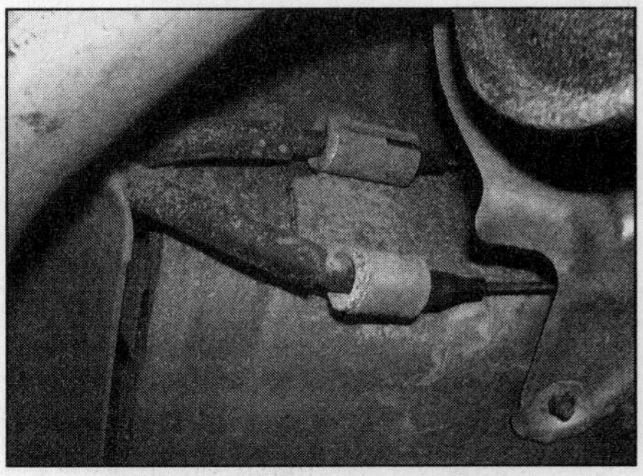

16.22 Handbromsens bakre vajerstyrhylsor och fästen

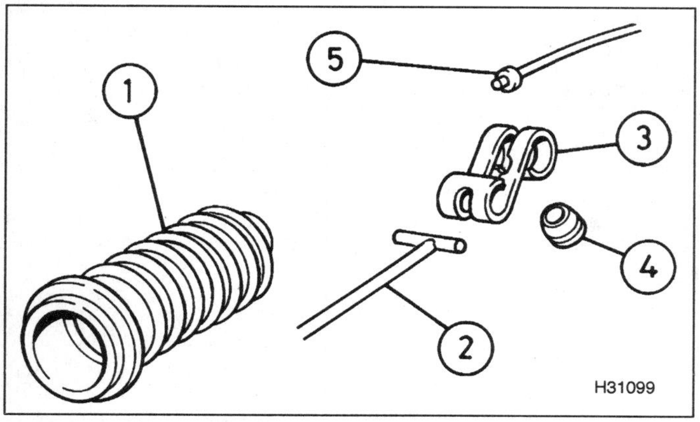

17.6 Handbromsspakens anslutningskomponenter

1 Gummidamask
2 Dragstång
3 S-klammer
4 Plugg
5 Enkel handbromsvajer

19.2 Bromspedalens tryckstång och fjäderklammer

17 Handbromsspak – demontering och montering

Demontering

1 Klossa framhjulen, lyft upp bilens bakvagn med hjälp av en domkraft och stöd den på pallbockar (se *Lyftning och stödpunkter*). Demontera båda bakhjulen.

2 Arbeta på de bakre bromsarna en i taget, koppla loss den vänstra och högra returfjädern från hålen i stödplattorna och bromsbackarnas styrarmar.

3 Tryck bort de bakre vajerstyrhylsorna från fästena på bakaxelns vänstra och högra sida.

4 Tryck ut den främre vajerstyrhylsan, haka sedan loss de bakre vajerändfästena från bromsbackarnas styrarmar.

5 Skruva loss muttrarna och ta bort avgasvärmeskyddet framför bensintanken.

6 Koppla loss handbromsvajerns/-vajrarnas främre delar från spakens dragstång. På system med enkel bromsvajer, bänd bort pluggen och koppla bort S-klammern från dragstången **(se bild)**. På system med dubbla vajrar måste justerskruven skruvas bort och utjämnaren dras bort, anteckna först antalet synliga gängor för att underlätta återmonteringen.

7 Dra bort gummidamasken från dragstångens bakre del.

8 Arbeta inuti bilen. Ta bort förarsätet och mittkonsolen enligt beskrivningen i kapitel 11.

9 Skruva loss och ta bort handbromsspakens sidofästbultar och ta bort kontakten till handbromsens varningslampa. Lyft bort spakenheten från golvet och ta bort den från bilen.

Montering

10 Montering sker i omvänd ordningsföljd, men justera handbromsen enligt beskrivningen i avsnitt 15. Dra åt handbromsspakens fästbultar ordentligt.

18 Kontakt till handbromsens varningslampa – demontering, kontroll och montering

Demontering

1 Kontakten till handbromsens varningslampa är monterad på framsidan av handbromsspakens monteringskonsol som sitter fastbultad i golvplattan. Se kapitel 11 och ta bort förarsätet och mittkonsolen.

2 Koppla loss kablaget från kontakten.

3 Skruva loss fästskruven och ta bort kontakten inifrån bilen.

Kontroll

4 Anslut en multimätare eller en kontinuitetsmätare på kabelanslutningen och kontakthöljet.

5 När kontaktens tryckkolv är i vila ska multimätaren visa på noll resistans eller kontrollampan lysa. När tryckkolven är nedtryckt ska multimätaren visa på oändlig resistans eller kontrollampan vara släckt.

6 Om kontakten inte fungerar som den ska kan det bero på korroderade anslutningar eller att kontakten själv är defekt. Kontrollera att 12 volt matas till kablaget när tändningen är påslagen. Byt ut kontakten om det behövs.

20.1 Bromsljuskontakt

Montering

7 Montering sker i omvänd ordningsföljd.

19 Bromspedal – demontering och montering

Demontering

1 Demontera instrumentbrädan enligt beskrivningen i kapitel 11.

2 Ta loss fjäderklammern, dra sedan bort tappen som fäster tryckstångens gaffel vid bromspedalen **(se bild)**.

3 Haka loss returfjädern från pedalen.

4 Dra bort fjäderklammern från änden av pedaltappen bakom instrumentbrädan.

5 Skruva loss muttern och ta bort brickan, ta sedan bort tappen från fästet och sänk ner pedalen.

Montering

6 Montering sker i omvänd ordningsföljd, men dra åt tappmuttern ordentligt.

20 Bromsljuskontakt – demontering, kontroll och montering

Demontering

1 Bromsljuskontakten är monterad ovanpå pedalfästet **(se bild)**. En inre fjäder spänner kontaktens tryckkolv så att anslutningarna normalt är stängda, men när bromspedalen släpps är spänningen från pedalens returfjäder starkare än den från kontaktens fjäder med följden att anslutningarna separeras när pedalen är i viloläge. När bromspedalen trycks ner skickas en spänning på 12 volt från kontakten till den elektroniska styrenheten, som sedan ger ström åt bromsljusen. Styrenheten kontrollerar bromsljusens tre glödlampor och tänder en varningslampa på instrumentpanelen om det

behövs. När ett släp kopplas till bilen får släpets bromsljus ström direkt från bromsljuskontakten.
2 Se till att tändningen är avslagen innan kontakten demonteras, ta sedan bort den nedre klädselpanelen från instrumentbrädan enligt beskrivningen i kapitel 11.
3 Koppla loss kablaget från kontakten vid det främre pedalfästet.
4 Tryck ihop plastklamrarna vid änden av bromsljuskontaktens hölje, och dra bak kontakten genom monteringskonsolen.

Kontroll

5 Kontakten är enkelpolig och har normalt stängda anslutningar. Kontaktens funktion kan kontrolleras med en multimätare (i ohmmätarläge), eller en kontinuitetsmätare tillverkad av en glödlampa, ett torrbatteri och två bitar kabel. Koppla mätaren till kontaktens anslutningspoler när kontakten är i viloläge, och kontrollera att ohmmätaren visar noll resistans eller att glödlampan tänds.
6 Tryck ner kontaktens tryckkolv och kontrollera att ohmmätaren visar på oändlig resistans (bruten krets) eller att kontrollampan slocknar.
7 Om kontakten inte uppträder enligt ovanstående beskrivning, eller om den fungerar intermittent, måste den bytas ut. Enheten kan inte repareras

Montering

8 Bromsljuskontakten monteras i omvänd ordningsföljd.

21 Låsningsfria bromsar (ABS), komponenter – allmän information och felsökning

Allmän information

Systemet för låsningsfria bromsar (ABS) styrs av en elektronisk styrenhet (ECU), som kan visa status och skick på alla komponenter i systemet, inklusive den själv. Om styrenheten upptäcker ett fel reagerar den med att stänga av ABS-systemet och tända varningslampan på instrumentbrädan. När det händer fungerar bromssystemet som ett konventionellt bromssystem, utan ABS. Observera även att varningslampan tänds när strömförsörjningen till ABS-systemets styrenhet bryts (t.ex. om säkringen går sönder).

Om ABS-systemets varningslampa anger ett fel är det mycket svår att diagnosticera problemet utan den utrustning och de kunskaper som behövs för att kunna tyda koden från den elektroniska styrenheten. Därför ägnas det här avsnittet i första hand åt att räkna upp de grundläggande kontroller som ska utföras för att fastställa systemets skick (t.ex. finns det tillräckligt med bromsolja? är det något som läcker? o.s.v.). Avsnitt 22 beskriver främst hur ABS-systemets hjulgivare och elektroniska styrenhet demonteras och monteras. I bland kan det vara nödvändigt att demontera dessa komponenter för att komma åt andra av bilens delar.

Om orsaken till felet inte kan fastställas omedelbart med hjälp av kontrollistan som nämndes ovan *måste* bilen lämnas in till en Saabverkstad för undersökning. Det behövs specialutrustning för att felmeddelandena från ABS-systemets styrenhet ska kunna läsas och orsaken till felet fastställas. Av säkerhetsskäl avråds bilägare å det bestämdaste att försöka diagnostisera komplicerade fel på ABS-systemet med vanlig verkstadsutrustning.

Grundläggande felsökning

Bromsoljenivå

1 Kontrollera bromsoljans nivå (se *Veckokontroller*). Om nivån är låg ska hela bromssystemet undersökas efter tecken på läckage. Se kapitel 1 och kontrollera bilens alla bromsslangar och ledningar. Om inga läckor upptäcks, demontera hjulen ett i taget och leta efter läckor vid bromsokskolvarna.

Säkringar och reläer

2 ABS-systemets säkring sitter under en kåpa i kanten av instrumentpanelen. Ta bort kåpan och dra ut säkringen. Kontrollera säkringens glödtråd – om det är svårt att se om säkringen är trasig eller inte kan en multimeter eller kontinuitetsmätare användas för att kontrollera säkringen. Om någon av säkringarna är trasig ska inte en ny säkring monteras förrän felet som orsakade den trasiga säkringen har upptäckts och åtgärdats – låt en Saabverkstad undersöka bilen om det behövs.
3 ABS-systemets relä är placerat under en kåpa till vänster i motorrummet. Reläer är i allmänhet svåra att kontrollera och diagnostisera utan elektrisk specialutrustning. Man kan dock ofta känna (och höra) när kontakterna i reläet öppnas och stängs – om reläet inte uppför sig på det sättet när tändningen är på kan det vara defekt. Observera att den här kontrollen inte är avgörande, det enda sätt man kan veta att komponenten fungerar är genom att byta ut det misstänkt defekta reläet mot ett relä *av samma typ* som man vet fungerar. Dra helt enkelt ut det misstänkta reläet ur sin sockel – observera åt vilket håll det är monterat – och sätt i ett nytt relä.

Elektriska anslutningar och jordningspunkter

4 Motorrummet utgör en fientlig omgivning för elektriska komponenter och även de bästa tätningar kan någon gång springa läck. Vatten, kemikalier och luft leder till korrosion på kontaktdonens anslutningar och hindrar god kontinuitet, ibland intermittent. Koppla loss batteriets negativa kabel, kontrollera sedan att den hydrauliska ABS-enhetens kontaktdon till vänster i motorrummet sitter säkert och är i gott skick.
5 Koppla loss alla kontaktdon och undersök anslutningarna i dem. Rengör alla anslutningar som är smutsiga eller korroderade. Undvik att skrapa på kontakterna med ett knivblad eller liknande, eftersom det kan påskynda senare korrosion. Använd en luddfri trasa tillsammans med lämplig rengöringsolja för att få en ren blänkande anslutnigsyta med god elektrisk kontinuitet.
6 Kontrollera även systemets elektriska jordningspunkt på sidan av hydraulenheten med avseende på säkerhet och skick.

22 Låsningsfria bromsar (ABS), komponenter – demontering och montering

Observera: *Om ABS-systemet är defekt får ingen del demonteras innan bilen lämnats in till en Saabverkstad för kontroll.*

Framhjulsgivare (modeller före 1996)

Demontering

1 Dra åt handbromsen, lyft upp framvagnen och stöd den på pallbockar (se *Lyftning och stödpunkter*). Demontera aktuellt framhjul.
2 Rengör området runt hjulgivaren som sitter i ett fäste som i sin tur sitter fastbultat på navhållaren/fjäderbenet.
3 Skruva loss fästbulten med en insexnyckel och ta bort givaren från fästet.
4 Lossa kabelklämmorna, koppla sedan loss kontakten som sitter i motorrummet. Dra bort givaren från bilen.

Montering

5 Montering sker i omvänd ordningsföljd.

Framhjulsgivare (modeller från och med 1996)

Demontering

6 Dra åt handbromsen, lyft upp framvagnen och stöd den på pallbockar (se *Lyftning och stödpunkter*). Demontera aktuellt framhjul.

Vänster sida

7 Arbeta i motorrummets vänstra hörn. Ta bort säkringsdosan och lägg den åt ena sidan utan att koppla loss kablarna.
8 Koppla loss givarens kablage vid kontaktdonet i närheten av säkringsdosan genom att trycka ner spärren och ta bort den.
9 Lossa kablarna från kabelklämman på det främre fjäderbenet.
10 Koppla bort kablaget till varningslampan för låg oljenivå från kylarens expansionskärl, skruva sedan loss fästskruvarna och flytta tanken åt sidan.
11 Skruva loss fästbulten och ta bort givaren från fästet **(se bild)**.
12 Bänd bort gummimuffen från den inre skärmpanelen och lossa kabelklämmorna. Dra bort givaren från bilen.

Höger sida

13 Arbeta till höger i motorrummet, ta loss luftrenarens övre hus och lägg det åt ena sidan tillsammans med luftflödesmätaren.

22.11 Ta bort ABS-systemets främre vänstra hjulgivare

14 Lossa kabelklämmorna och koppla loss givarkablaget från luftrenarens framsida.
15 Skruva loss fästbulten och ta bort givaren från fästet.
16 Bänd bort gummimuffen från den inre skärmpanelen och lossa kabelklämmorna. Dra bort givaren från bilen.

Montering

17 Montering sker i omvänd ordningsföljd, smörj gummimuffen med såpvatten för att underlätta monteringen på den inre skärmpanelen. Byt ut kabelklämmorna om det behövs.

Bakre hjulgivare

Demontering

18 De bakre hjulgivarna är inbyggda i de bakre hjulnaven. Klossa framhjulen, lyft upp bilens bakvagn med hjälp av en domkraft och stöd den på pallbockar (se *Lyftning och stödpunkter*). Ta bort hjulet.
19 Tryck försiktigt in bromsklossarna i cylindrarna i bromsoket så att de går fria från den bakre bromsskivan. Använd en stor tång på stödplattorna av metall för att göra detta. Använd inte en skruvmejsel på friktionsbeläggen, då skadas de.
20 Lossa försiktigt bakbromsens hydraulledning från klammern på bakaxeln, var noga med att inte böja ledningen överdrivet mycket.
21 Skruva loss och ta bort fästbultarna som fäster bromsoket vid fästplattan, dra sedan bort bromsoket från bromsskivan tillsammans med bromsklossarna och knyt upp det på ena sidan. Avgassystemet är en lämplig plats att knyta upp bromsoket på, använd ett långt kabelband av plast.
22 Stick en skruvmejsel genom åtkomsthålet och backa handbromsbackens justering (se avsnitt 15).
23 Haka loss handbromsvajerns returfjäder från hålet i fästplattan och från vajerändens fäste.
24 Haka loss handbromsvajerns ändfäste från handbromsens styrarm på fästplattan.
25 Skruva loss fästskruven och dra bort den bakre bromsskivan från navet.
26 Koppla bort kablaget från hjulgivaren på navets baksida **(se bild)**.
27 Skruva loss fästmuttrarna och dra bort

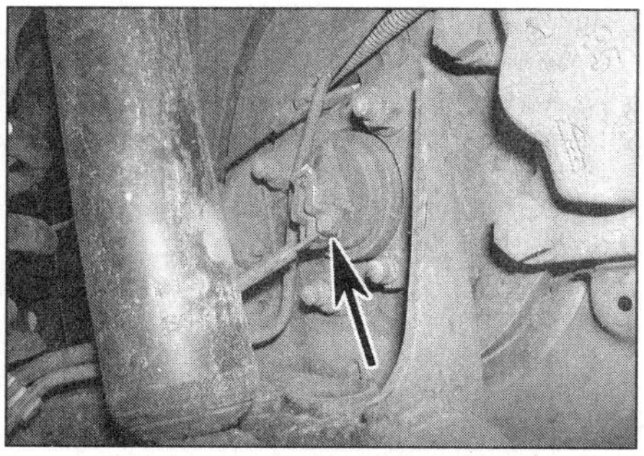

22.26 Kablage till ABS-systemets bakre hjulgivare

navenheten från bakaxeln. Ta samtidigt bort fästplattan och handbromsbackarna, ta även bort distansbrickan som är placerad bredvid axeln. **Observera:** *Fästmuttrarna bör bytas ut.*

Montering

28 Rengör fästytorna på bakaxeln, fästplattan, distansbrickan och navet, montera sedan komponenterna i korrekt ordning (dvs. distansbricka, fästplatta och nav). Montera och dra åt de nya muttrarna till angivet åtdragningsmoment och den vinkel som anges i specifikationerna.
29 Återanslut kablaget till hjulgivaren.
30 Montera den bakre skivan (se avsnitt 9) och justera handbromsbackarna (se avsnitt 15).
31 Återanslut handbromsvajern och returfjädern.
32 Montera bromsoket och bromsklossarna över skivan, lägg sedan lite låsvätska på fästbultarnas gängor och montera dem. Dra åt dem till angivet moment.
33 Montera hydraulledningen i klammern.
34 Montera hjulet och sänk ner bilen.
35 Tryck ner bromspedalen ordentligt för att ställa in de bakre bromsklossarna i normalt arbetsläge.

Elektronisk styrenhet (modeller före 1996)

Demontering

Observera: *Hantera styrenheten försiktigt eftersom den innehåller ömtåliga elektriska komponenter, och försök inte koppla in multimätare eller andra mätare till polerna. Rör inte polerna, då kan styrenheten skadas av statisk elektricitet.*
36 Koppla loss batteriets minusledning (jord) (se kapitel 5A).
37 ABS-systemets styrenhet är monterad på hydraulenheten i motorrummets vänstra bakre del **(se bild)**. Skruva först loss torx-skruven och lyft bort kåpan från enheten.

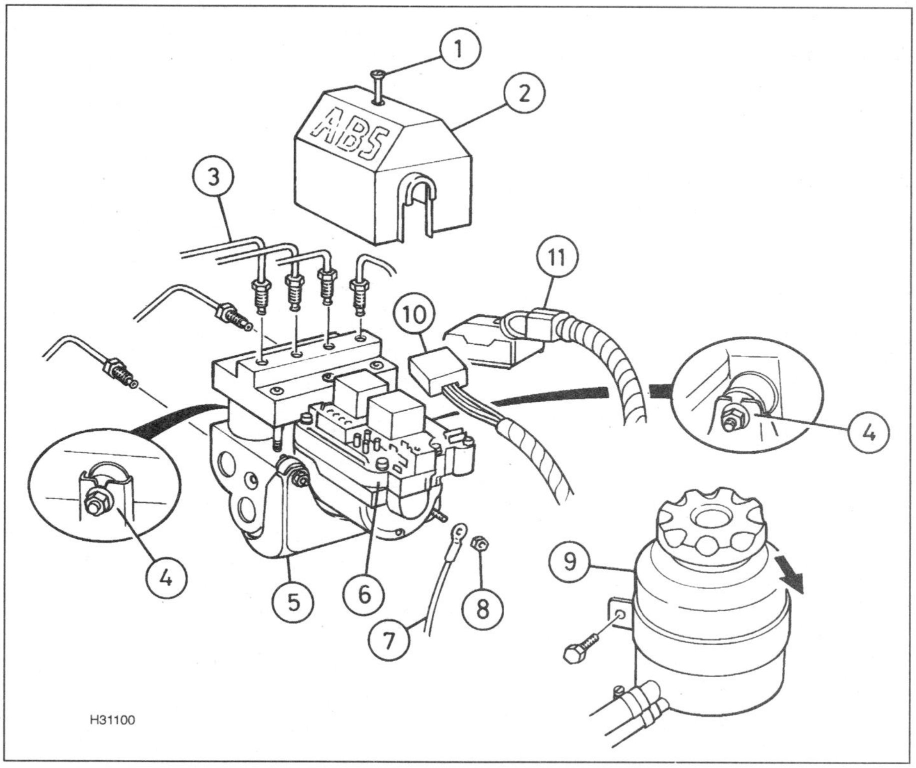

22.37 ABS-systemets hydraulenhet och styrenhet på modeller före 1996

1 Torx-skruv
2 Kåpa
3 Hydraulrör
4 Hydraulenhetens fästmuttrar
5 Hydraulenhetens hus
6 Elektronisk styrenhet
7 Jordkabel
8 Mutter
9 Behållare för servostyrningsolja
10 Litet kontaktdon
11 Stort kontaktdon

38 Koppla loss de två multikontakterna, observera var de är placerade.

39 Skruva loss fästbultarna och lyft bort styrenheten från hydraulenheten.

Montering

40 Montering sker i omvänd ordningsföljd, men avsluta med att slå på tändningen och kontrollera att de två varningslamporna släcks som de brukar.

Elektronisk styrenhet (modeller från och med 1996)

Demontering

Observera: *Hantera styrenheten försiktigt eftersom den innehåller ömtåliga elektriska komponenter, och försök inte koppla in multimätare eller andra mätare till multikontakternas poler. Rör inte polerna, då kan styrenheten skadas av statisk elektricitet.*

41 Koppla loss batteriets minusledning (jord) (se kapitel 5A).

42 ABS-systemets styrenhet är monterad på hydraulenheten i motorrummets vänstra bakre del. Lossa kåpan och koppla loss de två kontaktdonen.

43 Skruva loss fästskruvarna och lyft bort styrenheten från hydraulenheten. Låt brickorna sitta kvar på sina platser på hydraulenheten.

Montering

44 Montering sker i omvänd ordningsföljd, men avsluta med att slå på tändningen och kontrollera att de två varningslamporna släcks som de ska.

Observera: Se till att brickorna monteras under fästskruvarna.

ABS-systemets hydraulenhet (modeller före 1996)

Demontering

45 Koppla loss batteriets minusledning (jord) (se kapitel 5A).

46 Skruva loss och ta bort stödstaget från framfjädringens övre fästen.

47 Skruva loss torx-skruven och lyft bort kåpan från överdelen av ABS-systemets styrenhet.

48 Koppla loss de två multikontakterna, observera var de är placerade.

49 Skruva loss muttern och koppla loss jordkabeln från hydraulenheten.

50 Minimera eventuellt oljespill genom att först skruva av huvudcylinderbehållarens lock och sedan skruva på det igen över en bit plastfolie, så att det blir lufttätt.

51 Märk alla hydraulbromsrör för att underlätta återplaceringen på hydraulenheten, skruva sedan loss anslutningsmuttrarna och koppla loss rören. Tejpa över eller plugga igen öppningarna i rörändarna.

52 Om det behövs kan servostyrningens oljebehållare skruvas bort och läggas åt sidan så det blir lättare att komma åt.

53 Skruva loss fästmuttrarna och ta bort ABS-systemets hydraulenhet från motorrummet. Var noga med att inte spilla hydraulolja på bilens lackade delar.

Montering

54 Montering sker i omvänd ordningsföljd, men avsluta med att lufta hydraulsystemet enligt beskrivningen i avsnitt 2.

ABS-systemets hydraulenhet (modeller från och med 1996)

Demontering

55 Koppla loss batteriets minusledning (jord) (se kapitel 5A).

56 Arbeta i motorrummets vänstra hörn. Ta bort säkringsdosan och lägg den åt ena sida utan att koppla loss kablarna.

57 Lossa kåpan och koppla loss de två kontaktdonen.

58 Minimera eventuellt oljespill genom att först skruva av huvudcylinderbehållarens lock och sedan skruva på det igen över en bit plastfolie, så att det blir lufttätt.

59 Märk alla hydraulbromsrör för att underlätta återplaceringen på hydraulenheten, skruva sedan loss anslutningsmuttrarna och koppla loss rören. Tejpa över eller plugga igen öppningarna i rörändarna.

60 Skruva loss fästmuttrarna och ta bort ABS-systemets hydraulenhet från motorrummet. Var noga med att inte spilla hydraulolja på bilens lackade delar.

Montering

61 Montering sker i omvänd ordningsföljd, men avsluta med att lufta hydraulsystemet enligt beskrivningen i avsnitt 2.

Kapitel 10
Fjädring och styrning

Innehåll

Svårighetsgrader

Enkelt, passar novisen med lite erfarenhet	**Ganska enkelt,** passar nybörjaren med viss erfarenhet	**Ganska svårt,** passar kompetent hemmamekaniker	**Svårt,** passar hemmamekaniker med erfarenhet	**Mycket svårt,** för professionell mekaniker

Specifikationer

Allmänt

Framfjädring	Individuell med MacPherson fjäderben och krängningshämmare. Fjäderbenen innehåller gasfyllda stötdämpare och spiralfjädrar. Nedre armar och svängarmar
Bakfjädring	Halvstel axelbalk bestående av fjäderlänkar hopkopplade med en mellanliggande del som fungerar som vridbalk. Två krängningshämmare, en inre och en yttre, spiralfjädrar och gasfyllda stötdämpare.
Styrning	Kuggstångsdrev, hydraulisk servostyrning på alla modeller.

Spiralfjädrar

Framfjädring, fri längd	340 till 350 mm (färgkodad)
Bakfjädring, fri längd	215 mm

Hjulinställning (olastad bil):

Fram:	
Toe-in	1,5 ± 0,5 mm (mätt mellan insidorna på fälgkanterna)
Cambervinkel	-0,5° ± 0,5°
Castervinkel	2,1° ± 0,5°
Spindelbult, lutning	13,1°
Bak:	
Toe	1,0 mm toe-ut till 3,0 mm toe-in
Cambervinkel	-2,0° till -1,4°
Styrningsvinkel, toe-ut i svängar:	
Yttre hjul	20,0°
Inre hjul	20,9 ± 0,5°

Däck

Storlek	6 x 15 eller 6,5 x 16
Tryck	se slutet av *Veckokontroller*

Servostyrning

Antal rattvarv mellan fulla utslag:	
Turbomodeller	3,0 varv
Modeller utan turbo	3,4 varv

Åtdragningsmoment

	Nm
Framfjädring	
Framfjädringens nedre spindelled till navhållare/fjäderben	75
Främre krängningshämmare till nedre fjädringsarmens stödbalk	10
Främre krängningshämmare till kryssrambalk	26
Drivaxelmutter	290
Fjäderbenets övre fästbultar	18
Stötdämparens övre mutter till fjäderbenets fäste	90
Stötdämparens hylsmutter	215
Främre krängningshämmarlänkens nedre mutter	10
Främre krängningshämmarens klämbultar	26
Svängarm till kryssrambalk:	
Steg 1	100
Steg 2	Vinkeldra 75° till 90°
Svängarm till nedre arm	92
Nedre arm till kryssrambalk	115
Framfjädringens nedre spindelled	75
Kryssrambalkens mittre fäste till underrede	190
Kryssrambalkens främre fäste till underrede	115
Bakfjädring	
Bakaxel till karossfäste	65
Bakre nav till fjäderlänk:	
Steg 1	50
Steg 2	Vinkeldra 30° till 45°
Bakre stötdämparens övre fäste	20
Bakre stötdämparens nedre fäste	62
Yttre krängningshämmarfäste	24
Inre krängningshämmarfäste:	
Steg 1	60
Steg 2	Vinkeldra 60° till 75°
Nedhållningsfäste till bakaxel	24
Styrning	
Styrstagsände till styrarm	60
Styrstagsändens/styrstagets klämbultar	22
Styrväxelns fästbultar	24
Ratt	30
Styrstag till styrväxel	93
Servostyrningspump	20
Hjul	
Hjulbultar:	
Lättmetallfälgar	117
Stålfälgar	100

1 Allmän information

Framfjädringen är helt individuell, med MacPherson fjäderben och en krängningshämmare. Fjäderbenen innehåller spiralfjädrar och gasfyllda stötdämpare och sitter ihop med navhållarna. Stötdämparna kan bytas ut separat från fjäderbenet. Fjäderbenen är monterade på de nedre armarnas ytterändar med hjälp av spindelleder. De nedre armarna stöds av svängarmar fästa vid kryssrambalkens bakre del. På tidiga modeller är krängningshämmarna placerade i svängarmarna, men på senare modeller är de placerade i de nedre armarna. Framfjädringens nedre armar och svängarmar är anslutna till kryssrambalken med gummibussningar, och spindellederna sitter ihop med de nedre armarna. De främre naven är placerade i dubbelspåriga lager intryckta i navhållarna, och drivaxlarna är räfflade mot naven och hålls på plats av enkla navmuttrar och tryckbrickor.

Bakfjädringen är halvstel och innehåller hjälparmar hopkopplade med en tvärbalk. Två krängningshämmare är monterade mellan hjälparmarna, en inre och en yttre. Hjälparmarna svänger vid sina främre förlängningar i gummibussningar placerade på underredet, och gasfyllda stötdämpare är monterade mellan armarnas bakändar och fästena på underredet. De bakre spiralfjädrarna är placerade mellan hjälparmarna och underredet, de sitter i polyuretansäten upptill och i gummisäten nedtill. De bakre naven och lagren levereras som hela enheter och kan inte tas isär, de är monterade på hjälparmarna med pinnbultar och muttrar. Varje baknav innehåller en inre ABS-givare som mäter hjulhastigheten **(se bild)**.

Ett servoassisterat styrningssystem av kuggstångstyp finns på alla modeller.

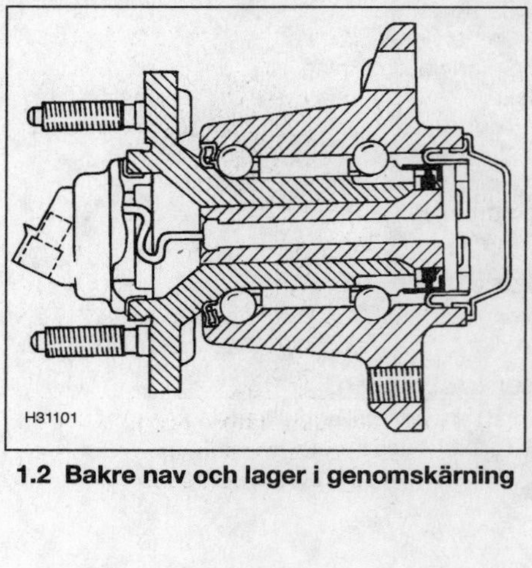

1.2 Bakre nav och lager i genomskärning

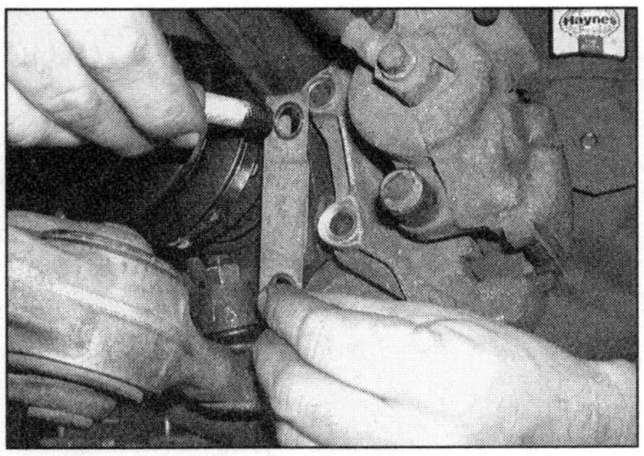

2.6 Ta bort bromsoksfästets fästbultar och låsplatta

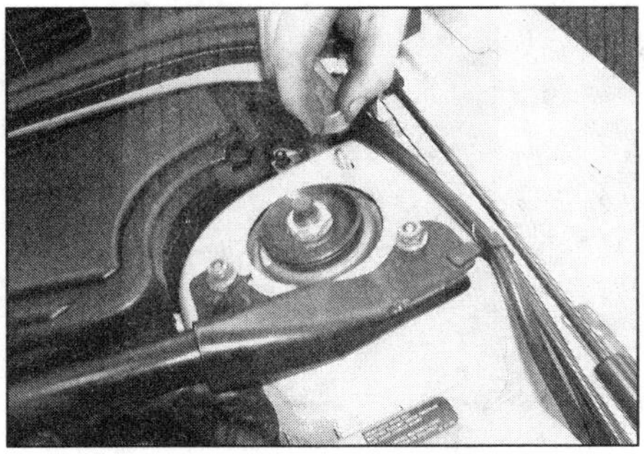

2.13a Skruva loss den övre fästmuttern . . .

2.13b . . . och sänk ner fjäderbenet under framskärmen

Kuggstången drivs mekaniskt av ett pinjongdrev och hydrauliskt av trycksatt hydraulolja från servostyrningspumpen. Rattstången överför kraft från ratten till drevet och en kontrollventil, som styr tillförseln av hydraulolja till kuggstången. När ratten vrids dirigerar ventilen olja till den aktuella sidan av kuggstången, vilket hjälper till att styra den. Styrstagens inre ändar är fästa vid kuggstången i mitten av styrväxeln och inte vid kuggstångens ändar, vilket är en vanligare utformning. Styrstagens yttre ändar är fästa vid styrarmarna på fjäderbenens/navhållarnas spindelleder. Servostyrningspumpen är utvändigt monterad på motor och drivs av hjälpaggregatens drivrem.

Rattstången är konstruerad och placerad så att den, vid en frontalkrock, absorberar smällen genom att kollapsa i längdriktningen och böjas undan från föraren.

2 Framfjädringens fjäderben/ navhållare - demontering, renovering och montering

Demontering

Observera: *Se avsnittet om bilbesiktningen i slutet av handboken och kontrollera stötdämparna innan de demonteras. De båda främre stötdämparna måste bytas samtidigt för att bilen inte ska dra ojämnt.*

1 Bänd bort navkapseln för att komma åt navmuttern (drivaxelmuttern), innan framvagnen lyfts upp. Lossa navmuttern och hjulbultarna.

2 Dra åt handbromsen, hissa upp framvagnen och ställ den på pallbockar (se *Lyftning och stödpunkter*). Ta bort hjulet.

3 Skruva loss navmuttern och ta bort den.

4 Skruva loss fästskruven och ta bort ABS-givaren från fjäderbenet/navhållaren.

5 Använd en tång och tryck in den inre bromsklossen en bit i cylindern så att bromsklossarna går fria från skivan.

6 Skruva loss bromsoksfästets fästbultar och ta bort låsplattan, dra sedan bort bromsok och bromsklossar från skivan **(se bild)**. Knyt upp bromsoket på ena sidan, var noga med att inte böja hydraulslangen mer än nödvändigt.

7 Skruva loss skruven och ta bort bromsskivan.

8 Skruva loss och ta bort stänkskyddet.

9 Skruva loss muttern och koppla loss styrstagsänden från styrarmen på fjäderbenet enligt beskrivningen i avsnitt 19.

10 Skruva loss muttern och ta bort brickan som fäster krängningshämmarens länk vid svängarmen (tidigare modeller) eller den nedre armen (senare modeller). Dra ut krängningshämmaren och ta loss gummibussningarna och den övre brickan.

11 Skruva loss muttern från den nedre spindelleden och använd en avdragare för att separera den nedre armen från fjäderbenet/ navhållaren. Kasta muttern – den är självlåsande och måste bytas ut.

12 Dra ut den nedre änden av fjäderbenet och tryck samtidigt drivaxeln genom navet tills den går fri från räfflorna.

13 Stöd fjäderbenet under framskärmen, skruva sedan loss de övre fästmuttrarna från motorrummet. Sänk ner fjäderbenet under framskärmen och ta bort det **(se bilder)**.

Renovering

Varning: Innan det främre fjäderbenet kan demonteras måste spiralfjädern pressas ihop med ett lämplig verktyg. Justerbara spiralfjäderkompressorer finns att köpa och är av största vikt för detta arbete. FÖRSÖK INTE ta isär fjäderbenet utan ett sådant redskap då risken för materiella skador och/eller personskador är överhängande.

Observera: *Stötdämparens övre fästmutter måste bytas ut vid monteringen.*

14 Håll fast fjäderbenet i ett skruvstäd. Fodra skruvstädskäftarna med träbitar eller aluminiumbitar för att ytan på fjäderbenet inte ska skadas.

15 Använd fjäderkompressorn och tryck ihop spiralfjädern tillräckligt för att avlasta den från trycket från det övre fjädersätet **(se bild)**.

16 Skruva loss muttern från stötdämparkolvens stång medan stången hålls fast med hjälp av en hylsa över sexhörningen **(se bilder)**. Kasta muttern och skaffa en ny.

Varning: Se till att det övre fjädersätet är helt avlastat från fjäderns tryck innan fästmuttern tas bort.

2.15 Tryck ihop den främre spiralfjädern med en därför avsedd spiralfjäderkompressor

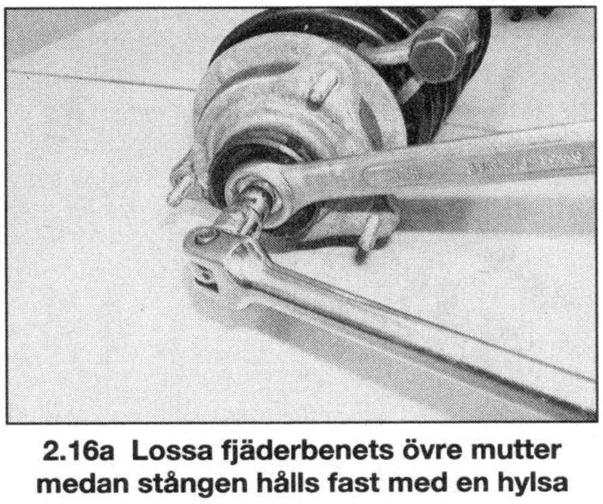

2.16a Lossa fjäderbenets övre mutter medan stången hålls fast med en hylsa

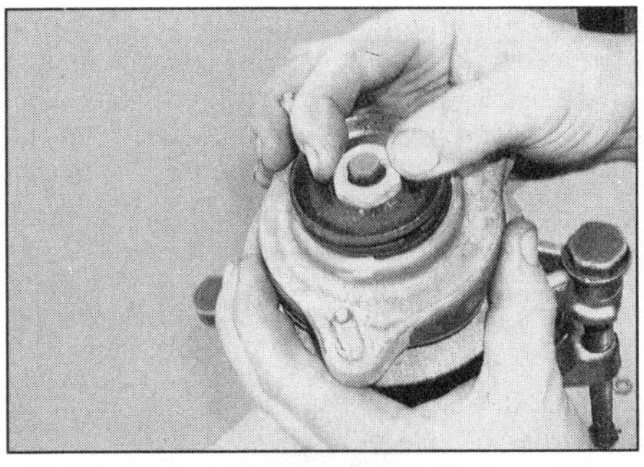

2.16b Ta bort fjäderbenets övre mutter

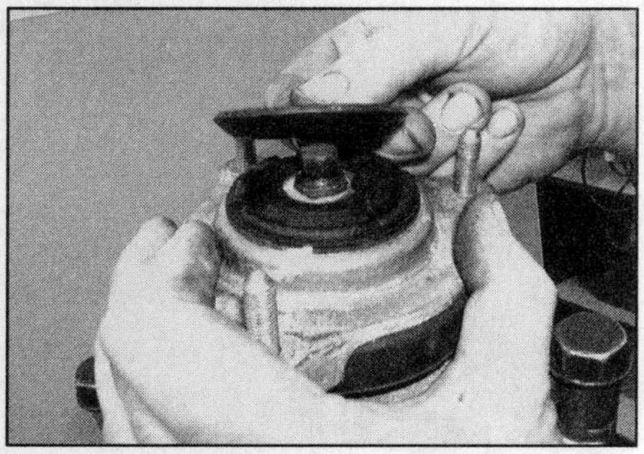

2.17a Ta bort den kupade brickan. . .

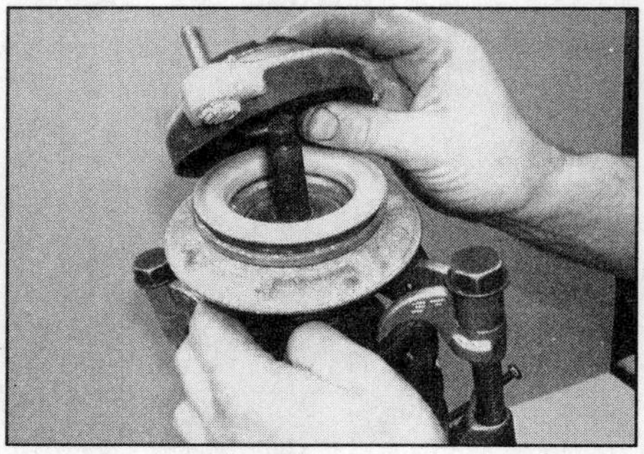

2.17b . . . följt av det övre fästet och trycklagret . . .

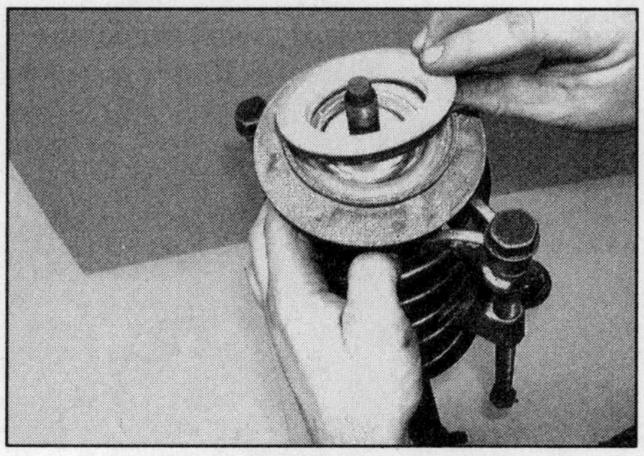

2.17c . . . brickan . . .

17 Ta bort den kupade brickan följt av det övre fästet, trycklagret, brickan, stoppdynan och det övre fjädersätet **(se bilder)**.

18 Ta bort spiralfjädern (se till att kompressorn sitter fast ordentligt) och stoppklacken **(se bilder)**.

19 Skruva loss hylsmuttern för att ta bort stötdämparen. Eftersom hylsmuttern är väldigt stor är det lättast att fästa muttern i ett skruvstäd och skruva bort fjäderbenet/navhållaren från den. Märk muttern i förhållande till fjäderbenet innan den demonteras, för att underlätta återmonteringen. Lyft ut stötdämparen när muttern tagits bort.

20 Rengör komponenterna och kontrollera om de är slitna eller skadade. Byt ut komponenterna om det behövs. Kontrollera att det övre fästets lager rör sig mjukt genom att vrida det för hand. Byte av navlager beskrivs i avsnitt 6.

21 Sätt i stötdämparen och fäst den med hylsmuttern, dra åt muttern till angivet moment, se Specifikationer.

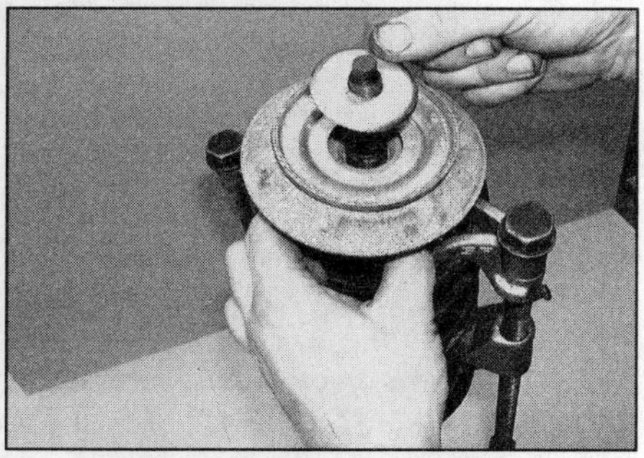

2.17d . . . stoppdynan. . .

22 Placera spiralfjäderns nedre ände i fjäderbenet och se till att änden är i kontakt med stoppet.

23 Placera stoppklacken på kolvstaget.

24 Montera det övre fjädersätet över fjädern och se till att ändstoppet är i kontakt med fjäderänden.

25 Montera stoppdynan, brickan (med id-numret nedåt), trycklagret, det övre fästet och den kupade brickan.

26 Placera den nya muttern upptill på stötdämparens kolvstång och dra åt den till angivet moment, håll fast stången med en nyckel över sexhörningen.

27 Lossa försiktigt fjäderkompressorn och kontrollera samtidigt att fjäderändarna är korrekt placerade i de övre och undre fjädersätena. Ta bort kompressorn.

Montering

28 Placera fjäderbenet/navhållaren under framskärmen, lyft den i läge och styr in fästbultarna genom hålen i innerskärmen. Sätt tillbaka muttrarna och dra åt dem stegvis till angivet moment.

29 Dra ut fjäderbenets nedre ände, haka sedan fast navet i drivaxelns räfflor och dra på navet tills det går att skruva fast den nya navmuttern ett par gängor.

30 Placera botten av fjäderbenet/navhållaren på spindelledens pinnbult och sätt dit den nya muttern. Dra åt muttern till angivet moment.

31 Montera krängningshämmarens länk på svängarmen (tidigare modeller) eller den nedre armen (senare modeller) tillsammans med gummibussningarna och brickorna. Sätt på muttern och dra åt den till angivet moment.

32 Anslut styrstagsänden till styrarmen på fjäderbenet och dra åt muttern till angivet moment enligt beskrivningen i avsnitt 19.

33 Montera stänkskyddet och dra åt bultarna ordentligt.

34 Rengör fogytorna, montera bromsskivan och dra åt skruven.

35 Montera bromsoket tillsammans med bromsklossarna över bromsskivan och dra åt fästbultarna till angivet moment (se kapitel 9). Se till att hydraulslangen inte är vriden.

36 Montera ABS-givaren vid fjäderbensfästet och dra åt skruven ordentligt.

37 Dra åt navmuttern löst i det här stadiet.

38 Montera hjulet och sänk ner bilen.

39 Dra åt navmuttern till angivet moment.

40 Dra åt hjulbultarna till angivet moment.

41 Montera navkapseln, tryck sedan ner fotbromspedalen flera gånger för att flytta bromsklossarna till normalt arbetsläge.

3 Framfjädringens nedre arm – demontering, renovering och montering

Demontering

1 Dra åt handbromsen, lyft upp framvagnen och stöd den på pallbockar (se *Lyftning och stödpunkter*). Demontera aktuellt hjul.

2 Skruva loss muttern och ta bort brickan som fäster krängningshämmarens länk vid svängarmen (tidigare modeller) eller den nedre armen (senare modeller). Dra ut krängningshämmaren och ta loss gummibussningarna och den övre brickan.

2.17e . . . och det övre fjädersätet

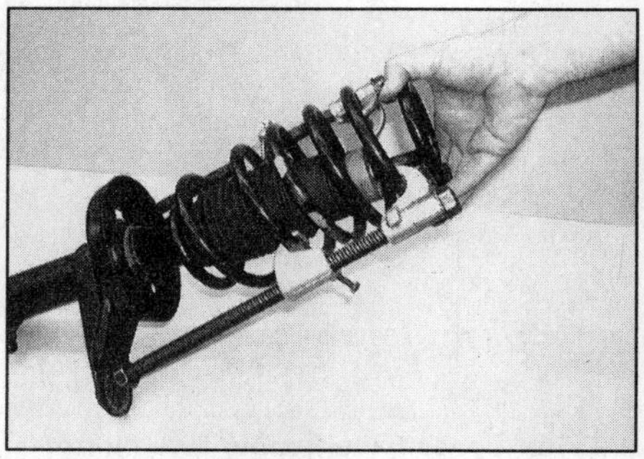

2.18a Ta bort en främre spiralfjädern . . .

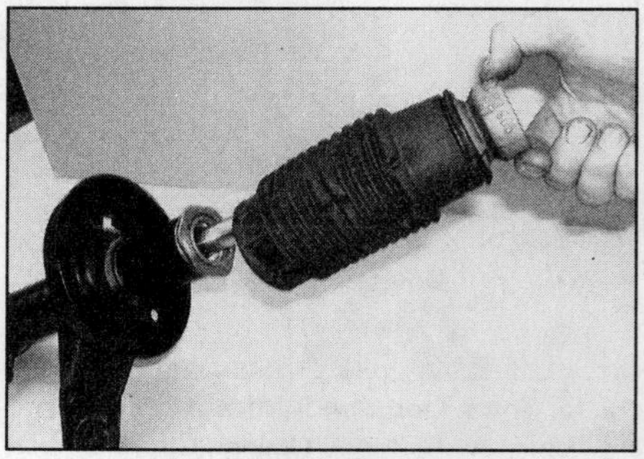

2.18b . . . och stoppklacken

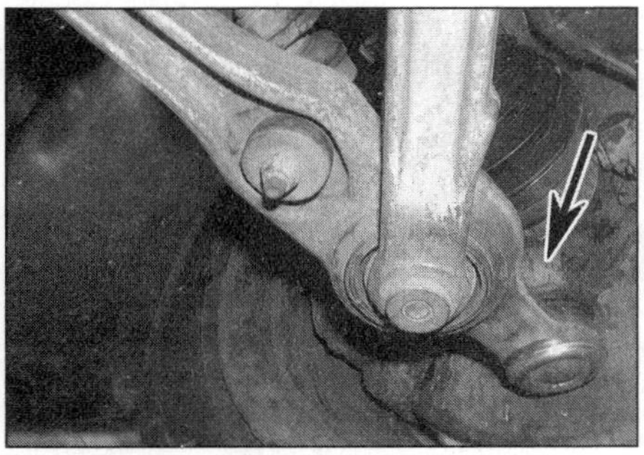

3.3a Framfjädringens nedre arm och spindelledens mutter

3 Skruva loss muttern från den nedre spindelleden och använd en avdragare för att separera den nedre armen från fjäderbenet/navhållaren **(se bild)**. Kasta muttern – den är självlåsande och måste bytas ut.

4 Använd en torxnyckel, skruva loss och ta bort bulten som fäster svängarmen vid den nedre armen, för sedan bort svängarmen från den nedre armen **(se bild)**.

5 Skruva loss och ta bort den inre styrbulten från kryssrambalkens framsida, ta sedan ut den nedre armen och dra bort den **(se bild)**.

Renovering

6 Det är inte möjligt att byta ut den nedre spindelleden separat från den nedre armen, spindelledens gummidamask går däremot att köpa separat. Om den nedre spindelleden är överdrivet sliten måste hela den nedre armen bytas ut.

7 Det går inte heller att byta den inre pivåbussningen separat från armen.

8 Om svängarmens placeringsbussning i den nedre armen är sliten kan den tas bort med en press och bytas ut mot en ny.

9 Kontrollera om den nedre armen är skadad och byt ut den om det behövs.

Montering

10 Placera den nedre armen i kryssrambalken och sätt i styrbulten framifrån. Dra åt bulten för hand i det här stadiet, den ska inte dras åt helt innan bilens vikt vilar på framfjädringen.

11 Tryck fast svängarmen på den nedre armen, rikta in hålen och sätt i bulten. Dra åt bulten till angivet moment.

12 Placera den nedre spindelledens pinnbult i botten på fjäderbenet/navhållaren, montera sedan den nya muttern och dra åt till angivet moment.

13 Montera krängningshämmarens länk på svängarmen (tidigare modeller) eller den nedre armen (senare modeller) tillsammans med gummibussningarna och brickorna. Montera muttern och dra åt den till angivet moment.

14 Montera hjulet och sänk ner bilen.

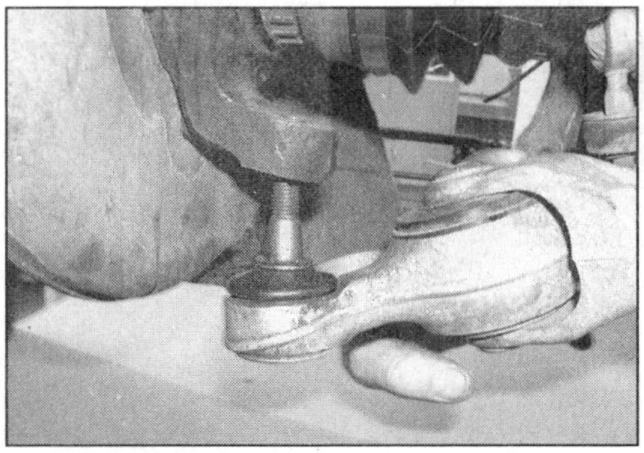

3.3b Separera den nedre armen från fjäderbenet/navhållaren

4 Framfjädringens svängarm – demontering, renovering och montering

Demontering

1 Dra åt handbromsen, lyft upp framvagnen och stöd den på pallbockar (se *Lyftning och stödpunkter*). Demontera aktuellt hjul.

2 På tidigare modeller, skruva loss muttern och ta bort brickan som fäster krängningshämmarens länk vid svängarmen. Dra ut krängningshämmaren och ta loss gummibussningarna och den övre brickan.

3 Skruva loss och ta bort bulten som fäster svängarmen vid den nedre armen, för sedan bort svängarmen från den nedre armen.

4 Skruva loss och ta bort bulten som fäster svängarmen vid kryssrambalken, dra sedan ut svängarmen och ta bort den från bilens undersida **(se bild)**.

Renovering

5 Undersök om den inre gummibussningen är sliten eller skadad och byt ut den om det behövs, genom att tvinga ut den gamla bussningen med en press och trycka dit en ny.

6 Undersök svängarmens placeringsbussning i den nedre armen och byt ut den om det behövs genom att ta bort den nedre armen enligt beskrivningen i avsnitt 3.

7 Kontrollera om svängarmen är skadad och byt ut den om det behövs.

Montering

8 Placera svängarmens inre ände i kryssrambalken och se till att den konkava sidan är riktad utåt. Sätt i bulten och dra åt den för hand i det här stadiet.

9 Placera armens yttre ände på den nedre armen och montera bulten och muttern. Dra åt både de inre och yttre bultarna till angivet moment.

10 På tidigare modeller, placera krängningshämmarens länk på svängarmen tillsammans med gummibussningarna och brickorna. Sätt tillbaka och dra åt fästmuttern.

11 Montera hjulet och sänk ner bilen.

3.4 Bulten som fäster svängarmen vid den nedre armen

3.5 Inre styrbult till framfjädringens nedre arm

5 Främre krängningshämmare – demontering, renovering och montering

Demontering

1 Dra åt handbromsen, lyft upp framvagnen och stöd den på pallbockar (se *Lyftning och stödpunkter*). Demontera båda framhjulen.

2 Motorn måste stöttas upp när kryssrambalken tas bort. Använd en lämplig motorhiss eller en lyftbom som monteras tvärs över motorrummet. Lyft motorn något så att den stöds av hissen/lyftbommen.

3 Skruva loss klämbultarna som ansluter det nedåtgående avgasröret till mellansektionen, ta sedan loss och sänk ner den främre sektionen och bind upp den med ståltråd eller liknande i underredet.

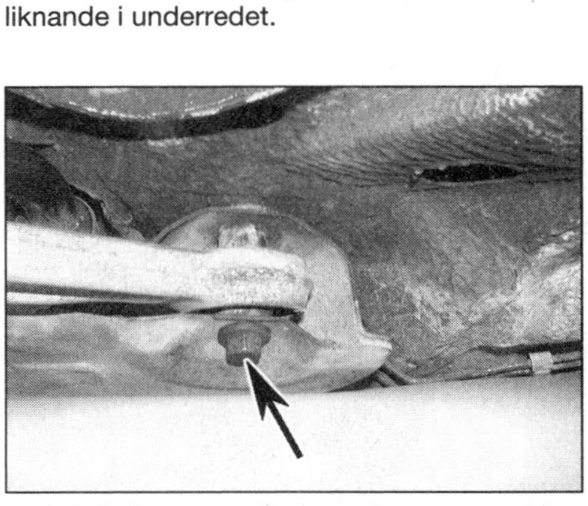

4.4 Bulten som fäster svängarmen vid kryssrambalken

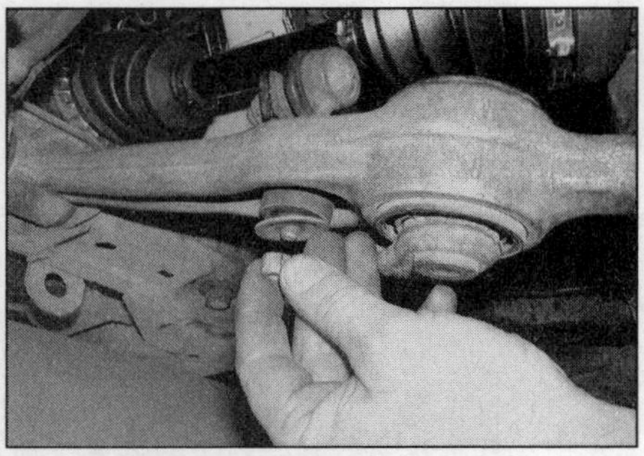

5.7a Skruva loss muttrarna till den främre krängningshämmaren . . .

5.7b . . . och ta loss den nedre brickan och gummifästet

5.11 Främre krängningshämmarlänkens muttrar

4 Stöd kryssrambalken med en garagedomkraft.
5 Lossa kryssrambalkens främre fästbultar men ta inte bort dem.
6 Skruva loss och ta bort de fyra fästbultarna och de två fästmuttrarna från kryssrambalkens bakre del. Sänk ner kryssrambalken så långt som möjligt.
7 Skruva loss muttrarna som fäster krängningshämmarens länkar vid svängarmen (tidigare modeller) eller den nedre armen (senare modeller), och ta loss den nedre brickan och gummifästet **(se bilder)**.
8 Skruva loss bultarna och haka loss fästklamrarna.
9 Lyft krängningshämmaren och dra bort den från sidan. Ta loss länkens övre brickor och gummifästen.
10 Ta bort den delade klämmans fästgummin från krängningshämmaren.

Renovering

11 Kontrollera om krängningshämmaren och fästena är slitna eller skadade. Om det behövs, skruva loss muttrarna och ta bort sidolänkarna, montera sedan nya länkar och dra åt muttrarna **(se bild)**.
12 Undersök den delade klämman och byt den om det behövs.

Montering

13 Doppa den delade klämmans fästgummin i såpvatten och montera dem på krängningshämmaren.
14 Placera de övre brickorna och gummifästena på länkarna.

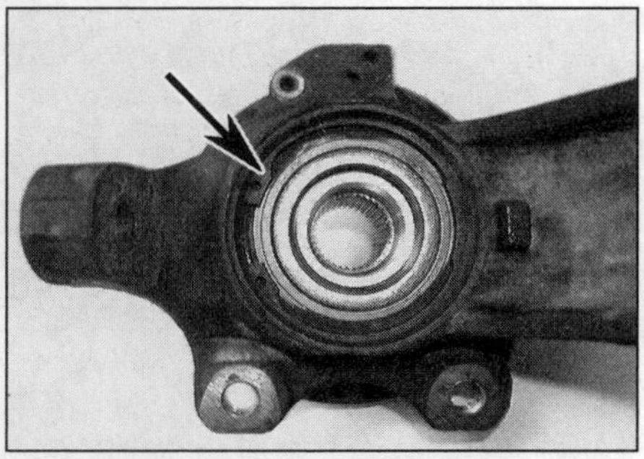

6.3 Inre låsring som fäster det främre navlagret i fjäderbenet/navet

15 Kontrollera att fästgummina och brickorna sitter på plats på länkarna, montera sedan krängningshämmaren på kryssrambalken och placera länkarna i svängarmen (tidigare modeller) eller den nedre armen (senare modeller).
16 För den delade klämmans fästgummin på plats och montera klämmorna. Sätt i klämmans fästbultar och dra åt dem för hand i det här stadiet.
17 Montera de nedre gummifästena och brickorna på krängningshämmarens länkar, dra sedan åt muttrarna till angivet moment.
18 Dra åt klämmans fästbultar till angivet moment.
19 Höj kryssrambalken och montera de fyra bakre fästbultarna och de två muttrarna. Observera att brickorna på de bakre bultarna måste vara i kontakt med underredet. Dra åt kryssrambalkens alla fästbultar och muttrar till angivet moment.
20 Återanslut det nedåtgående avgasröret till den mellanliggande sektionen och montera klämman. Dra åt klämbultarna till angivet moment enligt specifikationerna i kapitel 4A.
21 Ta bort motorhissen eller lyftbommen.
22 Montera hjulen och sänk ner bilen.

6 Främre navlager – byte

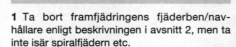

1 Ta bort framfjädringens fjäderben/navhållare enligt beskrivningen i avsnitt 2, men ta inte isär spiralfjädern etc.
2 Stöd navhållarens yttre punkt bakom navflänsen. Det görs bäst med en hydraulisk press. Tryck eller driv ut navet från lagren med ett metallrör eller en stor hylsa på navets innerkant. **Observera:** *Lagret kan lätt skadas när navet trycks ut, därför bör inte demonterade lager återanvändas.*
3 Använd en låsringstång och ta bort låsringarna från navlagrets sidor **(se bild)**.
4 Stöd navhållarens yttre punkt igen och tryck eller driv ut lagret med ett metallrör eller en stor hylsa på den yttre lagerbanan.
5 Rengör navet och insidan av navhållaren.
6 Använd låsringstången, montera den yttre låsringen i sitt spår i navhållaren, placera låsringsöppningen nedåt.
7 Smörj lite fett på lagrets utsida och i navhållaren.
8 Stöd navhållarens yttre punkt och tryck eller driv in lagret tills det kommer i kontakt med den yttre låsringen, använd ett metallrör eller en stor hylsa på det yttre lagerspåret.
9 Använd låsringstången, montera den inre låsringen i sitt spår i navhållaren, placera låsringsöppningen nedåt.
10 Stöd lagrets inre ände med ett metallrör eller en stor hylsa på det inre spåret, tryck eller driv sedan in navet utifrån.
11 Montera framfjädringens fjäderben/navhållare enligt beskrivningen i avsnitt 2.

7 Bakre stötdämpare – demontering och montering

Observera: *De båda bakre stötdämparna måste bytas samtidigt för att bilen inte ska dra ojämnt.*

Demontering

1 Ställ den bakre delen av bilen över en smörjgrop eller på ramper, eller lyft upp bakvagnen och stöd den på pallbockar (se *Lyftning och stödpunkter*). Demontera sedan hjulet och stöd bakaxeln med en pallbock eller en garagedomkraft på den aktuella sidan.
2 Öppna bakluckan för att komma åt den bakre stötdämparens torn. Skär upp en flik i klädseln med en vass kniv **(se bild)**.

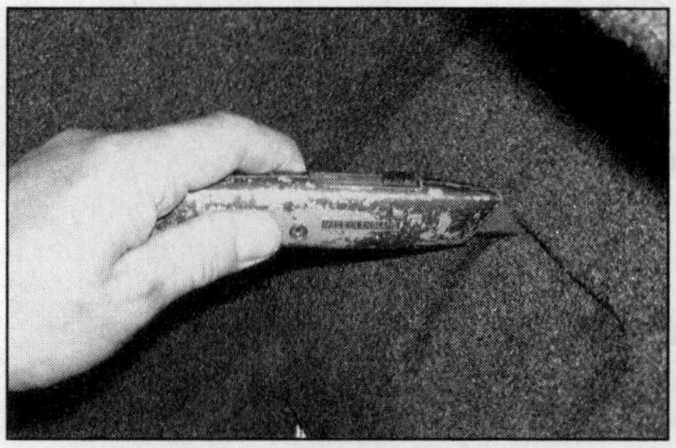

7.2 Man kommer åt stötdämparens övre fästmutter genom att skära upp en flik i klädseln i bagageutrymmet

3 Skruva loss den bakre stötdämparens övre fästmutter och ta loss brickan och gummibussningen.
4 Arbeta under bilen, skruva bort den nedre fästbulten **(se bild)**.
5 Dra bort den bakre stötdämparen, ta sedan bort den återstående gummibussningen från stötdämparens ovansida.
6 Undersök gummibussningarna beträffande slitage eller skador och byt ut dem om det behövs. Observera att den nedre bussningen kan tryckas ut ur stötdämparen och bytas ut. Doppa den nya bussningen i såpvatten innan den trycks på plats.

Montering

7 Montering sker i omvänd ordningsföljd, dra åt fästbulten/muttern till angivet moment.

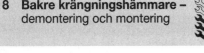

8 Bakre krängningshämmare – demontering och montering

Yttre krängningshämmare

Demontering

1 Klossa framhjulen, lyft upp bakvagnen och stöd den på pallbockar som placeras så att de inte är i vägen för den bakre krängningshämmaren (se *Lyftning och stödpunkter*). Demontera båda bakhjulen.
2 Skruva loss fästbultarna och sänk ner krängningshämmaren från bakaxeln **(se bild)**.
3 Ta bort brickan från bakaxelns fläns.
4 Undersök krängningshämmaren beträffande skador eller skevhet och byt ut den om det behövs.

Montering

5 Montering sker i omvänd arbetsordning, dra åt fästbultarna till angivet moment.

Inre krängningshämmare

Demontering

6 Klossa framhjulen, lyft upp bilens bakvagn med hjälp av en domkraft och stöd den på pallbockar (se *Lyftning och stödpunkter*). Demontera båda bakhjulen.
7 Skruva loss och ta bort krängningshämmarens fästmuttrar och bultar från de yttre flänsarna på bakaxeln.
8 Dra bort krängningshämmaren från ena sidan av bakaxeln, dra den genom en av öppningarna för fästet. Ta samtidigt loss den från det mittersta gummiblocket.

Montering

9 Smörj in krängningshämmaren med lite fett innan den skjuts in i bakaxeln. Kontrollera att den är korrekt placerad i gummiblocket.
10 Dra åt fästmuttrarna och bultarna till moment och vinkel som anges i specifikationerna.
11 Montera hjulen och sänk ner bilen.

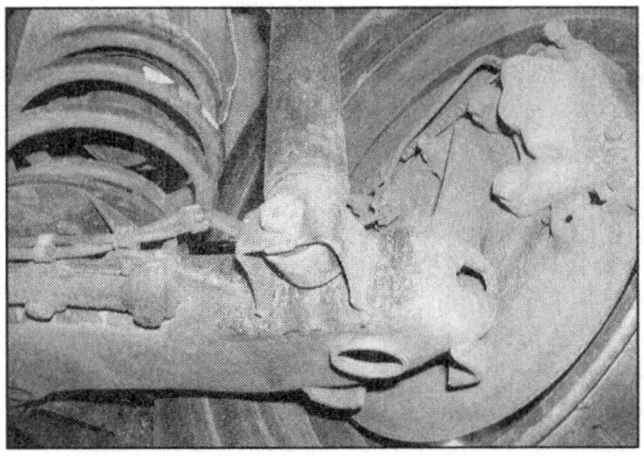

7.4 Bakre stötdämparens nedre fästbult

9 Bakre spiralfjäder – demontering och montering

Observera: *De båda bakre spiralfjädrarna måste bytas ut samtidigt för att chassits höjd över marken ska vara lika på båda sidor av bilen.*

Demontering

1 Klossa framhjulen, lyft upp bilens bakvagn med hjälp av en domkraft och stöd den på pallbockar (se *Lyftning och stödpunkter*). Ta bort hjulet.
2 Placera en garagedomkraft under hjälparmen och höj den något.
3 Skruva loss och ta bort den bakre stötdämparens nedre fästbult.
4 Sänk hjälparmen så långt det går och ta bort garagedomkraften.
5 Leta efter markeringar på spiralfjäderns bakre yta – märk den med lite färg om det inte finns några markeringar, för att garantera att fjädern återmonteras åt rätt håll **(se bild)**.
6 Stick in en lämplig hävarm i stötdämparens nedre fäste och bänd ner hjälparmen tillräckligt för att kunna ta bort spiralfjädern.
7 Ta loss det övre fjädersätet och stoppklacken samt det nedre fjädersätet.
8 Rengör fjädersätenas placeringar på bakaxeln och underredet.

Montering

9 Placera det nedre fjädersätet på bakaxeln.
10 Placera det övre fjädersätet i spiralfjädern.

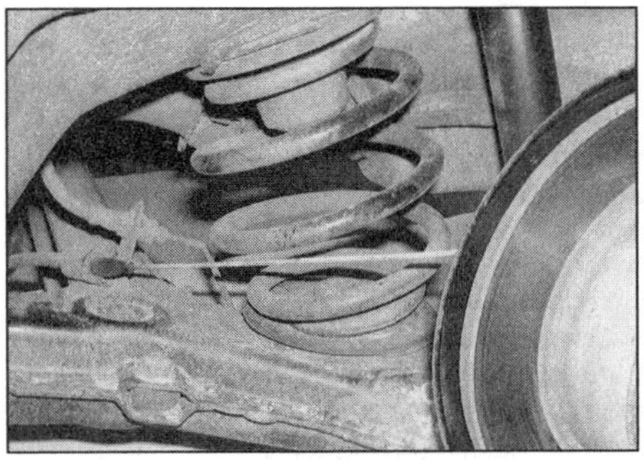

9.5 Bakre spiralfjäder

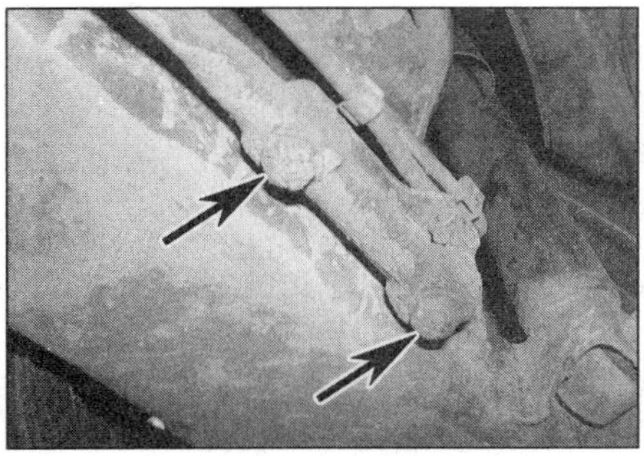

8.2 Fästbultar till den bakre yttre krängningshämmaren

11 Bänd ner hjälparmen, montera sedan spiralfjädern och det övre sätet, se till att markeringen är vänd bakåt.
12 Höj hjälparmen med garagedomkraften tills stötdämparen kan monteras i det nedre fästet. Sätt i bulten och dra åt till angivet moment.
13 Ta bort garagedomkraften, montera hjulet och sänk ner bilen.

10 Bakaxel – demontering, renovering och montering

Demontering

1 Klossa framhjulen, lyft upp bilens bakvagn med hjälp av en domkraft och stöd den på pallbockar (se *Lyftning och stödpunkter*). Demontera båda bakhjulen.
2 Koppla loss kablarna från ABS-givarna på båda sidor och lossa kablarna från hjälparmarna.
3 Haka loss handbromsvajerns returfjädrar från hålen i fästplattorna och från vajerns ändfästen.
4 Arbeta på båda sidorna, tryck bort handbromsvajerns styrhylsor från fästena på bakaxeln och ta loss vajrarna från styrarmarna på de bakre fästplattorna. På modeller med enkel handbromsvajer, lossa vajern från utjämnaren.
5 Ta bort avgassystemets bakre ljuddämpare och avgasrör enligt beskrivningen i kapitel 4A.
6 Ta bort den bakre yttre krängningshämmaren enligt beskrivningen i avsnitt 8.
7 Innan hydraulledningen kopplas bort, minimera oljespillet genom att först ta bort huvudcylinderbehållarens lock och sedan skruva på det igen över en bit plastfolie så att det blir lufttätt. Alternativt, använd en bromsslangklämma, en G-klammer eller liknande för att klämma ihop slangen från huset till bromsledningen på bakaxeln.

Varning: Använd inte en G-klammer med oskyddade käftar eftersom de kan skada slangen.

8 Rengör området runt hydraulledningarnas anslutningsmuttrar, skruva sedan loss muttrarna från bakre bromsok och slangar,

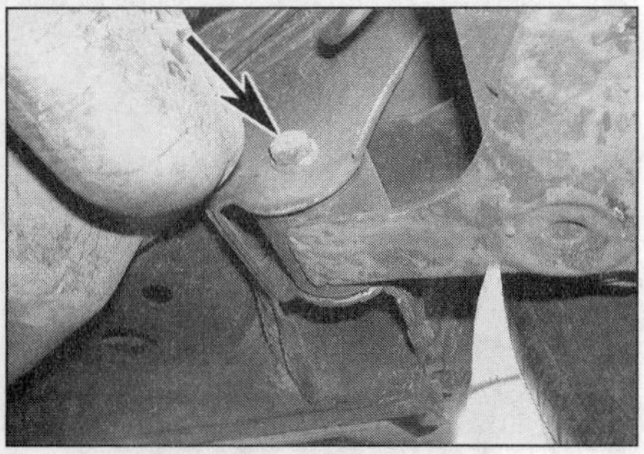

10.14 Bakaxelns sidofästbult

och ta bort hydraulledningarna. Tejpa över eller plugga igen slang- och bromsoksöppningarna för att hindra smuts och damm från att tränga in.

9 Dra ut fästklamrarna och ta bort hydraulslangarna från stöden.

10 Använd en garagedomkraft och lyft upp hjälparmen på ena sidan om bakaxeln, skruva sedan loss och ta bort den bakre stötdämparens nedre fästbult och tryck bort stötdämparen från fästet.

11 Tryck ner hjälparmen med en hävarm och ta bort spiralfjädern och sätet.

12 Stöd det bakre bromsoket, bromsskivan och navet, skruva sedan loss navets fästmuttrar från hjälparmens insida och lyft bort enheten tillsammans med distansbrickan. Lägg enheten åt sidan. Kassera muttrarna, nya måste användas vid hopsättningen.

13 Upprepa momenten i punkt 5 till 7 och ta bort navenheten på den återstående sidan.

14 Stöd mitten av bakaxeln med en garagedomkraft, skruva sedan bort sidofästbultarna **(se bild)**.

15 Dra bort bakaxeln från underredet och ta bort den från bilens undersida.

16 Ta bort den bakre inre krängningshämmaren och mittblocket enligt beskrivningen i avsnitt 8.

17 Skruva loss bromsslangens och handbromsvajerns stödfästen. Skruva även loss nedhållningsfästet om det behövs.

Renovering

18 Kontrollera om bakaxelns bussningar är slitna eller skadade. Om det behövs, tryck ut de gamla bussningarna med lämpliga metallrör, en lång bult, muttrar och brickor.

19 Tryck in de nya bussningarna med samma metod, men observera att de måste monteras med kompressionshålen horisontalt.

Montering

20 Montera bromsslangen samt handbromsvajerns stödfästen och nedhållningsfäste, och dra åt bultarna till angivet moment.

21 Montera den bakre inre krängningshämmaren och mittblocket enligt beskrivningen i avsnitt 8.

22 Placera bakaxeln på en garagedomkraft under bilens bakvagn och hissa upp den till fästena. Sätt i fästbultarna och dra åt dem för hand i det här stadiet.

23 Använd garagedomkraften, höj en av hjälparmarna tills avståndet mellan kanten på hjulhuset och den övre kanten på navets mitt är 37 cm. Dra åt bakaxelns fästbult på hitsidan av bakaxeln till angivet moment.

24 Placera det nedre fjädersätet på bakaxeln.

25 Placera det övre fjädersätet i spiralfjädern.

26 Bänd ner hjälparmen, montera sedan spiralfjädern och det övre sätet och se till att markeringen riktas bakåt (se avsnitt 9 om det behövs).

27 Höj hjälparmen med garagedomkraften tills stötdämparen kan monteras i det nedre fästet. Sätt i bulten och dra åt den till angivet moment.

28 Upprepa momenten i punkt 18 till 22 på den återstående sidan.

29 Placera baknaven tillsammans med bromsoken och bromsskivorna på hjälparmarna, och fäst dem med nya muttrar som dras åt till angivet moment. Se till att brickorna placeras mellan naven och hjälparmarna.

30 Montera hydraulslangarna i stöden och säkra dem med fästklamrarna.

31 Montera hydraulledningarna på sidorna och dra åt anslutningsmuttrarna ordentligt. Ta bort slangklämmorna eller plastfolien.

32 Montera den bakre yttre krängningshämmaren enligt beskrivningen i avsnitt 8 och dra åt fästbultarna till angivet moment.

33 Montera avgassystemets bakre ljuddämpare och bakre avgasrör enligt beskrivningen i kapitel 4A.

34 Arbeta på båda sidorna, placera handbromsvajrarna i fästena och återanslut ändfästena på armarna på de bakre fästplattorna. Montera även utjämnaren på modeller med enkel handbromsvajer.

35 Återanslut returfjädrarna till hålen i fästplattorna och vajerändfästena.

36 Återanslut ABS-givarens kablar och fäst dem med klamrarna.

37 Lufta bromsarnas hydraulsystem enligt beskrivningen i kapitel 9.

38 Montera bakjulen och sänk ner bilen.

11 Bakre nav – demontering och montering

Demontering

1 Ta bort den bakre bromsskivan enligt beskrivningen i kapitel 9. Var noga med att inte böja bromsledningen mer än nödvändigt, om man vill kan man koppla bort ledningen enligt beskrivningen i kapitel 9 för att demontera bromsoket.

2 Koppla loss kablaget från ABS-givaren **(se bild)**.

3 Haka loss handbromsvajerns returfjäder från hålet i fästplattan och från vajerns ändfäste.

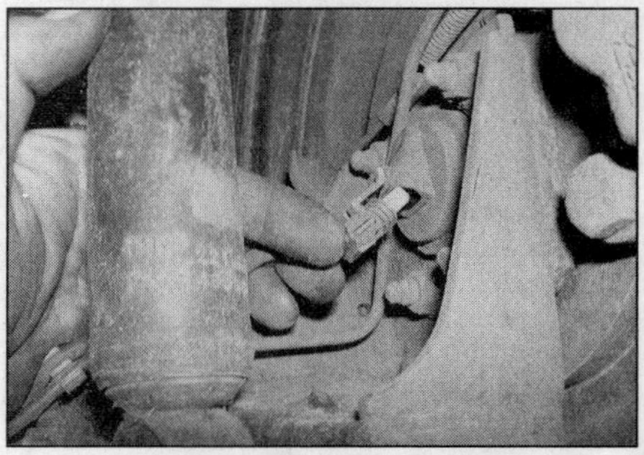

11.2 Koppla loss kablaget från ABS-givaren

4 Lossa handbromsvajern från armen på den bakre fästplattan, haka sedan loss vajerns ändfäste.

5 Stöd navet och fästplattan, skruva sedan loss navets fästmuttrar från hjälparmens insida och lyft bort enheten tillsammans med distansbrickan. Lägg enheten åt sidan. Kassera muttrarna, nya måste användas vid hopsättningen.

6 Separera navet från fästplattan.

Montering

7 Rengör kontaktytorna på navet, fästplattan, distansbrickan och hjälparmen.

8 Placera fästplattan och sedan distansbrickan på navets pinnbultar, montera sedan enheten på hjälparmen och dra åt de nya muttrarna till angivet moment. Se till att distansbrickan placeras mellan navet och hängarmen.

9 Anslut handbromsvajerns ändfäste på fästplattans arm, anslut sedan returfjädern.

10 Anslut kablaget till ABS-givaren.

11 Montera den bakre bromsskivan enligt beskrivningen i kapitel 9. Montera bromsoket om det har tagits bort, och se till att applicera låsvätska på fästbultarnas gängor innan de dras åt.

12 Om bromsoket varit demonterat måste hydraulsystemet luftas enligt beskrivningen i kapitel 9.

12 Ratt – demontering och montering

Demontering

1 Koppla loss batteriets negativa ledning (jord) (se kapitel 5A).

2 Vrid framhjulen så de pekar rakt fram.

3 Ta bort förarens krockkuddemodul från ratten enligt beskrivningen i kapitel 11.

Varning: Följ säkerhetsföreskrifterna ordagrant.

4 Koppla loss signalhornets kablage till från ratten **(se bild)**.

5 Skruva loss och ta bort rattens fästmutter och bricka **(se bilder)**. Markera ratten och

12.4 Koppla loss signalhornets kablage

12.5a Använd ett långt ledhandtag för att lossa rattens fästmutter

12.5b Ta bort rattens fästmutter och bricka

12.6 Ta bort ratten samtidigt som signalhornets och krockkuddens kablage matas genom hålet

rattstången i förhållande till varandra med lite färg.

6 Ta försiktigt loss ratten från rattstångens räfflor samtidigt som kablaget till signalhornet och krockkudden matas genom hålet **(se bild)**.

Varning: Använd inte en hammare eller liknande för att knacka bort ratten från räfflorna, det kan skada den hopfällbara inre rattstången. Var också noga med att inte skada kontaktrullen ovanför stångens överdel.

7 Tejpa fast klockfjädern i sitt mittläge.

Montering

8 Ta bort tejpen från klockfjädern. Om fjäderenheten inte längre befinner sig i mittläget, kontrollera att alla fyra hjulen pekar framåt, vrid sedan enheten ett helt varv medurs. Vrid tillbaka enheten exakt 2,5 varv.

9 Placera ratten på stångens räfflor med de målade märkena i linje, samtidigt som krockkuddens kablage matas in genom hålet.

10 Montera brickan och fästmuttern och dra åt muttern till angivet moment.

11 Återanslut kablaget till signalhornet.

12 Montera förarsidans krockkuddemodul enligt beskrivningen i kapitel 11.

13 Återanslut batteriets negativa ledning (jord) (se kapitel 5A).

14 Låt en Saabverkstad kontrollera eventuella felkoder i bilens elektroniska styrsystem.

13 Rattstång - demontering och montering

Demontering

1 Demontera ratten enligt beskrivning i avsnitt 12.

2 Skruva loss skruvarna och ta bort övre och nedre rattstångskåpor.

3 Skruva loss skruvarna och koppla bort kablarna, ta sedan bort klockfjädern. Säkra den i sitt mittläge med tejp.

4 Ta bort kombinationskontakten från rattstången enligt beskrivningen i kapitel 12. Ta bort brytarspakarna och vajern från lagerhuset.

5 Ta bort instrumentbrädans nedre klädselpanel och lufttrumman **(se bild)**.

6 Skruva loss bultarna och ta bort knäskyddet från sin plats under rattstången.

7 Vid rattstångens nederdel, skruva loss klämbulten och ta bort kardanknuten från styrväxeldrevets axel **(se bild)**. Märk axeln och rattstången om det behövs för att garantera korrekt återmontering.

8 Skruva loss och ta bort rattstångens nedre fästbult ovanför ventilationstrumman **(se bild)**.

9 Skruva loss och ta bort de övre fästmuttrarna under instrumentpanelen, dra sedan bort rattstången från torpedväggens fäste.

Montering

10 Placera rattstången på pinnbultarna i torpedväggens fäste och skruva fast muttrarna löst i det här stadiet.

11 Haka fast kardanknuten längst ner på stången i styrväxeldrevets axel, se till att bulthålet är i linje med skåran i axeln och att inställningsmärkena är i linje med varandra. Dra åt klämbulten till angivet moment.

12 Sätt i och dra åt stångens nedre fästbult, dra sedan åt de övre fästmuttrarna ordentligt.

13 Montera knäskyddet under rattstången.

14 Montera instrumentbrädans nedre klädselpanel.

15 Montera kombinationskontakten på rattstången enligt beskrivningen i kapitel 12. Montera även brytarspakarna och vajern till lagerhuset.

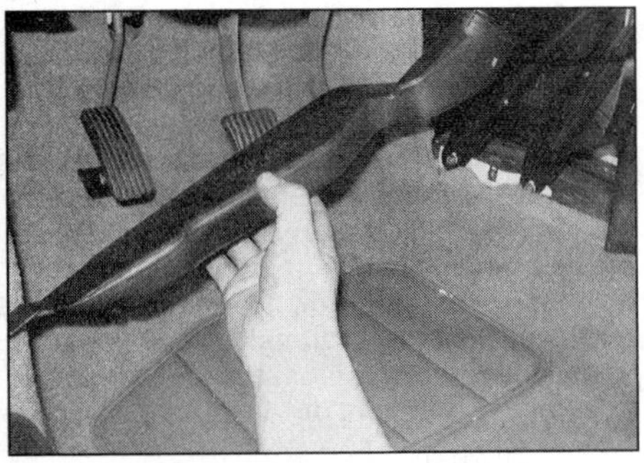

13.5 Ta bort lufttrumman under instrumentbrädan

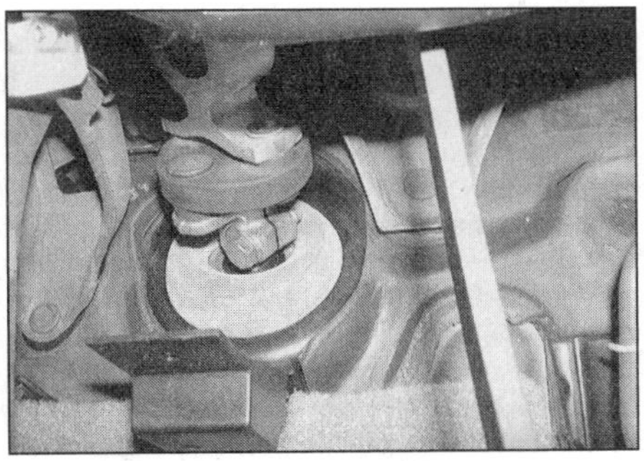

13.7 Rattstångens nedre klämbult

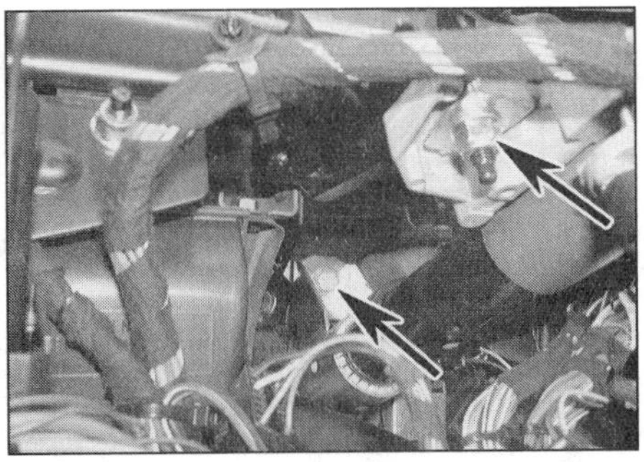

13.8 Rattstångens övre och nedre fästbultar

16 Ta bort tejpen från klockfjädern. Om fjädern inte längre befinner sig i mittläget, kontrollera att alla fyra hjulen pekar framåt, vrid sedan fjädern ett helt varv medurs. Vrid sedan tillbaka den exakt 2,5 varv. Dra åt fästskruvarna, återanslut sedan kablarna.

17 Montera övre och nedre rattstångskåpor, montera sedan ratten enligt beskrivningen i avsnitt 12.

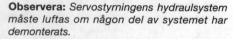

14 Rattstångens övre lager – byte

1 Demontera ratten enligt beskrivning i avsnitt 12.

2 Skruva loss skruvarna och ta bort övre och nedre rattstångskåpor.

3 Skruva loss skruvarna och koppla bort kablaget, ta sedan bort klockfjädern. Säkra den i mittläget med tejp.

4 Ta bort låsringen från rattstångens överdel och kasta den, en ny måste användas vid monteringen.

5 Skruva loss och ta bort lagerhuset.

6 Placera det nya lagerhuset över stångens överdel och fäst det med fästbulten.

7 Montera den nya låsringen.

8 Ta bort tejpen från klockfjädern. Om fjäderenheten inte längre befinner sig i mittläget, kontrollera att alla fyra hjulen pekar framåt, vrid sedan fjädern ett helt varv medurs. Vrid sedan tillbaka den exakt 2,5 varv. Dra åt fästskruvarna, återanslut sedan kablaget.

9 Montera övre och nedre rattstångskåpor och dra åt skruvarna.

10 Montera ratten enligt beskrivningen i avsnitt 12.

15 Servostyrningens hydraulsystem – avtappning, påfyllning och luftning

Observera: *Servostyrningens hydraulsystem måste luftas om någon del av systemet har demonterats.*

Avtappning

1 När hela hydraulsystemet ska tömmas, placera en behållare (som rymmer minst en liter) under servopumpen till höger om motorn. Lossa klammern och koppla loss returslangen från pumpen. Låt oljan från returslangen rinna ner i behållaren.

2 Placera behållaren säkert i motorrummet, på avstånd från rörliga komponenter och direkta värmekällor. Starta motorn och låt hydrauloljan pumpas ner i behållaren. Vrid ratten till fullt utslag från sida till sida flera gånger för att tvinga ut oljan från kuggstången. När oljeflödet upphör ska motorn omedelbart stängas av; låt **inte** servostyrningspumpen gå torr längre än nödvändigt.

3 Återanslut returslangen och dra åt klammern.

Påfyllning

4 Ta bort oljebehållarens påfyllningslock och fyll på med olja av rekommenderad typ och kvalitet upp till maxnivån; se beskrivningen i *Veckokontroller*.

Luftning

5 Parkera bilen på plant underlag och dra åt handbromsen.

6 Med motorn avstängd, vrid ratten långsamt till fullt utslag från sida till sida flera gånger så att all luft tvingas ut, fyll sedan på oljebehållaren. Upprepa proceduren tills oljenivån i behållaren inte sjunker mer.

7 Starta motorn, vrid sedan ratten till fullt utslag från sida till sida flera gånger för att tvinga ut eventuell kvarvarande luft ur systemet. Upprepa proceduren tills det inte längre kommer några bubblor i oljebehållaren.

8 Om onormala ljud hörs från pumpen eller oljerören när ratten vrids är det ett tecken på att det fortfarande finns luft i systemet. Kontrollera detta genom att vrida hjulen rakt fram och sedan stänga av motorn. Om oljenivån i behållaren stiger finns det luft i systemet och det behöver luftas ytterligare. Upprepa proceduren ovan om det behövs.

9 När all luft har tvingats ut ur servostyrningens hydraulsystem, stanna motorn och låt systemet svalna. Avsluta med att kontrollera att oljenivån går upp till maxmarkeringen på behållaren och fyll på mer olja om det behövs.

16 Styrväxel – demontering och montering

Demontering

1 Dra åt handbromsen, lyft upp framvagnen och stöd den på pallbockar (se *Lyftning och stödpunkter*). Demontera båda framhjulen.

2 Tappa ut hydrauloljan ur servosystemet enligt beskrivningen i avsnitt 15, vrid sedan ratten så att hjulen riktas rakt fram.

3 Lossa batteriets negativa ledning (jord) (se kapitel 5A).

4 Ta bort huvudsäkringsdosan från motorrummets vänstra bakre hörn för att komma åt servostyrningens oljerör.

5 Ta bort instrumentbrädans nedre klädselpanel.

6 Vid rattstångens nederdel, skruva bort klämbulten och dra bort kardanknuten från styrväxeldrevets axel. Märk axeln och rattstången i förhållande till varandra om det behövs för att garantera korrekt återmontering.

Varning: Tejpa fast ratten vid instrumentbrädan för att hindra den från att vridas, annars kan klockfjädern gå sönder.

7 Om monterad, bänd bort låsplattan från bultarna som fäster styrstagens inre ändar vid styrväxeln.

8 Skruva loss bultarna och ta bort styrstagen från styrväxeln. Lägg bultarna åt sidan och ta loss fästplattan och brickorna.

9 Skruva loss muttern från styrstagsänden på höger sida (högerstyrda modeller) eller vänster sida (vänsterstyrda modeller), separera sedan styrstagsänden från styrarmen på navhållaren med hjälp av en avdragare. Ta bort styrstaget från bilen.

10 Placera en behållare under styrväxeln för att fånga upp oljespill. Märk de hydrauliska tillförsel- och returrören för att underlätta återplaceringen, skruva sedan loss anslutningsmuttrarna och lägg försiktigt rören åt sidan. Ta loss O-ringstätningarna. Tejpa över eller plugga igen rörändarna och styrväxelns öppningar för att hindra damm och smuts från att tränga in.

11 Skruva loss anslutningsmuttrarna och koppla loss de inre rören från ventilhuset. Ta loss O-ringstätningarna. Tejpa över eller plugga igen rören och öppningarna för att hindra damm och smuts från att tränga in.

12 Stöd styrväxeln, skruva loss fästmuttern och bultarna och ta bort klämmorna. Observera vajerstödets placering. Dra bort styrväxeln genom hjulhuset.

13 Undersök fästgummina beträffande slitage eller skador och byt ut dem om det behövs. Om en ny styrväxel ska monteras, flytta över de inre rören från den gamla enheten och montera nya O-ringstätningar. Dra åt anslutningsmuttrarna ordentligt. Undersök torpedväggens gummidamask och byt ut den om det behövs.

Montering

13 Dra styrväxeln genom hjulhuset och placera den på torpedväggen med gummifästena på plats. Montera fästklamrarna och vajerstöden och dra åt muttrarna och bultarna till angivet moment.

14 Anslut de inre rören till ventilhuset med nya O-ringstätningar. Dra åt anslutningsmuttrarna ordentligt.

15 Anslut tillförsel- och returrören till ventilhuset tillsammans med nya O-ringstätningar. Dra åt muttrarna ordentligt.

16 Montera styrstaget på styrarmen och dra åt muttern till angivet moment.

17 Montera styrstagens inre ändar vid styrväxeln tillsammans med fästplattan och brickorna. Fästplattan måste placeras bredvid bultskallarna, och brickorna måste placeras mellan styrstagen och kuggstången. Dra åt bultarna till angivet moment. I förekommande fall, tryck fast låsplattan över bultskallarna för att spärra dem.

18 Haka fast kardanknuten längst ner på stången i styrväxeldrevets axel, se till att bulthålet är i linje med skåran i axeln och att inställningsmärkena är i linje med varandra. Dra åt klämbulten till angivet moment.

19 Montera instrumentbrädans nedre klädselpanel.

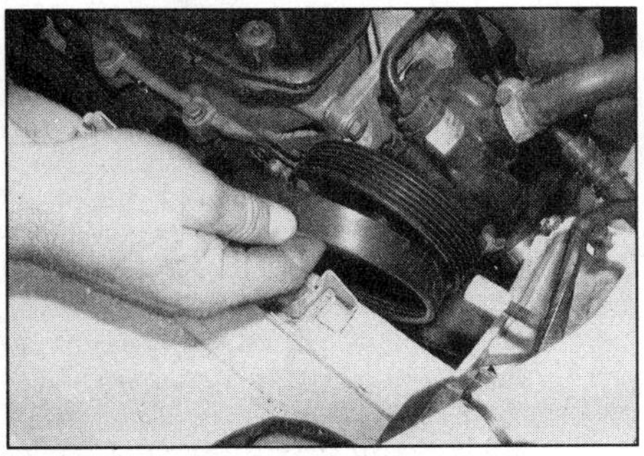

17.3 Ta bort drivremmen från servostyrningspumpens remskiva

17.6a Skruva loss fästbultarna från servostyrningspumpen

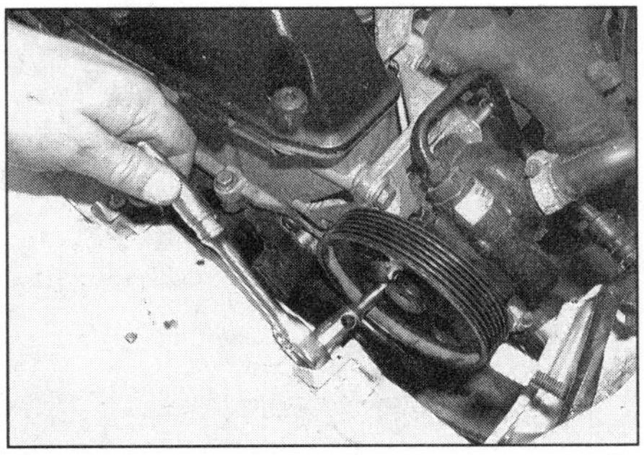

17.6b En av fästbultarna går att komma åt genom servostyrningspumpens remskiva

20 Montera huvudsäkringsdosan i motorrummets vänstra bakre hörn.

21 Återanslut batteriets negativa ledning (jord).

22 Fyll servosystemet med hydraulolja av rekommenderad typ och lufta systemet enligt beskrivningen i avsnitt 15.

23 Montera framhjulen och sänk ner bilen.

24 Kontrollera framhjulsinställningen så snart som möjligt (se avsnitt 20).

17 Servostyrningspump – demontering och montering

Demontering

1 Tappa ut hydrauloljan ur servosystemet enligt beskrivningen i avsnitt 15, vrid sedan ratten så att hjulen riktas rakt fram.

2 Ta bort luftrenaren från motorrummets högra hörn (se kapitel 4A).

3 Ta bort drivremmen från servostyrningspumpens remskiva enligt beskrivningen i kapitel 1. Vrid den automatiska spännaren medurs tills en sprint eller en borr kan stickas genom hålen för att hålla spännaren **(se bild)**.

4 Skruva loss anslutningsmuttern som fäster matningsröret vid pumpen.

5 Lossa klammern och koppla loss returslangen från pumpen.

6 Skruva loss fästbultarna, observera att en av dem fäster matningsrörets stödfäste. Man kommer åt bultarna vid remskivan genom ett hål i remskivan **(se bilder)**.

7 Dra bort pumpen från motorn **(se bild)**. Vira in den i tygtrasor för att förhindra att olja droppar på bilens lackerade ytor.

Montering

8 Placera pumpen på motorn, sätt i bultarna och dra åt dem till angivet moment. Se till att matningsrörets stödfäste placeras på rätt bult och placera anslutningsmuttern i pumpöppningen när bulten monteras.

9 Dra åt anslutningsmuttern som fäster matningsröret vid pumpen.

10 Anslut returslangen och dra åt klammern.

11 Placera drivremmen på remskivorna och ta bort den automatiska spännaren (se kapitel 1).

12 Montera luftrenaren (se kapitel 4A).

13 Fyll hydraulsystemet med olja och lufta det enligt beskrivningen i avsnitt 15.

18 Kuggstångens gummidamask – byte

1 Demontera styrväxeln enligt beskrivningen i avsnitt 16.

2 Skruva loss anslutningsmuttrarna och ta bort de inre hydraulrören från styrväxeln. Ta loss O-ringstätningarna.

3 Ta bort det yttre gummifästet från styrväxelhuset mitt emot drevet.

4 Lossa klamrarna och dra bort gummidamasken från änden av huset.

5 Torka rent huset, montera den nya damasken och placera den i spåren. Montera och dra åt fästklamrarna.

6 Placera det yttre gummifästet på styrväxelhuset.

7 Montera de inre hydraulrören på styrväxeln tillsammans med nya O-ringstätningar. Dra åt anslutningsmuttrarna när rören är korrekt inställda. Observera att ändarna som är placerade i ventilhuset inte monteras i det här stadiet.

8 Montera styrväxeln enligt beskrivningen i avsnitt 16.

19 Styrstagsände – demontering och montering

Demontering

1 Dra åt handbromsen, hissa upp framvagnen och stöd den på pallbockar (se *Lyftning och stödpunkter*). Ta bort hjulet.

2 Lossa klämbulten som fäster styrstagsänden vid justerskruven något (två eller tre varv). Lossa inte klämbulten på styrstaget.

3 Skruva loss muttern som fäster styrstagsänden vid styrarmen på navhållaren **(se bild)**.

17.7 Ta bort servostyrningspumpen från motorn

19.3 Skruva loss styrstagändens fästmutter . . .

19.4a ... använd sedan en avdragare för att lossa styrstagsänden ...

19.4b ... och ta bort den från styrarmen

4 Använd en avdragare och ta loss styrstagsänden från styrarmen **(se bilder)**.
5 Använd en stållinjal eller ett skjutmått och mät längden på justerskruvens synliga gängade ytterände. Det är nödvändigt för att garantera att styrstagsänden återmonteras på exakt samma plats.
6 Skruva loss och ta bort styrstagsänden medan justerskruven hålls fast med en nyckel på de flata ytorna, räkna hur många varv som behövs skruvas för att den ska lossna.

Montering

7 Skruva fast styrstagsänden med det exakta antalet varv som noterades vid demonteringen. Kontrollera att längden på den synliga delen av gängorna stämmer överens med längden före demonteringen.
8 Placera styrstagsänden i styrarmen och dra åt bultarna till angivet moment.
9 Se till att styrstagsändens spindelledshus är parallellt med styrarmen och dra åt klämbulten till angivet moment.
10 Montera hjulet och sänk ner bilen.
11 Kontrollera framhjulsinställningen så snart som möjligt (se avsnitt 20).

20 Hjulinställning och styrvinklar – allmän information

Framhjulsinställning

1 Korrekt framhjulsinställning är av största vikt för bra styrning och jämnt däckslitage. Innan styrningsvinklarna undersöks, kontrollera att däcken har tillräckligt med luft, att framhjulen inte är buckliga eller hjullagren slitna och att styrningens länksystem är i gott skick utan slakhet eller slitage i lederna. Bensintanken måste vara full och bilen får inte ha några passagerare.
2 Hjulinställningen består av fyra faktorer **(se bild)**:
Cambervinkeln är den vinkel till vilken hjulen ställs in vertikalt när de ses framifrån eller bakifrån bilen. Positiv cambervinkel är den vinkel (i grader) som hjulens överkant vinklas utåt från den vertikala linjen. Negativ cambervinkel är den vinkel som hjulens överkant vinklas inåt från den vertikala linjen. Den här vinkeln kan inte justeras.
Castervinkeln är vinkeln mellan styraxeln och en vertikal linje sett från sidan av bilen. När styraxelns överdel lutar mot bilens bakre del är castervinkeln positiv. Vinkeln går inte att justera.
Styraxelns lutning (spindelbultslutning) är, sett framifrån eller bakifrån, vinkeln mellan vertikallinjen och en tänkt linje mellan framfjädringens övre och nedre fjäderbensfästen. Vinkeln går inte att justera.
Toe anger hur mycket avståndet mellan hjulens främre inre kanter skiljer sig från avståndet mellan de bakre inre kanterna. Toe-in är när avståndet mellan hjulens framkanter är mindre än avståndet mellan deras bakkanter. Toe-ut är när avståndet mellan hjulens inre framkanter är större än avståndet mellan deras bakkanter.
3 Eftersom det krävs precisionsmätare för att mäta de små vinklarna i styrinställningar och fjädring måste kontrollen av cambervinklar, castervinklar och styraxelns lutning överlåtas till en verkstad med nödvändig utrustning. Alla avvikelser från den angivna vinkeln beror på skador genom olycka eller allvarligt slitage i fjädringsfästena.
4 Kontrollera framhjulsinställningen genom att först kontrollera att de båda styrstagen är lika när hjulen är riktade rakt fram. Mät avståndet mellan styrstagsänden och styrstaget på båda sidor. Avståndet får inte överskrida 52,0 mm, och måttet måste vara lika stort på båda sidorna. Justerskruvarnas flata delar måste vara placerade mitt emellan styrstaget och styrstagsänden, eller max 3,0 mm från varandra **(se bild)**. Klämbultarna måste lossas innan justerskruvarna vrids.
5 Skaffa en hjulinställningsmätare. Sådana finns att köpa i olika utföranden i biltillbehörsbutiker. Man kan även tillverka en mätare av ett stålrör, böjt för att inte ta i sumpen och

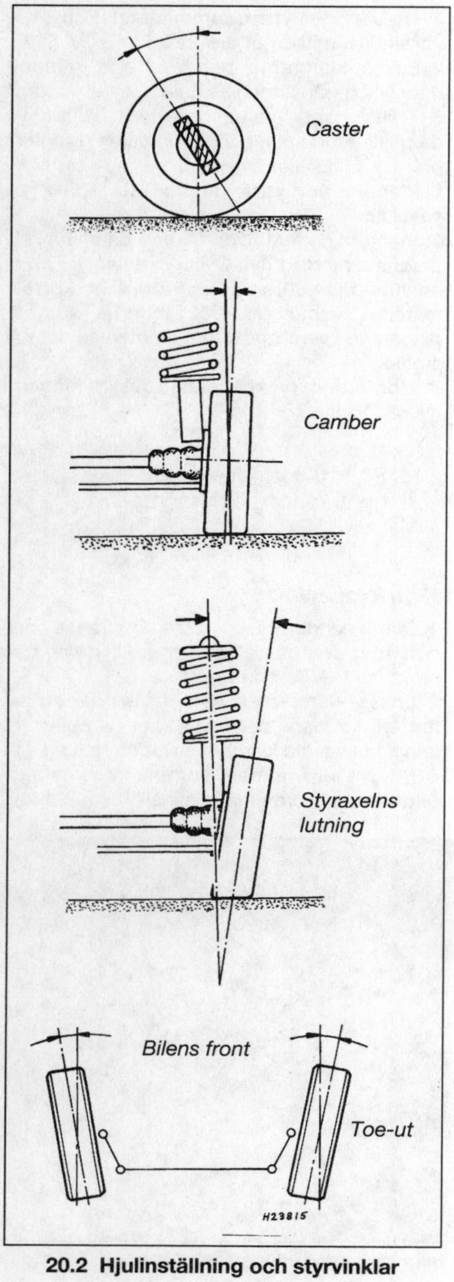

20.2 Hjulinställning och styrvinklar

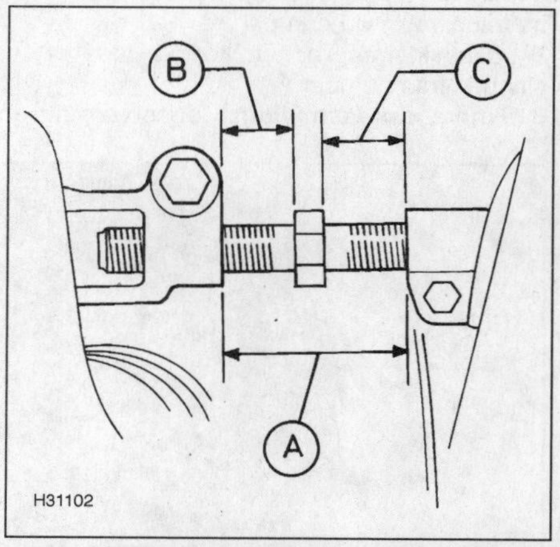

20.4 Dimensioner för hjulinställningens justerskruv

A Får inte överskrida 52,0 mm på någon sida
B och C Skillnaden mellan dimension B och C får inte överskrida 3,0 mm

växellådan och med en inställningsskruv och en låsmutter i ena änden.

6 Använd mätaren och mät avstånden mellan de två inre hjulfälgarna (i navhöjd) i hjulens bakkanter. Knuffa bilen framåt för att vrida hjulen 180° (ett halvt varv) och mät avståndet mellan innerfälgarna i navhöjd i hjulens framkanter. Det sista måttet ska skilja sig från det föregående med måttet för toe-in som anges i specifikationerna. Bilen måste stå på plan mark.

7 Om måttet på toe-in visar sig vara felaktigt, lossa klämbultarna och vrid justerskruvarna lika mycket och åt samma håll. Vrid dem endast ett kvarts varv i taget innan hjulinställningen kontrolleras igen. Vrid justerskruvarna med en nyckel på de flata ytorna och se till att styrstagsändens spindelled är parallellt med styrarmen efter varje justering. Det är viktigt att styrstagen inte blir olika långa under justeringen, då kan rattinställningen blir fel och däcken kommer att slitas onödigt i svängar.

8 Avsluta med att dra åt klämbultarna utan att påverka inställningen. Kontrollera att spindellederna är i mitten av sina bågar.

Bakhjulsinställning

9 Bakhjulets toe- och cambervinkel-inställningar ges endast som referens eftersom de inte går att justera.

Kapitel 11
Kaross och detaljer

Innehåll

Svårighetsgrader

Enkelt, passar novisen med lite erfarenhet	**Ganska enkelt,** passar nybörjaren med viss erfarenhet	**Ganska svårt,** passar kompetent hemmamekaniker	**Svårt,** passar hemmamekaniker med erfarenhet	**Mycket svårt,** för professionell mekaniker

Specifikationer

Åtdragningsmoment

Åtdragningsmoment	Nm
Främre stötfångare	39
Bakre stötfångare	39
Fram- och bakdörrar	47
Fasta sidofönster (3-dörrars modeller)	3
Bakre hörnruta (5-dörrars modeller)	3
Framsäte	30
Främre säkerhetsbälte:	
Rulle	45
Höjdjusterare	24
Spänne	45
Glidskena (3-dörrars modeller)	45
Bakre säkerhetsbälte:	
Rulle	38
Golvfäste	45
Passagerarsidans krockkudde	9
Passagerarsidans krockkuddefäste	20

1 Allmän information

Bilens kaross är konstruerad av pressade stålsektioner som antingen är punktsvetsade eller sömsvetsade ihop. Karossens allmänna stabilitet ökas med förstärkningsbalkar som är inbyggda i karosspanelerna, stålflänsar i fönster- och dörröppningarna och bindemedel i fasta glasskarvar.

Den främre kryssrambalken ger fästpunkter åt motorn/växellådan och framfjädringen, och styrväxeln är fastbultad vid torpedväggen. Framskärmarna är också fastbultade, snarare än svetsade, för att underlätta reparationer efter olyckor.

Bilens underrede är täckt med en underredsbehandling av polyester och ett rostskyddsmedel. Behandlingen skyddar mot väder och vind och fungerar samtidigt som ett effektivt ljudisolerande lager. Kupén, bagageutrymmet och motorrummet är också fodrade med bituminös filt och andra ljudisolerande material för ytterligare ljuddämpning.

Alla modeller är utrustade med elektriska fönsterhissar fram och bak. Fönsterglasen höjs och sänks av en elektrisk motor som styr själva fönsterhissen.

Alla modeller är utrustade med centrallås som styrs från förarsidans eller passagerarsidans dörrlås. Centrallåset styr låsen på alla fyra dörrarna, bakluckan, och tanklocket. Låsmekanismen aktiveras av servomotorn och systemet styrs av en elektronisk styrenhet (ECU).

Alla modeller är utrustade med krockkudde på förarsidan, i mitten av ratten. Krockkudde på passagerarsidan finns som tillval. De främre säkerhetsbältena har automatiska sträckare som aktiveras vid en frontalkrock. Krockkuddarna utgör en del av bilens SRS-system (Supplementary Restraint System) som styrs av den elektroniska styrenheten (ECU). Givare inbyggda i styrenhetens hölje och i motorrummets främre del aktiveras vid en frontalkrock och tvingar styrenheten att aktivera krockkuddarna och bältessträckarna.

⚠ ***Observera: I avsnitt 30 finns information om de säkerhetsföreskrifter som måste följas vid arbete på bilar med krockkuddar.***

2 Underhåll – kaross och underrede

Karossens allmänna skick påverkar bilens värde väsentligt. Underhållet är enkelt men måste ske regelbundet. Bristande underhåll, speciellt efter mindre skador, kan snabbt leda till värre skador och dyra reparationer. Det är även viktigt att hålla ett öga på de delar som inte är direkt synliga, exempelvis underredet, under hjulhusen och de nedre delarna av motorrummet.

Tvättning utgör grundläggande underhåll av karossen – helst med stora mängder vatten från en slang. Det tar bort all lös smuts som kan ha fastnat på bilen. Det är viktigt att spola bort smutsen på ett sätt som inte skadar lacken. Hjulhusen och underredet måste tvättas rena från lera på samma sätt. Fukten som binds i leran kan annars leda till rostangrepp. Paradoxalt nog är det bäst att tvätta av underredet och hjulhuset när det regnar eftersom leran då är blöt och mjuk. I mycket våt väderlek spolas ofta den värsta leran från underredet bort automatiskt vilket ger bra tillfällen för inspektion.

Med undantag för bilar med vaxade underreden är det bra att periodvis rengöra hela undersidan av bilen med ångtvätt, inklusive motorrummet, så att en grundlig kontroll kan utföras för att se vilka åtgärder och mindre reparationer som behöver utföras. Ångtvättar finns att få tag på hos bensinstationer och verkstäder och behövs när man ska ta bort de ansamlingar av oljeblandad smuts som ibland lägger sig tjockt i vissa utrymmen. Om en ångtvätt inte finns tillgänglig finns det utmärkta avfettningsmedel som man stryker på med borste och sedan spolar bort tillsammans med smutsen. Observera att ingen av ovanstående metoder ska användas på bilar med vaxade underreden, eftersom de tar bort vaxet. Bilar med vaxade underreden ska kontrolleras årligen, helst på senhösten. Underredet ska då tvättas av så att skador i vaxbestrykningen kan hittas och åtgärdas. Helst ska ett helt nytt lager vax läggas på. Överväg även att spruta in vaxbaserat skydd i dörrpaneler, trösklar, balkar och liknande som ett extra rostskydd där tillverkaren inte redan åtgärdat den saken.

Torka av lacken med sämskskinn efter tvätten så att den får en fin yta. Ett lager genomskinligt skyddsvax förbättrar skyddet mot kemiska föroreningar i luften. Om lacken mattats eller oxiderats kan ett kombinerat tvätt- och polermedel återställa glansen. Det kräver lite arbete, men mattning orsakas vanligen av slarv med regelbundenheten i tvättning. Metalliclacker kräver extra försiktighet och speciella slipmedelsfria rengörings-/polermedel måste användas för att inte skada ytan. Kontrollera alltid att dräneringshålen och rören i dörrarna och ventilationen är öppna så att vatten kan rinna ut. Kromade ytor ska behandlas på samma sätt som lackerade. Fönster och vindrutor ska hållas fria från fett och smuts med hjälp av glastvättmedel. Använd aldrig vax eller andra poleringsmedel för lack eller krom på glas.

3 Underhåll – klädsel och mattor

Mattorna ska borstas eller dammsugas med jämna mellanrum så att de hålls rena. Om de är mycket smutsiga kan de tas ut ur bilen och skrubbas. Se i så fall till att de är helt torra innan de läggs tillbaka i bilen. Säten och klädselpaneler kan torkas rena med fuktig trasa. Om de blir fläckiga (vilket ofta syns mest i ljusa inredningar) kan lite flytande tvättmedel och en mjuk nagelborste användas för att skrubba bort smutsen från materialet. Glöm inte att hålla takets insida ren på samma sätt som klädseln. Överfukta inte de tvättade ytorna när flytande rengöringsmedel används inne bilen. För mycket fukt kan komma in i sömmar och stoppning och framkalla fläckar, störande lukter och till och med röta. Om insidan av bilen blir mycket blöt lönar det sig att torka ur ordentlig, speciellt om mattorna blivit blöta. *Lämna inte olje- eller eldrivna värmare i bilen för att den ska torka snabbare.*

4 Mindre karosskador – reparation

Observera: *Mer information om karossreparationer finns i boken "The Car Bodywork Repair Manual" från Haynes Publishing. Boken innehåller information om rostbehandling, lackering och glasfiberreparationer liksom detaljer om mer omfattande reparationer som borrning och plåtslagning.*

Reparationer av mindre repor i lacken

Om en repa är mycket ytlig och inte trängt ned till karossmetallen är reparationen mycket enkel att utföra. Gnugga det skadade området lätt med lackrenoveringsmedel eller en mycket finkornig slippasta så att lös lack tas bort från repan och det omgivande området befrias från vax. Skölj med rent vatten.

Lägg på bättringslack på skråman med en fin pensel. Lägg på i många tunna lager till dess att ytan i skråman är i jämnhöjd med den omgivande lacken. Låt den nya lacken härda i minst två veckor och jämna sedan ut den mot omgivande lack genom att gnugga hela området kring repan med lackrenoveringsmedel eller en mycket finkornig slippasta. Avsluta med en vaxpolering.

Om repan gått ned till karossmetallen och denna börjat rosta krävs en annan teknik. Ta bort lös rost från botten av repan med en kniv och lägg sedan på rostskyddsfärg för att hindra framtida rostbildning. Använd sedan en spackel av gummi eller nylon och fyll upp repan med spackelmassa. Om det behövs kan spacklet tunnas ut med thinner så att det blir mycket tunt vilket är idealiskt för att fylla smala repor. Innan spacklet härdar, linda en bit mjuk bomullstrasa runt en fingertopp. Doppa fingret i thinner och stryk snabbt över spackelytan i repan. Detta gör att spackelmassans yta blir lätt fördjupad. Lacka sedan över repan enligt tidigare anvisningar.

Reparation av bucklor i karossen

När en djup buckla uppstått i bilens kaross blir den första uppgiften att räta ut den så att karossen i det närmaste återfår ursprungsformen. Det finns ingen anledning att försöka återställa formen helt, eftersom metallen i det skadade området sträckt sig vid skadans uppkomst och aldrig helt kommer att återta sin gamla form. Det är bättre att försöka ta bucklans nivå upp till ca 3 mm under den omgivande karossens nivå. I de fall bucklan är mycket grund är det inte värt besväret att räta ut den. Om undersidan av bucklan är åtkomlig kan den knackas ut med en träklubba eller plasthammare. När detta görs ska mothåll användas på plåtens utsida så att inte större delar knackas ut.

Skulle bucklan finnas i en del av karossen som har dubbel plåt eller om den av någon annan anledning är oåtkomlig från insidan krävs en annan teknik. Borra ett flertal hål genom metallen i bucklan – speciellt i de djupare delarna. Skruva sedan in långa självgängande skruvar i hålen precis så långt att de får ett fast grepp i metallen. Dra sedan ut bucklan genom att dra i skruvskallarna med en tång.

Nästa steg är att ta bort lacken från det skadade området och ca 3 cm av den omgivande oskadade plåten. Detta görs enklast med stålborste eller slipskiva monterad på borrmaskin, men kan även göras för hand med slippapper. Fullborda underarbetet genom att repa den nakna plåten med en skruvmejsel eller filspets, eller genom att borra små hål i det område som ska spacklas. Det gör att spacklet fäster ordentligt.

Se avsnittet om spackling och sprutning för att avsluta reparationen.

Reparationer av rosthål eller hack i karossen

Ta bort lacken från det drabbade området och ca 3 cm av den omgivande oskadade plåten med en sliptrissa eller stålborste monterad i en borrmaskin. Om det inte finns tillgängligt kan några ark slippapper användas med gott resultat. När lacken är borttagen kan du mer exakt uppskatta rostskadans omfattning och avgöra om hela panelen ska bytas (där så är möjligt) eller om rostskadan kan repareras. Nya plåtdelar är inte så dyra som de flesta tror och det går ofta snabbare och ger bättre resultat om man byter plåten än om man försöker reparera större rostskador.

Ta bort alla detaljer från det drabbade området, utom de som styr den ursprungliga formen av det drabbade området, exempelvis lyktsarger. Ta sedan bort lös eller rostig metall med plåtsax eller bågfil. Knacka kanterna något inåt så att du får en grop för spacklingsmassan.

Borsta av det drabbade området med en stålborste så att rostdamm tas bort från ytan av kvarvarande metall. Måla det drabbade området med rostskyddsfärg, om möjligt även på baksidan.

Innan spacklingen kan ske måste hålet blockeras på något sätt. Detta kan göras med nät av plast eller aluminium eller med aluminiumtejp.

Nät av plast eller aluminium eller glasfiberväv är antagligen det bästa materialet för ett stort hål. Skär ut en bit som är ungefär lika stor som hålet som ska fyllas, placera den i hålet så att kanterna är under nivån för den omgivande plåten. Materialet kan hållas på plats med ett antal klickar spackelmassa runt hålet.

Aluminiumtejp bör användas till små eller mycket smala hål. Klipp till en bit med ungefär den storlek och form som behövs, dra bort täckpappret (om sådant finns) och fäst tejpen över hålet. Flera remsor kan överlappa varandra om en inte räcker till. Tryck ner tejpkanterna med ett skruvmejselhandtag eller liknande så att tejpen fäster ordentligt på metallen.

Karossreparationer spackling och sprutning

Se tidigare anvisningar beträffande reparation av bucklor, repor, rost- och andra hål innan beskrivningarna i det här avsnittet följs.

Det finns många typer av spackelmassa. Generellt sett är de som består av grundmassa och härdare bäst vid den här typen av reparationer. En bred och följsam spackel av plast eller gummi är ett ovärderligt verktyg för att skapa en välformad spackling med fin yta.

Blanda lite massa och härdare på en skiva av exempelvis kartong eller masonit. Följ tillverkarens instruktioner och mät härdaren noga, annars härdar spacklet för snabbt eller för långsamt. Bred ut massan på det förberedda området med spackeln, dra spackeln över massan så att rätt form och en jämn yta uppstår. Så snart massan antagit en någorlunda korrekt form bör arbetet avbrytas. Om man håller på för länge blir massan kletig och börjar fastna på spackeln. Fortsätt lägga på tunna lager av massa med ca 20 minuters mellanrum tills massan är något högre än den omgivande plåten.

När massan härdat kan överskottet tas bort med hyvel eller fil. Använd sedan gradvis finare slippapper, börja med nr 40 och avsluta med nr 400 våt- och torrpapper. Linda alltid papperet runt en slipkloss, annars blir den slipade ytan inte plan. Vid slutpoleringen ska pappret då och då sköljas med vatten. Detta skapar en mycket slät yta på massan i slutskedet.

I det här stadiet bör bucklan vara omgiven av en ring med ren plåt som i sin tur omges av en lätt ruggad kant av den oskadade lacken. Skölj av reparationsområdet med rent vatten till dess att allt slipdamm försvunnit.

Spruta ett tunt lager grundfärg på hela reparationsområdet. Då avslöjas mindre ytfel i spacklingen. Laga ytfelen med ny spackelmassa eller filler och slipa av ytan igen. Massa kan tunnas ut med thinner så att den blir mer lämpad för riktigt små gropar. Upprepa denna sprutning och reparation till dess att du är nöjd med spackelytan och den ruggade lacken. Rengör reparationsytan med rent vatten och låt den torka helt.

Reparationsytan är nu klar för lackering. Sprutlackering måste utföras i ett varmt, torrt, drag- och dammfritt utrymme. Detta kan skapas inomhus om du har tillgång till en större arbetplats, men om du är tvungen att arbeta utomhus måste du vara noga med valet av dag. Om du arbetar inne kan du spola av golvet med vatten eftersom detta binder damm som annars skulle vara i luften. Om reparationsytan är begränsad till en panel ska de omgivande panelerna maskas av. Detta minskar effekten av en mindre missanpassning mellan färgerna. Även dekorer och detaljer (kromlister, handtag med mera) ska maskas av. Använd riktig maskeringstejp och flera lager tidningspapper till detta.

Innan lackeringen påbörjas, skaka burken ordentligt och spruta på en provbit, till exempel en konservburk, tills du behärskar tekniken. Täck sedan arbetsytan med ett tjockt lager grundfärg, uppbyggt av flera tunna skikt. Polera sedan grundfärgsytan med nr 400 våt- och torrpapper, till dess att den är fullständigt slät. Medan detta utförs ska ytan hållas våt och pappret periodvis sköljas i vatten. Låt området torka innan mer färg läggs på.

Spruta på färglagret och bygg upp tjockleken med flera tunna lager färg. Börja spruta i mitten av reparationsytan och arbeta utåt med cirklande rörelser tills hela reparationsytan och ca 50 mm av den omgivande lackeringen täckts. Ta bort maskeringen 10 – 15 minuter efter att det sista färglagret sprutats på.

Låt den nya lacken härda i minst två veckor innan den nya lackens kanter jämnas ut mot den gamla med en lackrenoverare eller mycket fin slippasta. Avsluta med en vaxpolering.

Plastdetaljer

Eftersom tillverkarna använder mer och mer plastdetaljer i karosserna (t.ex. stötfångare, spoilers och i vissa fall större karosspaneler), måste allvarligare skador på dessa detaljer åtgärdas av en specialist på området eller bytas ut. Gör-det-själv reparationer av sådana skador lönar sig inte på grund av kostnaden för den specialutrustning och de speciella material som krävs. Principen för sådana reparationer är dock att en skåra tas upp längs med skadan med en roterande rasp i en borrmaskin. Den skadade delen svetsas sedan ihop med en varmluftspistol och en plaststav i skåran. Allt plastöverskott tas sedan bort och ytan slipas ned. Det är viktigt att rätt typ av plaststav används eftersom flera

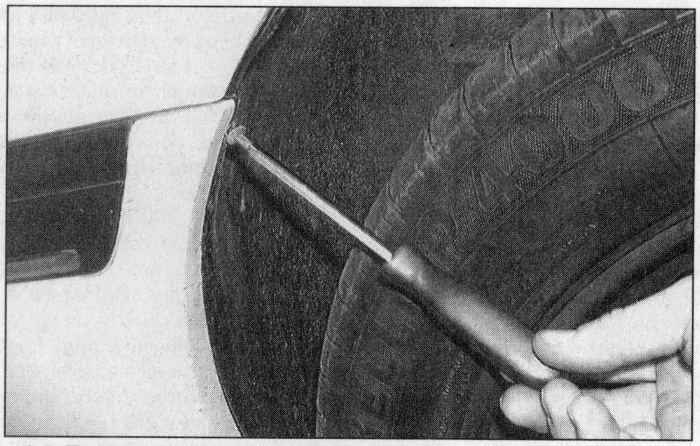

6.3 Ta bort skruvarna som fäster hjulhusfodren vid den främre stötfångaren

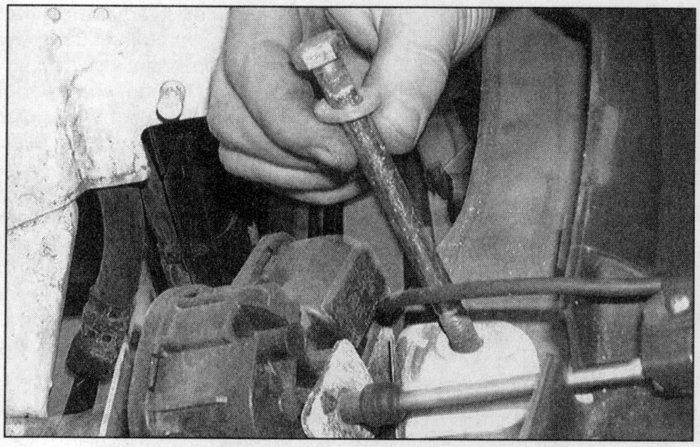

6.7 Ta bort bultarna till den främre stötfångaren

olika typer av plast används i karossdelar (t.ex PCB, ABS eller PPP).

Mindre allvarliga skador (skrapningar, små sprickor etc.) kan lagas av en hemmamekaniker med hjälp av en tvåkomponents epoxymassa. Den blandas i lika delar och används sedan på ungefär samma sätt som spackelmassa på plåt. Epoxyn härdar i regel inom 30 minuter och kan sedan slipas och målas.

Om ägaren har bytt en komponent på egen hand eller reparerat med epoxymassa, återstår svårigheten att hitta en färg som lämpar sig för den aktuella plasten. En gång i tiden kunde inte någon universalfärg användas på grund av det breda utbudet av plaster i karossdelar. Generellt sett fastnar inte standardfärger på plast och gummi, men det finns nu färger och kompletta färgsatser för plast- och gummilackering och att köpa. Dessa består i princip av förprimer, grundfärg och färglager. Kompletta instruktioner finns i satserna, men grundmetoden är att först lägga på förprimern på den aktuella delen och låta den torka i 30 minuter. Sedan läggs grundfärgen på och den får torka i ungefär en timme innan lagret med specialfärg målas på. Resultatet blir en korrekt färgad del där lacken kan röra sig med materialet, något de flesta standardfärger inte klarar.

5 Större karosskador – reparation

Vid större krock- eller rostskador, eller när stora paneler måste bytas eller svetsas in, ska arbetet överlåtas åt specialister. Om det är frågan om en allvarlig krockskada måste hela karossens inställning kontrolleras och det kan endast utföras av en verkstad med tillgång till uppriktningsriggar. Om karossen är skev är bilen farlig eftersom den inte går att hantera som den ska. Förvridna delar orsakar även stora belastningar på styrningen, fjädringen och ibland kraftöverföringen, vilket leder till slitage och defekter, i synnerhet på däcken.

6 Främre stötfångare – demontering och montering

Demontering

1 Dra åt handbromsen, lyft upp framvagnen och stöd den på pallbockar (se *Lyftning och stödpunkter*).

2 Skruva loss och ta bort stänkskydden under ändarna på den främre stötfångaren.

3 Skruva loss skruvarna och ta loss hjulhusfodren från den främre stötfångarens bakre kanter **(se bild)**.

4 Öppna motorhuven, ta bort kylargrillen enligt beskrivningen i avsnitt 8.

5 Lyft torkararmarna från strålkastarna och koppla loss spolarröret från stötfångarens bakkant.

6 Demontera strålkastare och blinkers från båda sidor av bilen enligt beskrivningen i kapitel 12.

7 Skruva loss och ta bort bultarna som fäster stötfångaren vid karossen. Bultarna är placerade i strålkastaröppningarna **(se bild)**.

8 Koppla loss kablaget från dimljusen och ta loss kabelklämmorna.

9 Arbeta mitt under stötfångaren, ta loss kablaget från temperaturgivaren **(se bild)**. Ta bort tejpen som håller kablarna på plats.

6.10a Lyft bort den främre stötfångaren från bilen

10 Ta hjälp av en medhjälpare, lyft den främre stötfångaren och dra den framåt från fästena i framskärmarna **(se bilder)**.

11 Om en ny stötfångare ska monteras, flytta över nummerplåten, dekorlisten, spoilern och stänkskydden till den nya stötfångaren.

Montering

12 Lyft stötfångaren på plats och placera den i fästena. Sätt i fästbultarna och dra åt dem till angivet moment.

13 Återanslut kablaget till temperaturgivaren och tejpa fast kablarna på stötfångarens undersida.

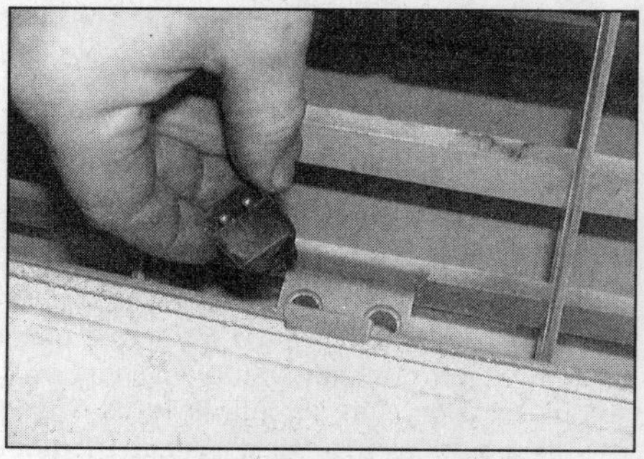

6.9 Koppla loss kablaget från temperaturgivaren

6.10b Den främre stötfångare tas bort från fästet

7.2 Ta bort fästöglorna från bagageutrymmet

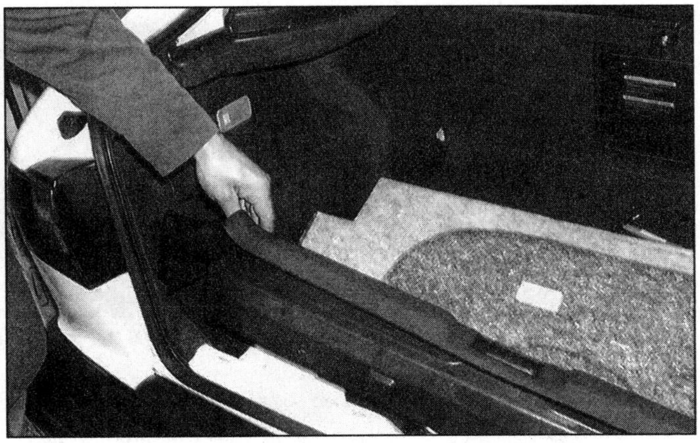

7.3 Ta bort klädselpanelen från bakkanten

14 Återanslut kablaget till dimljusen och fäst det med nya kabelklämmor.

15 Montera strålkastare och blinkers enligt beskrivningen i kapitel 12.

16 Kläm fast spolarröret till stötfångarens bakkant. Sänk ner torkararmarna på strålkastarna.

17 Montera kylargrillen enligt beskrivningen i avsnitt 8.

18 Montera hjulhusfodren innanför stötfångarens bakkanter och säkra med skruvarna.

19 Montera stänkskydden under stötfångarens ändar.

20 Sänk ner bilen. Justera strålkastarinställningen om det behövs (se kapitel 12).

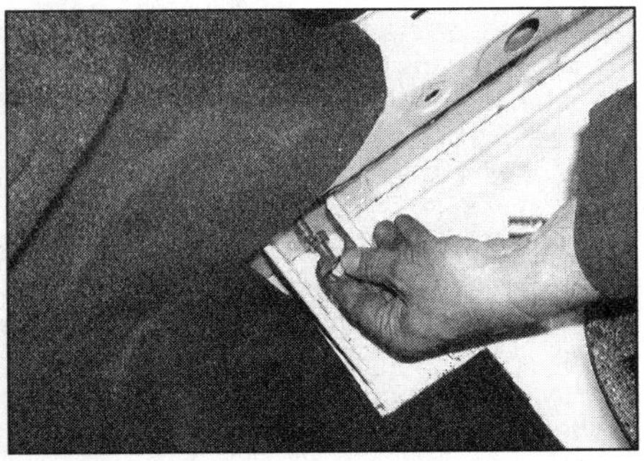

7.4 Ta bort den bakre stötfångarens fästmuttrar

7 Bakre stötfångare – demontering och montering

Demontering

1 Öppna bakluckan, lossa tätningsremsan av gummi från bakkanten och den inre klädseln. Ta inte bort den helt.

2 Skruva loss och ta bort de två fästöglorna från bagageutrymmets sidor **(se bild)**.

3 Vik fram bagageutrymmets matta, skruva sedan loss plastmuttrarna och lossa bakkantens klädselpanel ovanför bakluckans låstunga **(se bild)**.

4 Skruva loss och ta bort den bakre stötfångarens fästmuttrar **(se bild)**.

5 Ta loss ändfästena från hjulhusen i stötfångarens främre ändar **(se bild)**. På vissa modeller fäster två skruvar ändfästena, men om nitar används går det att dra fästena framåt och koppla loss dem från hjulhusen.

6 Ta hjälp av en medhjälpare och dra stötfångaren bakåt samtidigt som den lossas från sidofästena **(se bild)**. Var noga med att inte repa lacken.

Montering

7 Lyft upp stötfångaren i läge och skjut den framåt. Se till att stötfångaren hakar i sidofästena ordentligt genom att låta medhjälparen trycka stötfångarens sidor inåt medan stötfångaren trycks framåt. Titta under stötfångaren för att se att den sitter korrekt.

8 Sätt i och dra åt fästmuttrarna till angivet moment.

9 Montera ändfästena i hjulhusen.

10 Montera klädselpanelen och dra åt muttrarna, vik sedan tillbaka mattan.

11 Montera de två fästöglorna och dra åt bultarna.

12 Montera tätningsremsan av gummi och stäng bakluckan.

8 Motorhuv, stöttor och främre grill – demontering och montering

Motorhuv

Varning: Det är viktigt att ha en medhjälpare under det här arbetet.

Demontering

1 Öppna motorhuven och placera trasor eller kartongbitar mellan motorhuvens bakkant och vindrutekanten.

2 Koppla loss spolarröret från adaptern på torpedväggskåpan **(se bild)**.

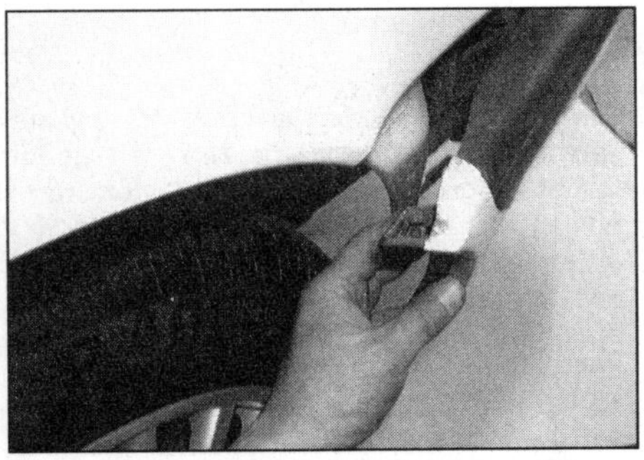

7.5 Lossa den bakre stötfångarens främre ändar

7.6 Ta bort den bakre stötfångaren från bakkanten

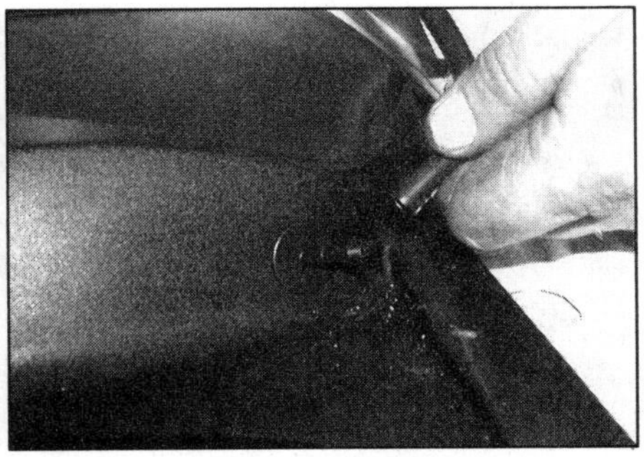

8.2 Koppla loss spolarröret från adaptern på torpedväggen

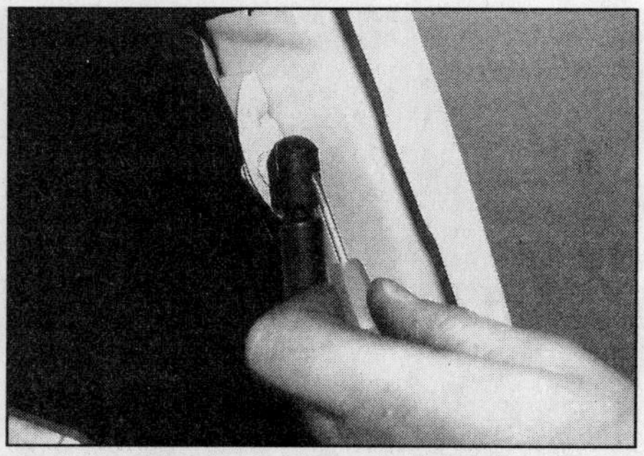

8.4 Koppla loss stöttorna från motorhuven

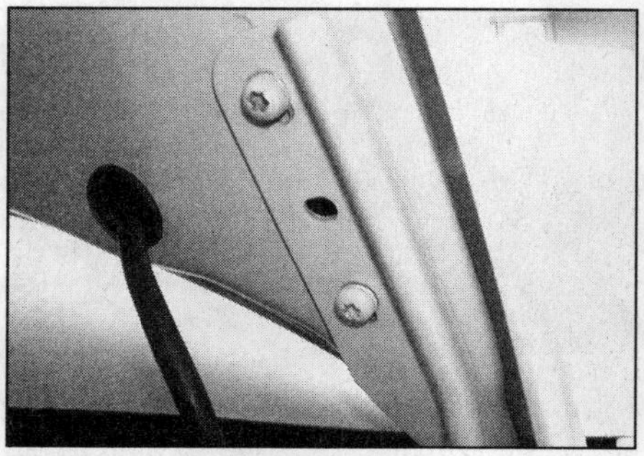

8.6 Motorhuvens gångjärnsbultar

8.8 Motorhuvens låsspärr

3 Låt medhjälparen stöda motorhuven i öppet läge.

4 Koppla loss stöttorna från motorhuven genom att bända ut fästklamrarna med en skruvmejsel, dra sedan av stöttorna **(se bild)**. Sänk ner stöttorna på framskärmarna.

5 Använd en penna och märk gångjärnens placering på motorhuven.

6 Skruva loss och ta bort gångjärnsbultarna med en torxnyckel medan medhjälparen håller upp motorhuven **(se bild)**. Lyft försiktigt bort motorhuven från bilen och placera den så att den står stadigt, var noga med att inte skada lacken.

7 Om det behövs kan torkararmarna och torpedväggskåpan tas bort, skruva sedan loss gångjärnen från karossen och ta bort dem. Om en ny motorhuv ska monteras, för över ljudisoleringen och tätningen till den nya motorhuven.

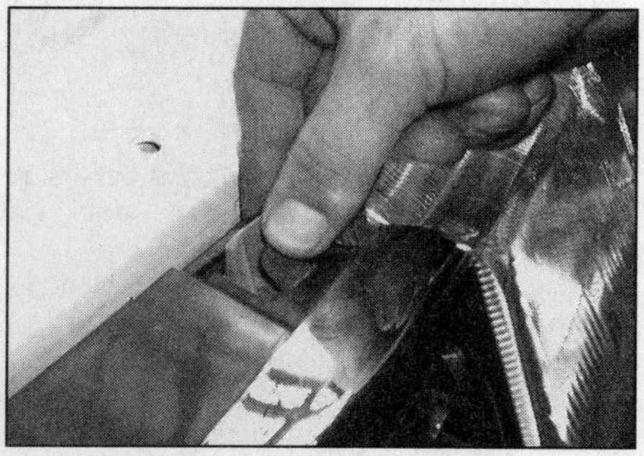

8.13 Tryck ner fästklamrarna . . .

Montering

8 Montering sker i omvänd ordningsföljd. Sänk ner motorhuven försiktigt första gången den stängs, och kontrollera att låsspärren är i linje med låset **(se bild)**. Kontrollera också att motorhuven är placerad mitt emellan framskärmarna. Om det behövs, lossa bultarna och flytta motorhuven något på gängorna innan den stängs. Avsluta med att dra åt bultarna. Kontrollera att motorhuvens framkant är i nivå med framskärmarna och justera genom att skruva in eller ut gummistoppen i motorrummets främre hörn om det behövs.

Stöttor

Demontering

9 Öppna motorhuven. Om bara en stötta ska demonteras kommer den återstående stöttan att hålla upp motorhuven, men om båda ska demonteras måste en medhjälpare hålla upp huven. Alternativt kan en planka användas för att hålla upp motorhuven.

10 Använd en skruvmejsel, bänd bort fjäderklammern från stöttans överdel och ta loss stöttan.

11 Koppla loss stöttans nederdel genom att bända ut fjäderklammern.

Montering

12 Montering sker i omvänd ordningsföljd.

Främre grill

Demontering

13 Fäll upp motorhuven, tryck ner fästklamrarna och lossa grillen från motorrummets främre tvärbalk **(se bild)**.

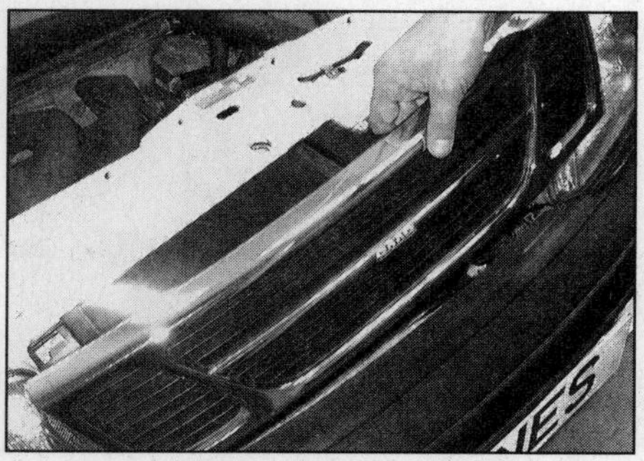

8.14 . . . och lyft upp den främre grillen från de två monteringshålen

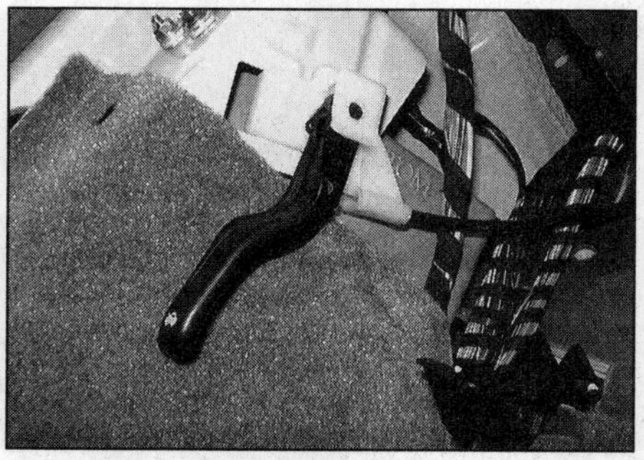

9.5 Motorhuvens låsarm under instrumentbrädan

14 Lyft grillen uppåt från de två monteringshålen **(se bild)**.

Montering

15 Montering sker i omvänd ordningsföljd.

9 Motorhuvens låsvajer och arm – demontering och montering

Demontering

1 Öppna motorhuven, skruva loss skruven och ta bort klammern som fäster låsvajern vid motorrummets främre tvärbalk.

2 Bänd ut den lilla gummipluggen, ta sedan loss motorhuvens låsfjäder från tvärbalken med en tång. Ta loss vajern från fjädern när fjädern är lös.

3 Dra bort vajern från klamrarna i motorrummet.

4 Arbeta på förarsidan inne i bilen, ta bort säkringsdosans kåpa, den nedre klädselpanelen och värmetrumman, ta sedan bort den elektroniska modulen och reläerna. Skruva loss säkringsdosan och lägg den åt sidan.

5 Vik bak mattan och ta bort motorhuvens låsarm, använd två skruvmejslar för att bända bort låsflikarna på över- och underdelen **(se bild)**.

6 Knyt en bit snöre i vajerns inre ände för att underlätta korrekt återmontering. Dra bort armen och vajern genom torpedväggen och ta bort dem från kupén. Knyt loss snöret och lämna det i hålet genom torpedväggen.

Montering

7 Knyt fast snöret i vajern och vira tejp runt vajeränden för att kunna dra den genom torpedväggen. Dra in vajern i motorrummet och knyt loss snöret.

8 Tryck fast låsarmen på sin plats inne i bilen och lägg tillbaka mattan.

9 Sätt i och dra åt skruvarna till säkringsdosan.

10 Montera den elektroniska modulen och reläerna, värmetrumman, den nedre klädselpanelen och säkringsdosans kåpa.

11 Fäst vajern i klamrarna i motorrummet.

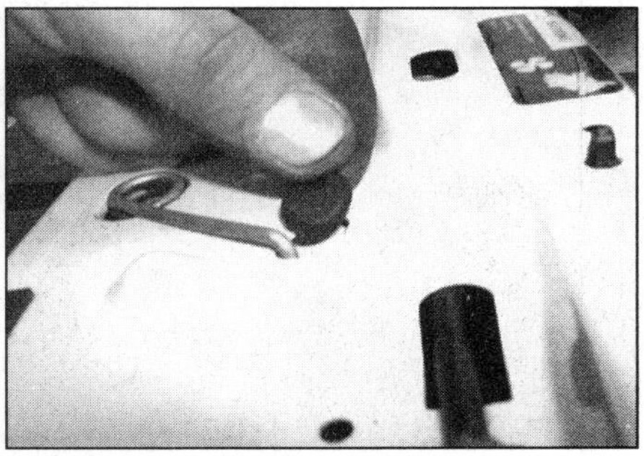

10.1a Ta bort gummipluggen . . .

12 Anslut vajern till motorhuvens låsfjäder, montera sedan fjädern och haka fast den i hålet. Sätt tillbaka gummipluggen.

13 Placera vajerhöljet så att det inte förekommer något spel, montera sedan klämman och dra åt skruven.

14 Stäng motorhuven och kontrollera att vajern styr låsfjädern korrekt.

10 Motorhuvens låsfjäder – demontering och montering

Demontering

1 Öppna motorhuven, bänd bort den lilla gummipluggen och ta bort motorhuvens låsfjäder från tvärbalken, använd en tång för att haka loss den **(se bilder)**.

2 Koppla loss vajern från fjädern under tvärbalken när fjädern är lös.

11.1 Koppla loss framdörrens kablage

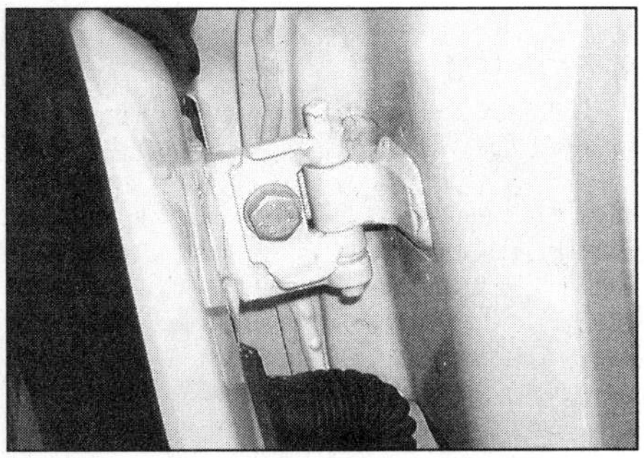

11.3 Framdörrens övre gångjärn

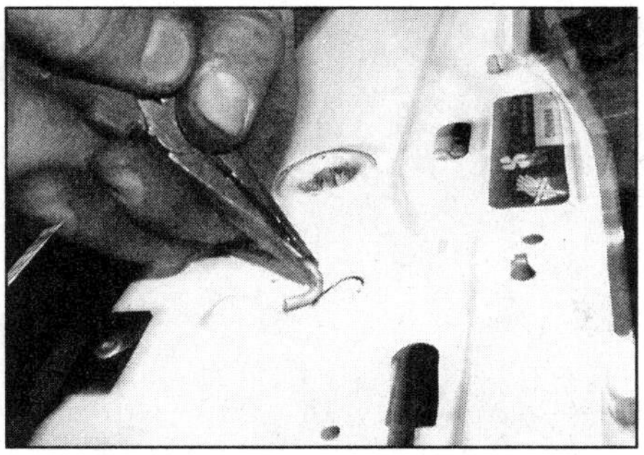

10.1b . . . och koppla loss motorhuvens låsfjäder

3 Dra bort fjädern från tvärbalken **(se bild)**.

Montering

4 Montering sker i omvänd ordning, men lägg lite fett på den del av fjädern som är i kontakt med motorhuvens låsspärr.

11 Dörrar – demontering, montering och justering

Fram

Demontering

1 Öppna dörren och koppla loss kablaget genom att trycka in och vrida pluggen och hylsan mellan dörren och A-stolpen **(se bild)**.

2 Skruva loss dörrstoppet från A-stolpen **(se bild)**.

3 Markera gångjärnsplattornas placering i A-stolpens fästen i relation till varandra **(se bild)**.

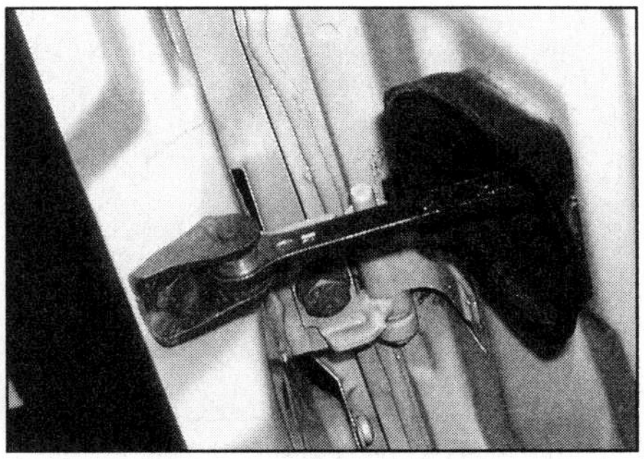

11.2 Framdörrens dörrstopp

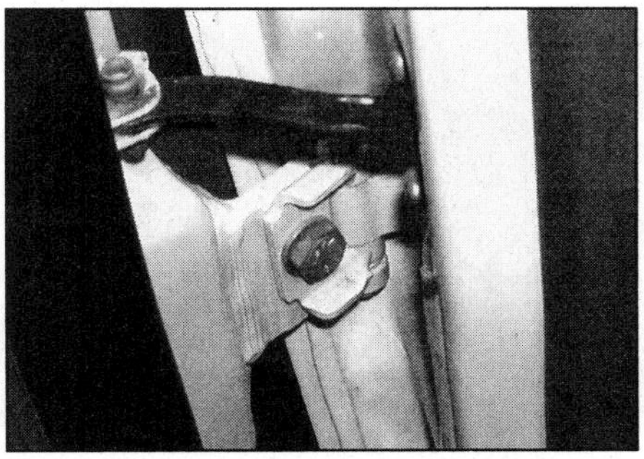

11.8 Bakdörrens nedre gångjärn och stopp

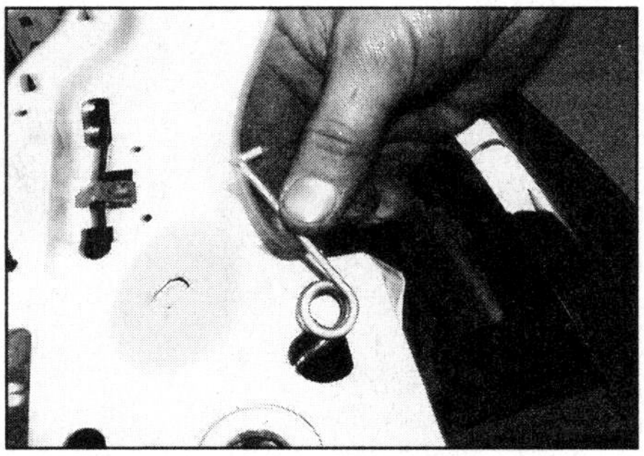

10.3 Ta bort låsfjädern från tvärbalken

4 Ta hjälp av någon, skruva loss fästbultarna och ta bort dörren från bilen. Var noga med att inte skada lacken.

Montering och justering

5 Montering sker i omvänd arbetsordning, men dra åt fästbultarna till angivet moment. Kontrollera att dörrlåset är korrekt placerat i förhållande till låsspärren på B-stolpen och att mellanrummet mellan dörren och den omgivande karossen är lika stort runt om när dörren är stängd. Om det behövs kan låsspärren justeras något om den lossas. Dra åt den när justeringen är klar. Lossa gångjärnsbultarna för att justera dörrens vertikala placering, slipa ner den nedre gångjärnssprinten maximalt 4,0 mm om det inte går att få ner dörren tillräckligt. Justeringen bakåt görs med mellanlägg mellan gångjärnet och stolpen.

Bak

Demontering

6 Öppna fram- och bakdörrarna på den aktuella sidan.

7 Dra bak mantlingen för att komma åt pluggen och hylsan, koppla sedan loss kablaget.

8 Använd en dorn av lämplig storlek och driv ut dörrstoppets bussning nerifrån **(se bild)**.

9 Markera gångjärnsplattornas placering i B-stolpens fästen i relation till varandra **(se bild)**.

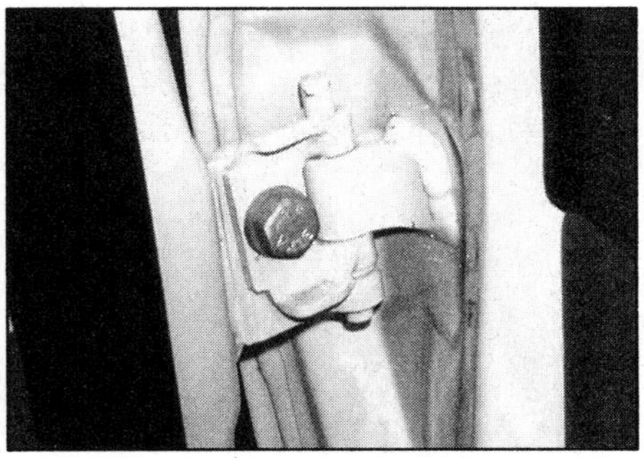

11.9 Bakdörrens övre gångjärn

11.11 Bakdörrens låsspärr

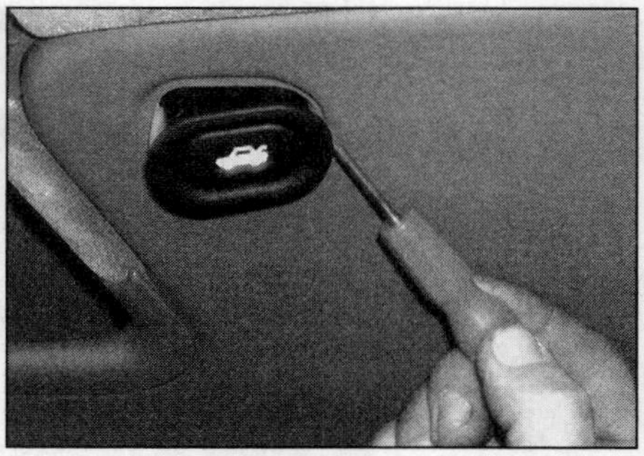

12.1a Bänd bort låsknappen till bakluckan . . .

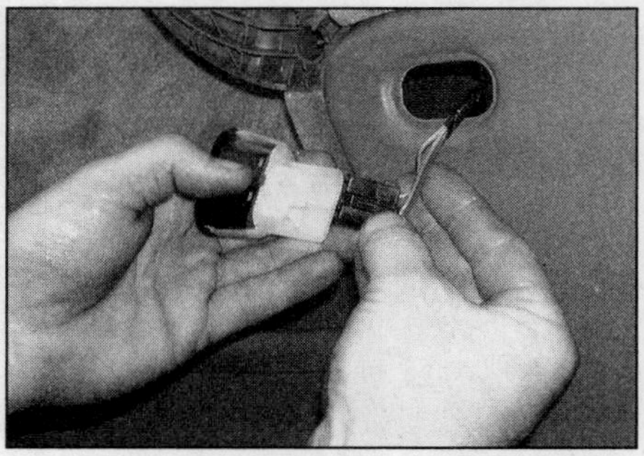

12.1b . . . och koppla loss kablaget

10 Ta hjälp av en medhjälpare, skruva loss fästbultarna och ta bort dörren från bilen. Var noga med att inte skada lacken.

Montering och justering

11 Montering sker i omvänd arbetsordning, men dra åt fästbultarna till angivet moment. Kontrollera att dörrlåset är korrekt placerat i förhållande till låsspärren på C-stolpen och att mellanrummet mellan dörren och den omgivande karossen är lika stort runt om när dörren är stängd. Om det behövs kan låsspärren justeras genom att den lossas något **(se bild)**. Dra åt den när justeringen är klar. Lossa gångjärnsbultarna för att justera dörrens placering vertikalt, slipa ner den nedre gångjärnssprinten maximalt 4,0 mm om det inte går att få ner dörren tillräckligt. Justeringen bakåt görs med mellanlägg mellan gångjärnet och stolpen.

12 Dörrens inre klädselpanel – demontering och montering

Fram

Demontering

1 Bänd försiktigt bort låsknappen till bakluckan från dörrklädseln med hjälp av en liten skruvmejsel och koppla loss kablaget **(se bilder)**.

2 Bänd bort plastskyddet från det inre dörröppningshandtaget, skruva sedan loss skruven och ta bort handtaget från aktiveringsstaget **(se bilder)**.

3 Stick in en skruvmejsel vid den främre kanten av sidobackspegelns inre klädselpanel, bänd försiktigt ut panelen och koppla loss kablaget från brytaren.

4 Bänd bort plastkåpan från dörrhandtaget och skruva loss skruvarna **(se bilder)**.

5 Skruva loss skruvarna som fäster klädselpanelens nederdel vid dörrpanelen **(se bild)**.

6 Ta bort klammern från klädselpanelens bakkant genom att trycka in mittsprinten **(se bild)**.

7 Använd en bredbladig skruvmejsel och bänd försiktigt bort klamrarna som fäster klädselpanelerna på dörren. Var noga med att inte skada klädselpanelen eller klamrarna, bänd så nära klamrarnas placeringar som möjligt.

8 När klamrarna är borttagna, lyft klädselpanelen uppåt över låsknappen.

9 Dra försiktigt bort membranen från dörrens innerpanel om det behövs **(se bilder)**.

Montering

10 Montering sker i omvänd ordningsföljd.

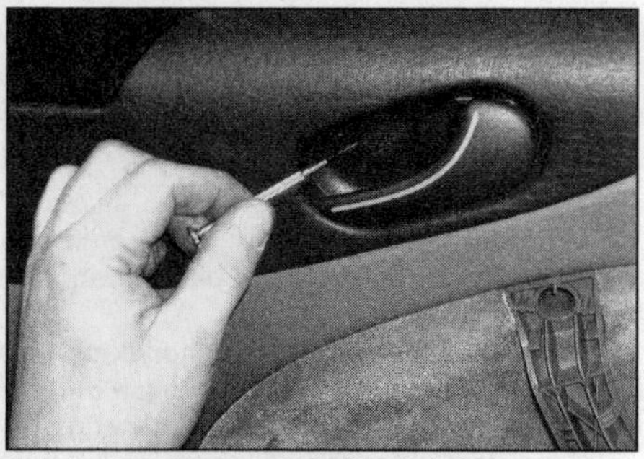

12.2a Bänd bort plastpluggen . . .

12.2b . . . skruva sedan loss skruven . . .

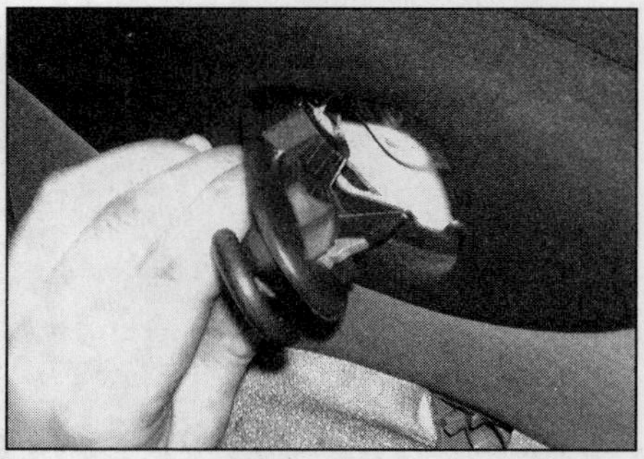

12.2c . . . och ta bort öppningshandtaget från aktiveringsstaget

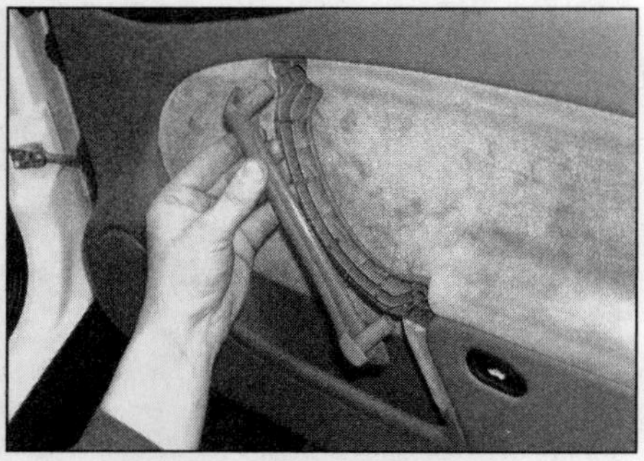

12.4a Ta bort plastkåpan från dörrhandtaget . . .

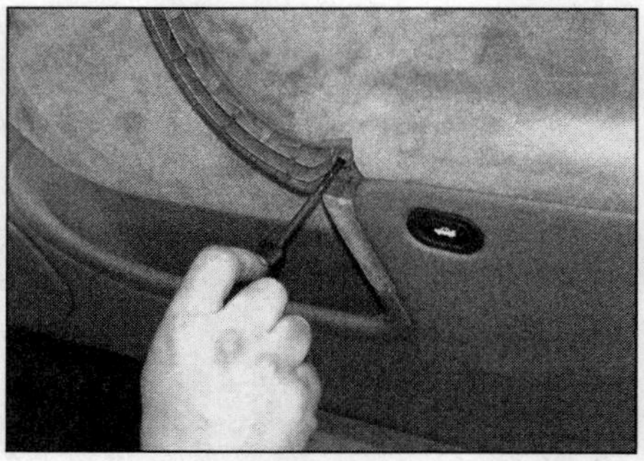

12.4b . . . och skruva loss skruvarna

12.5 Skruva loss de nedre skruvarna till framdörrens klädselpanel

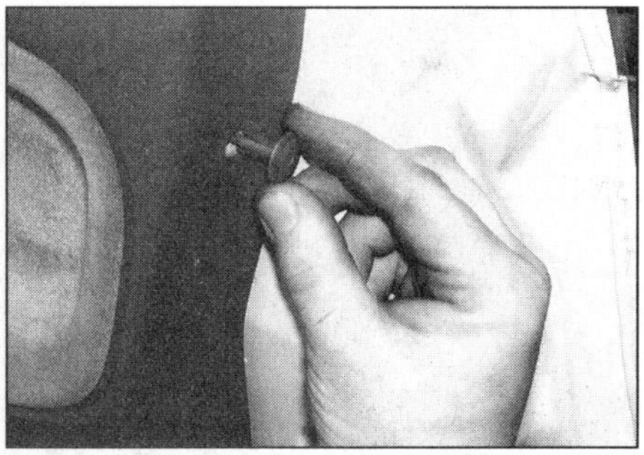

12.6 Ta bort klammern från dörrklädselns bakkant

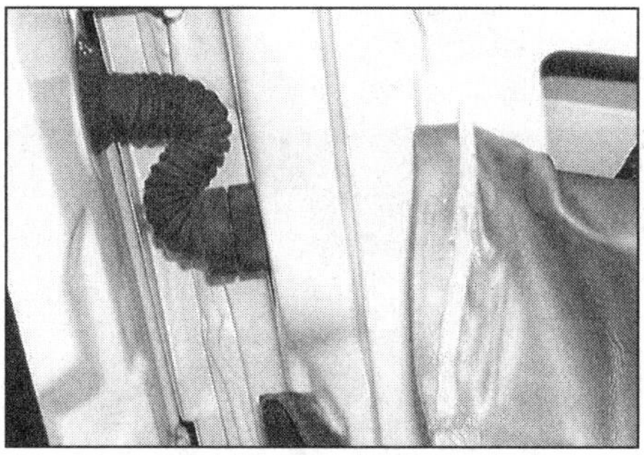

12.9a Ta bort framdörrens huvudmembran . . .

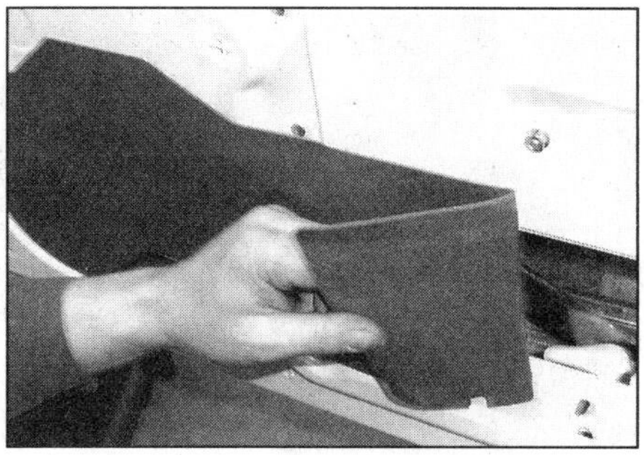

12.9b . . . och nedre membran

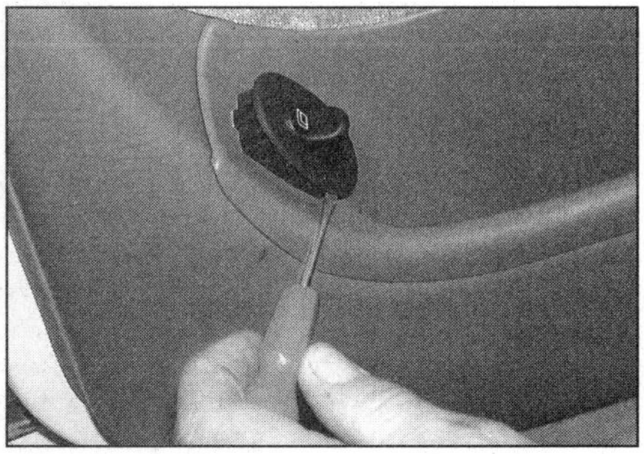

12.11 Ta bort brytaren till den elektriska fönsterhissen från bakdörren

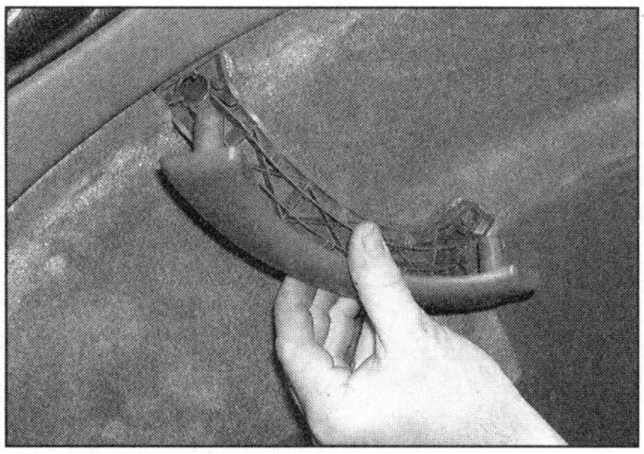

12.12a Bänd bort plastkåpan från dörrhandtaget . . .

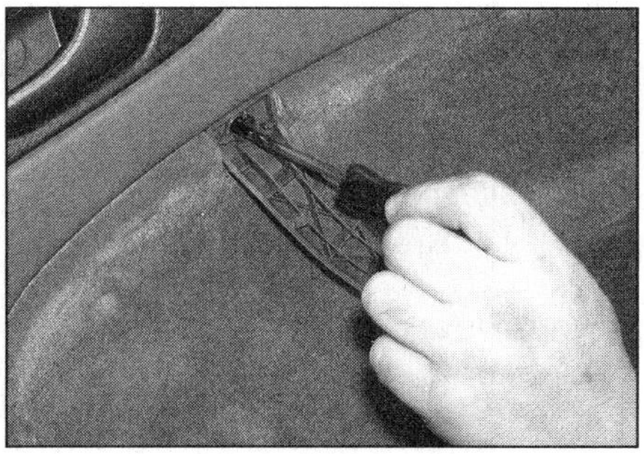

12.12b . . . och skruva loss fästskruvarna

Bak

Demontering

11 Bänd försiktigt loss brytaren till den elektriska fönsterhissen från dörrens inre

12.13 Skruva loss de två fästskruvarna (vid pilarna)

klädselpanel med hjälp av en liten skruvmejsel, och koppla loss kablaget **(se bild)**.

12 Bänd bort plastkåpan från dörrhandtaget, skruva sedan loss klädselpanelens fästskruvar som nu går att komma åt **(se bilder)**.

12.14a Bänd bort pluggen . . .

13 Skruva loss de två fästskruvarna på klädselpanelens nederkant. Skruva inte loss mittskruven eftersom den fäster förvaringsfacket vid klädselpanelen **(se bild)**.

14 Bänd bort plastpluggen från det inre dörröppningshandtaget, skruva sedan loss skruven och ta bort handtaget från aktiveringsstaget **(se bilder)**.

15 Använd en bredbladig skruvmejsel och bänd försiktigt bort klamrarna som fäster klädselpanelerna på dörren. Var noga med att inte skada klädselpanelen eller klamrarna, bänd så nära klamrarnas placeringar som möjligt.

16 När klamrarna är borttagna, lyft klädselpanelen uppåt över låsknappen.

17 Dra försiktigt bort membranen från dörrens innerpanel om det behövs **(se bilder)**.

12.14b . . . skruva loss skruven . . .

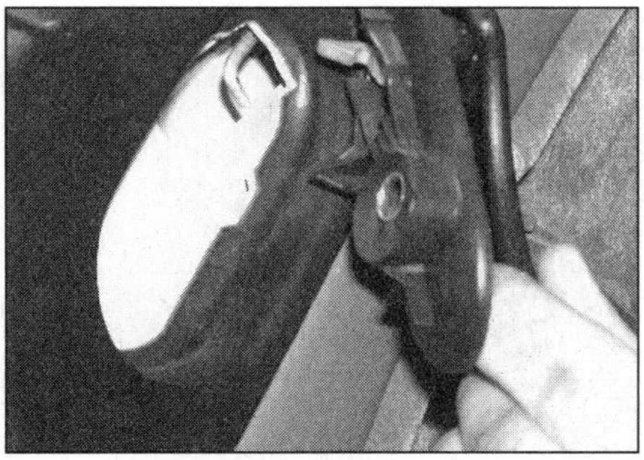

12.14c . . . och ta loss öppningshandtaget från aktiveringsstaget

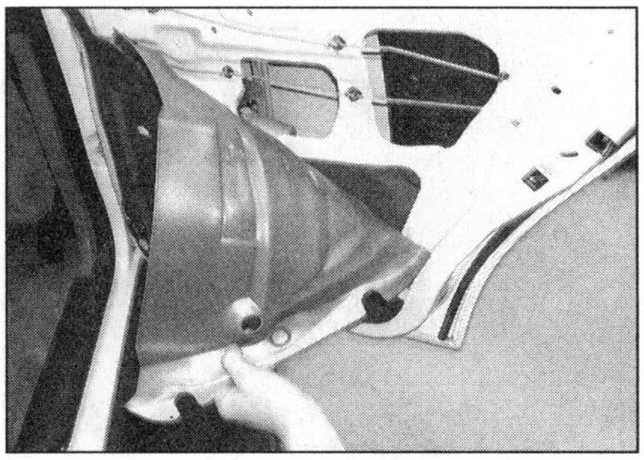

12.17a Ta bort bakdörrens huvudmembran . . .

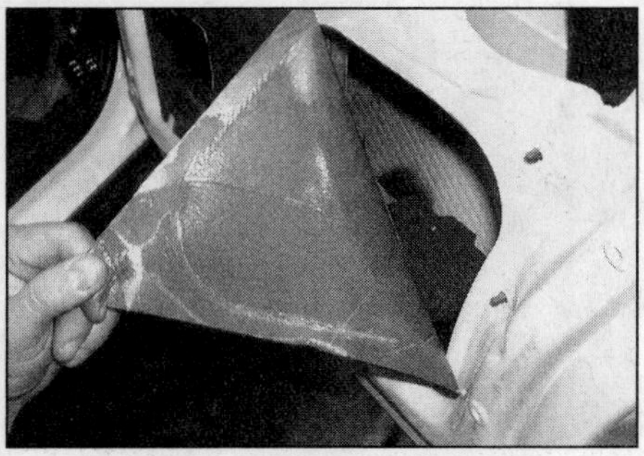

12.17b . . . och nedre membran

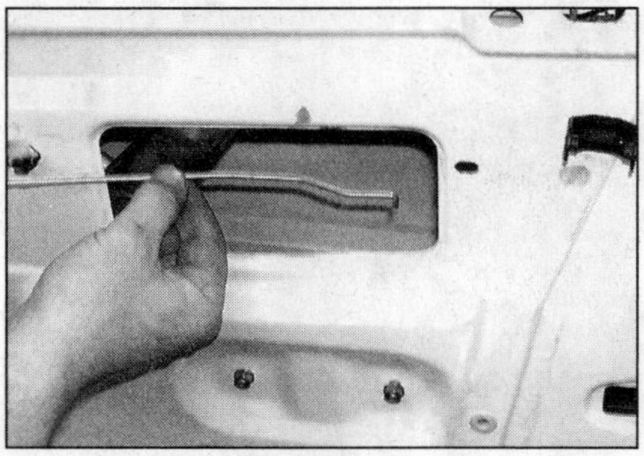

13.4 Koppla loss aktiveringsstaget från låset

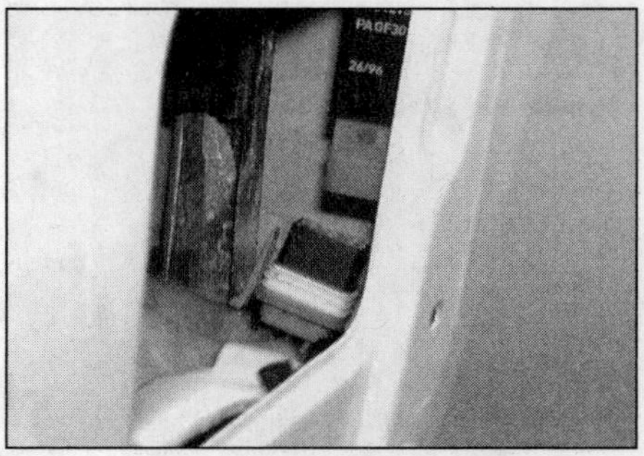

13.7 Koppla loss kablaget från framdörrens centrallås

Montering

18 Montering sker i omvänd ordningsföljd.

13 Dörrhandtag och låskomponenter – demontering och montering

Inre handtag

Demontering

1 Bänd bort plastpluggen från det inre öppningshandtaget, skruva loss skruven och ta loss handtaget från aktiveringsstaget.

Montering

2 Montering sker i omvänd ordningsföljd.

Framdörrens lås

Demontering

3 Med fönstret stängt, demontera dörrklädseln och membranen (se avsnitt 12).

4 Sträck upp handen i dörren och koppla loss det inre dörrhandtagets aktiveringsstag från låset **(se bild)**. Det gör man genom att trycka upp plasthållaren och lossa staget.

5 Skruva loss och ta bort den nedre bulten till fönstrets bakre styrkanal.

6 Koppla loss låscylinderns aktiveringsstag från låset genom att trycka upp plasthållaren.

7 Koppla loss centrallåsets kablage från låset **(se bild)**.

8 Skruva loss skruvarna som fäster låset vid dörrens bakkant och ta bort plattan i förekommande fall **(se bilder)**.

9 Dra bort dörrlåset tillsammans med centrallåsmotorn genom öppningen i dörren **(se bild)**. Tryck ner låsknappen genom hålet i dörren när låsenheten tas bort.

10 Om det behövs, skruva loss skruvarna och ta bort centrallåsmotorn från låset.

Montering

11 Montering sker i omvänd ordning, men se till att låset fungerar ordentligt innan dörrklädseln monteras.

Bakdörrens lås

Demontering

12 Med fönstret stängt, demontera dörrklädseln och membranen (se avsnitt 12). Ta även bort dörrtätningen **(se bild)**.

13 Koppla loss det inre dörrhandtagets aktiveringsstag från låset **(se bild)**. Det gör man genom att trycka upp plasthållaren och lossa staget.

14 Koppla loss låsknappen från låset genom att trycka upp plasthållaren. Om det behövs kan hela staget tas bort genom att veven tas bort **(se bilder)**.

15 Skruva loss och ta bort den nedre bulten till fönstrets bakre styrkanal.

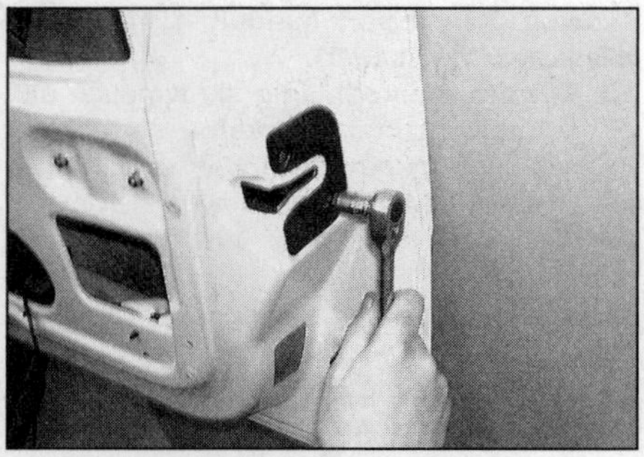

13.8a Skruva loss skruvarna . . .

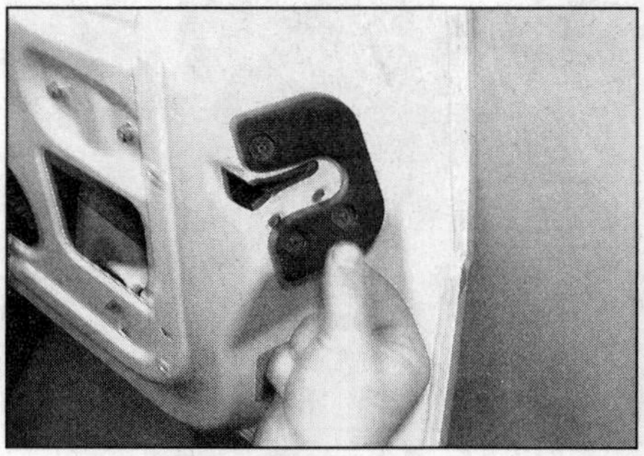

13.8b . . . ta bort plattan . . .

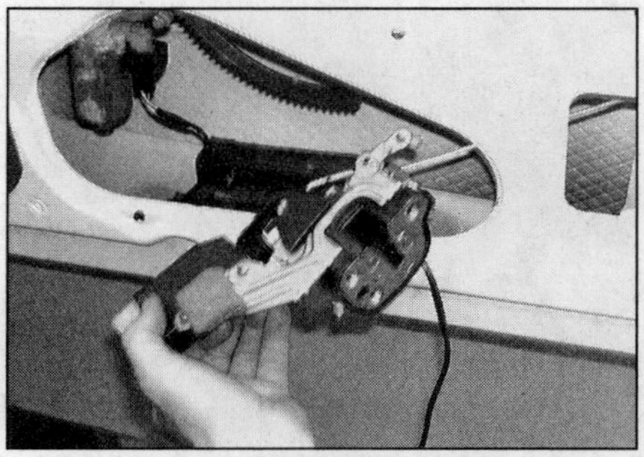

13.9 . . . och dra bort dörrlåset och centrallåsmotorn

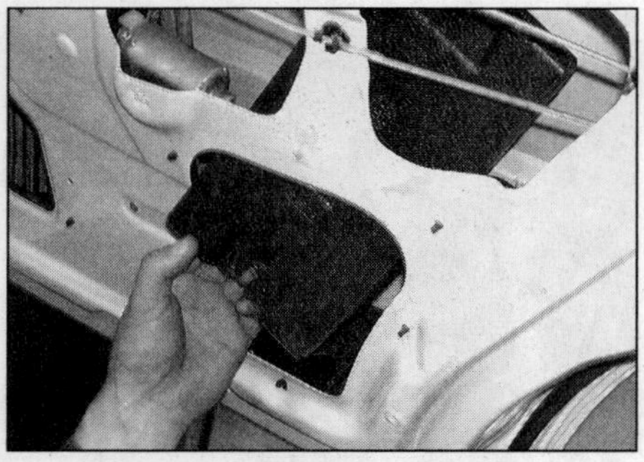

13.12 Ta bort tätningen från bakdörren

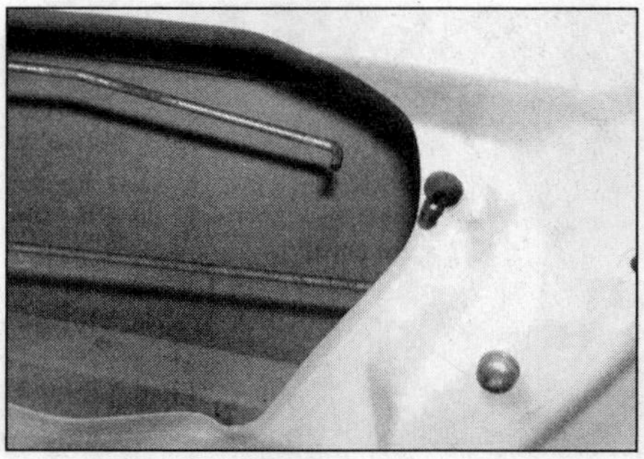

13.13 Koppla loss det inre handtagets aktiveringsstag från låset

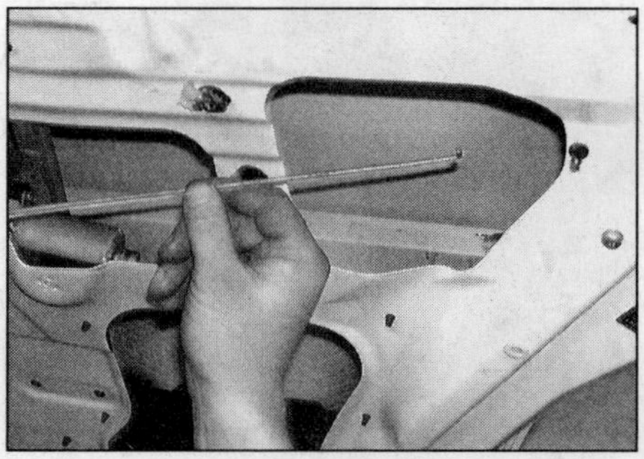

13.14a Koppla bort låsknappens stång från låset . . .

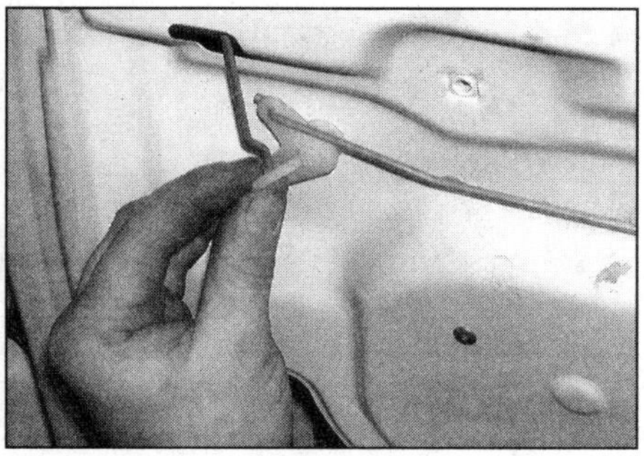

13.14b . . . ta sedan bort veven

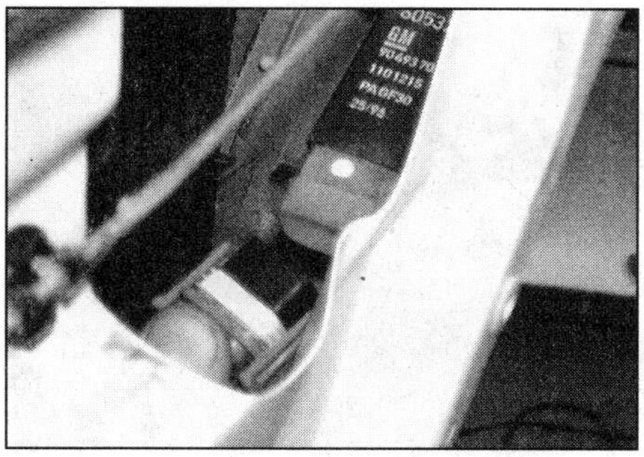

13.16 Koppla loss centrallåsets kablage från bakdörrens lås

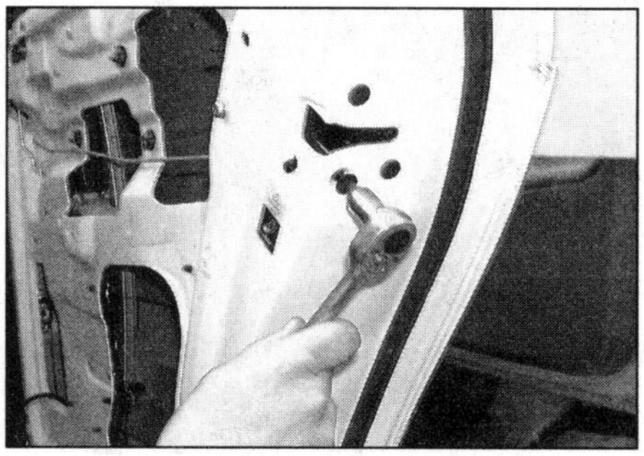

13.17 Skruva loss skruvarna till bakdörrens lås . . .

16 Koppla loss centrallåsets kablage från låset **(se bild)**.
17 Skruva loss skruvarna som fäster låset vid dörrens bakkant **(se bild)**.
18 Dra bort dörrlåset tillsammans med centrallåsmotorn genom öppningen i dörren **(se bild)**.
19 Om det behövs, skruva loss skruvarna och ta bort centrallåsmotorn från låset.

Montering

20 Montering sker i omvänd ordningsföljd.

Yttre handtag

Demontering

21 Med fönstret stängt, ta bort dörrklädseln och membranen (se avsnitt 12).
22 Sträck upp handen i dörren och koppla loss det inre dörrhandtagets aktiveringsstag från låset. Det gör man genom att trycka upp plasthållaren och lossa staget.
23 Skruva loss och ta bort den nedre bulten till fönstrets bakre styrkanal. På 5-dörrars modeller, flytta ut kanalen något, men koppla inte loss kanalens överdel. På 3-dörrars modeller, dra ner kanalen något, dra sedan ut den ur det övre spåret och ta bort den.
24 Ta loss klämman inne i dörren som fäster mikrokontakten vid baksidan på det yttre dörrhandtaget. Lägg kontakten åt sidan **(se bild)**.
25 Koppla loss låscylinderns aktiveringsstag från låset.
26 Stöd det yttre dörrhandtaget utifrån, skruva sedan loss muttern från insidan och ta bort fästplattan **(se bild)**.
27 Koppla loss sktiveringsstaget till det yttre dörrhandtaget från låset.
28 Om det behövs för att komma åt bättre, ta bort låset helt enligt beskrivningen tidigare i detta avsnitt.
29 Ta försiktigt bort det yttre dörrhandtaget från utsidan, var noga med att inte skada lacken **(se bild)**.

Montering

30 Montering sker i omvänd ordningsföljd.

Låscylinder

Demontering

31 Demontera framdörrens ytterhandtag enligt beskrivningen tidigare i detta avsnitt.
32 Sätt i startnyckeln i låscylindern.

Förarsidan

33 Koppla loss den lilla spiralfjädern, observera hur den sitter för att garantera korrekt återmontering, ta sedan bort nyloncylindern **(se bilder)**.

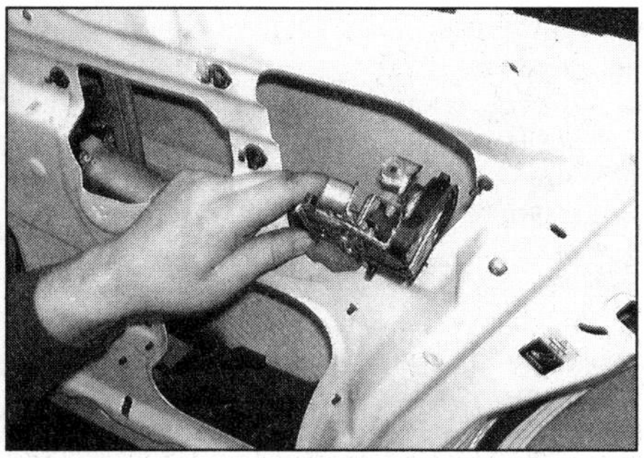

13.18 . . . och dra bort låset

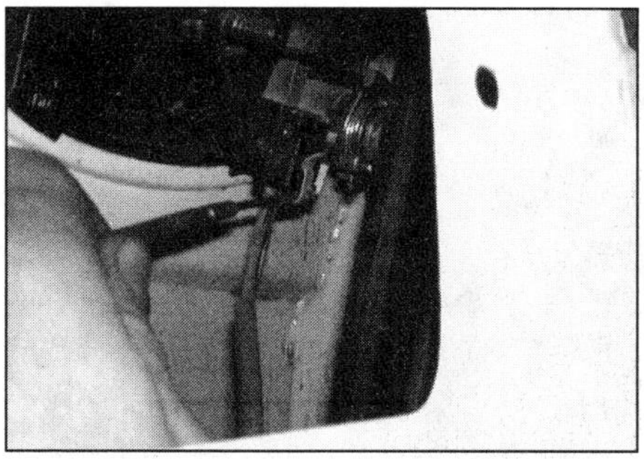

13.24 Ta loss klämman till mikrokontakten från det yttre handtaget

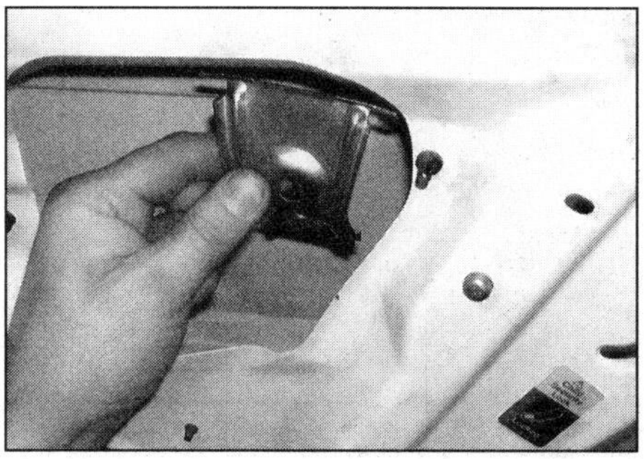

13.26 Ta bort fästplattan till bakdörrens yttre handtag

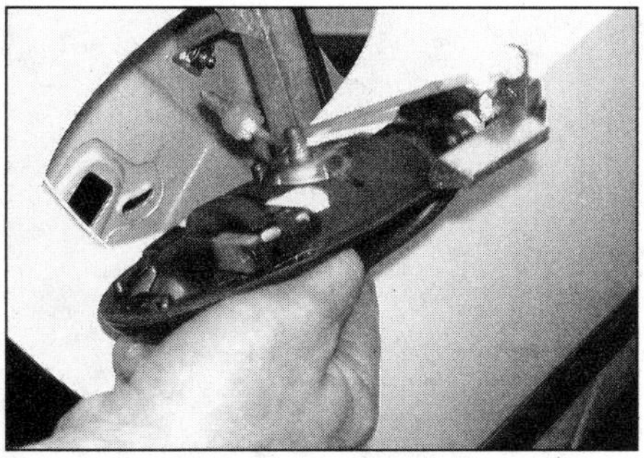

13.29 Ta bort det yttre handtaget från bakdörren

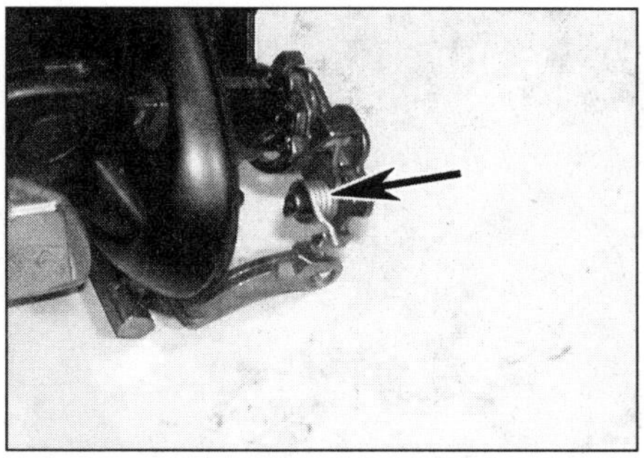

13.33a Observera hur spiralfjädern är monterad innan den tas bort . . .

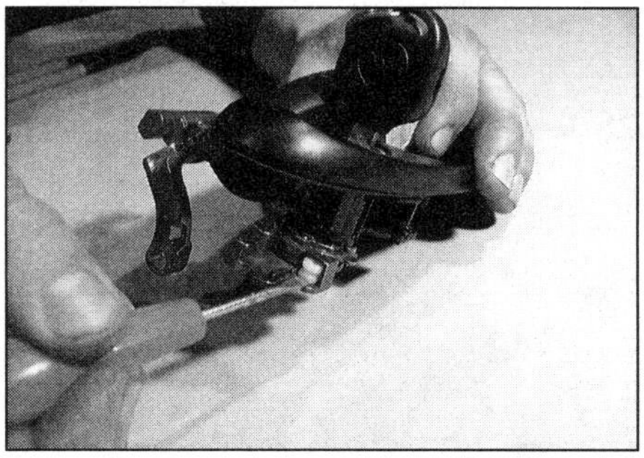

13.33b . . . ta sedan bort nyloncylindern

13.34a Dra bort låsringen . . .

13.34b . . . och gjutgodset

13.34c Observera hur fästkulan sitter monterad

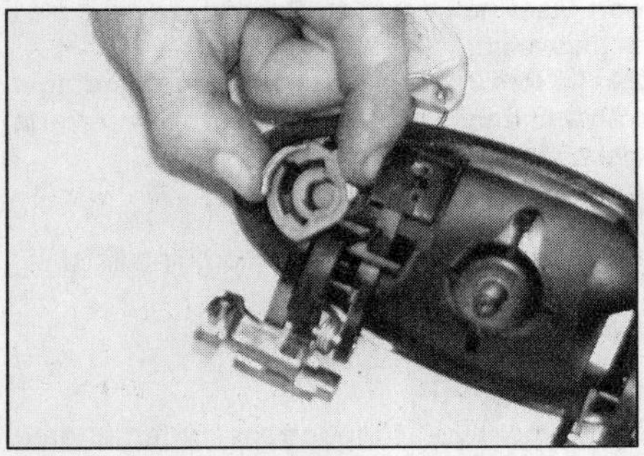

13.35 Ta bort den stora spiralfjädern och medbringaren . . .

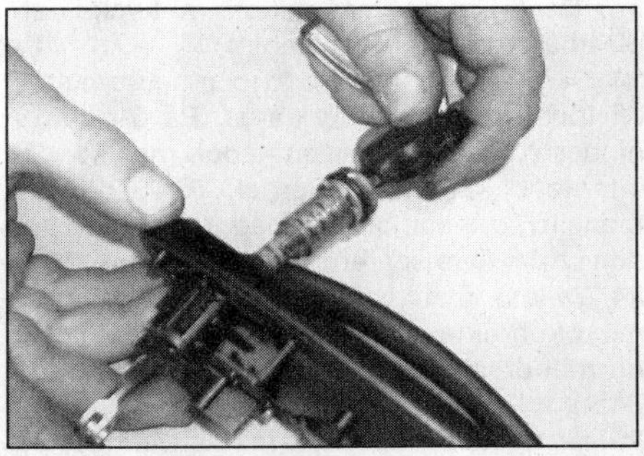

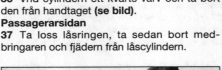

13.36 . . . vrid sedan cylindern ett kvarts varv och ta bort den från handtaget

34 Ta loss låsringen och ta sedan bort gjutgodset. Observera hur fästkulan sitter **(se bilder)**.

35 Ta bort den stora spiralfjädern och medbringaren **(se bild)**.

36 Vrid cylindern ett kvarts varv och ta bort den från handtaget **(se bild)**.

Passagerarsidan

37 Ta loss låsringen, ta sedan bort medbringaren och fjädern från låscylindern.

38 Vrid cylindern ett kvarts varv och ta bort den från handtaget.

Montering

39 Montering sker i omvänd ordningsföljd. Se till att dräneringshålet är i botten av cylindern. På förarsidan, lägg lite fett på fästkulan innan den monteras.

14 Dörrens fönsterglas – demontering och montering

Framdörr

Demontering

1 Öppna fönstret helt och ta bort dörrklädseln och membranen enligt beskrivningen i avsnitt 12.

2 Tryck ut den yttre tätningslisten vid dörrens bakkant, lyft sedan bort den från utsidan av dörren **(se bild)**.

3 Bänd bort kåpan och ta loss den inre tätningslisten från dörren **(se bilder)**.

4 Skruva loss den nedre bulten till fönstrets bakre styrkanal och ta bort den **(se bild)**.

5 Återanslut tillfälligt brytaren till den elektriska fönsterhissen och hissa upp rutan något, tills rutans underdel syns genom öppningarna i dörrpanelen.

6 Ta loss fästklamrarna från styrkanalens rullar, bänd sedan försiktigt bort fönsterhissens sprintar från rullarna medan fönstret stöds **(se bilder)**. Sprintarna sitter hårt i

14.2 Ta bort den yttre tätningslisten från framdörren

14.3a Bänd bort den triangelformade kåpan . . .

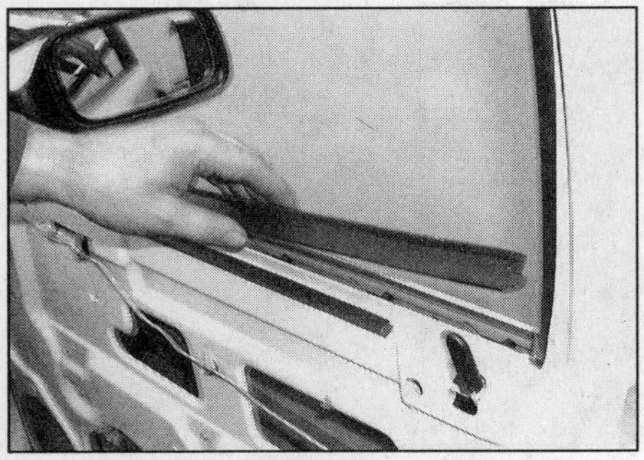

14.3b . . . och ta bort inre tätningslisten från dörren

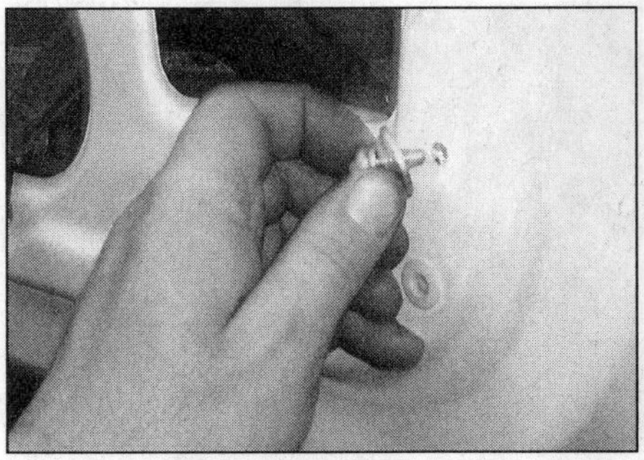

14.4 Skruva loss den nedre bulten till framdörrens bakre fönsterstyrning

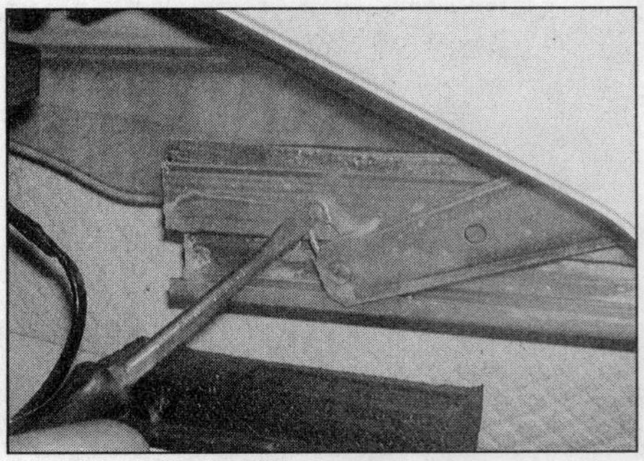

14.6a Ta loss fästklamrarna . . .

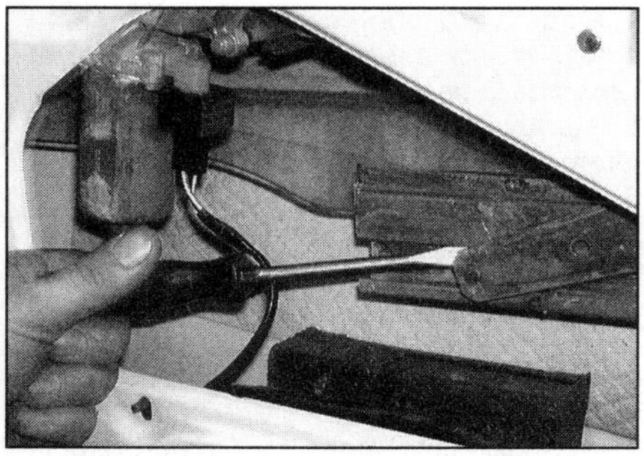

14.6b . . . och bänd ut fönsterhissens sprintar från rullarna

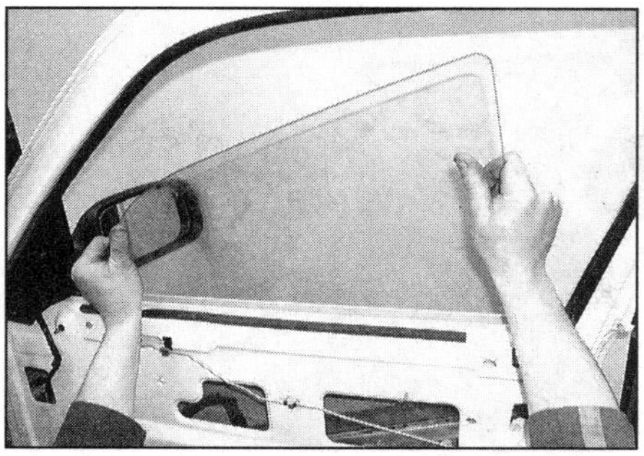

14.7 Lyft bort fönsterrutan från framdörren

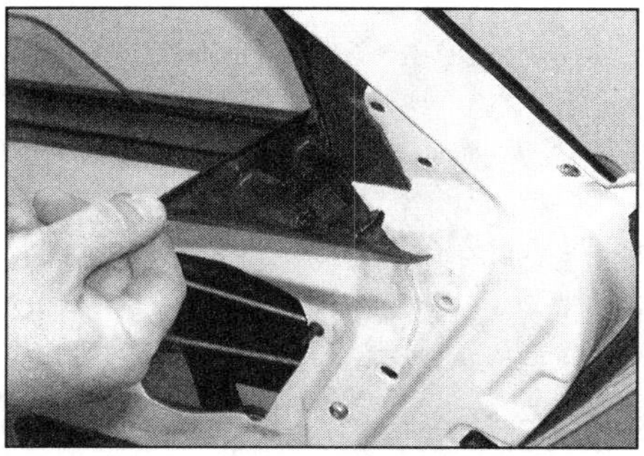

14.18 Ta bort den triangelformade kåpan

rullarna – tänk på att inte ta spjärn mot fönstret med för stor kraft.

7 Lyft försiktigt rutans bakre del och ta bort den från dörrens utsida **(se bild)**.

8 Ta bort styrkanalsrullarna från fönsterglaset.

Montering

9 Smörj fönsterglasets bottenkanal med fett, placera sedan rullarna i kanalen.

10 Sänk ner rutan på sin plats och placera den i den främre och bakre styrkanalen.

11 Tryck in fönsterhissens sprintar i rullarna och montera klamrarna.

12 Sätt i och dra åt den nedre bulten till fönstrets bakre styrkanal.

13 Återanslut tillfälligt brytaren till den elektriska fönsterhissmotorn, lossa sedan fönsterhissens bakersta justermutter och stäng fönstret helt. Hissa ner fönstret 3,0 cm och tryck det bakåt så långt det går. Fönstrets överkant ska vara parallell med dörrpanelen. Dra åt den bakersta justerskruven.

14 Tryck in den inre tätningslisten i dörren.

15 Montera den yttre tätningslisten och tryck fast placeringssprinten i hålet.

16 Montera membranen och dörrklädseln (se avsnitt 12).

Bakdörr

Demontering

17 Öppna fönstret helt och ta bort dörrklädseln och membranen enligt beskrivningen i avsnitt 12.

18 Använd en skruvmejsel, bänd försiktigt bort den triangelformade kåpan från dörren och ta bort fyllningsmaterialet **(se bild)**.

19 Ta bort den inre tätningslisten från dörren **(se bild)**.

20 Ta bort den yttre tätningslisten från dörren **(se bild)**.

21 Ta bort gummitätningen från den bakre styrkanalen **(se bild)**.

22 Koppla loss det inre dörröppningshandtagets aktiveringsstag från låset genom att trycka upp plasthållaren.

23 Skruva loss och ta bort den nedre skruven till fönstrets bakre styrkanal. Ta bort den yttre triangelformade kåpan, koppla sedan loss kanalens övre ände och vrid den så mycket som behövs för att ta bort den **(se bilder)**.

24 Höj försiktigt fönsterglasets bakre del och lossa den nedre kanalen från fönsterhissen. Flytta glaset horisontellt, lyft det sedan uppåt och ta bort det från dörrens insida **(se bilder)**.

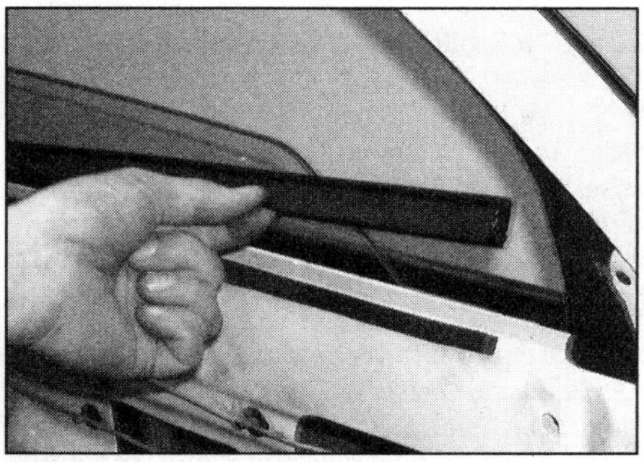

14.19 Ta bort den inre tätningslisten från bakdörren

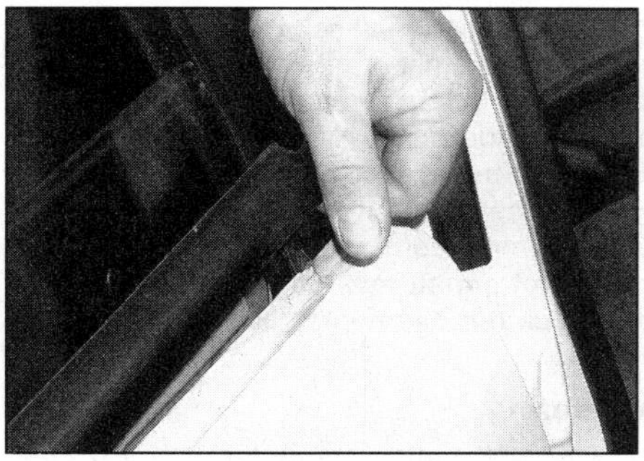

14.20 Ta bort den yttre tätningslisten

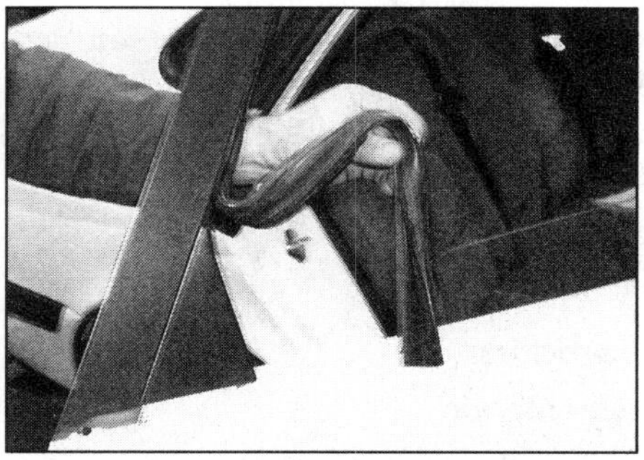

14.21 Ta bort gummitätningen från den bakre styrkanalen

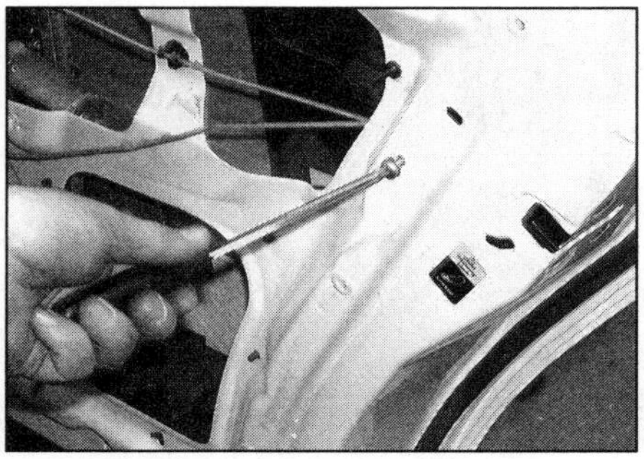

14.23a Ta bort styrkanalens nedre skruv . . .

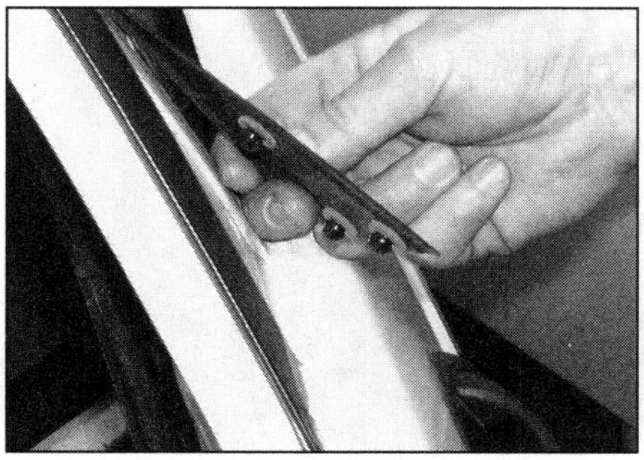

14.23b . . . ta sedan bort den triangelformade kåpan . . .

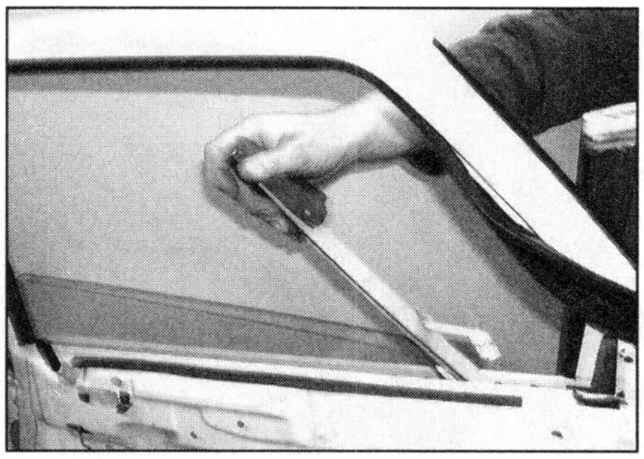

14.23c . . . och dra bort fönstrets bakre styrkanal

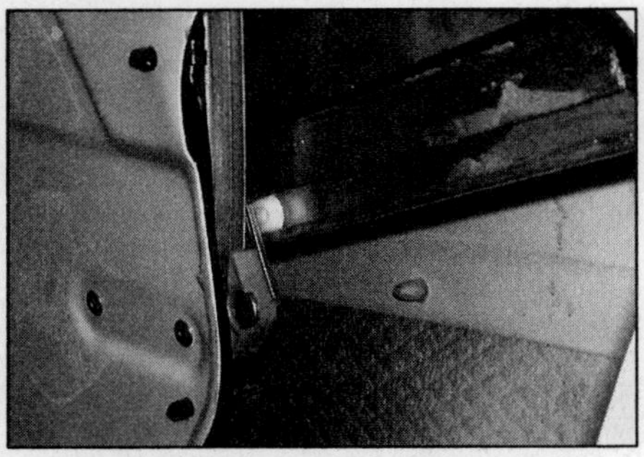

14.24a Lossa den nedre kanalen från fönsterhissen . . .

Montering

25 Smörj fönsterglasets nedre kanal med fett.

26 Sänk ner glaset på sin plats och haka fast den nedre kanalen i fönsterhissen.

27 Placera fönsterglaset i den främre styrkanalen, montera sedan den bakre styrkanalen och fäst den med den nedre bulten. Se till att kanalens övre ände är korrekt placerad.

28 Återanslut det inre öppningshandtagets aktiveringsstag till låset och fäst med plasthållaren.

29 Smörj lite vaselin på gummitätningen och placera den sedan i den bakre styrkanalen.

30 Montera inre och yttre tätningslister och se till att de trycks ner ordentligt.

31 Montera fyllningsmaterialet och den triangulära kåpan, tryck fast dem ordentligt.

32 Montera membranen och dörrklädseln enligt beskrivningen i avsnitt 12.

33 Stäng fönstret och kontrollera att det fungerar.

15 Dörrens fönsterhiss – demontering och montering

Framdörr

Demontering

1 Demontera dörrklädseln och membranen enligt beskrivningen i avsnitt 12.

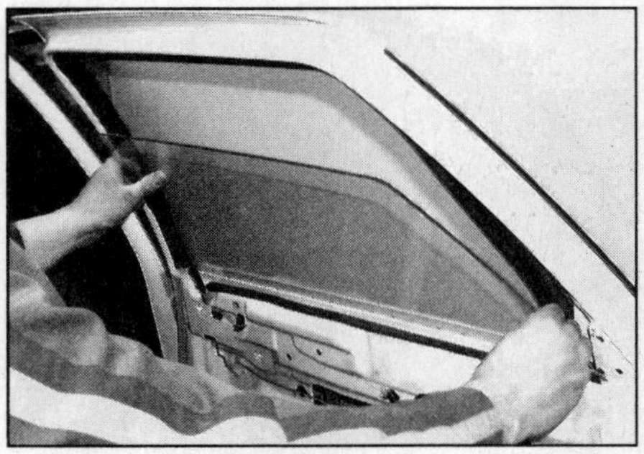

14.24b . . . ta sedan bort fönsterrutan från bakdörren

2 Återanslut tillfälligt fönsterreglagets brytare, sänk sedan fönstret ungefär 10 cm och tejpa fast det i det läget. Fönstrets nedre kanal och ändarna på fönsterhissens armar ska nu synas genom öppningarna i dörrens innerpanel.

3 Bänd ut fästklamrarna från styrkanalsrullarna, bänd sedan försiktigt bort sprintarna från rullarna medan fönstret stöds. Sprintarna sitter hårt i rullarna – tänk på att inte ta spjärn mot fönstret med för stor kraft.

4 Återanslut tillfälligt fönsterreglaget, kör fönsterhissmotorn tills armarna är horisontella. Då blir det lättare att ta bort fönsterhissen genom öppningen i dörren.

5 Stöd fönsterhissen, borra sedan bort skallarna på nitarna som fäster fönsterhissen vid dörrpanelen. Knacka ut nitarna med en liten körnare.

6 Koppla loss kablaget från den elektriska motorn **(se bild)**.

7 Markera styrkanalens läge, skruva sedan bort fästmuttrarna.

8 Ta bort fönsterhissen och motorn från dörrens insida.

9 Om det behövs, Skruva loss motorn från fönsterhissen. Om en av fästbultarna döljs av regulatorn måste man ta bort statorn för att komma åt armaturen, vrid sedan armaturen och tryck ner segmentet, för att komma åt bulten.

Montering

10 Om det behövs, montera motorn på fönsterhissen och dra åt bultarna.

11 Placera fönsterhissen och motorn i dörren, montera sedan styrkanalen i det markerade läget och dra åt muttrarna.

12 Återanslut kablaget till den elektriska motorn.

13 Återanslut tillfälligt reglaget och hissa upp fönsterhissens armar något.

14 Placera fönsterhissen på dörren och fäst den med nya nitar.

15 Haka fast fönsterhissens sprintar i styrkanalens rullar och montera klamrarna.

16 Låt justermuttrarna vara lösa och stäng fönstret helt. Sänk sedan ner fönstret 3,0 cm och tryck det bakåt så långt det går. Fönstrets överkant ska vara parallell med dörrpanelen. Dra åt justeringsmuttrarna.

17 Montera membranen och dörrklädseln enligt beskrivningen i avsnitt 12.

Bakdörr

Demontering

18 Ta bort dörrklädseln och membranen enligt beskrivningen i avsnitt 12.

19 Bänd loss den yttre tätningslisten från dörren.

20 Skruva loss och ta bort den nedre bulten till fönstrets bakre styrkanal.

21 Återanslut tillfälligt fönsterreglaget, sänk sedan fönstret ungefär 10 cm och tejpa fast det i det läget. Fönstrets nedre kanal och ändarna på fönsterhissens armar ska nu synas genom öppningarna i dörrens innerpanel.

22 Koppla loss kablaget från elmotorn **(se bild)**.

23 Stöd fönsterhissen, borra bort skallarna på nitarna som fäster fönsterhissen vid dörrpanelen **(se bild)**. Knacka ut nitarna med en liten körnare.

24 Lossa fönsterhissens armar från fönstrets nedre kanal, dra sedan försiktigt bort fönsterhissen och motorn genom öppningen i dörrpanelen. **Observera:** *Motorn och regulatorn kan inte tas isär.*

Montering

25 Placera fönsterhissen inne i dörrpanelen och haka fast armarna med fönstrets nedre kanal.

26 Montera fönsterhissen och fäst den med nya nitar.

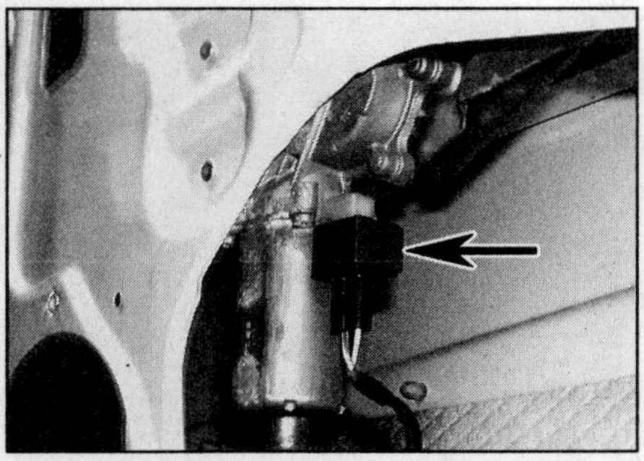

15.6 Anslutningskontakt till framdörrens elektriska fönsterhiss

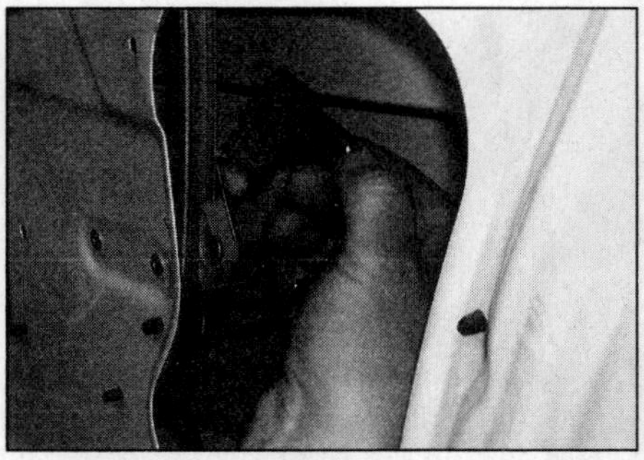

15.22 Koppla loss kablaget till bakdörrens elektriska fönsterhiss

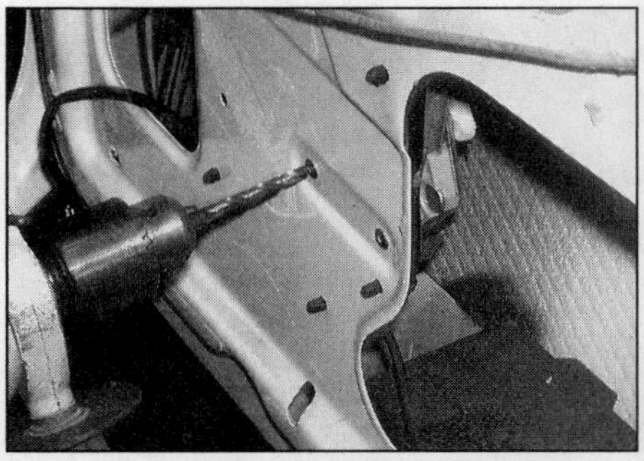

15.23 Borra ut fönsterhissens fästnitar

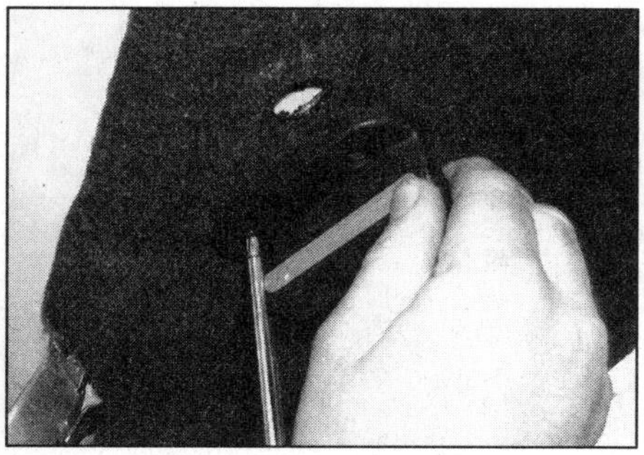

16.4 Ta bort handtaget

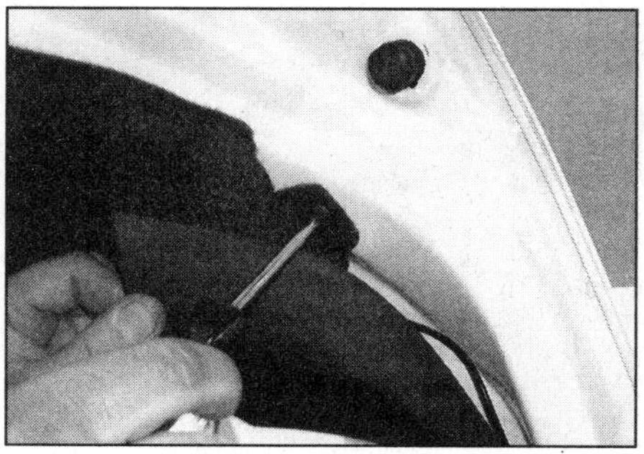

16.5a Skruva loss skruvarna . . .

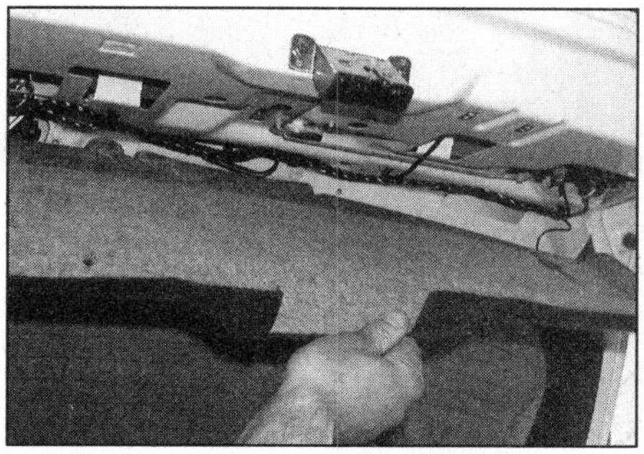

16.5b . . . och ta loss klädselpanelen från bakluckan

27 Återanslut kablaget till motorn.
28 Sätt i och dra åt den nedre bulten till fönstrets bakre styrkanal.
29 Montera den yttre tätningslisten på dörren.
30 Montera membranen och dörrklädseln enligt beskrivningen i avsnitt 12.

16 Baklucka och stödfjädrar – demontering och montering

Demontering

1 Koppla loss batteriets negativa kabel (jord) (se kapitel 5A).
2 Öppna bakluckan och placera några tygtrasor mellan bakluckan och karossen som skydd mot skador.
3 Ta bort den bakre bagagehyllan.
4 Använd en torxnyckel, skruva loss skruvarna och ta bort handtaget från bakluckan **(se bild)**.
5 Använd en skruvmejsel, skruva loss skruvarna och ta bort huvudklädselpanelen från bakluckans insida **(se bilder)**. Bänd också försiktigt bort plastpanelerna från bakluckans sidor med en skruvmejsel.
6 Skruva loss centrallåsmotorns fästbultar, koppla sedan loss armen och kablaget och ta bort motorn.
7 Observera hur återstående kablage är placerat i bakluckan, koppla sedan loss dem och dra bort dem från kabelklämmorna.
8 Bänd ut kabelskyddet från det inre hålet i bakluckans överdel, stick sedan en skruvmejsel genom hålet för att lossa den övre och de två nedre spärrarna som fäster kabelgenomföringen.
9 Dra försiktigt bort kablaget genom bakluckans överdel.
10 Vrid spolarmunstycket 90° och dra ut det från bakluckan, koppla sedan loss röret.
11 Ta bort gummistoppet och spolarröret.
12 Låt en medhjälpare stödja bakluckan och koppla bort stödfjädrarna genom att bända ut fjäderklamrarna. Placera stödfjädrarna på den bakre karossen.
13 Ta loss låsringen från gångjärnssprintarna, använd sedan en lämplig dorn för att driva ut dem **(se bilder)**.
14 Lyft bort bakluckan från bakvagnens kaross och placera den på trasor eller mattor för att skydda lacken.

Montering

15 Ta hjälp av någon och lyft bakluckan på plats. Smörj gångjärnssprintarna något, montera dem sedan och fäst dem med låsringarna.
16 Återanslut stödfjädrarna och montera fjäderklamrarna.
17 Montera spolarröret och gummistoppet, återanslut sedan röret till munstycket. Montera munstycket och vrid det 90° för att fästa det.
18 Mata in kablaget i bakluckan och montera muffen, se till att spärrarna hakar i ordentligt där de ska. Montera kabelskyddet.
19 Placera kablarna på sina platser och fäst dem med kabelklämmorna.
20 Montera centrallåsmotorn och återanslut armen och kablaget. Sätt i bultarna och dra åt dem.
21 Montera klädseln och dra åt skruvarna.
22 Montera handtaget och dra åt skruvarna.
23 Montera bagagehyllan.
24 Återanslut batteriets negativa ledning (se kapitel 5A).
25 Kontrollera att bakluckan går att stänga ordentligt och att den är placerad mitt i öppningen i karossen. Det går att justera bakluckans placering genom att sänka den inre takklädseln och lossa gångjärnsbultarna. Kontrollera att bakluckan vilar i gummistoppen på sidorna och justera gummistoppen om det behövs genom att ta bort klädseln och lossa muttrarna. Kontrollera att låsspärren fäster mitt i låset – om så behövs, lossa skruvarna och justera den.

17 Bakluckans/bagageluckans låskomponenter – demontering och montering

Lås

Demontering

1 Ta bort den bakre bagagehyllan.
2 Använd en torxnyckel, skruva loss skruvarna och ta bort handtaget från bakluckan.
3 Använd en skruvmejsel, skruva loss skruvarna och ta bort huvudklädselpanelen från bakluckans insida.
4 Koppla loss aktiveringsstaget från veven i närheten av centrallåsmotorn **(se bild)**. Bänd bort plastklammern för att kunna göra det.

16.13a Ta loss låsringarna . . .

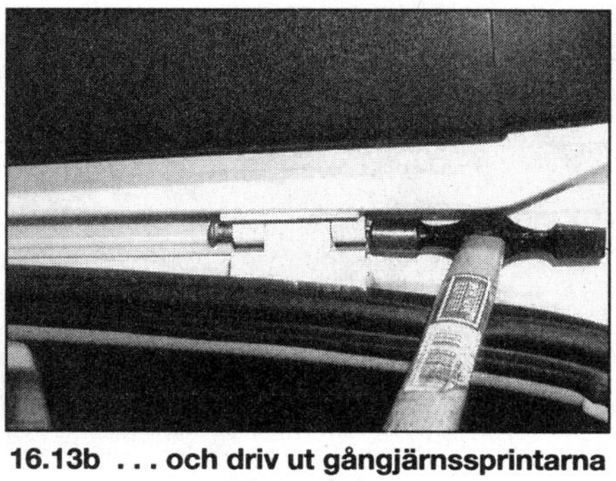

16.13b . . . och driv ut gångjärnssprintarna

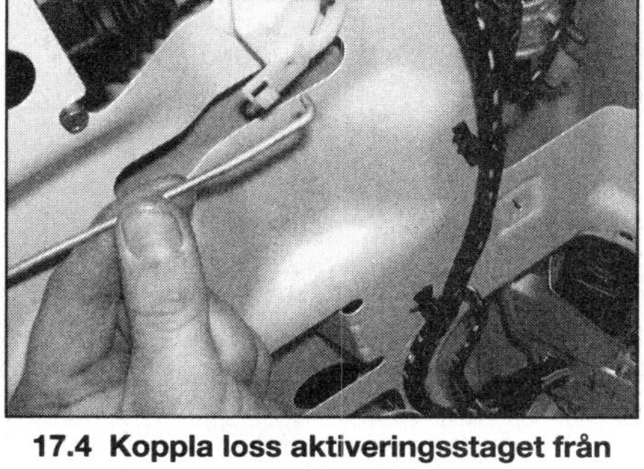

17.4 Koppla loss aktiveringsstaget från veven

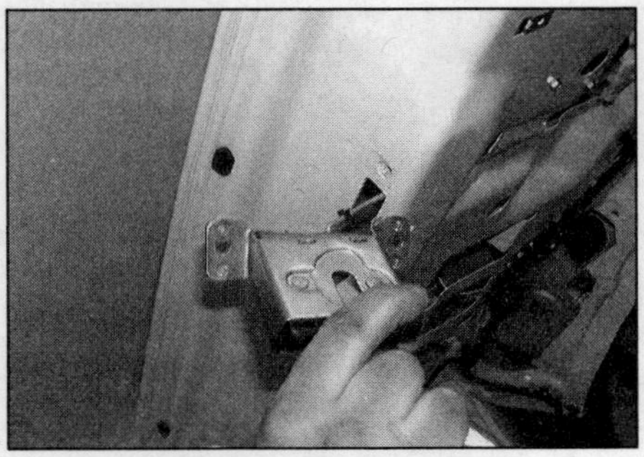

17.5 Ta bort bakluckans lås

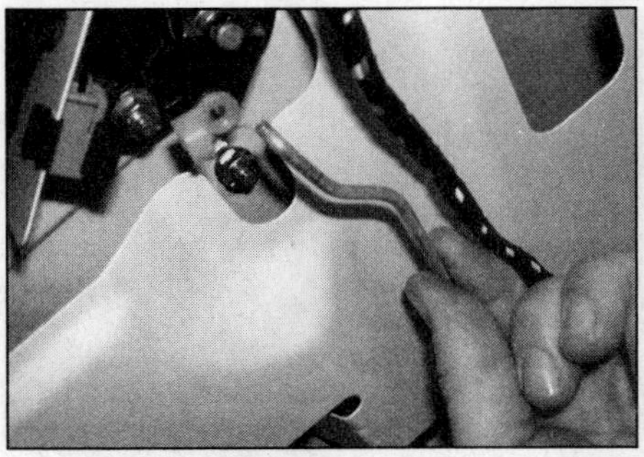

17.11 Koppla loss aktiveringsstaget från bakluckans låscylinder

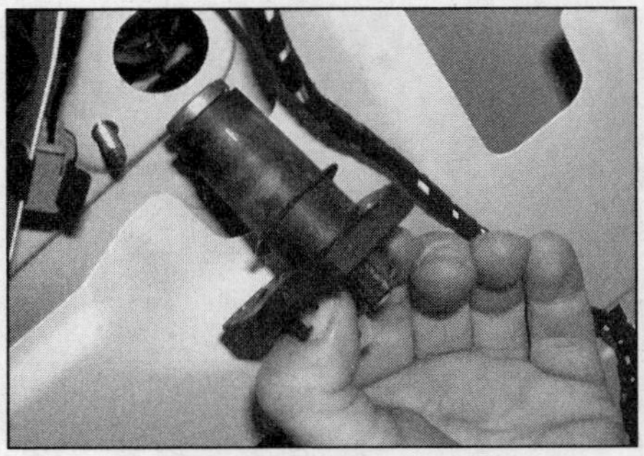

17.13 Ta bort låscylindern från bakluckan

17.14a Dra bort låsringen . . .

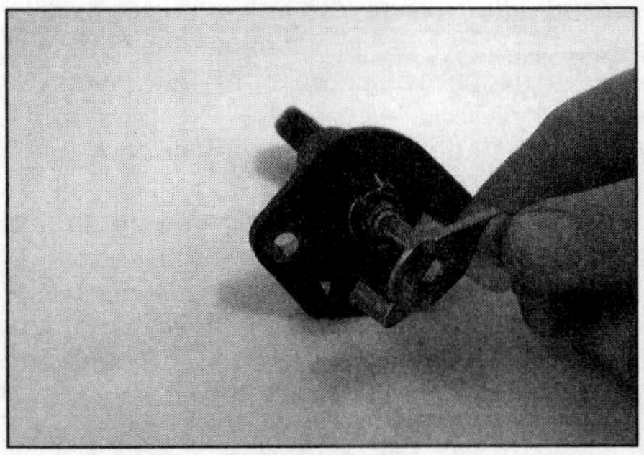

17.14b . . . och ta bort armen . . .

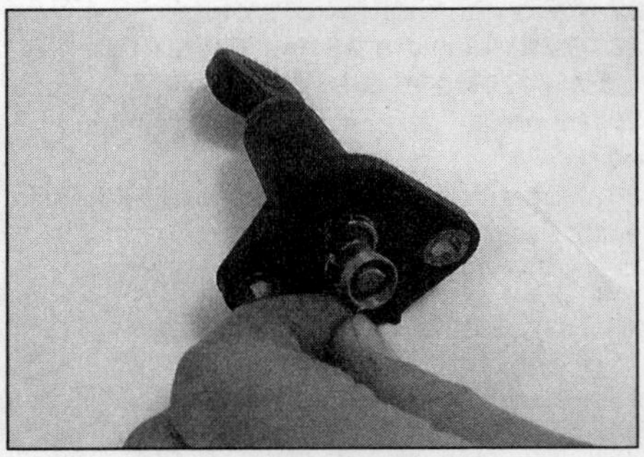

17.14c . . . och fjädern . . .

5 Skruva loss fästbultarna och ta bort låset tillsammans med aktiveringsstaget från hålet i bakluckan **(se bild)**.
6 Koppla loss aktiveringsstaget.

Montering

7 Montering sker i omvänd ordningsföljd.

Låscylinder

Demontering

8 Ta bort den bakre bagagehyllan.
9 Använd en torxnyckel, skruva loss skruvarna och ta bort handtaget från bakluckan.
10 Använd en skruvmejsel, skruva loss skruvarna och ta bort huvudklädselpanelen från bakluckans insida.
11 Tryck bort plastklammern och koppla loss aktiveringsstaget från låscylindern **(se bild)**.
12 Om det behövs, bänd bort klammern och ta bort mikrokontakten.
13 Skruva loss fästmuttrarna och ta bort låscylindern från bakluckan **(se bild)**.

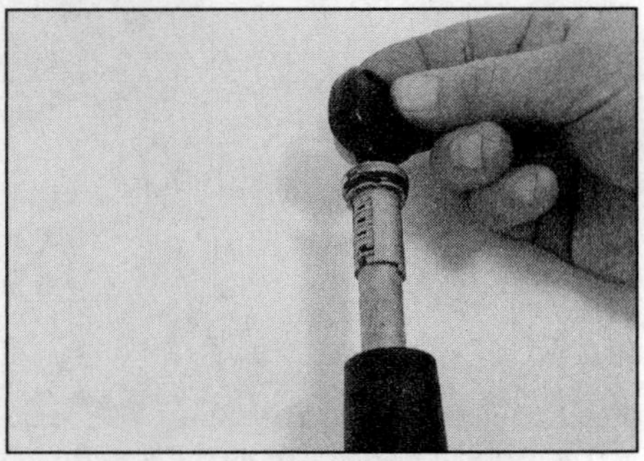

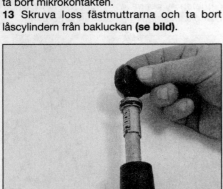

17.15 . . . ta sedan bort cylindern

14 Sätt i startnyckeln i låscylindern, ta sedan bort låsringen och demontera armen och fjädern **(se bilder)**.
15 Ta bort cylindern **(se bild)**.
16 Undersök O-ringen och byt ut den om det behövs.

Montering

17 Montering sker i omvänd ordningsföljd. Se till att låscylindern monteras med avtappningshålet nedåt.

Spoiler

Demontering

18 Ta bort den bakre bagagehyllan.
19 Använd en torxnyckel, skruva loss skruvarna och ta bort handtaget från bakluckan.
20 Använd en skruvmejsel, skruva loss skruvarna och ta bort huvudklädselpanelen från bakluckans insida.
21 Ta bort bakluckans torkarmotor enligt beskrivningen i kapitel 12.

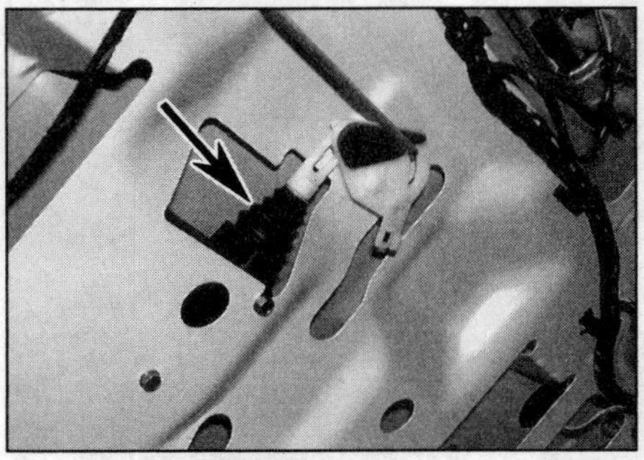

18.4 Bakluckans centrallåsmotor

22 Skruva loss fästmuttrarna och ta bort spoilern från bakluckan.

Montering

23 Montering sker i omvänd ordningsföljd.

18 Centrallåsmotorer – demontering och montering

Bakluckans motorer

Demontering

1 Ta bort den bakre bagagehyllan.
2 Med hjälp av en torxnyckel, skruva loss skruvarna och ta sedan bort handtaget från bakluckan.
3 Använd en skruvmejsel, skruva loss skruvarna och ta bort huvudklädselpanelen från bakluckans insida. Bänd också försiktigt bort plastpanelerna från bakluckans sidor med en skruvmejsel.
4 Skruva loss centrallåsmotorns fästbultar, koppla loss armen och kablaget och ta bort motorn **(se bild)**.

Montering

5 Montering sker i omvänd ordningsföljd.

Dörrmotorer

Demontering och montering

6 Demontering och montering av dörrmotorerna utgör en del av proceduren som beskrivs i avsnitt 13.

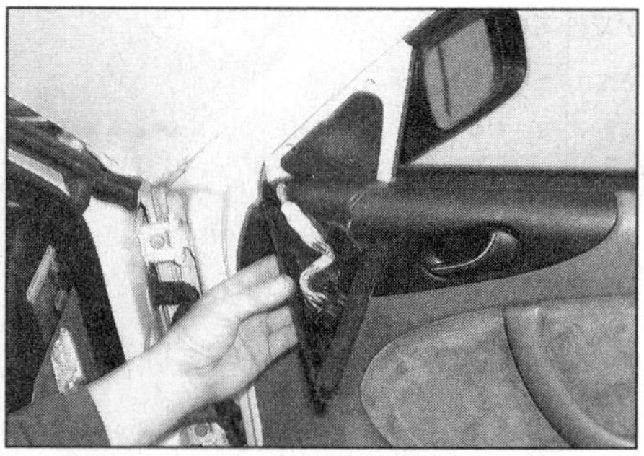

20.1 Ta bort den triangelformade klädselkåpan

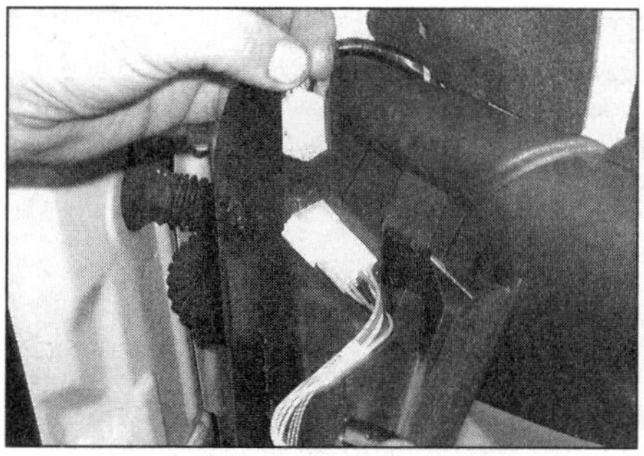

20.2a Koppla loss kablaget från spegelreglaget . . .

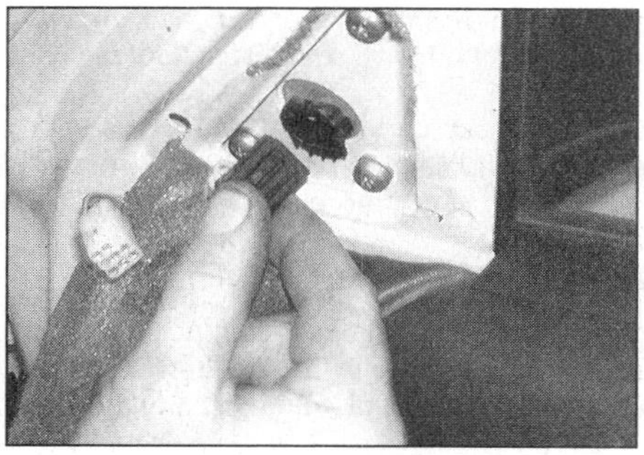

20.2b . . . och från spegeln

19 Elektrisk fönsterhissmotor – demontering och montering

Metoden för demontering och montering av motorn till framdörrens elektriska fönsterhiss beskrivs i avsnitt 15. Det går inte att separera motorn till bakdörrens elektriska fönsterhiss från fönsterhissen.

20 Yttre backspeglar och spegelglas – demontering och montering

Spegel

Demontering

1 Öppna framdörren och bänd bort den triangelformade klädselkåpan genom att sticka in en skruvmejsel under framkanten **(se bild)**. Ta bort packningen.

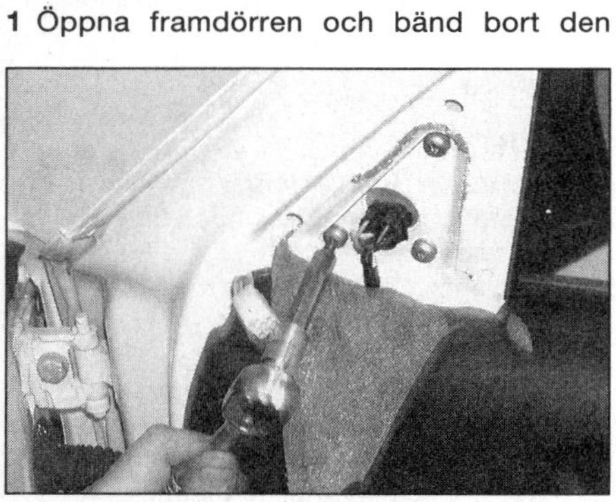

20.3a Skruva loss fästskruvarna . . .

2 Koppla loss kablaget från spegelns brytare och från spegeln **(se bilder)**.

3 Skruva loss fästskruvarna och ta bort spegeln från dörrens utsida **(se bilder)**.

Montering

4 Montering sker i omvänd ordningsföljd.

Spegelglas

Demontering

5 Använd en bredbladig skruvmejsel och bänd ut spegelglasets överkant tills den lossnar från klammern **(se bild)**.

6 Koppla loss värmarkablaget **(se bild)**.

Montering

7 Återanslut kablaget.

8 Använd en tygtrasa och tryck spegelglaset i läge tills klammern hakar fast.

21 Vindruta, bakruta och andra fasta rutor – allmän information

Vindruta och bakruta

1 Glaset till vindrutan och bakrutan hålls på plats med ett särskilt bindemedel. Att byta sådana fasta fönster är ett komplicerat, kladdigt och tidsödande arbete som är svårt för hemmamekanikern. Utan riktig utbildning är det svårt att fästa rutorna säkert och vattentätt. Dessutom föreligger det stor risk att glaset spricker. Detta gäller särskilt lamellbyggda vindrutor. Vi rekommenderar alltså starkt att du låter en Saabverkstad eller specialist utföra allt arbete av denna typ.

Fasta sidofönster (3-dörrars modeller)

Observera: *De fasta sidofönstren är fästa vid karossen med butyltejp och arbete med dessa fönster rekommenderas inte för den vanlige hemmamekanikern. Här följer en beskrivning för de som trots allt vill göra arbetet på egen hand.*

Demontering

2 Öppna dörren, dra bort tätningslisten från dörröppningen i närheten av den fasta sidorutan.

3 Använd en bredbladig skruvmejsel och bänd försiktigt bort klädselpanelen från insidan av B-stolpens överdel. Sänk ner panelen på golvet över säkerhetsbältet.

4 Bänd försiktigt bort sparkplåten i nederkanten av dörröppningen.

5 Fäll fram baksätet och fäll sedan fram baksätets ryggstöd. Skruva loss och ta bort fästet från klädselpanelens baksida.

6 Fäll tillbaka ryggstödet, ta bort de återstående fästena och ta bort klädselpanelen från sidan.

7 Öppna bakluckan, dra bort tätningsremsan från öppningen i närheten av den fasta sidorutan.

8 Bänd försiktigt bort klädselpanelen från C-stolpen.

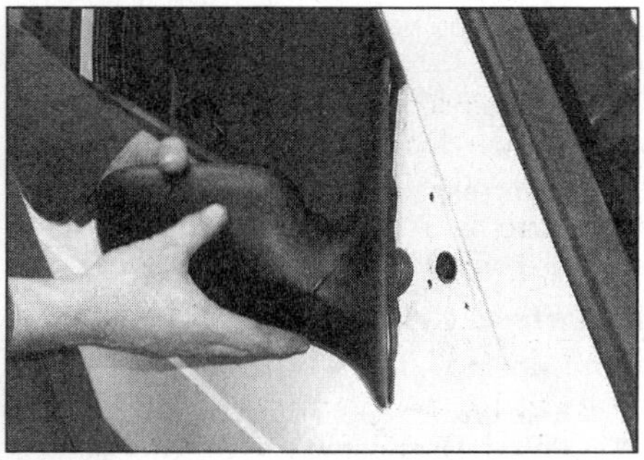

20.3b . . . och ta bort spegeln från dörren

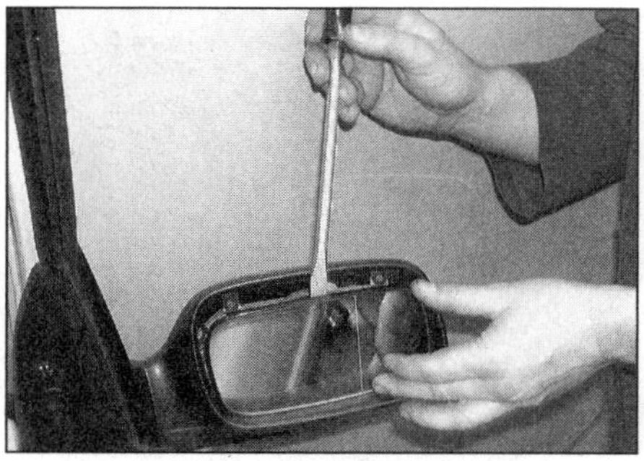

20.5 Bänd ut backspegelns glas

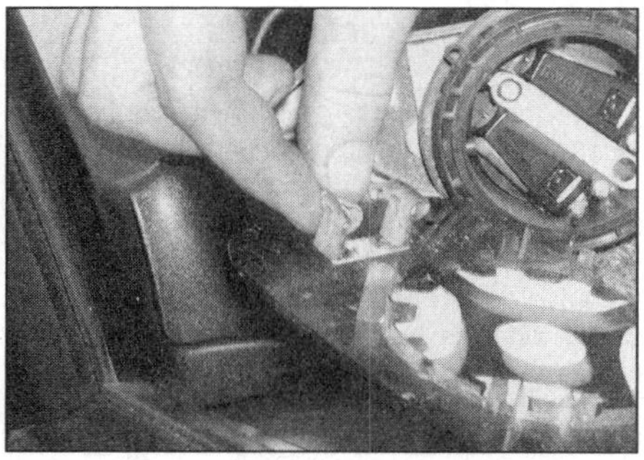

20.6 Koppla loss värmarkablaget från backspegeln

9 Dra ner den inre takklädseln och skruva loss de övre muttrarna som fäster sidofönstret vid karossen.

10 Skruva loss de återstående bultarna, låt sedan en medhjälpare stöda fönstret medan butyltejpen skärs med en lämplig kniv. Dra bort fönstret.

Montering

11 Ta bort alla spår av gammal tejp, sätt sedan dit ny butyltejp runt insidan av rutan och se till att den placeras på utsidan av pinnbultarna.

12 Placera fönstret i karossidan och dra åt fästmuttrarna till angivet moment.

13 Montera den inre takklädseln, klädselpanelerna och tätningslisterna.

Bakre hörnruta (5-dörrars modeller)

Observera: *De bakre hörnrutorna är fästa vid karossen med butyltejp och arbete med dessa fönster rekommenderas därför inte för den vanlige hemmamekanikern. Här följer ändå en beskrivning för de som trots allt vill göra arbetet på egen hand.*

Demontering

14 Öppna dörren och bakluckan och dra bort tätningslisterna av gummi från karossöppningarna i närheten av den bakre hörnrutan.

15 Använd en bredbladig skruvmejsel och bänd försiktigt bort klädselpanelen från C-stolpen.

16 Skruva loss muttrarna som fäster den bakre hörnrutan vid karossen.

17 Låt en medhjälpare stödja rutan medan butyltejpen skärs med en lämplig kniv. Dra bort den bakre hörnrutan.

Montering

18 Ta bort alla spår av gammal tejp, sätt sedan dit ny butyltejp runt insidan av den bakre hörnrutan och se till att den placeras på utsidan av pinnbultarna.

19 Placera hörnrutan i karossidan och dra åt fästmuttrarna till angivet moment.

20 Montera klädselpanelerna och tätningslisterna.

22 Soltak – demontering och montering

1 På grund av komplexiteten i soltakets mekanism krävs avsevärd expertis för att reparera, byta eller justera soltakets delar. Om soltaket ska tas bort måste först den inre takklädseln tas bort, vilket är en komplicerad och tidsödande uppgift som inte bör underskattas (se avsnitt 26). Därför innehåller det här avsnittet endast en beskrivning av drivmotorns demontering och montering, och vi rekommenderar att eventuella övriga problem med soltaket överlåts till en Saabmekaniker.

Drivmotor

Observera: *Om drivmotorn är defekt går det att öppna och stänga soltaket med hjälp av en skruvmejsel. Dra bort kåpan från reglagepanelen i taket och vrid runt motoraxeln med skruvmejseln.*

Demontering

2 Ta bort innerbelysningen enligt beskrivningen i kapitel 12.

3 Skruva loss skruvarna och sänk ner reglagepanelen från den inre takklädseln.

4 Koppla loss motorns jordkabel.

5 Skruva loss fästskruvarna och sänk ner drivmotorn från taket.

Montering

6 Montering sker i omvänd ordningsföljd.

23 Karossens yttre detaljer – demontering och montering

Emblem och dekordetaljer

Demontering

1 Alla sidopaneler och gummiremsor samt emblemen på motorhuven och bagageluckan är fästa med tejp, nitar eller muttrar.

2 För att avlägsna detaljer från karossen, använd ett verktyg som inte kan skada lacken, som en plastspatel eller en spackelkniv täckt med PVC-tejp. Detaljer som är fästa med tejp lossnar lättare om de värms upp med en varmluftspistol.

3 Stick in hävarmen mellan detaljens överkant och karossen och bänd försiktigt bort den.

4 Dra långsamt bort detaljens nederdel från karossen så att tejpen släpper.

5 Rengör karossens yta från alla spår av smuts och klister.

Montering

6 Ta bort skyddspappret från den nya detaljen. Passa in den på sin plats, med överkanten först, och tryck fast nitarna i hålen (om tillämpligt). Stryk fast detaljens nederdel, tryck sedan fast den ordentligt så att tejpen fäster längs hela sin längd.

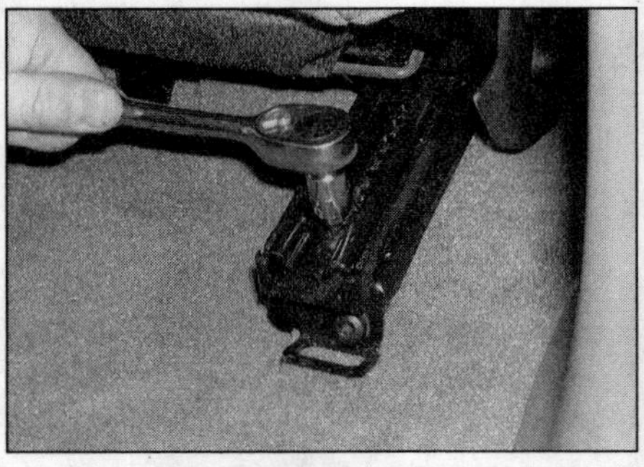

24.3 Skruva loss framsätets bakre fästbultar

Hjulhusdekor

Demontering

7 Ta bort dekoren genom att skruva loss flänsmuttrarna från pinnbultarna som sticker ut inne i hjulhuset. Dra bort dekoren från hjulhuset, styr pinnbultsgängorna genom fästhålen.

Montering

8 Rengör hjulhusets yta och borsta bort smutsen runt fästhålen inne i hjulhuset innan dekoren monteras.

Främre hjulhusfoder

Demontering

9 De främre hjulhusfodren är fästa med skruvar och klamrar. Dra åt handbromsen, lyft upp framvagnen och stöd den på pallbockar (se *Lyftning och stödpunkter*). Ta bort framhjulet.

10 Skruva loss skruvarna och muttern och ta bort stänkskyddet från fodrets bakre del.

11 Skruva loss de återstående skruvarna och ta bort klamrarna genom att trycka ut mittsprintarna. Observera skruvarna som är monterade på spoilern och stötfångaren.

12 Ta bort hjulhusfodret under skärmen.

Montering

13 Montering sker i omvänd ordningsföljd.

24 Säten – demontering och montering

Framsäte

Demontering

Observera: *Om höjdjusteringsmotorn är ur funktion eller om sätena måste tas bort för att antispinnsystemets elektroniska enheter ska kunna tas bort måste sätet tas bort tillsammans med golvfästena.*

1 Sänk ner sätet helt.

2 På 5-dörrars modeller, koppla loss bältet från sätet enligt beskrivningen i avsnitt 25.

3 Dra fram sätet så lång det går och skruva loss de bakre fästbultarna **(se bild)**.

4 Skjut bak sätet så långt det går och skruva loss de främre fästbultarna.

5 I förekommande fall, skär loss plastklämmorna som fäster kablaget under sätet, koppla sedan loss kablaget vid kontaktdonet.

6 Lyft bort sätet från bilen.

Montering

7 Montering sker i omvänd ordningsföljd, dra åt fästbultarna till angivet moment. Den inre bulten ska dras åt först både fram och bak.

Baksätets dyna

Demontering

8 Fäll fram baksätets dyna.

9 Ta loss låsringarna från gångjärnssprintarna, använd sedan en lämplig dorn för att driva ut sprintarna **(se bild)**.

10 Lyft bort sätesdynan från bilen.

Montering

11 Montering sker i omvänd ordningsföljd. Alla gångjärnssprintar måste monteras från höger till vänster.

Baksätets ryggstöd (mindre sektion)

Demontering

12 Flytta säkerhetsbältet åt sidan och fäll fram ryggstödet (lämna tvärbalken på sin plats).
13 Skruva loss muttrarna från fästena mitt på ryggstödet **(se bild)**.
14 Dra bort pivåtappen från det yttre fästet och lyft ut ryggstödet ur bilen.

Montering

15 Montering sker i omvänd ordningsföljd.

Baksätets ryggstöd (större sektion)

Demontering

16 Demontera ryggstödets mindre sektion enligt beskrivningen ovan.
17 Flytta säkerhetsbältet åt sidan och fäll fram ryggstödet (lämna tvärbalken på sin plats).
18 Skruva loss muttrarna och ta bort det mittre bältets förankring.
19 Skruva loss muttrarna och ta bort det högra fästet.
20 Dra bort pivåtappen från det yttre fästet, lossa sedan tygsträckaren och lyft ut ryggstödet ur bilen.

25.14 Främre säkerhetsbältets styrning på B-stolpen

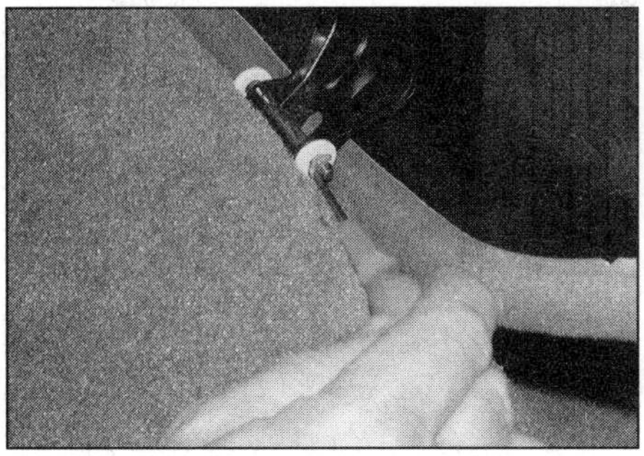

24.9 Ta loss låsringarna från baksätets dyna

Montering

21 Montering sker i omvänd ordningsföljd.

25 Säkerhetsbälten – demontering och montering

> ⚠ ***Varning: Om bilen varit inblandad i en olycka där säkerhetsbältets försträckare aktiverades måste hela säkerhetsbältet bytas ut.***

Främre säkerhetsbälte (3-dörrars modeller)

Demontering

1 Skruva loss den främre bulten som fäster glidskenan vid den inre tröskelpanelen till och dra bort bältet.
2 Använd en bredbladig skruvmejsel och bänd bort sparkplåten från dörröppningen.
3 Dra ut luftventilen, skruva sedan loss skruvarna som fäster den inre klädselpanelen vid den yttre panelen. Bänd försiktigt bort den övre och nedre klädselpanelen.
4 Fäll fram baksätesdynan och fäll sedan fram baksätets ryggstöd. Skruva loss och ta bort fästet från klädselpanelens baksida.
5 Fäll tillbaka ryggstödet, ta bort de återstående fästena och ta bort klädselpanelen från sidan.
6 Lås försträckaren på säkerhetsbältets rulle genom att haka fast den röda plastarmen med säkerhetsspärren.
7 Borra ut niten som fäster klämman vid försträckarens rör.

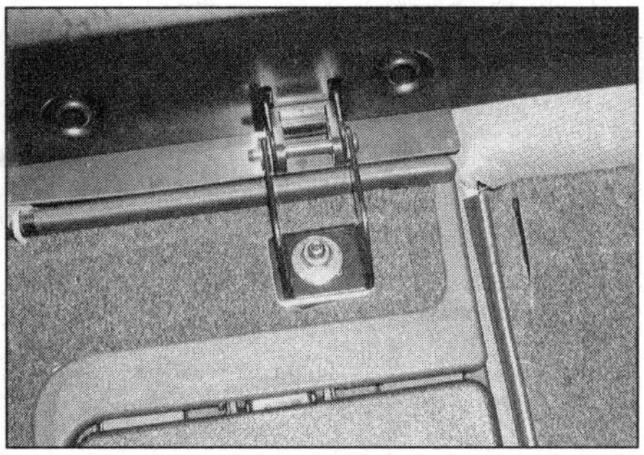

24.13 Mittre fästkonsol till baksätets ryggstöd

8 Skruva loss säkerhetsbältets styrning från B-stolpen.
9 Skruva loss den övre bulten som fäster säkerhetsbältets höjdjusterare vid B-stolpen, ta sedan bort justeraren.
10 Skruva loss glidskenans bakre bult och ta bort skenan och rullen.

Montering

11 Montering sker i omvänd arbetsordning, men dra åt fästbultarna till angivet moment. Se till att den röda plastarmen är lossad så att försträckaren kan lösa ut vid en olycka.

Främre säkerhetsbälte (5-dörrars modeller)

Demontering

12 Ta försiktigt bort klädselpanelen från B-stolpen med hjälp av en bredbladig skruvmejsel.
13 Lås försträckaren på säkerhetsbältets rulle genom att haka fast den röda plastarmen med säkerhetsspärren. Borra ut niten som fäster klämman vid försträckarens rör.
14 Skruva loss säkerhetsbältets styrning från B-stolpen **(se bild)**.
15 Skruva loss den övre bulten som fäster säkerhetsbältets höjdjusterare vid B-stolpen, ta sedan bort justeraren **(se bild)**
16 Skruva loss bulten och ta bort säkerhetsbältets rulle och försträckare från B-stolpen **(se bild)**.
17 Ta loss säkerhetsbältets främre ände från sätet genom att sticka in en skruvmejsel bakom klädseln och trycka ner spärren. Reglaget för ryggstödsinställning och klädseln kan tas bort först **(se bilder)**.

25.15 Främre säkerhetsbältets höjdjusterare på B-stolpen

25.16 Främre säkerhetsbältets rulle och försträckare

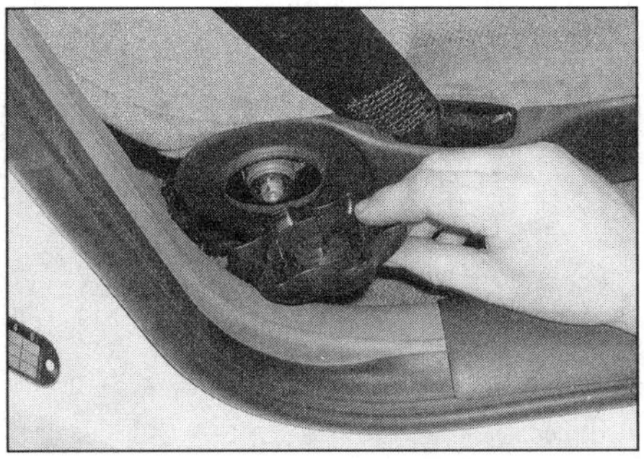

25.17a Ta bort reglaget för ryggstödsinställning och klädseln om det behövs . . .

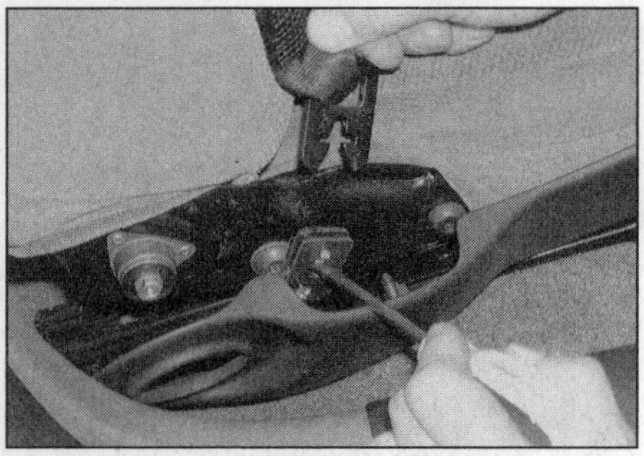

25.17b . . . tryck sedan ner spärren och koppla loss säkerhetsbältet från framsätet

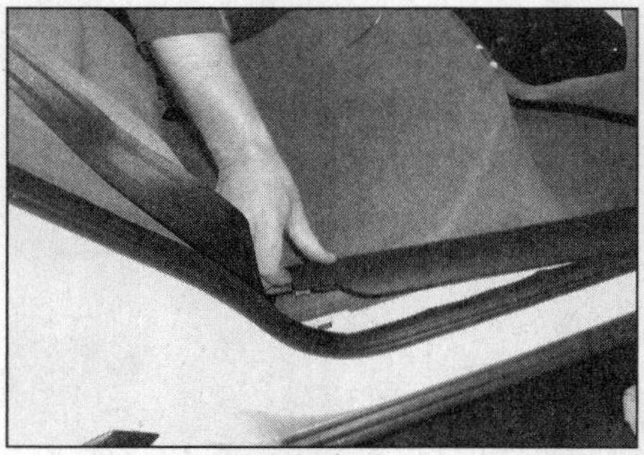

25.21 Ta bort bakdörrens sparkplåt

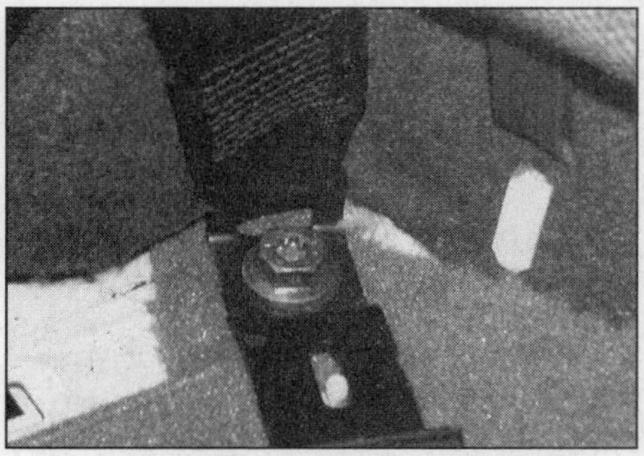

25.22 Bakre säkerhetsbältets nedre förankringsbult

18 För att spännet ska kunna tas bort måste framsätet demonteras enligt beskrivningen i avsnitt 24, och sedan måste fästbulten skruvas loss.

Montering

19 Montering sker i omvänd arbetsordning, dra åt fästbultarna till angivet moment. Se till att den röda plastarmen är lossad så att förstärkaren kan lösa ut vid en olycka.

Bakre säkerhetsbälte

Demontering

20 Rullarna till det bakre säkerhetsbältet är placerade i tvärbalken. Fäll först fram baksätets dyna.

21 På 5-dörrars modeller, bänd försiktigt upp sparkplåten från bakdörrens öppning **(se bild)**.

22 Skruva loss säkerhetsbältets nedre förankringsbult, observera hur fästet är placerat **(se bild)**.

23 Använd en torxnyckel och skruva loss det mittre bältets förankringsbult **(se bild)**.

24 Lyft ut de bakre nackstöden, ta sedan bort nackstödens insatser från tvärbalken. Ta bort insatserna genom att trycka ner plaststiften med en skruvmejsel, använd sedan en hammare för att knacka upp insatserna från tvärbalken **(se bilder)**.

25 Bänd ut den mittersta plastkåpan.

26 Dra ut låshandtaget från den högra sidan, ta sedan bort kåpan och koppla loss vajerändens fäste från armen **(se bilder)**.

27 Skruva loss skruvarna som fäster låshandtaget på tvärbalkens vänstra sida, lyft sedan handtaget något och koppla loss den inre vajern, observera hur den är monterad på de två armarna. Ta bort kåpan och haka loss vajerns ändfäste **(se bilder)**.

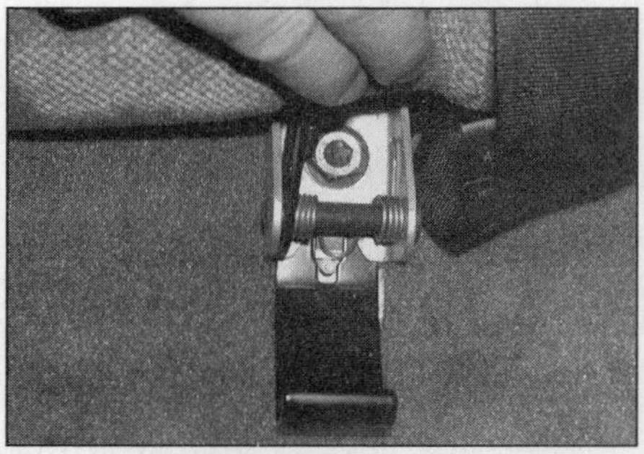

25.23 Mittbältets förankring och bult

28 Ta bort säkerhetsbältets kåpa, skruva sedan loss rullens fästbultar och dra bort rullen **(se bild)**.

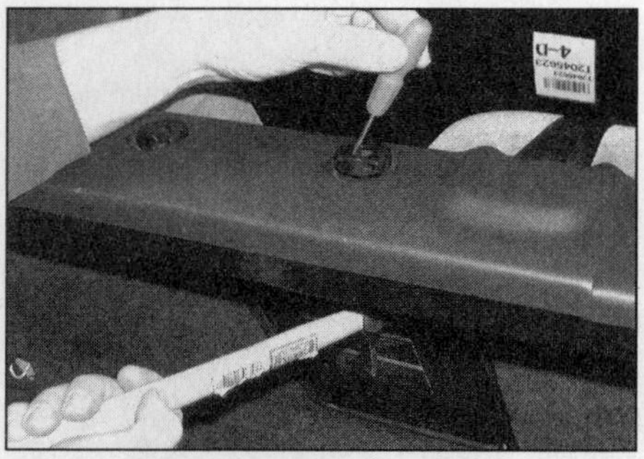

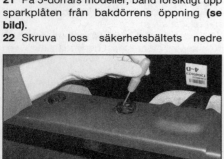

25.24a Tryck ner plaststiften och knacka upp insatsen till nackstödet . . .

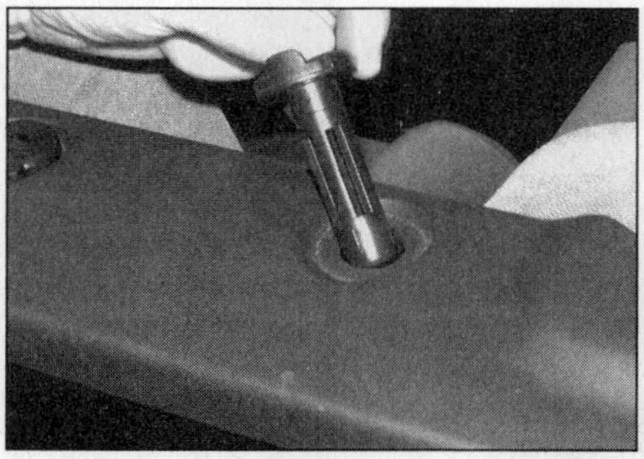

25.24b . . . ta sedan bort insatsen från tvärbalken

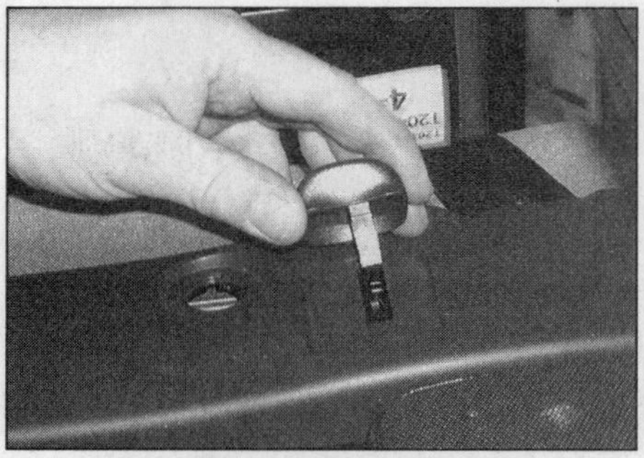

25.26a Dra ut låshandtaget . . .

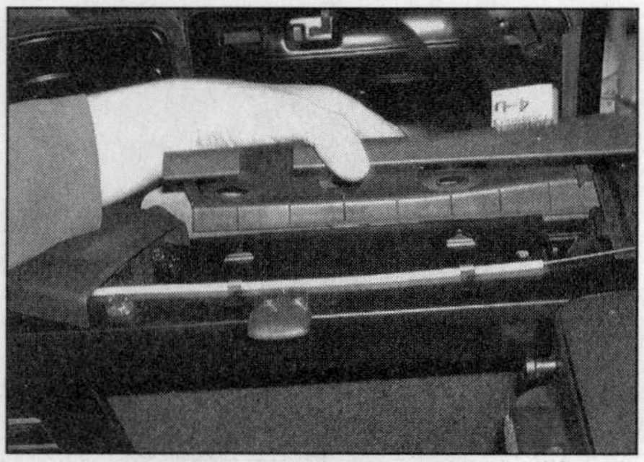

25.26b . . . ta bort kåpan . . .

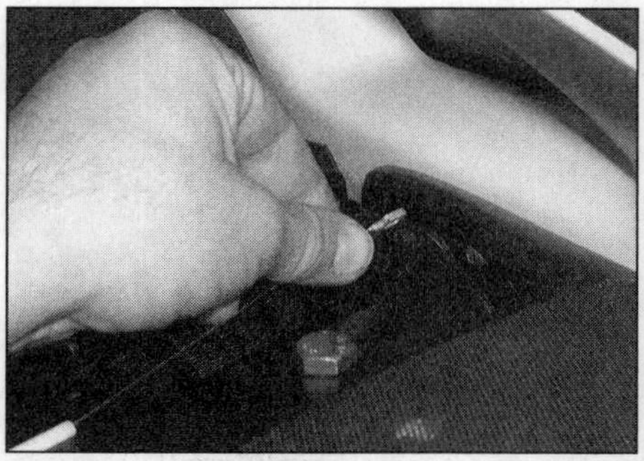

25.26c . . . koppla sedan loss vajerändens fäste från armen

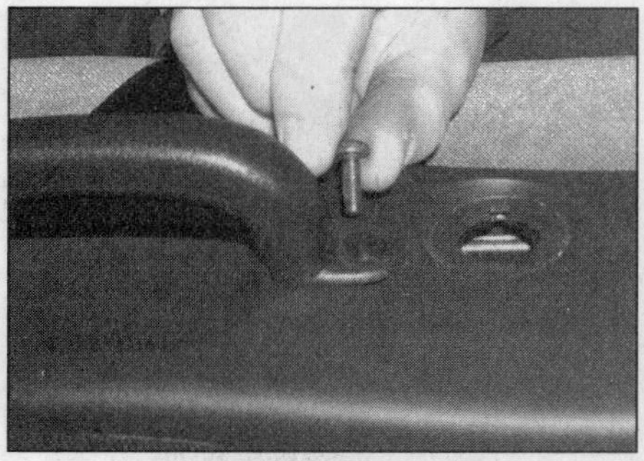

25.27a Skruva loss skruvarna . . .

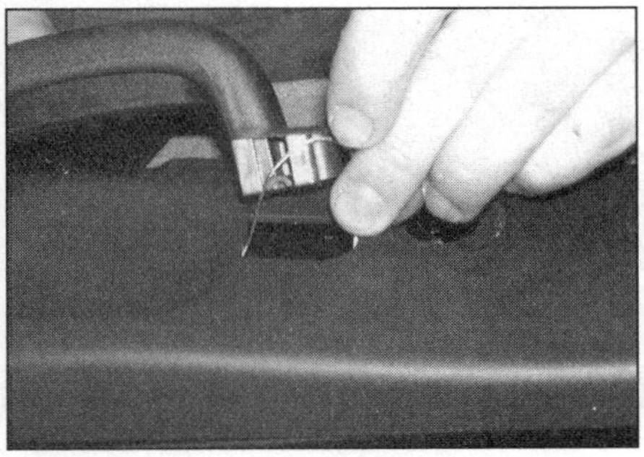

25.27b . . . och ta loss vajern från låshandtaget . . .

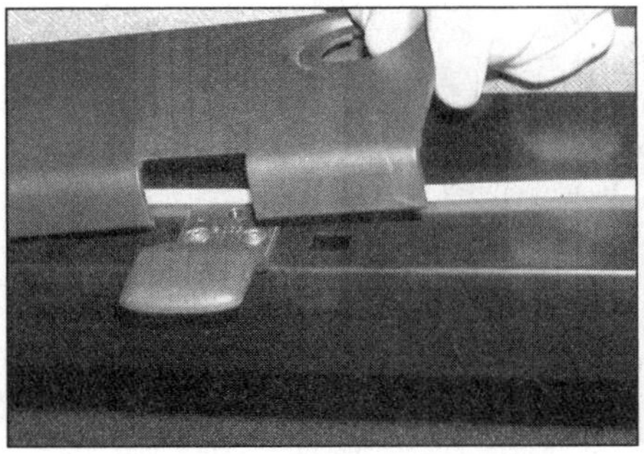

25.27c . . . lyft sedan av kåpan . . .

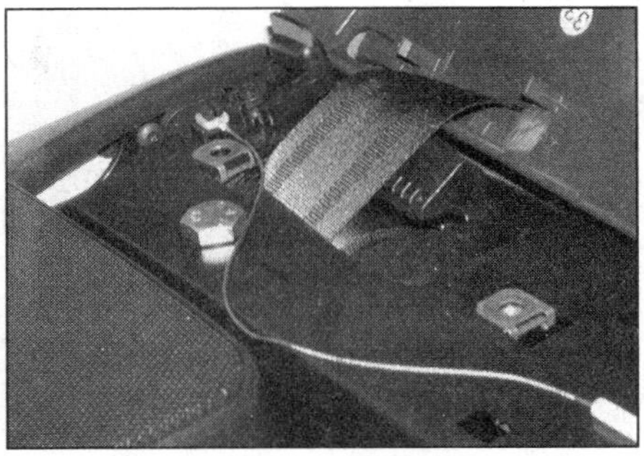

25.27d . . . och koppla loss vajerns ändfäste från armen

Montering

29 Montering sker i omvänd arbetsordning, dra åt fästbultarna till angivet moment. Se till att den inre vajern inte fastnar mellan handtaget och tvärbalken när låshandtaget monteras.

26 Inre klädselpaneler - demontering och montering

A-stolpens klädsel

1 Öppna den aktuella framdörren och dra bort tätningslisten av gummi från dörröppningen vid A-stolpen.

2 Arbeta från takklädseln och ner, ta ett fast tag i panelen och dra långsamt bort den från stolpen så att pinnbultarna på undersidan lossnar en i taget.

3 Montera panelen genom att passa in den i rätt läge och sedan trycka över pinnbultarna tills de fäster. Tryck tillbaka dörröppningens tätningslist på sin plats.

B-stolpens klädsel

3-dörrars modeller

4 Dra fram sätet så långt det går, skruva loss glidskenans främre bult och dra bort bältet.

5 Dra ut luftventilen, skruva sedan loss skruven som fäster den inre klädselpanelen vid den yttre panelen.

6 Bänd försiktigt bort klädselpanelen. Skruva loss bulten och ta bort höjdjusteraren.

7 Knäpp loss den yttre panelen.

8 Montering sker i omvänd ordningsföljd.

5-dörrars modeller

9 Dra fram framsätet så långt det går, använd sedan en bredbladig skruvmejsel för att bända bort sparkplåtarna från dörröppningarna fram och bak.

10 Dra bort tätningslisten av gummi från B-stolpens sidor **(se bild)**.

11 Ta loss säkerhetsbältets främre ände från sätet genom att sticka in en skruvmejsel bakom klädselpanelen och trycka ner spärren.

12 Bänd ut luftventilen från den övre klädselpanelen, bänd sedan försiktigt bort övre och undre klädselpaneler. Mata det främre säkerhetsbältet genom hålet i den inre delen av panelen **(se bilder)**.

13 Använd en skruvmejsel och bänd bort den nedre klädselpanelen från B-stolpen **(se bild)**.

14 Skruva loss den övre bulten, haka sedan loss höjdjusteraren från B-stolpen.

15 Montering sker i omvänd ordningsföljd.

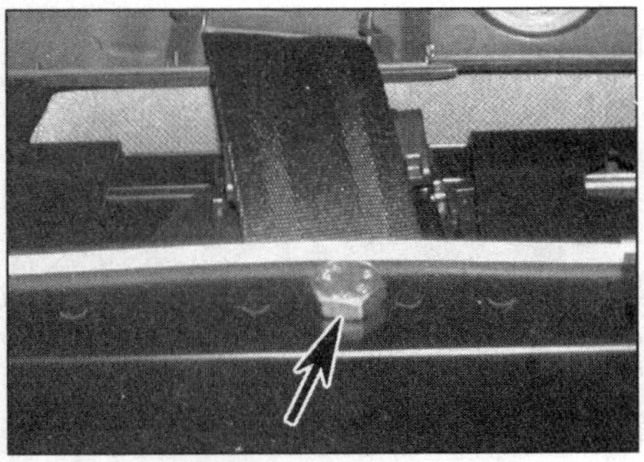

25.28 Fästbulten till bakre säkerhetsbältets rulle

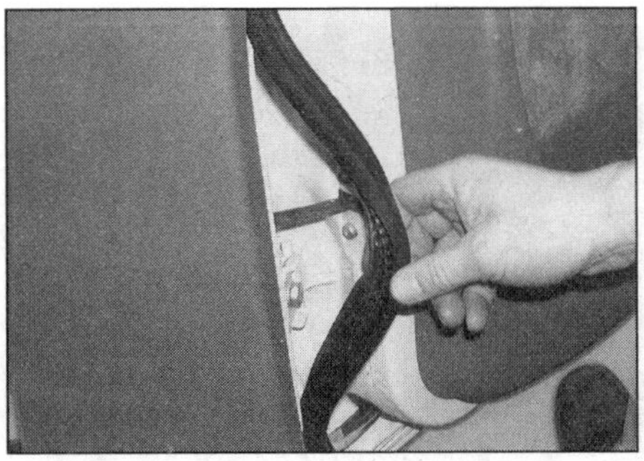

26.10 Ta bort tätningslisten av gummi från B-stolpen

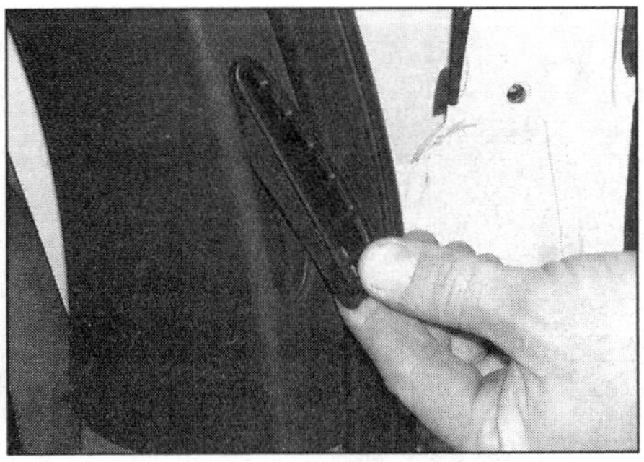

26.12a Ta bort luftventilen . . .

26.12b . . . använd sedan en skruvmejsel för att bända bort . . .

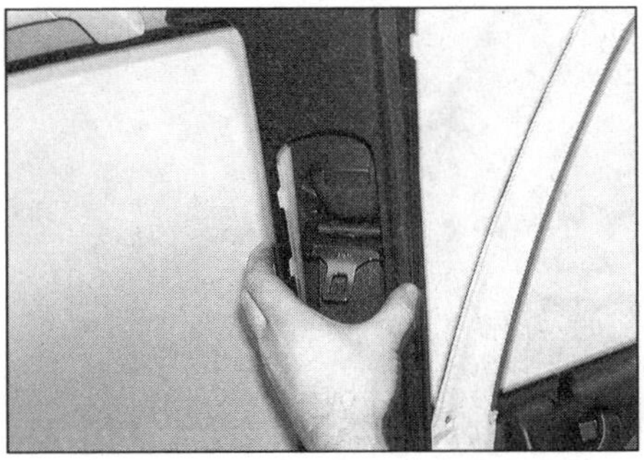

26.12c . . . den övre klädselpanelen

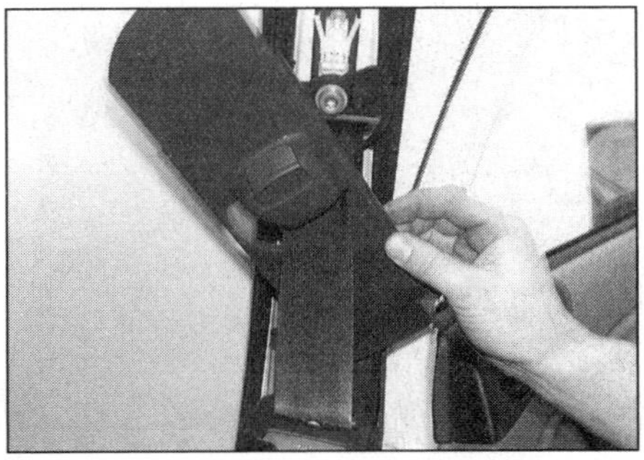

26.12d Den inre delen av panelen tas bort

C-stolpens klädsel

16 Ta bort bagagehyllan och fäll fram baksätet tillsammans med tvärbalken.

17 På modeller med 3 dörrar, bänd försiktigt ut högtalargrillen med hjälp av en skruvmejsel, skruva sedan loss skruvarna och ta bort högtalarramen.

18 Dra bort tätningsremsan från bakluckans öppning i närheten av C-stolpen.

19 På modeller med 5 dörrar, dra bort bakdörrens tätningsremsa från dörröppningen i närheten av C-stolpen.

20 Använd en bredbladig skruvmejsel och bänd försiktigt bort klädselpanelen från C-stolpen.

21 Dra bort panelen från bilens insida.

22 Montering sker i omvänd ordningsföljd.

Bagageutrymmets sidoklädsel

23 Öppna bakluckan, ta bort bagagehyllan och fäll fram baksätet.

24 Lossa de främre klamrarna och ta bort mattan från bagageutrymmet.

25 Skruva loss fästöglorna på sidorna av bagageutrymmet.

26 Ta bort klamrarna från mitten av bakkantens klädsel genom att trycka in mittsprintarna.

27 Dra bort bakkantens klädsel och ta bort den från bilen.

28 Ta bort klamrarna som fäster bagageutrymmets sidoklädselpanel vid bakvagnens kaross.

29 Använd en skruvmejsel och bänd försiktigt bort högtalargrillen, skruva sedan loss högtalarramen **(se bilder)**.

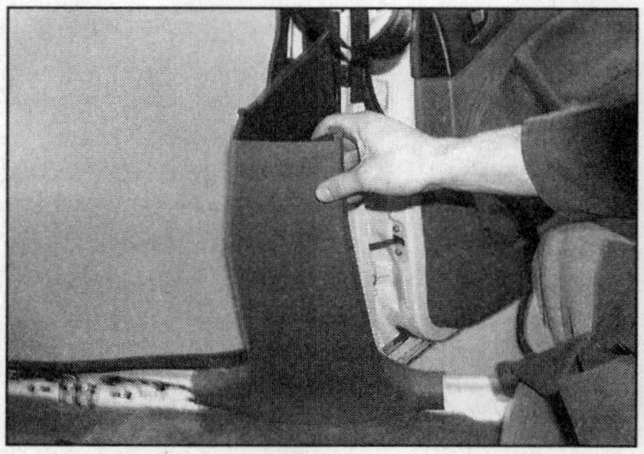

26.13 Ta loss den nedre klädselpanelen

30 Ta bort relevant baksätesdyna och ryggstöd enligt beskrivningen i avsnitt 24.

31 Böj upp fästet till ryggstödets klädselsträckare, ta sedan bort sidoklädselpanelen från bilen.

32 Montering sker i omvänd ordningsföljd.

Inre takklädsel

33 Öppna bakluckan och ta bort bagagehyllan.

34 Skruva loss skruvarna och ta bort bländningsskydden från takklädselns främre del.

35 Bänd bort kåpan från backspegeln, skruva sedan loss skruvarna och ta bort spegeln **(se bilder)**.

36 Ta bort kupélamporna enligt beskrivningen i kapitel 12, skruva sedan loss skruvarna och ta bort lamplisterna.

37 På modeller med soltak, bänd försiktigt

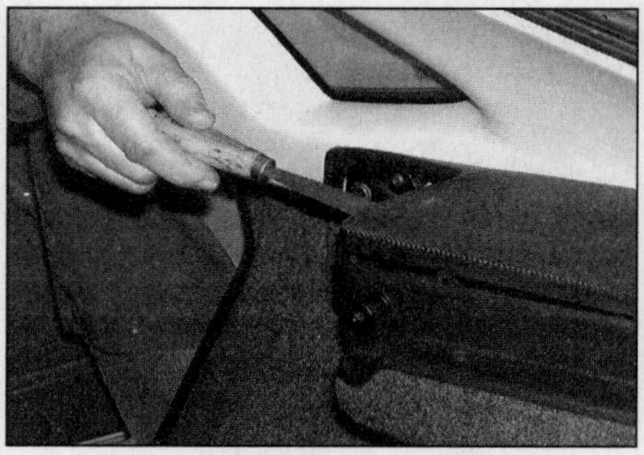

26.29a Bänd ut högtalargrillen . . .

bort listerna runt soltaket och koppla loss kablaget från soltakets motor.

38 Dra bort tätningsremsorna från A-stolparna i närheten av vindrutan, bänd sedan bort A-stolparnas klädselpaneler **(se bild)**.

39 Bänd upp kåporna från handtagen, skruva sedan loss skruvarna och ta bort handtagen **(se bild)**.

40 Ta bort klädselpanelerna från B-stolparna och C-stolparna enligt beskrivningen tidigare i detta avsnitt.

41 Lossa klamrarna från takklädselns bakkant genom att vrida dem 90°.

42 Dra bort tätningsremsan från bakluckans övre öppning och dra försiktigt ner den inre takklädseln.

43 Lossa tejpen som fäster kablaget vid takklädseln.

44 Dra bort takklädseln genom bakluckans öppning.

45 Montering sker i omvänd ordning.

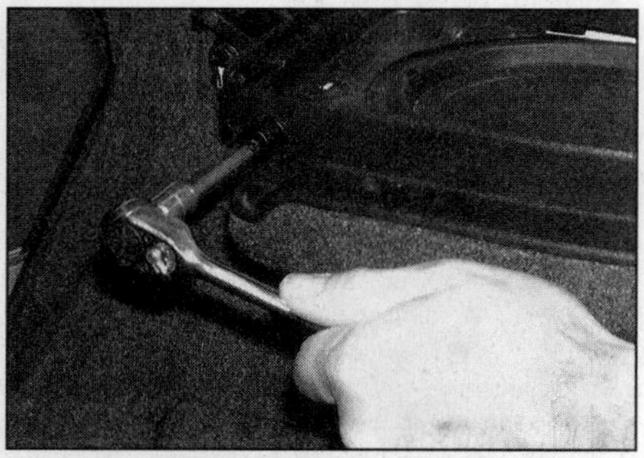

26.29b . . . skruva sedan loss bultarna . . .

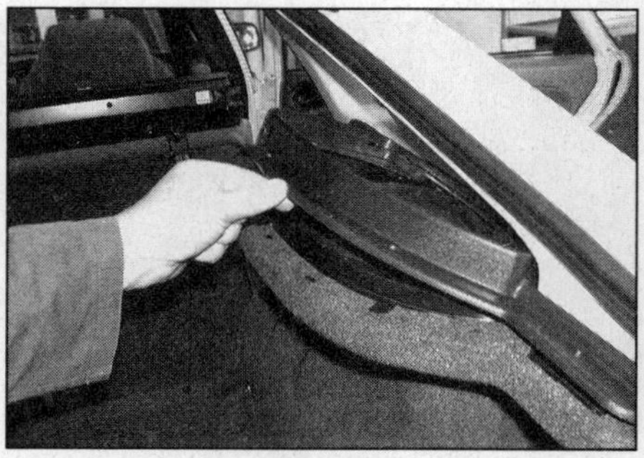

26.29c . . . och ta bort högtalarramen

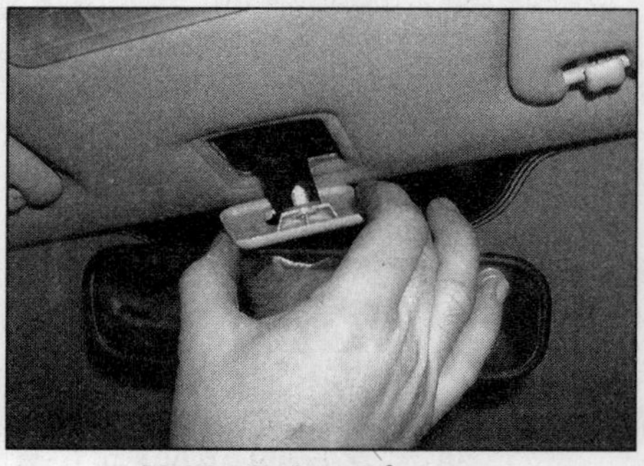

26.35a Ta bort kåpan . . .

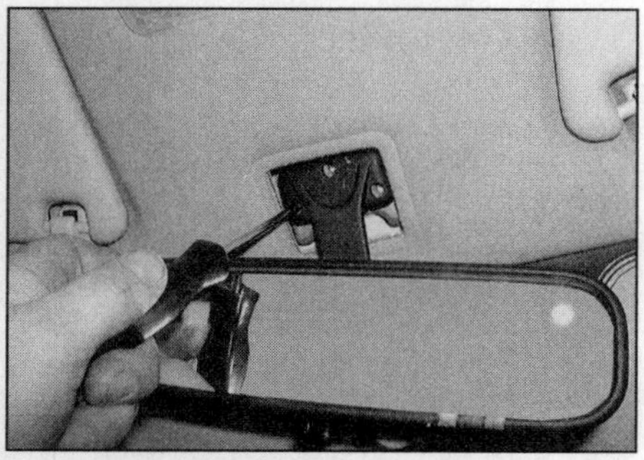

26.35b . . . skruva sedan loss skruvarna och ta bort backspegeln

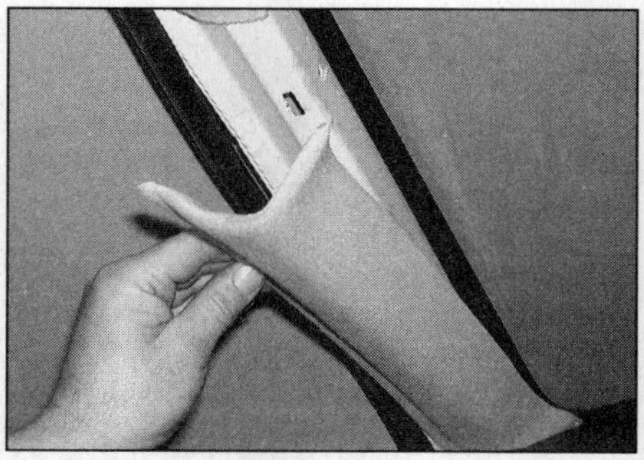

26.38 Ta bort A-stolparnas klädselpaneler

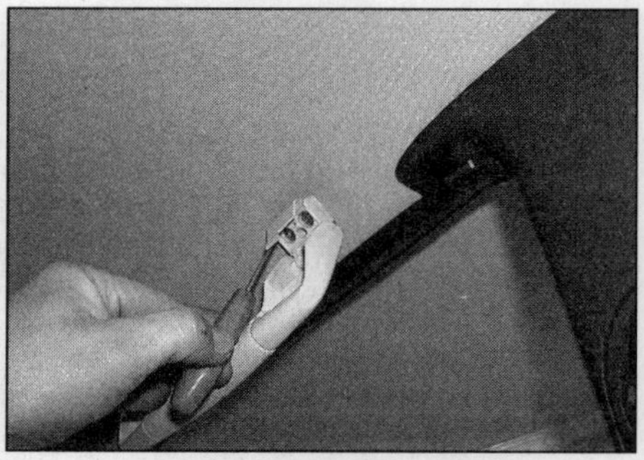

26.39 Ta bort handtagen

27.3 Ta bort tändningslåsets kåpa

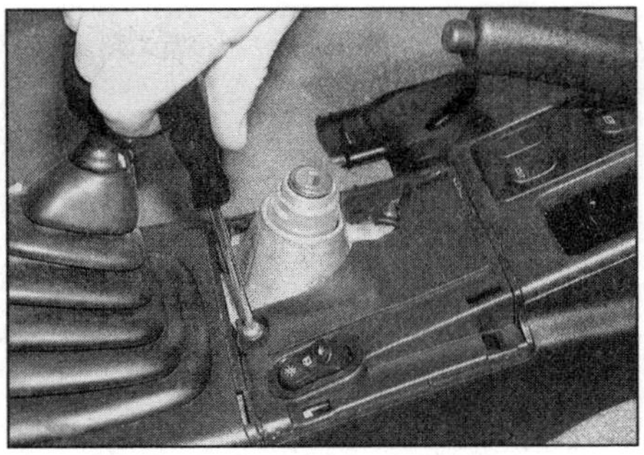

27.5 Skruva loss mittkonsolens främre skruvar . . .

27.6a Ta bort askkoppen . . .

27 Mittkonsol – demontering och montering

Demontering

1 Koppla loss batteriets negativa kabel (jord) (se kapitel 5A).
2 Dra åt handbromsen, lägg i backen och ta ur startnyckeln.
3 Använd en skruvmejsel och bänd försiktigt bort tändningslåsets kåpa. Stick in skruvmejseln under kåpans vänstra framkant till att börja med, lyft därefter upp bakkanten **(se bild)**.
4 Koppla loss kablaget från tändningslåsets lampa.
5 Skruva loss skruvarna från framsidan av mittkonsolens bakre del **(se bild)**.
6 Demontera den bakre askkoppen, skruva loss skruvarna och ta bort huset från den bakre delen **(se bilder)**.

27.6b . . . skruva loss skruvarna . . .

7 Skruva loss de bakre muttrarna och dra tillbaka den bakre delen något **(se bild)**.
8 Bänd ut brytaren till innerbelysningen och koppla loss kablaget **(se bilder)**.

27.6c . . . och ta bort huset

9 Bänd ut reglagemodulen till den elektriska fönsterhissen och koppla loss kablaget **(se bilder)**.
10 Lyft ut den bakre delen av mittkonsolen och ta bort den från bilen **(se bild)**.
11 Skruva loss skruvarna och ta bort de

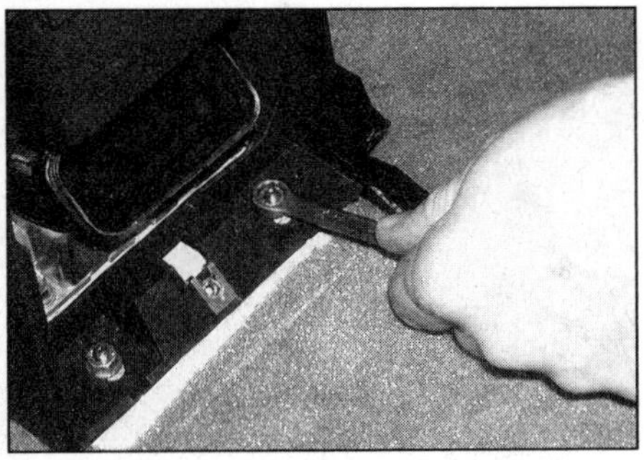

27.7 Ta bort de bakre muttrarna från mittkonsolens bakre del

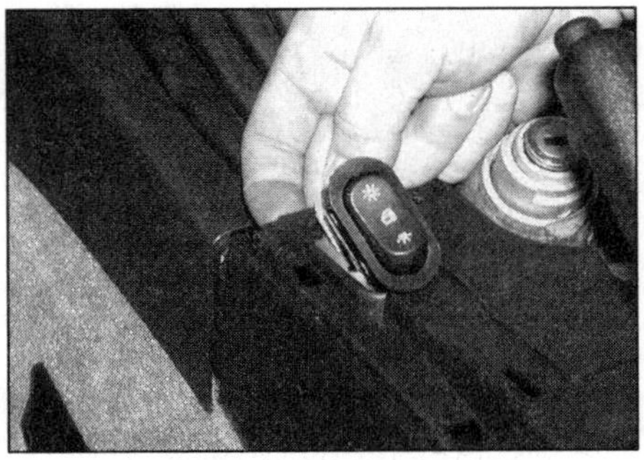

27.8a Bänd ut brytaren till innerbelysningen . . .

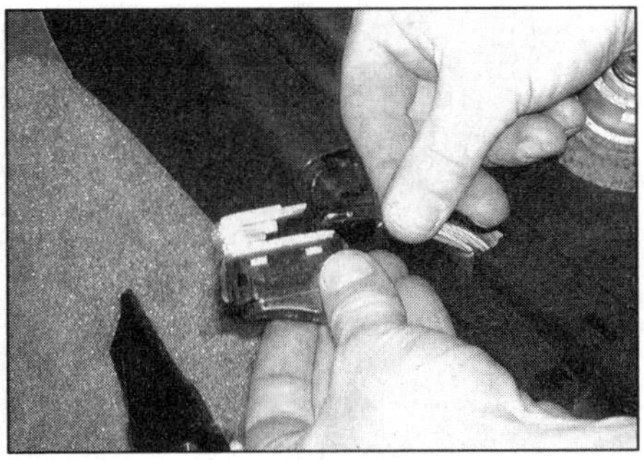

27.8b . . . och koppla loss kablaget

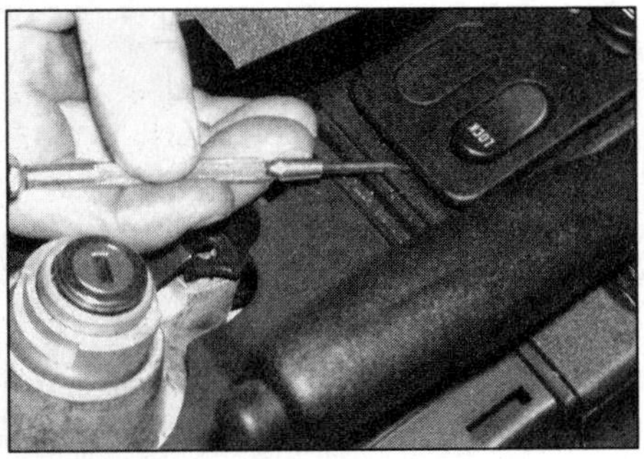

27.9a Bänd ut reglagemodulen till den elektriska fönsterhissen . . .

27.9b . . . och koppla loss kablaget

27.10 Ta bort mittkonsolens bakre del

27.11 Ta bort mittkonsolens främre klädselpaneler

27.12 Ta bort växelspakens damask

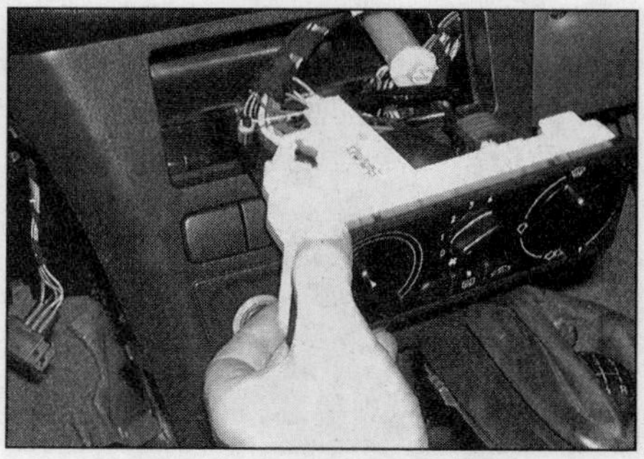

27.14a Tryck ut värmereglagepanelen bakifrån . . .

främre klädselpanelerna från sidorna på mittkonsolen **(se bild)**.

Modeller med manuell växellåda

12 Ta bort växelspakens damask **(se bild)**.

Modeller med luftkonditionering

13 Tryck ut modulen till luftkonditioneringen och koppla loss kablaget.

Modeller utan luftkonditionering

14 Tryck först ut värmereglagepanelen bakifrån, ta sedan bort luftfördelarens axel **(se bilder)**.

15 Koppla loss kablaget till luftfördelarens kontrollampa, fläktreglaget, den uppvärmda bakrutan och luftcirkulationen **(se bild)**.

16 Lossa hållaren och ta bort värmereglagets kabel från reglagemodulen **(se bilder)**.

17 Dra bort värmereglagepanelen från bilens insida.

Alla modeller

18 Koppla loss alla kablar från mittkonsolen, observera hur de är placerade **(se bild)**.

19 Lossa klamrarna som fäster mittkonsolen vid instrumentbrädan genom att trycka in mittsprintarna **(se bild)**.

20 Dra bort mittkonsolen och ta ut den från bilen **(se bild)**.

Montering

21 Montering sker i omvänd ordningsföljd.

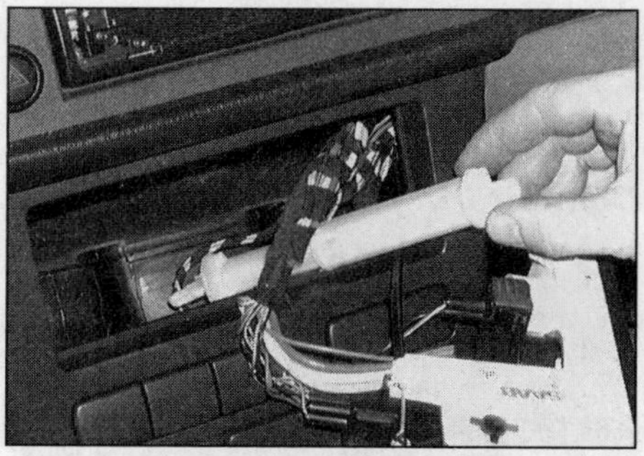

27.14b . . . ta bort luftfördelaraxeln . . .

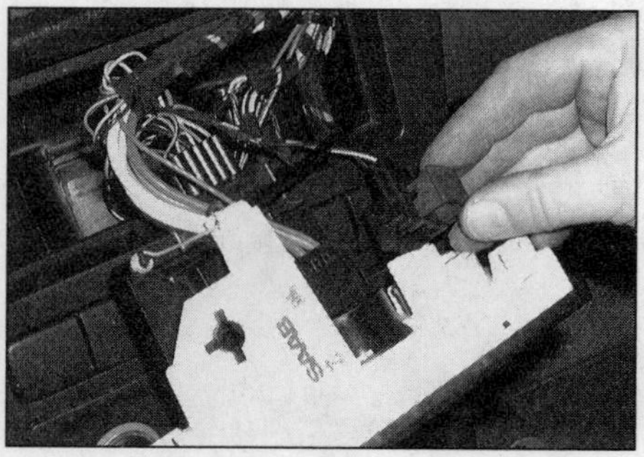

27.15 . . . och koppla loss kablaget

27.16a Lossa hållaren . . .

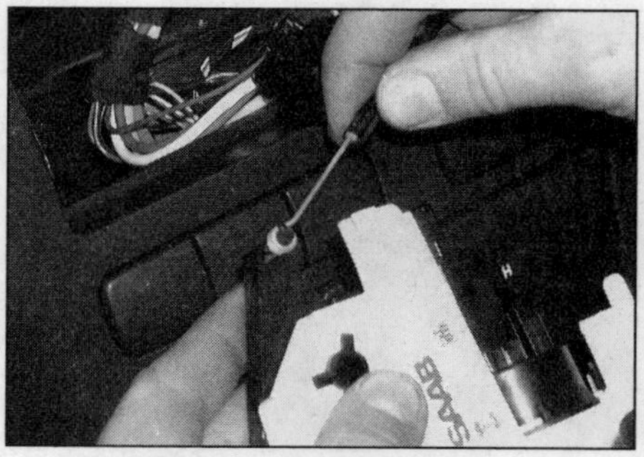

27.16b . . . och koppla loss värmereglagets kabel från modulen

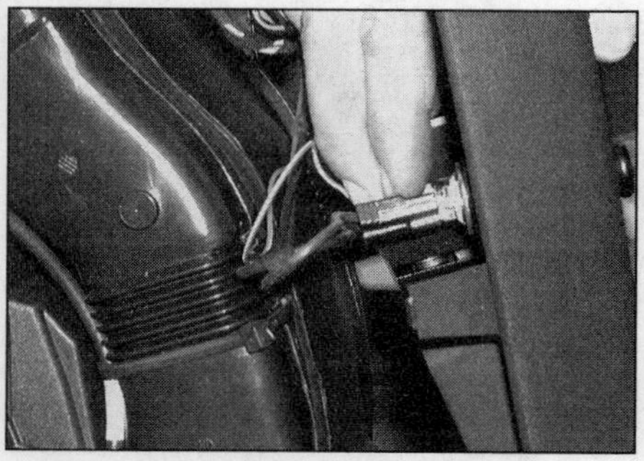

27.18 Cigarettändarens kablage kopplas loss

27.19 Ta bort klamrarna . . .

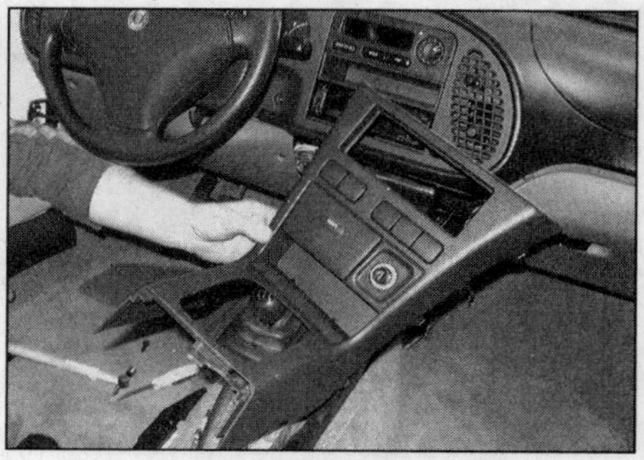

27.20 . . . och dra loss mittkonsolen

28.7a Skruva loss de övre skruvarna . . .

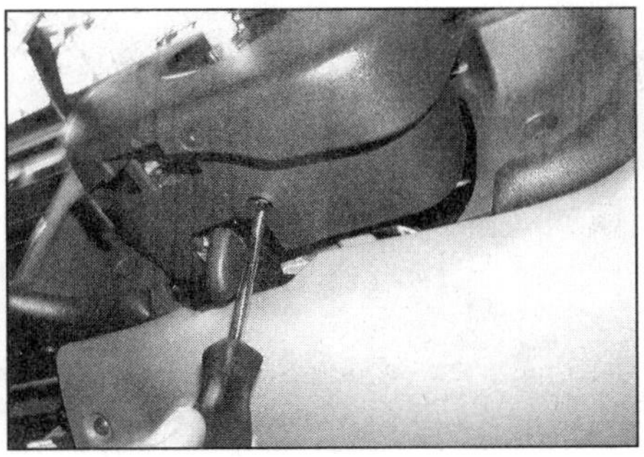

28.7b . . . och den nedre skruven . . .

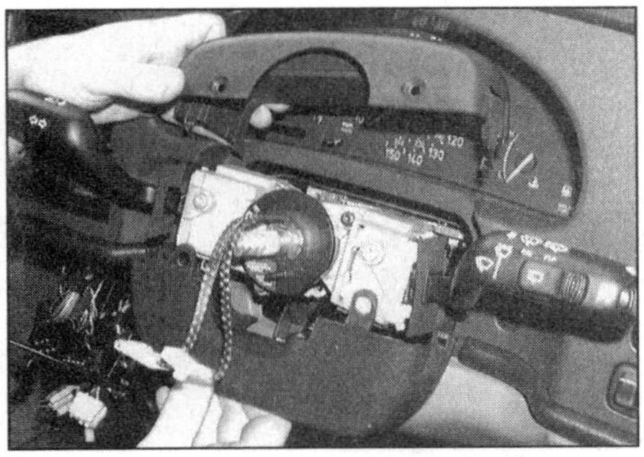

28.7c . . . och ta bort rattstångskåporna

28 Instrumentbräda - demontering och montering

Varning: Observera säkerhetsanvisningarna i avsnitt 30 vid arbete med eller i närheten av krockkuddarna.

Demontering

1 Koppla loss batteriets negativa kabel (jord) (se kapitel 5A).

2 Dra ut ratten så långt det går.

3 Skruva loss skruvarna på sidorna om ratten och dra bort krockkuddemodulen så att kontaktdonet kan kopplas loss. Placera modulen med översidan uppåt på en säker plats, se till att den inte kan stötas till eller skadas.

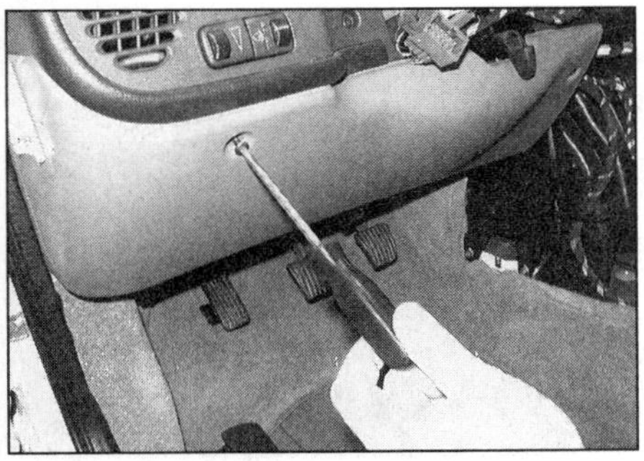

28.10a Skruva loss skruvarna . . .

4 Koppla loss kablaget från signalhornet.

5 Vrid hjulen rakt fram och skruva loss rattens fästmutter. Markera rattnavets placering i förhållande till rattstången, vicka sedan ratten från sida till sida tills den lossnar från räfflorna.

6 Dra bort ratten samtidigt som kontaktdonen matas genom öppningen.

7 Skruva loss skruvarna och ta bort rattstångskåporna **(se bilder)**.

8 Koppla loss kablaget från kombinationsbrytarna på sidorna om rattstången, ta sedan bort brytarna genom att trycka ner plastflikarna på brytarnas över- och undersidor.

9 Skruva loss skruvarna och ta bort diagnostikuttaget under instrumentbrädan på förarsidan **(se bild)**.

10 Skruva loss skruvarna och ta bort klamrarna, ta sedan bort den nedre klädselpanelen **(se bilder)**.

11 Demontera radion enligt beskrivningen i kapitel 12.

12 Böj undan flikarna och ta bort radions monteringslåda.

13 I förekommande fall, lossa de övre klamrarna och dra ut förvaringsfacket **(se bild)**.

14 Stick in två M3-skruvar i specialhålen och dra ut SID-panelen (Saab information display)

15 Bänd ut belysningsbrytaren och helljusbrytaren.

16 Demontera instrumentpanelen enligt beskrivningen i kapitel 12.

17 Öppna handskfacket, bänd loss pluggarna och skruva loss fästskruvarna och

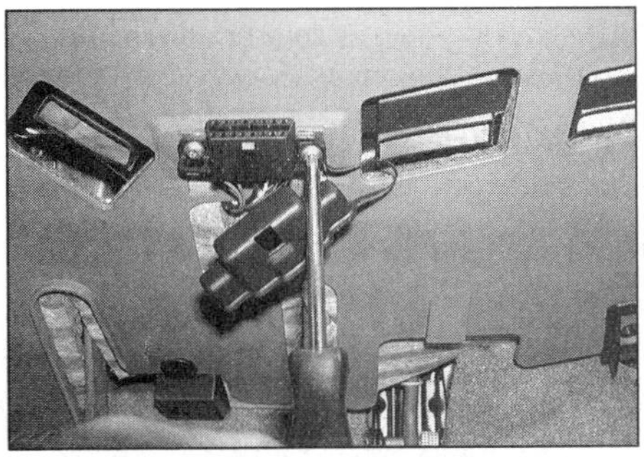

28.9 Ta bort diagnostikuttaget under instrumentbrädan

bulten **(se bild)**. Om det behövs, lossa klamrarna på framkanten och ta bort spärren.

18 Bänd ut handskfacksbelysningen och koppla loss kablaget.

19 Dra bort handskfacket från instrumentbrädan (se avsnitt 29).

20 Dra bort tätningslisten av gummi från A-stolparna på instrumentbrädans sidor.

21 Bänd försiktigt bort klädselpanelen från A-stolparna.

22 Använd en skruvmejsel och bänd försiktigt loss högtalargrillarna på instrumentbrädans sidor **(se bild)**.

23 För solgivaren något bakåt och lyft bort den **(se bild)**.

24 På modeller med luftkonditionering och/eller stöldlarm, koppla loss kablarna från solgivaren eller larmet.

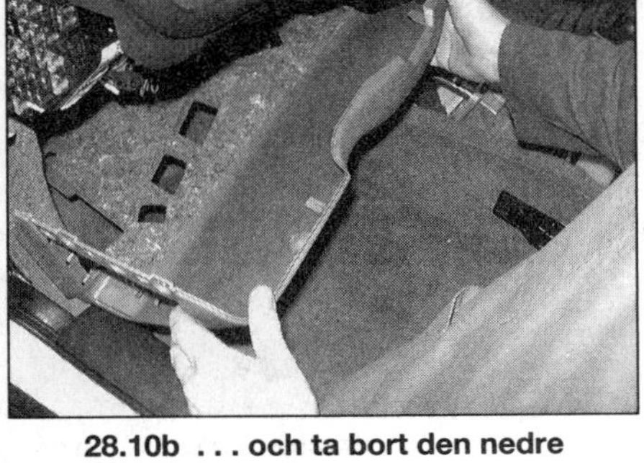

28.10b . . . och ta bort den nedre klädselpanelen

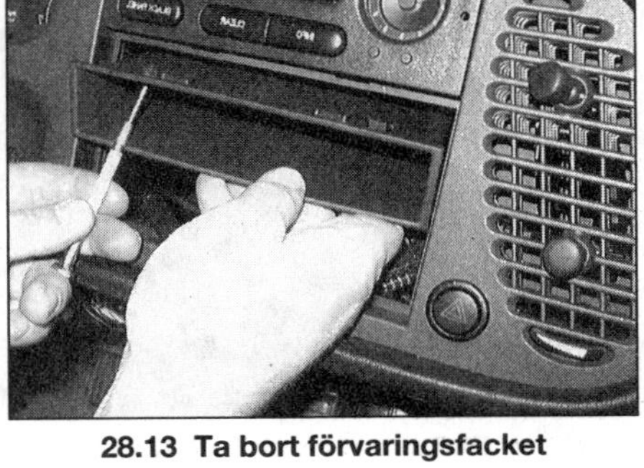

28.13 Ta bort förvaringsfacket

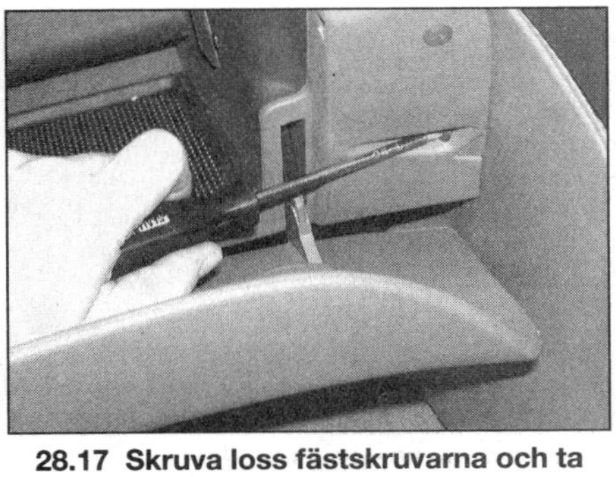

28.17 Skruva loss fästskruvarna och ta bort handskfacket

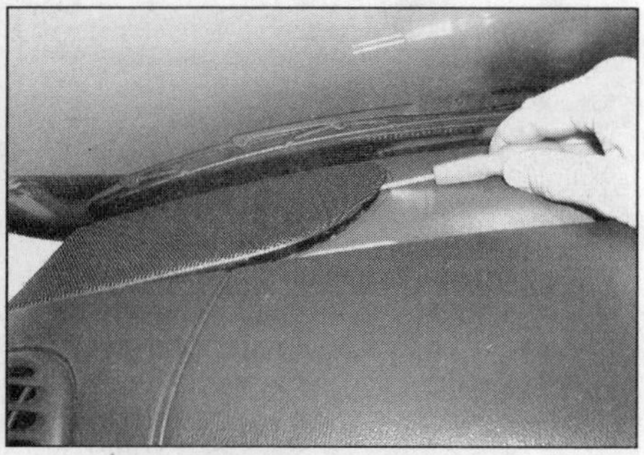

28.22 Bänd ut högtalargrillarna

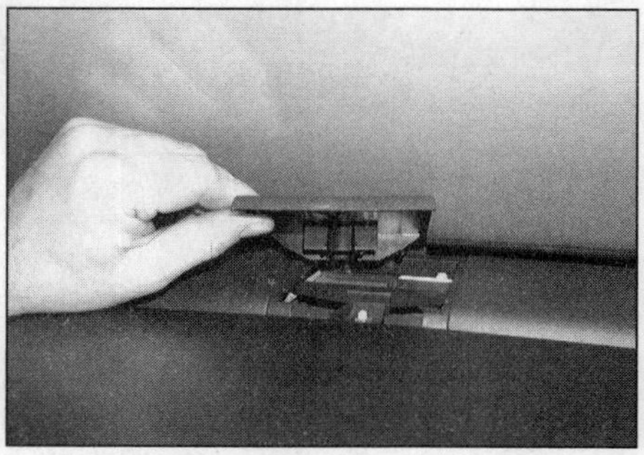

28.23 Ta bort solgivaren från instrumentbrädans överdel

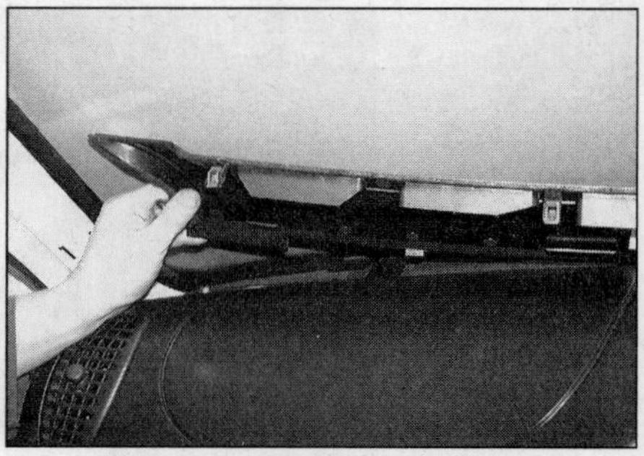

28.25 Ta bort avfrostarpanelen

25 Skruva loss bulten från mitten på instrumentbrädans överdel, lyft sedan avfrostarpanelens bakkant åt sidan och ta bort den **(se bild)**.

26 Observera hur kabelhärvan är dragen under instrumentbrädan och anteckna om det behövs, för att garantera korrekt återmontering. Lossa kabelklämmorna **(se bild)**.

27 Koppla loss golvlufttrumman på passagerarsidan **(se bild)**.

28 Skruva loss skruvarna och ta bort säkringsdosan från instrumentbrädan på förarsidan **(se bild)**. Lägg den åt ena sidan men koppla inte bort kablaget.

29 Skruva loss instrumentbrädans fästbultar från A-stolparna **(se bild)**.

30 Demontera mittkonsolen enligt beskrivningen i avsnitt 27.

31 På modeller med krockkudde på passagerarsidan, koppla loss kablaget från krockkudden och skruva loss muttern från stoppet.

32 Koppla loss och ta bort luftventilens rör från båda sidorna.

33 Koppla loss kablaget från högtalarna på båda sidor om instrumentbrädan och ta loss kabelklämmorna.

34 Skruva loss instrumentbrädans fästbultar nära de övre högtalarna **(se bild)**.

35 Ta hjälp av en medhjälpare och dra försiktigt bort instrumentbrädan från torpedväggen och bort från bilen **(se bild)**.

Montering

36 Montering sker i omvänd ordningsföljd, men se beskrivningen i avsnitt 30 om hur man återmonterar krockkuddarna. Var extra noga med att läsa säkerhetsanvisningarna.

29 Handskfack – demontering och montering

Demontering

1 Öppna handskfacket, skruva loss de nedre fästskruvarna **(se bilder)**.

2 Lossa klamrarna från handskfackets framkant genom trycka in mittsprintarna **(se bild)**.

3 Ta bort lampan till handskfackets belysning eller koppla loss kablaget **(se bild)**.

4 Dra bort handskfacket från instrumentbrädan **(se bild)**.

5 Om det behövs kan luckan tas bort genom att dämparskruven skruvas bort och pivåtapparna trycks ut.

28.26 Kabelhärvans placering på instrumentbrädans undersida

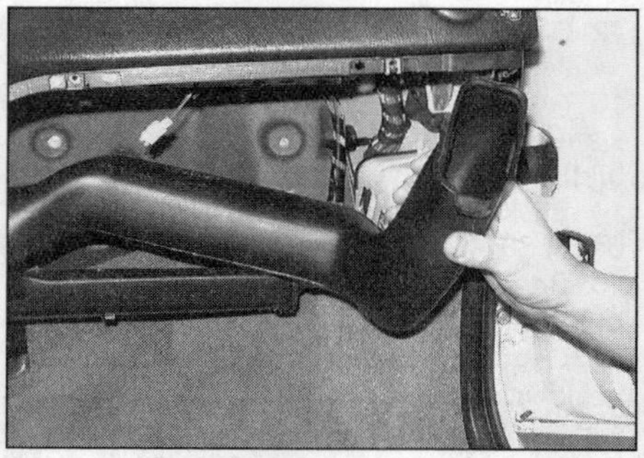

28.27 Ta bort lufttrumman på passagerarsidan

28.28 Skruva loss säkringsdosans skruvar från instrumentbrädans förarsida

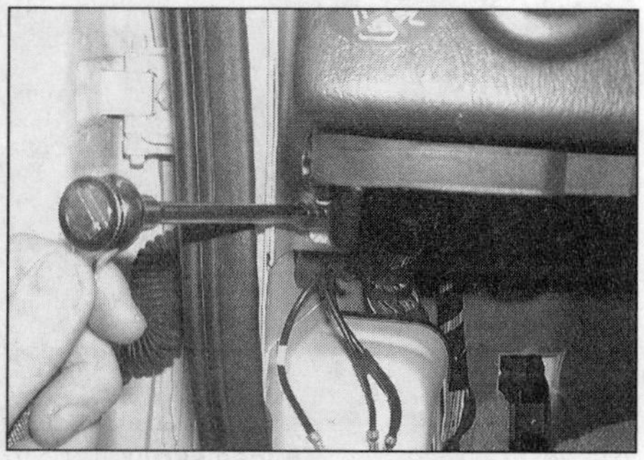

28.29 Skruva loss instrumentbrädans bultar från A-stolparna

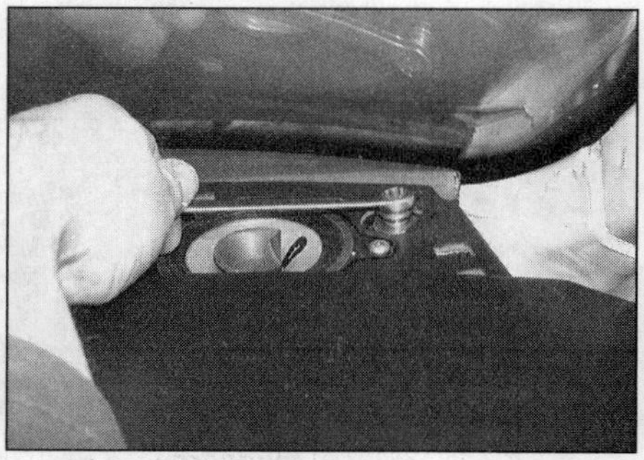

28.34 Skruva loss instrumentbrädans bultar i närheten av de övre högtalarna

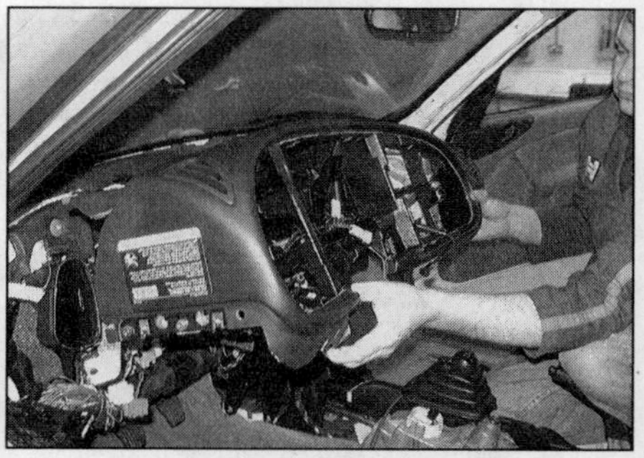

28.35 Dra bort instrumentbrädan från torpedväggen

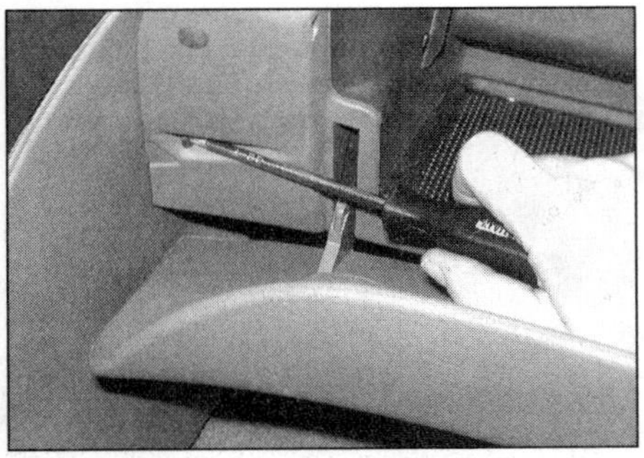

29.1a Skruva loss handskfackets nedre vänstra . . .

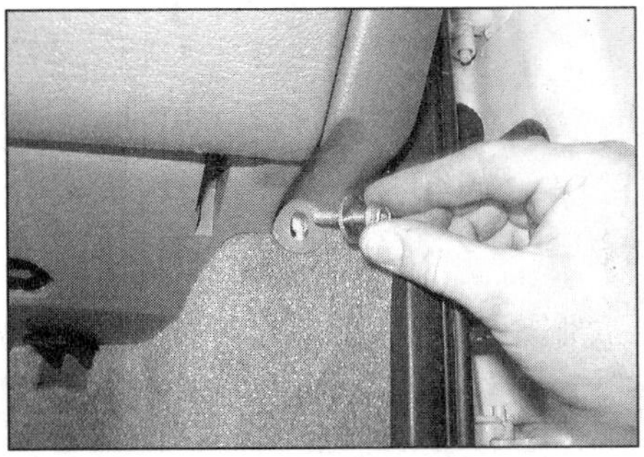

29.1b . . . och nedre högra fästskruv

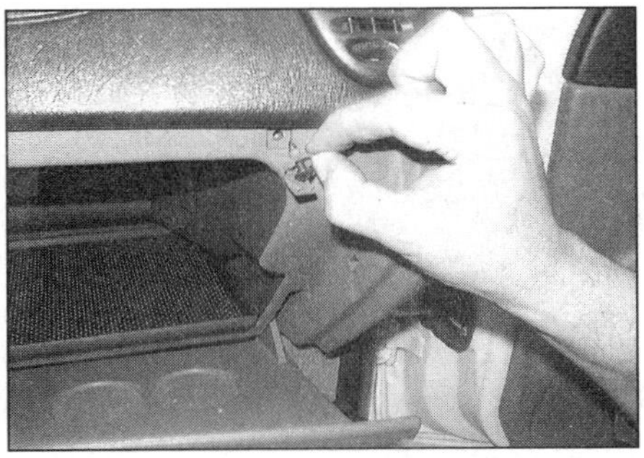

29.2 Ta bort handskfackets fästklamrar

6 Ta bort låset genom att borra en cirkel med 2,0 mm stora hål inuti den inpräglade cirkeln på luckans baksida och sedan försiktigt skära ut den. Var noga med att inte borra djupare än plasten. Böj undan flikarna och ta bort låset från handskfacket. Bänd bort låshållaren.

Montering

7 Montering sker i omvänd ordningsföljd. Om ett nytt lås monteras, fäst pluggen som följer med det nya låset över den utskurna cirkeln.

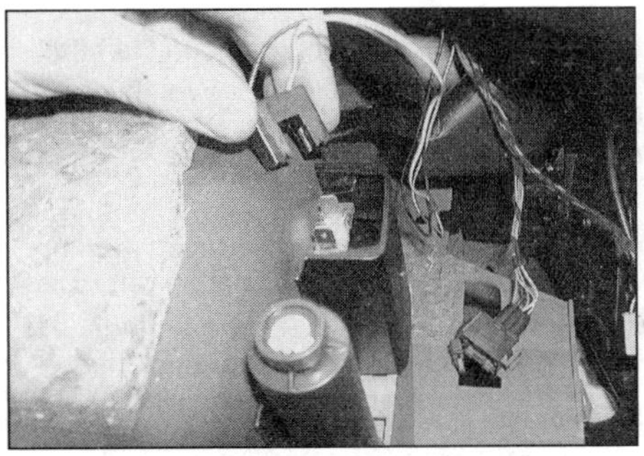

29.3 Koppla loss kablaget från handskfackets belysning

29.4 Dra bort handskfacket från instrumentbrädan

30 Säkerhetssystem (SRS), komponenter - demontering och montering

Allmän information

SRS (Supplementary Restraint System) styrs av en elektronisk styrenhet (ECU). När tändningen är på självtestar den elektroniska styrenheten systemets komponenter; om ett fel upptäcks registreras det i styrenhetens minne som en felkod. Därefter tänder styrenheten SRS-varningslampan på instrumentpanelen. Om det händer ska bilen lämnas in till en Saabverkstad för undersökning. Det krävs specialutrustning för att man ska kunna tyda felkoden från SRS-systemets styrenhet, dels för att avgöra felets natur och orsak, dels för att nollställa felkoden och på så sätt hindra att varningslampan fortsätter lysa fast att felet åtgärdats.

Av säkerhetsskäl avråds bilägare å det bestämdaste att försöka diagnostisera fel på SRS-systemet med vanlig verkstadsutrustning. Informationen i det här avsnittet är därför begränsad till de komponenter i SRS-systemet som ibland måste demonteras för att man ska komma åt bilens andra komponenter.

Varning: Följande säkerhetsanvisningar måste observeras vid arbete med bilens krockkuddar/ SRS-system:

*a) Koppla loss batteriets negativa kabel och vänta **i minst tio minuter** innan någon av elkablarna till SRS-systemets elektriska komponenter kopplas loss; detta för att ge styrenhetens inre utlösarkondensator tid att ladda ur så att den inte utlöses av misstag.*

*b) **Försök inte** skarva några av elkablarna i SRS-systemets kabelhärva.*

c) Undvik att hamra på eller kraftigt skaka bilens främre del, särskilt i motorrummet, eftersom det kan utlösa krockgivarna och aktivera SRS-systemet.

d) Använd inte ohmmätare eller annan utrustning som kan leda ström till någon av SRS-systemets komponenter eftersom det kan orsaka att systemet utlöses av misstag.

e) Krockkuddar (och bältessträckare) är klassade som pyrotekniska (explosiva) och måste lagras och hanteras i enlighet med relevanta lagar i respektive land. I allmänhet gäller att inte låta dessa komponenter vara frånkopplade från elkablarna längre än absolut nödvändigt. De är instabila när de är frånkopplade och det föreligger risk att de detonerar av misstag. Lägg alltid en frånkopplad krockkudde med metallfästet nedåt, på avstånd från eldfarliga material. Lämna aldrig en krockkudde utan översikt.

Förarsidans krockkudde

Demontering

1 Koppla loss batteriets negativa kabel (jord) (se kapitel 5A).

2 Bänd ut pluggarna och skruva loss skruvarna som fäster krockkudden vid ratten. Skruvarna är placerade på båda sidor av ratten **(se bilder)**.

30.2a Bänd ut pluggarna . . .

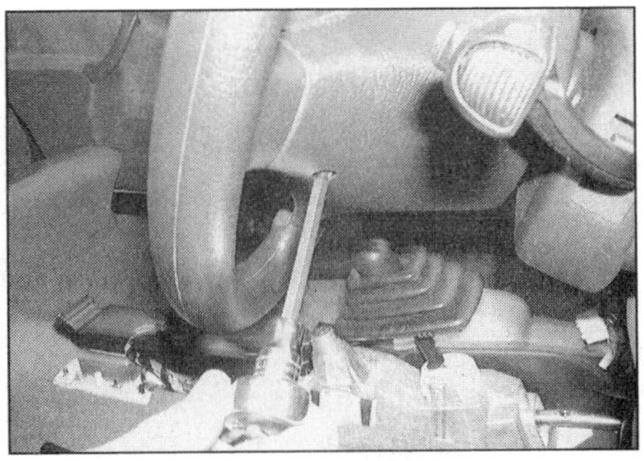

30.2b . . . skruva sedan loss skruvarna från rattens sidor

30.3a Lyft försiktigt bort krockkudden från ratten . . .

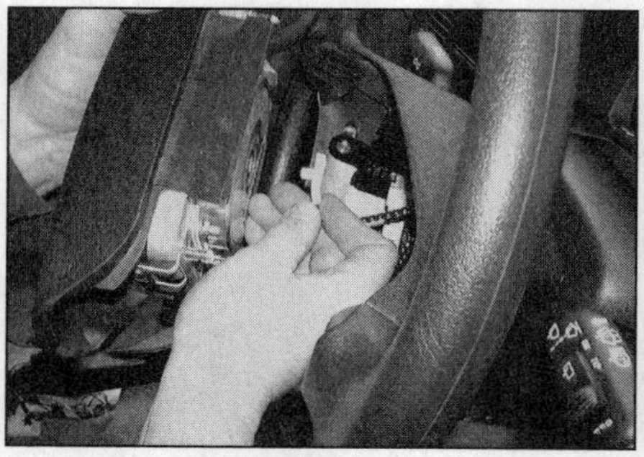

30.3b . . . och koppla bort kablarna

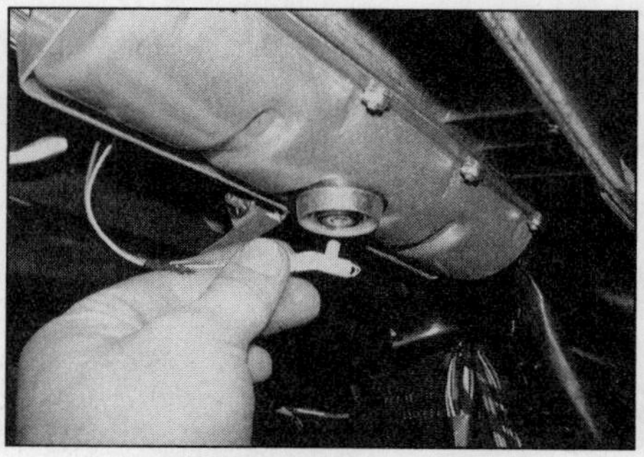

30.11 Koppla loss kablarna från passagerarsidans krockkudde

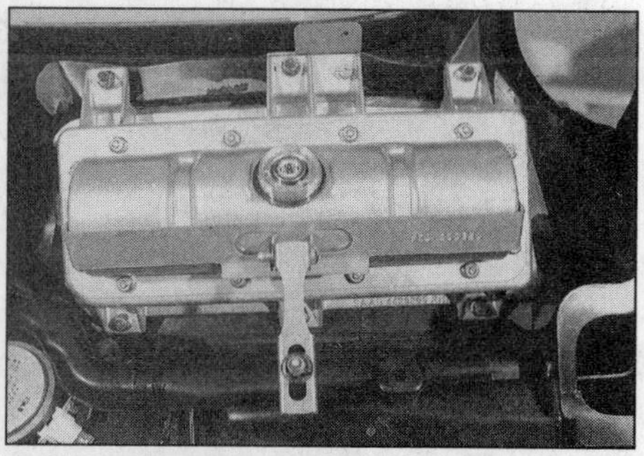

30.13 Passagerarsidans krockkudde sedd från instrumentbrädans undersida

3 Lyft försiktigt bort krockkudden från ratten så att kablaget kan kopplas bort **(se bilder)**.

4 Lägg krockkudden på ett säkert ställe med metallfästet nedåt.

Montering

5 Placera krockkudden över ratten och återanslut kablaget, se till att det sitter säkert på kabeldonet.

6 Sänk ner krockkudden i ratten, sätt sedan i fästskruvarna och dra åt dem. Sätt tillbaka gummipluggarna.

7 Återanslut batteriets negativa ledning (jord) (se kapitel 5A).

8 Slå på tändningen och kontrollera att SRS-systemets varningslampa slocknar. Om inte har styrenheten antagligen en felkod lagrad i sig och måste lämnas in till en Saabverkstad för att undersökas.

Passagerarsidans krockkudde

Demontering

9 Koppla loss batteriets negativa kabel (jord) (se kapitel 5A).

10 Demontera handskfacket enligt beskrivningen i avsnitt 29.

11 Koppla loss kablaget till passagerarsidans krockkudde under instrumentbrädan **(se bild)**.

12 Skruva loss muttern som fäster krockkuddens fäste vid torpedväggens tvärbalk.

13 Skruva loss krockkuddens fästmuttrar och lyft bort den från instrumentbrädan **(se bild)**.

14 Lägg krockkudden på ett säkert ställe med metallfästet nedåt.

Montering

15 Placera krockkudden i instrumentbrädan och dra åt muttrarna till angivet moment. **Observera:** *Saabtekniker förseglar den främre högra och den bakre vänstra muttern med markeringsfärg.*

16 Sätt i muttern till krockkuddens fäste och dra åt till angivet moment.

17 Återanslut kablaget till krockkudden.

18 Montera handskfacket enligt beskrivningen i avsnitt 29.

19 Återanslut batteriets negativa kabel (jord) (se kapitel 5A).

20 Slå på tändningen och kontrollera att SRS-systemets varningslampa slocknar. Om inte har styrenheten antagligen en felkod lagrad i sig och måste lämnas in till en Saabverkstad för att undersökas.

Rattens kontaktenhet

Demontering

21 Koppla loss batteriets negativa kabel (jord) (se kapitel 5A).

22 Demontera ratten enligt beskrivningen i kapitel 10.

23 Undvik att skada kontaktenheten genom att hålla kvar den i sitt mittläge med tejp.

24 Skruva loss skruvarna och ta bort rattstångskåporna.

25 Koppla loss kablaget från kontaktenheten vid de två kontaktdonen under rattstången.

26 Skruva loss skruvarna och lyft försiktigt kontaktenheten över rattstångens överdel.

Montering

27 Undvik att skada kontaktenheten under återmonteringen genom att använda tejp för att hålla fast den i sin mittposition.

28 Passa in kontaktenheten över rattstångens överdel och anslut de två kontaktdonen.

29 Montera fästskruvarna och dra åt dem.

30 Montera rattstångskåporna och dra åt skruvarna.

31 Kontrollera att kontaktenheten sitter i sin mittposition på följande sätt. Vrid kontaktenheten medurs ett helt varv medan hjulen pekar rakt fram. Vrid sedan tillbaka kontaktenheten 2 1/2 varv.

32 Montera ratten enligt beskrivningen i kapitel 10.

33 Återanslut batteriets negativa kabel (jord) (se kapitel 5A).

34 Slå på tändningen och kontrollera att SRS-systemets varningslampa slocknar. Om inte har styrenheten antagligen en felkod lagrad i sig och måste lämnas in till en Saabverkstad för att kontrolleras.

Elektronisk styrenhet (ECU)

Demontering

35 Lossa batteriets jordledning (minuspolen) (se kapitel 5A).

36 Ta bort mittkonsolens bakre del enligt beskrivningen i avsnitt 27.

37 Koppla loss kablaget från styrenheten.

38 Skruva loss muttrarna och ta bort styrenheten från bilens insida **(se bild)**.

Montering

39 Montering sker i omvänd ordningsföljd.

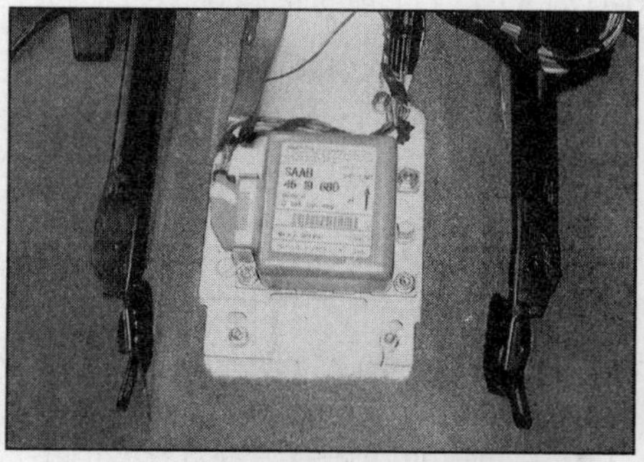

30.38 SRS-systemets styrenhet monterad under mittkonsolens bakre del

Kapitel 12
Karossens elsystem

Innehåll

Svårighetsgrader

Enkelt, passar novisen med lite erfarenhet	**Ganska enkelt,** passar nybörjaren med viss erfarenhet	**Ganska svårt,** passar kompetent hemmamekaniker	**Svårt,** passar hemmamekaniker med erfarenhet	**Mycket svårt,** för professionell mekaniker

Specifikationer

Systemtyp	12 volt, negativ jord
Glödlampor	**Watt**
Helljus	60/55
Främre dimljus	55
Belysning för askkopp och cigarettändare och säkerhetsbältesvarning	1,2
Baklyse	5
Bakre dimljus, backljus	21
Stoppljus/baklyse	21/5
Främre och bakre blinkers	21
Nummerplåtsbelysning, belysning till sminkspegel	5
Belysning av kupé, bagageutrymme och handskfack	10
Sidoblinkers, högt bromsljus, parkeringsljus	5

1 Allmän information och föreskrifter

Allmän information

Elsystemet är ett 12 volts system med negativ jord och består av ett 12 volts batteri, en växelströmsgenerator med inre spänningsregulator, en startmotor och tillhörande elektriska komponenter och kablar.

De flesta modeller är utrustade med ett stöldskyddssystem som består av givare på dörrarna, bakluckan och motorhuven. Längst fram på den inre takklädseln sitter dessutom en givare som känner av om fönsterglaset krossas. Systemet styrs av en central elektronisk styrenhet som kontrollerar varningssignalen.

Även om vissa reparationer beskrivs är det normala tillvägagångssättet att byta ut defekta komponenter. Ägare som är intresserade av mer än enbart komponentbyte kan köpa boken *"Bilens elektriska och elektroniska system"* från detta förlag.

Föreskrifter

Det är viktigt att iakttaga extra försiktighet vid arbete med elsystemet för att undvika personskador och skador på halvledarenheter (dioder och transistorer). Vissa rutiner måste följas vid demontering av SRS-systemets komponenter; se kapitel 11 för ytterligare information. Observera följande säkerhetsanvisningar vid arbete på elsystemet och läs även anvisningarna i *Säkerheten främst!* i början av den här handboken:

a) *Ta alltid av ringar, klockor och liknande innan arbete med elsystemet påbörjas. En urladdning kan inträffa även med batteriet urkopplat, om en komponents strömstift jordas genom ett metallföremål. Det kan leda till stötar eller elaka brännskador.*
b) *Kasta inte om batteripolerna. Komponenter som växelströmsgenerator, bränsleinsprutningens/tändsystemets elektroniska styrenhet eller andra komponenter med halvledarkretsar kan skadas så allvarligt att de inte går att reparera.*
c) *Låt inte motorn driva generatorn om inte generatorn är inkopplad.*
d) *Kontrollera alltid att batteriets negativa anslutning är bortkopplad vid arbete i det elektriska systemet.*
e) *Innan elektrisk bågsvetsningsutrustning används på bilen, koppla ur batteriet, växelströmsgeneratorn och komponenter som bränsleinsprutningens/tändningens elektroniska styrenhet för att skydda dem från skador.*

2 Elsystem, felsökning – allmän information

Observera: *Läs säkerhetsanvisningarna i avsnittet "Säkerheten främst!" och i avsnitt 1 i detta kapitel innan arbetet påbörjas. Följande tester relaterar till huvudkretsen och ska inte användas för att testa känsliga elektroniska kretsar (som system för låsningsfria bromsar), speciellt där en elektronisk styrenhet används.*

Allmänt

1 En typisk elkrets består av en elektrisk komponent och de kontakter, reläer, motorer, säkringar, säkrade länkar eller kretskontakter som hör samman med komponenten, samt de ledare och kontakter som kopplar komponenten till batteriet och karossen. För att underlätta felsökningen i elkretsarna finns kopplingsscheman inkluderade i slutet av den här handboken.

2 Studera relevant kopplingsschema för att bättre förstå den aktuella kretsens olika komponenter, innan du försöker diagnostisera ett elfel. De möjliga felkällorna kan reduceras genom att man kontrollerar om andra komponenter i kretsen fungerar som de ska. Om flera komponenter eller kretsar felar samtidigt är möjligheten stor att felet beror på en delad säkring eller jord.

3 Elproblem har ofta enkla orsaker, som lösa eller rostiga kontakter, jordfel, trasiga säkringar, smälta smältsäkringar eller ett defekt relä (se avsnitt 3 för detaljer om relätestning). Se över skicket på alla säkringar, kablar och kontakter i en felande krets innan komponenterna testas. Använd kopplingsschemana för att se vilken anslutningar som behöver kontrolleras för att komma åt felet.

4 Följande grundläggande verktyg behövs för felsökning i elsystemet: en kretsprovare eller voltmätare (en 12-volts glödlampa med en uppsättning kablar kan också användas för vissa tester), en kontinuitetsmätare, en ohmmätare (för att mäta motstånd), ett batteri samt en uppsättning testkablar och en förbindningskabel, helst försedd med en kretskontakt eller säkring som kan användas till att koppla förbi misstänkta komponenter eller kablar. Använd kopplingsschemat för att bestämma var kopplingarna skall göras innan du försöker hitta felet med testinstrumenten.

5 För att hitta källan till ett intermittent kabelfel (som vanligtvis beror på en dålig eller smutsig anslutning eller skadad kabelisolering) kan kablarna integritetstestas. Detta innebär att man flyttar på kablarna för hand för att se om felet uppstår medan detta görs. Det ska därmed vara möjligt att härleda felet till en speciell del av kablaget. Denna testmetod kan användas tillsammans med vilken annan testmetod som helst i de följande underavsnitten.

6 Förutom problem som uppstår på grund av dåliga anslutningar kan två grundläggande typer av fel uppstå i en elkrets – kretsbrott eller kortslutning.

7 Kretsbrott orsakas av att ett brott någonstans i kretsen hindrar strömflödet. Ett kretsbrott gör att komponenten inte fungerar, men kommer inte att utlösa säkringen.

8 Kortslutningar orsakas av att ledarna går ihop någonstans i kretsen, vilket medför att strömmen tar en alternativ, lättare väg (med mindre motstånd), vanligtvis till jord. Kortslutning orsakas vanligtvis av att isoleringen nötts så att en ledare kan komma i kontakt med en annan ledare eller direkt med jord som t.ex. karossen. En kortslutning bränner i regel kretsens säkring. **Observera:** *Om kortslutning uppstår i kablarna mellan en krets batterimatning och dess säkring bränns inte kretsens säkring. Den här delen av kretsen är oskyddad – tänk på det vid felsökning i bilens elsystem.*

Att hitta ett kretsbrott

9 För att leta efter ett kretsbrott, börja med att koppla den ena ledaren på en kretsprovare eller voltmätare till antingen batteriets negativa pol eller en annan känd jord.

10 Koppla den andra ledaren till en anslutning i den krets som skall provas, helst närmast batteriet eller säkringen.

11 Slå på kretsen, men tänk på att vissa kretsar bara är strömförande med tändningslåset i ett visst läge.

12 Om spänning ligger på (testlampan lyser/utslag från voltmätaren), betyder det att delen av kretsen mellan aktuell anslutning och batteriet är felfri.

13 Kontrollera resten av kretsen på samma sätt.

14 Om en punkt nås där det inte finns någon spänning ligger felet mellan den punkten och föregående testpunkt med spänning. De flesta fel beror på en trasig, eroderad eller lös kontakt.

Att hitta en kortslutning

15 Börja med att koppla bort strömförbrukarna från kretsen (strömförbrukare är delar som drar ström i en krets, t.ex. lampor, motorer och värmeelement.

16 Ta bort den aktuella säkringen från kretsen och koppla en kretsprovare eller voltmätare till säkringens anslutningar.

17 Slå på kretsen, men tänk på att vissa kretsar bara är strömförande med tändningslåset i ett visst läge.

18 Om det finns spänning (testlampan lyser/voltmätaren ger utslag), betyder det att kretsen är kortsluten.

19 Om det inte finns någon spänning, men säkringarna fortsätter att gå sönder när strömförbrukarna är påkopplade, är det ett tecken på ett internt fel i någon av strömförbrukarna.

Att hitta ett jordfel

20 Batteriets minuspol är kopplad till "jord" – metallen på motorn/växellådan och karossen – och de flesta system är dragna så att de bara har en positiv källa, strömmen som leds tillbaka genom metallen i karossen. Det betyder att komponentfästet och karossen utgör en del av kretsen. Lösa eller korroderade fästen kan därför orsaka flera olika elfel, allt ifrån totalt haveri till svårförklarade partiella fel. Ofta kan lampor lysa svagare än vanligt (särskilt om en annan krets som delar samma jord är i gång samtidigt), motorer kan gå långsamt (t.ex. torkarmotorerna eller motorn till kylfläkten) och en krets kan påverka en annan utan synbar anledning. Observera att på många fordon används särskilda jordningsband mellan vissa komponenter, t.ex. motorn/växellådan och karossen, vanligtvis där det inte finns någon direkt metallkontakt mellan komponenterna på grund av gummiupphängningar eller liknande.

21 För att kontrollera om en komponent är korrekt jordad, koppla först bort batteriet och koppla den ena ledaren på en ohmmätare till en känd jord. Koppla sedan den andra ledaren till den kabel eller jordkoppling som skall testas. Det motstånd som visas skall vara noll ohm – om så inte är fallet, kontrollera enligt följande.

22 Om en jordanslutning misstänks vara felaktig, ta isär anslutningen och putsa upp metallen på både ytterkarossen och kabelfästet, eller komponentens jordanslutnings fogyta. Se till att ta bort alla spår av rost och smuts, använd en kniv för att skrapa bort lacken så att kontaktytan blir helt ren. Dra åt kopplingsfästena ordentligt vid monteringen. Montera låsbrickor mellan kabelfästet och karossen om ett kabelfäste monteras, för att vara säker på att anslutningen blir ren och säker. När kopplingen återansluts, rostskydda ytorna med ett lager vaselin, silikonfett eller genom att regelbundet spraya på fuktdrivande aerosol eller vattenavstötande smörjmedel.

3 Säkringar och reläer – allmän information

Säkringar

1 Säkringar är utformade för att bryta en elektrisk krets när en given spänning uppnås, för att skydda komponenter och kablar som kan skadas av för hög spänning. För hög spänning beror på fel i kretsen, oftast en kortslutning (se avsnitt 2).

2 Säkringarna är placerade antingen i säkringsdosan på förarsidan på instrumentbrädan eller i säkringsdosan i motorrummets vänstra bakre del. Säkringsdosan i motorrummet innehåller även huvdreläerna.

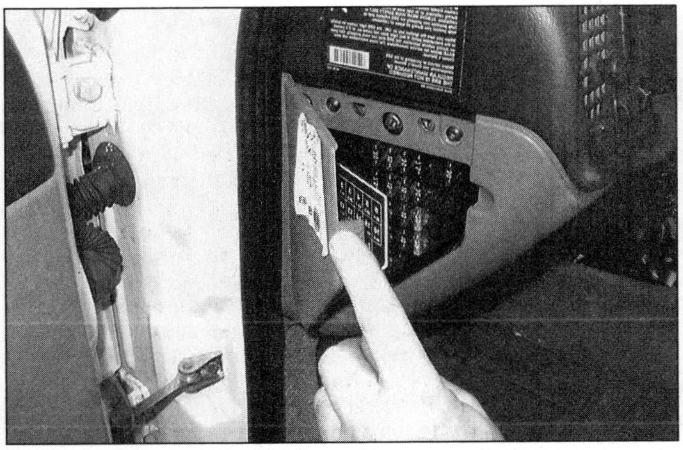

3.3a Säkringsdosan på instrumentbrädan

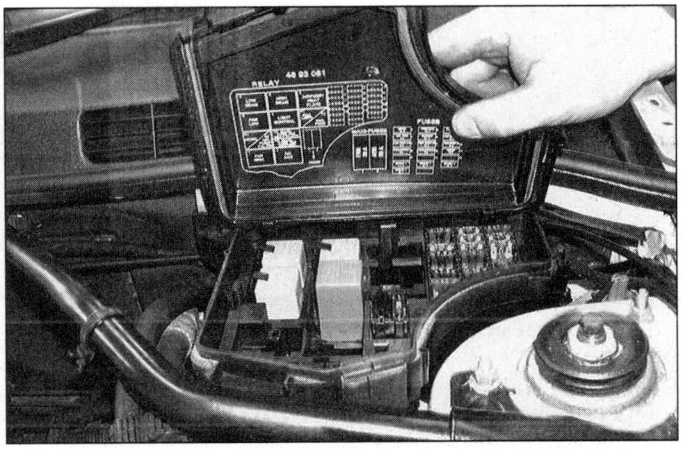

3.3b Säkringsdosan i motorrummets vänstra bakre del

3 Man kommer åt instrumentbrädans säkringsdosa genom att öppna förardörren och ta loss plastkåpan. Säkringsdosan i motorrummet kommer man åt genom att öppna motorhuven och ta bort plastkåpan **(se bilder)**.

4 Ta bort säkringen genom att dra loss den från sin sockel med hjälp av plastverktyget som finns i säkringsdosan **(se bild)**.

5 Undersök säkringen från sidan genom det genomskinliga plasthöljet; en trasig säkring har en smält eller trasig ledning.

6 Det finns reservsäkringar i de oanvända fästena i säkringsdosan.

7 Leta reda på orsaken till felet och åtgärda den innan säkringen byts. Använd alltid en säkring med korrekt kapacitet.

Varning: Byt aldrig ut en säkring mot en säkring med högre kapacitet och gör aldrig heller tillfälliga reparationer med ståltråd eller metallfolie; det är mycket brandfarligt och kan dessutom leda till att felet förvärras.

8 Observera att säkringarna är färgkodade enligt beskrivningen nedan – se respektive kopplingsshema för information om säkringarnas kapacitet och de skyddade kretsarna.

Färg	Kapacitet
Brun	5A
Röd	10A
Blå	15A
Gul	20A
Ofärgad	25A
Grön	30A

9 Förutom säkringar finns även smältsäkringar bredvid batteriet och i säkringsdosan i motorrummets bakre del. Det finns fyra smältsäkringar på varje plats och deras uppgift är att skydda vissa delar av bilens kabelnät. Varje smältsäkring täcker mer än en elektrisk komponent och de smälts inte för att en enstaka komponent är defekt. Smältsäkringarna har följande kapacitet:

Färg	Kapacitet
Orange	40A (max)
Blå	60A (max)

Reläer

10 Ett relä är en elstyrd mekanisk brytare som används av följande orsaker:

a) Ett relä kan ställa om en hög spänning på avstånd från kretsen och gör det på så sätt möjligt att använda lättare kablar och brytkontakter.

b) Ett relä kan, till skillnad från en mekaniskt styrd kontakt, ta emot signaler från mer än en givare.

c) Ett relä kan ha en tidinställningsfunktion, men på Saabmodellerna i den här handboken sköts den funktionen av den inre centrala elektroniska styrenheten.

11 Huvudreläerna sitter i säkringsdosan i motorrummets vänstra bakre hörn. Ytterligare reläer sitter under instrumentbrädans förarsida **(se bild)**.

12 Om en krets eller ett system som styrs av ett relä går sönder och felet misstänks ligga hos reläet, slå på systemet ifråga. Om ett relä fungerar går det *i allmänhet* att höra "klicket" när det får ström. Om klicket hörs ligger felet troligen hos systemets komponenter eller kablar. Om det inte hörs när reläet får ström får det antingen ingen ström eller också kommer inte ställströmmen fram, men det kan också bero på att reläet i sig självt är defekt. Undersök om reläet är defekt genom att byta ut det mot ett relä som fungerar. Var försiktig, vissa reläer har helt olika funktioner fast de ser likadana ut – se till att ersättningsreläet är av exakt samma typ som det relä som kontrolleras.

13 Se till att den aktuella kretsen är avslagen innan reläet tas bort. Reläet kan sedan helt enkelt dras ut ur fästet och det nya tryckas tillbaka på plats **(se bild)**.

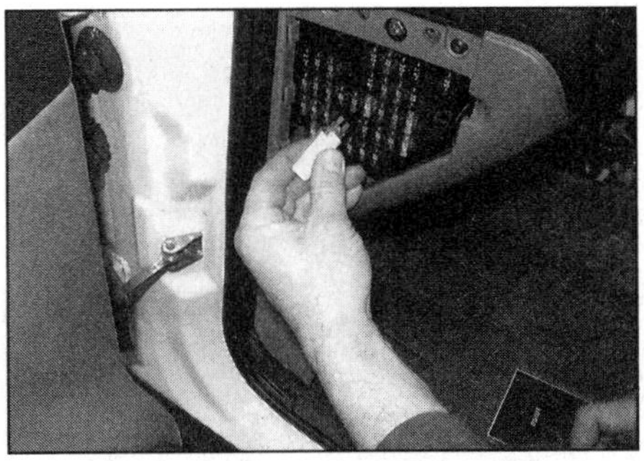

3.4 Ta bort säkringen med det medföljande plastverktyget

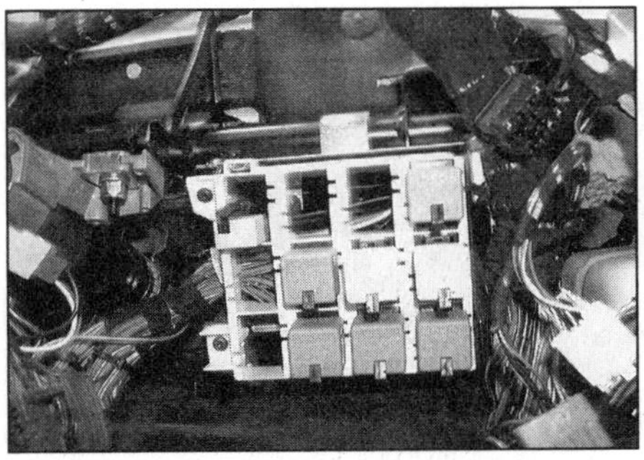

3.11 Reläer under instrumentbrädan

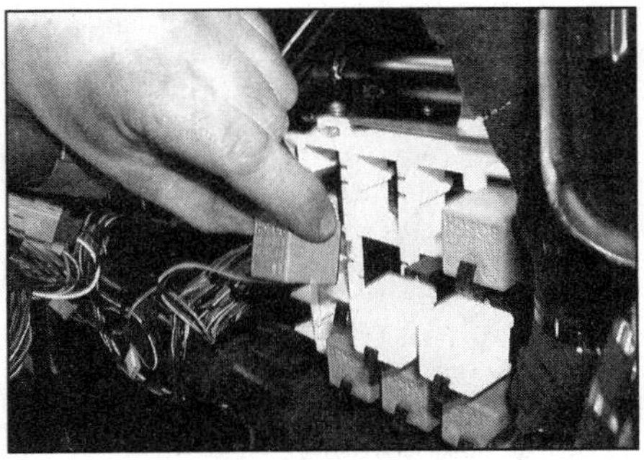

3.13 Demontering av ett relä

4.4a Tryck in flikarna och ta bort flervalsbrytare . . .

4 Kontakter och brytare – demontering och montering

Tändningslås och växelspakslås

1 Tändnings- och växelspakslåsen är inbyggda i växlingsenheten mellan framsätena. Se kapitel 7A eller 7B för mer information.

Rattstångens flervalsbrytare

Demontering

2 Demontera ratten (se kapitel 10).

3 Ta bort rattstångskåporna.

4 Ta bort brytaren genom att trycka in de övre och undre plastflikarna och koppla loss kablarna **(se bilder)**.

Montering

5 Montering sker i omvänd ordningsföljd.

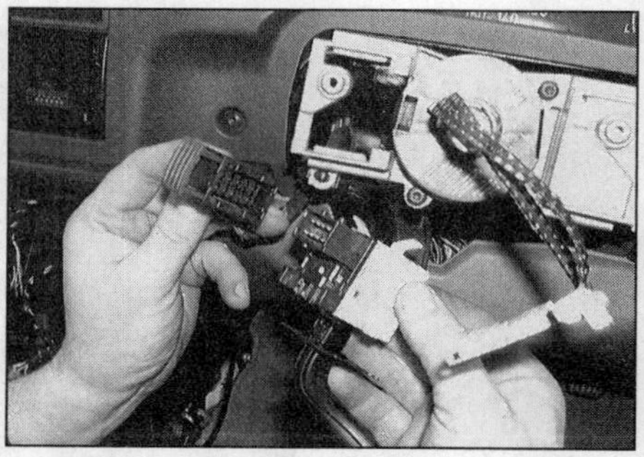

4.4b . . . koppla sedan loss kablarna

Brytare till den elektriska fönsterhissen

Demontering

6 Använd en skruvmejsel och bänd försiktigt upp brytarens främre del från mittkonsolen **(se bild)**.

7 Koppla loss kablarna **(se bild)**.

Montering

8 Montering sker i omvänd ordningsföljd.

Strålkastarnas höjdjusteringsbrytare

Demontering

9 Bänd försiktigt loss brytaren från instrumentbrädan med en skruvmejsel. Om den sitter hårt, ta bort den nedre klädselpanelen och tryck ut brytaren bakifrån **(se bild)**.

10 Koppla loss kablaget **(se bild)**.

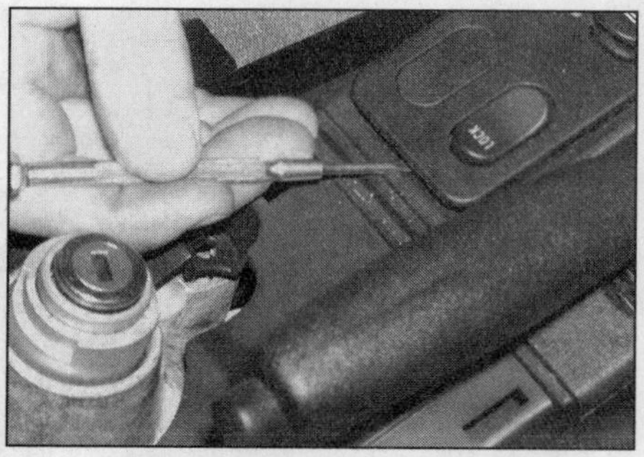

4.6 Bänd ut brytaren till den elektriska fönsterhissen med en skruvmejsel . . .

Montering

11 Montering sker i omvänd ordningsföljd.

Innerbelysningens brytare

Demontering

12 Med en skruvmejsel, bänd försiktigt loss brytaren från mittkonsolens bakre del. Om den sitter hårt, flytta konsoldelen någon bakåt och tryck ut brytaren underifrån **(se bild)**.

13 Koppla loss kablaget **(se bild)**.

Montering

14 Montering sker i omvänd ordningsföljd.

Instrumentbelysningens reostat

Demontering

15 Bänd försiktigt loss reostaten från instrumentbrädan med en skruvmejsel. Om den sitter hårt, ta bort den nedre klädselpanelen och tryck ut reostaten bakifrån **(se bild)**.

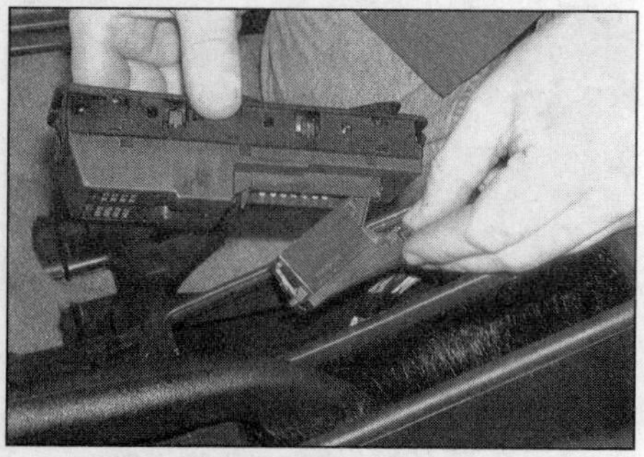

4.7 . . . och koppla loss kablarna

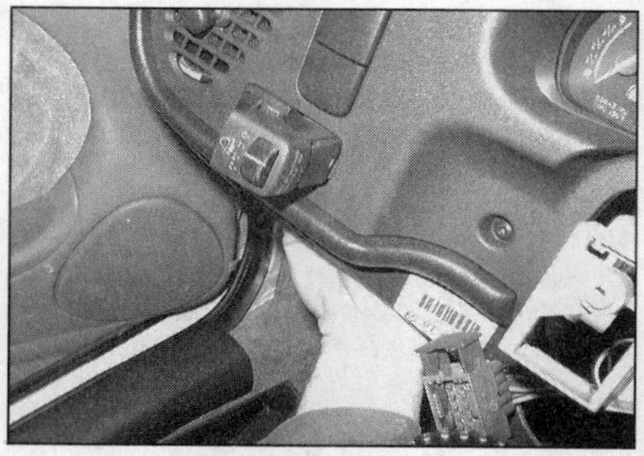

4.9 Tryck ut brytaren till strålkastarens höjdjustering . . .

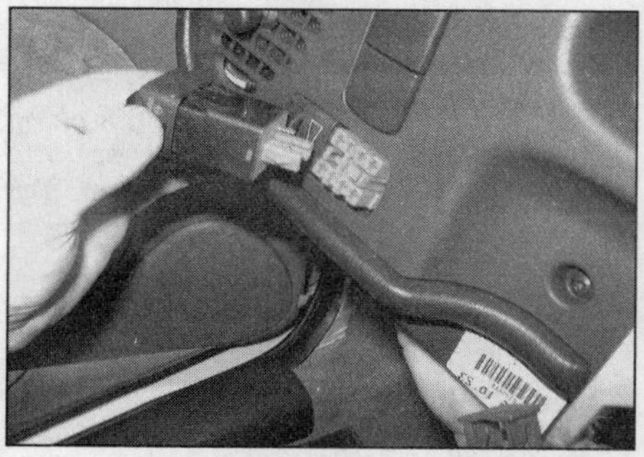

4.10 . . . och koppla loss kablaget

4.12 Ta bort brytaren till innerbelysningen . . .

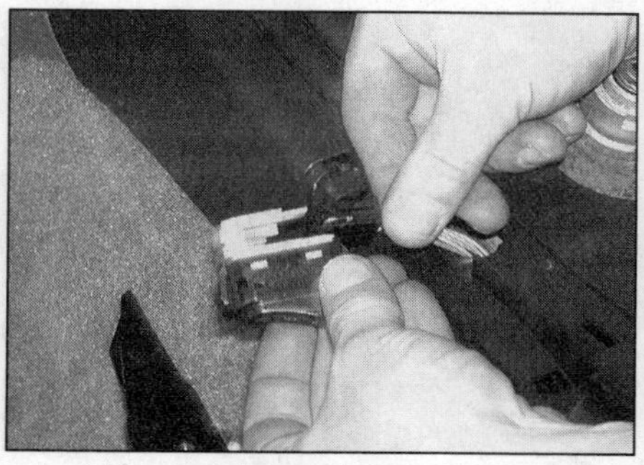

4.13 . . . och koppla loss kablaget

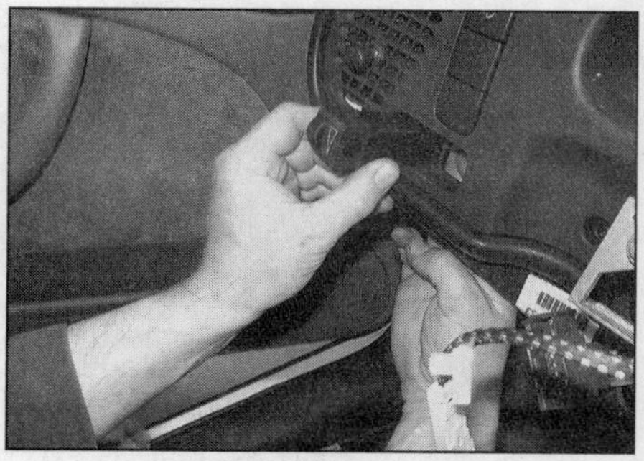

4.15 Instrumentbelysningens reostat tas bort

4.18 Ta bort brytaren till det bakre dimljuset

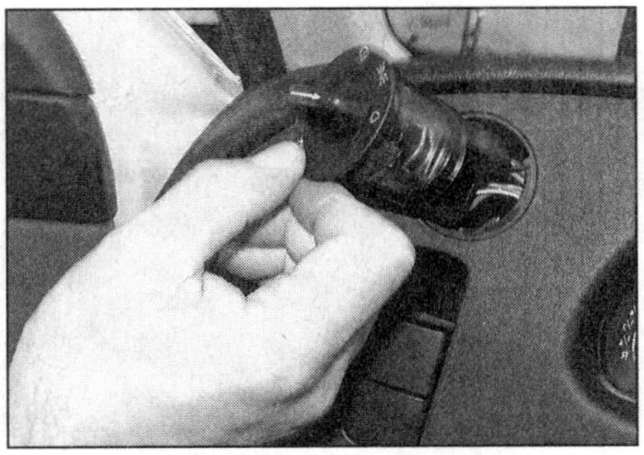

4.21 Ta bort brytaren till ljusen . . .

4.22 . . . och koppla loss kablaget

4.25 Bromsljuskontakt

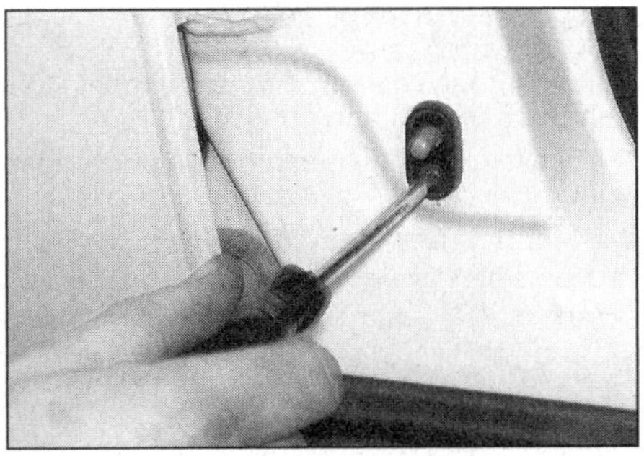

4.34a Skruva loss skruven . . .

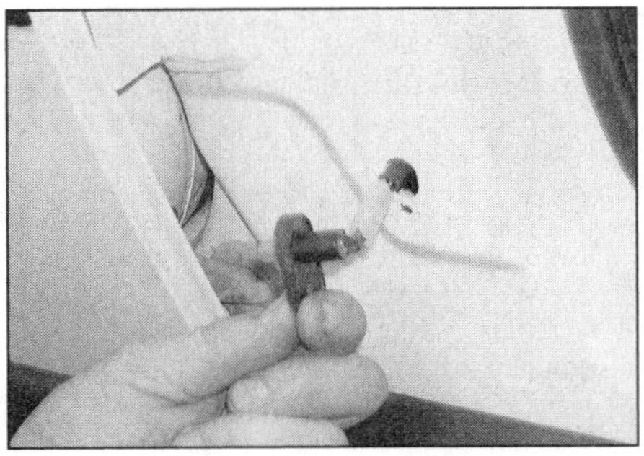

4.34b . . . och dra bort kontakten till dörrens kupélampa

16 Koppla loss kablaget.

Montering

17 Montering sker i omvänd ordningsföljd.

Brytare för bakre dimljus

Demontering

18 Bänd försiktigt loss brytaren från instrumentbrädan med hjälp av en skruvmejsel. Om den sitter hårt, ta bort den nedre klädselpanelen och tryck ut brytaren bakifrån **(se bild)**.

19 Koppla loss kablaget.

Montering

20 Montering sker i omvänd ordningsföljd.

Huvudljusbrytare

Demontering

21 Bänd försiktigt loss brytaren från instrumentbrädan med hjälp av en skruvmejsel **(se bild)**.

22 Koppla loss kablaget **(se bild)**.

Montering

23 Montering sker i omvänd ordningsföljd.

Bromsljuskontakt

Demontering

24 Se till att tändningen är avslagen innan kontakten demonteras, ta sedan bort den nedre klädselpanelen från instrumentbrädan enligt beskrivningen i kapitel 11.

25 Koppla loss kablaget från kontakten bakom pedalfästets framsida **(se bild)**.

26 Tryck ihop plastklamrarna vid änden av bromsljuskontaktens hölje, och dra kontakten bakåt genom monteringskonsolen.

Montering

27 Montering sker i omvänd ordningsföljd.

Brytare till varningsblinkers

Demontering

28 Bänd försiktigt loss brytaren från instrumentbrädan med hjälp av en skruvmejsel.

29 Koppla loss kablaget.

Montering

30 Montering sker i omvänd ordningsföljd.

Brytare till den elektriska sidobackspegeln

Demontering

31 Bänd försiktigt bort den triangelformade kåpan från framdörren.

32 Koppla loss kablaget.

Montering

33 Montering sker i omvänd ordningsföljd.

Innerbelysningens dörrkontakt

Demontering

34 Öppna dörren, skruva loss skruven och dra bort kontakten från dörrstolpen **(se bilder)**.

35 Koppla loss kablaget, se till att det inte ramlar tillbaka ner i karossen.

HAYNES TiPS

Tejpa fast kablarna så de inte ramlar tillbaka in i dörrstolpen. Alternativt, knyt fast ett snöre i kablarna för att få upp dem om de ramlar ner.

Montering

36 Montering sker i omvänd ordningsföljd.

5 Innerbelysningens glödlampor – byte

Instrumentpanel

1 Demontera instrumentpanelen enligt beskrivningen i avsnitt 9.

2 Skruva loss skruvarna och lyft bakpanelen och modulen från instrumentpanelen. Koppla försiktigt loss kontakterna **(se bilder)**.

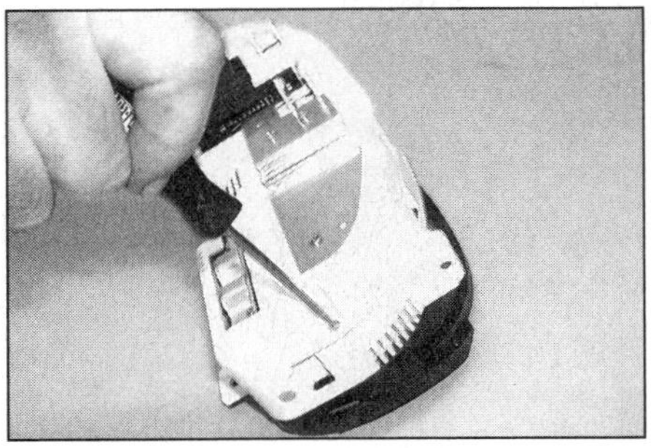

5.2a Skruva loss skruvarna och lyft bakpanelen . . .

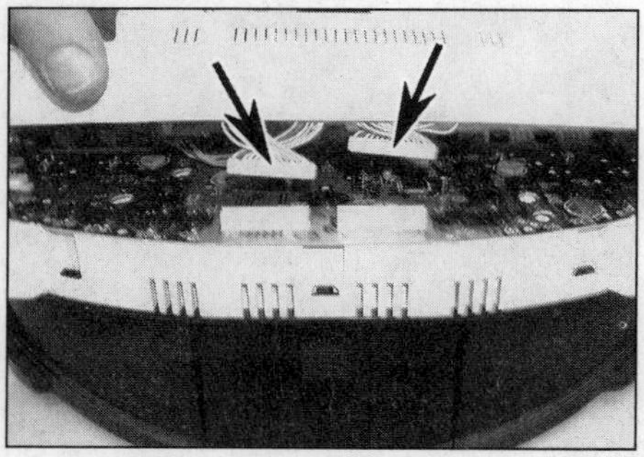

5.2b ... koppla sedan loss anslutningskontakterna

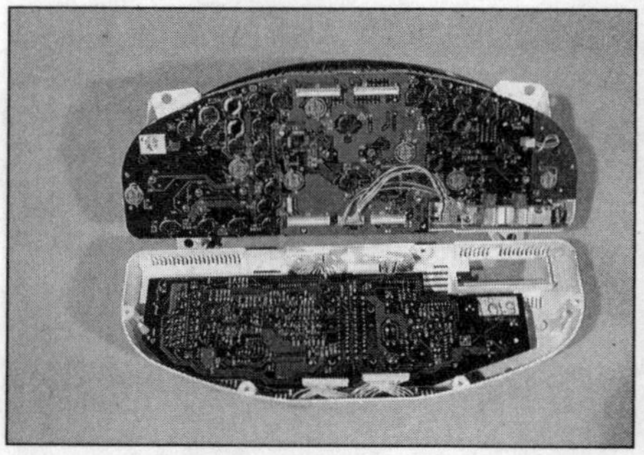

5.2c Instrumentpanelens huvudkonsol och bakpanel

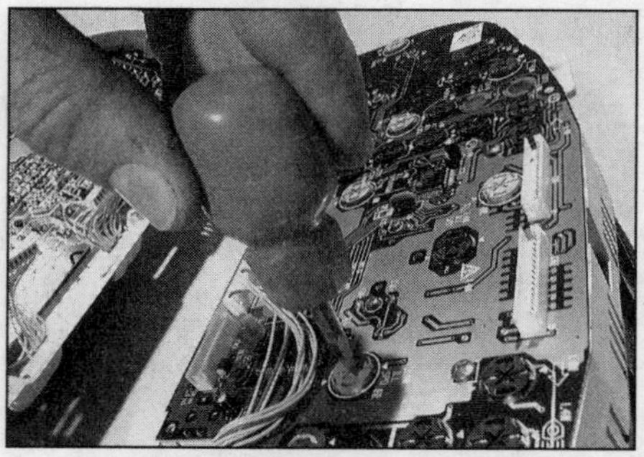

5.3a Skruva loss lamphållaren ...

3 Använd en skruvmejsel och skruva loss relevant glödlampa från instrumentpanelen **(se bilder)**.

4 Montera den nya glödlampan i omvänd ordningsföljd.

Klocka/SID-modul

5 Ta bort klockan/SID-modulen enligt beskrivningen i avsnitt 10.

6 Använd en skruvmejsel eller en böjd tång, vrid lamphållaren och ta bort glödlampan **(se bilder)**.

7 Montera den nya glödlampan i omvänd ordningsföljd.

Innerbelysning

8 Använd en skruvmejsel och bänd försiktigt bort innerbelysningen från takklädseln **(se bilder)**.

9 Ta loss glödlampan från de två polerna **(se bild)**.

10 Montera den nya glödlampan i omvänd ordningsföljd.

Belysning av den elektriska fönsterhissens brytare

11 Ta bort den elektriska fönsterhissens brytare enligt beskrivningen i avsnitt 4.

12 Vrid lamphållaren moturs med en skruvmejsel för att ta bort den **(se bild)**.

13 Montera den nya glödlampan i omvänd ordningsföljd.

5.3b ... och ta bort den från instrumentpanelen

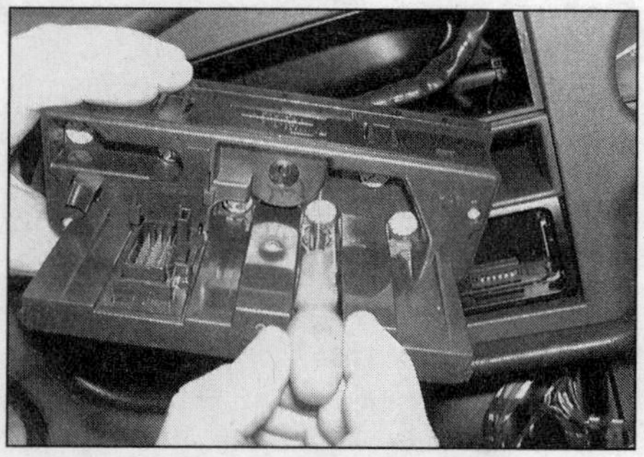

5.6a Skruva loss lamphållaren ...

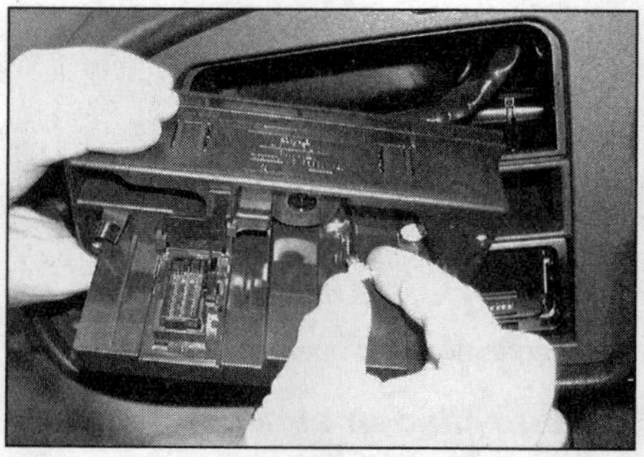

5.6b ... och ta bort den från klockan/SID-modulen

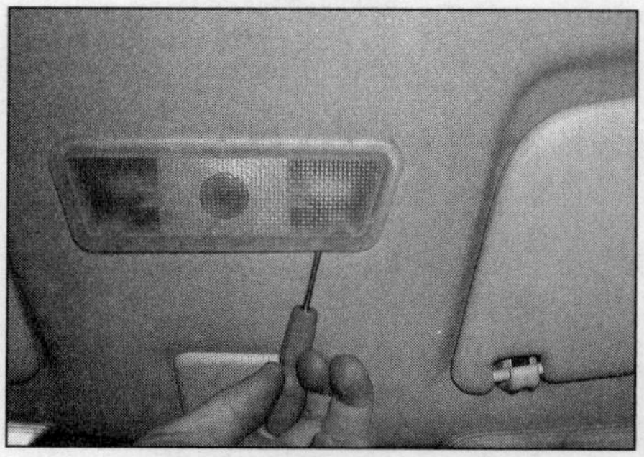

5.8a Bänd försiktigt bort innerbelysningen ...

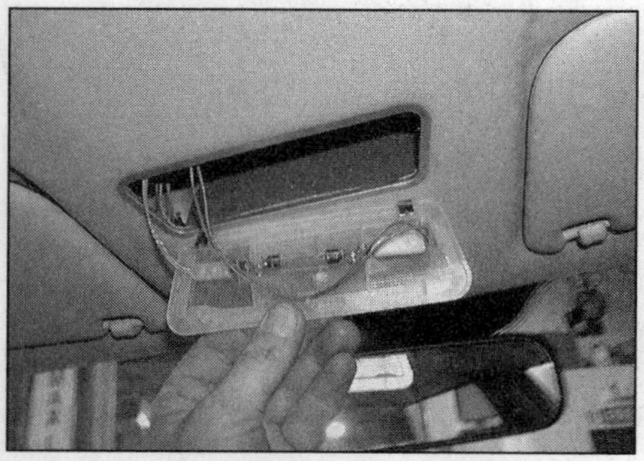

5.8b ... och ta bort den från takklädseln

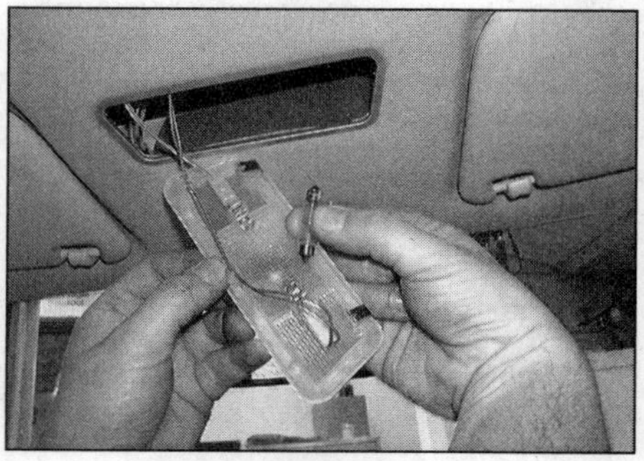

5.9 Ta bort glödlampan

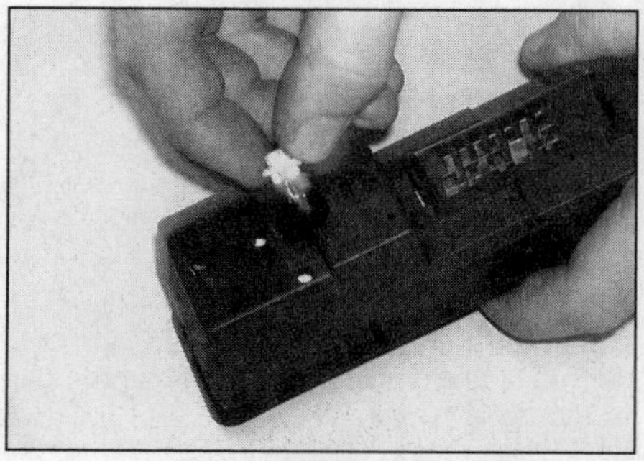

5.12 Ta bort lamphållaren från fönsterhissens brytare

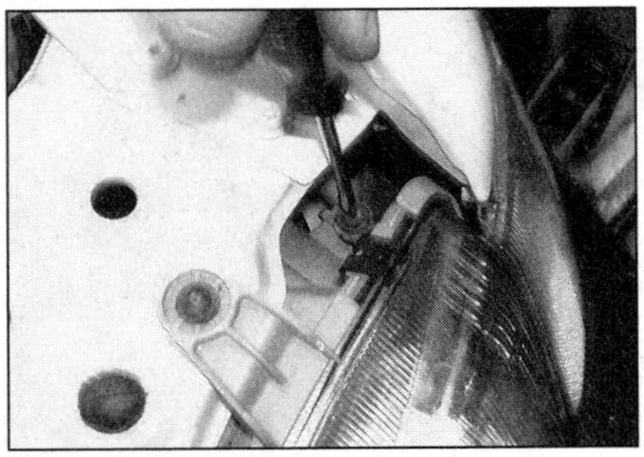

6.3 Lossa fästskruven . . .

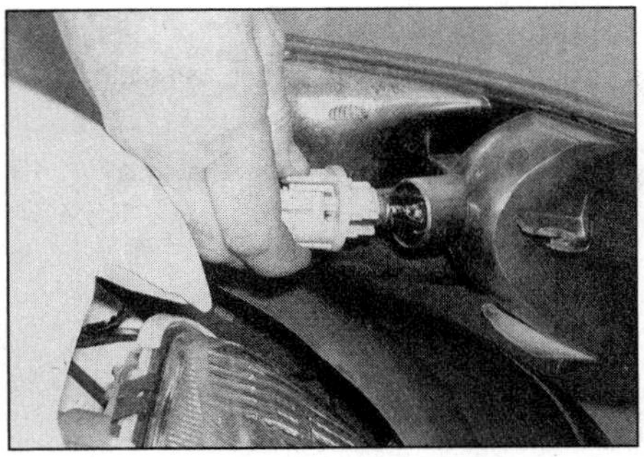

6.4 . . . dra sedan bort blinkersarmaturen och koppla loss kablaget

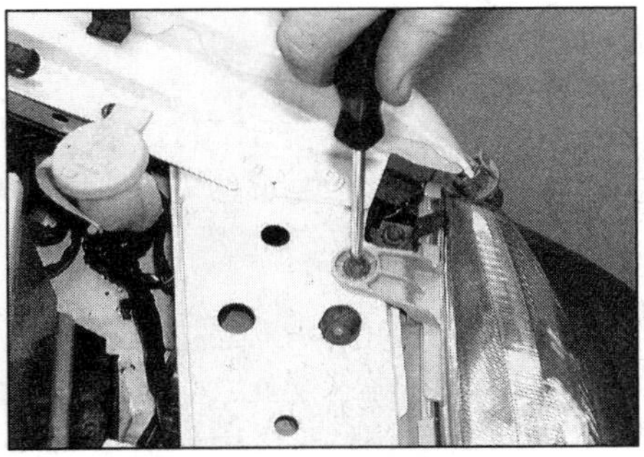

6.5a Skruva loss den övre fästskruven . . .

6 Yttre lysen – demontering och montering

Strålkastare

Demontering

1 Öppna motorhuven, ta bort kylargrillen enligt beskrivningen i kapitel 11, avsnitt 8.

2 Lyft bort torkararmarna från strålkastarna.

3 Arbeta genom öppningen på strålkastarens baksida och lossa skruven som fäster blinkers vid strålkastaren **(se bild)**. Skruven behöver inte tas bort helt.

4 Dra bort blinkersarmaturen och koppla loss anslutningskontakten **(se bild)**.

5 Skruva loss strålkastarens fästskruvar **(se bilder)**.

6 Lyft försiktigt bort strålkastararmaturen från bilens framdel och koppla loss kablarna från helljusets och parkeringsljustets glödlampor **(se bilder)**.

Montering

7 Montering sker i omvänd ordningsföljd.

Främre blinkers

Demontering

8 Öppna motorhuven, stick en hylsa genom öppningen på baksidan av strålkastaren och skruva loss bulten som fäster blinkers vid strålkastaren. Bulten behöver inte tas bort helt.

9 Dra bort blinkersarmaturen.

10 Koppla loss glödlampans anslutningskontakt.

11 Om det behövs, ta bort lamphållaren och glödlampan.

Montering

12 Montering sker i omvänd ordningsföljd.

Sidoblinkers

Demontering

13 Tryck försiktigt lampan framåt mot plastklammerns spänning, lossa sedan lampans bakre del från framskärmen **(se bild)**.

14 Vrid lamphållaren och ta bort armaturen.

Montering

15 Montering sker i omvänd ordningsföljd.

Bakljus

16 Öppna bakluckan och dra upp mattfliken bakom bakljuset.

17 Koppla loss kablaget från lamphållaren.

18 Skruva loss muttrarna och ta bort bakljusenheten från bakskärmen **(se bild)**.

19 Montering sker i omvänd ordningsföljd.

6.5b . . . och den nedre fästskruven

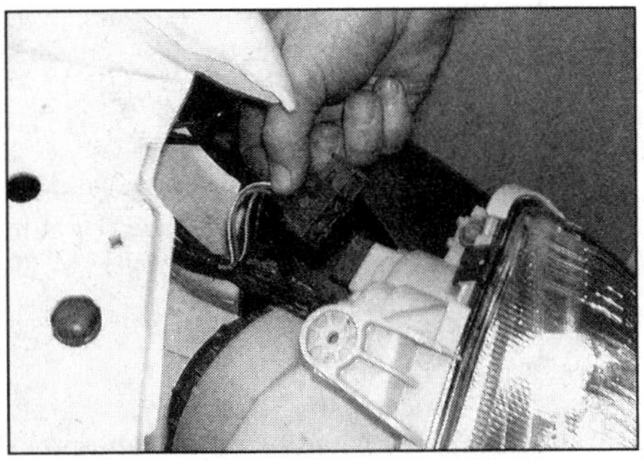

6.6a Koppla loss kablarna från helljusets . . .

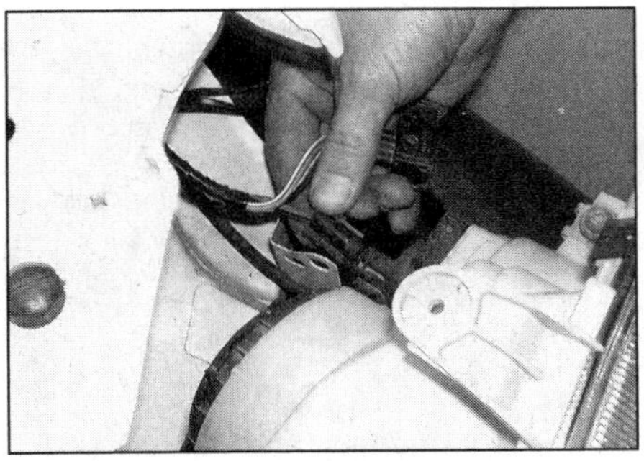

6.6b . . . och parkingsljusets glödlampor. . .

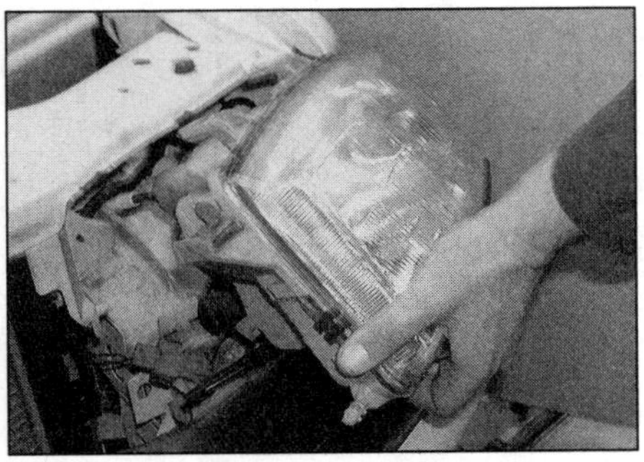

6.6c . . . och ta bort strålkastaren från bilen

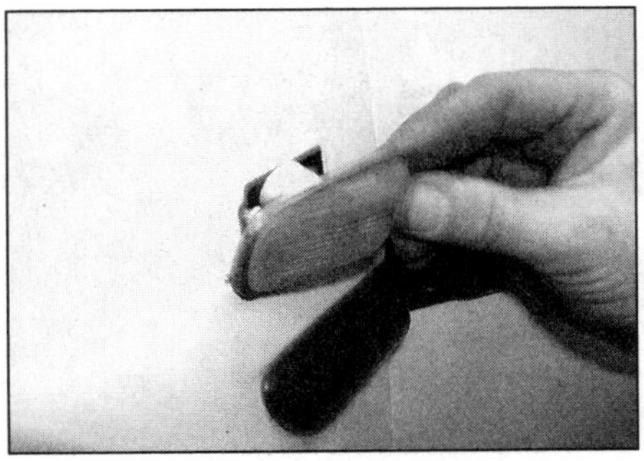

6.13 Ta bort sidoblinkerslampan

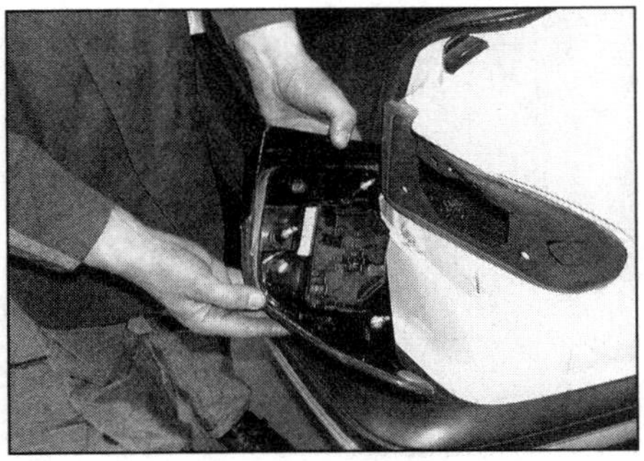

6.18 Ta bort bakljuset

6.23a Skruva loss skruvarna från nummerplåtsbelysningen . . .

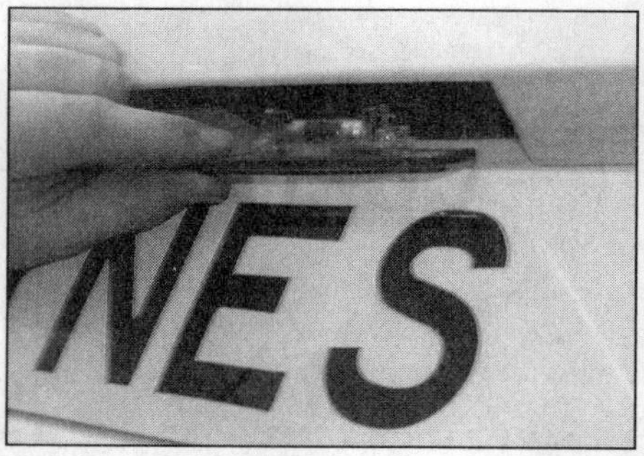

6.23b . . . och sänk ner den från bakluckan

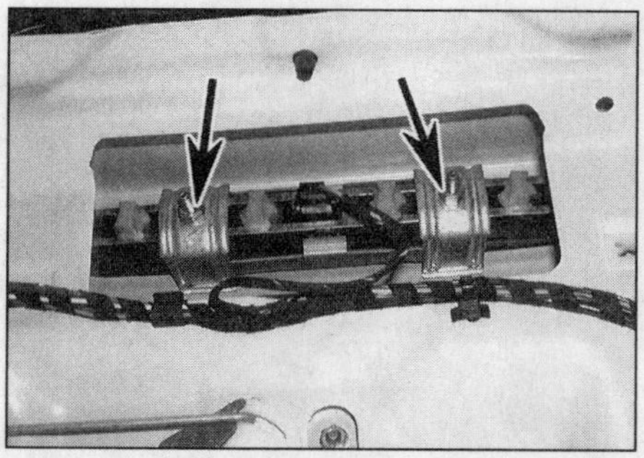

6.29 Fästmuttrar och klämmor till det höga bromsljuset

Främre dimljus

20 Sträck upp handen bakom stötdämparen och koppla loss kablaget från det främre dimljuset.

21 Skruva loss fästbultarna och ta bort dimljuset från stötfångaren.

22 Montering sker i omvänd ordningsföljd.

Nummerplåtsbelysning

23 Skruva loss skruvarna och sänk ner nummerplåtsbelysningen från bakluckan **(se bilder)**.

24 Koppla loss kablaget.

25 Montering sker i omvänd ordningsföljd.

Högt bromsljus

26 Öppna bakluckan, använd en torxnyckel för att skruva bort skruvarna och ta bort handtaget från bakluckan.

27 Använd en skruvmejsel, skruva loss skruvarna och ta bort huvudklädselpanelen från bakluckans insida.

28 Koppla loss kablarna inne i bakluckan.

29 Skruva loss fästmuttrarna och ta bort klämmorna, dra sedan bort armaturen från bakluckans utsida **(se bild)**.

30 Montering sker i omvänd ordningsföljd.

7 Yttre glödlampor – byte

1 Tänk på följande vid byte av glödlampor:

a) Kom ihåg att lampan kan vara mycket het om lyset nyss varit på.

b) Rör inte vid glödlampans glas med fingrarna, då kan den bli ömtåligare eller lysa sämre.

c) Kontrollera alltid lampans sockel och kontaktytor, se till att kontaktytorna mellan lampan och ledaren och lampan och jorden är rena. Avlägsna all korrosion och smuts innan en ny lampa monteras.

d) Se till att den nya glödlampan har korrekt kapacitet.

Helljus

2 Öppna motorhuven och skruva loss plastkåpan från strålkastarens baksida.

3 Koppla loss kablarna från helljusets glödlampa.

4 Lossa fjäderklammern och ta bort glödlampan. Använd en pappersnäsduk eller en ren trasa för att undvika att vidröra glödlampan.

5 Montera den nya glödlampan i omvänd ordningsföljd, se till att glödlampans styrtappar hakar i strålkastarens baksida ordentligt.

Främre parkeringsljus

6 Glödlampan till det främre parkeringsljuset är placerad på helljusets strålkastararmatur. Skruva först loss plastkåpan från strålkastarens baksida.

7 Koppla loss kablarna från parkeringsljusets lamphållare.

8 Dra bort lamphållaren från strålkastaren, dra sedan bort glödlampan från lamphållaren.

9 Montera den nya glödlampan i omvänd ordningsföljd.

Främre blinkers

10 Öppna motorhuven, stick en hylsa genom öppningen på baksidan av strålkastaren och skruva loss bulten som fäster blinkersen vid strålkastaren. Bulten behöver inte tas bort helt.

11 Dra bort blinkersarmaturen.

12 Vrid lamphållaren moturs och ta bort den, tryck sedan ner glödlampan och vrid den för att kunna ta bort den från lamphållaren.

13 Montera den nya glödlampan i omvänd ordningsföljd.

Sidoblinkers

14 Tryck försiktigt lampan framåt mot plastklammerns spänning, lossa sedan lampans bakre del från framskärmen **(se bild)**.

15 Vrid lamphållaren och ta bort linsen, dra sedan ut glödlampan (som är av kiltyp) **(se bilder)**. Låt inte kablarna falla ner i utrymmet bakom skärmen.

16 Montera den nya glödlampan i omvänd ordningsföljd.

Bakljus

17 Öppna bakluckan och bänd upp mattfliken över bakljuset.

18 Kläm ihop låsflikarna och ta bort lamphållaren från bakljuset.

19 Tryck in och vrid relevant glödlampa och ta bort den från lamphållaren.

20 Montera den nya glödlampan i omvänd ordningsföljd.

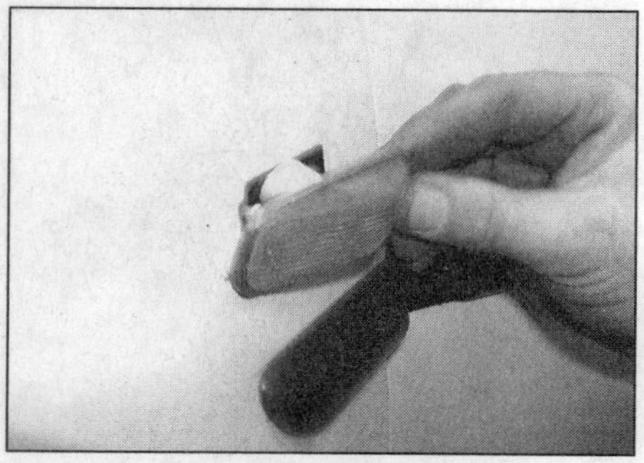

7.14 Ta bort sidoblinkerslampan

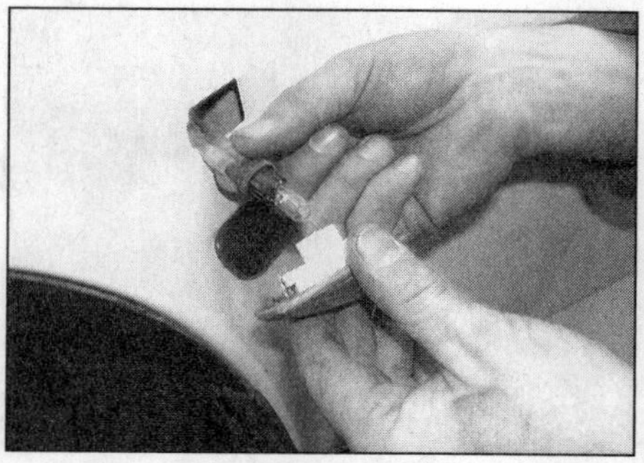

7.15a . . . vrid lamphållaren för att ta bort den från linsen

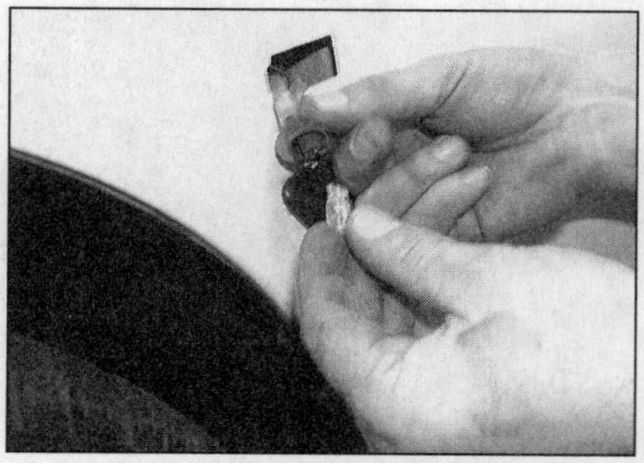

7.15b . . . och dra ut den kilformade glödlampan

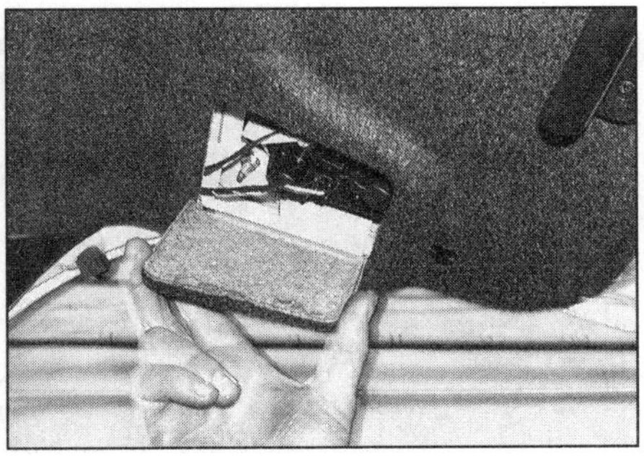

7.21 Bänd upp mattfliken . . .

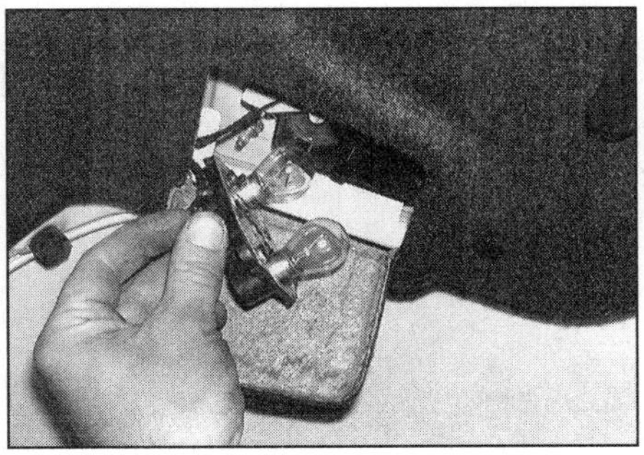

7.22 . . . och dra loss lamphållaren för backljuset och det bakre dimljuset . . .

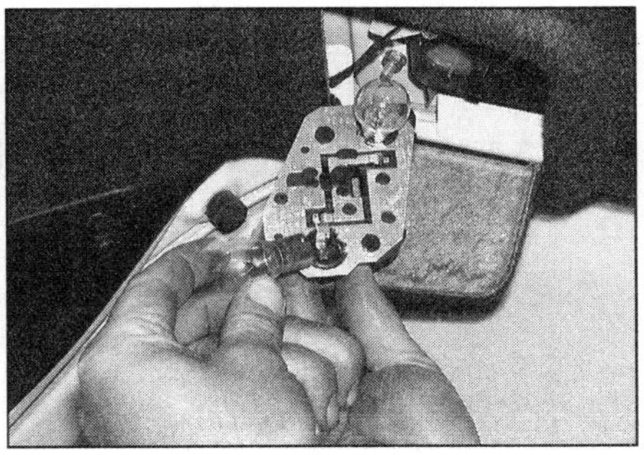

7.23 . . . ta sedan bort den aktuella glödlampan

Backljus och bakre dimljus

21 Öppna bakluckan och bänd upp mattfliken över backljusen och de bakre dimljusen **(se bild)**.
22 Lossa klammern och dra bort lamphållaren **(se bild)**.
23 Tryck ner och vrid relevant glödlampa och ta bort den från lamphållaren **(se bild)**.
24 Montera den nya glödlampan i omvänd ordningsföljd.

Främre dimljus

25 Skruva loss skruvarna och ta bort kåpan under det främre dimljuset. Ta vara på tätningen.
26 Koppla loss kablarna.
27 Vrid lamphållaren och ta bort den från dimljuset.
28 Montera den nya glödlampan i omvänd ordningsföljd.

Nummerplåtsbelysning

29 Skruva loss skruvarna och sänk ner nummerplåtsbelysningen från bakluckan **(se bilder)**.
30 Ta bort glödlampan från anslutningarna **(se bild)**.
31 Montera den nya glödlampan i omvänd ordningsföljd, men se till att anslutningarna sitter tillräckligt hårt för att säkra lampan.

Högt bromsljus

32 Öppna bakluckan, använd en torxnyckel för att skruva loss skruvarna och ta bort handtaget från bakluckan.
33 Använd en skruvmejsel, skruva loss skruvarna och ta bort huvudklädselpanelen från bakluckans insida.
34 Vrid det höga bromsljusets lamphållare moturs inne i bakluckan och ta bort den **(se bild)**.
35 Dra bort den kilformade glödlampan från lamphållaren **(se bild)**.
36 Montera den nya glödlampan i omvänd ordningsföljd.

8 Strålkastarinställning – allmän information

1 Korrekt inställning av strålkastarna kan endast utföras med optisk utrustning och ska därför överlåtas till en Saabverkstad eller en annan lämpligt utrustad verkstad. I nödfall går det att justera strålkastarna genom att vrida knopparna på strålkastarbaksidorna **(se bild)**.
2 De flesta modeller har ett reglage för strålkastarinställning på instrumentbrädan så att strålkastarna kan justeras efter variationer i bilens last om det behövs. Strålkastarnas

7.29a Skruva loss skruvarna . . .

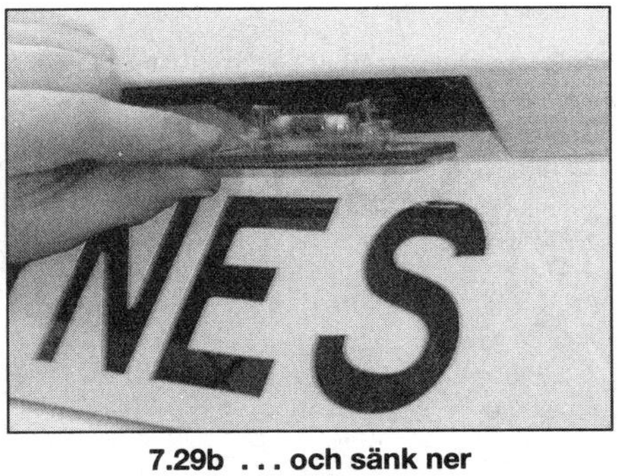

7.29b . . . och sänk ner nummerplåtsbelysningen . . .

7.30 . . . ta sedan bort glödlampan

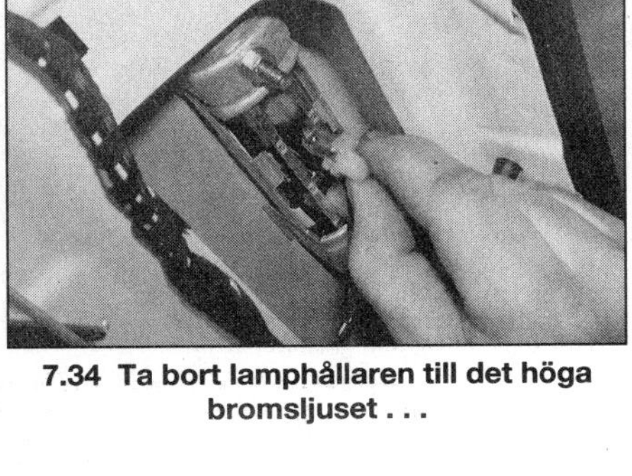

7.34 Ta bort lamphållaren till det höga bromsljuset . . .

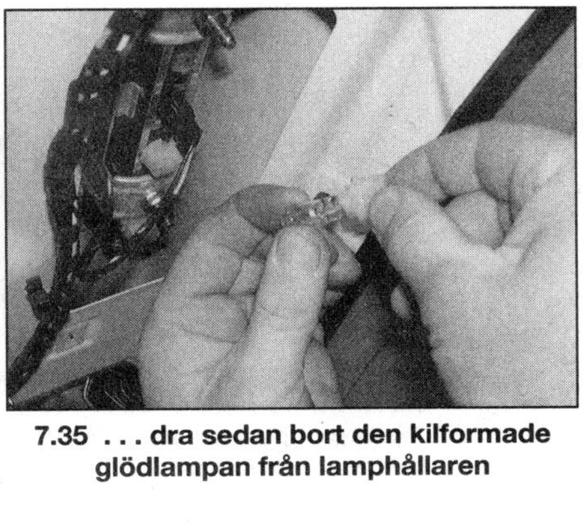

7.35 . . . dra sedan bort den kilformade glödlampan från lamphållaren

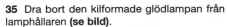

8.1 Reglageknoppar för inställning på baksidan av strålkastaren

9.5a Skruva loss skruvarna . . .

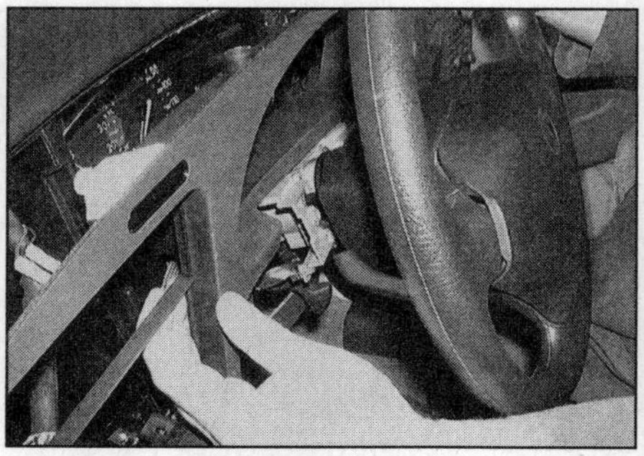

9.5b . . . och ta bort infattningen runt instrumentpanelen

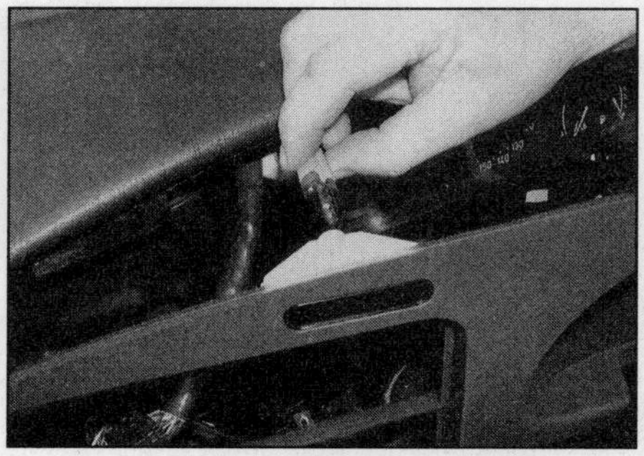

9.6 Koppla loss kablaget från den lilla displaypanelen

9.7a Skruva loss skruvarna . . .

9.8a . . . dra sedan bort instrumentpanelen . . .

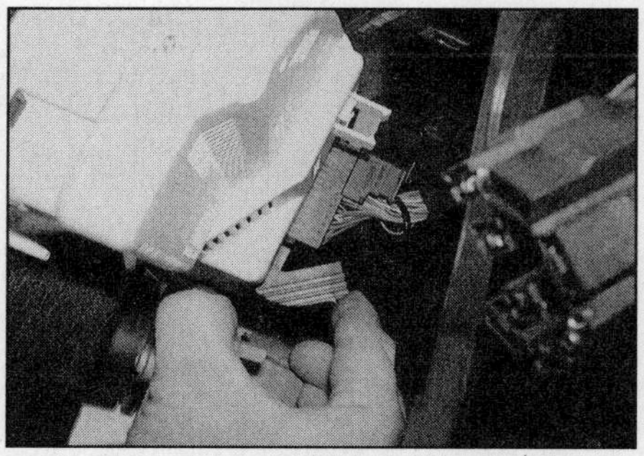

9.8b . . . och koppla loss kablarna

riktning ändras med hjälp av ett reglage på instrumentbrädan som styr de elektriska justermotorerna i strål-kastarnas bakre delar. Reglaget ska vara ställt enligt följande, beroende på bilens last:

Reglagets inställning	Fordonslast
0	*Upp till 3 personer inklusive föraren (max en i baksätet), inget bagage.*
1	*Upp till 3 passagerare i baksätet, upp till 30 kg bagage.*
2	*Upp till 3 passagerare i baksätet, upp till 80 bagage.*
3	*Upp till 5 personer inklusive föraren, fullt bagageutrymme – eller upp till 5 personer, fullt bagageutrymme samt släp.*

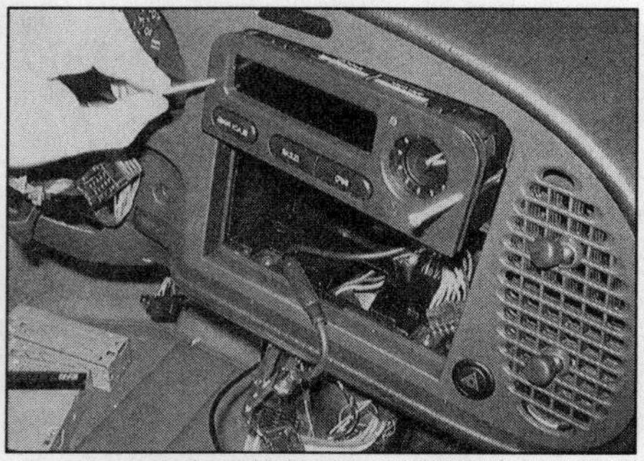

10.2 Dra bort SID-modulen med två M4-skruvar

9 Instrumentpanel – demontering och montering

Demontering

1 Demontera ratten enligt beskrivningen i kapitel 10.
2 Skruva loss skruvarna och ta bort rattstångskåporna.
3 Se avsnitt 4 och ta bort alla brytare från infattningen runt instrumentpanelen.
4 Demontera radion/kassettbandspelaren och SID-modulen enligt beskrivningen i avsnitt 16 och 10.
5 Skruva loss skruvarna och ta bort infattningen – totalt 9 skruvar **(se bilder)**.
6 Koppla loss kablaget från den lilla displaypanelen upptill på infattningen **(se bild)**.

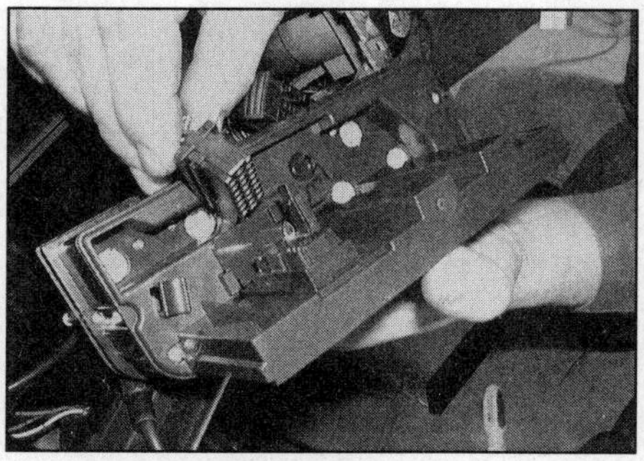

10.3 Koppla loss kablarna från SID-modulen

7 Skruva loss instrumentpanelens fästskruvar **(se bild)**.
8 Dra bort panelen och koppla loss kablarna **(se bilder)**.

Montering

9 Montering sker i omvänd ordningsföljd.

10 Klocka/SID-modul – demontering och montering

Demontering

1 SID-modulen (Saab Information Display) och klockan är placerade mitt på instrumentbrädan, ovanför radion. Lossa först batteriets jordledning (minuspolen) (se kapitel 5A).
2 Skruva i två M4-skruvar i demonteringshålen på framsidan av modulen, dra sedan loss modulen från instrumentbrädan **(se bild)**.
3 Koppla loss kablarna och ta bort modulen **(se bild)**.

Montering

4 Montering sker i omvänd ordningsföljd.

11 Cigarrettändare – demontering och montering

Demontering

1 Demontera mittkonsolen enligt beskrivningen i kapitel 11.

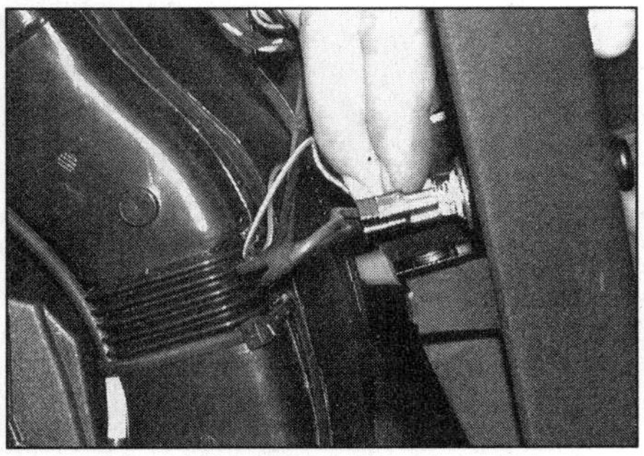

11.3 Koppla loss kablaget från cigarrettändaren

2 Skruva loss och ta bort den främre klädselpanelen från sidan av mittkonsolen.
3 Koppla loss kablaget från cigarrettändarens baksida **(se bild)**.
4 Ta bort ljusringen, ta sedan bort cigarrett-tändaren från mittkonsolen.

Montering

5 Montering sker i omvänd ordningsföljd.

12 Signalhorn – demontering och montering

Demontering

1 Demontera kylargrillen enligt beskrivningen i kapitel 11, avsnitt 8.
2 Koppla loss kablaget från signalhornet **(se bild)**.

12.2 Signalhorn och kontaktdon

3 Skruva loss fästets bult och lyft bort signalhornet från tvärbalken.

Montering

4 Montering sker i omvänd ordningsföljd.

13 Torkararmar till vindruta, bakruta och strålkastare – demontering och montering

Vindrutans torkararm

Demontering

1 Se till att vindrutetorkarna är i viloläge. Markera vindrutetorkarens placering med en bit tejp.
2 Använd en skruvmejsel och bänd upp skyddspluggen från vindrutans torkararm **(se bilder)**.
3 Skruva loss muttern som fäster torkararmen vid axeln **(se bild)**.
4 Ta bort armen från axeln genom att försiktigt vicka den från sida till sida **(se bild)**.

Montering

5 Montering sker i omvänd ordningsföljd.

Bakrutans torkararm

Demontering

6 Se till att vindrutetorkarna är i viloläge. Markera vindrutetorkarens placering med en bit tejp.
7 Lyft upp kåpan längst ner på bakrutans torkararm.
8 Skruva loss muttern som fäster torkararmen vid axeln **(se bild)**.
9 Ta bort armen från axeln genom att försiktigt vicka den från sida till sida **(se bild)**.

Montering

10 Montering sker i omvänd ordningsföljd.

Strålkastarnas torkararmar

Demontering

11 Observera torkararmarnas viloläge. Markera vindrutetorkarens placering på strålkastaren med en bit tejp.
12 Använd en skruvmejsel och bänd försiktigt upp kåpan från armen.
13 Skruva loss muttern som fäster torkar-armen vid axeln **(se bild)**.
14 Ta loss armen från axeln genom att vicka armen fram och tillbaka, koppla sedan loss spolarröret. Ta bort armen **(se bilder)**.

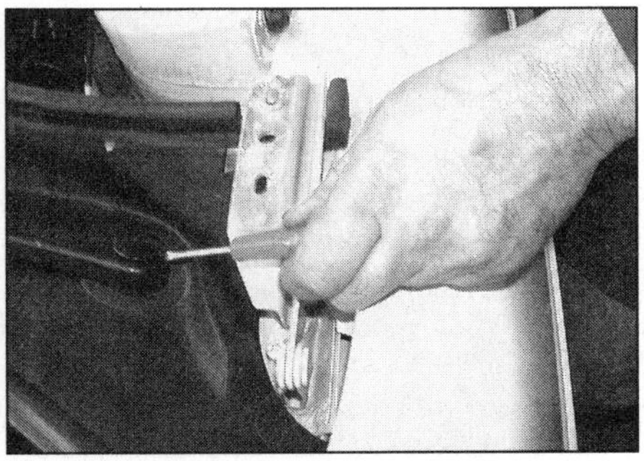

13.2a Stick in en skruvmejsel . . .

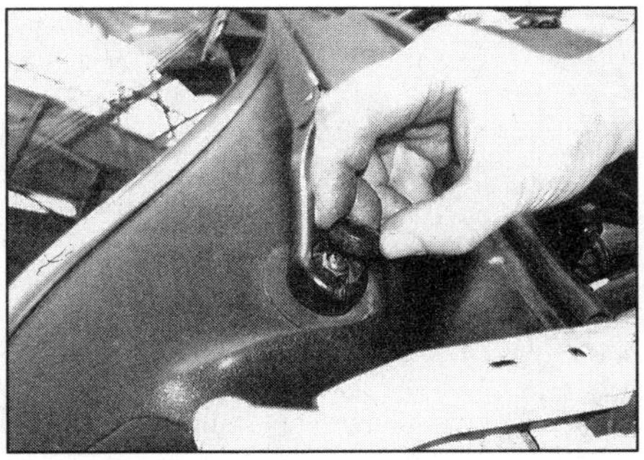

13.2b . . . och lyft bort pluggen från vindrutans torkararm

13.3 Skruva loss muttern . . .

13.4 . . . och ta bort torkararmen från axeln

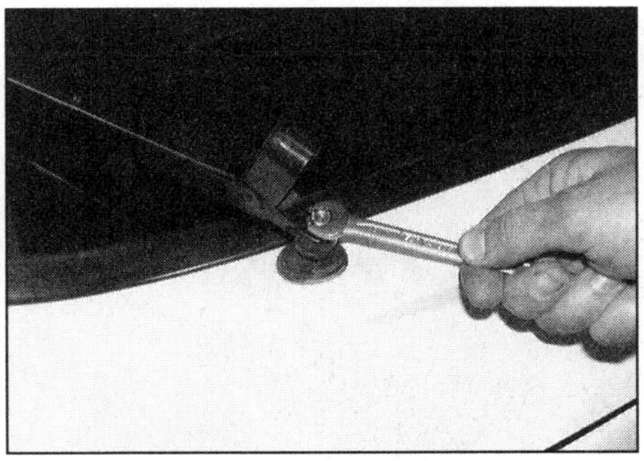

13.8 Skruva loss muttern . . .

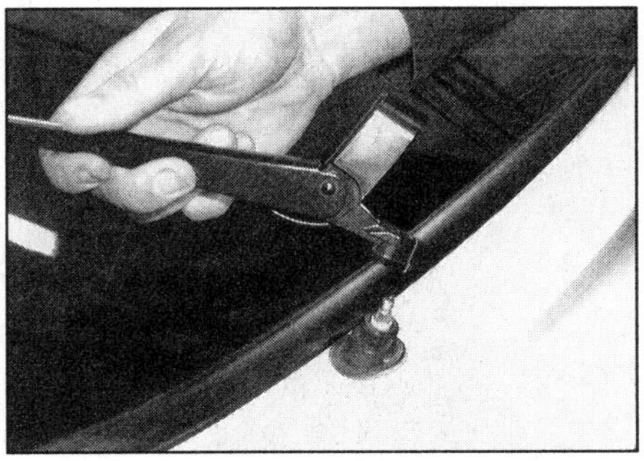

13.9 . . . och ta bort torkararmen från axeln

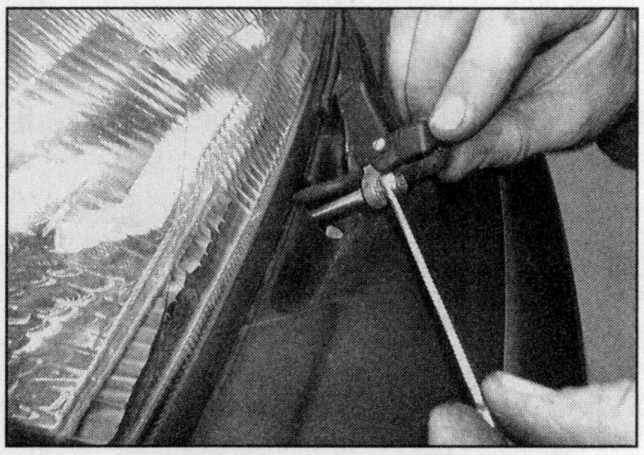

13.13 Skruva loss muttern . . .

13.14a . . . ta sedan bort torkararmen från axeln

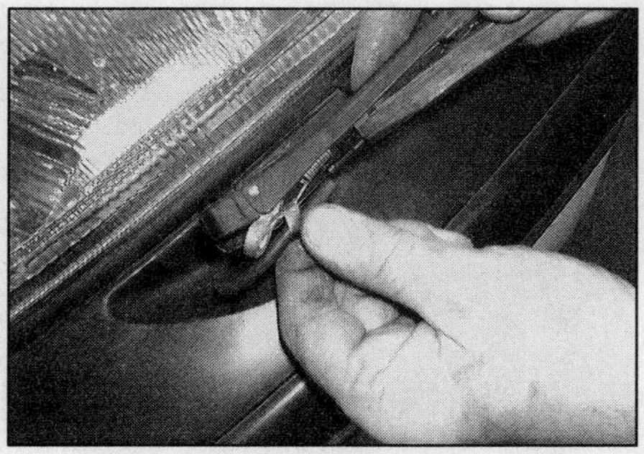

13.14b . . . och koppla loss spolarröret

Montering

15 Montering sker i omvänd ordningsföljd.

14 Torkarmotor för vindruta, bakruta och strålkastare – demontering och montering

Vindrutans torkarmotor och länksystem

Demontering

1 Se till att vindrutetorkarna är i viloläge. Markera vindrutetorkarens placering med en bit tejp.

2 Använd en skruvmejsel och bänd upp skyddspluggen från torkararmen.

3 Skruva loss muttern som fäster torkararmen vid axeln.

4 Ta bort armen från axeln genom att försiktigt vicka den från sida till sida.

5 Dra bort tätningslisten från torpedväggen **(se bild)**.

6 Lyft upp torpedväggens kåpa och koppla loss spolarröret från adaptern **(se bild)**.

7 Koppla loss kablaget från torkarmotorn **(se bild)**.

8 Skruva loss fästbultarna och lyft bort torkarmotorn och länksystemet från torpedväggen **(se bild)**.

Montering

9 Montering sker i omvänd ordningsföljd.

Bakrutans torkarmotor

Demontering

10 Öppna bakluckan och ta bort den bakre bagagehyllan.

11 Använd en torxnyckel, skruva loss skruvarna och ta bort handtaget från bakluckan.

12 Använd en skruvmejsel, skruva loss skruvarna och ta bort huvudklädselpanelen från bakluckans insida.

13 Ta bort torkararmen (se avsnitt 13).

14 Koppla loss kablarna från torkarmotorn **(se bild)**.

15 Skruva loss fästbultarna och sänk ner torkarmotorn från bakluckan samtidigt som axeln förs genom gummimuffen **(se bilder)**.

16 Ta bort muffen om det behövs.

Montering

17 Montering sker i omvänd ordningsföljd.

Strålkastarnas torkarmotor

Demontering

18 Demontera strålkastarenheten enligt beskrivningen i avsnitt 6.

19 Ta bort torkararmen enligt beskrivningen i avsnitt 13.

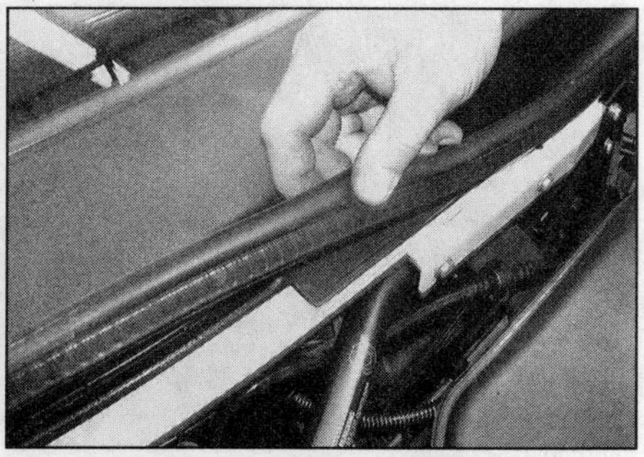

14.5 Dra bort tätningslisten från torpedväggen . . .

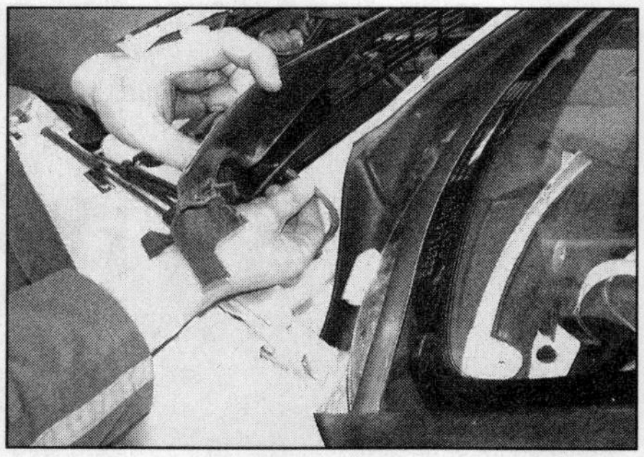

14.6 . . . lyft sedan upp kåpan och koppla loss spolarröret . . .

14.7 . . . koppla loss kablaget . . .

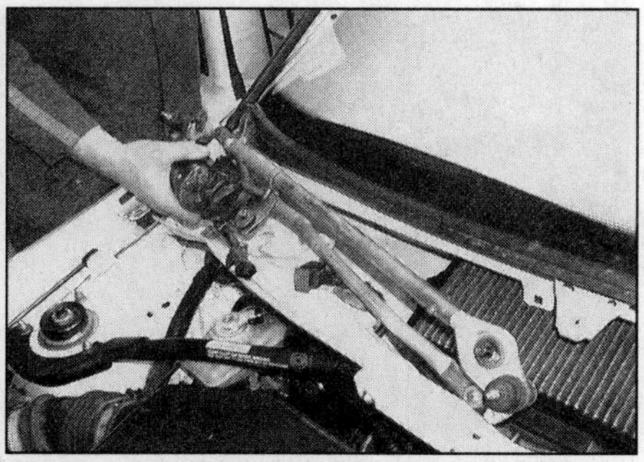

14.8 . . . och skruva loss torkarmotorn och länksystemet

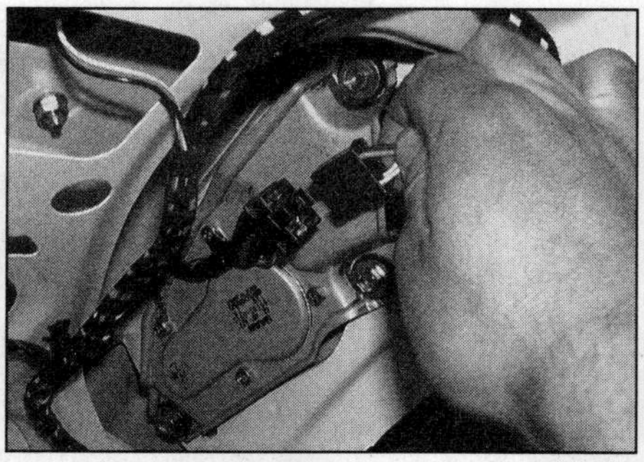

14.14 Koppla loss kablarna från bakrutans torkarmotor . . .

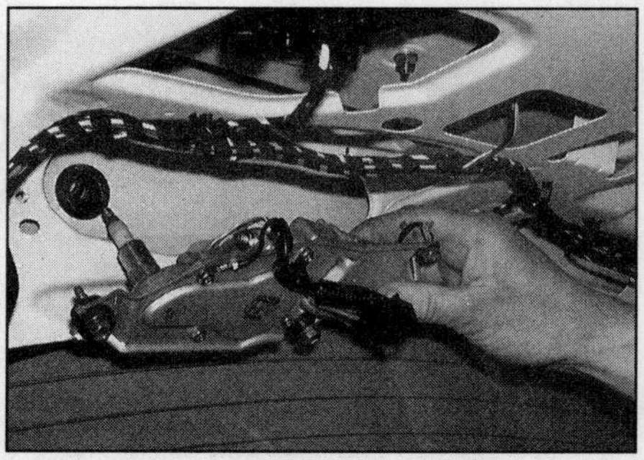

14.15a . . . skruva sedan loss bultarna och sänk ner torkarmotorn från bakluckan

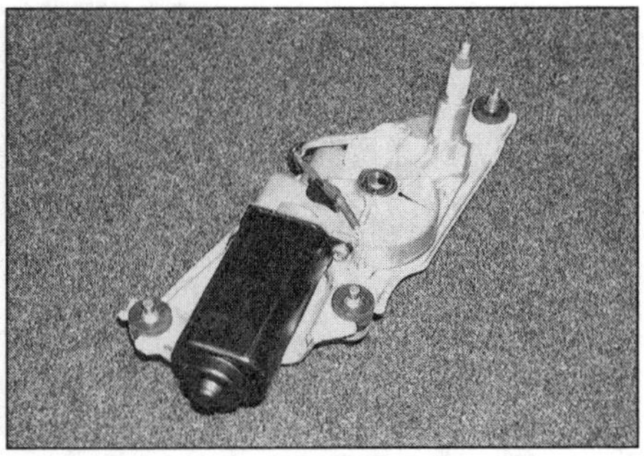

14.15b Torkarmotor demonterad från bakluckan

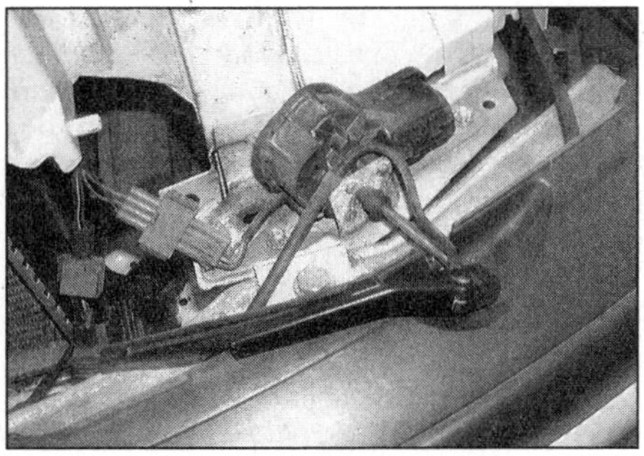

14.20 Strålkastarens torkarmotor med strålkastaren borttagen

20 Koppla loss kablarna från motorn **(se bild)**.

21 Skruva loss fästmuttrarna och dra bort torkarmotorn från framkanten.

Montering

22 Montering sker i omvänd ordningsföljd.

15 Spolarsystem för vindruta, bakruta och strålkastare – demontering och montering

Demontering

1 Spolarvätskebehållaren och pumpen är placerade under den vänstra framskärmen. Ta bort hjulhusfodret och den främre stötfångaren för att komma åt dem.

2 Placera en behållare under spolarvätskebehållaren, koppla sedan loss pumpkablarna och spolarrören och låt vätskan rinna ut. Dra ut pumpen ur behållaren, ta sedan bort bussningen.

3 Pumpen måste tas bort innan spolarvätskebehållaren kan demonteras. Skruva loss muttern och koppla loss det övre påfyllningsröret från behållaren, skruva sedan loss fästbultarna och ta bort spolarvätskebehållaren.

Montering

4 Montering sker i omvänd ordningsföljd.

16 Radio/kassettbandspelare – demontering och montering

Observera: *Om batteriet kopplas ur och radion/kassettbandspelaren är säkerhetskodad går det inte att starta den igen förrän korrekt kod knappas in. Ta inte bort enheten om korrekt kod inte finns tillgänglig.*

Demontering

1 Standardradion sitter fast med DIN-fästen och det behövs två DIN-demonteringsverktyg för att ta loss fästklamrarna. Verktygen kan köpas i biltillbehörsbutiker och sticks in genom hålen på sidorna av radion tills de hakar i fästklamrarna. Radioapparater som inte är av standardtyp kan sitta fast på andra sätt, men demonteringsmetoden är liknande för alla radioapparater. På bilen som användes för den här boken stack vi in två kabelband av plast genom hålen ovanpå radion för att få loss fästklamrarna **(se bild)**.

2 Dra försiktigt bort radion från instrumentbrädan när klamrarna är lossade.

3 Koppla loss kablaget och antennkabeln från radions baksida **(se bilder)**.

4 Om det behövs kan radions monteringslåda tas bort från instrumentbrädan om fästflikarna böjs upp **(se bild)**.

Montering

5 Montering sker i omvänd ordningsföljd.

17 Högtalare – demontering och montering

Högtalare på instrumentbrädan

Demontering

1 Bänd försiktigt loss grillen från den aktuella högtalaren med en skruvmejsel.

2 Använd en torxnyckel, skruva loss skruvarna som fäster högtalaren i instrumentbrädan och lyft försiktigt ut den **(se bild)**.

3 Koppla loss kablarna och tejpa fast dem på instrumentbrädan så de inte ramlar tillbaka i hålet.

Montering

4 Montering sker i omvänd ordningsföljd.

Högtalare på framdörren

Demontering

5 Demontera dörrklädseln enligt beskrivningen i kapitel 11.

6 Skruva loss fästskruvarna, dra bort högtalaren och koppla loss kablarna.

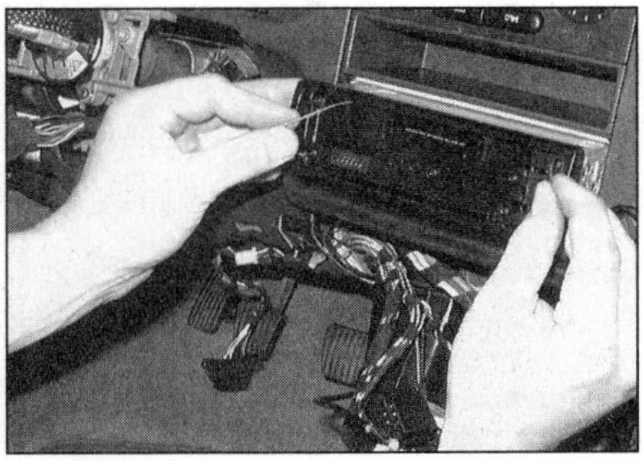

16.1 Två kabelband av plast sticks in för att lossa radion

16.3a Koppla loss kablarna . . .

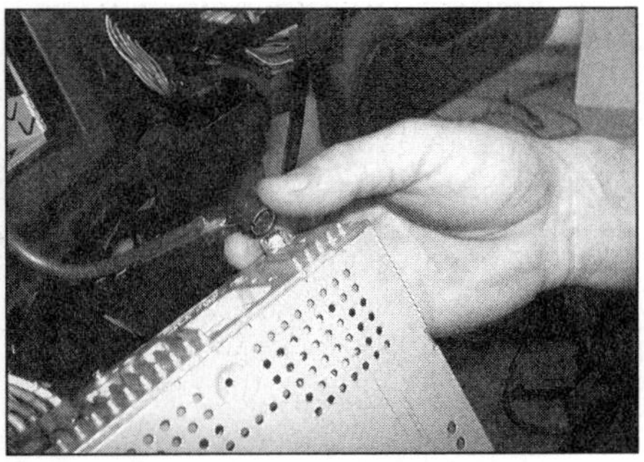

16.3b . . . och antennkabeln

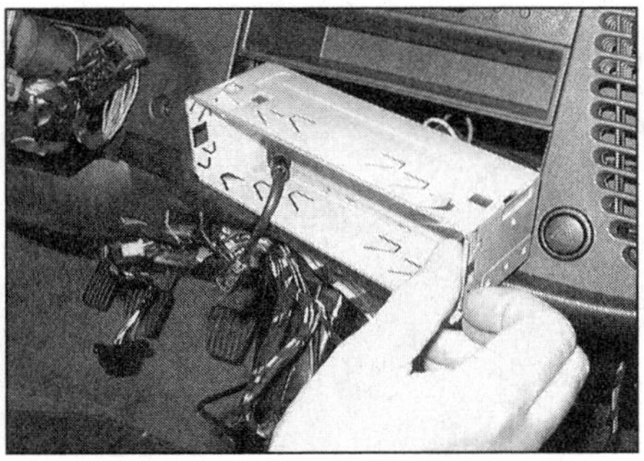

16.4 Demontera radions monteringslåda

17.2 Högtalare på instrumentbrädan

Montering

7 Montering sker i omvänd ordningsföljd.

Bakre högtalare

Demontering

8 Öppna bakluckan och ta bort bagagehyllan.

9 Bänd försiktigt loss högtalargrillen med en skruvmejsel.

10 Skruva loss skruvarna och ta bort högtalarramen.

11 Skruva loss skruvarna, lyft ut högtalaren och koppla loss kablarna.

Montering

12 Montering sker i omvänd ordningsföljd.

18 Antenn – demontering och montering

Demontering

1 Öppna bakluckan, ta loss klädselpanelen från bagageluckans vänstra sida och böj den åt sidan. Observera att även stödskruvarna till den bakre högtalargrillen måste skruvas loss.

2 För att demontera en fast antenn, koppla loss antennkabeln och skruva loss den nedre fästbulten. Skruva loss stoppringen från antennens övre del och ta bort adaptern, dra sedan ner antennen och fästet i bagageutrymmet.

3 För att ta bort den elektriska justerbara antennen och fästet, skruva loss den nedre fästmuttern och fästets två skruvar. Skruva loss stoppringen från antennens övre del och ta bort adaptern, dra sedan ner antennen och fästet i bagageutrymmet och koppla loss kabeln. Om det behövs kan motorn tas bort från fästet.

Montering

4 Montering sker i omvänd ordningsföljd.

19 Framsätesvärme, komponenter – allmän information

Vissa modeller är utrustade med termostatstyrda, uppvärmningsbara framsäten. Sätena har separata reglage med tre inställningar där värmen kan justeras eller stängas av.

Varje säte har två värmeelement, ett i ryggstödet och ett i sätesdynan. Man kommer åt värmeelementen genom att ta bort stoppningen från sätet – något som bör överlåtas till en Saabverkstad.

20 Inbyggd central elektronisk styrenhet – demontering och montering

Demontering

1 Koppla loss batteriets negativa kabel (jord) (se kapitel 5A).

2 Öppna dörren på förarsidan, ta loss kåpan från säkringsdosan på kanten av instrumentbrädan.

3 Ta bort instrumentbrädans nedre klädselpanel enligt beskrivningen i kapitel 11.

4 Ta bort lufttrumman för att komma åt relähållaren.

5 Skruva loss relähållarens fästskruvar och flytta hållaren åt sidan.

6 Koppla loss anslutningskontakterna, skruva sedan loss skruvarna och ta bort enheten.

Montering

7 Montering sker i omvänd ordningsföljd.

21 Stöldskyddssystem, komponenter – demontering och montering

Elektronisk styrenhet (ECU)

Demontering

1 Koppla loss batteriets negativa kabel (jord) (se kapitel 5A).

2 Höj vänster framsäte så högt det går.

3 Bänd försiktigt bort sparkplåten nedtill i dörröppningen.

4 Lyft upp mattan precis framför B-stolpen för att komma åt den elektroniska styrenheten.

5 På 3-dörrars modeller, skruva loss och ta bort säkerhetsbältets förankringsbult från golvet.

6 Skruva loss plastmuttrarna och lyft bort enheten från golvet.

7 Koppla loss kablarna och ta bort enheten från bilen.

Montering

8 Montering sker i omvänd ordningsföljd.

Givare för krossad ruta

Demontering

9 Ta bort innerbelysningen från framdelen av den inre takklädseln enligt beskrivningen i avsnitt 5.

10 Koppla loss kablaget från armaturens baksida.

Montering

11 Montering sker i omvänd ordningsföljd.

LED-panel (varning) uppe på instrumentbrädan

Demontering

12 För LED-panelen åt höger och lyft bort den från instrumentbrädan.

13 Koppla loss kablaget och ta bort panelen.

Montering

14 Montering sker i omvänd ordningsföljd.

Motorhuvskontakt

Demontering

15 Öppna motorhuven och dra bort motorhuvskontakten från sin placering på säkringsdosan i motorrummets vänstra bakre del.

16 Koppla loss kablaget.

Montering

17 Montering sker i omvänd ordningsföljd.

Signalhorn

Demontering

18 Koppla loss batteriets negativa kabel (jord) (se kapitel 5A).

19 Arbeta under det främre vänstra hjulhuset och ta bort hjulhusfodrets bakre del.

20 Skruva loss fästmuttern och koppla loss kablaget.

Montering

21 Montering sker i omvänd ordningsföljd.

Förklaringar till symboler

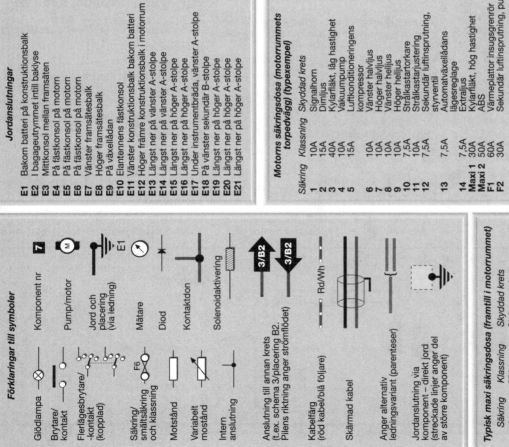

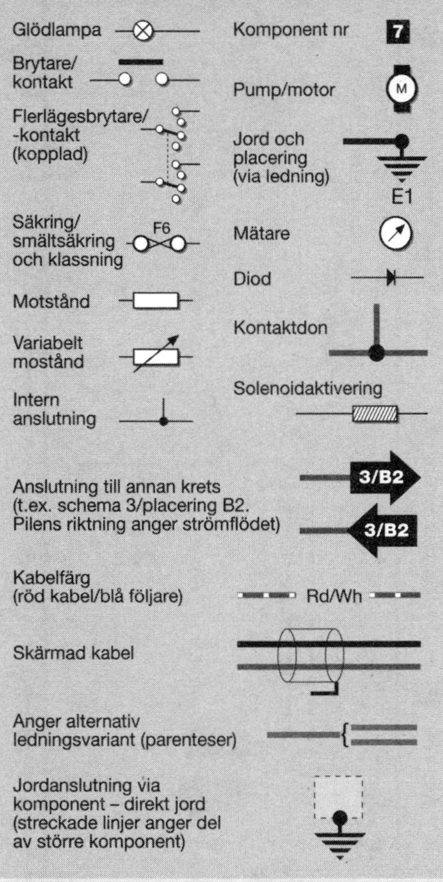

Typisk maxi säkringsdosa (framtill i motorrummet)

Säkring	*Klassning*	*Skyddad krets*
1	60A	Strömmatning
2	60A	Strömmatning
3	30A	Matning tändningslås
4	60A	Innerbelysning, elantenn
5	60A	Används ej

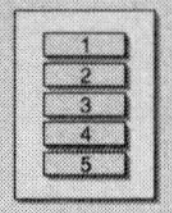

Jordanslutningar

E1	Bakom batteri på konstruktionsbalk
E2	I bagageutrymmet intill baklyse
E3	Mittkonsol mellan framsäten
E4	På fästkonsol på motorn
E5	På fästkonsol på motorn
E6	På fästkonsol på motorn
E7	Vänster framsätesbalk
E8	Höger framsätesbalk
E9	På växellådan
E10	Elantennens fästkonsol
E11	Vänster konstruktionsbalk bakom batteri
E12	Höger främre konstruktionsbalk i motorrum
E13	Längst ner på vänster A-stolpe
E14	Längst ner på vänster A-stolpe
E15	Längst ner på höger A-stolpe
E16	Längst ner på höger A-stolpe
E17	Under instrumentbräda, vänster A-stolpe
E18	På vänster sekundär B-stolpe
E19	Längst ner på höger A-stolpe
E20	Längst ner på höger A-stolpe
E21	Längst ner på höger A-stolpe

Motorns säkringsdosa (motorrummets torpedvägg) (typexempel)

Säkring	*Klassning*	*Skyddad krets*
1	10A	Signalhorn
2	15A	Dimljus
3	40A	Kylarfläkt, låg hastighet
4	10A	Vakuumpump
5	15A	Luftkonditioneringens kompressor
6	10A	Vänster halvljus
7	10A	Höger halvljus
8	10A	Vänster helljus
9	10A	Höger helljus
10	7,5A	Strålkastartorkare
11	10A	Strålkastarjustering
12	7,5A	Sekundär luftinsprutning, styrventil
13	7,5A	Automatväxellådans lägesreglage
14	7,5A	Extraljus
Maxi 1	30A	Kylarfläkt, hög hastighet
Maxi 2	50A	ABS
F1	60A	Värmeplattor insugsgrenrör
F2	30A	Sekundär luftinsprutning, pump

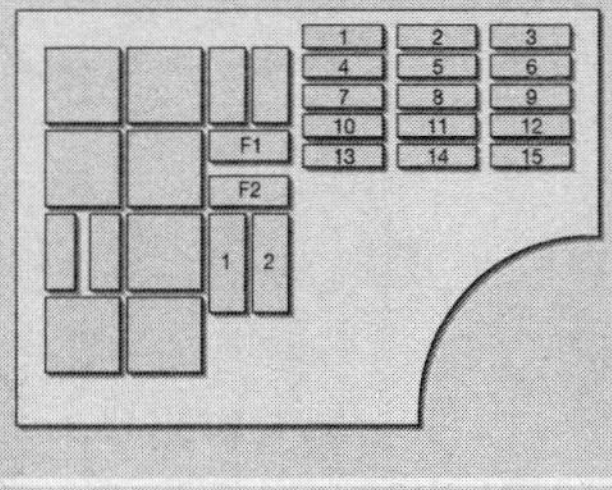

Säkringsdosa i passagerarutrymmet (typexempel)

Säkring	*Klassning*	*Skyddad krets*
1	30A	Uppvärmd bakruta
2	15A	Blinkers
3	30A	Värmefläkt
4	7.5A	Innerbelysning, elantenn
5	30A	Höger elstyrt säte
6	30A	Cigarettändare
7	30A	Bakre elfönsterhissar
	7,5A	Bakre elfönsterhissar (cabriolet)
8	15A	Bakrutetorkare
9	15A	Växellådans styrenhet
10	30A	Sensonic
11	7,5A	Radio
12	15A	Bromsljus
13	15A	Radio, datalänkanslutning
14	30A	Främre elfönsterhissar
15	20A	Varselljus
16	30A	Vänster elstyrt säte
16B	30A	Bränsleinsprutningsrelä
17	15A	Instrument, larm, trionic, motronic, växellådans styrenhet, sensonic
18	10A	Krockkudde
19	15A	ABS, luftkonditioneringsrelä, pumprelä sekundär luftinsprutning
20	20A	Uppvärmda säten, centrallås
21	10A	Luftkonditionering, automatisk klimatkontroll, central elektronisk styrenhet
22	15A	Farthållare
23	20A	Larm, mobiltelefon
24	-	-
25	15A	Centrallås (bagagelucka) Förstärkare
26	7,5A	Elektriskt uppvärmt baksäte
27	15A	Hel-/halvljus, automatisk klimatkontroll
28	30A	Antispinnsystem, motronic, trionic
29	10A	Höger parkeringsljus, reostat, nummerplåtsbelysning
30	10A	Vänster parkeringsljus
31	20A	Vindrutetorkare, backljus, strålkastarjustering
32	15A	Bränslepump
33	15A	Blinkers, uppvärmt baksäte
34	10A	Instrument, växellådans styrenhet
35	10A	Central elektronisk styrenhet
36	10A	Startmotorrelä
37	10A	Bakre dimljus
38	25A	Syresensorer
39	-	-

Standardpolernas identifikation (typexempel)

15	Tändningslåsets 'tänd'-läge
30	Batteriets positiva pol
31	Jord
50	Tändningslåsets 'start'-läge
85	Relälindningens inmatning
86	Relälindningens jord
87	Reläutmatning
87a	Reläutmatning

H31498

Kopplingsschema 1: Information om kopplingsscheman

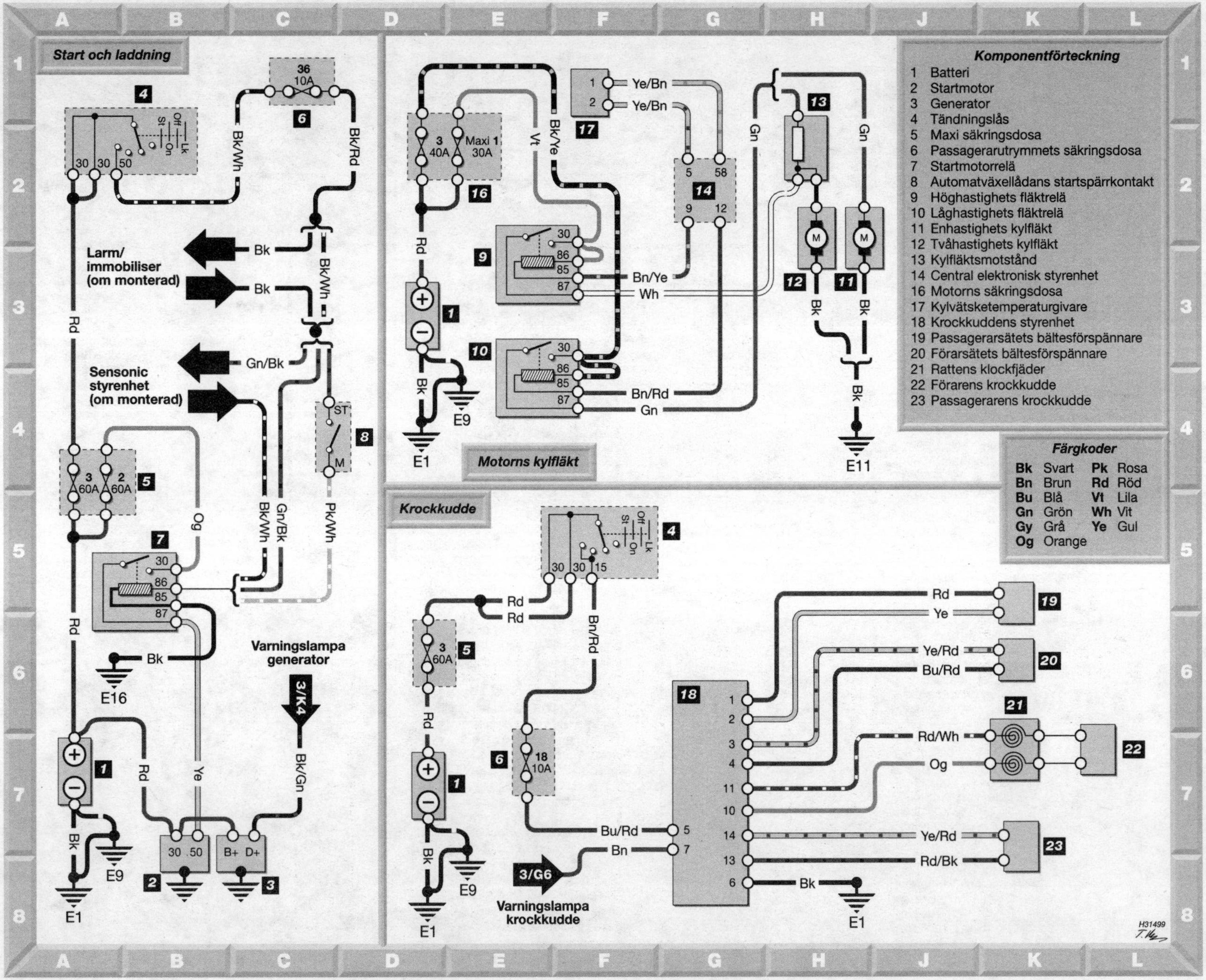
Start och laddning
Larm/ immobiliser (om monterad)
Sensonic styrenhet (om monterad)
Varningslampa generator
3/K4
Motorns kylfläkt
Krockkudde
Varningslampa krockkudde
3/G6
Komponentförteckning
1 Batteri
2 Startmotor
3 Generator
4 Tändningslås
5 Maxi säkringsdosa
6 Passagerarutrymmets säkringsdosa
7 Startmotorrelä
8 Automatväxellådans startspärrkontakt
9 Höghastighets fläktrelä
10 Låghastighets fläktrelä
11 Enhastighets kylfläkt
12 Tvåhastighets kylfläkt
13 Kylfläktsmotstånd
14 Central elektronisk styrenhet
16 Motorns säkringsdosa
17 Kylvätsketemperaturgivare
18 Krockkuddens styrenhet
19 Passagerarsätets bältesförspännare
20 Förarsätets bältesförspännare
21 Rattens klockfjäder
22 Förarens krockkudde
23 Passagerarens krockkudde
Färgkoder
Bk Svart
Bn Brun
Bu Blå
Gn Grön
Gy Grå
Og Orange
Pk Rosa
Rd Röd
Vt Lila
Wh Vit
Ye Gul
H31499

Kopplingsschema 2: Start, laddning, motorns kylfläkt, krockkudde (typexempel)

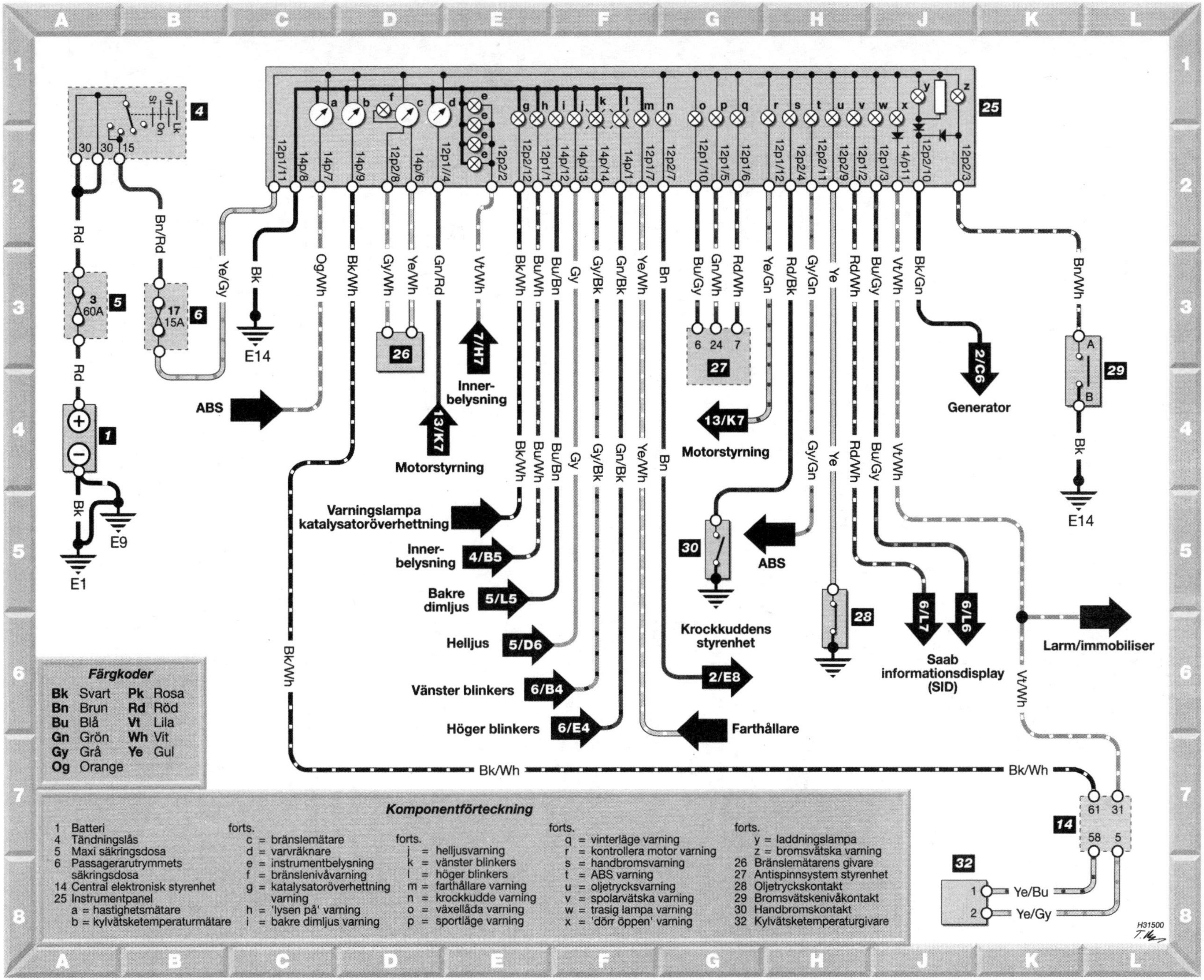

Färgkoder

Bk	Svart	**Pk**	Rosa
Bn	Brun	**Rd**	Röd
Bu	Blå	**Vt**	Lila
Gn	Grön	**Wh**	Vit
Gy	Grå	**Ye**	Gul
Og	Orange		

Komponentförteckning

1 Batteri
4 Tändningslås
5 Maxi säkringsdosa
6 Passagerarutrymmets säkringsdosa
14 Central elektronisk styrenhet
25 Instrumentpanel
a = hastighetsmätare
b = kylvätsketemperaturmätare

forts.
c = bränslemätare
d = varvräknare
e = instrumentbelysning
f = bränslenivåvarning
g = katalysatoröverhettning varning
h = 'lysen på' varning
i = bakre dimljus varning

forts.
j = helljusvarning
k = vänster blinkers
l = höger blinkers
m = farthållare varning
n = krockkudde varning
o = växellåda varning
p = sportläge varning

forts.
q = vinterläge varning
r = kontrollera motor varning
s = handbromsvarning
t = ABS varning
u = oljetrycksvarning
v = spolarvätska varning
w = trasig lampa varning
x = 'dörr öppen' varning

forts.
y = laddningslampa
z = bromsvätska varning
26 Bränslemätarens givare
27 Antispinnsystem styrenhet
28 Oljetryckskontakt
29 Bromsvätskenivåkontakt
30 Handbromskontakt
32 Kylvätsketemperaturgivare

Kopplingsschema 3: Varningslampor och mätare (typexempel)

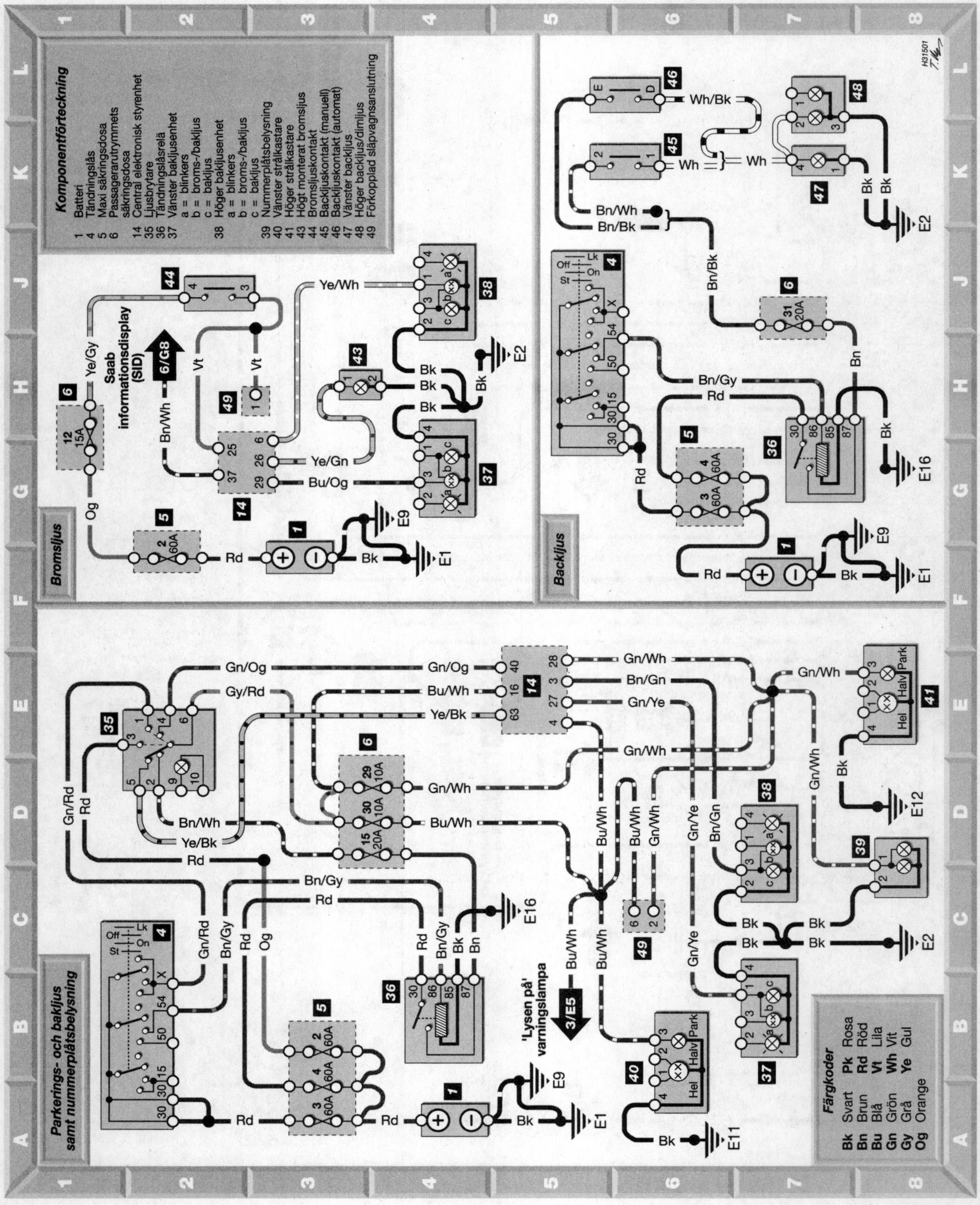

Komponentförteckning
1 Batteri
4 Tändningslås
5 Maxi säkringsdosa
6 Passagerarutrymmets säkringsdosa
14 Central elektronisk styrenhet
35 Ljusbrytare
36 Tändningslåsrelä
37 Vänster bakljusenhet
a = blinkers
b = broms-/bakljus
c = bakljus
38 Höger bakljusenhet
a = blinkers
b = broms-/bakljus
c = bakljus
39 Nummerplåtsbelysning
40 Vänster strålkastare
41 Höger strålkastare
43 Högt monterat bromsljus
44 Bromsljuskontakt
45 Backljuskontakt (manuell)
46 Backljuskontakt (automat)
47 Vänster backljus
48 Höger backljus/dimljus
49 Förkopplad släpvagnsanslutning
Bromsljus
Backljus
Parkerings- och bakljus samt nummerplåtsbelysning
Saab informationsdisplay (SID)
'Lysen på' varningslampa
Färgkoder
Bk Svart
Bn Brun
Bu Blå
Gn Grön
Gy Grå
Og Orange
Pk Rosa
Rd Röd
Vt Lila
Wh Vit
Ye Gul
H31501

Kopplingsschema 4: Parkerings-, bak-, broms- och backljus och nummerplåtsbelysning (typexempel)

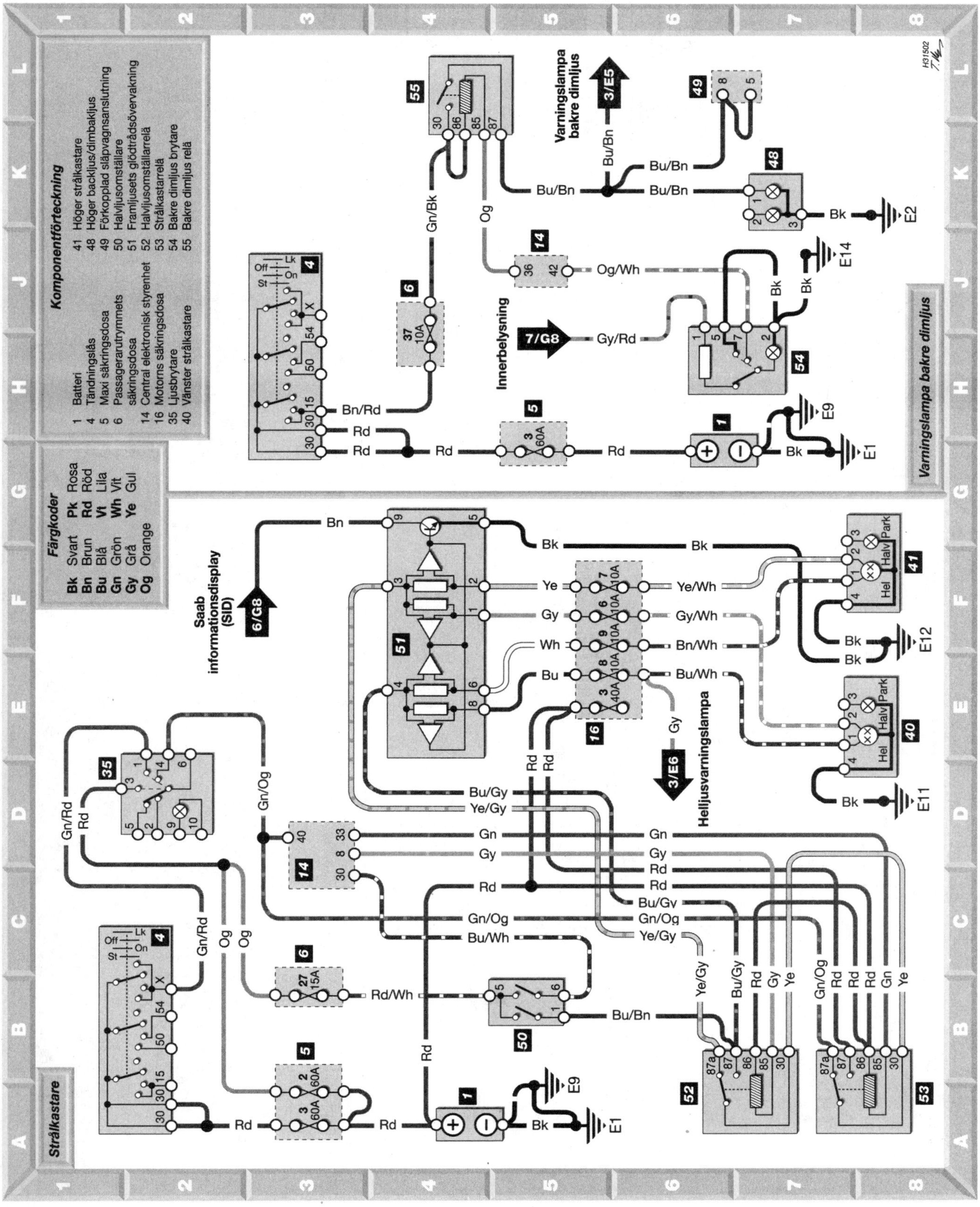

Kopplingsschema 5: Strålkastare och bakre dimljus (typexempel)

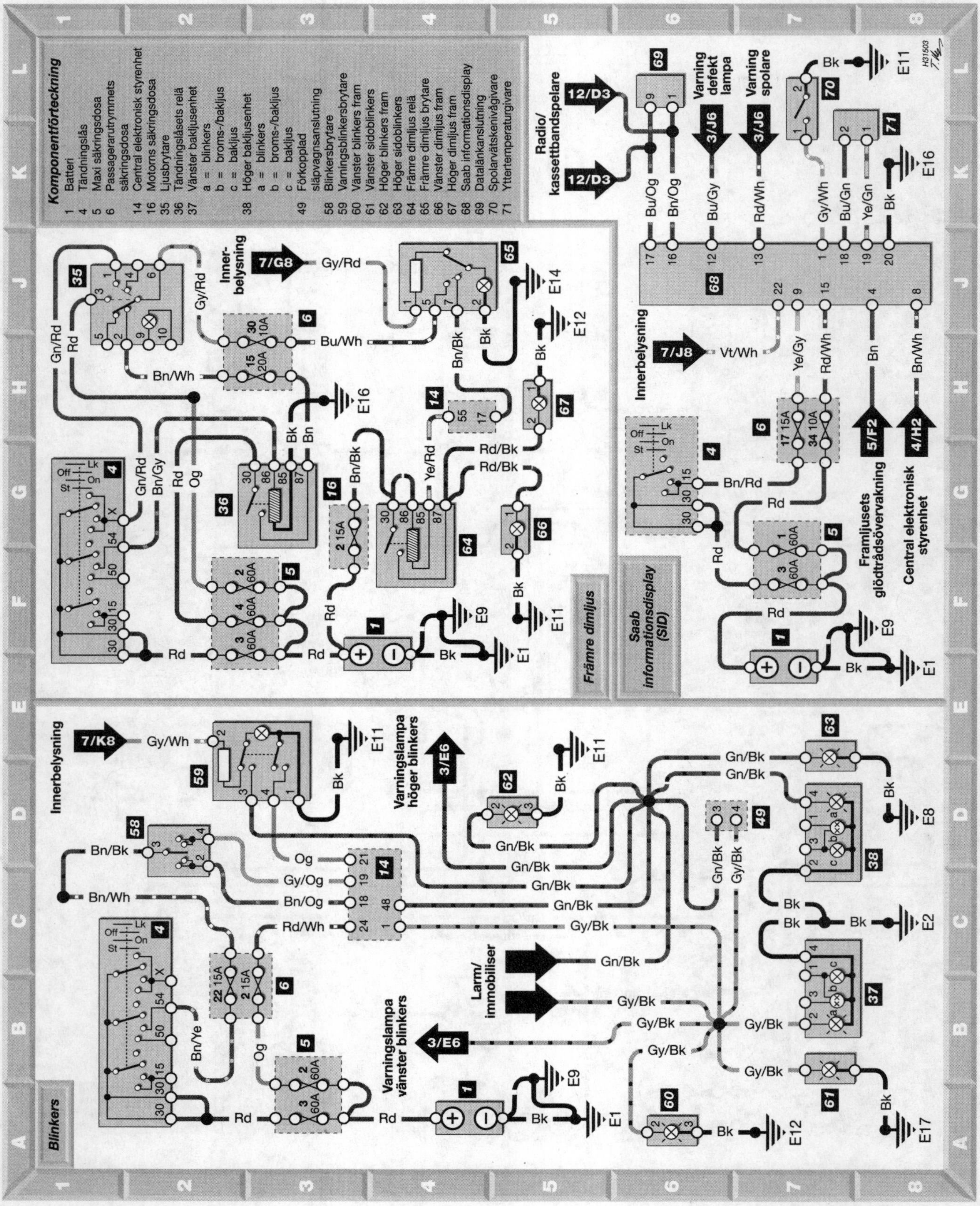

Kopplingsschema 6: Blinkers, främre dimljus och Saab informationsdisplay (SID) (typexempel)

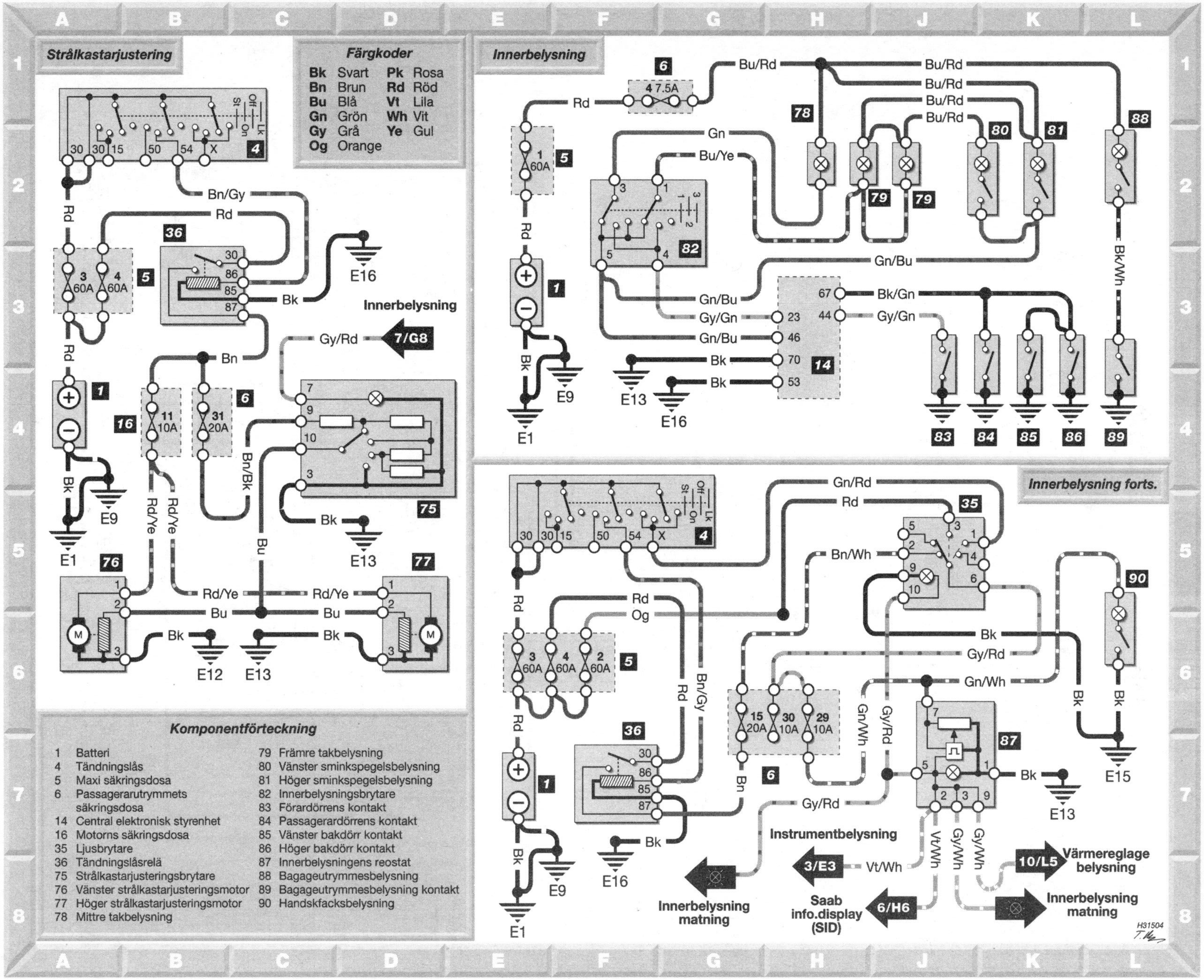

Färgkoder

Bk	Svart	Pk	Rosa
Bn	Brun	Rd	Röd
Bu	Blå	Vt	Lila
Gn	Grön	Wh	Vit
Gy	Grå	Ye	Gul
Og	Orange		

Komponentförteckning

1 Batteri
4 Tändningslås
5 Maxi säkringsdosa
6 Passagerarutrymmets säkringsdosa
14 Central elektronisk styrenhet
16 Motorns säkringsdosa
35 Ljusbrytare
36 Tändningslåsrelä
75 Strålkastarjusteringsbrytare
76 Vänster strålkastarjusteringsmotor
77 Höger strålkastarjusteringsmotor
78 Mittre takbelysning
79 Främre takbelysning
80 Vänster sminkspegelsbelysning
81 Höger sminkspegelsbelysning
82 Innerbelysningsbrytare
83 Förardörrens kontakt
84 Passagerardörrens kontakt
85 Vänster bakdörr kontakt
86 Höger bakdörr kontakt
87 Innerbelysningens reostat
88 Bagageutrymmesbelysning
89 Bagageutrymmesbelysning kontakt
90 Handskfacksbelysning

Kopplingsschema 7: Strålkastarjustering och innerbelysning (typexempel)

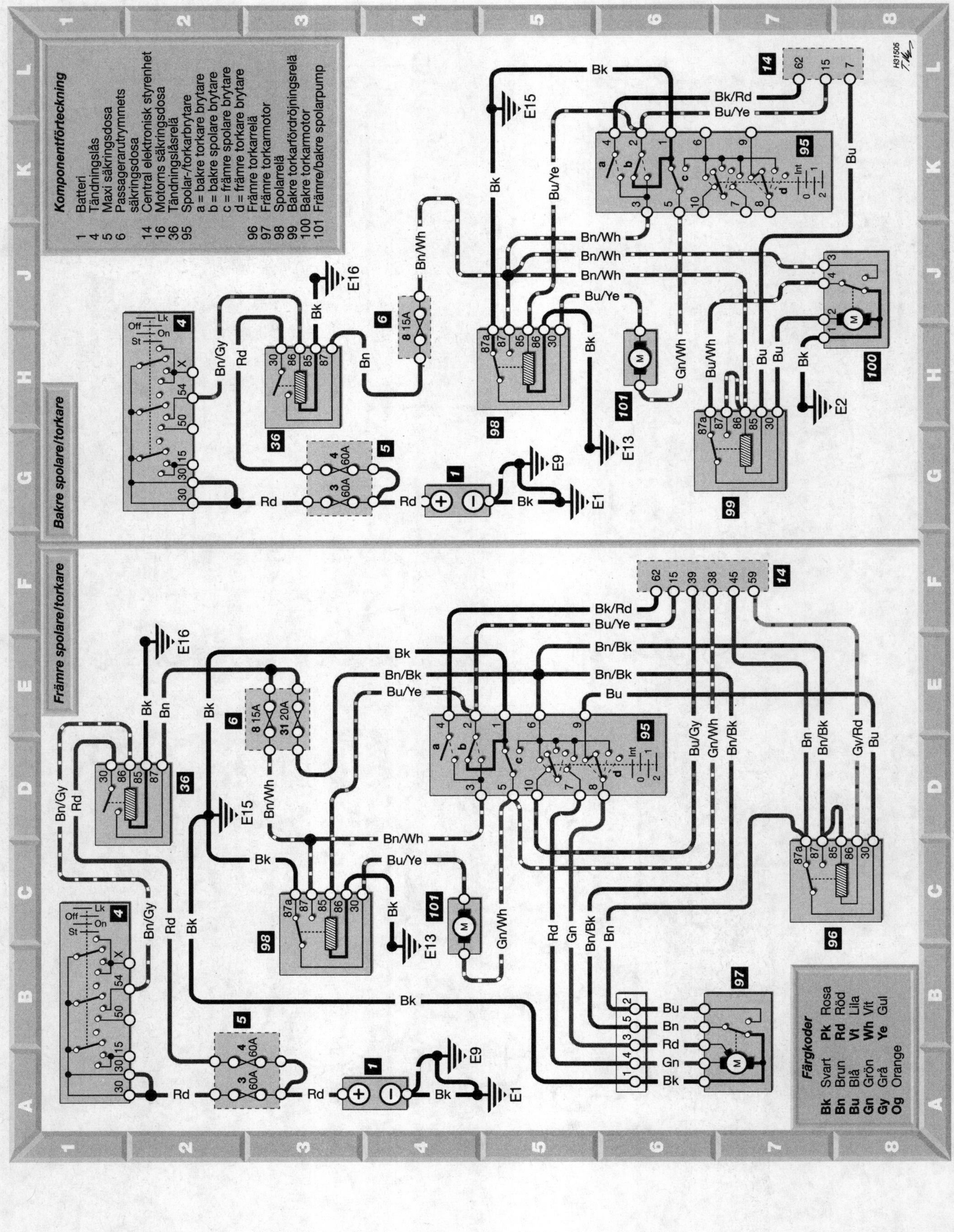

Komponentförteckning
1 Batteri
4 Tändningslås
5 Maxi säkringsdosa
6 Passagerarutrymmets säkringsdosa
14 Central elektronisk styrenhet
16 Motorns säkringsdosa
36 Tändningslåsrelä
95 Spolar-/torkarbrytare
a = bakre torkare brytare
b = bakre spolare brytare
c = främre spolare brytare
d = främre torkare brytare
96 Främre torkarrelä
97 Främre torkarmotor
98 Spolarrelä
99 Bakre torkarfördröjningsrelä
100 Bakre torkarmotor
101 Främre/bakre spolarpump
Färgkoder
Bk Svart
Bn Brun
Bu Blå
Gn Grön
Gy Grå
Og Orange
Pk Rosa
Rd Röd
Vt Lila
Wh Vit
Ye Gul
Bakre spolare/torkare
Främre spolare/torkare
H31505

Kopplingsschema 8: Främre och bakre spolare/torkare (typexempel)

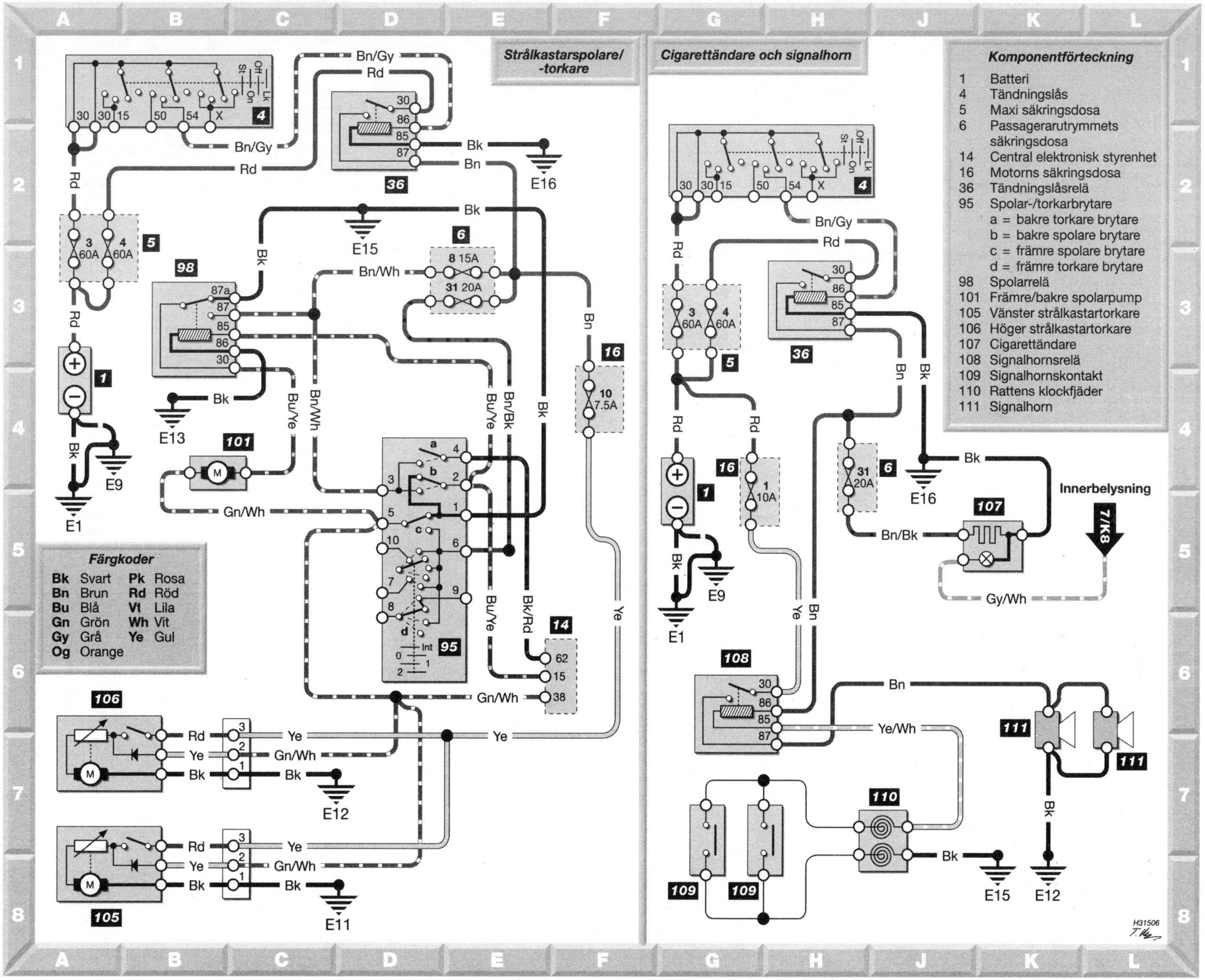

Kopplingsschema 9: Strålkastarspolare/-torkare, signalhorn och cigarettändare (typexempel)

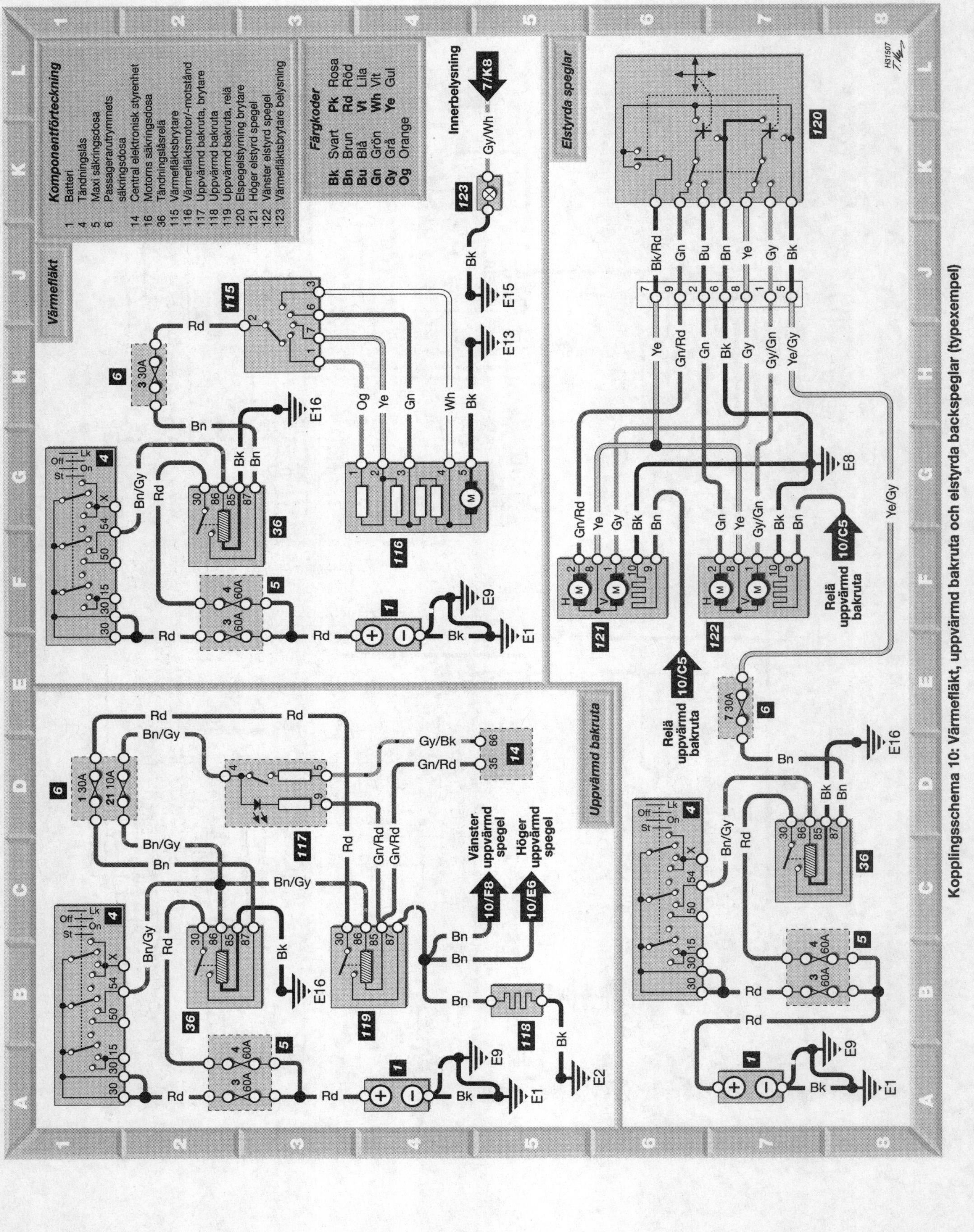

Kopplingsschema 10: Värmefläkt, uppvärmd bakruta och elstyrda backspeglar (typexempel)

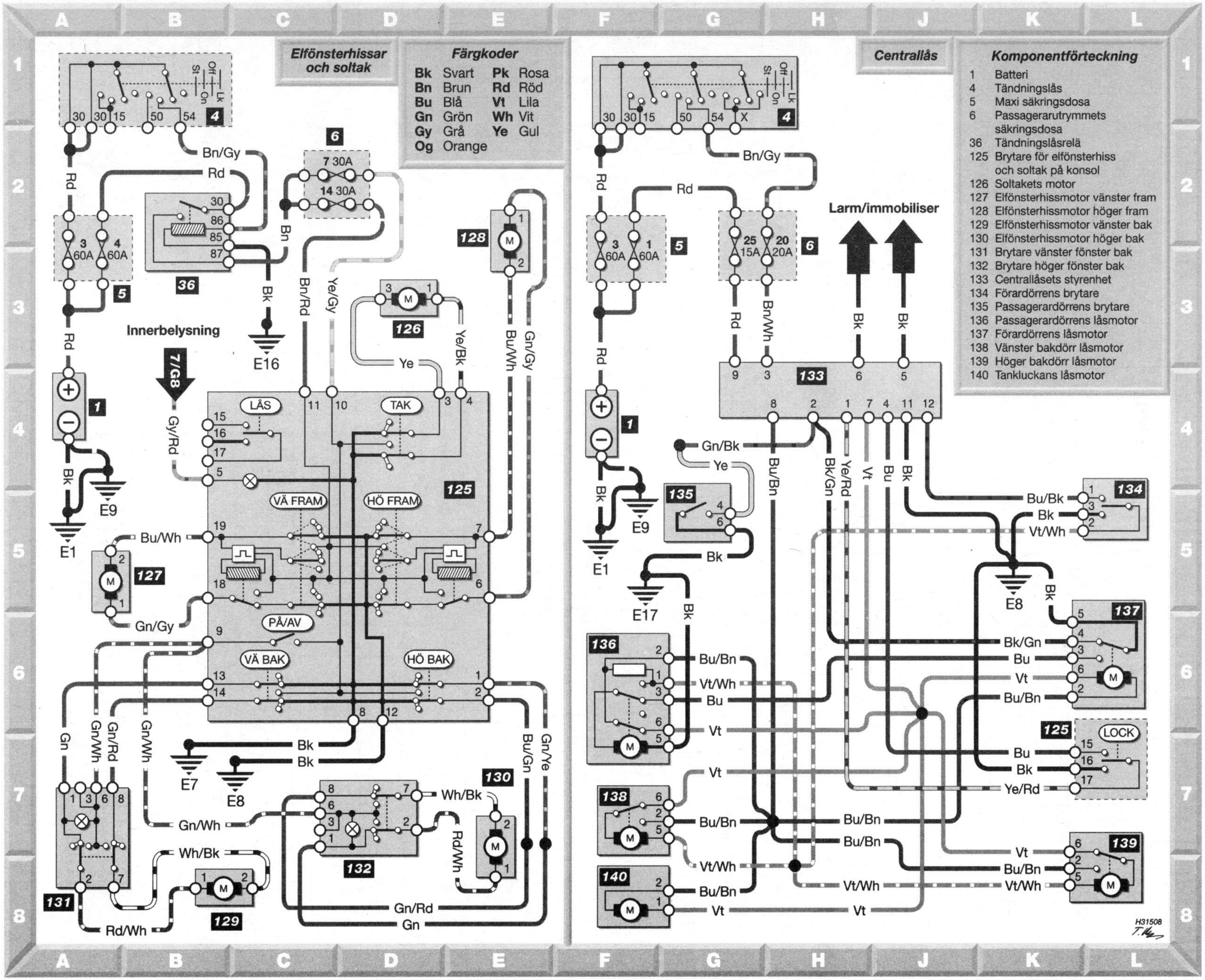

Kopplingsschema 11: Elfönsterhissar, soltak och centrallås (typexempel)

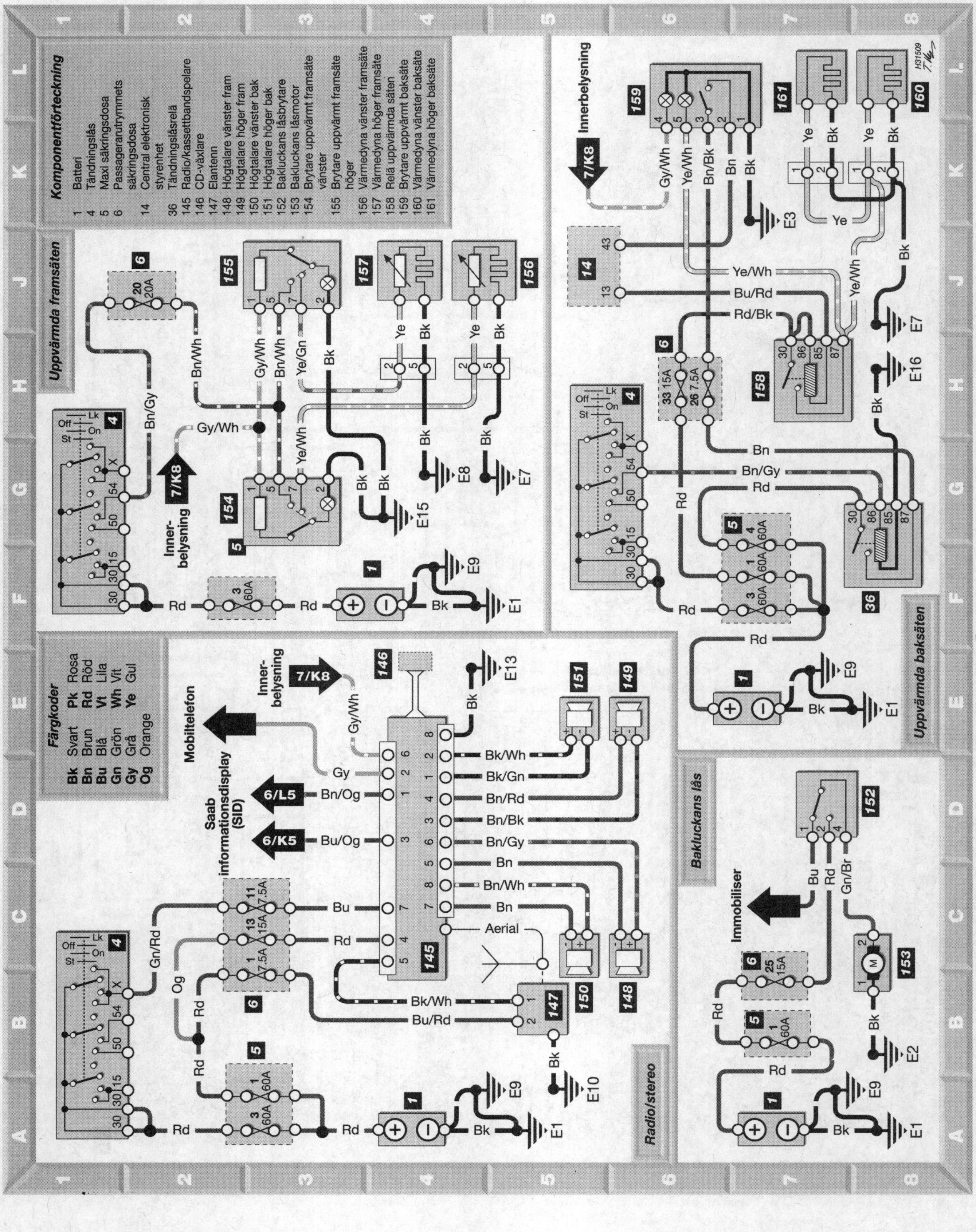

Komponentförteckning
1 Batteri
4 Tändningslås
5 Maxi säkringsdosa
6 Passagerarutrymmets säkringsdosa
14 Central elektronisk styrenhet
36 Tändningslåsrelä
145 Radio/kassettbandspelare
146 CD-växlare
147 Elantenn
148 Högtalare vänster fram
149 Högtalare höger fram
150 Högtalare vänster bak
151 Högtalare höger bak
152 Bakluckans låsbrytare
153 Bakluckans låsmotor
154 Brytare uppvärmt framsäte vänster
155 Brytare uppvärmt framsäte höger
156 Värmedyna vänster framsäte
157 Värmedyna höger framsäte
158 Relä uppvärmda säten
159 Brytare uppvärmt baksäte
160 Värmedyna vänster baksäte
161 Värmedyna höger baksäte
Färgkoder
Bk Svart
Bn Brun
Bu Blå
Gn Grön
Gy Grå
Og Orange
Pk Rosa
Rd Röd
Vt Lila
Wh Vit
Ye Gul
Uppvärmda framsäten
Radio/stereo
Bakluckans lås
Uppvärmda baksäten
Mobiltelefon
Saab informationsdisplay (SID)
Immobiliser
Innerbelysning
Aerial
H31509

Kopplingsschema 12: Radio/stereo, bakluckans låsmekanism, uppvärmda säten (typexempel)

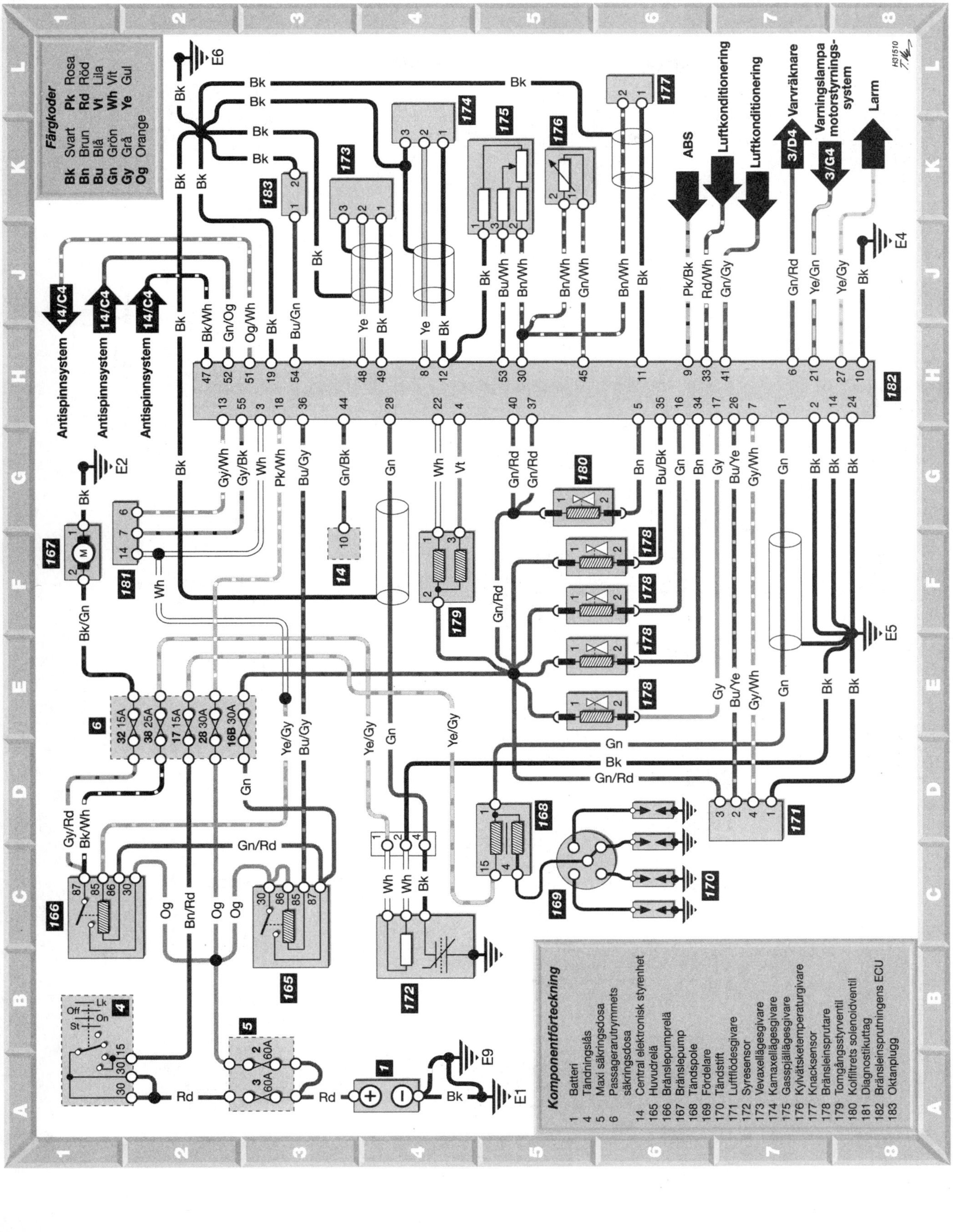
Färgkoder
Bk Svart
Bn Brun
Bu Blå
Gn Grön
Gy Grå
Og Orange
Pk Rosa
Rd Röd
Vt Lila
Wh Vit
Ye Gul
Komponentförteckning
1 Batteri
4 Tändningslås
5 Maxi säkringsdosa
6 Passagerarutrymmets säkringsdosa
14 Central elektronisk styrenhet
165 Huvudrelä
166 Bränslepumprelä
167 Bränslepump
168 Tändspole
169 Fördelare
170 Tändstift
171 Luftflödesgivare
172 Syresensor
173 Vevaxellägesgivare
174 Kamaxellägesgivare
175 Gasspjällägesgivare
176 Kylvätsketemperaturgivare
177 Knacksensor
178 Bränsleinsprutare
179 Tomgångsstyrventil
180 Kolfiltrets solenoidventil
181 Diagnostikuttag
182 Bränsleinsprutningens ECU
183 Oktanplugg
Antispinnsystem 14/C4
ABS
Luftkonditionering
Varvräknare 3/D4
Varningslampa motorstyrnings-system 3/G4
Larm
H31510

Kopplingsschema 13: Motronic motorstyrningssystem (typexempel)

Mått och vikter

Observera: *Alla siffror är ungefärliga och kan variera med modell. Se tillverkarens uppgifter för exakta mått.*

Mått

Total längd (inklusive stötfångare)	4637 mm
Total bredd (exklusive sidobackspeglar)	1711 mm
Total höjd:	
Kombikupé och kupé	1436 mm
Cabriolet*	2200 mm
**Maximalt avstånd som behövs när taket fälls ner eller upp.*	
Axelavstånd	2600 mm
Spårbredd:	
Fram	1446 mm
Bak	1443 mm
Höjd över marken (typisk)	130 mm
Vändcirkeldiameter:	
Vägg till vägg	11,1 m
Vägkant till vägkant	10,5 m
Främre överhäng*	1007 mm
Bakre överhäng*	1030 mm
**Mätt från mitten av hjulet till kanten på stötfångaren*	
Bagageutrymmets längd:	
Modeller med 3 och 5 dörrar med baksätet i upprätt läge	973 mm
Modeller med 3 och 5 dörrar med framfällt baksäte	1690 mm
Cabriolet med baksätet i upprätt läge	734 mm

Vikter

Fordonets vikt utan förare och last	1300 - 1550 kg
Maximal axelbelastning, fram	1030 kg
Maximal axelbelastning, bak:	
1994-1995	1880 kg
Fr.o.m. 1996	1930 kg
Max taklast	100 kg
Max bogseringsvikt:	
Släpvagn utan broms	750 kg
Släpvagn med bromsar	1600 kg

Reservdelar finns att få tag i på olika ställen, till exempel hos Saabhandlare, andra verkstäder, tillbehörsbutiker och motorspecialister. Bilens identifikationsnummer måste uppges för att man garanterat ska få rätt delar. Ta om möjligt med den gamla delen för säker identifiering. Delar som startmotorer och växelströmsgeneratorer finns att få som fabriksrenoverade utbytesdelar – delar som lämnas in ska naturligtvis alltid vara rena.

Vårt råd när det gäller reservdelar är följande.

Auktoriserade Saab-verkstäder

Detta är det bästa inköpsstället för delar som är specifika för just din bil och inte allmänt tillgängliga (märken, klädsel, etc). Köp alltid reservdelar här om bilen fortfarande omfattas av garantin.

Tillbehörsbutiker

Tillbehörsbutiker är ofta bra ställen för inköp av underhållsmaterial (olje-, luft- och bränslefilter, glödlampor, drivremmar, fett, bromsklossar, bättringslack, etc). Tillbehör av detta slag som säljs av välkända butiker håller samma standard som de som används av biltillverkaren.

Förutom reservdelar säljer dessa butiker även verktyg och allmänna tillbehör, de har ofta bekväma öppettider, bättre priser och ligger ofta på bekvämt avstånd. Vissa tillbehörsbutiker säljer reservdelar för nästan alla reparationsarbeten rakt över disk.

Motorspecialister

Bra motorspecialister håller alla viktigare komponenter som kan slitas ut relativt snabbt i lager, och kan ibland tillhandahålla enskilda komponenter som behövs för renovering av en större enhet (t.ex. bromstätningar och hydrauliska delar, lagerskålar, kolvar, ventiler, etc). I vissa fall kan de ta hand om större arbeten som omborrning av motorblocket, omslipning av vevaxlar, etc.

Specialister på däck och avgassystem

Dessa kan vara oberoende handlare eller ingå i större kedjor. De har ofta bra priser jämfört med märkesverkstäder, men det lönar sig att undersöka priser hos flera försäljare. Vid undersökning av priser, kontrollera även vad som ingår – ofta betalar man t.ex. extra för ventiler och balansering vid köp av nytt däck.

Andra inköpsställen

Var misstänksam när det gäller delar som säljs på loppmarknader och liknande. De är inte alltid av usel kvalitet, men det är svårt att få upprättelse om delarna inte håller tillräckligt hög klass. Köper man komponenter som är avgörande för säkerheten, t.ex. bromsklossar, på ett sådant ställe tar man inte bara ekonomiska risker, utan även olycksrisker.

Begagnade delar eller delar från en bilskrot kan vara prisvärda i vissa fall, men sådana inköp bör endast göras av en mycket erfaren hemmamekaniker.

Identifikationsnummer

Modifieringar är en fortlöpande process i biltillverkningen, även utöver de större modelländringarna som publiceras. Reservdelskataloger och listor sammanställs på numerisk bas och bilens chassinummer är viktigt för att man ska få rätt reservdel.

Lämna alltid så mycket information som möjligt vid beställning av reservdelar. Ange årsmodell, chassinummer och motornummer efter behov.

Bilens *identifikationsnummer* eller *chassinummer* finns på flera platser på bilen:

a) *På en metallplåt som sitter fastnitad på tvärbalken till höger framtill i motorrummet **(se bild)***

b) *Instansat på torpedväggen i motorrummets bakre del*

c) *Tryckt på en plåt på instrumentbrädans överdel, bakom vindrutan*

Motornumret är instansat på motorblockets främre vänstra sida.

Växellådans nummer är tryckt på en plåt på växelhusets främre övre del.

Karossnummret är instansat på en metallplatta som sitter fastnitad på tvärbalken till vänster framtill i motorrummet.

Färgkoder finns tryckta på en etikett fäst på bakkanten av dörren på passagerarsidan, bredvid däcktryckstabellen.

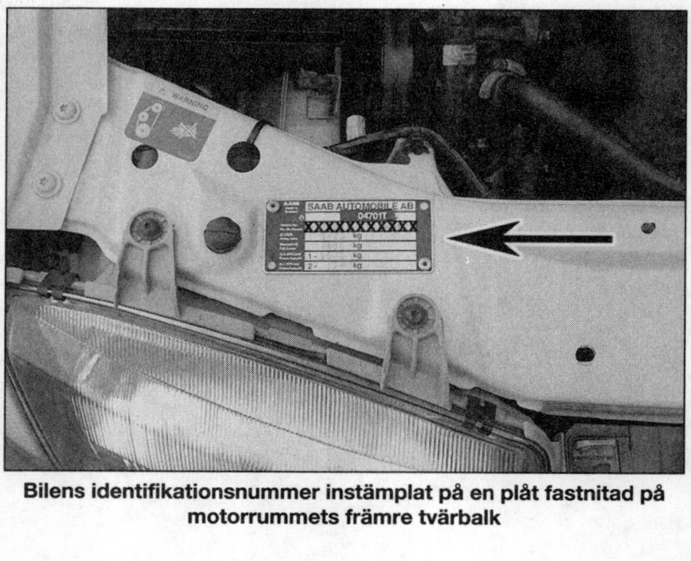

Bilens identifikationsnummer instämplat på en plåt fastnitad på motorrummets främre tvärbalk

När service, reparationer och renoveringar utförs på en bil eller bildel bör följande beskrivningar och instruktioner följas. Detta för att reparationen ska utföras så effektivt och fackmannamässigt som möjligt.

Tätningsytor och packningar

Vid isärtagande av delar vid deras tätningsytor ska dessa aldrig bändas isär med skruvmejsel eller liknande. Detta kan orsaka allvarliga skador som resulterar i oljeläckage, kylvätskeläckage etc. efter montering. Delarna tas vanligen isär genom att man knackar längs fogen med en mjuk klubba. Lägg dock märke till att denna metod kanske inte är lämplig i de fall styrstift används för exakt placering av delar.

Där en packning används mellan två ytor måste den bytas vid ihopsättning. Såvida inte annat anges i den aktuella arbetsbeskrivningen ska den monteras torr. Se till att tätningsytorna är rena och torra och att alla spår av den gamla packningen är borttagna. Vid rengöring av en tätningsyta ska sådana verktyg användas som inte skadar den. Små grader och repor tas bort med bryne eller en finskuren fil.

Rensa gängade hål med piprensare och håll dem fria från tätningsmedel då sådant används, såvida inte annat direkt specificeras.

Se till att alla öppningar, hål och kanaler är rena och blås ur dem, helst med tryckluft.

Oljetätningar

Oljetätningar kan tas ut genom att de bänds ut med en bred spårskruvmejsel eller liknande. Alternativt kan ett antal självgängande skruvar dras in i tätningen och användas som dragpunkter för en tång, så att den kan dras rakt ut.

När en oljetätning tas bort från sin plats, ensam eller som en del av en enhet, ska den alltid kasseras och bytas ut mot en ny.

Tätningsläpparna är tunna och skadas lätt och de tätar inte annat än om kontaktytan är fullständigt ren och oskadad. Om den ursprungliga tätningsytan på delen inte kan återställas till perfekt skick och tillverkaren inte gett utrymme för en viss omplacering av tätningen på kontaktytan, måste delen i fråga bytas ut.

Skydda tätningsläpparna från ytor som kan skada dem under monteringen. Använd tejp eller konisk hylsa där så är möjligt. Smörj läpparna med olja innan monteringen. Om oljetätningen har dubbla läppar ska utrymmet mellan dessa fyllas med fett.

Såvida inte annat anges ska oljetätningar monteras med tätningsläpparna mot det smörjmedel som de ska täta för.

Använd en rörformad dorn eller en träbit i lämplig storlek till att knacka tätningarna på plats. Om sätet är försedd med skuldra, driv tätningen mot den. Om sätet saknar skuldra bör tätningen monteras så att den går jäms med sätets yta (såvida inte annat uttryckligen anges).

Skruvgängor och infästningar

Muttrar, bultar och skruvar som kärvar är ett vanligt förekommande problem när en komponent har börjat rosta. Bruk av rostupplösningsolja och andra krypsmörjmedel löser ofta detta om man dränker in delen som kärvar en stund innan man försöker lossa den. Slagskruvmejsel kan ibland lossa envist fastsittande infästningar när de används tillsammans med rätt mejselhuvud eller hylsa. Om inget av detta fungerar kan försiktig värmning eller i värsta fall bågfil eller muttersprängare användas.

Pinnbultar tas vanligen ut genom att två muttrar låses vid varandra på den gängade delen och att en blocknyckel sedan vrider den undre muttern så att pinnbulten kan skruvas ut. Bultar som brutits av under fästytan kan ibland avlägsnas med en lämplig bultutdragare. Se alltid till att gängade bottenhål är helt fria från olja, fett, vatten eller andra vätskor innan bulten monteras. Underlåtenhet att göra detta kan spräcka den del som skruven dras in i, tack vare det hydrauliska tryck som uppstår när en bult dras in i ett vätskefyllt hål

Vid åtdragning av en kronmutter där en saxsprint ska monteras ska muttern dras till specificerat moment om sådant anges, och därefter dras till nästa sprinthål. Lossa inte muttern för att passa in saxsprinten, såvida inte detta förfarande särskilt anges i anvisningarna.

Vid kontroll eller omdragning av mutter eller bult till ett specificerat åtdragningsmoment, ska muttern eller bulten lossas ett kvarts varv och sedan dras åt till angivet moment. Detta ska dock inte göras när vinkelåtdragning använts.

För vissa gängade infästningar, speciellt topplocksbultar/muttrar anges inte åtdragningsmoment för de sista stegen. Istället anges en vinkel för åtdragning. Vanligtvis anges ett relativt lågt åtdragningsmoment för bultar/muttrar som dras i specificerad turordning. Detta följs sedan av ett eller flera steg åtdragning med specificerade vinklar.

Låsmuttrar, låsbleck och brickor

Varje infästning som kommer att rotera mot en komponent eller en kåpa under åtdragningen ska alltid ha en bricka mellan åtdragningsdelen och kontaktytan.

Fjäderbrickor ska alltid bytas ut när de använts till att låsa viktiga delar som exempelvis lageröverfall. Låsbleck som viks över för att låsa bult eller mutter ska alltid byts ut vid ihopsättning.

Självlåsande muttrar kan återanvändas på mindre viktiga detaljer, under förutsättning att motstånd känns vid dragning över gängen. Kom dock ihåg att självlåsande muttrar förlorar låseffekt med tiden och därför alltid bör bytas ut som en rutinåtgärd.

Saxsprintar ska alltid bytas mot nya i rätt storlek för hålet.

När gänglåsmedel påträffas på gängor på en komponent som ska återanvändas bör man göra ren den med en stålborste och lösningsmedel. Applicera nytt gänglåsningsmedel vid montering.

Specialverktyg

Vissa arbeten i denna handbok förutsätter användning av specialverktyg som pressar, avdragare, fjäderkompressorer med mera. Där så är möjligt beskrivs lämpliga lättillgängliga alternativ till tillverkarens specialverktyg och hur dessa används. I vissa fall, där inga alternativ finns, har det varit nödvändigt att använda tillverkarens specialverktyg. Detta har gjorts av säkerhetsskäl, likväl som för att reparationerna ska utföras så effektivt och bra som möjligt. Såvida du inte är mycket kunnig och har stora kunskaper om det arbetsmoment som beskrivs, ska du aldrig försöka använda annat än specialverktyg när sådana anges i anvisningarna. Det föreligger inte bara stor risk för personskador, utan kostbara skador kan också uppstå på komponenterna.

Miljöhänsyn

Vid sluthantering av förbrukad motorolja, bromsvätska, frostskydd etc. ska all vederbörlig hänsyn tas för att skydda miljön. Ingen av ovan nämnda vätskor får hällas ut i avloppet eller direkt på marken. Kommunernas avfallshantering har kapacitet för hantering av miljöfarligt avfall liksom vissa verkstäder. Om inga av dessa finns tillgängliga i din närhet, fråga hälsoskyddskontoret i din kommun om råd.

I och med de allt strängare miljöskyddslagarna beträffande utsläpp av miljöfarliga ämnen från motorfordon har alltfler bilar numera justersäkringar monterade på de mest avgörande justeringspunkterna för bränslesystemet. Dessa är i första hand avsedda att förhindra okvalificerade personer från att justera bränsle/luftblandningen och därmed riskerar en ökning av giftiga utsläpp. Om sådana justersäkringar påträffas under service eller reparationsarbete ska de, närhelst möjligt, bytas eller sättas tillbaka i enlighet med tillverkarens rekommendationer eller aktuell lagstiftning.

Den domkraft som följer med bilens verktygslåda bör endast användas vid byte av hjul – se *Hjulbyte* i början av den här handboken. Vid alla andra arbeten ska bilen lyftas med en hydraulisk garagedomkraft, som alltid ska åtföljas av pallbockar placerade under bilens stödpunkter.

När en garagedomkraft eller pallbockar används, placera alltid domkraftens eller pallbockens huvud under, eller alldeles intill, den relevanta stödpunkten under tröskeln. Lägg en träkloss mellan domkraften eller pallbocken och tröskeln - träklossen ska ha ett utskuret spår där tröskelns svetsade fläns placeras **(se bilder)**.

Försök **inte** hissa upp bilen med domkraften under bakaxeln, motorns sump, automatväxellådans sump eller någon av fjädringens komponenter.

Den domkraft som följer med bilen passar in i stödpunkterna under trösklarna - se *Hjulbyte* i början av den här handboken. Se alltid till att domkraftens huvud sitter korrekt innan du börjar lyfta bilen.

Arbeta **aldrig** under, runt eller i närheten av en lyft bil om den inte har ordentligt stöd under minst två punkter.

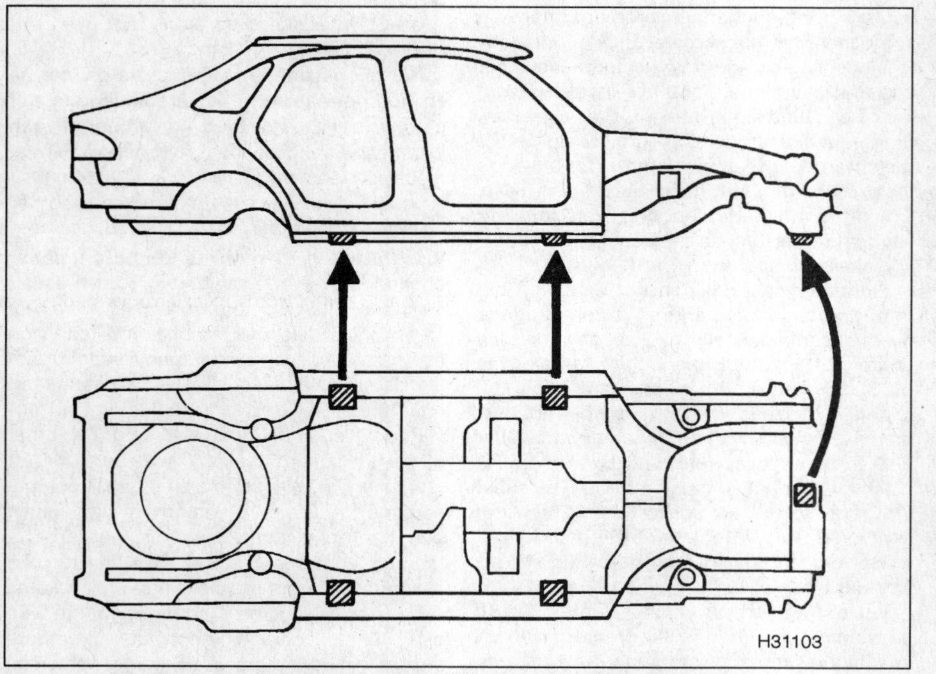

Stödpunkt för hydraulisk domkraft (vid pilarna)

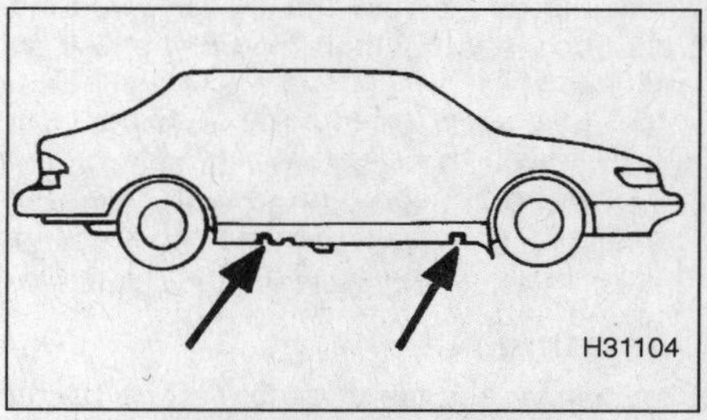

Stödpunkter för hjulbyte (vid pilarna)

Stöldskydd för radio/kassettbandspelare

Bilens originalradio/kassettbandspelare kan ha en inbyggd stöldskyddskod för att avskräcka tjuvar. Om strömmen till anläggningen bryts aktiveras stöldskyddet. Även om strömmen återansluts omedelbart kommer enheten inte att fungera förrän den korrekta koden angetts. Om du inte känner till koden för ljudanläggningen ska du därför **inte** lossa batteriets jordledning eller ta ut enheten ur bilen.

Rådfråga en Saabverkstad om säkerhetskoden glömts bort eller på något sätt gått förlorad. Vid uppvisande av ägarbevis kan du få en ny säkerhetskod.

Inledning

En uppsättning bra verktyg är ett grundläggande krav för var och en som överväger att underhålla och reparera ett motorfordon. För de ägare som saknar sådana kan inköpet av dessa bli en märkbar utgift, som dock uppvägs till en viss del av de besparingar som görs i och med det egna arbetet. Om de anskaffade verktygen uppfyller grundläggande säkerhets- och kvalitetskrav kommer de att hålla i många år och visa sig vara en värdefull investering.

För att hjälpa bilägaren att avgöra vilka verktyg som behövs för att utföra de arbeten som beskrivs i denna handbok har vi sammanställt tre listor med följande rubriker: *Underhåll och mindre reparationer, Reparation och renovering* samt *Specialverktyg*. Nybörjaren bör starta med det första sortimentet och begränsa sig till enklare arbeten på fordonet. Allt eftersom erfarenhet och självförtroende växer kan man sedan prova svårare uppgifter och köpa fler verktyg när och om det behövs. På detta sätt kan den grundläggande verktygssatsen med tiden utvidgas till en reparations- och renoveringssats utan några större enskilda kontantutlägg. Den erfarne hemmamekanikern har redan en verktygssats som räcker till de flesta reparationer och renoveringar och kommer att välja verktyg från specialkategorin när han känner att utgiften är berättigad för den användning verktyget kan ha.

Underhåll och mindre reparationer

Verktygen i den här listan ska betraktas som ett minimum av vad som behövs för rutinmässigt underhåll, service och mindre reparationsarbeten. Vi rekommenderar att man köper blocknycklar (ring i ena änden och öppen i den andra), även om de är dyrare än de med öppen ände, eftersom man får båda sorternas fördelar.

☐ *Blocknycklar - 8, 9, 10, 11, 12, 13, 14, 15, 17 och 19 mm*
☐ *Skiftnyckel - 35 mm gap (ca.)*
☐ *Tändstiftsnyckel (med gummifoder)*
☐ *Verktyg för justering av tändstiftens elektrodavstånd*
☐ *Sats med bladmått*
☐ *Nyckel för avluftning av bromsar*
☐ *Skruvmejslar:*
Spårmejsel - 100 mm lång x 6 mm diameter
Stjärnmejsel - 100 mm lång x 6 mm diameter
☐ *Kombinationstång*
☐ *Bågfil (liten)*
☐ *Däckpump*
☐ *Däcktrycksmätare*
☐ *Oljekanna*
☐ *Verktyg för demontering av oljefilter*
☐ *Fin slipduk*
☐ *Stålborste (liten)*
☐ *Tratt (medelstor)*

Reparation och renovering

Dessa verktyg är ovärderliga för alla som utför större reparationer på ett motorfordon och tillkommer till de som angivits för *Underhåll och mindre reparationer*. I denna lista ingår en grundläggande sats hylsor. Även om dessa är dyra, är de oumbärliga i och med sin mångsidighet - speciellt om satsen innehåller olika typer av drivenheter. Vi rekommenderar 1/2-tums fattning på hylsorna eftersom de flesta momentnycklar har denna fattning.

Verktygen i denna lista kan ibland behöva kompletteras med verktyg från listan för *Specialverktyg*.

☐ *Hylsor, dimensioner enligt föregående lista*
☐ *Spärrskaft med vändbar riktning (för användning med hylsor)* ***(se bild)***
☐ *Förlängare, 250 mm (för användning med hylsor)*
☐ *Universalknut (för användning med hylsor)*
☐ *Momentnyckel (för användning med hylsor)*
☐ *Självlåsande tänger*
☐ *Kulhammare*
☐ *Mjuk klubba (plast/aluminium eller gummi)*
☐ *Skruvmejslar:*
Spårmejsel - en lång och kraftig, en kort (knubbig) och en smal (elektrikertyp)
Stjärnmejsel - en lång och kraftig och en kort (knubbig)
☐ *Tänger:*
Spetsnostång/plattång
Sidavbitare (elektrikertyp)
Låsringstång (inre och yttre)
☐ *Huggmejsel - 25 mm*
☐ *Ritspets*
☐ *Skrapa*
☐ *Körnare*
☐ *Purr*
☐ *Bågfil*
☐ *Bromsslangklämma*
☐ *Avluftningssats för bromsar/koppling*
☐ *Urval av borrar*
☐ *Stållinjal*
☐ *Insexnycklar (inkl Torxtyp/med splines)* ***(se bild)***
☐ *Sats med filar*
☐ *Stor stålborste*
☐ *Pallbockar*
☐ *Domkraft (garagedomkraft eller stabil pelarmodell)*
☐ *Arbetslampa med förlängningssladd*

Specialverktyg

Verktygen i denna lista är de som inte används regelbundet, är dyra i inköp eller som måste användas enligt tillverkarens anvisningar. Det är bara om du relativt ofta kommer att utföra tämligen svåra jobb som många av dessa verktyg är lönsamma att köpa. Du kan också överväga att gå samman med någon vän (eller gå med i en motorklubb) och göra ett gemensamt inköp, hyra eller låna verktyg om så är möjligt.

Följande lista upptar endast verktyg och instrument som är allmänt tillgängliga och inte sådana som framställs av biltillverkaren speciellt för auktoriserade verkstäder. Ibland nämns dock sådana verktyg i texten. I allmänhet anges en alternativ metod att utföra arbetet utan specialverktyg. Ibland finns emellertid inget alternativ till tillverkarens specialverktyg. När så är fallet och relevant verktyg inte kan köpas, hyras eller lånas har du inget annat val än att lämna bilen till en auktoriserad verkstad.

☐ *Ventilfjäderkompressor* ***(se bild)***
☐ *Ventilslipningsverktyg*
☐ *Kolvringskompressor* ***(se bild)***
☐ *Verktyg för demontering/montering av kolvringar* ***(se bild)***
☐ *Honingsverktyg* ***(se bild)***
☐ *Kulledsavdragare*
☐ *Spiralfjäderkompressor (där tillämplig)*
☐ *Nav/lageravdragare, två/tre ben* ***(se bild)***
☐ *Slagskruvmejsel*
☐ *Mikrometer och/eller skjutmått* ***(se bilder)***
☐ *Indikatorklocka* ***(se bild)***
☐ *Stroboskoplampa*
☐ *Kamvinkelmätare/varvräknare*
☐ *Multimeter*

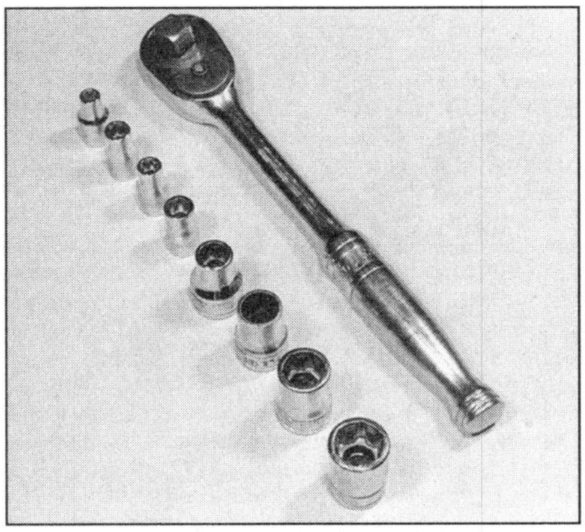

Hylsor och spärrskaft

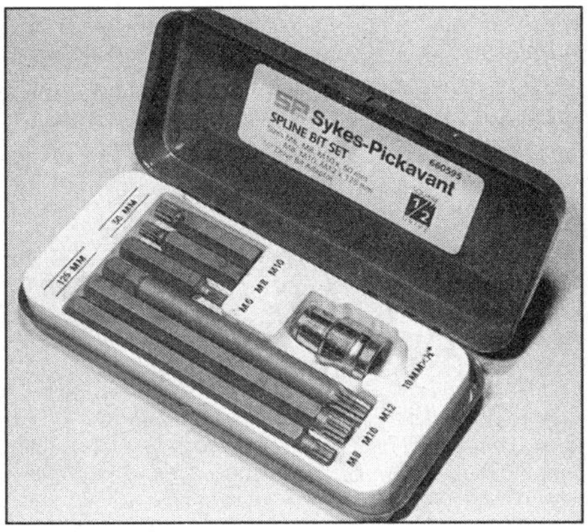

Bits med splines

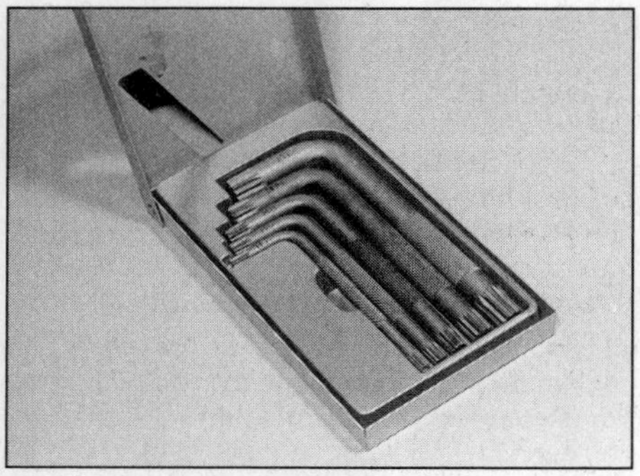

Nycklar med splines

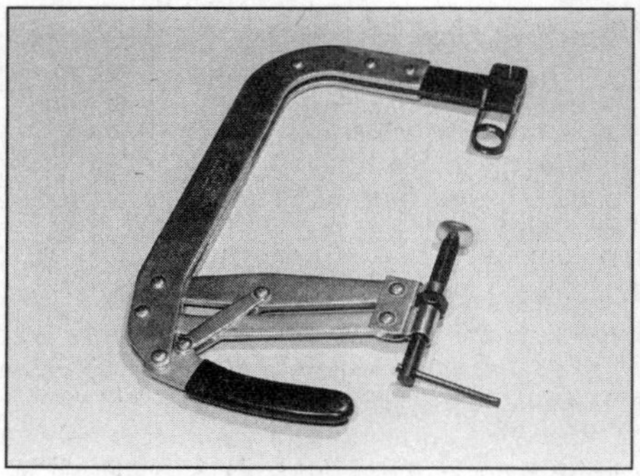

Ventilfjäderkompressor (ventilbåge)

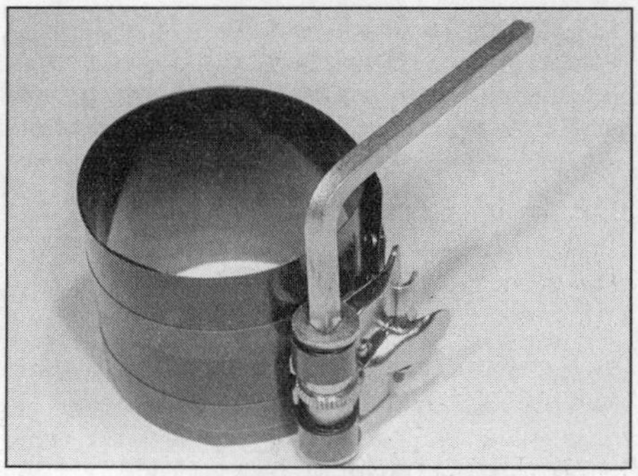

Kolvringskompressor

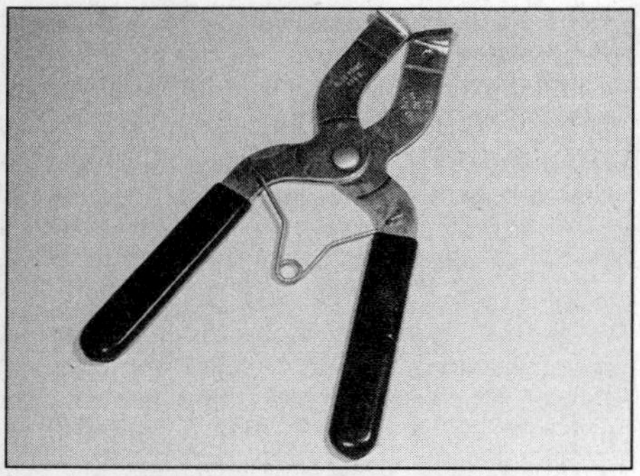

Verktyg för demontering och montering av kolvringar

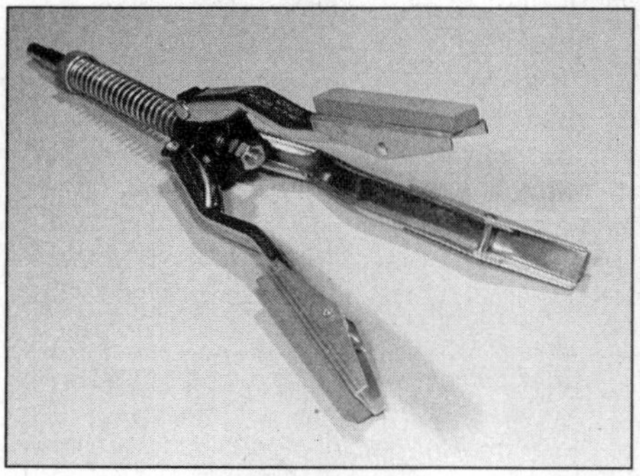

Honingsverktyg

Trebent avdragare för nav och lager

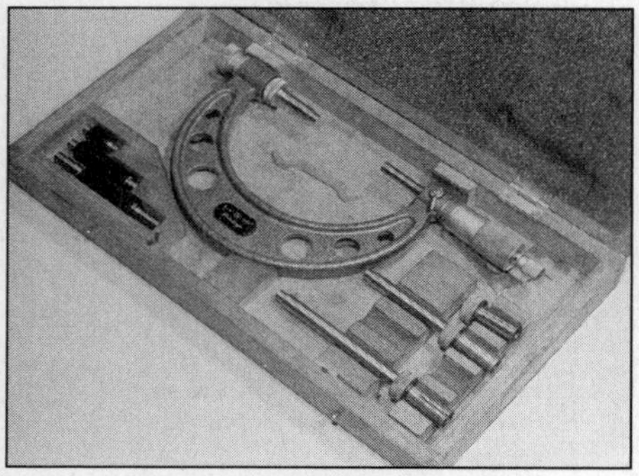

Mikrometerset

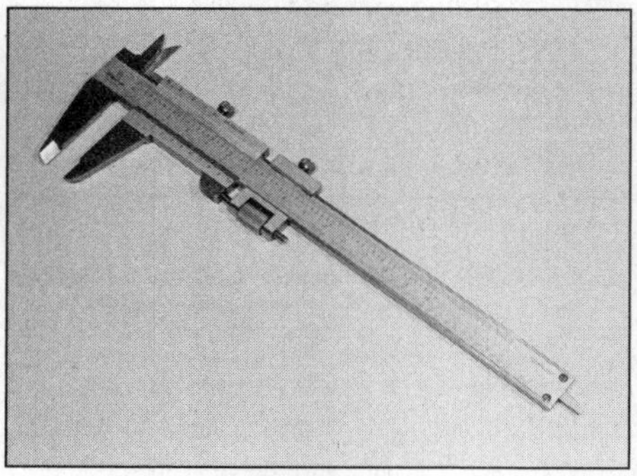

Skjutmått

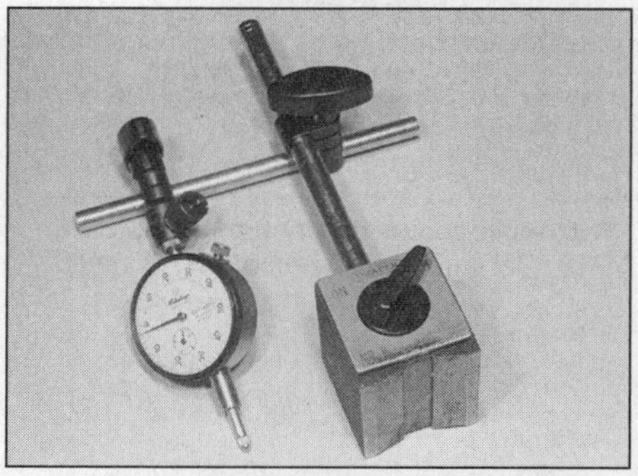

Indikatorklocka med magnetstativ

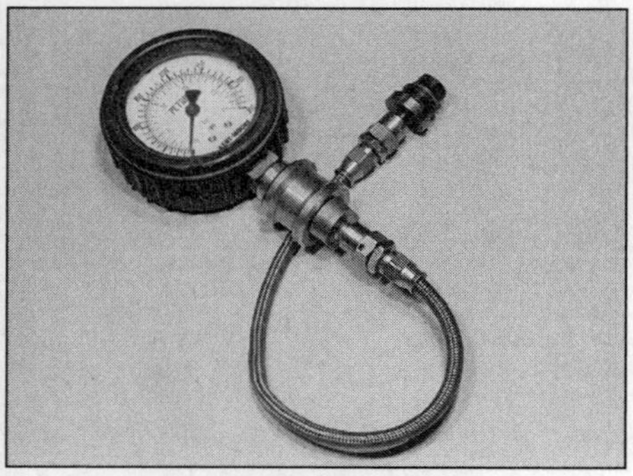

Kompressionsmätare

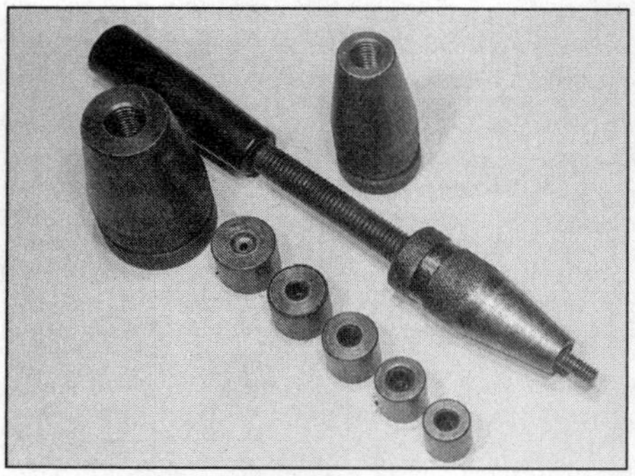

Centreringsverktyg för koppling

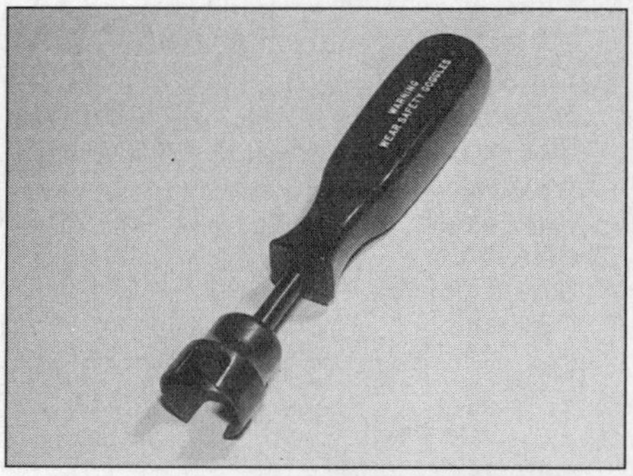

Demonteringsverktyg för bromsbackarnas fjäderskålar

- ☐ *Kompressionsmätare **(se bild)***
- ☐ *Handmanövrerad vakuumpump och mätare*
- ☐ *Centreringsverktyg för koppling **(se bild)***
- ☐ *Verktyg för demontering av bromsbackarnas fjäderskålar **(se bild)***
- ☐ *Sats för montering/demontering av bussningar och lager **(se bild)***
- ☐ *Bultutdragare **(se bild)***
- ☐ *Gängverktygssats **(se bild)***
- ☐ *Lyftblock*
- ☐ *Garagedomkraft*

Inköp av verktyg

När det gäller inköp av verktyg är det i regel bättre att vända sig till en specialist som har ett större sortiment än t ex tillbehörsbutiker och bensinmackar. Tillbehörsbutiker och andra försöljningsställen kan dock erbjuda utmärkta verktyg till låga priser, så det kan löna sig att söka.

Det finns gott om bra verktyg till låga priser, men se till att verktygen uppfyller grundläggande krav på funktion och säkerhet. Fråga gärna någon kunnig person om råd före inköpet.

Vård och underhåll av verktyg

Efter inköp av ett antal verktyg är det nödvändigt att hålla verktygen rena och i fullgott skick. Efter användning, rengör alltid verktygen innan de läggs undan. Låt dem inte ligga framme sedan de använts. En enkel upphängningsanordning på väggen för t ex skruvmejslar och tänger är en bra idé. Nycklar och hylsor bör förvaras i metalllådor. Mätinstrument av skilda slag ska förvaras på platser där de inte kan komma till skada eller börja rosta.

Lägg ner lite omsorg på de verktyg som används. Hammarhuvuden får märken och skruvmejslar slits i spetsen med tiden. Lite polering med slippapper eller en fil återställer snabbt sådana verktyg till gott skick igen.

Arbetsutrymmen

När man diskuterar verktyg får man inte glömma själva arbetsplatsen. Om mer än rutinunderhåll ska utföras bör man skaffa en lämplig arbetsplats.

Vi är medvetna om att många ägare/mekaniker av omständigheterna tvingas att lyfta ur motor eller liknande utan tillgång till garage eller verkstad. Men när detta är gjort ska fortsättningen av arbetet göras inomhus.

Närhelst möjligt ska isärtagning ske på en ren, plan arbetsbänk eller ett bord med passande arbetshöjd.

En arbetsbänk behöver ett skruvstycke. En käftöppning om 100 mm räcker väl till för de flesta arbeten. Som tidigare sagts, ett rent och torrt förvaringsutrymme krävs för verktyg liksom för smörjmedel, rengöringsmedel, bättringslack (som också måste förvaras frostfritt) och liknande.

Ett annat verktyg som kan behövas och som har en mycket bred användning är en elektrisk borrmaskin med en chuckstorlek om minst 8 mm. Denna, tillsammans med en sats spiralborrar, är i praktiken oumbärlig för montering av tillbehör.

Sist, men inte minst, ha alltid ett förråd med gamla tidningar och rena luddfria trasor tillgängliga och håll arbetsplatsen så ren som möjligt.

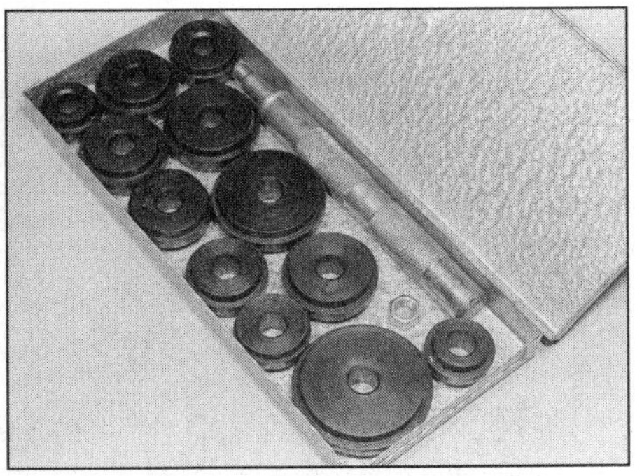

Sats för demontering och montering av lager och bussningar

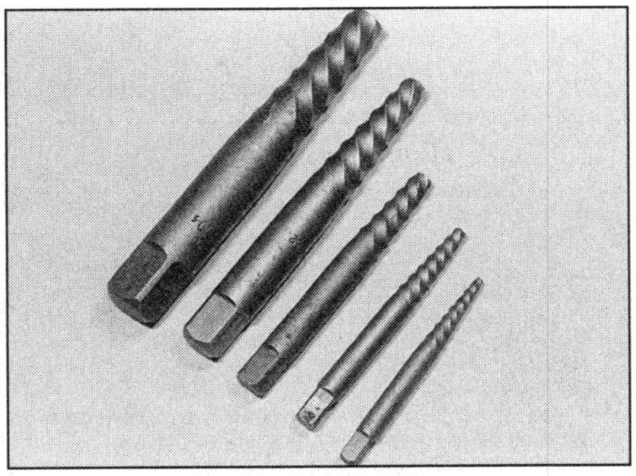

Bultutdragare

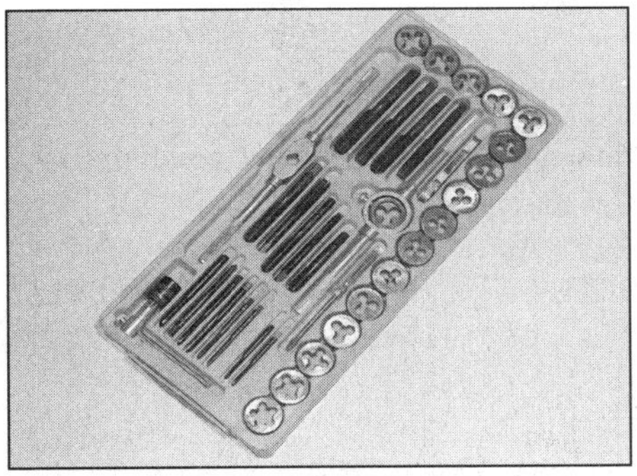

Gängverktygssats

Kontroller inför bilbesiktningen

Det här avsnittet är till för att hjälpa dig att klara bilbesiktningen. Det är naturligtvis inte möjligt att undersöka ditt fordon lika grundligt som en professionell besiktare, men genom att göra följande kontroller kan du identifiera problemområden och ha en möjlighet att korrigera eventuella fel innan du lämnar bilen till besiktning. Om bilen underhålls och servas regelbundet borde besiktningen inte innebära några större problem.

I besiktningsprogrammet ingår kontroll av nio huvudsystem – stommen, hjulsystemet, drivsystemet, bromssystemet, styrsystemet, karosseriet, kommunikationssystemet, instrumentering och slutligen övriga anordningar (släpvagnskoppling etc).

Kontrollerna som här beskrivs har baserats på Svensk Bilprovnings krav aktuella vid tiden för tryckning. Kraven ändras dock kontinuerligt och särskilt miljöbestämmelserna blir allt strängare.

Kontrollerna har delats in under följande fem rubriker:

1 *Kontroller som utförs från förarsätet*

2 *Kontroller som utförs med bilen på marken*

3 *Kontroller som utförs med bilen upphissad och med fria hjul*

4 *Kontroller på bilens avgassystem*

5 *Körtest*

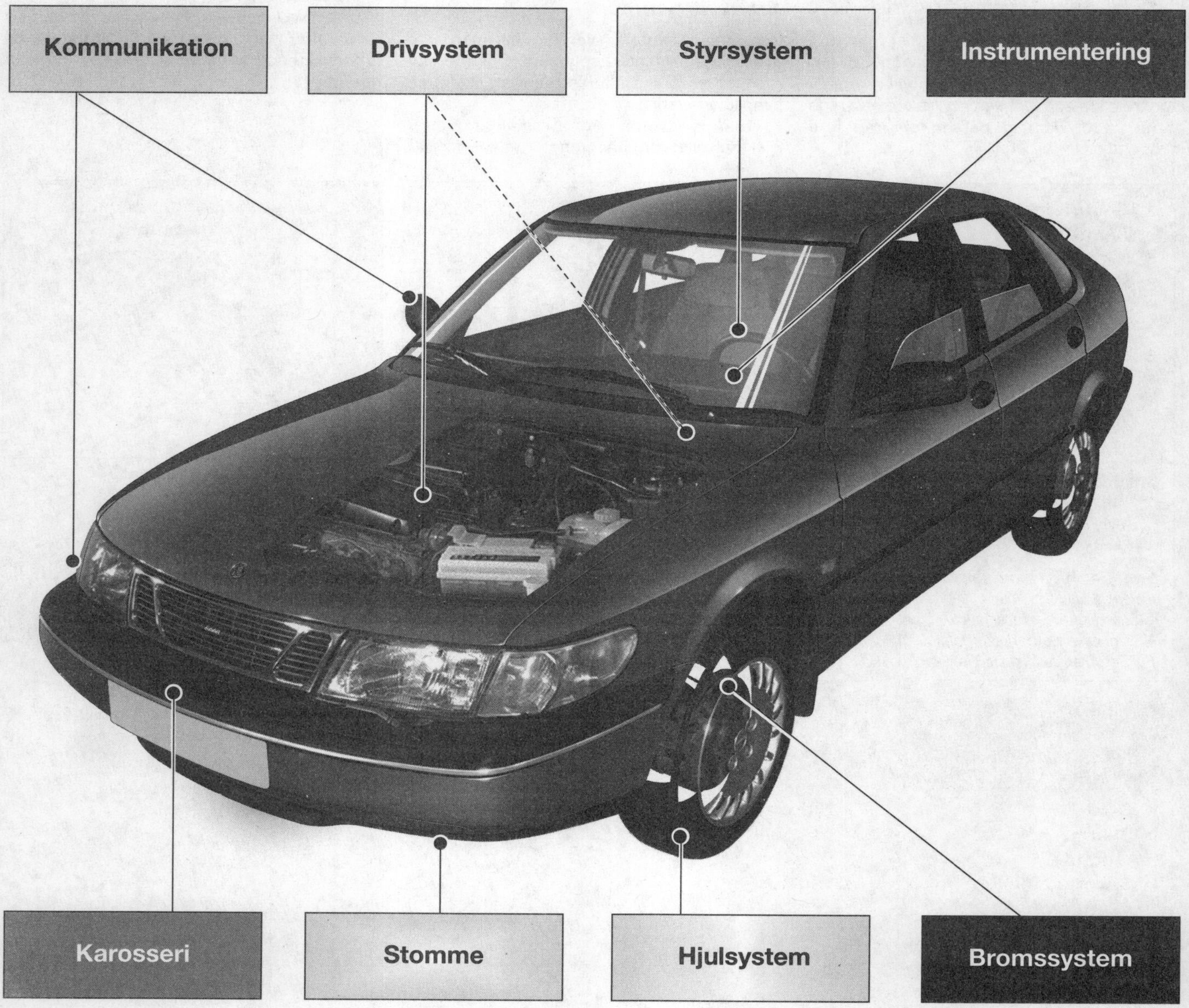

Besiktningsprogrammet

Vanliga personbilar kontrollbesiktigas första gången efter tre år, andra gången två år senare och därefter varje år. Åldern på bilen räknas från det att den tas i bruk, oberoende av årsmodell, och den måste genomgå besiktning inom fem månader.

Tiden på året då fordonet kallas till besiktning bestäms av sista siffran i registreringsnumret, enligt tabellen nedan.

Slutsiffra	Besiktningsperiod
1	*november t.o.m. mars*
2	*december t.o.m. april*
3	*januari t.o.m. maj*
4	*februari t.o.m. juni*
5	*mars t.o.m. juli*
6	*juni t.o.m. oktober*
7	*juli t.o.m. november*
8	*augusti t.o.m. december*
9	*september t.o.m. januari*
0	*oktober t.o.m. februari*

Om fordonet har ändrats, byggts om eller om särskild utrustning har monterats eller demonterats, måste du som fordonsägare göra en registreringsbesiktning inom en månad. I vissa fall räcker det med en begränsad registreringsbesiktning, t.ex. för draganordning, taklucka, taxiutrustning etc.

Efter besiktningen

Nedan visas de system och komponenter som kontrolleras och bedöms av besiktaren på Svensk Bilprovning. Efter besiktningen erhåller du ett protokoll där eventuella anmärkningar noterats.

Har du fått en 2x i protokollet (man kan ha max 4 st 2x) behöver du inte ombesiktiga bilen, men är skyldig att själv åtgärda felet snarast möjligt. Om du inte åtgärdar felen utan återkommer till Svensk Bilprovning året därpå med samma fel, blir dessa automatiskt 2:or som då måste ombesiktigas. Har du en eller flera 2x som ej är åtgärdade och du blir intagen i en flygande besiktning av polisen blir dessa automatiskt 2:or som måste ombesiktigas. I detta läge får du även böta.

Om du har fått en tvåa i protokollet är fordonet alltså inte godkänt. Felet ska åtgärdas och bilen ombesiktigas inom en månad.

En trea innebär att fordonet har så stora brister att det anses mycket trafikfarligt. Körförbud inträder omedelbart.

Kommunikation

- **Vindrutetorkare**
- **Vindrutespolare**
- **Backspegel**
- **Strålkastarinställning**
- **Strålkastare**
- **Signalhorn**
- **Sidoblinkers**
- **Parkeringsljus fram bak**
- **Blinkers**
- **Bromsljus**
- **Reflex**
- **Nummerplåtsbelysning**
- **Övrigt**

Vanliga anmärkningar:
Felaktig ljusbild
Skadad strålkastare
Ej fungerande parkeringsljus
Ej fungerande bromsljus

Drivsystem

- **Avgasrening, EGR-system**
- **Avgasrening**
- **Bränslesystem**
- **Avgassystem**
- **Avgaser (CO, HC)**
- **Kraftöverföring**
- **Drivknut**
- **Elförsörjning**
- **Batteri**
- **Övrigt**

Vanliga anmärkningar:
Höga halter av CO
Höga halter av HC
Läckage i avgassystemet
Ej fungerande EGR-ventil
Skadade drivknutsdamasker

Styrsystem

- **Styrled**
- **Styrväxel**
- **Hjälpstyrarm**
- **Övrigt**

Vanliga anmärkningar:
Glapp i styrleder
Skadade styrväxeldamasker

Instrumentering

- **Hastighetsmätare**
- **Taxameter**
- **Varningslampor**
- **Övrigt**

Karosseri

- **Dörr**
- **Skärm**
- **Vindruta**
- **Säkerhetsbälten**
- **Lastutrymme**
- **Övrigt**

Vanliga anmärkningar:
Skadad vindruta
Vassa kanter

Stomme

- **Sidobalk**
- **Tvärbalk**
- **Golv**
- **Hjulhus**
- **Övrigt**

Vanliga anmärkningar:
Rostskador i sidobalkar, golv och hjulhus

Hjulsystem

- **Däck**
- **Stötdämpare**
- **Hjullager**
- **Spindelleder**
- **Bärarm fram bak**
- **Fjäder**
- **Fjädersäte**
- **Övrigt**

Vanliga anmärkningar:
Glapp i spindelleder
Utslitna däck
Dåliga stötdämpare
Rostskadade fjädersäten
Brustna fjädrar
Rostskadade bärarms-infästningar

Bromssystem

- **Fotbroms fram bak rörelseres.**
- **Bromsrör**
- **Bromsslang**
- **Handbroms**
- **Övrigt**

Vanliga anmärkningar:
Otillräcklig bromsverkan på handbromsen
Ojämn bromsverkan på fotbromsen
Anliggande bromsar på fotbromsen
Rostskadade bromsrör
Skadade bromsslangar

1 Kontroller som utförs från förarsätet

Handbroms

☐ Kontrollera att handbromsen fungerar ordentligt utan för stort spel i spaken. För stort spel tyder på att bromsen eller bromsvajern är felaktigt justerad.

☐ Kontrollera att handbromsen inte kan läggas ur genom att spaken förs åt sidan. Kontrollera även att handbromsspaken är ordentligt monterad.

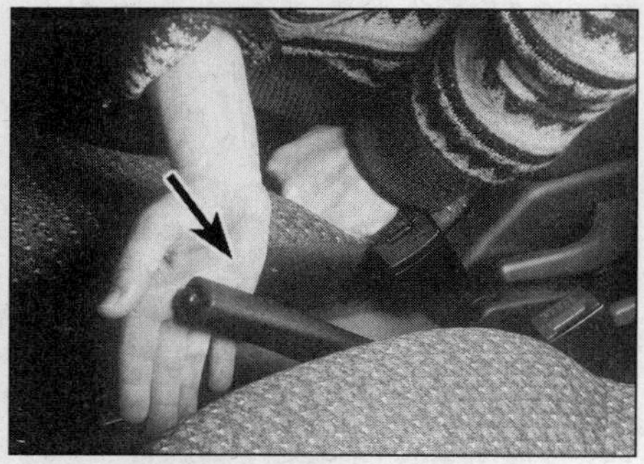

Fotbroms

☐ Tryck ner bromspedalen och kontrollera att den inte sjunker ner mot golvet, vilket tyder på fel på huvudcylindern. Släpp pedalen, vänta ett par sekunder och tryck sedan ner den igen. Om pedalen tar långt ner är det nödvändigt att justera eller reparera bromsarna. Om pedalen känns "svampig" finns det luft i bromssystemet som då måste luftas.

☐ Kontrollera att bromspedalen sitter fast ordentligt och att den är i bra skick. Kontrollera även om det finns tecken på oljeläckage på bromspedalen, golvet eller mattan eftersom det kan betyda att packningen i huvudcylindern är trasig.

☐ Om bilen har bromsservo kontrolleras denna genom att man upprepade gånger trycker ner bromspedalen och sedan startar motorn med pedalen nertryckt. När motorn startar skall pedalen sjunka något. Om inte kan vakuumslangen eller själva servoenheten vara trasig.

Ratt och rattstång

☐ Känn efter att ratten sitter fast. Undersök om det finns några sprickor i ratten eller om några delar på den sitter löst.

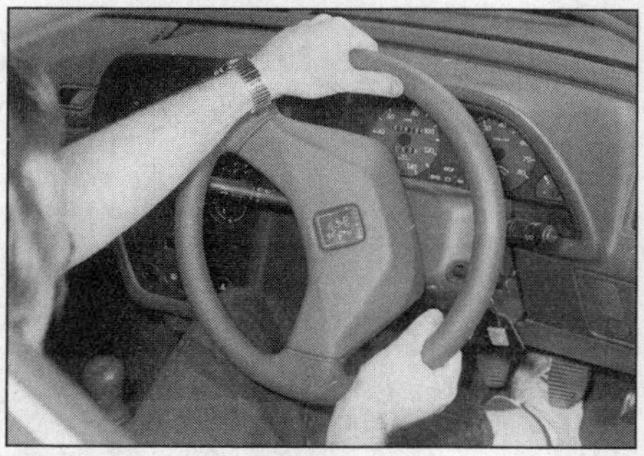

☐ Rör på ratten uppåt, neråt och i sidled. Fortsätt att röra på ratten samtidigt som du vrider lite på den från vänster till höger.

☐ Kontrollera att ratten sitter fast ordentligt på rattstången vilket annars kan tyda på slitage eller att fästmuttern sitter löst. Om ratten går att röra onaturligt kan det tyda på att rattstångens bärlager eller kopplingar är slitna.

Rutor och backspeglar

☐ Vindrutan måste vara fri från sprickor och andra skador som kan vara irriterande eller hindra sikten i förarens synfält. Sikten får inte heller hindras av t.ex. ett färgat eller reflekterande skikt. Samma regler gäller även för de främre sidorutorna.

☐ Backspeglarna måste sitta fast ordentligt och vara hela och ställbara.

Säkerhetsbälten och säten

Observera: *Kom ihåg att alla säkerhetsbälten måste kontrolleras - både fram och bak.*

☐ Kontrollera att säkerhetsbältena inte är slitna, fransiga eller trasiga i väven och att alla låsmekanismer och rullmekanismer fungerar obehindrat. Se även till att alla infästningar till säkerhetsbältena sitter säkert.

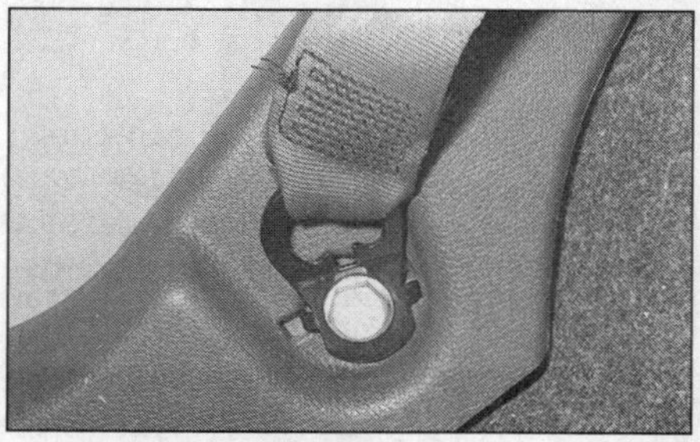

☐ Framsätena måste vara ordentligt fastsatta och om de är fällbara måste de vara låsbara i uppfällt läge.

Dörrar

☐ Framdörrarna måste gå att öppna och stänga från både ut- och insidan och de måste gå ordentligt i lås när de är stängda. Gångjärnen ska sitta säkert och inte glappa eller kärva onormalt.

2 Kontroller som utförs med bilen på marken

Registreringsskyltar

☐ Registreringsskyltarna måste vara väl synliga och lätta att läsa av, d v s om bilen är mycket smutsig kan det ge en anmärkning.

Elektrisk utrustning

☐ Slå på tändningen och kontrollera att signalhornet fungerar och att det avger en jämn ton.

☐ Kontrollera vindrutetorkarna och vindrutespolningen. Svephastigheten får inte vara extremt låg, svepytan får inte vara för liten och torkarnas viloläge ska inte vara inom förarens synfält. Byt ut gamla och skadade torkarblad.

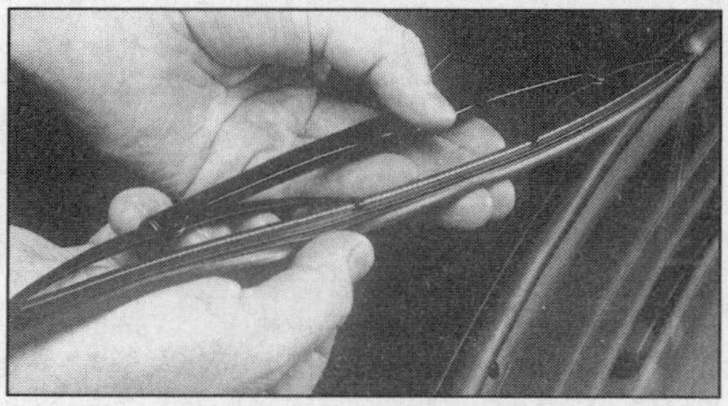

☐ Kontrollera att strålkastarna fungerar och att de är rätt inställda. Reflektorerna får inte vara skadade, lampglasen måste vara hela och lamporna måste vara ordentligt fastsatta. Kontrollera även att bromsljusen fungerar och att det inte krävs högt pedaltryck för att tända dem. (Om du inte har någon medhjälpare kan du kontrollera bromsljusen genom att backa upp bilen mot en garageport, vägg eller liknande reflekterande yta.)

☐ Kontrollera att blinkers och varningsblinkers fungerar och att de blinkar i normal hastighet. Parkeringsljus och bromsljus får inte påverkas av blinkers. Om de påverkas beror detta oftast på jordfel. Se också till att alla övriga lampor på bilen är hela och fungerar som de ska och att t.ex. extraljus inte är placerade så att de skymmer föreskriven belysning.

☐ Se även till att batteri, elledningar, reläer och liknande sitter fast ordentligt och att det inte föreligger någon risk för kortslutning

Fotbroms

☐ Undersök huvudbromscylindern, bromsrören och servoenheten. Leta efter läckage, rost och andra skador.

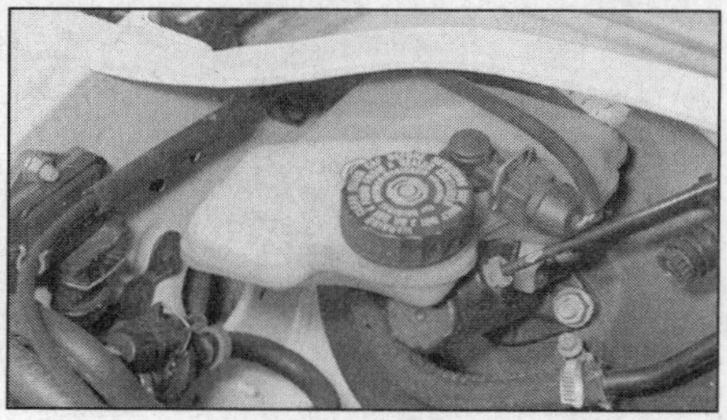

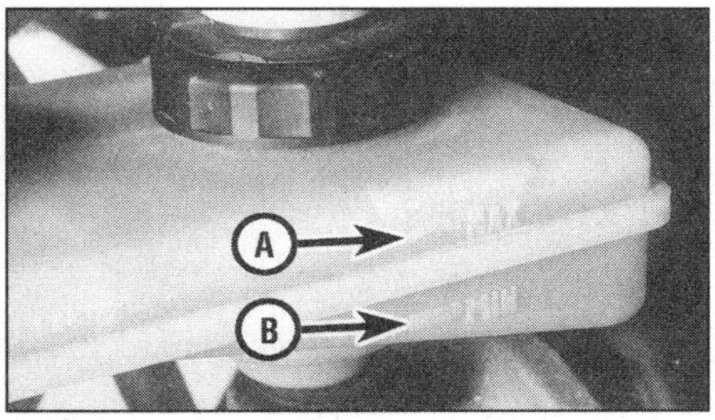

☐ Bromsvätskebehållaren måste sitta fast ordentligt och vätskenivån skall vara mellan max- (A) och min- (B) markeringarna.

☐ Undersök båda främre bromsslangarna efter sprickor och förslitningar. Vrid på ratten till fullt rattutslag och se till att bromsslangarna inte tar i någon del av styrningen eller upphängningen. Tryck sedan ner bromspedalen och se till att det inte finns några läckor eller blåsor på slangarna under tryck.

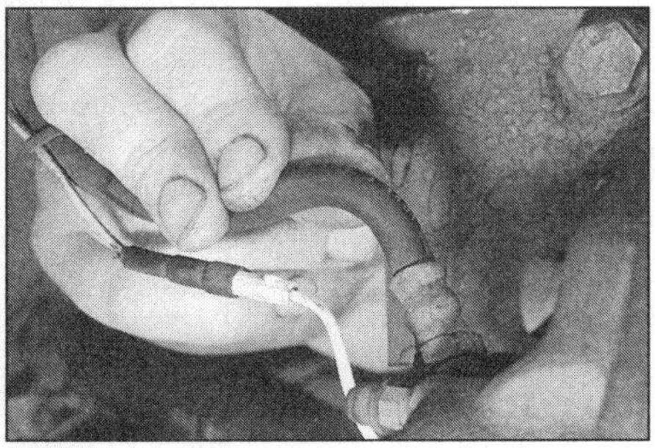

Styrning

☐ Be någon vrida på ratten så att hjulen vrids något. Kontrollera att det inte är för stort spel mellan rattutslaget och styrväxeln vilket kan tyda på att rattstångslederna, kopplingen mellan rattstången och styrväxeln eller själva styrväxeln är sliten eller glappar.

☐ Vrid sedan ratten kraftfullt åt båda hållen så att hjulen vrids något. Undersök då alla damasker, styrleder, länksystem, rörkopplingar och anslutningar/fästen. Byt ut alla delar som verkar utslitna eller skadade. På bilar med servostyrning skall servopumpen, drivremmen och slangarna kontrolleras.

Stötdämpare

☐ Tryck ned hörnen på bilen i tur och ordning och släpp upp. Bilen skall gunga upp och sedan gå tillbaka till ursprungsläget. Om bilen fortsätter att gunga är stötdämparna dåliga. Stötdämpare som kärvar påtagligt gör också att bilen inte klarar besiktningen. (Observera att stötdämpare kan saknas på vissa fjädersystem.)

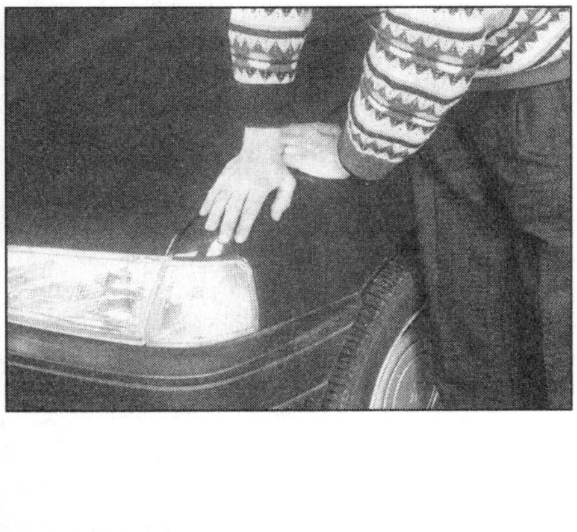

☐ Kontrollera också att bilen står rakt och ungefär i rätt höjd.

Avgassystem

☐ Starta motorn medan någon håller en trasa över avgasröret och kontrollera sedan att avgassystemet inte läcker. Reparera eller byt ut de delar som läcker.

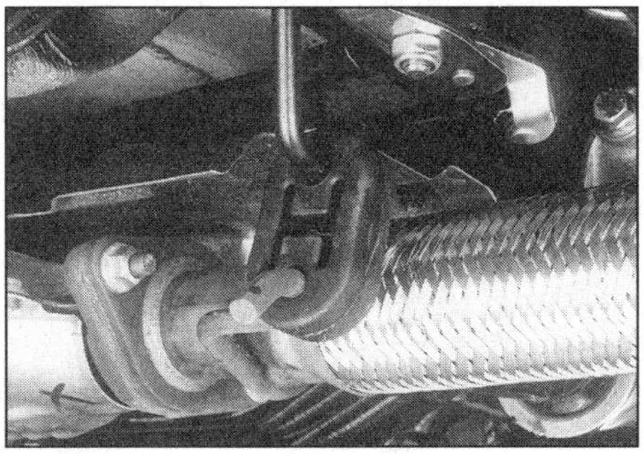

Kaross

☐ Skador eller korrosion/rost som utgörs av vassa eller i övrigt farliga kanter med risk för personskada medför vanligtvis att bilen måste repareras och ombesiktas. Det får inte heller finnas delar som sitter påtagligt löst.

☐ Det är inte tillåtet att ha utskjutande detaljer och anordningar med olämplig utformning eller placering (prydnadsföremål, antennfästen, viltfångare och liknande).

☐ Kontrollera att huvlås och säkerhetsspärr fungerar och att gångjärnen inte sitter löst eller på något vis är skadade.

☐ Se också till att stänkskydden täcker däckens slitbana i sidled.

3 Kontroller som utförs med bilen upphissad och med fria hjul

Lyft upp både fram- och bakvagnen och ställ bilen på pallbockar. Placera pallbockarna så att de inte tar i fjäderupphängningen. Se till att hjulen inte tar i marken och att de går att vrida till fullt rattutslag. Om du har begränsad utrustning går det naturligtvis bra att lyfta upp en ände i taget.

Styrsystem

☐ Be någon vrida på ratten till fullt rattutslag. Kontrollera att alla delar i styrningen går mjukt och att ingen del av styrsystemet tar i någonstans.

☐ Undersök kuggstångsdamaskerna så att de inte är skadade eller att metallklämmorna glappar. Om bilen är utrustad med servostyrning ska slangar, rör och kopplingar kontrolleras så att de inte är skadade eller

läcker. Kontrollera också att styrningen inte är onormalt trög eller kärvar. Undersök bärarmar, krängningshämmare, styrstag och styrleder och leta efter glapp och rost.

☐ Se även till att ingen saxpinne eller liknande låsmekanism saknas och att det inte finns gravrost i närheten av någon av styrmekanismens fästpunkter.

Upphängning och hjullager

☐ Börja vid höger framhjul. Ta tag på sidorna av hjulet och skaka det kraftigt. Se till att det inte glappar vid hjullager, spindelleder eller vid upphängningens infästningar och leder.

☐ Ta nu tag upptill och nedtill på hjulet och upprepa ovanstående. Snurra på hjulet och undersök hjullagret angående missljud och glapp.

☐ Om du misstänker att det är för stort spel vid en komponents led kan man kontrollera detta genom att använda en stor skruvmejsel eller liknande och bända mellan infästningen och komponentens fäste. Detta visar om det är bussningen, fästskruven eller själva infästningen som är sliten (bulthålen kan ofta bli uttänjda).

☐ Kontrollera alla fyra hjulen.

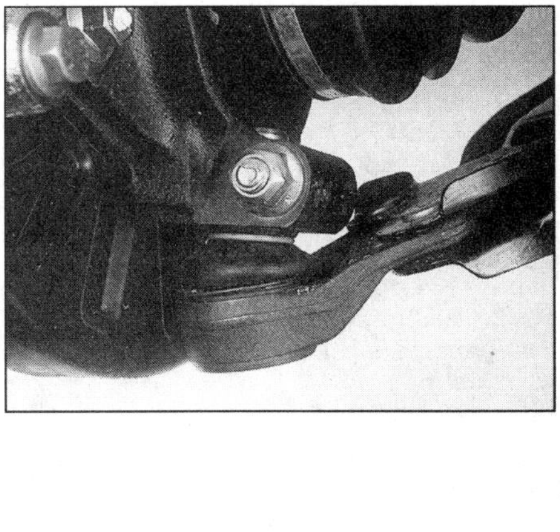

Fjädrar och stötdämpare

☐ Undersök fjäderbenen (där så är tillämpligt) angående större läckor, korrosion eller skador i godset. Kontrollera också att fästena sitter säkert.

☐ Om bilen har spiralfjädrar, kontrollera att dessa sitter korrekt i fjädersätena och att de inte är utmattade, rostiga, spruckna eller av.

☐ Om bilen har bladfjädrar, kontrollera att alla bladen är hela, att axeln är ordentligt fastsatt mot fjädrarna och att fjäderöglorna, bussningarna och upphängningarna inte är slitna.

☐ Liknande kontroll utförs på bilar som har annan typ av upphängning såsom torsionfjädrar, hydraulisk fjädring etc. Se till att alla infästningar och anslutningar är säkra och inte utslitna, rostiga eller skadade och att den hydrauliska fjädringen inte läcker olja eller på annat sätt är skadad.

☐ Kontrollera att stötdämparna inte läcker och att de är hela och oskadade i övrigt samt se till att bussningar och fästen inte är utslitna.

Drivning

☐ Snurra på varje hjul i tur och ordning. Kontrollera att driv-/kardanknutar inte är lösa, glappa, spruckna eller skadade. Kontrollera också att skyddsbälgarna är intakta och att driv-/kardanaxlar är ordentligt fastsatta, raka och oskadade. Se även till att inga andra detaljer i kraftöverföringen är glappa, lösa, skadade eller slitna.

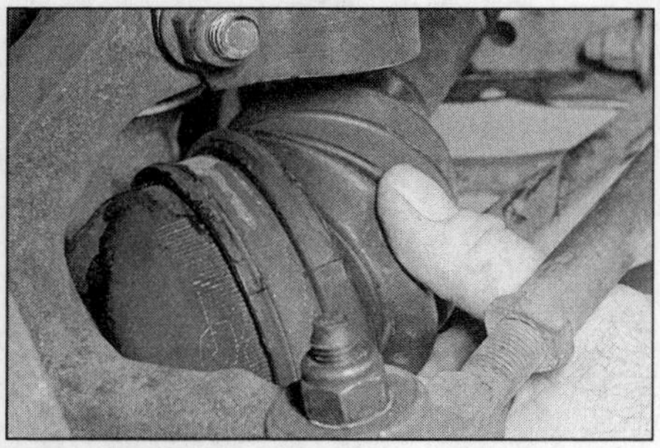

Bromssystem

☐ Om det är möjligt utan isärtagning, kontrollera hur bromsklossar och bromsskivor ser ut. Se till att friktionsmaterialet på bromsbeläggen (A) inte är slitet under 2 mm och att broms-skivorna (B) inte är spruckna, gropiga, repiga eller utslitna.

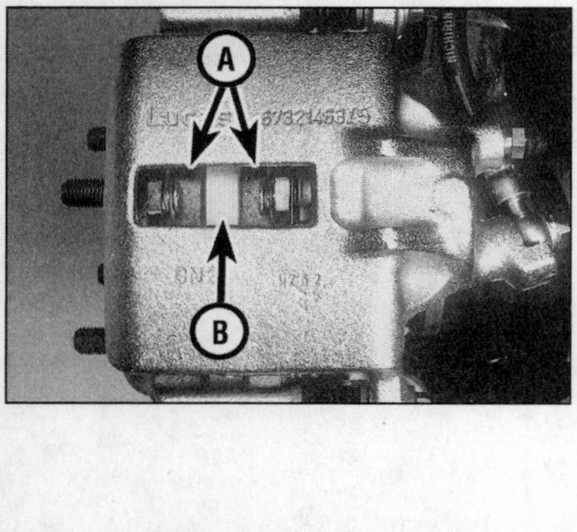

☐ Undersök alla bromsrör under bilen och bromsslangarna bak. Leta efter rost, skavning och övriga skador på ledningarna och efter tecken på blåsor under tryck, skavning, sprickor och förslitning på slangarna. (Det kan vara enklare att upptäcka eventuella sprickor på en slang om den böjs något.)

☐ Leta efter tecken på läckage vid bromsoken och på bromsköldarna. Reparera eller byt ut delar som läcker.

☐ Snurra sakta på varje hjul medan någon trycker ned och släpper upp bromspedalen. Se till att bromsen fungerar och inte ligger an när pedalen inte är nedtryckt.

☐ Undersök handbromsmekanismen och kontrollera att vajern inte har fransat sig, är av eller väldigt rostig eller att länksystemet är utslitet eller glappar. Se till att handbromsen fungerar på båda hjulen och inte ligger an när den läggs ur.

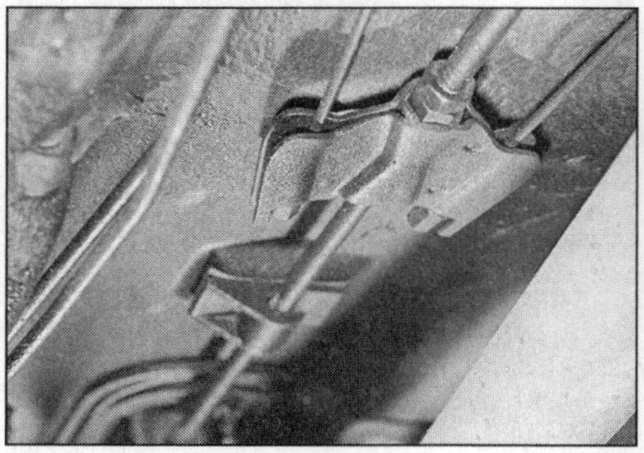

☐ Det är inte möjligt att prova bromsverkan utan specialutrustning, men man kan göra ett körtest och prova att bilen inte drar åt något håll vid en kraftig inbromsning.

Bränsle- och avgassystem

☐ Undersök bränsletanken (inklusive tanklock och påfyllningshals), fastsättning, bränsleledningar, slangar och anslutningar. Alla delar måste sitta fast ordentligt och får inte läcka.

☐ Granska avgassystemet i hela dess längd beträffande skadade, avbrutna eller saknade upphängningar. Kontrollera systemets skick beträffande rost och se till att rörklämmorna är säkert monterade. Svarta sotavlagringar på avgassystemet tyder på ett annalkande läckage.

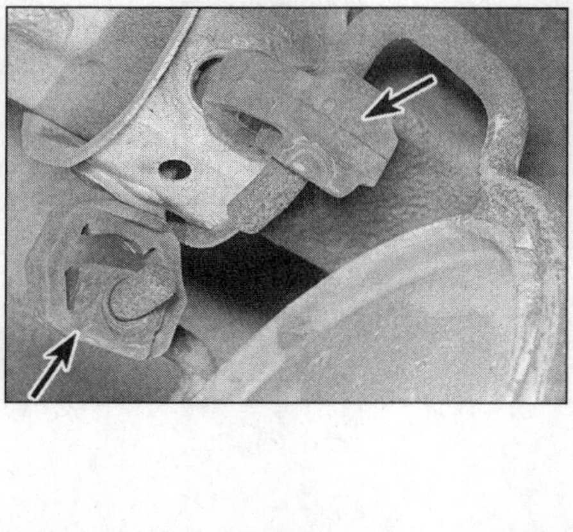

Hjul och däck

☐ Undersök i tur och ordning däcksidorna och slitbanorna på alla däcken. Kontrollera att det inte finns några skärskador, revor eller bulor och att korden inte syns p g a utslitning eller skador. Kontrollera att däcket är korrekt monterat på fälgen och att hjulet inte är deformerat eller skadat.

☐ Se till att det är rätt storlek på däcken för bilen, att det är samma storlek och däcktyp på samma axel och att det är rätt lufttryck i däcken. Se också till att inte ha dubbade och odubbade däck blandat. (Dubbade däck får användas under vinterhalvåret, från 1 oktober till första måndagen efter påsk.)

☐ Kontrollera mönsterdjupet på däcken – minsta tillåtna mönsterdjup är 1,6 mm. Onormalt däckslitage kan tyda på felaktig framhjulsinställning.

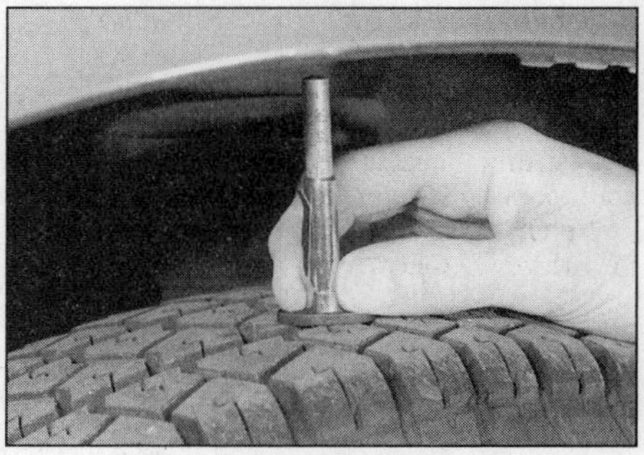

Korrosion

☐ Undersök alla bilens bärande delar efter rost. (Bärande delar innefattar underrede, tröskellådor, tvärbalkar, stolpar och all upphängning, styrsystemet, bromssystemet samt bältesinfästningarna.) Rost som avsevärt har reducerat tjockleken på en bärande yta medför troligtvis en tvåa i besiktningsprotokollet. Sådana skador kan ofta vara svåra att reparera själv.

☐ Var extra noga med att kontrollera att inte rost har gjort det möjligt för avgaser att tränga in i kupén. Om så är fallet kommer fordonet ovillkorligen inte att klara besiktningen och dessutom utgör det en stor trafik- och hälsofara för dig och dina passagerare.

4 Kontroller som utförs på bilens avgassystem

Bensindrivna modeller

☐ Starta motorn och låt den bli varm. Se till att tändningen är rätt inställd, att luftfiltret är rent och att motorn går bra i övrigt.

☐ Varva först upp motorn till ca 2500 varv/min och håll den där i ca 20 sekunder. Låt den sedan gå ner till tomgång och iaktta avgasutsläppen från avgasröret. Om tomgången är onaturligt hög eller om tät blå eller klart synlig svart rök kommer ut med avgaserna i mer än 5 sekunder så kommer bilen antagligen inte att klara besiktningen. I regel tyder blå rök på att motorn är sliten och förbränner olja medan svart rök tyder på att motorn inte förbränner bränslet ordentligt (smutsigt luftfilter eller annat förgasar- eller bränslesystemfel).

☐ Vad som då behövs är ett instrument som kan mäta koloxid (CO) och kolväten (HC). Om du inte har möjlighet att låna eller hyra ett dylikt instrument kan du få hjälp med det på en verkstad för en mindre kostnad.

CO- och HC-utsläpp

☐ För närvarande är högsta tillåtna gränsvärde för CO- och HC-utsläpp för bilar av årsmodell 1989 och senare (d v s bilar med katalysator enligt lag) 0,5% CO och 100 ppm HC.

På tidigare årsmodeller testas endast CO-halten och följande gränsvärden gäller:

årsmodell 1985-88	3,5% CO
årsmodell 1971-84	4,5% CO
årsmodell -1970	5,5% CO.

Bilar av årsmodell 1987-88 med frivilligt monterad katalysator bedöms enligt 1989 års komponentkrav men 1985 års utsläppskrav.

☐ Om CO-halten inte kan reduceras tillräckligt för att klara besiktningen (och bränsle- och tändningssystemet är i bra skick i övrigt) ligger problemet antagligen hos förgasaren/bränsleinsprutningsystemet eller katalysatorn (om monterad).

☐ Höga halter av HC kan orsakas av att motorn förbränner olja men troligare är att motorn inte förbränner bränslet ordentligt.

Dieseldrivna modeller

☐ Det enda testet för avgasutsläpp på dieseldrivna bilar är att man mäter röktätheten. Testet innebär att man varvar motorn kraftigt upprepade gånger.

Observera: *Det är oerhört viktigt att motorn är rätt inställd innan provet genomförs.*

☐ Mycket rök kan orsakas av ett smutsigt luftfilter. Om luftfiltret inte är smutsigt men bilen ändå avger mycket rök kan det vara nödvändigt att söka experthjälp för att hitta orsaken.

5 Körtest

☐ Slutligen, provkör bilen. Var extra uppmärksam på eventuella missljud, vibrationer och liknande.

☐ Om bilen har automatväxellåda, kontrollera att den endast går att starta i lägena P och N. Om bilen går att starta i andra växellägen måste växelväljarmekanismen justeras.

☐ Kontrollera också att hastighetsmätaren fungerar och inte är missvisande.

☐ Se till att ingen extrautrustning i kupén, t ex biltelefon och liknande, är placerad så att den vid en eventuell kollision innebär ökad risk för personskada.

☐ Gör en hastig inbromsning och kontrollera att bilen inte drar åt något håll. Om kraftiga vibrationer känns vid inbromsning kan det tyda på att bromsskivorna är skeva och bör bytas eller fräsas om. (Inte att förväxlas med de låsningsfria bromsarnas karakteristiska vibrationer.)

☐ Om vibrationer känns vid acceleration, hastighetsminskning, vid vissa hastigheter eller hela tiden, kan det tyda på att drivknutar eller drivaxlar är slitna eller defekta, att hjulen eller däcken är felaktiga eller skadade, att hjulen är obalanserade eller att styrleder, upphängningens leder, bussningar eller andra komponenter är slitna.

Motor
- ☐ Motorn går inte runt vid startförsök
- ☐ Startmotorn drar runt motorn långsamt
- ☐ Motorn går runt men startar inte
- ☐ Motorn är svårstartad när den är kall
- ☐ Motorn är svårstartad när den är varm
- ☐ Startmotorn ger ifrån sig oljud eller kärvar
- ☐ Motorn startar men stannar omedelbart
- ☐ Ojämn tomgång
- ☐ Feltändning vid tomgång
- ☐ Feltändning vid alla varvtal
- ☐ Motorstopp
- ☐ Långsam accelereation
- ☐ Låg motorkapacitet
- ☐ Motorn baktänder
- ☐ Varningslampan för oljetryck lyser när motorn är igång
- ☐ Glödtändning
- ☐ Missljud från motorn

Kylsystem
- ☐ Överhettning
- ☐ För stark avkylning
- ☐ Yttre kylvätskeläckage
- ☐ Inre kylvätskeläckage
- ☐ Korrosion

Bränsle- och avgassystem
- ☐ Överdriven bränsleförbrukning
- ☐ Bränsleläckage och/eller bränslelukt
- ☐ Överdriven ljudnivå eller för mycket gaser från avgassystemet

Koppling
- ☐ Pedalen går i golvet – inget eller mycket svagt motstånd
- ☐ Kopplingen frikopplar inte (det går inte att lägga i växlar)
- ☐ Kopplingen slirar (motorvarvtalet ökar utan att hastigheten ökar)
- ☐ Skakningar vid frikoppling
- ☐ Missljud när kopplingspedalen trycks ner eller släpps upp

Manuell växellåda
- ☐ Svårt att lägga i växlar
- ☐ Växlar hoppar ur
- ☐ Vibrationer
- ☐ Missljud i friläge när motorn går
- ☐ Missljud när en specifik växel ligger i
- ☐ Smörjmedelsläckage

Automatväxellåda
- ☐ Oljeläckage
- ☐ Växellådsoljan är brun eller luktar bränt
- ☐ Allmänna problem med att växla
- ☐ Växellådan växlar inte ned (kick-down) när gaspedalen är helt nedtryckt
- ☐ Motorn startar inte i någon växel, eller startar i andra lägen än Park eller Neutral
- ☐ Växellådan slirar, växlar trögt, låter illa eller är utan drift i framväxlarna eller backen

Drivaxlar
- ☐ Klickande eller knackande ljud vid svängar (låg fart, fullt rattutslag)
- ☐ Vibrationer vid acceleration eller inbromsning

Bromssystem
- ☐ Bilen drar åt ena sidan vid inbromsning
- ☐ Oljud (slipljud eller högt gnisslande) vid bromsning
- ☐ Bromspedalen känns svampig vid nedtryckning
- ☐ För lång pedalväg
- ☐ Överdriven pedalkraft krävs för att stanna bilen
- ☐ Skakningar i bromspedal eller ratt vid bromsning
- ☐ Bromsarna kärvar
- ☐ Bakhjulen låser sig vid normal inbromsning

Fjädring och styrning
- ☐ Bilen drar åt ena sidan
- ☐ Hjulwobbel och vibration
- ☐ Överdrivna krängningar och/eller nigningar vid kurvtagning eller bromsning
- ☐ Vandrande eller allmän instabilitet
- ☐ Överdrivet trög styrning
- ☐ Överdrivet glapp i styrningen
- ☐ Bristande servoeffekt
- ☐ Överdrivet däckslitage

Elsystem
- ☐ Batteriet håller inte laddningen mer än ett par dagar
- ☐ Laddningslampan fortsätter lysa när motorn går
- ☐ Laddningslampan tänds inte
- ☐ Ljusen fungerar inte
- ☐ Instrumentavläsningarna missvisande eller ryckiga
- ☐ Signalhornet fungerar dåligt eller inte alls
- ☐ Vindrutans/bakrutans torkare fungerar dåligt eller inte alls
- ☐ Vindrutans/bakrutans spolare fungerar dåligt eller inte alls
- ☐ De elektriska fönsterhissarna fungerar dåligt eller inte alls
- ☐ Centrallåset fungerar dåligt eller inte alls

Inledning

Den bilägare som underhåller sin bil med rekommenderad regelbundenhet kommer inte att behöva använda den här delen av handboken ofta. Moderna komponenter är av god kvalitet och därför pålitliga, och om delar som utsätts för slitage undersöks eller byts ut vid angivna intervall, uppstår plötsliga haverier mycket sällan. Fel uppstår i regel inte plötsligt utan utvecklas under en längre tid. Större mekaniska haverier föregås i regel av tydliga symptom under hundratals eller rentav tusentals kilometer. De komponenter som då och då går sönder utan förvarning är i regel små och lätta att ha med i bilen.

All felsökning måste börja med att man avgöra var sökandet ska inledas. Ibland är detta självklart men ibland krävs en aning detektivarbete. En ägare som gör ett halvdussin slumpmässiga justeringar eller komponentbyten kanske lyckas åtgärda felet (eller undanröja symptomen), men om felet uppstår igen vet hon eller han ändå inte var felet sitter och måste spendera mer tid och pengar än vad som är nödvändigt för att åtgärda det. Ett lugnt och metodiskt tillvägagångssätt är bättre i det långa loppet. Ta alltid hänsyn till varningstecken och sådant som verkat onormalt före haveriet, som kraftförlust, höga/låga mätaravläsningar eller ovanliga lukter – och kom ihåg att trasiga säkringar och tändstift kanske bara är symptom på underliggande fel.

Följande sidor fungerar som en enkel guide till de vanligaste problemen som kan uppstå med bilen. Problemen och deras möjliga orsaker grupperas under rubriker för olika komponenter eller system, som Motor, Kylsystem, etc. Det kapitel som tar upp problemet visas inom parentes. Vissa grundläggande principer gäller för alla fel. De är:

Bekräfta felet. Detta innebär helt enkelt att se till att symptomen är kända innan arbetet påbörjas. Detta är särskilt viktigt om ett fel undersöks för någon annans räkning, denne kanske inte beskrivit felet korrekt.

Förbise inte det självklara. Om bilen till exempel inte startar, finns det verkligen bränsle i tanken? (Ta inte någon annans ord för givet på denna punkt, lita inte heller på bränslemätaren!) Om ett elektriskt fel misstänks, leta efter lösa kontakter och trasiga ledningar innan du plockar fram testutrustningen.

Åtgärda felet, undanröj inte bara symptomet. Att byta ett urladdat batteri mot ett fulladdat tar dig från vägkanten, men om orsaken inte åtgärdas kommer även det nya batteriet snart att vara urladdat. Byts nedoljade tändstift ut mot nya rullar bilen vidare, men orsaken till nedsmutsningen måste fortfarande fastställas och åtgärdas (om den inte helt enkelt berodde på att tändsitften hade fel värmetal).

Ta inte någonting för givet. Glöm inte att även "nya" delar kan vara defekta (särskilt om de skakat runt i bagageutrymmet månader i sträck). Utelämna inte några komponenter vid en felsökning bara för att de är nya eller nymonterade. När du slutligen påträffar ett svårhittat fel kommer du antagligen att inse att alla ledtrådar fanns där redan från början.

1 Motor

Motorn går inte runt vid startförsök

- ☐ Batterianslutningarna lösa eller korroderade (*Veckokontroller*).
- ☐ Batteriet urladdat eller defekt (kapitel 5A).
- ☐ Trasiga, lösa eller urkopplade kablar i startkretsen (kapitel 5A).
- ☐ Defekt startmotorsolenoid eller kontakt (kapitel 5A).
- ☐ Defekt startmotor (kapitel 5A).
- ☐ Startmotorns drev eller svänghjulet/drivplattans startkrans har lösa eller brutna kuggar (kapitel 2A eller 5A).
- ☐ Motorns jordkabel trasig eller urkopplad (kapitel 2A).

Startmotorn drar runt motorn långsamt

- ☐ Delvis urladdat batteri (ladda batteriet, starta med startkablar eller knuffa igång bilen) (kapitel 5A).
- ☐ Batterianslutningarna lösa eller korroderade (*Veckokontroller*).
- ☐ Batteriets jord till karossen defekt (kapitel 5A).
- ☐ Motorn jordledning lös (kapitel 2A).
- ☐ Startmotorns (eller solenoidens) kablar lösa (kapitel 5A).
- ☐ Startmotorn defekt invändigt (kapitel 5A).

Motorn går runt men startar inte

- ☐ Bensintanken tom.
- ☐ Batteriet urladdat (motorn roterar långsamt) (kapitel 5A).
- ☐ Batterianslutningarna lösa eller korroderade (*Veckokontroller*).
- ☐ Tändningskomponenterna fuktiga eller skadade (kapitel 1 och 5B).
- ☐ Trasiga, lösa eller urkopplade kablar i tändningskretsen (kapitel 1 och 5B).
- ☐ Utslitna, defekta eller felaktigt inställda tändstift (kapitel 1).
- ☐ Bränsleinsprutningssystemet defekt (kapitel 4A).
- ☐ Större mekaniskt fel (t.ex. trasig kamkedja) (kapitel 2A).

Motorn är svårstartad när den är kall

- ☐ Batteriet urladdat (kapitel 5A).
- ☐ Batterianslutningarna lösa eller korroderade (*Veckokontroller*).
- ☐ Utslitna, defekta eller felaktigt inställda tändstift (kapitel 1).
- ☐ Bränsleinsprutningssystemet defekt (kapitel 4A).
- ☐ Andra fel på tändsystemet (kapitel 1 och 5B).
- ☐ Låg cylinderkompression (kapitel 2A).

Motorn är svårstartad när den är varm

- ☐ Smutsigt eller igensatt luftfilter (kapitel 1).
- ☐ Bränsleinsprutningssystemet defekt (kapitel 4A).
- ☐ Låg cylinderkompression (kapitel 2A).

Startmotorn ger ifrån sig oljud eller kärvar

- ☐ Startmotorns drev eller svänghjulet/drivplattans startkrans har lösa eller brutna kuggar (kapitel 2A eller 5A).
- ☐ Startmotorns fästbultar är lösa eller saknas (kapitel 5A).
- ☐ Startmotorns inre komponenter slitna eller skadade (kapitel 5A).

Motor startar men stannar omedelbart

- ☐ Lösa eller defekta anslutningar i tändningskretsen (kapitel 1 och 5B).
- ☐ Vakuumläckage i gasspjällhuset eller insugsröret (kapitel 4A).
- ☐ Bränsleinsprutningssystemet defekt (kapitel 4A).

Ojämn tomgång

- ☐ Felaktigt inställd tomgångshastighet (kapitel 4A).
- ☐ Igensatt luftfilter (kapitel 1).
- ☐ Vakuumläckage i gasspjällhuset, insugsröret eller tillhörande slangar (kapitel 4A eller 4B).
- ☐ Utslitna, defekta eller felaktigt inställda tändstift (kapitel 1).
- ☐ Ojämn eller låg cylinderkompression (kapitel 2A).
- ☐ Slitna kamlober (kapitel 2A).
- ☐ Bränsleinsprutningssystemet defekt (kapitel 4A).

Feltändning vid tomgång

- ☐ Utslitna, defekta eller felaktigt inställda tändstift (kapitel 1).
- ☐ Defekta tändkablar eller DI-kassetter (efter tillämplighet) (kapitel 1).
- ☐ Vakuumläckage i gasspjällhuset, insugsröret eller tillhörande slangar (kapitel 4A eller 4B).
- ☐ Bränsleinsprutningssystemet defekt (kapitel 4A).
- ☐ Strömfördelarlocket sprucket eller spårigt invändigt, i förekommande fall (kapitel 1).
- ☐ Ojämn eller låg cylinderkompression (kapitel 2A).
- ☐ Lösa, läckande eller trasiga slangar i vevhusventilation (kapitel 4B).

Feltändning vid alla varvtal

- ☐ Tilltäppt bränslefilter (kapitel 1).
- ☐ Defekt bränslepump eller lågt tillförseltryck (kapitel 4A).
- ☐ Blockerad bensintanksventil eller delvis igentäppta bränslerör (kapitel 4A).
- ☐ Vakuumläckage i gasspjällhuset, insugsröret eller tillhörande slangar (kapitel 4A).
- ☐ Utslitna, defekta eller felaktigt inställda tändstift (kapitel 1).
- ☐ Defekta tändkablar eller DI-kassetter, efter tillämplighet (kapitel 1).
- ☐ Strömfördelarlocket sprucket eller har inre spårbildning (om tillämpligt) (kapitel 1).
- ☐ Defekt tändspole (kapitel 5B).
- ☐ Ojämn eller låg cylinderkompression (kapitel 2A).
- ☐ Bränsleinsprutningssystemet defekt (kapitel 4A).

Motorstopp

- ☐ Vakuumläckage i gasspjällhuset, insugsröret eller tillhörande slangar (kapitel 4A eller 4B).
- ☐ Tilltäppt bränslefilter (kapitel 1).
- ☐ Defekt bränslepump eller lågt tillförseltryck (kapitel 4A).
- ☐ Blockerad bränsletankventil eller delvis igentäppta bränslerör (kapitel 4A).
- ☐ Bränsleinsprutningssystemet defekt (kapitel 4A).

Långsam accelereation

- ☐ Utslitna, defekta eller felaktigt inställda tändstift (kapitel 1).
- ☐ Vakuumläckage i gasspjällhuset, insugsröret eller tillhörande slangar (kapitel 4A eller 4B).
- ☐ Bränsleinsprutningssystemet defekt (kapitel 4A).

Motor (fortsättning)

Låg motorkapacitet

- ☐ Tilltäppt bränslefilter (kapitel 1).
- ☐ Defekt bränslepump eller lågt tillförseltryck (kapitel 4A).
- ☐ Ojämn eller låg cylinderkompression (kapitel 2A).
- ☐ Utslitna, defekta eller felaktigt inställda tändstift (kapitel 1).
- ☐ Vakuumläckage i gasspjällhuset, insugsröret eller tillhörande slangar (kapitel 4A eller 4B).
- ☐ Bränsleinsprutningssystemet defekt (kapitel 4A).
- ☐ Defekt turboaggregat, i förekommande fall (kapitel 4A).
- ☐ Bromsarna kärvar (kapitel 1 och 9).
- ☐ Kopplingen slirar (kapitel 6).

Motorn baktänder

- ☐ Vakuumläckage i gasspjällhuset, insugsröret eller tillhörande slangar (kapitel 4A eller 4B).
- ☐ Bränsleinsprutningssystemet defekt (kapitel 4A).

Varningslampan för oljetryck lyser när motorn är igång

- ☐ Låg oljenivå eller felaktig oljekvalitet (*Veckokontroller*).
- ☐ Defekt oljetrycksgivare (kapitel 2A).
- ☐ Slitna motorlager och/eller sliten oljepump (kapitel 2A eller 2B).
- ☐ Motorns arbetstemperatur överdrivet hög (kapitel 3).
- ☐ Oljetryckets avlastningsventil defekt (kapitel 2A).
- ☐ Oljeupptagarens sil igentäppt (kapitel 2A).

Obs: *Lågt oljetryck vid tomgång i en motor som gått långt behöver inte betyda att något är fel. Hastig tryckminskning vid körning är betydligt allvarligare. Kontrollera alltid mätaren eller varningslampans givare innan motorn döms ut.*

Glödtändning

- ☐ Överdrivna sotavlagringar i motorn (kapitel 2A eller 2B).
- ☐ Motorns arbetstemperatur överdrivet hög (kapitel 3).

Missljud från motorn

Förtändning (spikning) eller knackning under acceleration eller belastning

- ☐ Tändinställningen felaktig/tändsystemet defekt (kapitel 1 och 5B).
- ☐ Fel typ av tändstift (kapitel 1).
- ☐ Fel bränslekvalitet (kapitel 4A).
- ☐ Vakuumläckage i gasspjällhuset, insugsröret eller tillhörande slangar (kapitel 4A eller 4B).
- ☐ Överdrivna sotavlagringar i motorn (kapitel 2A eller 2B).
- ☐ Bränsleinsprutningssystemet defekt (kapitel 4A).

Visslande eller väsande ljud

- ☐ Läckage i insugsrörets eller gasspjällhusets packning (kapitel 4A).
- ☐ Läckage i avgasgrenrörets packning (kapitel 4A).
- ☐ Läckande vakuumslang (kapitel 4A, 4B och 9).
- ☐ Läckande topplockspackning (kapitel 2A).

Knackande eller skallrande ljud

- ☐ Sliten ventilreglering, kamkedja eller kamaxel, eller slitna hydrauliska ventillyftare (kapitel 2A).
- ☐ Defekt hjälpaggregat (vattenpump, växelströmsgenerator, etc) (kapitel 3, 5A, etc).

Knackande ljud eller slag

- ☐ Slitna vevstakslager (regelbundna hårda knackningar som eventuellt minskar under belastning) (kapitel 2B).
- ☐ Slitna ramlager (muller och knackningar som eventuellt tilltar vid belastning) (kapitel 2B).
- ☐ Kolvslammer (hörs mest när motorn är kall) (kapitel 2B).
- ☐ Defekt hjälpaggregat (vattenpump, växelströmsgenerator, etc) (kapitel 3, 5A, etc).

2 Kylsystem

Överhettning

- ☐ Drivrem trasig eller (om tillämpligt) felaktigt justerad (kapitel 1).
- ☐ För lite kylvätska i systemet (*Veckokontroller*).
- ☐ Defekt termostat (kapitel 3).
- ☐ Igensatt kylare eller grill (kapitel 3).
- ☐ Defekt elektrisk kylfläkt eller termostatkontakt (kapitel 3).
- ☐ Defekt trycklock (kapitel 3).
- ☐ Tändinställningen felaktig eller tändsystem defekt (kapitel 1 och 5B).
- ☐ Temperaturmätarens givarenhet defekt (kapitel 3).
- ☐ Luftbubbla i kylsystemet (kapitel 1).

För stark avkylning

- ☐ Defekt termostat (kapitel 3).
- ☐ Temperaturmätarens givarenhet defekt (kapitel 3).

Yttre kylvätskeläckage

- ☐ Åldrade eller skadade slangar eller slangklämmor (kapitel 1).
- ☐ Kylaren eller värmepaketet läcker (kapitel 3).
- ☐ Defekt trycklock (kapitel 3).
- ☐ Vattenpumpems inre tätning läcker (kapitel 3).
- ☐ O-ringstätningen mellan vattenpumpen och motorblocket eller husets packning läcker (kapitel 3).
- ☐ Kokning på grund av överhettning (kapitel 3).
- ☐ Frostplugg läcker (kapitel 2B).

Inre kylvätskeläckage

- ☐ Läckande topplockspackning (kapitel 2A).
- ☐ Sprucket topplock eller motorblock (kapitel 2A eller 2B).

Korrosion

- ☐ Oregelbundna avtappningar och genomspolningar (kapitel 1).
- ☐ Felaktig kylvätskeblandning eller fel typ av vätska (*Veckokontroller*).

3 Bränsle- och avgassystem

Överdriven bränsleförbrukning

- ☐ Smutsigt eller igensatt luftfilter (kapitel 1).
- ☐ Bränsleinsprutningssystemet defekt (kapitel 4A).
- ☐ Tändinställningen felaktig eller tändsystemet defekt (kapitel 1 och 5B).
- ☐ Bromsarna kärvar (kapitel 9).
- ☐ För lite luft i däcken (*Veckokontroller*).

Bränsleläckage och/eller bränslelukt

- ☐ Skadad bensintank eller rör/anslutningar (kapitel 1 och 4A).

Oljud eller för mycket gaser från avgassystemet

- ☐ Läckande avgassystem eller grenrörsskarvar (kapitel 1 och 4A).
- ☐ Läckande, korroderad eller skadad ljuddämpare/rör (kap 1 och 4A).
- ☐ Kontakt med kaross eller fjädring på grund av trasiga fästen. (kapitel 4A).

4 Koppling

Pedalen går i golvet - inget eller mycket svagt motstånd

- ☐ Trasig/sliten kopplingsvajer (kapitel 6).
- ☐ Defekt urtrampningslager eller gaffel (kapitel 6).
- ☐ Defekt tallriksfjäder i kopplingstryckplattan (kapitel 6).

Ingen frikoppling (det går inte att lägga i växlar)

- ☐ Trasig/sliten kopplingsvajer (kapitel 6).
- ☐ Lamellen kärvar på växellådans ingående axel (kapitel 6).
- ☐ Lamellen har fastnat på svänghjulet eller tryckplattan (kapitel 6).
- ☐ Defekt tryckplatta (kapitel 6).
- ☐ Urkopplingsmekanismen sliten eller felmonterad (kapitel 6).

Kopplingen slirar (motorvarvtalet ökar utan att hastigheten ökar)

- ☐ Mycket slitna lamellbelägg (kapitel 6).
- ☐ Lamellbeläggen nedsmutsade med olja eller fett (kapitel 6).
- ☐ Defekt tryckplatta eller svag tallriksfjäder (kapitel 6).

Skakningar vid frikoppling

- ☐ Lamellbeläggen nedsmutsade med olja eller fett (kapitel 6).
- ☐ Överdrivet utslitna lamellbelägg (kapitel 6).
- ☐ Defekt eller skev tryckplatta eller tallriksfjäder (kapitel 6).
- ☐ Slitna eller lösa fästen till motor eller växellåda (kapitel 2A eller 2B).
- ☐ Slitage på lamellnavet eller räfflorna på växellådans ingående axel (kapitel 6).

Missljud när kopplingspedalen trycks ner eller släpps upp

- ☐ Slitet urkopplingslager eller gaffel (kapitel 6).
- ☐ Slitna eller torra kopplingspedalbussningar (kapitel 6).
- ☐ Defekt tryckplatta (kapitel 6).
- ☐ Tryckplattans tallriksfjäder defekt (kapitel 6).
- ☐ Lamellens dämpfjädrar defekta (kapitel 6).

5 Manuell växellåda

Svårt att lägga i växlar

- ☐ Defekt koppling (kapitel 6).
- ☐ Slitet eller skadat växellänkage (kapitel 7A).
- ☐ Felaktigt inställt växellänkage (kapitel 7A).
- ☐ Slitna synkroniseringsenheter (kapitel 7A).*

Växlar hoppar ur

- ☐ Slitet eller skadat växellänkage (kapitel 7A).
- ☐ Felaktigt inställt växellänkage (kapitel 7A).
- ☐ Slitna synkroniseringsenheter (kapitel 7A).*
- ☐ Slitna väljargafflar (kapitel 7A).*

Vibrationer

- ☐ Oljebrist (kapitel 1).
- ☐ Slitna lager (kapitel 7A).*

Missljud i friläge när motorn går

- ☐ Slitage i ingående axelns lager (missljud när kopplingspedalen är uppsläppt, men inte när den är nedtryckt) (kapitel 7A).*
- ☐ Slitet urkopplingslager (missljud när kopplingspedalen är nedtryckt som eventuellt minskar när pedalen släpps upp) (kapitel 6).

Missljud när en specifik växel ligger i

- ☐ Drevkuggar slitna eller skadade (kapitel 7A).*

Smörjmedelsläckage

- ☐ Läckande oljetätning (kapitel 7A).
- ☐ Läckande husfog (kapitel 7A).*

**Även om de nödvändiga åtgärderna för de beskrivna symptomen är för komplicerade för att behandlas i den här handboken, är informationen till hjälp vid spårning av felkällan, så att man tydligt kan beskriva felet för en yrkesmekaniker.*

6 Automatväxellåda

Observera: *På grund av automatväxellådans komplicerade sammansättning är det svårt för hemmamekanikern att ställa riktiga diagnoser och serva enheten. Vid andra problem än följande ska bilen lämnas in till en verkstad eller en specialist på automatväxellådor.*

Oljeläckage

- ☐ Automatväxellådsolja är oftast tydligt rödfärgad. Oljeläckage från växellådan bör inte blandas ihop med läckande motorolja, som lätt kan blåsas upp på växellådan av luftflödet i motorn.
- ☐ För att hitta läckan, använd avfettningsmedel eller en ångtvätt och rengör växellådshuset och områdena runt omkring från smuts och avlagringar. Kör bilen med låg fart så att luftflödet inte blåser stänk från läckan för långt från källan. Lyft upp bilen och stöd den på pallbockar, leta sedan reda på var läckan finns. Läckage uppstår ofta i följande områden:

a) Oljebehållare (växellådans sump).
b) Oljemätstickans rör (kapitel 1).
c) Oljerör/anslutningar mellan växellåda och oljekylare (kapitel 7B).

Växellådsoljan är brun eller luktar bränt

- ☐ Växellådsoljan behöver fyllas på eller bytas (kapitel 1).

Allmänna problem med att växla

- ☐ Den troligaste orsaken till växlingsproblemet är en defekt eller felaktigt inställd växelväljarmekanism. Följande problem är vanliga vid en defekt väljarmekanism.

a) Motorn startar i andra växlar än Park eller Neutral.
b) Visaren på växelspaken pekar på annan växel än den som ligger i.
c) Bilen rör sig när växlarna Park eller Neutral ligger i.
d) Dålig eller ojämn utväxling.

- ☐ Upplys en Saabverkstad eller en specialist på automatväxellådor om felen.

Växellådan växlar inte ned (kick-down) när gaspedalen är helt nedtryckt

- ☐ Växellådans oljenivå är låg (kapitel 1).
- ☐ Felaktig växelvajerinställning (kapitel 7B).

Motorn startar inte i någon växel, eller startar i andra lägen än Park eller Neutral

- ☐ Startspärrens kontakt felaktigt inställd (i förekommande fall) (kapitel 7B).
- ☐ Felaktig växelvajerinställning (kapitel 7B).

Växellådan slirar, växlar trögt, låter illa eller är utan drift i framväxlarna eller backen

- ☐ Ovanstående fel kan ha flera möjliga orsaker, men hemmamekanikern bör endast bry sig om en av de möjliga orsakerna – för hög eller för låg oljenivå. Kontrollera oljenivån och skicket på oljan enligt beskrivningen i kapitel 1 innan bilen lämnas in till en verkstad eller en specialist. Justera oljenivån eller byt ut oljan eller filtret om det behövs. Om problemet kvarstår måste problemet överlåtas till en professionell mekaniker.

7 Drivaxlar

Klickande eller knackande ljud vid svängar (låg fart, fullt rattutslag)

- ☐ För lite smörjmedel i CV-knut, eventuellt beroende på en skadad damask (kapitel 8).
- ☐ Utsliten yttre CV-knut (kapitel 8).

Vibrationer vid acceleration eller inbromsning

- ☐ Utsliten inre CV-knut (kapitel 8).
- ☐ Böjd eller skev drivaxel (kapitel 8).

8 Bromssystem

Observera: *Innan bromsarna antas vara defekta, kontrollera däckens skick och lufttryck, framvagnens inställning samt att bilen inte är ojämnt belastad. Alla åtgärder i ABS-systemet, utom kontroll av rör- och slanganslutningar, ska utföras av en Saabverkstad.*

Bilen drar åt ena sidan vid inbromsning

- ☐ Slitna, defekta, skadade eller förorenade bromsklossar på en sida (kapitel 1 och 9).
- ☐ Kärvande eller delvis kärvande bromsokskolv (kapitel 9).
- ☐ Olika friktionsmaterial på bromsklossar (kapitel 9).
- ☐ Bromsokets fästbultar lösa (kapitel 9).
- ☐ Slitna eller skadade komponenter i styrning eller fjädring (kapitel 1 och 10).

Oljud (slipljud eller högt gnisslande) vid bromsning

- ☐ Bromsklossarnas friktionsmaterieal nedslitet till stödplattan (kapitel 1 och 9).
- ☐ Överdriven korrosion på bromsskiva - kan framträda när bilen stått ett tag (kapitel 1 och 9).

Bromspedalen känns svampig vid nedtryckning

- ☐ Luft i hydraulsystemet (kapitel 9).
- ☐ Defekta bromsslangar (kapitel 1 och 9).
- ☐ Huvudcylinderns fästen sitter löst (kapitel 9).
- ☐ Defekt huvudcylinder (kapitel 9).

För lång pedalväg

- ☐ Defekt huvudcylinder (kapitel 9).
- ☐ Luft i hydraulsystemet (kapitel 9).
- ☐ Defekt vakuumservo (kapitel 9).

Överdriven pedalkraft krävs för att stanna bilen

- ☐ Luft i hydraulsystemet (kapitel 9).
- ☐ Bromsoljan behöver bytas (kapitel 1).
- ☐ Defekt vakuumservo (kapitel 9).
- ☐ Bromsservons vakuumslang urkopplad, skadad eller lös (kapitel 1 och 9).
- ☐ Defekt primär eller sekundär hydraulkrets (kapitel 9).
- ☐ Kärvande bromsokskolv (kapitel 9).
- ☐ Felaktigt monterade bromsklossar (kapitel 9).
- ☐ Fel typ av bromsklossar monterade (kapitel 9).
- ☐ Förorenade bromsklossar (kapitel 9).

Skakningar i bromspedal eller ratt vid bromsning

- ☐ Överdrivet skev bromsskiva (kapitel 9).
- ☐ Bromsklossarnas friktionsmaterial slitet (kapitel 1 och 9).
- ☐ Bromsokets fästbultar lösa (kapitel 9).
- ☐ Slitage i fjädringens eller styrningens komponenter eller fästen (kapitel 1 och 10).

Bromsarna kärvar

- ☐ Kärvande bromsokskolv (kapitel 9).
- ☐ Felaktigt inställd handbromsmekanism (kapitel 9).
- ☐ Defekt huvudcylinder (kapitel 9).

Bakhjulen låser sig vid normal inbromsning

- ☐ Kärvande bromsokskolv (kapitel 9).
- ☐ Defekt bromstrycksregulator (kapitel 9).

9 Fjädring och styrning

Observera: *Kontrollera att felet inte beror på fel lufttryck i däcken, blandning av däcktyper eller kärvande bromsar innan fjädringen eller styrningen diagnostiseras som defekta.*

Bilen drar åt ena sidan

- ☐ Defekt däck (*Veckokontroller*).
- ☐ Överdrivet slitage i fjädringens eller styrningens komponenter (kapitel 1 och 10).
- ☐ Felaktig framhjulsinställning (kapitel 10).
- ☐ Skadade styrnings- eller fjädringskomponenter efter olycka (kapitel 1 och 10).

Hjulwobbel och vibrationer

- ☐ Obalanserade framhjul (vibrationerna känns främst genom ratten) (*Veckokontroller*).
- ☐ Obalanserade bakhjul (vibrationerna känns i hela bilen) (*Veckokontroller*).
- ☐ Skadade eller skeva hjul (*Veckokontroller*).
- ☐ Felaktiga eller skadade däck (*Veckokontroller*).
- ☐ Slitage i styrningens eller fjädringens leder, bussningar eller komponenter (kapitel 1 och 10).
- ☐ Lösa hjulbultar.

Överdrivna krängningar och/eller nigningar vid kurvtagning eller bromsning

- ☐ Defekta stötdämpare (kapitel 1 och 10).
- ☐ Trasig eller svag spiralfjäder och/eller fjädringskomponent (kapitel 1 och 10).
- ☐ Slitage eller skada på krängningshämmare eller fästen (kapitel 10).

Vandrande eller allmän instabilitet

- ☐ Felaktig framhjulsinställning (kapitel 10).
- ☐ Slitage i styrningens eller fjädringens leder, bussningar eller komponenter (kapitel 1 och 10).
- ☐ Obalanserade hjul (*Veckokontroller*).
- ☐ Felaktiga eller skadade däck (*Veckokontroller*).
- ☐ Lösa hjulbultar.
- ☐ Defekta stötdämpare (kapitel 1 och 10).

Överdrivet trög styrning

- ☐ För lite smörjmedel i styrväxeln (kapitel 10).
- ☐ Styrstagsändens eller fjädringens spindelled kärvar (kapitel 1 och 10).
- ☐ Trasig eller felaktigt justerad drivrem (kapitel 1).
- ☐ Felaktig framhjulsinställning (kapitel 10).
- ☐ Kuggstången eller rattstången böjd eller skadad (kapitel 10).

Fjädring och styrning (fortsättning)

Överdrivet glapp i styrningen

- ☐ Slitage på rattstångens kardanknut(ar) (kapitel 10).
- ☐ Styrstagsändarnas spindelleder slitna (kapitel 1 och 10).
- ☐ Sliten kuggstångsstyrning (kapitel 10).
- ☐ Slitage i styrningens eller fjädringens leder, bussningar eller komponenter (kapitel 1 och 10).

Bristande servoeffekt

- ☐ Trasig eller felaktigt justerad drivrem (kapitel 1).
- ☐ För hög eller låg nivå av styrservoolja (*Veckokontroller*).
- ☐ Styrservons oljeslangar igensatta (kapitel 1).
- ☐ Defekt servostyrningspump (kapitel 10).
- ☐ Defekt kuggstångsstyrning (kapitel 10).

Överdrivet däckslitage

Däcken slitna på inner- eller ytterkanterna

- ☐ För lite luft i däcken (slitage på båda kanterna) (*Veckokontroller*).
- ☐ Felaktiga camber- eller castervinklar (slitage på en kant) (kapitel 10).
- ☐ Slitage i styrningens eller fjädringens leder, bussningar eller komponenter (kapitel 1 och 10).
- ☐ Överdrivet hård kurvtagning.
- ☐ Skada efter olycka.

Däckmönster har fransiga kanter

- ☐ Felaktig toe-inställning (kapitel 10).

Slitage i mitten av däckmönstret

- ☐ För mycket luft i däcken (*Veckokontroller*).

Däcken slitna på inner- och ytterkanterna

- ☐ För lite luft i däcken (*Veckokontroller*).
- ☐ Slitna stötdämpare (kapitel 1 och 10).

Ojämnt däckslitage

- ☐ Obalanserade däck (*Veckokontroller*).
- ☐ Överdrivet skeva hjul eller däck (*Veckokontroller*).
- ☐ Slitna stötdämpare (kapitel 1 och 10).
- ☐ Defekt däck (*Veckokontroller*).

10 Elsystem

Observera: *Vid problem med startsystemet, se felen under "Motor" tidigare i det här avsnittet.*

Batteriet håller inte laddning mer än ett par dagar

- ☐ Batteriet defekt invändigt (kapitel 5A).
- ☐ Batteriets elektrolytnivå låg (där tillämpligt) (kapitel 5A).
- ☐ Batterianslutningarna lösa eller korroderade (*Veckokontroller*).
- ☐ Sliten drivrem (kapitel 1).
- ☐ Växelströmsgeneratorn ger inte korrekt utmatning (kapitel 5A).
- ☐ Defekt växelströmsgenerator eller spänningsregulator (kapitel 5A).
- ☐ Kortslutning orsakar kontinuerlig urladdning av batteriet (kapitel 5A och 12).

Laddningslampan fortsätter lysa när motorn går

- ☐ Trasig eller sliten drivrem (kapitel 1).
- ☐ Generatorborstarna är slitna, smutsiga eller fastnar (kapitel 5A).
- ☐ Fjädrarna till generatorborstarna svaga eller trasiga (kapitel 5A).
- ☐ Invändigt fel i generatorn eller spänningsregulatorn (kapitel 5A).
- ☐ Trasiga, urkopplade eller lösa kablar i laddningskretsen (kapitel 5A).

Laddningslampan tänds inte

- ☐ Varningslampans glödlampa trasig (kapitel 12).
- ☐ Trasiga, urkopplade eller lösa kablar i varningslampans krets (kapitel 12).
- ☐ Defekt växelströmsgenerator (kapitel 5A).

Ljusen fungerar inte

- ☐ Trasig glödlampa (kapitel 12).
- ☐ Korrosion på glödlampans/lamphållarens anslutningar (kapitel 12).
- ☐ Trasig säkring (kapitel 12).
- ☐ Defekt relä (kapitel 12).
- ☐ Trasiga, urkopplade eller lösa kablar (kapitel 12).
- ☐ Defekt kontakt/brytare (kapitel 12).

Instrumentavläsningarna missvisande eller ryckiga

Instrumentavläsningarna stiger med motorvarvtalet

- ☐ Defekt spänningsregulator (kapitel 12).

Bränsle- eller temperaturmätaren ger inget utslag

- ☐ Defekt givarenhet (kapitel 3 och 4).
- ☐ Kretsbrott (kapitel 12).
- ☐ Defekt mätare (kapitel 12).

Bränsle- eller temperaturmätaren ger kontinuerligt maximalt utslag

- ☐ Defekt givarenhet (kapitel 3 och 4).
- ☐ Kortslutning (kapitel 12).
- ☐ Defekt mätare (kapitel 12).

Signalhornet fungerar dåligt eller inte alls

Signalhornet tjuter hela tiden

- ☐ Signalhornets kontakter är kortslutna eller tryckplattan har fastnat (kapitel 12).

Signalhornet fungerar inte

- ☐ Trasig säkring (kapitel 12).
- ☐ Kabel/anslutningar lösa, trasiga eller urkopplade (kapitel 12).
- ☐ Defekt signalhorn (kapitel 12).

Signalhornet avger ryckigt eller otillfredsställande ljud

- ☐ Lösa kabelanslutningar (kapitel 12).
- ☐ Signalhornets fästen sitter löst (kapitel 12).
- ☐ Defekt signalhorn (kapitel 12).

Vindrutans/bakrutans torkare fungerar dåligt eller inte alls

Torkare fungerar inte eller går mycket långsamt

- ☐ Torkarbladen fastnar på rutan eller länksystemet kärvar (*Veckokontroller* och kapitel 12).
- ☐ Trasig säkring (kapitel 12).
- ☐ Kabel eller kabelanslutningar lösa, trasiga eller urkopplade (kapitel 12).
- ☐ Defekt relä (kapitel 12).
- ☐ Defekt torkarmotor (kapitel 12).

Torkarbladen sveper för stor eller för liten del av rutan

- ☐ Torkararmarna felaktigt monterade på spindlarna (kapitel 12).
- ☐ Överdrivet slitage på torkarnas länksystem (kapitel 12).
- ☐ Fästen till torkarmotor eller länksystem lösa eller osäkra (kapitel 12).

Torkarbladen rengör inte rutan effektivt

- ☐ Torkarbladens gummi slitet eller saknas (*Veckokontroller*).
- ☐ Torkararmens spänningsfjäder trasig eller pivåtapparna slitna (kapitel 12).
- ☐ För låg koncentration rengöringsmedel i spolarvätskan för att få bort beläggning från rutan (*Veckokontroller*).

Elsystem (fortsättning)

Vindrutans/bakrutans spolare fungerar dåligt eller inte alls

Ett eller flera spolarmunstycken sprutar inte

☐ Igentäppt spolarmunstycke.
☐ Urkopplad, veckad eller igentäppt spolarslang (kapitel 12).
☐ För lite spolarvätska i vätskebehållaren (*Veckokontroller*).

Spolarpumpen fungerar inte

☐ Trasiga eller urkopplade kablar eller anslutningar (kapitel 12).
☐ Trasig säkring (kapitel 12).
☐ Defekt spolarkontakt (kapitel 12).
☐ Defekt spolarpump (kapitel 12).

Spolarpumpen går ett tag innan det kommer någon spolarvätska

☐ Defekt envägsventil i tillförselslangen (kapitel 12).

De elektriska fönsterhissarna fungerar dåligt eller inte alls

Fönsterrutan rör sig bara i en riktning

☐ Defekt brytare (Kapitel 12).

Fönsterrutan rör sig långsamt

☐ Fönsterhissen kärvar, är skadad eller behöver smörjas (kapitel 11).
☐ Dörrens komponenter eller klädsel är i vägen för fönsterhissen (kapitel 11).
☐ Defekt motor (kapitel 11).

Fönsterrutan rör sig inte

☐ Trasig säkring (kapitel 12).
☐ Fönsterhissen kärvar eller har fastnat i något (kapitel 12)
☐ Defekt relä (kapitel 12).
☐ Trasiga eller urkopplade kablar eller anslutningar (kapitel 12).
☐ Defekt motor (kapitel 11).

Centrallåset fungerar dåligt eller inte alls

Totalt systemhaveri

☐ Trasig säkring (kapitel 12).
☐ Defekt relä (kapitel 12).
☐ Trasiga eller urkopplade kablar eller anslutningar (kapitel 12).

A

ABS (Anti-lock brake system) Låsningsfria bromsar. Ett system, vanligen elektroniskt styrt, som känner av påbörjande låsning av hjul vid inbromsning och lättar på hydraultrycket på hjul som ska till att låsa.

Air bag (krockkudde) En uppblåsbar kudde dold i ratten (på förarsidan) eller instrumentbrädan eller handskfacket (på passagerarsidan) Vid kollision blåses kuddarna upp vilket hindrar att förare och framsätespassagerare kastas in i ratt eller vindruta.

Ampere (A) En måttenhet för elektrisk ström. 1 A är den ström som produceras av 1 volt gående genom ett motstånd om 1 ohm.

Anaerobisk tätning En massa som används som gänglås. Anaerobisk innebär att den inte kräver syre för att fungera.

Antikärvningsmedel En pasta som minskar risk för kärvning i infästningar som utsätts för höga temperaturer, som t.ex. skruvar och muttrar till avgasrenrör. Kallas även gängskydd.

Antikärvningsmedel

Asbest Ett naturligt fibröst material med stor värmetolerans som vanligen används i bromsbelägg. Asbest är en hälsorisk och damm som alstras i bromsar ska aldrig inandas eller sväljas.

Avgasgrenrör En del med flera passager genom vilka avgaserna lämnar förbränningskamrarna och går in i avgasröret.

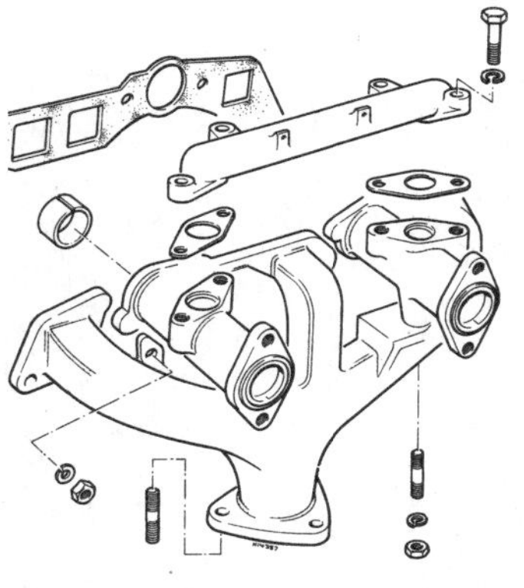

Avgasgrenrör

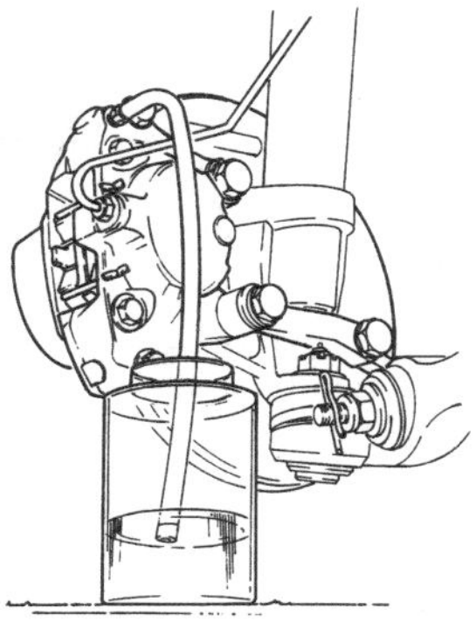

Avluftning av bromsarna

Avluftning av bromsar Avlägsnande av luft från hydrauliskt bromssystem.

Avluftningsnippel En ventil på ett bromsok, hydraulcylinder eller annan hydraulisk del som öppnas för att tappa ur luften i systemet.

Axel En stång som ett hjul roterar på, eller som roterar inuti ett hjul. Även en massiv balk som håller samman två hjul i bilens ena ände. En axel som även överför kraft till hjul kallas drivaxel.

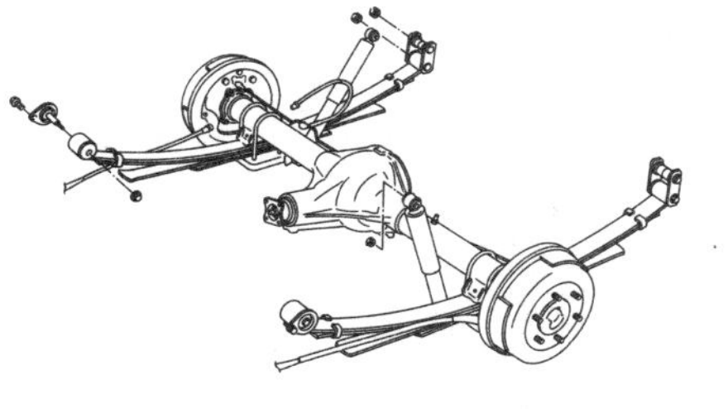

Axel

Axialspel Rörelse i längdled mellan två delar. För vevaxeln är det den distans den kan röra sig framåt och bakåt i motorblocket.

B

Belastningskänslig fördelningsventil En styrventil i bromshydrauliken som fördelar bromseffekten, med hänsyn till bakaxelbelastningen.

Bladmått Ett tunt blad av härdat stål, slipat till exakt tjocklek, som används till att mäta spel mellan delar.

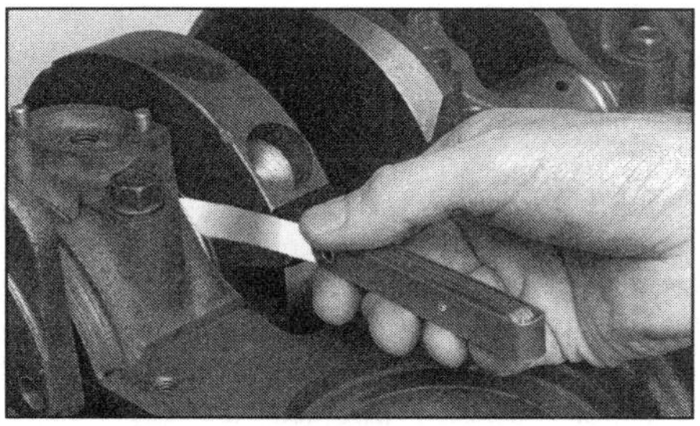

Bladmått

Bromsback Halvmåneformad hållare med fastsatt bromsbelägg som tvingar ut beläggen i kontakt med den roterande bromstrumman under inbromsning.

Bromsbelägg Det friktionsmaterial som kommer i kontakt med bromsskiva eller bromstrumma för att minska bilens hastighet. Beläggen är limmade eller nitade på bromsklossar eller bromsbackar.

Bromsklossar Utbytbara friktionsklossar som nyper i bromsskivan när pedalen trycks ned. Bromsklossar består av bromsbelägg som limmats eller nitats på en styv bottenplatta.

Bromsok Den icke roterande delen av en skivbromsanordning. Det grenslar skivan och håller bromsklossarna. Oket innehåller även de hydrauliska delar som tvingar klossarna att nypa skivan när pedalen trycks ned.

Bromsskiva Den del i en skivbromsanordning som roterar med hjulet.

Bromstrumma Den del i en trumbromsanordning som roterar med hjulet.

C

Caster I samband med hjulinställning, lutningen framåt eller bakåt av styrningens axialled. Caster är positiv när styrningens axialled lutar bakåt i överkanten.

CV-knut En typ av universalknut som upphäver vibrationer orsakade av att drivkraft förmedlas genom en vinkel.

D

Diagnostikkod Kodsiffror som kan tas fram genom att gå till diagnosläget i motorstyrningens centralenhet. Koden kan användas till att bestämma i vilken del av systemet en felfunktion kan förekomma.

Draghammare Ett speciellt verktyg som skruvas in i eller på annat sätt fästs vid en del som ska dras ut, exempelvis en axel. Ett tungt glidande handtag dras utmed verktygsaxeln mot ett stopp i änden vilket rycker avsedd del fri.

Drivaxel En roterande axel på endera sidan differentialen som ger kraft från slutväxeln till drivhjulen. Även varje axel som används att överföra rörelse.

Drivaxel

Drivrem(mar) Rem(mar) som används till att driva tillbehörsutrustning som generator, vattenpump, servostyrning, luftkonditioneringskompressor mm, från vevaxelns remskiva.

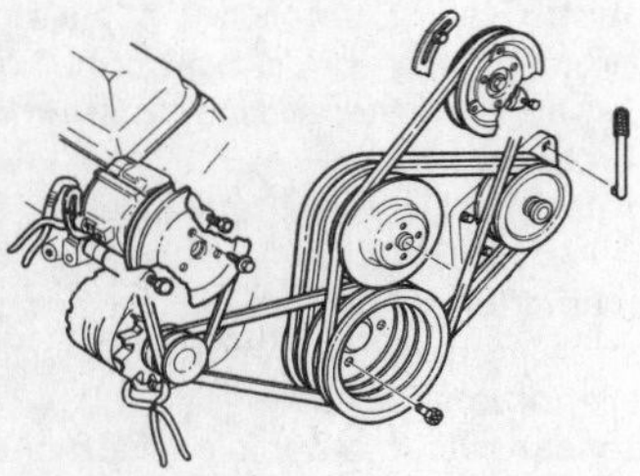

Drivremmar till extrautrustning

Dubbla överliggande kamaxlar (DOHC) En motor försedd med två överliggande kamaxlar, vanligen en för insugsventilerna och en för avgasventilerna.

E

EGR-ventil Avgasåtercirkulationsventil. En ventil som för in avgaser i insugsluften.

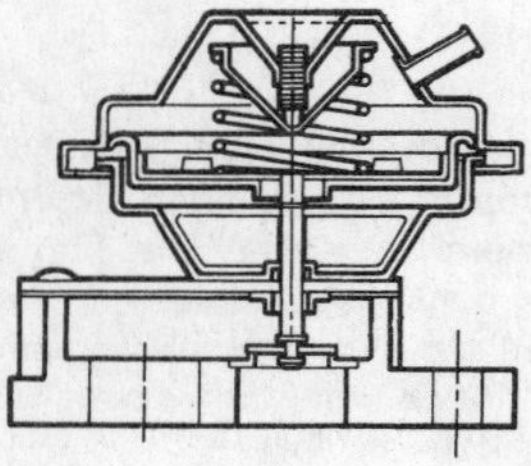

Ventil för avgasåtercirkulation (EGR)

Elektrodavstånd Den distans en gnista har att överbrygga från centrumelektroden till sidoelektroden i ett tändstift.

Justering av elektrodavståndet

Elektronisk bränsleinsprutning (EFI) Ett datorstyrt system som fördelar bränsle till förbränningskamrarna via insprutare i varje insugsport i motorn.

Elektronisk styrenhet En dator som exempelvis styr tändning, bränsleinsprutning eller låsningsfria bromsar.

F

Finjustering En process där noggranna justeringar och byten av delar optimerar en motors prestanda.

Fjäderben Se MacPherson-ben.

Fläktkoppling En viskös drivkoppling som medger variabel kylarfläkthastighet i förhållande till motorhastigheten.

Frostplugg En skiv- eller koppformad metallbricka som monterats i ett hål i en gjutning där kärnan avlägsnats.

Frostskydd Ett ämne, vanligen etylenglykol, som blandas med vatten och fylls i bilens kylsystem för att förhindra att kylvätskan fryser vintertid. Frostskyddet innehåller även kemikalier som förhindrar korrosion och rost och andra avlagringar som skulle kunna blockera kylare och kylkanaler och därmed minska effektiviteten.

Fördelningsventil En hydraulisk styrventil som begränsar trycket till bakbromsarna vid panikbromsning så att hjulen inte låser sig.

Förgasare En enhet som blandar bränsle med luft till korrekta proportioner för önskad effekt från en gnistantänd förbränningsmotor.

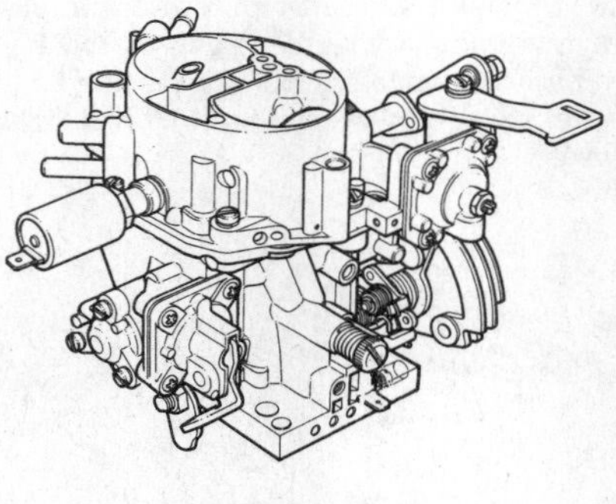

Förgasare

G

Generator En del i det elektriska systemet som förvandlar mekanisk energi från drivremmen till elektrisk energi som laddar batteriet, som i sin tur driver startsystem, tändning och elektrisk utrustning.

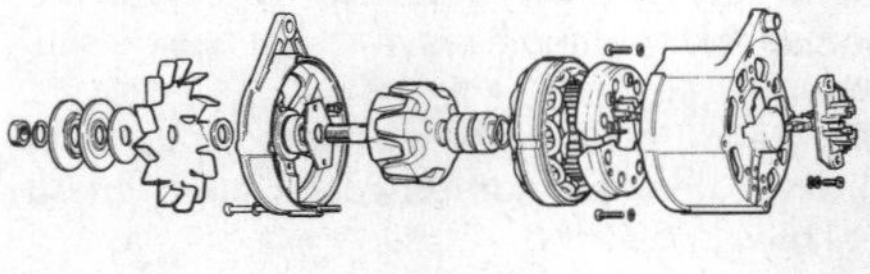

Generator (genomskärning)

Glidlager Den krökta ytan på en axel eller i ett lopp, eller den del monterad i endera, som medger rörelse mellan dem med ett minimum av slitage och friktion.

Gängskydd Ett täckmedel som minskar risken för gängskärning i bultförband som utsätts för stor hetta, exempelvis grenrörets bultar och muttrar. Kallas även antikärvningsmedel.

H

Handbroms Ett bromssystem som är oberoende av huvudbromsarnas hydraulikkrets. Kan användas till att stoppa bilen om huvudbromsarna slås ut, eller till att hålla bilen stilla utan att bromspedalen trycks ned. Den består vanligen av en spak som aktiverar främre eller bakre bromsar mekaniskt via vajrar och länkar. Kallas även parkeringsbroms.

Harmonibalanserare En enhet avsedd att minska fjädring eller vridande vibrationer i vevaxeln. Kan vara integrerad i vevaxelns remskiva. Även kallad vibrationsdämpare.

Hjälpstart Start av motorn på en bil med urladdat eller svagt batteri genom koppling av startkablar mellan det svaga batteriet och ett laddat hjälpbatteri.

Honare Ett slipverktyg för korrigering av smärre ojämnheter eller diameterskillnader i ett cylinderlopp.

Hydraulisk ventiltryckare En mekanism som använder hydrauliskt tryck från motorns smörjsystem till att upprätthålla noll ventilspel (konstant kontakt med både kamlob och ventilskaft). Justeras automatiskt för variation i ventilskaftslängder. Minskar även ventilljudet.

I

Insexnyckel En sexkantig nyckel som passar i ett försänkt sexkantigt hål.

Insugsrör Rör eller kåpa med kanaler genom vilka bränsle/luftblandningen leds till insugsportarna.

K

Kamaxel En roterande axel på vilken en serie lober trycker ned ventilerna. En kamaxel kan drivas med drev, kedja eller tandrem med kugghjul.

Kamkedja En kedja som driver kamaxeln.

Kamrem En tandrem som driver kamaxeln. Allvarliga motorskador kan uppstå om kamremmen brister vid körning.

Kanister En behållare i avdunstningsbegränsningen, innehåller aktivt kol för att fånga upp bensinångor från bränslesystemet.

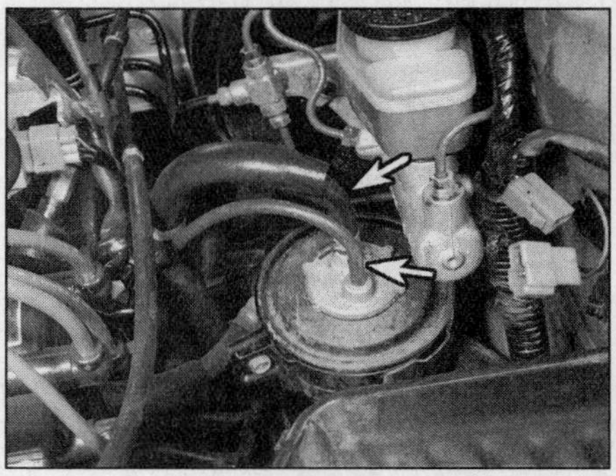

Kanister

Kardanaxel Ett långt rör med universalknutar i bägge ändar som överför kraft från växellådan till differentialen på bilar med motorn fram och drivande bakhjul.
Kast Hur mycket ett hjul eller drev slår i sidled vid rotering. Det spel en axel roterar med. Orundhet i en roterande del.
Katalysator En ljuddämparliknande enhet i avgassystemet som omvandlar vissa föroreningar till mindre hälsovådliga substanser.

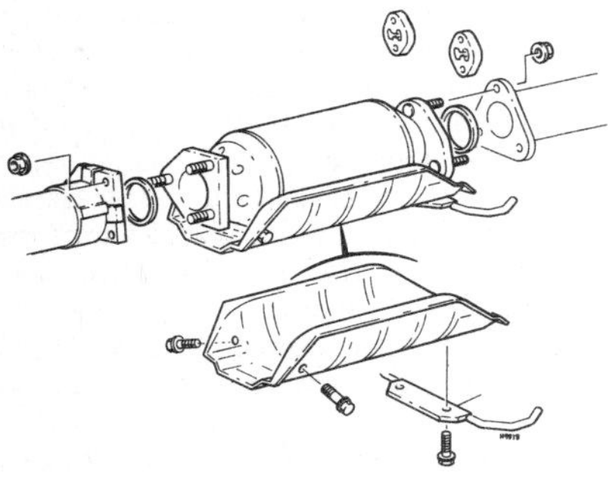
Katalysator

Kompression Minskning i volym och ökning av tryck och värme hos en gas, orsakas av att den kläms in i ett mindre utrymme.
Kompressionsförhållande Skillnaden i cylinderns volymer mellan kolvens ändlägen.
Kopplingsschema En ritning över komponenter och ledningar i ett fordons elsystem som använder standardiserade symboler.
Krockkudde (Airbag) En uppblåsbar kudde dold i ratten (på förarsidan) eller instrumentbrädan eller handskfacket (på passagerarsidan) Vid kollision blåses kuddarna upp vilket hindrar att förare och framsätespassagerare kastas in i ratt eller vindruta.
Krokodilklämma Ett långkäftat fjäderbelastat clips med ingreppande tänder som används till tillfälliga elektriska kopplingar.
Kronmutter En mutter som vagt liknar kreneleringen på en slottsmur. Används tillsammans med saxsprint för att låsa bultförband extra väl.

Kronmutter

Krysskruv Se Phillips-skruv
Kugghjul Ett hjul med tänder eller utskott på omkretsen, formade för att greppa in i en kedja eller rem.
Kuggstångsstyrning Ett styrsystem där en pinjong i rattstångens ände går i ingrepp med en kuggstång. När ratten vrids, vrids även pinjongen vilket flyttar kuggstången till höger eller vänster. Denna rörelse överförs via styrstagen till hjulets styrleder.
Kullager Ett friktionsmotverkande lager som består av härdade inner- och ytterbanor och har härdade stålkulor mellan banorna.
Kylare En värmeväxlare som använder flytande kylmedium, kylt av fartvinden/fläkten till att minska temperaturen på kylvätskan i en förbränningsmotors kylsystem.
Kylmedia Varje substans som används till värmeöverföring i en anläggning för luftkonditionering. R-12 har länge varit det huvudsakliga kylmediet men tillverkare har nyligen börjat använda R-134a, en CFC-fri substans som anses vara mindre skadlig för ozonet i den övre atmosfären.

L

Lager Den böjda ytan på en axel eller i ett lopp, eller den del som monterad i någon av dessa tillåter rörelse mellan dem med minimal slitage och friktion.

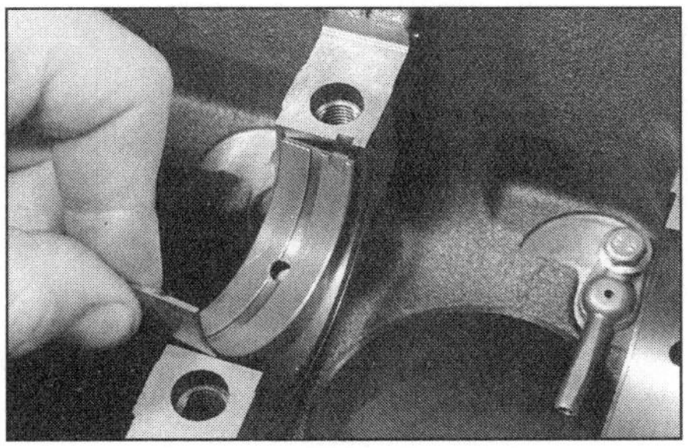
Lager

Lambdasond En enhet i motorns grenrör som känner av syrehalten i avgaserna och omvandlar denna information till elektricitet som bär information till styrelektroniken. Även kallad syresensor.
Luftfilter Filtret i luftrenaren, vanligen tillverkat av veckat papper. Kräver byte med regelbundna intervaller.

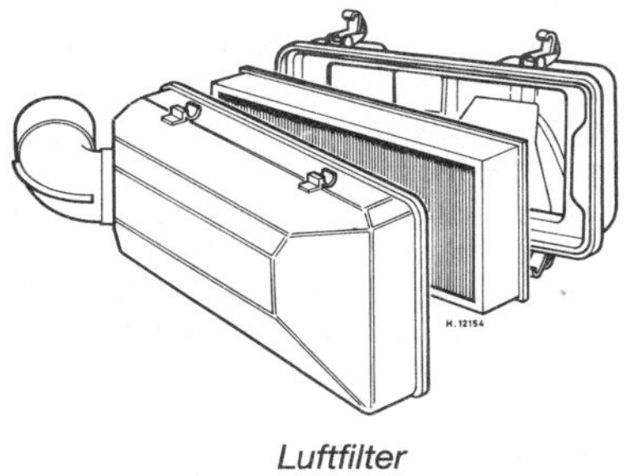
Luftfilter

Luftrenare En kåpa av plast eller metall, innehållande ett filter som tar undan damm och smuts från luft som sugs in i motorn.
Låsbricka En typ av bricka konstruerad för att förhindra att en ansluten mutter lossnar.
Låsmutter En mutter som låser en justermutter, eller annan gängad del, på plats. Exempelvis används låsmutter till att hålla justermuttern på vipparmen i läge.
Låsring Ett ringformat clips som förhindrar längsgående rörelser av cylindriska delar och axlar. En invändig låsring monteras i en skåra i ett hölje, en yttre låsring monteras i en utvändig skåra på en cylindrisk del som exempelvis en axel eller tapp.

M

MacPherson-ben Ett system för framhjulsfjädring uppfunnet av Earle MacPherson vid Ford i England. I sin ursprungliga version skapas den nedre bärarmen av en enkel lateral länk till krängningshämmaren. Ett fjäderben - en integrerad spiralfjäder och stötdämpare - finns monterad mellan karossen och styrknogen. Många moderna MacPherson-ben använder en vanlig nedre A-arm och inte krängningshämmaren som nedre fäste.
Markör En remsa med en andra färg i en ledningsisolering för att skilja ledningar åt.
Motor med överliggande kamaxel (OHC) En motor där kamaxeln finns i topplocket.
Motorstyrning Ett datorstyrt system som integrerat styr bränsle och tändning.
Multimätare Ett elektriskt testinstrument som mäter spänning, strömstyrka och motstånd. Även kallad multimeter.
Mätare En instrumentpanelvisare som används till att ange motortillstånd. En mätare med en rörlig pekare på en tavla eller skala är analog. En mätare som visar siffror är digital.

N

NOx Kväveoxider. En vanlig giftig förorening utsläppt av förbränningsmotorer vid högre temperaturer.

O

O-ring En typ av tätningsring gjord av ett speciellt gummiliknande material. O-ringen fungerar så att den trycks ihop i en skåra och därmed utgör tätningen.

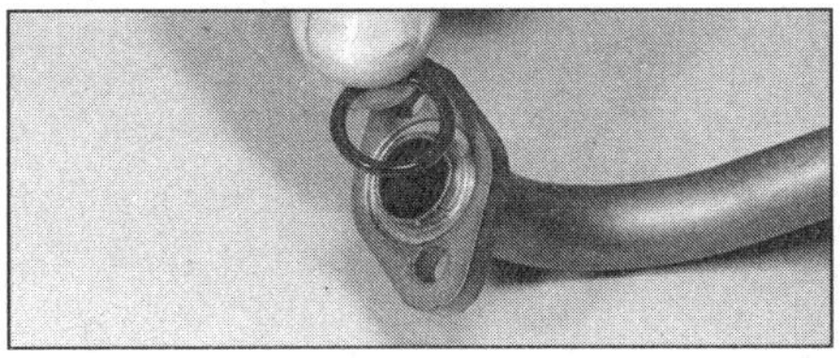
O-ring

Ohm Enhet för elektriskt motstånd. 1 volt genom ett motstånd av 1 ohm ger en strömstyrka om 1 ampere.

Ohmmätare Ett instrument för uppmätning av elektriskt motstånd.

P

Packning Mjukt material - vanligen kork, papp, asbest eller mjuk metall - som monteras mellan två metallytor för att erhålla god tätning. Exempelvis tätar topplockspackningen fogen mellan motorblocket och topplocket.

Packning

Phillips-skruv En typ av skruv med ett korsspår istället för ett rakt, för motsvarande skruvmejsel. Vanligen kallad krysskruv.

Plastigage En tunn plasttråd, tillgänglig i olika storlekar, som används till att mäta toleranser. Exempelvis så läggs en remsa Plastigage tvärs över en lagertapp. Delarna sätts ihop och tas isär. Bredden på den klämda remsan anger spelrummet mellan lager och tapp.

Plastigage

R

Rotor I en fördelare, den roterande enhet inuti fördelardosan som kopplar samman mittelektroden med de yttre kontakterna vartefter den roterar, så att högspänningen från tändspolens sekundärlindning leds till rätt tändstift. Även den del av generatorn som roterar inuti statorn. Även de roterande delarna av ett turboaggregat, inkluderande kompressorhjulet, axeln och turbinhjulet.

S

Sealed-beam strålkastare En äldre typ av strålkastare som integrerar reflektor, lins och glödtrådar till en hermetiskt försluten enhet. När glödtråden går av eller linsen spricker byts hela enheten.

Shims Tunn distansbricka, vanligen använd till att justera inbördes lägen mellan två delar. Exempelvis sticks shims in i eller under ventiltryckarhylsor för att justera ventilspelet. Spelet justeras genom byte till shims av annan tjocklek.

Skivbroms En bromskonstruktion med en roterande skiva som kläms mellan bromsklossar. Den friktion som uppstår omvandlar bilens rörelseenergi till värme.

Skjutmått Ett precisionsmätinstrument som mäter inre och yttre dimensioner. Inte riktigt lika exakt som en mikrometer men lättare att använda.

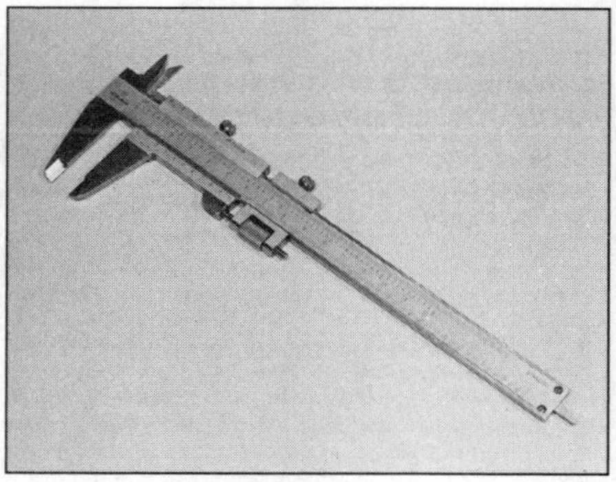

Skjutmått

Smältsäkring Ett kretsskydd som består av en ledare omgiven av värmetålig isolering. Ledaren är tunnare än den ledning den skyddar och är därmed den svagaste länken i kretsen. Till skillnad från en bränd säkring måste vanligen en smältsäkring skäras bort från ledningen vid byte.

Spel Den sträcka en del färdas innan något inträffar. "Luften" i ett länksystem eller ett montage mellan första ansatsen av kraft och verklig rörelse. Exempelvis den sträcka bromspedalen färdas innan kolvarna i huvudcylindern rör på sig. Även utrymmet mellan två delar, till exempel kolv och cylinderlopp.

Spiralfjäder En spiral av elastiskt stål som förekommer i olika storlekar på många platser i en bil, bland annat i fjädringen och ventilerna i topplocket.

Startspärr På bilar med automatväxellåda förhindrar denna kontakt att motorn startas annat än om växelväljaren är i N eller P.

Storändslager Lagret i den ände av vevstaken som är kopplad till vevaxeln.

Svetsning Olika processer som används för att sammanfoga metallföremål genom att hetta upp dem till smältning och sammanföra dem.

Svänghjul Ett tungt roterande hjul vars energi tas upp och sparas via moment. På bilar finns svänghjulet monterat på vevaxeln för att utjämna kraftpulserna från arbetstakterna.

Syresensor En enhet i motorns grenrör som känner av syrehalten i avgaserna och omvandlar denna information till elektricitet som bär information till styrelektroniken. Även kalla Lambdasond.

Säkring En elektrisk enhet som skyddar en krets mot överbelastning. En typisk säkring innehåller en mjuk metallbit kalibrerad att smälta vid en förbestämd strömstyrka, angiven i ampere, och därmed bryta kretsen.

T

Termostat En värmestyrd ventil som reglerar kylvätskans flöde mellan blocket och kylaren vilket håller motorn vid optimal arbetstemperatur. En termostat används även i vissa luftrenare där temperaturen är reglerad.

Toe-in Den distans som framhjulens framkanter är närmare varandra än bakkanterna. På bakhjulsdrivna bilar specificeras vanligen ett litet toe-in för att hålla framhjulen parallella på vägen, genom att motverka de krafter som annars tenderar att vilja dra isär framhjulen.

Toe-ut Den distans som framhjulens bakkanter är närmare varandra än framkanterna. På bilar med framhjulsdrift specificeras vanligen ett litet toe-ut.

Toppventilsmotor (OHV) En motortyp där ventilerna finns i topplocket medan kamaxeln finns i motorblocket.

Torpedplåten Den isolerade avbalkningen mellan motorn och passagerarutrymmet.

Trumbroms En bromsanordning där en trumformad metallcylinder monteras inuti ett hjul. När bromspedalen trycks ned pressas böjda bromsbackar försedda med bromsbelägg mot trummans insida så att bilen saktar in eller stannar.

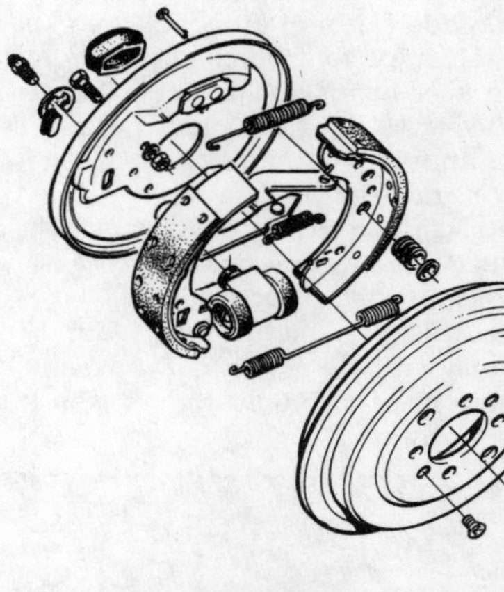

Trumbroms, montage

Turboaggregat En roterande enhet, driven av avgastrycket, som komprimerar insugsluften. Används vanligen till att öka motoreffekten från en given cylindervolym, men kan även primäranvändas till att minska avgasutsläpp.

Tändföljd Turordning i vilken cylindrarnas arbetstakter sker, börjar med nr 1.

Tändläge Det ögonblick då tändstiftet ger gnista. Anges vanligen som antalet vevaxelgrader för kolvens övre dödpunkt.

Tätningsmassa Vätska eller pasta som används att täta fogar. Används ibland tillsammans med en packning.

U

Universalknut En koppling med dubbla pivåer som överför kraft från en drivande till en driven axel genom en vinkel. En universalknut består av två Y-formade ok och en korsformig del kallad spindeln.

Urtrampningslager Det lager i kopplingen som flyttas inåt till frigöringsarmen när kopplingspedalen trycks ned för frikoppling.

V

Ventil En enhet som startar, stoppar eller styr ett flöde av vätska, gas, vakuum eller löst material via en rörlig del som öppnas, stängs eller delvis maskerar en eller flera portar eller kanaler. En ventil är även den rörliga delen av en sådan anordning.

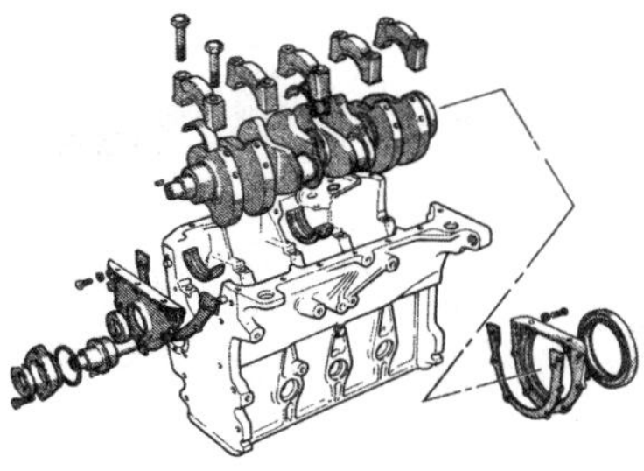

Vevaxel, montage

Ventilspel Spelet mellan ventilskaftets övre ände och ventiltryckaren. Spelet mäts med stängd ventil.

Ventiltryckare En cylindrisk del som överför rörelsen från kammen till ventilskaftet, antingen direkt eller via stötstång och vipparm. Även kallad kamsläpa eller kamföljare.

Vevaxel Den roterande axel som går längs med vevhuset och är försedd med utstickande vevtappar på vilka vevstakarna är monterade.

Vevhus Den nedre delen av ett motorblock där vevaxeln roterar.

Vibrationsdämpare En enhet som är avsedd att minska fjädring eller vridande vibrationer i vevaxeln. Enheten kan vara integrerad i vevaxelns remskiva. Kallas även harmonibalanserare.

Vipparm En arm som gungar på en axel eller tapp. I en toppventilsmotor överför vipparmen stötstångens uppåtgående rörelse till en nedåtgående rörelse som öppnar ventilen.

Viskositet Tjockleken av en vätska eller dess flödesmotstånd.

Volt Enhet för elektrisk spänning i en krets 1 volt genom ett motstånd av 1 ohm ger en strömstyrka om 1 ampere.

Observera: *Hänvisningarna i registret är i formen - **"Kapitelnummer" • "Sidnummer"***

Reparationshandböcker för bilar

Reparationshandböcker på svenska

AUDI 100 & 200 (82 - 90)	**SV3214**
Audi 100 & A6 (maj 91 - maj 97)	**SV3531**
Audi A4 (95 - Feb 00)	**SV3717**
BMW 3-Series 98 - 03	**SV4783**
BMW 3- & 5-serier (81 - 91)	**SV3263**
BMW 5-Serie (96 - 03)	**SV4360**
CHEVROLET & GMC Van (68 - 95)	**SV3298**
FORD Escort & Orion (90 - 00)	**SV3389**
Ford Escort (80 - 90)	**SV3091**
Ford Focus (01 - 04)	**SV4607**
Ford Mondeo (93 - 99)	**SV3353**
Ford Scorpio (85 - 94)	**SV3039**
Ford Sierra (82 - 93)	**SV3038**
MERCEDES-BENZ 124-serien (85 - 93)	**SV3299**
Mercedes-Benz 190, 190E & 190D (83 - 93)	**SV3391**
OPEL Astra (91 - 98)	**SV3715**
Opel Kadett (84 - 91)	**SV3069**
Opel Omega & Senator (86 - 94)	**SV3262**
Opel Vectra (88 - 95)	**SV3264**
Opel Vectra (95 - 98)	**SV3592**
SAAB 9-3 (98 - 02)	**SV4615**
Saab 9-3 (0 - 06)	**SV4756**
Saab 9-5 (97 - 04)	**SV4171**
Saab 90, 99 & 900 (79 - 93)	**SV3037**
Saab 900 (okt 93 - 98)	**SV3532**
Saab 9000 (85 - 98)	**SV3072**
SKODA Octavia (98 - 04)	**SV4387**
Skoda Fabia (00 - 06)	**SV4789**
TOYOTA Corolla (97 - 02)	**SV4738**
VOLVO 240, 242, 244 & 245 (74 - 93)	**SV3034**
Volvo 340, 343, 345 & 360 (76 - 91)	**SV3041**
Volvo 440, 460 & 480 (87 - 97)	**SV3066**
Volvo 740, 745 & 760 (82 - 92)	**SV3035**
Volvo 850 (92 - 96)	**SV3213**
Volvo 940 (91 - 96)	**SV3208**
Volvo S40 & V40 (96 - 04)	**SV3585**
Volvo S40 & V50 (04 - 07)	**SV4757**
Volvo S60 (01 - 08)	**SV4794**
Volvo S70, V70 & C70 (96 - 99)	**SV3590**
Volvo V70 & S80 (98 - 05)	**SV4370**
VW Golf & Jetta II (84 - 92)	**SV3036**
VW Golf III & Vento (92 - 98)	**SV3244**
VW Golf IV & Bora (98 - 00)	**SV3781**
VW Passat (88 - 96)	**SV3393**
VW Passat (dec 00 - maj 05)	**SV4764**
VW Passat (dec 96 - nov 00)	**SV3943**
VW Transporter (82 - 90)	**SV3392**

TechBooks på svenska

Bilens elektriska och elektroniska system	**SV3361**
Bilens felkodssystem: Handbok för avläsning och diagnostik	**SV3534**
Bilens kaross - underhåll och reparationer	**SV4763**
Bilens Luftkonditioneringssystem	**SV3791**
Bilens motorstyrning och bränsleinsprutningssystem	**SV3390**
Dieselmotorn - servicehandbok	**SV3533**
Haynes Reparationshandbok för små motorer	**SV4274**

Service and Repair Manuals

Titel	Bok nr.
ALFA ROMEO Alfasud/Sprint (74 - 88) up to F *	**0292**
Alfa Romeo Alfetta (73 - 87) up to E *	**0531**
AUDI 80, 90 & Coupe Petrol (79 - Nov 88) up to F	**0605**
Audi 80, 90 & Coupe Petrol (Oct 86 - 90) D to H	**1491**
Audi 100 & 200 Petrol (Oct 82 - 90) up to H	**0907**
Audi 100 & A6 Petrol & Diesel (May 91 - May 97) H to P	**3504**
Audi A3 Petrol & Diesel (96 - May 03) P to 03	**4253**
Audi A4 Petrol & Diesel (95 - 00) M to X	**3575**
Audi A4 Petrol & Diesel (01 - 04) X to 54	**4609**
AUSTIN A35 & A40 (56 - 67) up to F *	**0118**
Austin/MG/Rover Maestro 1.3 & 1.6 Petrol (83 - 95) up to M	**0922**
Austin/MG Metro (80 - May 90) up to G	**0718**
Austin/Rover Montego 1.3 & 1.6 Petrol (84 - 94) A to L	**1066**
Austin/MG/Rover Montego 2.0 Petrol (84 - 95) A to M	**1067**
Mini (59 - 69) up to H *	**0527**
Mini (69 - 01) up to X	**0646**
Austin/Rover 2.0 litre Diesel Engine (86 - 93) C to L	**1857**
Austin Healey 100/6 & 3000 (56 - 68) up to G *	**0049**
BEDFORD CF Petrol (69 - 87) up to E	**0163**
Bedford/Vauxhall Rascal & Suzuki Supercarry (86 - Oct 94) C to M	**3015**
BMW 316, 320 & 320i (4-cyl) (75 - Feb 83) up to Y *	**0276**
BMW 320, 320i, 323i & 325i (6-cyl) (Oct 77 - Sept 87) up to E	**0815**
BMW 3- & 5-Series Petrol (81 - 91) up to J	**1948**
BMW 3-Series Petrol (Apr 91 - 99) H to V	**3210**
BMW 3-Series Petrol (Sept 98 - 03) S to 53	**4067**
BMW 520i & 525e (Oct 81 - June 88) up to E	**1560**
BMW 525, 528 & 528i (73 - Sept 81) up to X *	**0632**
BMW 5-Series 6-cyl Petrol (April 96 - Aug 03) N to 03	**4151**
BMW 1500, 1502, 1600, 1602, 2000 & 2002 (59 - 77) up to S *	**0240**
CHRYSLER PT Cruiser Petrol (00 - 03) W to 53	**4058**
CITROËN 2CV, Ami & Dyane (67 - 90) up to H	**0196**
Citroën AX Petrol & Diesel (87 - 97) D to P	**3014**
Citroën Berlingo & Peugeot Partner Petrol & Diesel (96 - 05) P to 55	**4281**
Citroën BX Petrol (83 - 94) A to L	**0908**
Citroën C15 Van Petrol & Diesel (89 - Oct 98) F to S	**3509**
Citroën C3 Petrol & Diesel (02 - 05) 51 to 05	**4197**
Citroen C5 Petrol & Diesel (01-08) Y to 08	**4745**
Citroën CX Petrol (75 - 88) up to F	**0528**
Citroën Saxo Petrol & Diesel (96 - 04) N to 54	**3506**
Citroën Visa Petrol (79 - 88) up to F	**0620**
Citroën Xantia Petrol & Diesel (93 - 01) K to Y	**3082**
Citroën XM Petrol & Diesel (89 - 00) G to X	**3451**
Citroën Xsara Petrol & Diesel (97 - Sept 00) R to W	**3751**
Citroën Xsara Picasso Petrol & Diesel (00 - 02) W to 52	**3944**
Citroen Xsara Picasso (03-08)	**4784**
Citroën ZX Diesel (91 - 98) J to S	**1922**
Citroën ZX Petrol (91 - 98) H to S	**1881**
Citroën 1.7 & 1.9 litre Diesel Engine (84 - 96) A to N	**1379**
FIAT 126 (73 - 87) up to E *	**0305**
Fiat 500 (57 - 73) up to M *	**0090**
Fiat Bravo & Brava Petrol (95 - 00) N to W	**3572**
Fiat Cinquecento (93 - 98) K to R	**3501**
Fiat Panda (81 - 95) up to M	**0793**
Fiat Punto Petrol & Diesel (94 - Oct 99) L to V	**3251**
Fiat Punto Petrol (Oct 99 - July 03) V to 03	**4066**
Fiat Punto Petrol (03-07) 03 to 07	**4746**
Fiat Regata Petrol (84 - 88) A to F	**1167**
Fiat Tipo Petrol (88 - 91) E to J	**1625**
Fiat Uno Petrol (83 - 95) up to M	**0923**
Fiat X1/9 (74 - 89) up to G *	**0273**
FORD Anglia (59 - 68) up to G *	**0001**
Ford Capri II (& III) 1.6 & 2.0 (74 - 87) up to E *	**0283**
Ford Capri II (& III) 2.8 & 3.0 V6 (74 - 87) up to E	**1309**
Ford Cortina Mk I & Corsair 1500 ('62 - '66) up to D*	**0214**
Ford Cortina Mk III 1300 & 1600 (70 - 76) up to P *	**0070**
Ford Escort Mk I 1100 & 1300 (68 - 74) up to N *	**0171**
Ford Escort Mk I Mexico, RS 1600 & RS 2000 (70 - 74) up to N *	**0139**
Ford Escort Mk II Mexico, RS 1800 & RS 2000 (75 - 80) up to W *	**0735**
Ford Escort (75 - Aug 80) up to V *	**0280**
Ford Escort Petrol (Sept 80 - Sept 90) up to H	**0686**
Ford Escort & Orion Petrol (Sept 90 - 00) H to X	**1737**
Ford Escort & Orion Diesel (Sept 90 - 00) H to X	**4081**
Ford Fiesta (76 - Aug 83) up to Y	**0334**
Ford Fiesta Petrol (Aug 83 - Feb 89) A to F	**1030**
Ford Fiesta Petrol (Feb 89 - Oct 95) F to N	**1595**
Ford Fiesta Petrol & Diesel (Oct 95 - Mar 02) N to 02	**3397**
Ford Fiesta Petrol & Diesel (Apr 02 - 07) 02 to 57	**4170**
Ford Focus Petrol & Diesel (98 - 01) S to Y	**3759**
Ford Focus Petrol & Diesel (Oct 01 - 05) 51 to 05	**4167**
Ford Galaxy Petrol & Diesel (95 - Aug 00) M to W	**3984**
Ford Granada Petrol (Sept 77 - Feb 85) up to B *	**0481**
Ford Granada & Scorpio Petrol (Mar 85 - 94) B to M	**1245**
Ford Ka (96 - 02) P to 52	**3570**
Ford Mondeo Petrol (93 - Sept 00) K to X	**1923**
Ford Mondeo Petrol & Diesel (Oct 00 - Jul 03) X to 03	**3990**
Ford Mondeo Petrol & Diesel (July 03 - 07) 03 to 56	**4619**
Ford Mondeo Diesel (93 - 96) L to N	**3465**
Ford Orion Petrol (83 - Sept 90) up to H	**1009**
Ford Sierra 4-cyl Petrol (82 - 93) up to K	**0903**
Ford Sierra V6 Petrol (82 - 91) up to J	**0904**
Ford Transit Petrol (Mk 2) (78 - Jan 86) up to C	**0719**
Ford Transit Petrol (Mk 3) (Feb 86 - 89) C to G	**1468**
Ford Transit Diesel (Feb 86 - 99) C to T	**3019**
Ford Transit Diesel (00-06)	**4775**
Ford 1.6 & 1.8 litre Diesel Engine (84 - 96) A to N	**1172**
Ford 2.1, 2.3 & 2.5 litre Diesel Engine (77 - 90) up to H	**1606**
FREIGHT ROVER Sherpa Petrol (74 - 87) up to E	**0463**
HILLMAN Avenger (70 - 82) up to Y	**0037**
Hillman Imp (63 - 76) up to R *	**0022**
HONDA Civic (Feb 84 - Oct 87) A to E	**1226**
Honda Civic (Nov 91 - 96) J to N	**3199**
Honda Civic Petrol (Mar 95 - 00) M to X	**4050**
Honda Civic Petrol & Diesel (01 - 05) X to 55	**4611**
Honda CR-V Petrol & Diesel (01-06)	**4747**
Honda Jazz (01 - Feb 08) 51 - 57	**4735**
HYUNDAI Pony (85 - 94) C to M	**3398**
JAGUAR E Type (61 - 72) up to L *	**0140**
Jaguar MkI & II, 240 & 340 (55 - 69) up to H *	**0098**
Jaguar XJ6, XJ & Sovereign; Daimler Sovereign (68 - Oct 86) up to D	**0242**
Jaguar XJ6 & Sovereign (Oct 86 - Sept 94) D to M	**3261**
Jaguar XJ12, XJS & Sovereign; Daimler Double Six (72 - 88) up to F	**0478**
JEEP Cherokee Petrol (93 - 96) K to N	**1943**
LADA 1200, 1300, 1500 & 1600 (74 - 91) up to J	**0413**
Lada Samara (87 - 91) D to J	**1610**
LAND ROVER 90, 110 & Defender Diesel (83 - 07) up to 56	**3017**
Land Rover Discovery Petrol & Diesel (89 - 98) G to S	**3016**
Land Rover Discovery Diesel (Nov 98 - Jul 04) S to 04	**4606**
Land Rover Freelander Petrol & Diesel (97 - Sept 03) R to 53	**3929**
Land Rover Freelander Petrol & Diesel (Oct 03 - Oct 06) 53 to 56	**4623**
Land Rover Series IIA & III Diesel (58 - 85) up to C	**0529**
Land Rover Series II, IIA & III 4-cyl Petrol (58 - 85) up to C	**0314**
MAZDA 323 (Mar 81 - Oct 89) up to G	**1608**
Mazda 323 (Oct 89 - 98) G to R	**3455**
Mazda 626 (May 83 - Sept 87) up to E	**0929**
Mazda B1600, B1800 & B2000 Pick-up Petrol (72 - 88) up to F	**0267**
Mazda RX-7 (79 - 85) up to C *	**0460**
MERCEDES-BENZ 190, 190E & 190D Petrol & Diesel (83 - 93) A to L	**3450**
Mercedes-Benz 200D, 240D, 240TD, 300D & 300TD 123 Series Diesel (Oct 76 - 85)	**1114**
Mercedes-Benz 250 & 280 (68 - 72) up to L *	**0346**
Mercedes-Benz 250 & 280 123 Series Petrol (Oct 76 - 84) up to B *	**0677**
Mercedes-Benz 124 Series Petrol & Diesel (85 - Aug 93) C to K	**3253**
Mercedes-Benz A-Class Petrol & Diesel (98-04) S to 54)	**4748**
Mercedes-Benz C-Class Petrol & Diesel (93 - Aug 00) L to W	**3511**
Mercedes-Benz C-Class (00-06)	**4780**
MGA (55 - 62) *	**0475**
MGB (62 - 80) up to W	**0111**
MG Midget & Austin-Healey Sprite (58 - 80) up to W *	**0265**
MINI Petrol (July 01 - 05) Y to 05	**4273**
MITSUBISHI Shogun & L200 Pick-Ups Petrol (83 - 94) up to M	**1944**
MORRIS Ital 1.3 (80 - 84) up to B	**0705**
Morris Minor 1000 (56 - 71) up to K	**0024**
NISSAN Almera Petrol (95 - Feb 00) N to V	**4053**
Nissan Almera & Tino Petrol (Feb 00 - 07) V to 56	**4612**
Nissan Bluebird (May 84 - Mar 86) A to C	**1223**
Nissan Bluebird Petrol (Mar 86 - 90) C to H	**1473**
Nissan Cherry (Sept 82 - 86) up to D	**1031**
Nissan Micra (83 - Jan 93) up to K	**0931**
Nissan Micra (93 - 02) K to 52	**3254**
Nissan Micra Petrol (03-07) 52 to 57	**4734**
Nissan Primera Petrol (90 - Aug 99) H to T	**1851**
Nissan Stanza (82 - 86) up to D	**0824**
Nissan Sunny Petrol (May 82 - Oct 86) up to D	**0895**
Nissan Sunny Petrol (Oct 86 - Mar 91) D to H	**1378**
Nissan Sunny Petrol (Apr 91 - 95) H to N	**3219**
OPEL Ascona & Manta (B Series) (Sept 75 - 88) up to F *	**0316**
Opel Ascona Petrol (81 - 88)	**3215**
Opel Astra Petrol (Oct 91 - Feb 98)	**3156**
Opel Corsa Petrol (83 - Mar 93)	**3160**
Opel Corsa Petrol (Mar 93 - 97)	**3159**
Opel Kadett Petrol (Nov 79 - Oct 84) up to B	**0634**
Opel Kadett Petrol (Oct 84 - Oct 91)	**3196**
Opel Omega & Senator Petrol (Nov 86 - 94)	**3157**
Opel Rekord Petrol (Feb 78 - Oct 86) up to D	**0543**
Opel Vectra Petrol (Oct 88 - Oct 95)	**3158**

** Classic reprint*

Titel	Bok nr.
PEUGEOT 106 Petrol & Diesel (91 - 04) J to 53	**1882**
Peugeot 205 Petrol (83 - 97) A to P	**0932**
Peugeot 206 Petrol & Diesel (98 - 01) S to X	**3757**
Peugeot 206 Petrol & Diesel (02 - 06) 51 to 06	**4613**
Peugeot 306 Petrol & Diesel (93 - 02) K to 02	**3073**
Peugeot 307 Petrol & Diesel (01 - 04) Y to 54	**4147**
Peugeot 309 Petrol (86 - 93) C to K	**1266**
Peugeot 405 Petrol (88 - 97) E to P	**1559**
Peugeot 405 Diesel (88 - 97) E to P	**3198**
Peugeot 406 Petrol & Diesel (96 - Mar 99) N to T	**3394**
Peugeot 406 Petrol & Diesel (Mar 99 - 02) T to 52	**3982**
Peugeot 505 Petrol (79 - 89) up to G	**0762**
Peugeot 1.7/1.8 & 1.9 litre Diesel Engine (82 - 96) up to N	**0950**
Peugeot 2.0, 2.1, 2.3 & 2.5 litre Diesel Engines (74 - 90) up to H	**1607**
PORSCHE 911 (65 - 85) up to C	**0264**
Porsche 924 & 924 Turbo (76 - 85) up to C	**0397**
PROTON (89 - 97) F to P	**3255**
RANGE ROVER V8 Petrol (70 - Oct 92) up to K	**0606**
RELIANT Robin & Kitten (73 - 83) up to A *	**0436**
RENAULT 4 (61 - 86) up to D *	**0072**
Renault 5 Petrol (Feb 85 - 96) B to N	**1219**
Renault 9 & 11 Petrol (82 - 89) up to F	**0822**
Renault 18 Petrol (79 - 86) up to D	**0598**
Renault 19 Petrol (89 - 96) F to N	**1646**
Renault 19 Diesel (89 - 96) F to N	**1946**
Renault 21 Petrol (86 - 94) C to M	**1397**
Renault 25 Petrol & Diesel (84 - 92) B to K	**1228**
Renault Clio Petrol (91 - May 98) H to R	**1853**
Renault Clio Diesel (91 - June 96) H to N	**3031**
Renault Clio Petrol & Diesel (May 98 - May 01) R to Y	**3906**
Renault Clio Petrol & Diesel (June '01 - '05) Y to 55	**4168**
Renault Espace Petrol & Diesel (85 - 96) C to N	**3197**
Renault Laguna Petrol & Diesel (94 - 00) L to W	**3252**
Renault Laguna Petrol & Diesel (Feb 01 - Feb 05) X to 54	**4283**
Renault Mégane & Scénic Petrol & Diesel (96 - 99) N to T	**3395**
Renault Mégane & Scénic Petrol & Diesel (Apr 99 - 02) T to 52	**3916**
Renault Megane Petrol & Diesel (Oct 02 - 05) 52 to 55	**4284**
Renault Scenic Petrol & Diesel (Sept 03 - 06) 53 to 06	**4297**
ROVER 213 & 216 (84 - 89) A to G	**1116**
Rover 214 & 414 Petrol (89 - 96) G to N	**1689**
Rover 216 & 416 Petrol (89 - 96) G to N	**1830**
Rover 211, 214, 216, 218 & 220 Petrol & Diesel (Dec 95 - 99) N to V	**3399**
Rover 25 & MG ZR Petrol & Diesel (Oct 99 - 04) V to 54	**4145**
Rover 414, 416 & 420 Petrol & Diesel (May 95 - 98) M to R	**3453**
Rover 45 / MG ZS Petrol & Diesel (99 - 05) V to 55	**4384**
Rover 618, 620 & 623 Petrol (93 - 97) K to P	**3257**
Rover 75 / MG ZT Petrol & Diesel (99 - 06) S to 06	**4292**
Rover 820, 825 & 827 Petrol (86 - 95) D to N	**1380**
Rover 3500 (76 - 87) up to E *	**0365**
Rover Metro, 111 & 114 Petrol (May 90 - 98) G to S	**1711**
SAAB 95 & 96 (66 - 76) up to R *	**0198**
Saab 90, 99 & 900 (79 - Oct 93) up to L	**0765**
Saab 900 (Oct 93 - 98) L to R	**3512**
Saab 9000 (4-cyl) (85 - 98) C to S	**1686**
Saab 9-3 Petrol & Diesel (98 - Aug 02) R to 02	**4614**
Saab 9-3 Petrol & Diesel (02-07) 52 to 57	**4749**
Saab 9-5 4-cyl Petrol (97 - 04) R to 54	**4156**
SEAT Ibiza & Cordoba Petrol & Diesel (Oct 93 - Oct 99) L to V	**3571**
Seat Ibiza & Malaga Petrol (85 - 92) B to K	**1609**
SKODA Estelle (77 - 89) up to G	**0604**
Skoda Fabia Petrol & Diesel (00 - 06) W to 06	**4376**
Skoda Favorit (89 - 96) F to N	**1801**
Skoda Felicia Petrol & Diesel (95 - 01) M to X	**3505**
Skoda Octavia Petrol & Diesel (98 - Apr 04) R to 04	**4285**
SUBARU 1600 & 1800 (Nov 79 - 90) up to H *	**0995**
SUNBEAM Alpine, Rapier & H120 (67 - 74) up to N *	**0051**
SUZUKI SJ Series, Samurai & Vitara (4-cyl) Petrol (82 - 97) up to P	**1942**
Suzuki Supercarry & Bedford/Vauxhall Rascal (86 - Oct 94) C to M	**3015**
TALBOT Alpine, Solara, Minx & Rapier (75 - 86) up to D	**0337**

Titel	Bok nr.
Talbot Horizon Petrol (78 - 86) up to D	**0473**
Talbot Samba (82 - 86) up to D	**0823**
TOYOTA Avensis Petrol (98 - Jan 03) R to 52	**4264**
Toyota Carina E Petrol (May 92 - 97) J to P	**3256**
Toyota Corolla (80 - 85) up to C	**0683**
Toyota Corolla (Sept 83 - Sept 87) A to E	**1024**
Toyota Corolla (Sept 87 - Aug 92) E to K	**1683**
Toyota Corolla Petrol (Aug 92 - 97) K to P	**3259**
Toyota Corolla Petrol (July 97 - Feb 02) P to 51	**4286**
Toyota Hi-Ace & Hi-Lux Petrol (69 - Oct 83) up to A	**0304**
Toyota RAV4 Petrol & Diesel (94-06) L to 55	**4750**
Toyota Yaris Petrol (99 - 05) T to 05	**4265**
TRIUMPH GT6 & Vitesse (62 - 74) up to N *	**0112**
Triumph Herald (59 - 71) up to K *	**0010**
Triumph Spitfire (62 - 81) up to X	**0113**
Triumph Stag (70 - 78) up to T *	**0441**
Triumph TR2, TR3, TR3A, TR4 & TR4A (52 - 67) up to F *	**0028**
Triumph TR5 & 6 (67 - 75) up to P *	**0031**
Triumph TR7 (75 - 82) up to Y *	**0322**
VAUXHALL Astra Petrol (80 - Oct 84) up to B	**0635**
Vauxhall Astra & Belmont Petrol (Oct 84 - Oct 91) B to J	**1136**
Vauxhall Astra Petrol (Oct 91 - Feb 98) J to R	**1832**
Vauxhall/Opel Astra & Zafira Petrol (Feb 98 - Apr 04) R to 04	**3758**
Vauxhall/Opel Astra & Zafira Diesel (Feb 98 - Apr 04) R to 04	**3797**
Vauxhall/Opel Astra Petrol (04 - 08)	**4732**
Vauxhall/Opel Astra Diesel (04 - 08)	**4733**
Vauxhall/Opel Calibra (90 - 98) G to S	**3502**
Vauxhall Carlton Petrol (Oct 78 - Oct 86) up to D	**0480**
Vauxhall Carlton & Senator Petrol (Nov 86 - 94) D to L	**1469**
Vauxhall Cavalier Petrol (81 - Oct 88) up to F	**0812**
Vauxhall Cavalier Petrol (Oct 88 - 95) F to N	**1570**
Vauxhall Chevette (75 - 84) up to B	**0285**
Vauxhall/Opel Corsa Diesel (Mar 93 - Oct 00) K to X	**4087**
Vauxhall Corsa Petrol (Mar 93 - 97) K to R	**1985**
Vauxhall/Opel Corsa Petrol (Apr 97 - Oct 00) P to X	**3921**
Vauxhall/Opel Corsa Petrol & Diesel (Oct 00 - Sept 03) X to 53	**4079**
Vauxhall/Opel Corsa Petrol & Diesel (Oct 03 - Aug 06) 53 to 06	**4617**
Vauxhall/Opel Frontera Petrol & Diesel (91 - Sept 98) J to S	**3454**
Vauxhall Nova Petrol (83 - 93) up to K	**0909**
Vauxhall/Opel Omega Petrol (94 - 99) L to T	**3510**
Vauxhall/Opel Vectra Petrol & Diesel (95 - Feb 99) N to S	**3396**
Vauxhall/Opel Vectra Petrol & Diesel (Mar 99 - May 02) T to 02	**3930**
Vauxhall/Opel Vectra Petrol & Diesel (June 02 - Sept 05) 02 to 55	**4618**
Vauxhall/Opel 1.5, 1.6 & 1.7 litre Diesel Engine (82 - 96) up to N	**1222**
VW 411 & 412 (68 - 75) up to P *	**0091**
VW Beetle 1200 (54 - 77) up to S	**0036**
VW Beetle 1300 & 1500 (65 - 75) up to P	**0039**
VW 1302 & 1302S (70 - 72) up to L *	**0110**
VW Beetle 1303, 1303S & GT (72 - 75) up to P	**0159**
VW Beetle Petrol & Diesel (Apr 99 - 07) T to 57	**3798**
VW Golf & Jetta Mk 1 Petrol 1.1 & 1.3 (74 - 84) up to A	**0716**
VW Golf, Jetta & Scirocco Mk 1 Petrol 1.5, 1.6 & 1.8 (74 - 84) up to A	**0726**
VW Golf & Jetta Mk 1 Diesel (78 - 84) up to A	**0451**
VW Golf & Jetta Mk 2 Petrol (Mar 84 - Feb 92) A to J	**1081**
VW Golf & Vento Petrol & Diesel (Feb 92 - Mar 98) J to R	**3097**
VW Golf & Bora Petrol & Diesel (April 98 - 00) R to X	**3727**
VW Golf & Bora 4-cyl Petrol & Diesel (01 - 03) X to 53	**4169**
VW Golf & Jetta Petrol & Diesel (04 - 07) 53 to 07	**4610**
VW LT Petrol Vans & Light Trucks (76 - 87) up to E	**0637**
VW Passat & Santana Petrol (Sept 81 - May 88) up to E	**0814**
VW Passat 4-cyl Petrol & Diesel (May 88 - 96) E to P	**3498**
VW Passat 4-cyl Petrol & Diesel (Dec 96 - Nov 00) P to X	**3917**
VW Passat Petrol & Diesel (Dec 00 - May 05) X to 05	**4279**
VW Polo & Derby (76 - Jan 82) up to X	**0335**
VW Polo (82 - Oct 90) up to H	**0813**

Titel	Bok nr.
VW Polo Petrol (Nov 90 - Aug 94) H to L	**3245**
VW Polo Hatchback Petrol & Diesel (94 - 99) M to S	**3500**
VW Polo Hatchback Petrol (00 - Jan 02) V to 51	**4150**
VW Polo Petrol & Diesel (02 - May 05) 51 to 05	**4608**
VW Scirocco (82 - 90) up to H *	**1224**
VW Transporter 1600 (68 - 79) up to V	**0082**
VW Transporter 1700, 1800 & 2000 (72 - 79) up to V *	**0226**
VW Transporter (air-cooled) Petrol (79 - 82) up to Y *	**0638**
VW Transporter (water-cooled) Petrol (82 - 90) up to H	**3452**
VW Type 3 (63 - 73) up to M *	**0084**
VOLVO 120 & 130 Series (& P1800) (61 - 73) up to M *	**0203**
Volvo 142, 144 & 145 (66 - 74) up to N *	**0129**
Volvo 240 Series Petrol (74 - 93) up to K	**0270**
Volvo 262, 264 & 260/265 (75 - 85) up to C *	**0400**
Volvo 340, 343, 345 & 360 (76 - 91) up to J	**0715**
Volvo 440, 460 & 480 Petrol (87 - 97) D to P	**1691**
Volvo 740 & 760 Petrol (82 - 91) up to J	**1258**
Volvo 850 Petrol (92 - 96) J to P	**3260**
Volvo 940 petrol (90 - 98) H to R	**3249**
Volvo S40 & V40 Petrol (96 - Mar 04) N to 04	**3569**
Volvo S40 & V50 Petrol & Diesel (Mar 04 - Jun 07) 04 to 07	**4731**
Volvo S60 Petrol & Diesel (01-08)	**4793**
Volvo S70, V70 & C70 Petrol (96 - 99) P to V	**3573**
Volvo V70 / S80 Petrol & Diesel (98 - 05) S to 55	**4263**

DIY Manual Series

The Haynes Air Conditioning Manual	**4192**
The Haynes Car Electrical Systems Manual	**4251**
The Haynes Manual on Bodywork	**4198**
The Haynes Manual on Brakes	**4178**
The Haynes Manual on Carburettors	**4177**
The Haynes Manual on Diesel Engines	**4174**
The Haynes Manual on Engine Management	**4199**
The Haynes Manual on Fault Codes	**4175**
The Haynes Manual on Practical Electrical Systems	**4267**
The Haynes Manual on Small Engines	**4250**
The Haynes Manual on Welding	**4176**

USA Automotive Repair Manuals

ACURA Integra '86-'89 & Legend '86-'90	**12020**
Acura Integra '90-'93 & Legend '91-'95	**12021**
AMC Gremlin, Sprint & Hornet '70-'83	**14020**
AMC/Renault Alliance & Encore '83-'87	**14025**
AUDI 4000 '80-'87	**15020**
Audi 5000 '77-'83	**15025**
Audi 5000 '84-'88	**15026**
BMW 3 & 5 Series '82-'92	**18020**
BMW 3-Series, Including Z3 '92-'98	**18021**
BMW 3-series, including Z4 '99-'05	**18022**
BMW 320i '75-'83	**18025**
BMW 1500 & 2002 '59-'77	**18050**
BUICK Century '97-'05	**19010**
Buick/Olds/Pontiac Full-Size (FWD) '85-'05	**19020**
Buick/Olds/Pontiac Full-Size (RWD) '70-'90	**19025**
Buick Regal '74-'87	**19030**
CADILLAC Rear Wheel Drive '70-'93	**21030**
CHEVROLET Astro & GMC Safari Mini Van '85-'03	**24010**
Chevrolet Camaro '70-'81	**24015**
Chevrolet Camaro '82-'92	**24016**
Chevrolet Camaro/Pontiac Firebird '93-'02	**24017**
Chevrolet Chevelle '69-'87	**24020**
Chevrolet Chevette '76-'87	**24024**
Chevrolet Colorado & GMC Canyon '04-'06	**24027**
Chevrolet Corsica & Beretta '87-'96	**24032**
Chevrolet Corvette '68-'82	**24040**
Chevrolet Corvette '84-'96	**24041**
Chevrolet Full Size Sedans '69-'90	**24045**
Chevrolet Impala SS & Buick Roadmaster '91-'96	**24046**
Chevrolet Lumina & Monte Carlo '95-'05	**24048**
Chevrolet Luv Pick-up '72-'82	**24050**
Chevrolet Monte Carlo '70-'88	**24055**
Chevrolet Nova '69-'79	**24059**
Chevrolet Nova & Geo Prizm (FWD) '85-'92	**24060**
Chevrolet & GMC Pick-up '67-'87	**24064**
Chevrolet & GMC Pick-up '88-'98; C/K Classic '99-'00	**24065**
Chevrolet Silverado Pick-up '99-'06	**24066**
Chevrolet S10 & GMC S15 '82-'93	**24070**
Chevrolet S-10 '94-'04	**24071**
Chevrolet TrailBlazer & GMC Envoy '02-'03	**24072**

** Classic reprint*

Titel	Bok nr.
Chevrolet Sprint & Geo Metro '85-'01	24075
Chevrolet Vans '68-'96	24080
Chevrolet & GMC Full-size Vans '96-'05	24081
CHRYSLER Cirrus/Dodge Stratus/Ply. Breeze '94-'00	25015
Chrysler Full-Size (FWD) '88-'93	25020
Chrysler LH Series '93-'97	25025
Chrysler LHS, Concorde, 300M & Dodge Intrepid '98-'03	25026
Chrysler 300, Dodge Charger & Magnum '05-'07	25027
Chrysler Mid-Size Sedans (FWD) '82-'95	25030
Chrysler PT Cruiser '01-'03	25035
Chrysler Sebring & Dodge Avenger '95-'05	25040
DATSUN 200SX '77-'79	28004
Datsun 200SX '80-'83	28005
Datsun B-210 '73-'78	28007
Datsun 210 '79-'82	28009
Datsun 240Z, 260Z, & 280Z '70-'78	28012
Datsun 280ZX '79-'83	28014
Datsun 310 '78-'82	28016
Datsun 510 & PL521 Pick-up '68-'73	28018
Datsun 510 '78-'81	28020
Datsun 620 Pick-up '73-'79	28022
Datsun 810/Maxima '77-'84	28025
DODGE Aries & Plymouth Reliant '81-'89	30008
Dodge & Plymouth Mini Vans '84-'95	30010
Dodge & Plymouth Mini Vans '96-'02	30011
Dodge Challenger & Ply. Sapporo '78-'83	30012
Dodge Caravan, Chrysler Voyager/Town & Country '03-'06	30013
Dodge Colt & Plymouth Champ '78-'87	30016
Dodge Dakota Pick-up '87-'96	30020
Dodge Durango '98-'99 & Dakota '97-'99	30021
Dodge Durango '00-'03 & Dakota Pick-ups '00-'04	30022
Dodge Durango '04-'06 & Dakota Pick-ups '05-'06	30023
Dodge Dart/Plymouth Valiant '67-'76	30025
Dodge Daytona & Chrysler Laser '84-'89	30030
Dodge/Plymouth Neon '95-'99	30034
Dodge Omni/Plymouth Horizon '78-'90	30035
Dodge Neon '00-'05	30036
Dodge Full-Size Pick-up '74-'93	30040
Dodge Pick-Ups '94-'01	30041
Dodge Pick-Ups '02-'05	30042
Dodge D50 Pick-up & Raider '79-'93	30045
Dodge/Plymouth/Chrysler Full-Size (RWD) '71-'89	30050
Dodge Shadow & Plymouth Sundance '87-'94	30055
Dodge Spirit & Plymouth Acclaim '89-'95	30060
Dodge & Plymouth Vans '71-'03	30065
FIAT 124 Sport/Spider '68-'78	34010
Fiat X1/ 9 '74-'80	34025
FORD Aerostar Mini Van '86-'97	36004
Ford Contour & Mercury Mystique '95-'00	36006
Ford Courier Pick-up '72-'82	36008
Ford Crown Victoria '88-'06	36012
Ford Escort & Mercury Lynx '81-'90	36016
Ford Escort '91-'00	36020
Ford Escape & Mazda Tribute '01-'03	36022
Ford Explorer '91-'01, Explorer Sport thru '03, Sport Trac thru '05	36024
Ford Explorer & Mercury Mountaineer '02-'06	36025
Ford Fairmont & Mercury Zephyr '78-'83	36028
Ford Festiva & Aspire '88-'97	36030
Ford Fiesta '77-'80	36032
Ford Focus '00-'05	36034
Ford & Mercury Full Size Sedans '75-'87	36036
Ford & Mercury Mid-Size Sedans '75-'86	36044
Ford Mustang V8 '64 1/2 - '73	36048
Ford Mustang II '74-'78	36049
Ford Mustang/Mercury Capri '79-'93	36050
Ford Mustang '94 - '04	36051
Ford Mustang '05-'07	36052
Ford Pick-ups & Bronco '73-'79	36054
Ford Pick-ups & Bronco '80-'96	36058
Ford Pick-ups, Expedition & Lincoln Navigator '97-'03	36059
Ford Super Duty Pick-up & Excursion '99-'06	36060
Ford Pick-ups, Full-size F-150 '04-'06	36061
Ford Pinto & Mercury Bobcat '75-'80	36062
Ford Probe '89-'92	36066
Ford Ranger & Bronco II '83-'92	36070
Ford Ranger & Mazda Pick-ups '93-'05	36071
Ford Taurus & Mercury Sable '86-'95	36074
Ford Taurus & Mercury Sable '96-'05	36075
Ford Tempo & Mercury Topaz '84-'94	36078
Ford T-bird & Mercury Cougar '83-'88	36082
Ford Thunderbird & Mercury Cougar '89-'97	36086
Ford Full-Size Vans '69-'91	36090
Ford Full-Size Vans '92-'05	36094
Ford Windstar '95-'03	36097

Titel	Bok nr.
GM: Century, Celebrity, Ciera, Cutlass Cruiser, 6000 '82-'96	38005
GM: Regal, Lumina, Grand Prix, Cutlass Supreme '88-'05	38010
GM: Skyhawk, Cimarron, Cavalier, Firenza, J-2000, Sunbird '82-'94	38015
GM: Chevrolet Cavalier & Pontiac Sunfire '95-'04	38016
GM: Chevrolet Cobalt & Pontiac G5 '05-'07	38017
GM: Skylark, Citation, Omega, Phoenix '80-'85	38020
GM: Skylark, Somerset, Achieva, Calais, Grand Am '85-'98	38025
GM: Malibu, Alero, Cutlass & Grand Am '97-'03	38026
GM: Chevrolet Malibu '04-'07	38027
GM: Eldorado, Seville, Deville, Riviera, Toronado '71-'85	38030
GM: Eldorado, Seville, Deville, Riviera & Toronado '86-'93	38031
GM: Cadillac DeVille '94-'05 & Seville '92-'04	38032
GM: Lumina APV, Silhouette, Trans Sport '90-'96	38035
GM: Venture, Silhouette, Trans Sport, Montana '97-05	38036
GEO Storm '90-'93	40030
HONDA Accord CVCC '76-'83	42010
Honda Accord '84-'89	42011
Honda Accord '90-'93	42012
Honda Accord '94-'97	42013
Honda Accord '98 - '02	42014
Honda Accord '03-'05	42015
Honda Civic 1200 '73-'79	42020
Honda Civic 1300 & 1500 cc CVCC '80-'83	42021
Honda Civic 1500 CVCC '75-'79	42022
Honda Civic '84-'90	42023
Honda Civic '92-'95	42024
Honda Civic '96-'00, CR-V '97-'01 & Acura Integra '94-'00	42025
Honda Civic '01-'04 and CR-V '02-'04	42026
Honda Odyssey '99-'04	42035
Honda All Pilot models (03-07)	42037
Honda Prelude CVCC '79-'89	42040
HYUNDAI Elantra '96-'01	43010
Hyundai Excel & Accent '86-'98	43015
ISUZU Rodeo, Amigo '89-'02	47017
Isuzu Trooper '84-'91 & Pick-up '81-'93	47020
JAGUAR XJ6 '68-'86	49010
Jaguar XJ6 '88-'94	49011
JEEP Cherokee, Wagoneer, Comanche '84-'01	50010
Jeep CJ '49-'86	50020
Jeep Grand Cherokee '93-'04	50025
Jeep Liberty '02-'04	50035
Jeep Wagoneer/J-Series '72-'91	50029
Jeep Wrangler '87-'03	50030
KIA Sephia & Spectra '94-'04	54070
LINCOLN Town Car '70-'05	59010
MAZDA GLC (RWD) '77-'83	61010
Mazda GLC (FWD) '81-'85	61011
Mazda 323 & Protegé '90-'00	61015
Mazda MX-5 Miata '90-'97	61016
Mazda MPV Van '89-'94	61020
Mazda Pick-ups '72-'93	61030
Mazda RX7 Rotary '79-'85	61035
Mazda RX-7 '86-'91	61036
Mazda 626 (RWD) '79-'82	61040
Mazda 626 & MX-6 (FWD) '83-'92	61041
Mazda 626, MX-6 & Ford Probe '93-'01	61042
MERCEDES BENZ Diesel 123 '76-'85	63012
Mercedes Benz 190 Series '84-'88	63015
Mercedes Benz 230, 250, & 280 '68-'72	63020
Mercedes Benz 280 (123 Series) '77-'81	63025
Mercedes Benz 350 & 450 '71-'80	63030
MERCURY Villager & Nissan Quest '93-'01	64200
MGB (4cyl.) '62-'80	66010
MG Midget & Austin-Healy Sprite '58-'80	66015
MITSUBISHI Cordia, Tredia, Galant, Precis & Mirage '83-'93	68020
Mitsubishi Eclipse, Laser, Talon '90-'94	68030
Mitsubishi Eclipse & Eagle Talon '95-'01	68031
Mitsubishi Galant '94-'03	68035
Mitsubishi Pick-up & Montero '83-'96	68040
NISSAN 300ZX '84-'89	72010
Nissan Altima '93-'04	72015
Nissan Maxima '85-'92	72020
Nissan Maxima '93-'04	72021
Nissan/Datsun Pick-up '80-'97, Pathfinder '87-'95	72030
Nissan Frontier Pick-up '98-'04, Pathfinder '96-'04 & Xterra '00-'04	72031
Nissan Pulsar '83-'86	72040
Nissan Sentra '82-'94	72050
Nissan Sentra & 200SX '95-'04	72051
Nissan Stanza '82-'90	72060
OLDSMOBILE Cutlass '74-'88	73015
PONTIAC Fiero '84-'88	79008
Pontiac Firebird V8 '70-'81	79018

Titel	Bok nr.
Pontiac Firebird '82-'92	79019
Pontiac Mid-size Rear-wheel Drive '70-'87	79040
PORSCHE 911 '65-'89	80020
Porsche 914 '69-'76	80025
Porsche 924 '76-'82	80030
Porsche 924S & 944 '83-'89	80035
SAAB 900 '79-'88	84010
SATURN S-series '91-'02	87010
Saturn Ion '03-'07	87011
Saturn L-Series '00-'04	87020
SUBARU 1100, 1300, 1400, & 1600 '71-'79	89002
Subaru 1600 & 1800 '80-'94	89003
Subaru Legacy '90-'99	89100
Subaru Legacy & Forester '00-'06	89101
SUZUKI Samurai, Sidekick '86-'01	90010
TOYOTA Camry '83-'91	92005
Toyota Camry & Avalon '92-'96	92006
Toyota Camry, Avalon, Solara, Lexus ES 300 '97-'01	92007
Toyota Camry, Avalon, Solara, Lexus ES 300/330 '02-'05	92008
Toyota Celica '71-'85	92015
Toyota Celica (FWD) '86-'99	92020
Toyota Supra '79-'92	92025
Toyota Corolla '75-'79	92030
Toyota Corolla (RWD) '80-'87	92032
Toyota Corolla (FWD) '84-'92	92035
Toyota Corolla & Geo/Chevrolet Prizm '93-'02	92036
Toyota Corolla '03-'05	92037
Toyota Corolla Tercel '80-'82	92040
Toyota Corona '74-'82	92045
Toyota Cressida '78-'82	92050
Toyota Highlander & Lexus RX-300/330 '99-'06	92095
Toyota Hi-Lux Pick-up '69-'78	92070
Toyota Land Cruiser FJ40, 43, 45, 55 & 60 '68-'82	92055
Toyota Land Cruiser FJ60, 62, 80 & FZJ80 '80-'96	92056
Toyota MR-2 '85-'87	92065
Toyota Previa Van '91-'95	92080
Toyota Pick-up '79-'95	92075
Toyota RAV4 '96-'02	92082
Toyota Sienna '98-'02	92090
Toyota Prius (01-07)	92081
Toyota Tacoma '95-'04, 4Runner '96-'02, T100 '93-'98	92076
Toyota Tercel '87-'94	92085
Toyota Tundra & Sequoia '00-'05	92078
TRIUMPH Spitfire '62-'81	94007
Triumph TR7 '75-'81	94010
VW Beetle & Karmann Ghia '54-'79	96008
VW New Beetle '98-'00	96009
VW Dasher '74 thru '81	96012
VW Rabbit, Jetta (Gas) '75-'92	96016
VW Golf & Jetta '93-'98	96017
VW Golf & Jetta '99-'02	96018
VW Rabbit, Jetta, (Diesel) '77-'84	96020
VW Passat '98-'01 & Audi A4 '96-'01	96023
VW Transporter 1600 '68-'79	96030
VW Transporter 1700, 1800, & 2000 '72-'79	96035
VW Type 3 1500 & 1600 '63-'73	96040
VW Vanagon Air - Cooled '80-'83	96045
Volvo 120 & 130 Series & 1800 '61-'73	97010
Volvo 140 '66-'74	97015
Volvo 240 Series '76-'93	97020
Volvo 740 & 760 Series '82-'88	97040

USA Techbooks

Automotive Computer Codes	10205
OBD-II (96 on) Engine Management Systems	10206
Fuel Injection Manual (86-99)	10220
Holley Carburettor Manual	10225
Rochester Carburettor Manual	10230
Weber/Zenith Stromberg/SU Carburettor Manual	10240
Chevrolet Engine Overhaul Manual	10305
Chrysler Engine Overhaul Manual	10310
GM and Ford Diesel Engine Repair Manual	10330
Suspension, Steering and Driveline Manual	10345
Ford Automatic Transmission Overhaul Manual	10355
General Motors Automatic Transmission Overhaul Manual	10360
Automotive Detailling Manual	10415
Automotive Heating & Air Conditioning Manual	10425
Automotive Reference Manual & Illustrated Automotive Dictionary	10430
Used Car Buying Guide	10440

** Classic reprint*

Motorcycle Service and Repair Manuals

Titel	Bok nr.
APRILIA RS50 (99 - 06) & RS125 (93 - 06)	4298
Aprilia RSV1000 Mille (98 - 03)	◆ 4255
Aprilia SR50	4755
BMW 2-valve Twins (70 - 96)	◆ 0249
BMW F650	◆ 4761
BMW K100 & 75 2-valve Models (83 - 96)	◆ 1373
BMW R850, 1100 & 1150 4-valve Twins (93 - 04)	◆ 3466
BMW R1200 (04 - 06)	◆ 4598
BSA Bantam (48 - 71)	0117
BSA Unit Singles (58 - 72)	0127
BSA Pre-unit Singles (54 - 61)	0326
BSA A7 & A10 Twins (47 - 62)	0121
BSA A50 & A65 Twins (62 - 73)	0155
Chinese Scooters	4768
DUCATI 600, 620, 750 and 900 2-valve V-Twins (91 - 05)	◆ 3290
Ducati MK III & Desmo Singles (69 - 76)	◇ 0445
Ducati 748, 916 & 996 4-valve V-Twins (94 - 01)	◆ 3756
GILERA Runner, DNA, Ice & SKP/Stalker (97 - 07)	4163
HARLEY-DAVIDSON Sportsters (70 - 08)	◆ 2534
Harley-Davidson Shovelhead and Evolution Big Twins (70 - 99)	◆ 2536
Harley-Davidson Twin Cam 88 (99 - 03)	◆ 2478
HONDA NB, ND, NP & NS50 Melody (81 - 85)	◇ 0622
Honda NE/NB50 Vision & SA50 Vision Met-in (85 - 95)	◇ 1278
Honda MB, MBX, MT & MTX50 (80 - 93)	0731
Honda C50, C70 & C90 (67 - 03)	0324
Honda XR80/100R & CRF80/100F (85 - 04)	2218
Honda XL/XR 80, 100, 125, 185 & 200 2-valve Models (78 - 87)	0566
Honda H100 & H100S Singles (80 - 92)	◇ 0734
Honda CB/CD125T & CM125C Twins (77 - 88)	◇ 0571
Honda CG125 (76 - 07)	◇ 0433
Honda NS125 (86 - 93)	◇ 3056
Honda CBR125R (04 - 07)	4620
Honda MBX/MTX125 & MTX200 (83 - 93)	◇ 1132
Honda CD/CM185 200T & CM250C 2-valve Twins (77 - 85)	0572
Honda XL/XR 250 & 500 (78 - 84)	0567
Honda XR250L, XR250R & XR400R (86 - 03)	2219
Honda CB250 & CB400N Super Dreams (78 - 84)	◇ 0540
Honda CR Motocross Bikes (86 - 01)	2222
Honda CRF250 & CRF450 (02 - 06)	2630
Honda CBR400RR Fours (88 - 99)	◇ ◆ 3552
Honda VFR400 (NC30) & RVF400 (NC35) V-Fours (89 - 98)	◇ ◆ 3496
Honda CB500 (93 - 02) & CBF500 03 - 08	◇ 3753
Honda CB400 & CB550 Fours (73 - 77)	0262
Honda CX/GL500 & 650 V-Twins (78 - 86)	0442
Honda CBX550 Four (82 - 86)	◇ 0940
Honda XL600R & XR600R (83 - 08)	◆ 2183
Honda XL600/650V Transalp & XRV750 Africa Twin (87 to 07)	◆ 3919
Honda CBR600F1 & 1000F Fours (87 - 96)	◆ 1730
Honda CBR600F2 & F3 Fours (91 - 98)	◆ 2070
Honda CBR600F4 (99 - 06)	◆ 3911
Honda CB600F Hornet & CBF600 (98 - 06)	◇ ◆ 3915
Honda CBR600RR (03 - 06)	◆ 4590
Honda CB650 sohc Fours (78 - 84)	0665
Honda NTV600 Revere, NTV650 and NT650V Deauville (88 - 05)	◇ ◆ 3243
Honda Shadow VT600 & 750 (USA) (88 - 03)	2312
Honda CB750 sohc Four (69 - 79)	0131
Honda V45/65 Sabre & Magna (82 - 88)	0820
Honda VFR750 & 700 V-Fours (86 - 97)	◆ 2101
Honda VFR800 V-Fours (97 - 01)	◆ 3703
Honda VFR800 V-Tec V-Fours (02 - 05)	◆ 4196
Honda CB750 & CB900 dohc Fours (78 - 84)	0535
Honda VTR1000 (FireStorm, Super Hawk) & XL1000V (Varadero) (97 - 08)	◆ 3744
Honda CBR900RR FireBlade (92 - 99)	◆ 2161
Honda CBR900RR FireBlade (00 - 03)	◆ 4060
Honda CBR1000RR Fireblade (04 - 07)	◆ 4604
Honda CBR1100XX Super Blackbird (97 - 07)	◆ 3901
Honda ST1100 Pan European V-Fours (90 - 02)	◆ 3384

Titel	Bok nr.
Honda Shadow VT1100 (USA) (85 - 98)	2313
Honda GL1000 Gold Wing (75 - 79)	0309
Honda GL1100 Gold Wing (79 - 81)	0669
Honda Gold Wing 1200 (USA) (84 - 87)	2199
Honda Gold Wing 1500 (USA) (88 - 00)	2225
KAWASAKI AE/AR 50 & 80 (81 - 95)	1007
Kawasaki KC, KE & KH100 (75 - 99)	1371
Kawasaki KMX125 & 200 (86 - 02)	◇ 3046
Kawasaki 250, 350 & 400 Triples (72 - 79)	0134
Kawasaki 400 & 440 Twins (74 - 81)	0281
Kawasaki 400, 500 & 550 Fours (79 - 91)	0910
Kawasaki EN450 & 500 Twins (Ltd/Vulcan) (85 - 07)	2053
Kawasaki EX500 (GPZ500S) & ER500 (ER-5) (87 - 08)	◆ 2052
Kawasaki ZX600 (ZZ-R600 & Ninja ZX-6) (90 - 06)	◆ 2146
Kawasaki ZX-6R Ninja Fours (95 - 02)	◆ 3541
Kawasaki ZX-6R (03 - 06)	◆ 4742
Kawasaki ZX600 (GPZ600R, GPX600R, Ninja 600R & RX) & ZX750 (GPX750R, Ninja 750R)	◆ 1780
Kawasaki 650 Four (76 - 78)	0373
Kawasaki Vulcan 700/750 & 800 (85 - 04)	◆ 2457
Kawasaki 750 Air-cooled Fours (80 - 91)	0574
Kawasaki ZR550 & 750 Zephyr Fours (90 - 97)	◆ 3382
Kawasaki Z750 & Z1000 (03 - 08)	◆ 4762
Kawasaki ZX750 (Ninja ZX-7 & ZXR750) Fours (89 - 96)	◆ 2054
Kawasaki Ninja ZX-7R & ZX-9R (94 - 04)	◆ 3721
Kawasaki 900 & 1000 Fours (73 - 77)	0222
Kawasaki ZX900, 1000 & 1100 Liquid-cooled Fours (83 - 97)	◆ 1681
KTM EXC Enduro & SX Motocross (00 - 07)	◆ 4629
MOTO GUZZI 750, 850 & 1000 V-Twins (74 - 78)	0339
MZ ETZ Models (81 - 95)	◇ 1680
NORTON 500, 600, 650 & 750 Twins (57 - 70)	0187
Norton Commando (68 - 77)	0125
PEUGEOT Speedfight, Trekker & Vivacity Scooters (96 - 08)	◇ 3920
PIAGGIO (Vespa) Scooters (91 - 06)	◇ 3492
SUZUKI GT, ZR & TS50 (77 - 90)	◇ 0799
Suzuki TS50X (84 - 00)	◇ 1599
Suzuki 100, 125, 185 & 250 Air-cooled Trail bikes (79 - 89)	0797
Suzuki GP100 & 125 Singles (78 - 93)	◇ 0576
Suzuki GS, GN, GZ & DR125 Singles (82 - 05)	◇ 0888
Suzuki GSX-R600/750 (06 - 09)	◆ 4790
Suzuki 250 & 350 Twins (68 - 78)	0120
Suzuki GT250X7, GT200X5 & SB200 Twins (78 - 83)	◇ 0469
Suzuki GS/GSX250, 400 & 450 Twins (79 - 85)	0736
Suzuki GS500 Twin (89 - 06)	◆ 3238
Suzuki GS550 (77 - 82) & GS750 Fours (76 - 79)	0363
Suzuki GS/GSX550 4-valve Fours (83 - 88)	1133
Suzuki SV650 & SV650S (99 - 08)	◆ 3912
Suzuki GSX-R600 & 750 (96 - 00)	◆ 3553
Suzuki GSX-R600 (01 - 03), GSX-R750 (00 - 03) & GSX-R1000 (01 - 02)	◆ 3986
Suzuki GSX-R600/750 (04 - 05) & GSX-R1000 (03 - 06)	◆ 4382
Suzuki GSF600, 650 & 1200 Bandit Fours (95 - 06)	◆ 3367
Suzuki Intruder, Marauder, Volusia & Boulevard (85 - 06)	◆ 2618
Suzuki GS850 Fours (78 - 88)	0536
Suzuki GS1000 Four (77 - 79)	0484
Suzuki GSX-R750, GSX-R1100 (85 - 92), GSX600F, GSX750F, GSX1100F (Katana) Fours	◆ 2055
Suzuki GSX600/750F & GSX750 (98 - 02)	◆ 3987
Suzuki GS/GSX1000, 1100 & 1150 4-valve Fours (79 - 88)	0737
Suzuki TL1000S/R & DL1000 V-Strom (97 - 04)	◆ 4083
Suzuki GSF650/1250 (05 - 09)	◆ 4798
Suzuki GSX1300R Hayabusa (99 - 04)	◆ 4184
Suzuki GSX1400 (02 - 07)	◆ 4758
TRIUMPH Tiger Cub & Terrier (52 - 68)	0414
Triumph 350 & 500 Unit Twins (58 - 73)	0137
Triumph Pre-Unit Twins (47 - 62)	0251
Triumph 650 & 750 2-valve Unit Twins (63 - 83)	0122
Triumph Trident & BSA Rocket 3 (69 - 75)	0136
Triumph Bonneville (01 - 07)	◆ 4364
Triumph Daytona, Speed Triple, Sprint & Tiger (97 - 05)	◆ 3755
Triumph Triples and Fours (carburettor engines) (91 - 04)	◆ 2162

Titel	Bok nr.
VESPA P/PX125, 150 & 200 Scooters (78 - 06)	0707
Vespa Scooters (59 - 78)	0126
YAMAHA DT50 & 80 Trail Bikes (78 - 95)	◇ 0800
Yamaha T50 & 80 Townmate (83 - 95)	◇ 1247
Yamaha YB100 Singles (73 - 91)	◇ 0474
Yamaha RS/RXS100 & 125 Singles (74 - 95)	0331
Yamaha RD & DT125LC (82 - 95)	◇ 0887
Yamaha TZR125 (87 - 93) & DT125R (88 - 07)	◇ 1655
Yamaha TY50, 80, 125 & 175 (74 - 84)	◇ 0464
Yamaha XT & SR125 (82 - 03)	◇ 1021
Yamaha YBR125	4797
Yamaha Trail Bikes (81 - 00)	2350
Yamaha 2-stroke Motocross Bikes 1986 - 2006	2662
Yamaha YZ & WR 4-stroke Motocross Bikes (98 - 08)	2689
Yamaha 250 & 350 Twins (70 - 79)	0040
Yamaha XS250, 360 & 400 sohc Twins (75 - 84)	0378
Yamaha RD250 & 350LC Twins (80 - 82)	0803
Yamaha RD350 YPVS Twins (83 - 95)	1158
Yamaha RD400 Twin (75 - 79)	0333
Yamaha XT, TT & SR500 Singles (75 - 83)	0342
Yamaha XZ550 Vision V-Twins (82 - 85)	0821
Yamaha FJ, FZ, XJ & YX600 Radian (84 - 92)	2100
Yamaha XJ600S (Diversion, Seca II) & XJ600N Fours (92 - 03)	◆ 2145
Yamaha YZF600R Thundercat & FZS600 Fazer (96 - 03)	◆ 3702
Yamaha FZ-6 Fazer (04 - 07)	◆ 4751
Yamaha YZF-R6 (99 - 02)	◆ 3900
Yamaha YZF-R6 (03 - 05)	◆ 4601
Yamaha 650 Twins (70 - 83)	0341
Yamaha XJ650 & 750 Fours (80 - 84)	0738
Yamaha XS750 & 850 Triples (76 - 85)	0340
Yamaha TDM850, TRX850 & XTZ750 (89 - 99)	◇ ◆ 3540
Yamaha YZF750R & YZF1000R Thunderace (93 - 00)	◆ 3720
Yamaha FZR600, 750 & 1000 Fours (87 - 96)	◆ 2056
Yamaha XV (Virago) V-Twins (81 - 03)	◆ 0802
Yamaha XVS650 & 1100 Drag Star/V-Star (97 - 05)	◆ 4195
Yamaha XJ900F Fours (83 - 94)	◆ 3239
Yamaha XJ900S Diversion (94 - 01)	◆ 3739
Yamaha YZF-R1 (98 - 03)	◆ 3754
Yamaha YZF-R1 (04 - 06)	◆ 4605
Yamaha FZS1000 Fazer (01 - 05)	◆ 4287
Yamaha FJ1100 & 1200 Fours (84 - 96)	◆ 2057
Yamaha XJR1200 & 1300 (95 - 06)	◆ 3981
Yamaha V-Max (85 - 03)	◆ 4072
ATVs	
Honda ATC70, 90, 110, 185 & 200 (71 - 85)	0565
Honda Rancher, Recon & TRX250EX ATVs	2553
Honda TRX300 Shaft Drive ATVs (88 - 00)	2125
Honda Foreman (95 - 07)	2465
Honda TRX300EX, TRX400EX & TRX450R/ER ATVs (93 - 06)	2318
Kawasaki Bayou 220/250/300 & Prairie 300 ATVs (86 - 03)	2351
Polaris ATVs (85 - 97)	2302
Polaris ATVs (98 - 06)	2508
Yamaha YFS200 Blaster ATV (88 - 06)	2317
Yamaha YFB250 Timberwolf ATVs (92 - 00)	2217
Yamaha YFM350 & YFM400 (ER and Big Bear) ATVs (87 - 03)	2126
Yamaha Banshee and Warrior ATVs (87 - 03)	2314
Yamaha Kodiak and Grizzly ATVs (93 - 05)	2567
ATV Basics	10450
TECHBOOK SERIES	
Twist and Go (automatic transmission) Scooters Service and Repair Manual	4082
Motorcycle Basics TechBook (2nd Edition)	3515
Motorcycle Electrical TechBook (3rd Edition)	3471
Motorcycle Fuel Systems TechBook	3514
Motorcycle Maintenance TechBook	4071
Motorcycle Modifying	4272
Motorcycle Workshop Practice TechBook (2nd Edition)	3470

◇ = not available in the USA *◆ = Superbike*

HOUSE AND GARDEN	
Home Extension Manual	H4357
The Victorian House Manual	H4213
The 1930s House Manual	H4214
Washing Machine Manual (4th Edition)	H4348
Dishwasher Manual	H4555
Lawnmower Manual (3rd Edition)	L7337
Washerdrier & Tumbledrier Manual	L7328
Loft Conversion Manual	H4446
Home Buying & Selling	H4535
Garden Buildings Manual	H4352
The Eco-House Manual	H4405
Home Grown Vegetable Manual	H4649
Food Manual	H4512
CYCLING	
The London Cycle Guide	L7320
The Mountain Bike Book (2nd edn)	H4673
Birmingham & the Black Country Cycle Rides	H4007
Bristol & Bath Cycle Rides	H4025
Manchester Cycle Rides	H4026
Racing Bike Book (3rd Edition)	H4341
The Bike Book (5th Edition)	H4421
OUTDOOR LEISURE	
Build Your Own Motorcaravan	H4221
The Caravan Handbook	L7801
The Caravan Manual (4th Edition)	H4678
The Motorcaravan Manual (2nd Edition)	H4047
Motorcaravanning Handbook	H4428
Camping Manual	H4319
Sailing Boat Manual	H4484
Motor Boat Manual	H4513
Sailing Boat Manual	H4484
OUTDOOR LEISURE	
Fender Stratocaster	H4321
Gibson Les Paul	H4478
Piano Manual	H4485

Alla produkter på dessa sidor finns hos motortillbehörsbutiker, cykelbutiker och bokhandlare. Finns också reparationshandböcker Chilton för amerikanska bilar på engelska. Vi utvecklar och uppdaterar kontinuerligt vårt utbud och nya titlar tillkommer därför hela tiden. För ytterligare information om vårt utbud, ring: (Sverige) +46 18 124016 • (UK) +44 1963 442030 • (USA) +1 805 498 6703 • (Australien) +61 3 9763 8100

SV24 08/09